Basic Training Manual for Drugstore Salesmen

药店店员

基础训练手册

主编单位： 湖南省药品流通行业协会

湖南省执业药师协会

老百姓大药房连锁股份有限公司

主　　审： 刘绍贵　李建飞

主　　编： 谢子龙

常务副主编： 石　展　冯砚祖　朱　勤　唐爱民

副 主 编： 王　莉　胡　义

编　　委： 余　勇　刘道鑫　许典哲　吴章涛

何立群　张丽君　刘跃辉　杜社良

刘冬梅　张　泸　黄修祥　曾君山

湖南科学技术出版社

序　一

2012 年 1 月 20 日国发〔2012〕5 号发布了《国家药品安全"十二五"规划》（简称《规划》），《规划》指出："药品安全是重大的民生和公共安全问题，事关人民群众身体健康和社会和谐稳定。"并要求："完善药品安全法律法规。推动制订执业药师法，修订《中华人民共和国药品管理法》。"作为药品流通行业的一员，我的心情非常激动，这是我国第一个关于药品安全的独立规划，按照规划，到"十二五"末，药品标准和药品质量大幅提高，药品安全保障能力整体接近国际先进水平，药品安全水平和人民群众用药安全满意度显著提升。《规划》让我们每一位从业人员都深深感受到党和政府进一步提高我国药品安全水平，维护人民群众健康权益，促进医药行业健康发展的信心和决心，也深深感受到自身责任重大。作为药品流通行业的全国人大代表，我多次呼吁执业药师立法，积极参与原国家食品药品监督管理局执业药师资格认证中心组织的《我国执业药师制度改革研究》课题，在全国人大第十一届四次会议上提交了《关于加强执业药师管理，充分发挥执业药师在药学服务中作用》的建议，并在全国人大第十一届五次会议上提交了关于执业药师立法的议案，期待通过相应的法律保障发挥执业药师的作用，从而提升零售药店的药学专业服务能力，获得了全国人大法工委、原卫生部及国家食品药品监督管理局的重视和认同。

药品零售是一门综合性的学问，它汇集了各种专业知识和技能于一身，它必须通过实践来证明，尤其要在各种不同标准之下的综合评价体系中获得顾客的最终信赖。而药学专业服务是关键环节，药店店员是药品零售关键岗位上的执行人，是药品流向顾客的最终执行者，药店店员应用药学专业知识向顾客提供直接的、负责任的、与药物使用有关的专业服务，对保证药物治疗的安全性、有效性和经济性有着深远的意义，因此新医改相关政策对药店店员的专业服务能力提出了更高的要求。国外发达国家已经在药学服务方面进行了有效的尝试和探索，做了大量工作，以顾客为中心的药学服务理念已深入人心。我们每一位从业者应当身体力行、率先垂范，做好自身的药学专业服务能力提升，从而推进整个行业药学专业服务能力的提升。

老百姓大药房成立 11 年来，一直重视对员工专业的培养，2008 年在原国家食品药品监督管理局执业药师资格认证中心专业指导下成立了行业内第一家药师俱乐部，2009 年、2010 年连续举办了两届全国药师精英赛，为广大从业人员学习、交流、展现药学服务技术提供平台，同时我们也试行了《老百姓大药房执业药师服务规范》，取得了一些成效。一直以来我们关注店员药学基础理论、药品基础知识、常见疾病防治知识的学习和训练，并在培训体系的有效运行方面积累了一些经验，但还远远不够，需要持续努力。在湖南省药品流通行业协会、湖南省执业药师协会的组织下，我们与部分专家、药学资深人士一起编写了这本《药店店员基础训练手册》，由于时间紧，加上水平有限，错误和疏漏之处难免，敬请各位专家和读者批评指正！

最后，我们向为本书编写、审稿和提供支持的各位专家、各方人士表示诚挚的感谢！谨以此书献给默默工作在药学服务一线的工作者们！

湖南省药品流通行业协会会长
老百姓大药房连锁股份有限公司董事长

序 二

　　药品安全是重要的公共卫生问题，和公众健康密切相关，事关民生、社会和谐与国家公共安全。药店店员的专业服务能力是保障药品质量和用药安全、有效的保证，因此建设一支高素质的药店店员队伍具有重要的实践意义。在美国，药学服务（PC）从提出概念到实施经历了 10 年的时间，目前美国的药学服务已经渗透到美国医院的各个科室、养老院、社区医疗、零售药店等。美国零售药店的职责是提供药学服务，包括：帮助患者正确地进行药物治疗；向患者提供健康保健常识；告知患者药物治疗可能引起的不良反应；与患者及家属进行感情沟通，赢得信赖，当患者有用药需求及健康护理需求时，第一个想到的是零售药店。随着我国经济的飞速发展，"以患者为中心"的新型医疗服务模式正在逐渐形成，对药学从业人员的专业服务能力提出了新的要求，药学从业人员在提高患者用药依从性、促进合理用药、防止药源性疾病的发生等方面处于举足轻重的地位。

　　国务院于 2012 年 1 月 20 日发布的《国家药品安全"十二五"规划》（国发〔2012〕5 号）对进一步提高药品安全水平和人民群众用药安全提出了要求。"药学基础理论、药品基础知识、常见疾病防治知识"的训练是药店店员的基础训练。"不积跬步，无以至千里；不积小流，无以成大海"，强调了打好基础于治学的重要性，药学专业也不例外，扎实的基础知识是药店店员提升专业水准不可或缺的关键条件。我们与湖南省药品流通行业协会一起邀约了部分专家、药学资深人士、行业优秀企业编写了这本《药店店员基础训练手册》，旨在加强对药店店员的"药学基础理论、药品基础知识、常见疾病防治知识"的训练，为药店店员又增加一个专业提升的学习范本，使其能更好地为顾客提供专业服务，同时提升药店的整体服务水平。

老百姓大药房一直重视对员工专业的培养，长期坚持取得了很好的效果，2012年在商务部组织的"首届全国药品流通行业岗位技能竞赛暨第二届全国医药行业特有职业技能竞赛"中老百姓大药房取得了店长岗位、药师岗位的"双冠军"。今天老百姓大药房与湖南省药品流通行业协会、湖南省执业药师协会一起编写了这本《药店店员基础训练手册》，与同行分享员工专业训练心得，有助于共同促进行业专业水准的提升，起到了很好的垂范作用。希望大家共同努力，认真研究如何加强药店店员的基础训练，积极主动参与到为公众提供多元化和专业化的药学服务中，不断总结新经验，取得实实在在的成效，使其作用不断被公众所认可和信任，共同推动行业的发展。实现这一目标，有赖于工作在药品零售行业的执业药师们、有赖于供职在药品零售行业的朋友们共同不断总结、探讨和创新！是为序。

湖南省执业药师协会会长
李建飞

前　言

　　药店经营需要应付一切变化，满足顾客的需求，所以药店店员一定要具备扎实的基本知识，才能在激烈竞争的时代里出类拔萃，如果忽视基本专业知识的训练，将无法挑战更高难度的考验。2012 年 1 月 20 日国发〔2012〕5 号发布了《国家药品安全"十二五"规划》，对药店的专业水准提出了更高的要求，因此，湖南省药品流通行业协会、湖南省执业药师协会邀约有关专家、药学资深人士、行业优秀企业编写了《药店店员基础训练手册》。

　　《药店店员基础训练手册》旨在加强对药店店员的"药学基础理论、药品基础知识、常见疾病防治知识"的训练，更好地做好顾客的专业服务，提升药店的专业水准。本手册围绕门店的日常工作，分为入门篇、基础理论篇、商品基础篇、常见疾病防治篇。其中入门篇包括药店的沿革与发展、开办药店的基本条件、法律法规的要求、药店日常如何做好陈列、中药的斗谱、顾客投诉的处理原则与技巧；基础理论篇包括医学基础、中医基础、药理常识；商品基础篇包括药店常见西药 24 个类别、中药饮片 20 个类别、中成药 26 个类别、健康食品 7 大类别以及医疗器械；常见疾病防治篇包括药店常见 59 个病种的临床表现、用药方案、给顾客健康的温馨提示。附录部分则涵盖药店处方常见知识介绍、如何看懂化验单、儿童和老年人剂量折算法等内容。这些都是药店店员入职 3 个月内需要学习和掌握的，同时也是药店在职店员不断提高自己专业服务能力的学习范本。

参与组编单位老百姓大药房创立于 2001 年 10 月，是一家由单体民营药店发展起来的中外合资大型药品零售连锁企业，由老百姓大药房连锁股份有限公司及其 16 家省级子公司组成，公司总部位于湖南长沙，年销售额 36.6 亿元，员工 18000 多人，拥有门店 600 多家。2003～2009 年，该公司年销售额连续 7 年居全国药品零售连锁企业前三强，其中 2004～2006 年连续 3 年销售额居全国连锁药店第一。老百姓大药房自成立以来即注重员工的专业培训，建立了涵盖 16 家子公司的培训体系，每周二、周五都会对店员进行药学基础理论、药品基础知识、常见疾病防治知识的培训，长期坚持取得了一些成效。2012 年在商务部组织的"首届全国药品流通行业岗位技能竞赛暨第二届全国医药行业特有职业技能竞赛"中老百姓大药房取得了店长岗位、药师岗位的"双冠军"。

希望这本《药店店员基础训练手册》的出版，能够给大家一些帮助和借鉴，感谢老百姓大药房、行业成员单位、有关专家及药学工作者等相关人员的辛苦付出，由于时间紧，加上水平有限，错误和疏漏之处难免，敬请各位专家和读者批评指正，以便再版时修改、充实与完善。

编 者
于长沙

目　录

第二篇 基础理论篇

第三篇　商品基础篇

第十三章　健康食品

第四篇 常见疾病防治篇

第一篇
入门篇

第一章　药店的沿革和发展

一、药品零售业的发展变迁

零售是指把商品或随商品而提供的服务直接出售给最终消费者的销售活动。从事零售活动的基本单位和具体场所是商店。零售业是指以向最终消费者提供所需商品和服务为主的行业。《零售业态分类》（GB/T18106—2004）（国标委标批函〔2004〕102号）对零售业态进行了细分，包括杂货店、便利店、折扣店、超市、大型超市、仓储会员店、百货店、专业店（药品销售）、专卖店、家居建材店、购物中心、厂家直销中心、电视购物、邮购、网上商店、自动售货亭、电话购物等17种零售业态。药店属于零售专业店业态。

几千年来，我国的零售药店一直沿用着传统的经营模式，以销售药品为主，代表者包括同仁堂、胡庆余堂等。新中国成立以后，零售药店经历了从私营被收归国有，再到市场化的变迁，经营品类也从单纯经营中药饮片、中成药到中西药兼营，再到"大健康"的转变。

从新中国成立初期到20世纪80年代，医药商业处于计划经济体制之下，药品零售属于医药公司的一部分，不能以独立的业态存在。

20世纪80年代中期，随着市场开放，原有的计划经济下的医药商业模式被打破，零售药店得以发展。

2000年4月，原国家药品监督管理局下发《关于进行跨省连锁药品零售业试点工作的通知》，药品零售行业获得良好发展契机。

2001年10月，以老百姓大药房开业为标志，平价药店横空出世，其后平价浪潮席卷大江南北。

二、药品零售业态发展趋势

（一）平价药品超市或大卖场（主要销售药品，以低价吸引顾客）

国内传统药店经营模式的实质性变化是通过药品超市、大卖场等形式出现。该类型的零售模式以低价格作为最大的卖点，通过低价吸引消费者，其目标消费群主要以老人和家庭主妇为主。

（二）社区便利药店（主要销售药品、日用品等）

"大病去医院、小病进药店"，这是近年来医疗体制改革新形势下出现的医药消费大趋势。随着人们消费观念的改变和消费者在选择社会药房时考虑的因素首要是购药的便利性，因此社区便利型药店开始出现。

在国外，社区药店已经十分普及。以美国为例，美国的居民社区医疗体系十分完善，大量的社区药店不仅发挥着药店应有的作用，还扮演了社区医疗健康保障的角色。

小区居民一般常见的小病都可以在社区药店里通过向药师咨询而买到合适的药品，社区药店已经逐步发展成为社区内重要的社交场所和社区健康中心。

（三）专业或专科药店（主要销售处方药或某一类药品）

目前我国一些连锁药店或单体药店推出肿瘤药房、糖尿病药房、皮肤病药房等专业或专科药店，特色专业药店是药品经营模式的改革。这种药店的优势在于方便患者，并且店内配备有经过专门培训、熟悉疾病医治原理的营业员，可指导顾客购药；由于这类药店专业品牌的建立和增值服务的强化，往往能够获得消费者更强的信赖，从而建立高毛利、低流量的经营模式。

（四）药店加诊所（主要特点是药店和诊所双证经营，以解决药店处方药 处方不足问题，方便消费者就诊和购买药品）

随着抗生素限售令的实施，处方药"双轨制"销售的取消，近几年我国出现了药店加诊所的经营模式。该经营模式在美国已经得到推行，并证明其存在的市场价值。美国第二大连锁药店 CVS 开创先河，于 2006 年 7 月 13 日收购了位于明尼阿波利斯的 Minute-Clinic 公司，该公司是全美最早和最大的药店诊所，是专业的健康诊疗服务机构。开设在美国零售药店内的诊所以其价格低廉、就诊时间短的诊疗保健服务而深受顾客欢迎。诊所配有执业护士和医师助理，可提供从接种疫苗到治疗感冒在内的简易诊疗服务，治疗费用只有医院的 25% 左右。

（五）药妆店（主要以药品、健康食品、个人护理用品及生活用品为主）

药妆店是一种业态店，满足消费者健康＋美丽＋生活需求的新店型，其优势是安全（可靠性）、功效（专业性）、便利（生活日用性）、价廉物美（著名品牌低于他人），起源于美国，发展于日本。美国连锁药店排名第一的 Walgreens 和日本连锁药店排名第一的松本清都是药妆店。

（六）店中店药店（主要在商场或大型超市内销售药品）

店中店药店顾客定位主要是商业区内的流动顾客，主要是满足顾客的"一站式"购齐服务，以节省其精力和时间，因此开展多元化产品经营、美容美体和医疗门诊等服务。药店与超市伴生共存，相互借力，超市借药店丰富了商品线，药店借超市吸引人气，这种双赢的经营新模式开始被众多的药品零售企业重视。

第二章　开办药店的基本条件

　　零售药店开办条件与其经营产品有关，经营不同品类产品所需要取得资质均不同。

　　按《药品管理法》要求，开办药品零售企业，须经企业所在地县级以上地方药品监督管理部门批准并发给《药品经营许可证》。凭《药品经营许可证》到工商行政管理部门办理登记注册，无《药品经营许可证》的，不得经营药品。按《药品管理法实施条例》要求，新开办药品零售企业，应当自取得《药品经营许可证》之日起30日内，向发给其《药品经营许可证》的药品监督管理部门或者药品监督管理机构申请《药品经营质量管理规范》认证。

一、药品

　　零售药店常规经营的药品品类一般包括：中药饮片、中成药、化学药制剂、抗生素、生化制剂、生物制品（除疫苗）。零售药店不能经营的药品包括麻醉药品、第一类精神药品、终止妊娠药品、蛋白同化制剂及肽类激素（胰岛素除外）、放射性药品、疫苗等。化学原料药、第二类精神药品零售药店一般很少经营。

　　药店正常经营的必需证照包括《营业执照》、《药品经营许可证》、《药品经营质量管理规范认证证书》，其他营业所需证照根据药店实际经营品类向相关主管部门取得。

二、医疗器械

　　按照《医疗器械监督管理条例》的规定，医疗器械分为第一类、第二类及第三类医疗器械。经营一类和部分二类医疗器械无需获得药监部门颁发的《医疗器械经营许可证》，经营大部分二类医疗器械和全部三类医疗器械必须获得药监部门颁发的《医疗器械经营许可证》。

三、食品

　　按照《食品安全法》的规定，经营食品需要获得工商部门颁发的《食品流通许可证》。由于保健食品经营管理规定尚不明晰，各地管理要求不同。多数地域未作具体区分的，则保健食品与普通食品要求相同，如果有特殊规定则从其规定，此时一般是由药监部门进行管理并颁发许可证书。

四、其他产品

　　零售药店经营的产品一般还有消毒产品、化妆品、日用品等，这类产品无需获得专门的许可。

第三章　开办药店涉及的法律法规

零售药店涉及的法律法规与所经营的商品品类有关（表3-1）。

表3-1　　　　　　　　　　零售药店涉及的法律法规

商品品类	涉及的主要法律法规
药品	《药品管理法》、《药品管理法实施条例》、《药品经营质量管理规范》、《药品广告审查办法》
医疗器械	《医疗器械监督管理条例》
食品	《食品安全法》
化妆品	《化妆品卫生监督条例》
消毒产品	《消毒产品标签说明书管理规范》

一、药品经营有关法律法规

（一）《药品管理法》

开办药品零售企业，须经企业所在地县级以上地方药品监督管理部门批准并发给《药品经营许可证》，凭《药品经营许可证》到工商行政管理部门办理登记注册。

第四十八条　禁止生产（包括配制，下同）、销售假药。

有下列情形之一的，为假药：

1. 药品所含成分与国家药品标准规定的成分不符的；

2. 以非药品冒充药品或者以他种药品冒充此种药品的。

有下列情形之一的药品，按假药论处：

1. 国务院药品监督管理部门规定禁止使用的；

2. 依照本法必须批准而未经批准生产、进口，或者依照本法必须检验而未经检验即销售的；

3. 变质的；

4. 被污染的；

5. 使用依照本法必须取得批准文号而未取得批准文号的原料药生产的；

6. 所标明的适应证或者功能主治超出规定范围的。

第四十九条　禁止生产、销售劣药。

药品成分的含量不符合国家药品标准的，为劣药。

有下列情形之一的药品，按劣药论处：

1. 未标明有效期或者更改有效期的；

2. 不注明或者更改生产批号的；

3. 超过有效期的；

4. 直接接触药品的包装材料和容器未经批准的；

5. 擅自添加着色剂、防腐剂、香料、矫味剂及辅料的；

6. 其他不符合药品标准规定的。

第七十四条 生产、销售假药的，没收违法生产、销售的药品和违法所得，并处违法生产、销售药品货值金额2倍以上5倍以下的罚款；有药品批准证明文件的予以撤销，并责令停产、停业整顿；情节严重的，吊销《药品生产许可证》、《药品经营许可证》或者《医疗机构制剂许可证》；构成犯罪的，依法追究刑事责任。

第七十五条 生产、销售劣药的，没收违法生产、销售的药品和违法所得，并处违法生产、销售药品货值金额1倍以上3倍以下的罚款；情节严重的，责令停产、停业整顿或者撤销药品批准证明文件、吊销《药品生产许可证》、《药品经营许可证》或者《医疗机构制剂许可证》；构成犯罪的，依法追究刑事责任。

第七十六条 从事生产、销售假药及生产、销售劣药情节严重的企业或者其他单位，其直接负责的主管人员和其他直接责任人员10年内不得从事药品生产、经营活动。

(二)《药品管理法实施条例》

《药品经营许可证》有效期为5年。有效期届满，需要继续经营药品的，持证企业应当在许可证有效期届满前6个月，按照国务院药品监督管理部门的规定申请换发《药品经营许可证》。

新药，是指未曾在中国境内上市销售的药品。

处方药，是指凭执业医师和执业助理医师处方方可购买、调配和使用的药品。

非处方药，是指由国务院药品监督管理部门公布的，不需要凭执业医师和执业助理医师处方，消费者可以自行判断、购买和使用的药品。

药品零售企业，是指将购进的药品直接销售给消费者的药品经营企业。

第十五条 国家实行处方药和非处方药分类管理制度。国家根据非处方药品的安全性，将非处方药分为甲类非处方药和乙类非处方药。

经营处方药、甲类非处方药的药品零售企业，应当配备执业药师或者其他依法经资格认定的药学技术人员。经营乙类非处方药的药品零售企业，应当配备经设区的市级药品监督管理机构或者省、自治区、直辖市人民政府药品监督管理部门直接设置的县级药品监督管理机构组织考核合格的业务人员。

第七十九条 违反《药品管理法》和本条例的规定，有下列行为之一的，由药品监督管理部门在《药品管理法》和本条例规定的处罚幅度内从重处罚：

1. 以麻醉药品、精神药品、医疗用毒性药品、放射性药品冒充其他药品，或者以其他药品冒充上述药品的；

2. 生产、销售以孕产妇、婴幼儿及儿童为主要使用对象的假药、劣药的；

3. 生产、销售的生物制品、血液制品属于假药、劣药的；

4. 生产、销售、使用假药、劣药，造成人员伤害后果的；

5. 生产、销售、使用假药、劣药，经处理后重犯的；

6. 拒绝、逃避监督检查，或者伪造、销毁、隐匿有关证据材料的，或者擅自动用查封、扣押物品的。

(三)《药品经营质量管理规范》（简称GSP）

第六十三条　药品零售中处方审核人员应是执业药师或有药师以上（含药师和中药师）的专业技术职称。

(四)《药品广告审查办法》

第二条　凡利用各种媒介或者形式发布的广告含有药品名称、药品适应证（功能主治）或者与药品有关的其他内容的，为药品广告，应当按照本办法进行审查。

非处方药仅宣传药品名称（含药品通用名称和药品商品名称）的，或者处方药在指定的医学药学专业刊物上仅宣传药品名称（含药品通用名称和药品商品名称）的，无需审查。

第六条　药品广告批准文号的申请人必须是具有合法资格的药品生产企业或者药品经营企业。药品经营企业作为申请人的，必须征得药品生产企业的同意。

第七条　申请药品广告批准文号，应当向药品生产企业所在地的药品广告审查机关提出。

第十五条　药品广告批准文号有效期为1年，到期作废。

第十六条　经批准的药品广告，在发布时不得更改广告内容。药品广告内容需要改动的，应当重新申请药品广告批准文号。

二、《医疗器械监督管理条例》

第三条　本条例所称医疗器械，是指单独或者组合使用于人体的仪器、设备、器具、材料或者其他物品，包括所需要的软件；其用于人体体表及体内的作用不是用药理学、免疫学或者代谢的手段获得，但是可能有这些手段参与并起一定的辅助作用；其使用旨在达到下列预期目的：

1. 对疾病的预防、诊断、治疗、监护、缓解；
2. 对损伤或者残疾的诊断、治疗、监护、缓解、补偿；
3. 对解剖或者生理过程的研究、替代、调节；
4. 妊娠控制。

第二十四条　《医疗器械经营企业许可证》有效期5年，有效期届满应当重新审查发证。具体办法由国务院药品监督管理部门制定。

三、《食品安全法》

第四条　国务院质量监督、工商行政管理和国家食品药品监督管理部门依照本法和国务院规定的职责，分别对食品生产、食品流通、餐饮服务活动实施监督管理。

第二十九条　国家对食品生产经营实行许可制度。从事食品生产、食品流通、餐饮服务，应当依法取得食品生产许可、食品流通许可、餐饮服务许可。

第四十二条　预包装食品的包装上应当有标签。标签应当标明下列事项：

1. 名称、规格、净含量、生产日期；
2. 成分或者配料表；
3. 生产者的名称、地址、联系方式；
4. 保质期；
5. 产品标准代号；

6. 储存条件；

7. 所使用的食品添加剂在国家标准中的通用名称；

8. 生产许可证编号；

9. 法律、法规或者食品安全标准规定必须标明的其他事项。

专供婴幼儿和其他特定人群的主辅食品，其标签还应当标明主要营养成分及其含量。

第九十二条　被吊销食品生产、流通或者餐饮服务许可证的单位，其直接负责的主管人员自处罚决定做出之日起 5 年内不得从事食品生产经营管理工作。

四、《化妆品卫生监督条例》

第十条　生产特殊用途的化妆品，必须经国务院卫生行政部门批准，取得批准文号后方可生产。

特殊用途化妆品是指用于育发、染发、烫发、脱毛、美乳、健美、除臭、祛斑、防晒的化妆品。

第十二条　化妆品标签上应当注明产品名称、厂名，并注明生产企业卫生许可证编号；小包装或者说明书上应当注明生产日期和有效使用期限。特殊用途的化妆品，还应当注明批准文号。对可能引起不良反应的化妆品，说明书上应当注明使用方法、注意事项。

化妆品标签、小包装或者说明书上不得注有适应证，不得宣传疗效，不得使用医疗术语。

第十四条　化妆品的广告宣传不得有下列内容：

1. 化妆品名称、制法、效用或者性能有虚假夸大的；

2. 使用他人名义保证或以暗示方法使人误解其效用的；

3. 宣传医疗作用的。

五、《消毒产品标签说明书管理规范》

第三条　消毒产品标签、说明书标注的有关内容应当真实，不得有虚假夸大、明示或暗示对疾病的治疗作用和效果的内容。

第四条　未列入消毒产品分类目录的产品不得标注任何与消毒产品管理有关的卫生许可证明编号。

第十三条　卫生用品最小销售包装标签应标注以下内容：

1. 产品名称；

2. 主要原料名称；

3. 生产企业（名称、地址、联系电话、邮政编码）；

4. 生产企业卫生许可证号（进口产品除外）；

5. 原产国或地区名称（国产产品除外）；

6. 生产日期和有效期（保质期）/生产批号和限期使用日期；

7. 消毒级产品应标注"消毒级"字样；

8. 卫生湿巾还应标注杀菌有效成分及其含量、使用方法、使用范围和注意事项。

第十四条　抗（抑）菌剂最小销售包装标签除要标注本规范第十三条规定的内容外，还应标注产品主要原料的有效成分及其含量；含植物成分的抗（抑）菌剂，还应标注主要植物拉丁文名称；对指示菌的杀灭率大于等于 90% 的，可标注"有杀菌作用"；对指示菌的抑菌率达到 50% 或抑菌环直径大于 7 mm 的，可标注"有抑菌作用"；抑菌率大于等于 90% 的，可标注"有较强抑菌作用"。

用于阴部黏膜的抗（抑）菌产品应当标注"不得用于性生活中对性病的预防"。

第十五条　抗（抑）菌剂的说明书应标注下列内容：

1. 产品名称；

2. 规格、剂型；

3. 主要有效成分及含量，植物成分的抗（抑）菌剂应标注主要植物拉丁文名称；

4. 抑制或杀灭微生物类别；

5. 生产企业（名称、地址、联系电话、邮政编码）；

6. 生产企业卫生许可证号（进口产品除外）；

7. 原产国或地区名称（国产产品除外）；

8. 使用范围和使用方法；

9. 注意事项；

10. 执行标准；

11. 生产日期和保质期/生产批号和限期使用日期。

第四章　如何做好商品陈列

1. 商品陈列是在店铺里决一胜负的市场营销；
2. 激发顾客购买欲望和动机，满足顾客的购买心理；
3. 促进关联商品的购买。

二、商品陈列的 AIDMA 法则

商品陈列的 AIDMA 法则如图 4 - 1 所示。

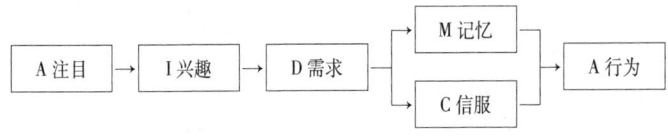

图 4 - 1　商品陈列的 AIDMA 法则

注：

（1）A：注目，能够吸引顾客的商品才有可能售出；

（2）I：兴趣，通过一定的陈列技巧，让顾客即使不去咨询营业员，也能通过陈列和 POP 广告联想到良好的商品形象，引发顾客的购买"兴趣"；

（3）D：需求，想要促进顾客的购买欲望，陈列要做到从视觉上简单易懂地将商品的特点传递给顾客，激发顾客的需求；

（4）C：信服，有时候陈列通过以上 3 个步骤就可以让顾客确定购买，为了让顾客购买时没有后顾之忧，展示商品的信用和附加价值也非常重要；

（5）M：记忆，顾客有时就算有购买商品的欲望，也不会当场立即购买下来，我们需要让这样的顾客在脑子里留下对商品深刻的记忆，让他们再次光临；

（6）A：行为，这是顾客决定购买商品的阶段，但也不能掉以轻心。陈列要突出让顾客觉得"现在绝不能错过"的技巧。

三、商品陈列原则

（一）商品陈列总原则

1. 四分开原则：药品与非药品、处方药与非处方药、内服药与外用药、一般药品与易串味药品等分类陈列。

2. 品类关联原则：相关联的品类相邻陈列，从门店布局上进一步加强品类之间的关联销售性。

3. 端架陈列原则：引导消费者注意货架上商品陈列；端架展示主力商品和重点推销商品；端架商品是货架上商品的重复陈列。

4. 货架效率最大化原则：结合门店销售规划和各个品类贡献度和品种数来确定品类的陈列长度，定期检查每米货架销售额和毛利额的产出。

（二）商品陈列细则

1. 显而易见：商品应正名正字、正面面向顾客通道，顾客从任意角度均易见商品名称。

2. 靠前展示：所陈列的商品要与货架前方的"面"保持一致。

3. 微间距：商品间间距基本保持在 2～3 mm。

4. 避免让顾客看到商品背后的货架层板、背板。

5. 先产先出：按商品生产时间或批号先后、近效期商品摆在前优先销售。

6. 标识突出：缺货、空盒、限购等特殊信息告知的商品应用相应标识插在商品价签后的正上方。

7. 价签靠左：一物一签，靠左摆放，信息正确。

8. POP 醒目：商品的促销信息、宣传卡等放在商品正中的显眼位置，信息正确。

9. 符合《药品经营质量管理规范》的规定，应按剂型或用途以及储存要求陈列药品；特殊管理药品专柜存放，并指定专人加锁保管。

（三）处方柜陈列原则

1. 处方壁柜陈列：上方推广，处方壁柜上方离地 1.65 m 高度以上空间可用于主要商品的陈列展示、库存陈列；下方暂存柜，处方壁柜下方离地 0.6 m 高度以下空间可用于库存陈列。

2. 处方宝笼柜陈列：平躺陈列，商品名称应平躺、正面面向顾客通道；价签前置，价签靠前摆放，正名正字、正面面向顾客通道；顶层覆盖，第 1 层陈列的商品间微间隙，尽量避免让顾客看到玻璃层板。

（四）中药饮片陈列原则

1. 按药用部位分为根及根茎类、果实种子类、全草类、花叶类、皮类、藤木树脂类、菌藻类、动物类、矿物类、其他类，按类别集中陈列，同时参考各地用药习惯和用药频率的中药，装斗在显而易见和伸手可触的抽屉内。自选柜放置常用中药；销售量比较大的饮片放在大抽屉内。

2. 易发生变质、生虫、发霉的商品要做重点标记，便于重点养护的实施。

3. 毒性药材要集中陈列在一起做好标识，并且进行加锁。

四、商品陈列技巧

（一）按货架上、中、下分段陈列（图 4 - 2）

（二）橱窗陈列

橱窗陈列是利用商品空包装盒，采用不同的组合排列方法，展示季节性、广告支持、新商品及重点促销商品。

（三）专柜陈列

1. 按品牌设立：一般为同一厂商的各类产品的陈列。

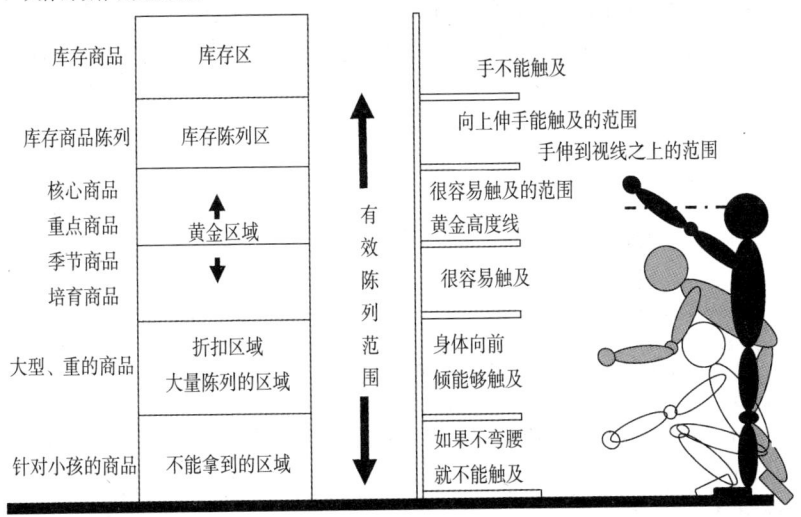

人体的动作和黄金高度　　　　　　　视线高度：男性 150 cm、女性 140 cm

库存商品	库存区		手不能触及
库存商品陈列	库存陈列区		向上伸手能触及的范围 手伸到视线之上的范围
核心商品 重点商品 季节商品 培育商品	黄金区域	有效陈列范围	很容易触及的范围 黄金高度线 很容易触及
大型、重的商品	折扣区域 大量陈列的区域		身体向前倾能够触及
针对小孩的商品	不能拿到的区域		如果不弯腰就不能触及

图 4－2　商品按货架上、中、下分段陈列

2. 按功能设立：将关联功能的商品陈列为同一专柜，如糖尿病生活馆等。

（四）利用柱子的"主题式"陈列

利用柱子的"主题式"陈列是将柱子作为主题式陈列，不但特别，而且能营造气氛。

（五）商品的陈列顺序

商品的陈列应按包装规格的大小或剂型摆放，采用由小到大，由左至右，由浅而深，由上而下的方法。

（六）大量陈列

大量陈列产生"视觉美感"及"便宜"、"丰富"等刺激购买的冲动。如堆头陈列、多排面成列等。最大陈列量较少的商品，可以陈列在柜台（壁柜）内。

（七）集中视点的陈列

集中视点的陈列是利用照明、色彩、性状、装饰，指导顾客视线集中的地方。

（八）季节性陈列

季节性陈列是将卖场布置成充满季节性气氛的陈列。

（九）除去外包装的陈列

除去外包装的陈列是将瓶装商品除去外包装后陈列，吸引顾客对商品的同在质地产生直观感受，激发购买欲望。

（十）道具陈列

道具陈列包括空盒陈列、商品斜板陈列、货架斜板陈列、垫高陈列、层板调整陈列等。

（十一）易被盗商品陈列在视线易及或可控的位置

五、陈列方法

突出陈列、比较陈列、挂钩陈列、阶梯陈列、割箱陈列、大量陈列、收银台周边陈列、伸出陈列、垂直陈列、前进立体陈列、交叉陈列、关联陈列等12种常用陈列方法在不同品类中的运用，引导客动线、回游性、促进销售。

1. 突出陈列：不同规格或品类的商品，为引起顾客关注，促进销售，该商品陈列位突出于同排面商品。

2. 比较陈列：同类商品，为强调该商品的优势，推荐给顾客，用较多的排面数陈列该商品，一般情况下推荐商品（排面数）：对比商品（排面数）＞3才能达成比较陈列的效果。

3. 挂钩陈列：将能够引导顾客关联购买需求的商品，用挂钩的方式陈列于其他商品货架旁。

4. 阶梯陈列：为达成该商品陈列的美观和量感，采用阶梯方式对该商品进行货架陈列，多用于自选货架的第一层和第二层。

5. 割箱陈列：对推荐销售的商品，将商品的外箱割开，让顾客可以直接触摸商品，引导销售。

6. 大量陈列：对推荐销售的商品，通过量的丰满呈现，引导顾客感受该商品是很多人喜欢购买的，同时价格很优惠，引导销售。

7. 收银台周边陈列：将新品或促销商品陈列在收银台附近，引导顾客在收银阶段成交，购买该商品。

8. 伸出陈列：在货架商品陈列时，对需要推荐销售的商品陈列伸出货架通道，吸引顾客眼球，引导销售成交。

9. 垂直陈列：在商品陈列时，为达成商品陈列的美感，诱导销售，同色系商品在多层货架上自上而下陈列。

10. 前进立体陈列：在花车或平台陈列时，为增加商品陈列的量感和美感，采取前进立体陈列。

11. 交叉陈列：为引导关联销售，增加销售的商品数，在顾客喜欢的商品旁边应挂钩或挂篮的方式进行关联商品的销售。

12. 关联陈列：根据顾客需求的类别，将关联商品陈列在货架的相邻货位，引导销售，此类情况下多用POP的方式将关联商品的作用和卖点对顾客进行宣传。（图4-3）

（1）突出陈列

（2）比较陈列

（3）挂钩陈列

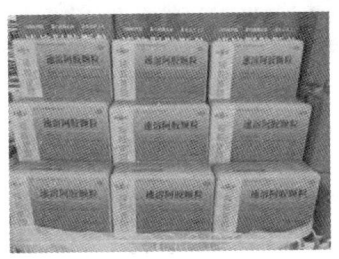

（4）阶梯陈列

（5）割箱陈列

（6）大量陈列

（7）收银台周边陈列

（8）伸出陈列

（9）垂直陈列

（10）前进立体陈列

（11）交叉陈列

（12）关联陈列

图 4 - 3　12 种常用陈列方法

第五章 中药斗谱和存放原则

　　在中药调剂中，"药斗"是必不可少的盛装饮片的容器。由于中药品种繁多（一般都有五六百种至上千种），而且其质地坚松不一、用量有多有少、药性有相须相反之别，有些饮片形状类似，有些饮片名称易混，有些饮片含有剧毒，有些饮片价格昂贵。为了将这些品质各异、种类繁多的中药饮片合理有序地存放，中药业总结出一套存放中药饮片的科学规律，即中药药斗"斗谱"。斗谱编排的目的是便于调剂操作、减轻劳动强度、避免差错事故、提高调剂质量、确保患者用药的安全。中药斗谱是一组药柜中各斗及斗内前后格饮片存放顺序的规律。过去各家药店斗谱的编排虽不完全统一，但基本一致。

一、药斗的设置

　　药斗均为多格抽屉式组合柜，一般传统老式药斗为"横七竖八"排列。每个大斗分为3格（个别用量大的饮片也可分为2格），每格存放一种饮片。在整架药斗最下层专设3个特大斗，每斗2格，用于存放质地轻泡的饮片，亦有的特大斗安置在调剂台内侧，更便于取用。随着社会的进步与中医药的发展，现在的中药橱柜药斗数量均少于这种老式药斗的数量，目的是为了便于移动和搬运的方便，同时在外观和用材上也都优于老式药斗的材料，使之更加符合现代中医药的需求。

二、斗谱编排原则

　　饮片无论用量大小、质地如何，摆放均需依据中医处方用药的配伍规律和中药的性能而设置。由于中医处方遣药，多以历代传统名方为基础，根据患者病证，进行药物加减而成的，所以在饮片摆放时尽量将处方中经常配伍应用的饮片存放在一起，便于调剂时查找。

　　1. 常用饮片应放在斗架的中上层，便于调剂时称取。如当归、白芍与川芎；黄芪、党参与甘草；麦冬、天冬与北沙参；肉苁蓉、巴戟天与补骨脂；金银花、连翘与板蓝根；防风、荆芥与白芷；柴胡、葛根与升麻；黄芩、黄连与黄柏；砂仁、豆蔻与木香；厚朴、香附与延胡索；焦麦芽、焦山楂与焦神曲；酸枣仁、远志与柏子仁；苦杏仁、桔梗与桑白皮；天麻、钩藤与白蒺藜；陈皮、枳壳与枳实；附子、干姜与肉桂；山药、泽泻与牡丹皮等。

　　2. 质地较轻且用量较少的饮片应放在斗架的高层。如月季花、白梅花与佛手花；玫瑰花、玳玳花与厚朴花；络石藤、青风藤与海风藤；地骨皮、千年健与五加皮；密蒙花、谷精草与木贼草等。

　　3. 质重饮片（包括矿石类、化石类和贝壳类）和易于造成污染的饮片（炭药类）应放在斗架的低层。如磁石、赭石与紫石英；龙骨、龙齿与牡蛎；石决明、珍珠母与瓦楞子；石膏、寒水石与海蛤壳等。炭类药，如藕节炭、茅根炭与地榆炭；大黄炭、黄芩炭与黄柏炭；艾炭、棕榈炭与蒲黄炭等。

4. 质地松泡且用量大的饮片应放在斗架最下层的大药斗内。如灯心草与通草；芦根与茅根；茵陈与金钱草；竹茹与丝瓜络；薄荷与桑叶；荷叶与紫苏梗等。

三、特殊中药的存放

为了避免差错事故，有些形状类似饮片和相反、相畏饮片不能放在一起或不宜放入斗内，防止因疏忽造成意外事故。

1. 形状类似的饮片，如山药片与天花粉片；炙甘草片与炙黄芪片；桂枝与桑寄生；天南星片与白附子片；血余炭与干漆炭；韭菜子与葱子等。

2. 配伍相反的饮片，如乌头类（川乌及草乌）与半夏的炮制品、瓜蒌（瓜蒌皮、瓜蒌子、瓜蒌霜及天花粉）；甘草与京大戟、甘遂、芫花；藜芦与人参、党参、西洋参、丹参、南沙参、北沙参、玄参、苦参、白芍、赤芍、细辛均不宜放在一起。

3. 配伍相畏的饮片，如丁香（包括母丁香）与郁金（黄郁金、黑郁金）；芒硝（包括玄明粉）与荆三棱；各种人参与五灵脂；肉桂（官桂）与石脂（赤石脂和白石脂）均不宜放在一起。

4. 为防止灰尘污染，有些中药不宜放在一般的药斗内，如熟地黄、龙眼肉、青黛、玄明粉、松花粉、乳香面、没药面、儿茶面、生蒲黄、血竭面等，宜存放在加盖的瓷罐中，以保持清洁卫生。

5. 细料药品（价格昂贵或稀少的中药）不能存放在一般的药斗内，应设专柜存放，由专人管理，每天清点账物。

6. 毒性中药和麻醉中药必须按《医疗用毒性药品管理办法》和《麻醉药品管理办法》规定的品种和制度存放，绝不能放一般药斗内，必须专柜、专账由专人管理，严防意外恶性事故的发生。如川乌、草乌、斑蝥等27种毒性中药和麻醉中药罂粟壳。

第六章　顾客投诉处理的原则和技巧

一、顾客投诉类型

1. 常见的顾客投诉分为：商品质量投诉、服务质量投诉、价格投诉、用药推荐不当投诉等。

2. 商品质量投诉：如投诉胶囊漏粉、漏液、外包装破损、污染、药物过敏或职业打假者通过批文\说明书\防伪电话来投诉包装质量问题等。

3. 服务质量投诉：如收银时排队过久，处方药控制解释不当，中药饮片调剂错误，中药饮片发药错误等。

4. 价格投诉：如标签错误或同类商品比竞争店价格贵，系统信息错误，会员价商品等。

5. 用药推荐不当投诉：营业员存在乱推荐现象，药师指导不当等。

二、处理原则

1. 礼貌、热情接待投诉顾客，安抚投诉者的愤怒。

2. 要表示相信顾客所说的话，不推诿责任，不与顾客发生争执，不在立场上争执不休。耐心倾听投诉者申诉，千万不要话还没有听完就指责顾客或为自己作辩解，这样最容易引起顾客的反感。

3. 不让事件扩大，以免影响公司的声誉。

4. 受理顾客投诉后马上调查事件原因，检查问题出现的环节；但不能轻率地承担责任，不盲目认错，如当事人无法作出决定时应请示上级来解决。

5. 根据顾客要求或与顾客约定的反馈时间内给予答复。

6. 确实执行改善对策，避免同类事件再次发生。

三、处理技巧

1. 选择合适的地点接待顾客投诉：接待顾客投诉时，首先应考虑何处接待。一般原则是如果投诉即时发生（即刚刚接受了服务便发生投诉），则要尽快将顾客带离现场，以减缓、转移顾客的情绪和注意力，不使事件造成对其他服务对象的影响。接待顾客投诉地点宜在不受打扰的办公室、会议室等场所，有利于谈话和沟通。

2. 由合适的人接待顾客投诉：无论是即时或事后对顾客的投诉，都不宜由当事人来接待顾客。一般情况，服务中心应依据投诉的内容，根据分类找相关人员进行接待处理。必要时应及时向上级进行汇报或请求协助处理。

3. 尊重投诉者：接待者的行为、举止、语言要从一切细节上使投诉者感到自己是受到尊重的。

4. 微笑：微笑可以迅速拉近人与人之间的距离，消除隔阂，化解投诉者的怨气。接待时，应该向投诉者让座，先请投诉者坐下，自己后坐下，并注意坐姿要端正。必要时可以为投诉者倒上一杯水或沏上一杯茶，以缓解投诉者的情绪，拉近双方的距离。

5. 耐心倾听、真诚关切，理直气不粗，有理也要让三分。

6. 用适当的语言和方式使顾客"移情"即是指换位思考。很多情况下的顾客投诉，是顾客对服务方的产品、制度、程序或其他制约条件不够了解，以致对方不满意，处理这类投诉时，要通过适当的语言或方式使顾客尝试着站在门店的立场上，理解、体谅我们的服务工作，使双方在一个共同的基础上达成谅解。

7. 证据原则（强调有形证据）：对于顾客投诉的整理，没有确凿的证据（尤其是有形的证据，如处方、销售小票、病历或电脑存储的相关信息）排除自己的责任时，应尽量满足顾客的合理要求。

8. 情与理的交替运用，适当减缓顾客的期望值。

9. 投诉后的赔偿原则：顾客上门投诉，总有一定的道理，我们应尽最大的努力为顾客解决问题。当不能通过其他措施解决问题时，赔偿不失为一种必要的手段。顾客提出的损失一般包括3部分：

（1）直接损失：如药品。

（2）间接损失：如投诉过程发生的交通费、扣发的工资或奖金。

（3）隐形损失：有些顾客提出的精神损失费、误工期间所能创造的价值等，属于隐形损失。在可接受的范围内，原则上赔偿顾客的直接和间接损失，隐形损失缺乏明确的度量标准，一般不予赔偿。

第 二 篇
基础理论篇

第七章　医学基础

第一节　解剖基础

系统解剖学是按人体器官功能系统阐述人体正常器官形态结构及其发生发展的科学，是医学科学中一门重要的基础课，是人体解剖学的重要分科之一。

一、人体的组成

1. 细胞：是组成人体的最基本的结构和功能单位。
2. 组织：由形态相似、功能相近的细胞与细胞间质结合在一起而构成。
3. 器官：几种不同的组织相互结合成具有一定的形态、完成一定功能的结构单位。
4. 系统：功能相关的器官按顺序连在一起构成系统。人体有九大系统：运动系统、呼吸系统、消化系统、泌尿系统、生殖系统、循环系统、感觉系统、神经系统、内分泌系统。

二、运动系统

运动系统由骨、骨联结和骨骼肌组成，骨借骨联结构成整体的支架即骨骼，肌附着于骨。在运动中骨起杠杆作用，关节为枢纽，骨骼肌为动力。共同完成支持人体、保护内脏及运动的功能。

（一）骨及骨联结

1. 骨按形态可分为：长骨、短骨、扁骨和不规则骨。
2. 骨的部位分类：成人骨共206块，按在体内所处部位不同可分为颅骨、躯干骨和四肢骨。颅骨分脑颅骨和面颅骨，共23块，躯干骨共51块，四肢骨共126块，另有3对听小骨位于颞骨内。
3. 骨的构造：骨主要由骨质、骨髓、骨膜构成。
（1）骨质：即骨组织，又分为骨密质和骨松质。
（2）骨髓：充填于骨髓腔和松质腔隙内。又分为黄骨髓和红骨髓，红骨髓能造血。成人髂骨、胸骨、椎骨内终身保留红骨髓。
（3）骨膜：由致密结缔组织构成，位于骨的最外边，含有丰富的血管、神经和成骨细胞。在骨的生长、发生、修复和改建中起重要作用。（图7－1）

（二）骨骼肌

运动系统的肌属骨骼肌，每块肌都可看做一个器官。根据肌的位置分为头肌、躯干肌、四肢肌等；根据肌的功能分为屈肌、伸肌、内收肌、外展肌、旋内肌、旋外肌等；根据肌的外形分为长肌、短肌、阔肌和轮匝肌等。

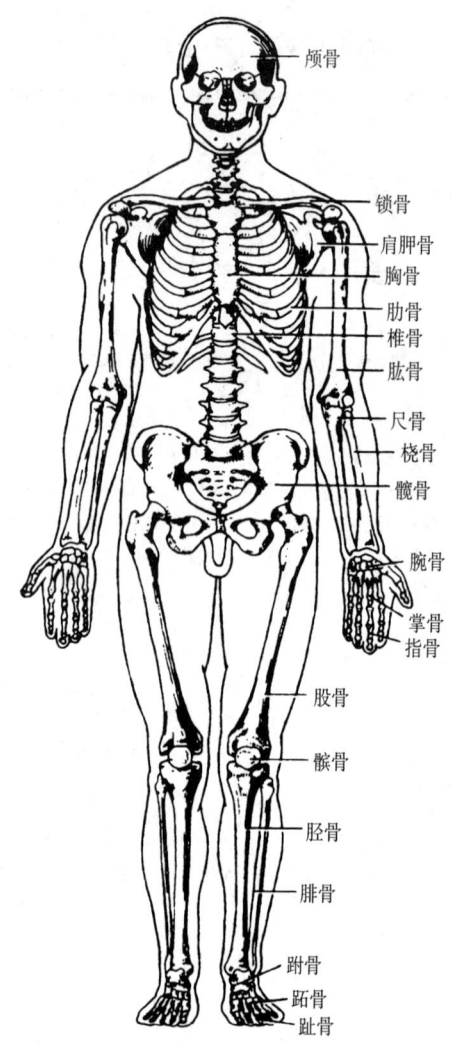

颅骨

锁骨
肩胛骨
胸骨
肋骨
椎骨
肱骨

尺骨
桡骨

髋骨

腕骨

掌骨
指骨

股骨

髌骨

胫骨

腓骨

跗骨
跖骨
趾骨

图 7-1　人体骨骼

　　每块肌都由肌腹和肌腱两部构成。肌腹由肌纤维构成，具有收缩功能。肌腱由致密结缔组织构成，阔肌的肌腱又称腱膜。（图 7-2）

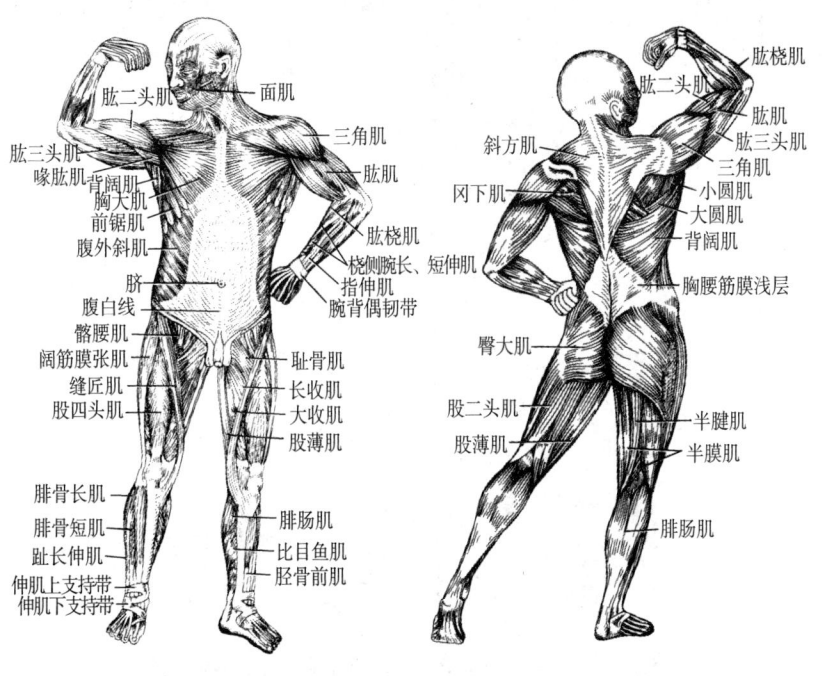

（1）前面　　　　　　　　　　　（2）后面

图 7-2　全身肌的分布

呼吸系统由呼吸道和肺组成。机体和外界在此进行气体交换，有感受嗅觉和辅助发音功能。

呼吸道包括鼻、咽、喉、气管、主支气管和肺内各级支气管。临床上将鼻、咽、喉称为上呼吸道，气管及以下各级气管称为下呼吸道。（图 7-3）

（一）鼻

鼻是呼吸道的起端，又是嗅觉器官，并可辅助发音。可分为外鼻、鼻腔和鼻旁窦。

外鼻呈三棱锥形，以骨和软骨为支架，外被皮肤而成。

鼻腔是以骨和软骨为支架，内衬黏膜和皮肤而成。前借鼻前孔通外界，后借鼻后孔通咽。中间被鼻中隔分为左右两部。

鼻旁窦是鼻腔周围颅骨内与鼻腔相通的含气空腔。由骨性鼻旁窦内衬黏膜构成。共有 4 对。上颌窦位于上颌骨内，开口于中鼻道。额窦位于额骨内，开口于中鼻道。筛窦位于筛骨内，依窦口的部位将筛窦分为前、中、后 3 组，其中前、中小房开口于中鼻道，筛窦后群开口于上鼻道。蝶窦位于蝶骨内，开口于蝶筛隐窝。

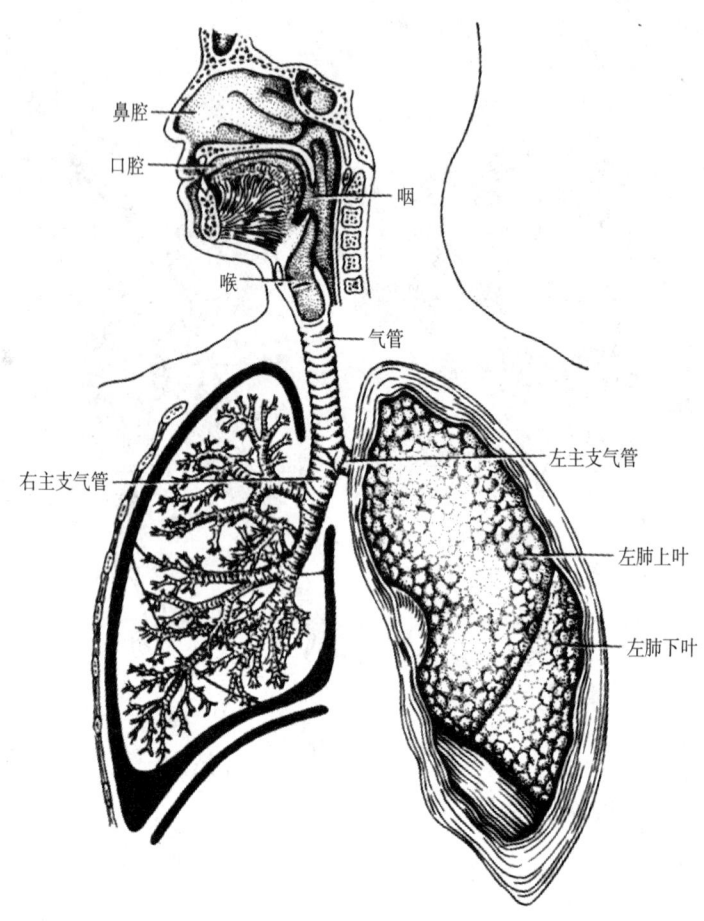

鼻腔

口腔

咽

喉

气管

右主支气管

左主支气管

左肺上叶

左肺下叶

图7-3　呼吸系统概观

　　鼻腔黏膜嗅区分布于上鼻甲及鼻中隔上部黏膜，略呈浅黄色。嗅区以外的黏膜，呈
淡红色。其中位于鼻中隔前下部的黏膜，血管丰富，称易出血区。（图7-4）

　　（二）喉、气管

　　喉位于颈前部正中，5～6颈椎高度，上连舌骨，下续气管。喉是以软骨为支架，附
以喉肌，内衬黏膜而成。

　　气管位于颈前正中，食管前方。于第六颈椎体下缘平面续接于喉的环状软骨。由
16～20个"C"形气管软骨环借结缔组织和平滑肌连结而成。气管以胸骨的颈静脉切迹
为界分为颈部和胸部。于胸骨角平面分支为左、右主支气管。

　　左主支气管细长、近水平。右主支气管粗短、近垂直。因此气管异物坠落多入右主

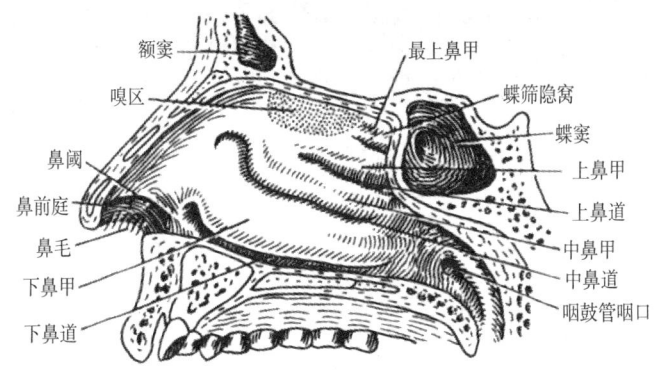

图 7-4 鼻腔外侧壁

支气管。(图 7-5)

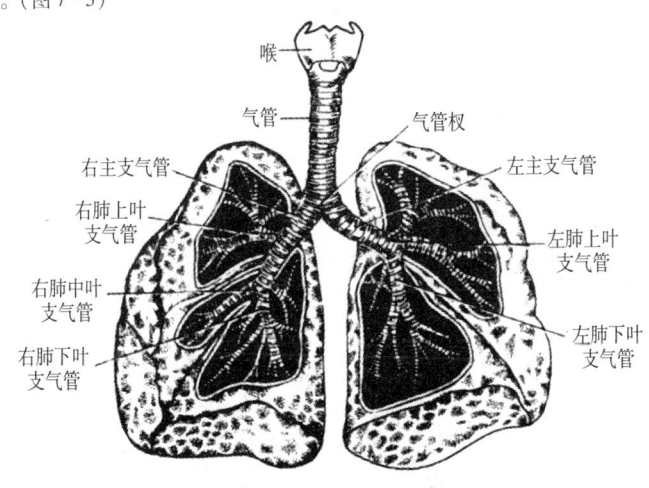

图 7-5 气管、支气管

（三）肺

肺位于胸腔内，纵隔两侧，左、右各一。右肺粗短，左肺狭长。每侧肺似半个锥体形，可归纳为一尖、一底、两面、三缘。肺的上端钝圆，突入颈根部。其体表投影在锁骨内侧段以上 2～3 cm。肺底向下与膈顶相贴。

四、消化系统

消化系统由消化管和消化腺两部分构成，主要功能是消化食物、吸收营养、排出粪便。

消化管始自口腔，终于肛门。包括口、咽、食管、胃、小肠（又分十二指肠、空肠、回肠）、大肠。临床以十二指肠为界，将十二指肠以上消化管称为上消化道，空肠以下消化管称为下消化道。消化腺包括肝、胰、涎腺等。（图7-6）

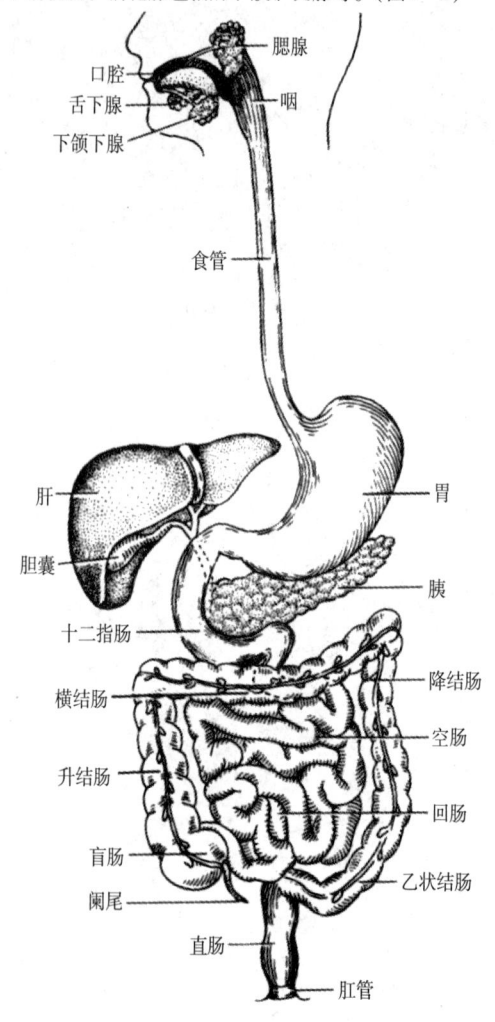

图7-6　消化系统

（一）口腔

口腔是消化管的起始处，借口唇与外界相通，借咽峡与咽相续（图7-7）。

口腔以上、下颌牙咬合为界分为口腔前庭和固有口腔。

（二）牙

牙是最坚硬的器官，嵌于牙槽中。牙按形态可分为牙冠、牙根、牙颈。

牙的构造包括牙质、牙釉质、粘合质。牙质为主体，牙釉质覆盖于牙冠表面，黏合质又称牙骨质，包在牙根、牙颈周围。

（三）咽

咽位于1～6颈椎前方，为一漏斗形肌性管道，长约12 cm。咽分为鼻咽、口咽、喉咽（图7-8）。

1. 鼻咽：正对鼻后孔，并借此与鼻腔相通。侧壁有咽鼓管咽口通中耳。

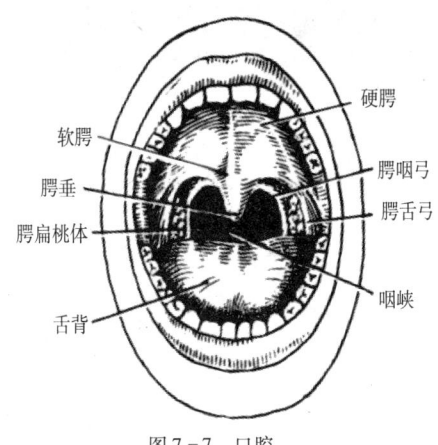

图7-7　口腔

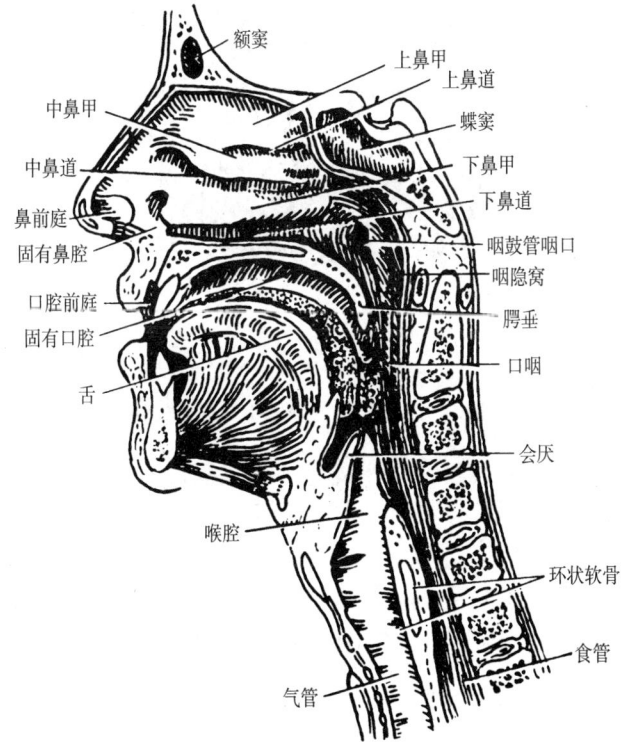

图7-8　头部正中矢状断切面

2. 口咽：软腭与会厌平面之间，前借咽峡通口腔，在腭舌弓与腭咽弓之间的隐窝内有腭扁桃体。

3. 喉咽：会厌与第6颈椎下缘之间，前对喉，借喉口与喉腔相通，下续食管。

（四）胃

胃的形态即两壁、两缘、两口。两壁即前、后两壁，两缘即大弯和小弯，两口即上口贲门、下口幽门。胃上缘较短，凹向右上方，称胃小弯，其最低点处有一切迹，成为角切迹；下缘较长，凸向左下方，称胃大弯。

胃大部分位于左季肋区，少部分位于腹上区（剑突下）。分4部，即贲门部、胃底部、胃体部和幽门部。幽门部临床也称胃窦，分幽门窦和幽门管两部。幽门部和胃小弯是胃溃疡好发的部位。（图7-9）

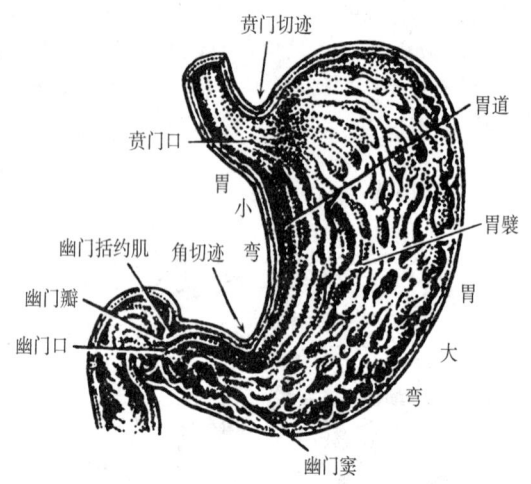

贲门切迹

贲门口

胃道

胃小弯

胃襞

幽门括约肌

角切迹

幽门瓣

幽门口

胃大弯

幽门窦

图7-9　胃的形态、分部及黏膜

（五）小肠、大肠

小肠长5～7 m，位于腹腔中下部。上接幽门下续盲肠。小肠全长分十二指肠、空肠、回肠。

大肠起自回肠，终于肛门。约1.5 m，呈"门框"状包绕在小肠周围。分为盲肠、结肠、直肠3部。盲肠和结肠表面有3个特征性的结构，即结肠带、结肠袋、肠脂垂。结肠带共3条，交会于阑尾根部。（图7-10）

（六）肝、胆囊

肝是最大的消化腺，呈楔形褐红色。肝大部分位于右季肋区和腹上区，小部分位于左季肋区。以镰状韧带为界分为左、右两叶。

胆囊位于右季肋区，肝的下方胆囊窝内。具有暂时储存和浓缩胆汁的功能，通过输胆管道将胆汁输送至十二指肠的管道。胆囊底的体表投影位于右锁骨中线与右肋弓交点稍下方。

胰位于胃的后方，是人体第二大腺体，相当于第1、第2腰椎水平。分泌胰液，胰管开口于十二指肠；分泌胰岛素，调节血糖。

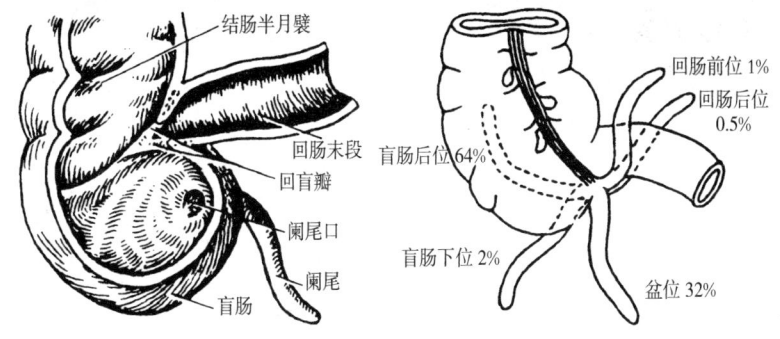

图 7-10 盲肠和阑尾

结肠半月襞
回肠末段
回盲瓣
阑尾口
阑尾
盲肠
回肠前位 1%
回肠后位 0.5%
盲肠后位 64%
盲肠下位 2%
盆位 32%

五、泌尿系统

泌尿系统由肾、输尿管、膀胱、尿道构成，是重要的排泄器官。

(一) 肾

肾为暗红色实质性器官，左右各一。肾位于腹膜后、脊柱两侧，属腹膜外位器官。左肾比右肾高半个椎体。

肾的内部结构分为肾实质，肾盏和肾盂。肾实质可分为肾皮质和肾髓质。肾实质主要是大量的泌尿小管和泌尿小管间的肾间质组成。肾髓质位于皮质深面，由 10 多个肾锥体构成。肾锥体为圆锥形，尖端钝圆称肾乳头并伸入肾小盏内。2～3 个肾小盏合成一个肾大盏，2～3 个肾大盏又合成肾盂。肾盂呈漏斗状，出肾门后移行为输尿管。

肾区是肾门（位于肾的内侧缘中部的凹陷）的体表投影，在竖脊肌外侧缘与第 12 肋的夹角内，约平对第 1 腰椎体。某些肾疾病在该区可出现压痛或叩击痛。

(二) 输尿管、膀胱

输尿管为一细长的肌性管道，长 20～30 cm，分为 3 段，即腹段、盆段、壁内段。输尿管的第一狭窄位于起始处。第二狭窄越过髂血管处。第三狭窄穿膀胱壁处。

膀胱位于盆腔中，前与耻骨联合相邻，空虚时不超过耻骨联合上缘，充盈时膨入腹腔，与腹前壁相贴。为一肌性囊状器官，主要功能是储尿。空虚时呈锥体形，充盈时略呈卵圆形。

(三) 尿道

男性尿道起于膀胱内口，终于尿道外口。兼有排尿与排精功能。男性尿道全长分为 3 部。前列腺部是穿行于前列腺内的一段，有前列腺、射精管的开口。膜部是贯穿尿生殖膈的部分，周围有尿道括约肌。海绵体部是穿尿道海绵体内的部分。

女性尿道起自尿道内口，终于尿道外口。长 3～5 cm。女性尿道特点是短、宽、直，易引起逆行感染。

(四) 前列腺

前列腺位于膀胱颈与尿生殖膈之间，大小及形态颇似栗子，后部正中有一纵行浅沟，称前列腺沟。后与直肠临接，通过直肠指诊，可触摸到前列腺的变化。中老年前列腺易增生肥大，压迫尿道的前列腺部引起排尿困难。

六、生殖系统

生殖系统的主要功能为产生生殖细胞、繁衍后代、延续种族和分泌性激素以维持性的特征。生殖系统根据性别分为男性生殖器和女性生殖器。

男性生殖器包括内生殖器和外生殖器。内生殖器由生殖腺（睾丸）、输精管道（附睾、输精管、射精管、尿道）和附属腺（精囊、前列腺、尿道球腺）组成。睾丸是产生男性生殖细胞（精子）和分泌男性激素的器官。睾丸产生的精子，先储存于附睾内，当射精时经输精管、射精管和尿道排出体外。精囊、前列腺和尿道球腺的分泌液参与组成精液，供给精子营养并有利于精子的活动。外生殖器包括阴囊和阴茎。（图 7 - 11）

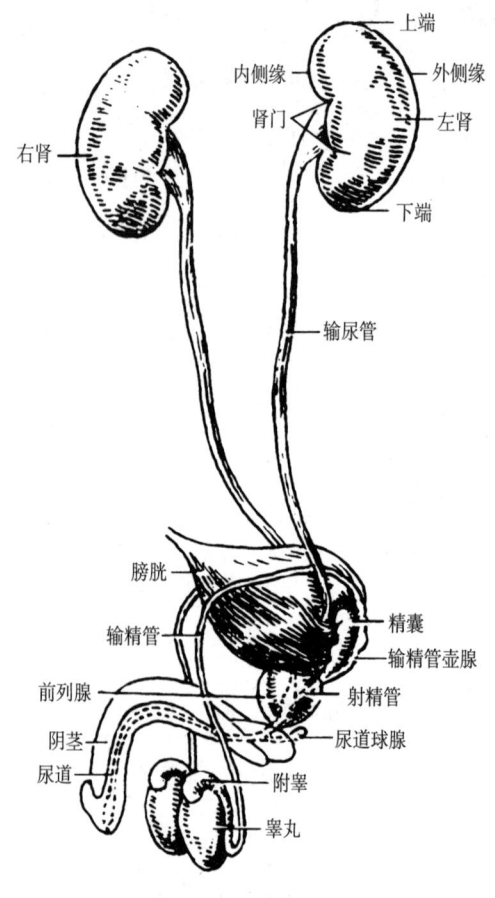

图 7 - 11　男性泌尿生殖系统

女性生殖器包括内生殖器和外生殖器。内生殖器由生殖腺（卵巢）和输送管道（输

第二篇　基础理论篇

卵管、子宫、阴道）组成。卵巢是产生女性生殖细胞（卵子）和分泌女性激素的器官。卵巢内成熟的卵突破卵巢表面的生殖上皮排至腹膜腔，经输卵管腹腔口进入输卵管，在管内受精后移至子宫，植入子宫内膜发育成长。成熟的胎儿在分娩时，经子宫口和阴道娩出。外生殖器即女阴。（图7－12）

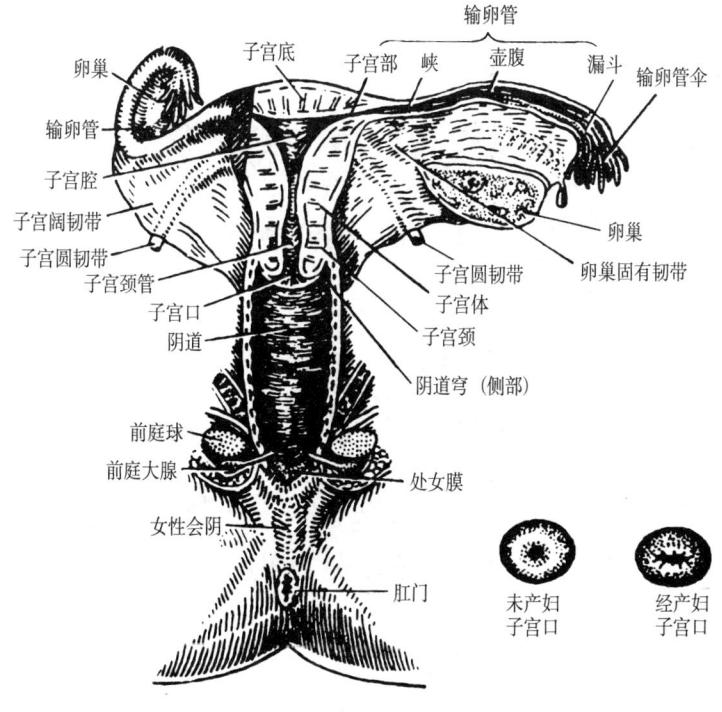

图7－12　女性内生殖器

七、循环系统

脉管系统包括心血管系和淋巴系，是一套分布于全身各处的封闭管道。

心血管系由心和血管组成。心是推动血流的动力器官，分为4个腔。即左、右心房，左、右心室。血管又包括动脉、静脉和毛细血管；动脉是将血液带出心脏的血管；静脉是将血液带回心脏的血管；毛细血管是连于动脉与静脉之间管径极细、管壁极薄的血管。

（一）心脏

心位于胸腔中纵隔内。2/3位于正中线左侧，1/3位于正中线右侧。

心的前面大部分被肺和胸膜所遮盖，只有一小部分借心包与胸骨下份和左侧4～6肋软骨相邻，此区称心包裸区。临床心内注射应选择胸骨左缘第4肋间处进针，可不伤及肺和胸膜。

（二）血液循环（图7-13）

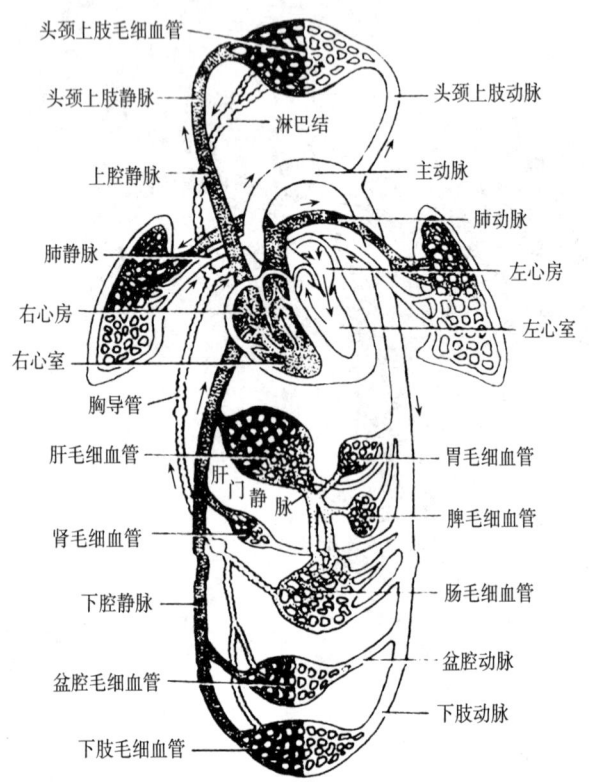

头颈上肢毛细血管
头颈上肢静脉
淋巴结
上腔静脉
肺静脉
右心房
右心室
胸导管
肝毛细血管
肝门静脉
肾毛细血管
下腔静脉
盆腔毛细血管
下肢毛细血管

头颈上肢动脉
主动脉
肺动脉
左心房
左心室
胃毛细血管
脾毛细血管
肠毛细血管
盆腔动脉
下肢动脉

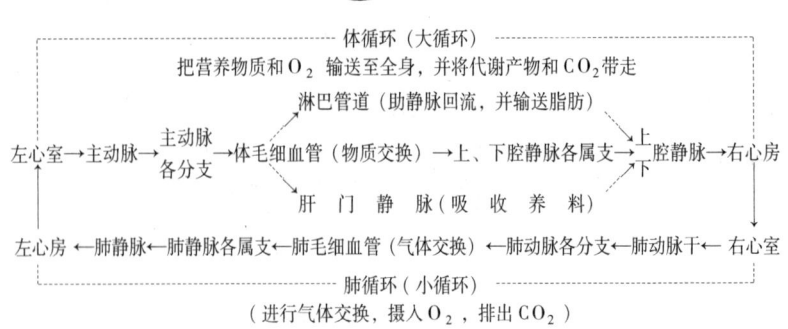

图7-13　血液循环

血液由心室出发，经动脉、毛细血管、静脉返回心房的周而复始的过程，称血液循环。分为体循环和肺循环。

体循环途径：左心室→主动脉→各级动脉分支→全身毛细血管→静脉→各级静脉属支→上、下腔静脉→右心房。

肺循环途径：右心室→肺动脉→肺动脉各级分支→肺泡周围毛细血管网→肺静脉属支→肺静脉→左心房。

八、感觉器

感觉器是指机体内专门感受特定刺激的器官，是由特殊的感受器和附属器构成的。

（一）眼

眼包括眼球和眼副器。眼球由眼球壁和眼球内容物组成（图7-14）。

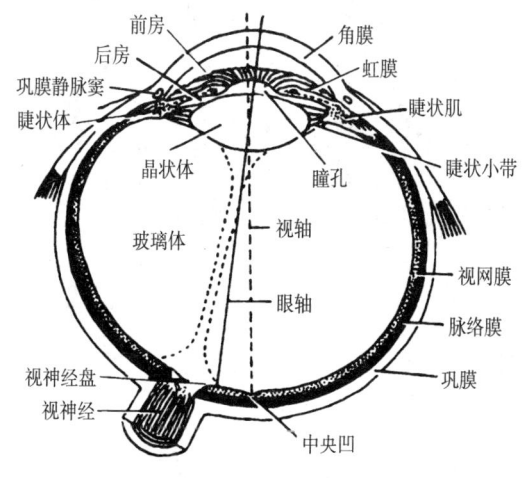

图7-14　眼球的构造

眼球壁由外向内依次是：纤维膜、血管膜、视网膜。纤维膜厚而坚韧，前1/6为角膜、后5/6为巩膜。角膜无色透明，有折光作用。巩膜呈乳白色，不透明。血管膜富含血管和色素，由前向后分为虹膜、睫状体、脉络膜。视网膜位于血管膜内层。主要结构有视神经盘、黄斑和中央凹等。

眼球内容物包括房水、晶状体、玻璃体，是眼的屈光装置。房水由睫状体产生。流通途径：房水→后房→瞳孔→前房→虹膜角膜角→巩膜静脉窦→眼静脉。晶状体双面凸，调节近视、远视。玻璃体为无色透明胶状物，是重要的屈光装置。

眼副器包括眼睑、结膜、泪器、眼外肌。

（二）耳

耳分为外耳、中耳、内耳。

外耳包括耳郭、外耳道、鼓膜。耳郭以软骨为支架，外被皮肤。外耳道呈"S"形，外耳道检查时，需将耳郭向外上方牵拉。鼓膜位于外耳道与中耳之间，呈椭圆形，半透明，向外下方倾斜。上部为松弛部，下部为紧张部，中央向内凹陷为鼓膜脐，前下有三角形的光锥。

中耳包括鼓室、咽鼓管、乳突小房。咽鼓管前借咽鼓管咽口与鼻咽相通，后通鼓室。小儿咽鼓管短、平、直，上呼吸道感染易经咽鼓管蔓延至中耳，引起中耳炎。（图7-15）

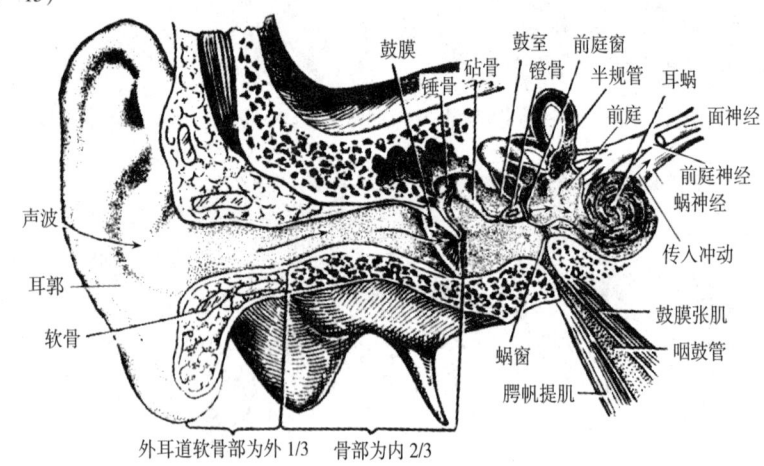

图 7-15　前庭蜗器全貌

九、神经系统

（一）神经系统的基本功能

神经系统由脑、脊髓以及与其相连的脑神经和脊神经组成，在机体各系统中处于主导地位。一方面神经系统调节和控制各系统的功能活动，使机体成为一个完整的统一体；另一方面神经系统通过调整机体功能活动，以适应不断变化的外界环境。

（二）神经系统的区分

1. 按位置和功能区分：神经系统可分为中枢神经系统和周围神经系统。①中枢神经系统包括脑和脊髓。脑位于颅腔，脊髓位于椎管内，两者在枕骨大孔处相连。中枢神经系统有控制和调节整个机体活动的作用。②周围神经系统包括与脑相连的12对脑神经和与脊髓相连的31对脊神经。

2. 按分布的对象区分：神经系统可分为躯体神经系统和自主神经系统（又称内脏神经系统）。它们的中枢部都在脑和脊髓内，周围部分别称为躯体神经和自主神经（又称内脏神经）。躯体神经和自主神经都含有感觉（传入）纤维和运动（传出）纤维。①躯体神经主要分布于皮肤和运动系统（骨、骨连接和骨骼肌），管理皮肤的感觉和运动器的感觉及运动。②自主神经主要分布于内脏、心血管和腺体，管理它们的感觉和运动。而内脏运动神经根据其功能不同分为交感神经和副交感神经。

十、内分泌系统

（一）内分泌系统的组成

内分泌系统是人体神经系统以外的另一重要调节系统，它由分布于身体不同部位的内分泌器官和内分泌组织组成，两者又都称内分泌腺。内分泌器官是独立存在的、肉眼可见的内分泌腺，如甲状腺、肾上腺、垂体等。

（二）内分泌系统的主要功能

内分泌腺的分泌物称激素，直接渗入血液和淋巴，随血液循环运送到全身，对机体的新陈代谢、生长发育和生殖功能有重要的调节作用。一种激素只能作用于特定的器官和细胞，这些器官或细胞称该激素的靶器官或靶细胞。内分泌腺功能过剩或低下，均可引起机体功能紊乱，甚至形成疾病。

第二节 生理基础

生理学是生物科学中的一个分支，是一门实验性科学，它以生物机体的功能为研究对象。生理学的任务就是研究这些生理功能的发生机制、条件、机体的内外环境中各种变化对这些功能的影响以及生理功能变化的规律。

一、内环境与稳态的概念

1. 内环境：内环境是指细胞直接生存并与之进行物质交换的环境，主要由组织液和血浆组成。

2. 稳态：内环境理化性质维持相对恒定的状态，称稳态，它是一种动态平衡。细胞的正常代谢活动需要稳态，而代谢活动本身又经常破坏稳态，生命活动正是在稳态不断破坏和不断恢复的过程中维持和进行的。

二、人体生理功能 3 大调节

1. 神经调节：指通过神经系统的活动，对生物体各组织、器官、系统所进行的调节。特点是准确、迅速、持续时间短暂。

2. 体液调节：体内产生的一些化学物质（激素、代谢产物）通过体液途径（血液、组织液、淋巴液）对机体某些系统、器官、组织或细胞的功能起到调节作用。特点是作用缓慢、持久而弥散。

3. 自身调节：组织和细胞在不依赖于神经和体液调节的情况下，自身对刺激发生的适应性反应过程。特点是调节幅度小。

三、血液

（一）血液基本功能

1. 运输功能：运输氧、二氧化碳和营养物质，同时将组织细胞代谢产物、有害物质等输送到排泄器官排出体外。

2. 维持内环境稳态：各种物质的运输可以使新陈代谢正常顺利进行；血液本身可以缓冲某些理化因素的变化；通过血液运输为机体调节系统提供必需的反馈信息。

3. 参与体液调节：通过运输体液调节物质到达作用部位而完成。如激素的全身性体液调节作用。

4. 防御保护功能：各类白细胞的作用，血浆球蛋白的作用，生理止血、凝血过程的发生，扩凝系统与纤溶系统的存在等均可以体现出血液的防御保护功能。

（二）ABO 血型分类

ABO 血型系统有两种凝集原（抗原），即 A 凝集原和 B 凝集原，均存在于不同人的红细胞膜的表面。根据红细胞膜上含有凝集原的种类及有无，将人类的血型分为 4 型：含有 A 凝集原的为 A 型，含有 B 凝集原的为 B 型，含有 A 和 B 两种凝集原的为 AB 型，不含 A 凝集原也不含 B 凝集原的为 O 型。人的血浆中天然存在两种相应的凝集素（抗体），即抗 A 凝集素与抗 B 凝集素。相对应的凝集原与凝集素相遇会发生抗原抗体反应，因此它们不能同时存在于同一个人的红细胞和血浆中。

四、血液循环

（一）心脏的泵血功能（图7-16）

1. 心动周期：心脏一次收缩和舒张，构成一个机械活动周期称心动周期。

2. 心动周期与心率的关系：心动周期时间的长短与心率有关，心率增快时，心动周期将缩短，收缩期和舒张期都相应缩短，但舒张期缩短的比例较大，心肌工作的时间相对延长，所以心率过快将影响心脏泵血功能。

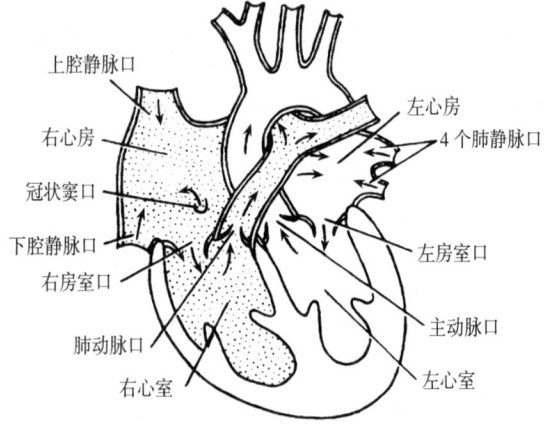

图7-16　心腔和大血管内流方向

（二）心脏泵血功能的评价指标

1. 每搏输出量和心排血量：一侧心室一次收缩所射出的血液量为搏出量；每搏输出量与心率的乘积为心排血量。

2. 射血分数：每搏输出量与心室舒张末期的容积的百分比。人体安静时的射血分数为 55%～65%。射血分数与心肌的收缩能力有关，心肌收缩力越强，则每搏输出量越多，在心室内留下的血量将越少，射血分数也越大。

（三）影响动脉血压的因素

影响动脉血压的因素主要有每搏输出量、心率、外周阻力、大动脉壁的弹性和循环血量与血管容量之间的关系等5个方面。

1. 每搏输出量：主要影响收缩压。搏出量增多时，收缩压增高，脉压差增大。

2. 心率：主要影响舒张压。随着心率增快，舒张压升高比收缩压升高明显，脉压差减小。健康成人的心率为60～100次/min，大多数为60～80次/min，女性稍快；3岁以下的小儿常在100次/min以上；老年人偏慢。

3. 外周阻力：主要影响舒张压，是影响舒张压的最重要因素。外周阻力增加时，舒张压增大，脉压差减小。

4. 主动脉和大动脉的弹性储器作用：减小脉压差。

5. 循环血量与血管系统容量的比例：影响平均充盈压。

（四）形成血压的基本条件

1. 心血管内有血液充盈。

2. 心脏射血。

五、呼吸

呼吸过程分为外呼吸、气体在血液中的运输和内呼吸。重点讲解的是外呼吸，以及影响呼吸运动的因素。外呼吸又分为肺通气和肺换气。（图7-17）

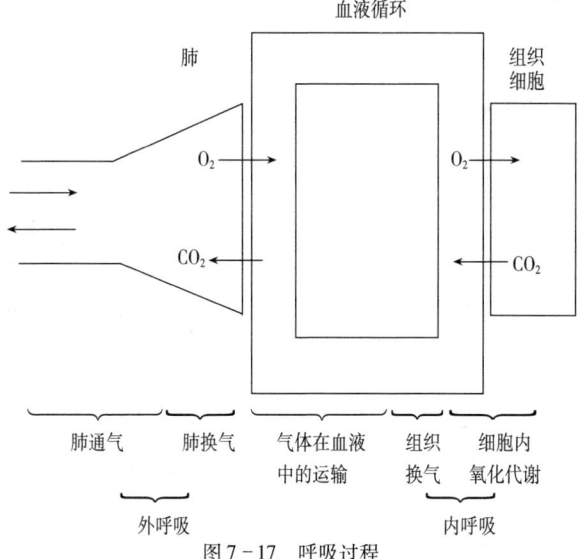

图7-17 呼吸过程

（一）肺通气（气体经呼吸道出入肺泡的过程）

1. 肺通气的动力：直接动力是肺泡气与大气之间的压力差。原始动力是胸廓的运动。平静呼吸时吸气是主动的，呼气是被动的，即吸气动作是由吸气肌收缩引起，而呼气动作则主要是吸气肌舒张引起，而不是呼气肌收缩。用力呼吸时，吸气和呼气都是主动的。

2. 肺通气的阻力：包括弹性阻力和非弹性阻力。平静呼吸时，弹性阻力是主要因素，肺通气的动力主要用于克服弹性阻力，其次是用于克服呼吸道阻力。

（1）弹性阻力：包括肺和胸廓的弹性回缩力。其中肺的弹性回缩力是构成弹性阻力的主要成分，肺泡的回缩力来自肺组织的弹力纤维和肺泡的液-气界面的表面张力。

（2）非弹性阻力：包括呼吸道阻力、惯性阻力和组织的黏滞阻力。其中呼吸道阻力主要受呼吸道管径大小的影响。呼吸道口径是影响呼吸道阻力的主要因素。

（二）胸膜腔内压

1. 胸膜腔：胸膜腔是由胸膜壁层与胸膜脏层所构成的密闭的潜在的腔隙，其间仅有少量起润滑作用的浆液，无气体存在。

2. 胸膜腔内压大小：胸膜腔内的压力称胸膜腔内压。平静呼吸时，胸膜腔内压始终低于大气压，即为负压，并随呼吸运动而发生周期性波动。

（三）肺通气量、每分肺气量和肺泡通气量

1. 肺通气量：指单位时间内呼出或吸入肺的气体总量。它与肺容量相比，能更全面地反映肺通气功能。

2. 每分通气量：指每分钟吸进或呼出肺的气体总量，它等于潮气量与呼吸频率的乘积。

潮气量：在静息状态下每次吸入或呼出的气量称潮气量。

3. 肺泡通气量：指每分钟吸入或呼出肺泡的气体总量，它是直接进行气体交换的有效通气量。

六、消化与吸收

（一）胃液的成分和作用

1. 盐酸：又称胃酸，由壁细胞分泌。生理作用包括：①激活胃蛋白酶原，并为胃蛋白酶提供适宜的酸性环境；②杀死进入胃内的细菌，保持胃和小肠相对的无菌状态；③进入小肠后，可促进胰液、胆汁和小肠液的分泌；④有助于小肠内铁和钙的吸收；⑤可使蛋白变性，有利于蛋白质消化。

2. 胃蛋白酶原：由主细胞合成和分泌。被盐酸激活后，变成有活性的胃蛋白酶。此酶作用的最适 pH 值为 $2.0 \sim 3.5$，进入小肠后，酶活性丧失。

3. 黏液：一方面它可润滑食物，防止粗糙食物对黏膜的机械性损伤；另一方面，与胃黏膜非泌酸细胞分泌的 HCO_3^- 一起，构成黏液-HCO_3^- 屏障，防止盐酸、胃蛋白酶对黏膜的侵蚀。

4. 内因子：由壁细胞分泌的一种糖蛋白，作用是保护维生素 B_{12} 不被消化酶破坏，促进其在回肠远端的吸收。当缺乏内因子时，可造成维生素 B_{12} 缺乏症，影响红细胞生成，出现恶性贫血。

（二）胃的运动形式和作用

1. 紧张性收缩：这是指平时胃的平滑肌保持一定的紧张性收缩，进餐结束后略有加强。其作用在于使胃保持一定的形状和位置，保持一定的压力，使其他形式的运动得以有效进行。

2. 容受性舒张：这是指进食过程中，食物刺激口腔、咽、食管等处的感受器后，通过迷走神经抑制型纤维反射性地引起胃体和胃底部肌肉的舒张。其生理作用在于使胃更好地完成容量和储存食物的机制。

3. 蠕动：是一种起始于胃的中部向幽门方向推进的收缩环，空腹时极少见。其生理作用是磨碎食物团块，使其与胃液充分混合后形成食糜；将食糜不断地推向十二指肠，故有蠕动泵或幽门泵之称。

（三）胰液的成分和作用

1. 胰液的成分：含有消化 3 大营养物质的酶，胰淀粉酶、胰脂肪酶、胰蛋白酶原和糜蛋白酶原等。是消化液中最重要的一种。

2. 胰液的作用：中和进入十二指肠的盐酸，保护肠黏膜；提供各种小肠酶作用的适宜 pH 值环境。消化 3 大营养物质。

（四）胆汁的成分、作用

胆汁的主要成分有胆盐、胆固醇、卵磷脂、胆色素等。胆汁的作用是促进脂肪和脂溶性维生素的消化和吸收，即胆盐、胆固醇、卵磷脂可以把脂肪乳化成微滴，这增加脂肪酶对脂肪的作用面积，有利于脂肪的消化。胆汁中不含有消化酶，因此，无消化能力。

（五）食物的吸收

小肠是最重要的吸收部位。

七、感觉器

（一）眼折光系统的功能

1. 眼的调节：包括晶状体变凸、瞳孔缩小和两眼会聚 3 个方面。

（1）晶状体的调节：视 6 m 以内近物时像后移，使视网膜上形成的物像模糊，反射性地引起副交感神经兴奋，使睫状肌收缩，睫状小带松弛，晶状体弹性回位而凸度增加，折光力增强，使物像前移，在视网膜上形成清晰的物像。老年人由于晶状体弹性减退，而调节力减退，形成老视，视近物不清晰，需用适宜的凸透镜矫正。

（2）瞳孔的调节：视近物时，通过反射调节，副交感神经兴奋，使虹膜环状肌收缩，瞳孔缩小，称为瞳孔近反射。此外，眼收到强光照射时，通过反射调节引起副交感神经兴奋，使瞳孔缩小；强光撤离后，则交感神经兴奋，使瞳孔扩大，称瞳孔对光反射。其意义在于调节进入眼内的光量，保护视网膜。

（3）眼球会聚（辐辏）：视近物时，通过反射调节，使两眼球同时向鼻侧聚合，使物像在两眼的视网膜对称点上产生单一视觉，以免出现复视。

2. 眼的折光：异常眼球的形态或折光系统发生异常，致使平行光线不能在视网膜上聚成像，称屈光不正或称折光异常。

（1）近视眼球前后径过长或折光力过强，物像在视网膜之前，宜配戴适宜凹透镜。

（2）远视眼球前后径过短，物像在视网膜之后，宜配戴适宜凸透镜。

（3）散光角膜经纬线曲率不一致，不能清晰成像，宜配戴适宜的圆柱形透镜。

（二）听觉产生的过程

外耳和中耳等结构是辅助振动波到达耳蜗的传音装置，耳蜗的毛细胞是感受声波刺激的感受器。听神经纤维分布在毛细胞下方的基底膜中，它把神经冲动传递到大脑皮质听觉中枢，产生听觉。（图 7 - 18）

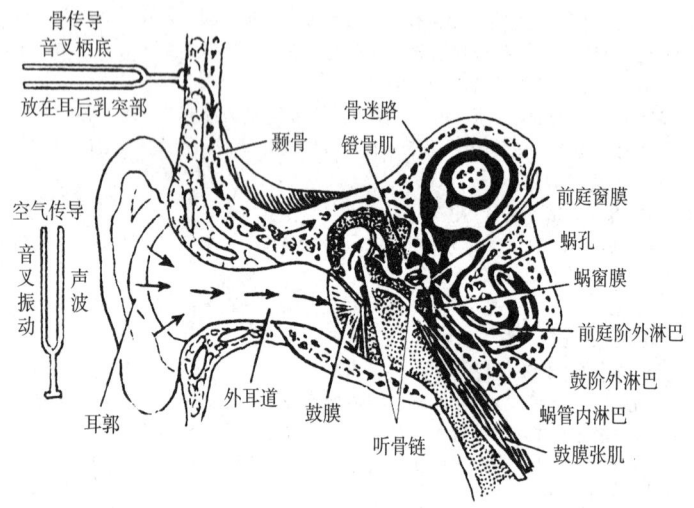

图7-18　声音的传导示意图

　　声音的传导途径有3条：①声音→外耳道→鼓膜→听骨链→前庭窗（卵圆窗）→内耳；②声音→外耳道→鼓膜→鼓室内空气振动→蜗窗（圆窗）→内耳；③声波振动→颅骨和内耳骨迷路振动→内耳。

　　前两种声音传导途径属空气传导，正常情况下主要指第一种的空气传导；第3种声音传导途径称骨传导。正常的听觉是气导大于骨导。

第三节　体格检查

　　体格检查是医师运用手和感官（眼、耳、鼻），借助简单的辅助工具（听诊器、叩诊锤等）检查机体状况的基本方法，是做出临床诊断必不可少的重要步骤。

　　体格检查的基本方法有视诊、触诊、叩诊、听诊和嗅诊5种方法。视诊，即是医师以视觉观察患者全身或局部病变特征的检查方法，包括一般视诊和局部视诊。触诊，是医师通过手的触觉判断局部器官或组织物理特征的检查方法，有浅部触诊和深部触诊两种方法。叩诊，是医师用手指直接或间接叩击患者体表部，并根据其产生的音响特征来辨别脏器状态和病变性质的检查方法。听诊，是医师用听诊器在被检查者体表听取体内某些脏器活动时所产生的音响，并据此推断脏器病变情况的诊断方法。嗅诊，是以嗅觉辨别发自患者体表、呼吸道、胃肠道或呕吐物、排泄物等所产生的异常气味，并判断其与疾病的关系。

　　体格检查包括一般体格检查、头颈部检查、胸部检查、腹部检查、脊柱和四肢的检查以及神经系统的检查。

　　一般检查的内容包括了解患者性别、年龄以及对患者体温、呼吸、脉搏、血压、发育、营养、意识状态、面容表情、体位姿势、步态、皮肤和淋巴结等的检查。

一、性别

正常人的性别是不难判断的，但在发育异常和某些疾病时可发生性征的改变。某些疾病的发生也与性别有关。肾上腺皮质肿瘤和长期使用肾上腺皮质激素者，女性患者可出现男性化，男性患者可发生女性化（如乳房长大），且可发生皮肤、毛发、脂肪分布和声音等第二性征的改变。男性和女性的性染色体各不相同，临床上的两性畸形就是由性染色体的数目和结构异常所致。

二、年龄

不同年龄个体的机体状态不同。因此，患者年龄与疾病的发生、发展和预后密切相关。例如，维生素 D 缺乏病、麻疹多见于幼儿和儿童，结核、风湿病多见于少年和青年人，动脉粥样硬化和冠心病则多见于老年人。

按照中国关于年龄的分段大概可划分为：童年（0～6 岁）、少年（7～17 岁）、青年（18～40 岁）、中年（41～65 岁）、老年（66 岁以后）5 个年龄段。

三、体温

体温测量方法常用的有 3 种。

1. 口测法：正常值为 36.3 ℃～37.2 ℃。此法测量体温虽较可靠，但对幼儿或神志不清的患者不宜采用。

2. 肛测法：正常值为 36.5 ℃～37.7 ℃。此法测量体温稳定，多用于婴幼儿或昏迷患者。

3. 腋测法：正常值为 36 ℃～37 ℃。此法较安全、方便，不易发生交叉感染。

正常人体温早晨略低，而下午略高，但 24 小时内温差一般不超过 1 ℃。运动或进食后人体体温稍高。老年人体温略低，妇女在月经期前或妊娠期时略高。体温高于正常者，称发热。体温为 37.3 ℃～38 ℃时，称低热。体温为 38.1 ℃～39 ℃时，称中度发热。体温为 39.1 ℃～40 ℃时，称高热。体温为 40 ℃以上时称超高热。体温低于正常，称体温过低，可见于休克、急性大出血、年老体弱、恶病质和甲状腺功能减退者。

四、脉搏

测量脉搏需注意其速率、节律和强弱，计数时间需 1 分钟以上。当心排血量增加，周围动脉的阻力较小时，脉搏可增强；反之，则脉搏细弱。在发热、贫血、心功能不全等病理情况下，脉率增快；而在血压升高、阻塞性黄疸、颅内压增高时，脉率减慢。各种心律失常可致患者脉律不整，表现为脉搏的节律和强弱均不相等。在临床上常见的异常脉搏有以下几种。

1. 水冲脉：是指脉搏骤起骤落急促而有力，由脉压差增大所致。水冲脉见于主动脉瓣关闭不全和甲状腺功能亢进等患者。

2. 交替脉：是指脉搏一强一弱交替出现而节律正常，由心室收缩强弱不均匀所致，为心肌损害的表现。交替脉见于高血压及动脉粥样硬化性心脏病，以及左心功能衰竭的早期。

3. 奇脉：是指吸气时脉搏显著减弱或消失，由心包腔内压力升高引起心脏舒张充盈受限所致。奇脉见于心包积液和缩窄性心包炎。

4. 不整脉：是指脉搏不规则，表现为节律不规则而强弱亦不均匀。不整脉见于某些心律失常。

对异常脉搏初发病例，应同时听诊其心率和心律以作对照。

五、呼吸

正常人平静状态时，呼吸频率为 16～20 次/min，无周期性改变，呼吸与脉搏的比例为 1：4。新生儿的正常呼吸频率约为 44 次/min，且随年龄的增长而减慢。

（一）呼吸频率的改变

呼吸频率超过 24 次/min，称呼吸增快，见于肺部弥漫性病变、心血管疾病、发热、严重贫血等。呼吸频率在 10 次/分以下，称呼吸减慢，为各种中毒使呼吸中枢受到抑制和颅内压增高等所致。

（二）呼吸节律的改变

1. 潮式呼吸：又称陈施二氏呼吸，其特征是呼吸由浅、慢逐渐变为深、快，达到最大强度后，呼吸再由深、快变为浅、慢，继而呼吸暂停数秒钟，随后又重新出现上述节律。潮式呼吸的发生与呼吸中枢兴奋性降低有关。潮式呼吸见于中枢神经系统疾病和中毒等，但也可见于有些老年人深睡眠时。

2. 间停呼吸：又称毕氏呼吸，其特征为呼吸次数显著减少，每隔一段时间后即有数秒钟的呼吸暂停期。这种间停呼吸呈一定规律性，为患者病情危急的征象，是由呼吸中枢兴奋性显著降低所致。

（三）呼吸深度的改变

呼吸深而快者，称酸中毒呼吸，又称库氏呼吸，由呼吸中枢受到强烈刺激所致，见于尿毒症、糖尿病等所致的代谢性酸中毒。呼吸浅而快者，见于呼吸道阻塞、肺气肿和呼吸衰竭患者。

六、血压

血压水平分类和定义如表 7-1 所示。

表 7-1　　　　　　　　　　　血压水平分类和定义

	收缩压（mmHg）		舒张压（mmHg）
正常血压	120	和	80
正常高值	120～139	和（或）	80～89
高血压	≥140	和（或）	≥90
1 级高血压（轻度）	140～159	和（或）	90～99
2 级高血压（中度）	160～179	和（或）	100～109
3 级高血压（重度）	≥180	和（或）	≥110

注：当收缩压和舒张压分属于不同级别时，以较高的分级为准。

低血压的诊断目前尚无统一标准，一般认为血压低于 90/60 mmHg，即为低血压。绝大多数低血压患者在临床上并无任何不适，或仅有头晕、困倦、乏力等非特异性症状。少数出现以脑供血不足为主的临床症状，如头晕、眼黑、肢软，甚至可以出现晕厥或休克。

正常人晨起血压较低，晚上、劳动及饱食后较高，高热环境中血压可下降，而在寒冷环境中血压可上升。短暂的血压升高亦可见于剧烈疼痛、情绪激动和缺氧等状态下。持久的血压升高，则可见于原发性高血压和各种症状性高血压。血压降低，可见于休克、心功能不全、心肌病、心肌梗死、大失血等。

七、营养状态

营养状态的评判对人体健康状况和疾病程度的估计具有重大意义，通常可用良好、中等和不良三级予以概括。

1. 营养良好：营养状态良好是指个体皮肤光泽、弹性良好，黏膜红润，皮下脂肪丰满，肌肉结实，毛发、指甲润泽有光，肋间隙及锁骨上窝平坦，肩胛部和股部肌肉丰满。

2. 营养不良：营养状态不良是指个体皮肤无光泽、弹性减低，黏膜干燥，皮下脂肪微薄，肌肉松弛，指甲粗糙无光泽，毛发稀疏，肋间隙及锁骨上窝凹陷，肩胛骨和髂骨棱角突出于体表，多见于结核、甲状腺功能亢进和恶性肿瘤等慢性消耗性疾病。极度营养不良称为恶病质，常见于晚期消耗性疾病。

3. 营养中等：营养状态中等是指个体的营养状态介于以上两者之间。

八、意识状态

正常人意识清晰，但在大脑功能出现障碍时可表现为意识障碍。按大脑功能的障碍程度可将个体的意识状态分为以下几种。

1. 嗜睡：嗜睡是最轻的意识障碍，患者处于病理的睡眠状态之中，可被唤醒，醒后尚能保持短时间的意识清晰状态，但反应迟钝，夫除刺激后，又能迅速入睡。

2. 意识模糊：意识模糊表现为个体的定向、思维和语言障碍，并可有错觉与幻觉，且躁动不安。临床上将兴奋性增高为主的高级神经活动急性失调状态，称谵妄。谵妄表现为意识模糊、定向力消失、感觉错乱、胡言乱语和躁动不安。

3. 昏睡：昏睡是指患者处于熟睡状态而不易被唤醒，即使在强刺激下勉强被唤醒，也毫无表情、答话含糊或答非所问，且很快又能入睡。

4. 昏迷：昏迷为个体意识障碍最严重阶段，是由高级神经活动的高度抑制所致。按昏迷的程度分为浅昏迷和深昏迷两种。浅昏迷时个体表现为意识基本丧失，无自主运动，对声、光等刺激不引起反应，而对强烈的疼痛刺激可出现痛苦表情，瞳孔对光反射、角膜反应、吞咽、咳嗽和各种防御反射仍存在。此时，个体的呼吸、血压和脉搏一般无改变，可伴有大、小便失禁或潴留，亦可伴谵妄。深昏迷时个体表现为意识全部丧失，对强烈刺激也全无反应。此时，个体的瞳孔散大，各种反射均消失，全身肌肉松弛，呼吸不规则，血压下降，大、小便失禁。由脑部缺血、缺氧或由脑组织损伤和血液化学成分异常（如低血糖等）所致的大脑功能暂时性障碍，并引起短暂的意识丧失状态，称昏厥。

九、面容与表情

面容和表情常能反映个体的各种状态，提示病情的严重程度、疾病发展情况和预后情况。某些疾病还可有特征性面容和表情。

1. 急性病容：表现为面颊潮红、呼吸急促、痛苦呻吟、烦躁不安等。急性病容常见于急性感染性疾病，如肺炎、疟疾、急性胆囊炎等。

2. 慢性病容：表现为面容憔悴、面色苍白或灰暗，精神委靡、淡漠、瘦弱无力。慢性病容常见于慢性消耗性疾病，如结核、恶性肿瘤等。

3. 甲状腺功能亢进面容：表现为眼球突出、两眼圆瞪、目光炯炯而如若惊愕，且神情兴奋而易激怒。

4. 二尖瓣面容：表现为面容晦暗，口唇、耳垂轻微发绀，两颊淤血性发红，见于二尖瓣狭窄患者。

5. 肢端肥大症面容：表现为头颅增大，眉弓隆起，鼻、唇、舌及下颏呈不相称增大。由于患者下颌的过度增大和前突使其面部变长牙缝增宽，常见于成人垂体前叶功能亢进患者。

6. 病危面容：表现为面容枯萎，面色灰白或发绀，表情淡漠，目光无神，反应迟钝，甚至大汗淋漓，常见于休克、内脏穿孔或破裂等患者。

十、体位

由于患者疾病性质或意识状态的不同，常取各种不同的体位。患者常见的体位有以下 3 种。

1. 自动体位：是指身体能活动自如，体位可随意改变。取自动体位常见于轻症患者或重症的初期患者。

2. 被动体位：是指患者不能随意调整或变换其肢体的位置，必须借助外力才能被动地更换体位。取被动体位常见于意识丧失、瘫痪或极度衰弱的患者。

3. 强迫体位：是指患者经常采取并长期保持某个能减轻躯体痛苦的体位。例如，当腹部剧痛时，常迫使患者采取两膝弯曲的仰卧位，以减轻腹肌紧张度而减轻腹痛，这种体位就称强迫卧位。当肺部疾病或心功能不全引起呼吸困难时，常迫使患者采取坐位，以减轻呼吸困难，这种体位称强迫坐位（端坐呼吸）。当步行时心绞痛突然发作，常迫使患者立刻停下，以缓解疼痛，这种体位称强迫停立位。

十一、步态与姿势

健康人躯干端正，肢体动作自如，步态稳健。在某些疾病时，患者可出现步态和姿势异常。例如，小脑疾病时，患者常呈醉酒步态；脊柱和四肢疾病时，患者可呈各种姿势的异常状态。

十二、皮肤与黏膜

1. 皮肤的弹性：皮肤的弹性与年龄、营养状况和组织间隙所含液体（血液、淋巴和水分）的多少有关。年轻人皮肤紧张、富有弹性；老年人皮肤松弛、弹性减退。严重脱水者，皮肤弹性减退；而发热患者，因血液循环加速，皮肤弹性常可增加。

2. 皮肤的湿度：皮肤的湿度与出汗有关。结核病、风湿热和休克时患者出汗甚多。结核病患者常于夜间熟睡后出汗，称盗汗。休克患者的出汗伴血压下降、体温骤降，皮肤苍白湿冷，称冷汗。而脱水、黏液性水肿和维生素 A 缺乏症者，皮肤干燥、无汗。

3. 皮肤和黏膜的颜色：

（1）苍白：皮肤和黏膜苍白多因血红蛋白量减少或毛细血管末梢充盈不足所致，见于贫血、虚脱、休克、主动脉瓣关闭不全，以及由寒冷、惊恐引起的毛细血管末梢收缩等。

（2）发红：皮肤和黏膜发红多由毛细血管扩张充血、血流加速或红细胞量增多所致，见于运动、日晒、饮酒等生理情况，以及急性肺炎、猩红热、麻疹等发热性疾病，以及真性红细胞增多症、库欣病等。

（3）皮肤和黏膜发绀、黄染。

4. 皮肤和黏膜色素沉着：色素沉着是由表皮基底层的黑色素增多，使皮肤、黏膜色泽呈暗褐色，于身体的外露部位，以及乳头、腋窝和生殖器官处更为显著，见于慢性肾上腺皮质功能减退症及肝硬化患者。

5. 皮疹：皮疹多为全身性疾病的体征之一，是临床诊断的重要依据。皮疹的种类颇多，常见于传染病、皮肤病和药物引起的变态反应等。

（1）斑疹：局部皮肤发红，皮面一般不隆起，见于斑疹伤寒、麻疹、风湿性多形性红斑等。

（2）丘疹：局部皮肤发红，并隆起皮面，见于药疹、麻疹、猩红热、湿疹等。

（3）斑丘疹：在丘疹周围合并皮肤发红的底盘，见于风疹、猩红热、药疹等。

（4）玫瑰疹：为鲜红色圆形斑疹，直径为 2～3 mm，由病灶周围的血管扩张所致，多出现于上腹部，为伤寒或副伤寒具诊断意义的特征性皮疹。

（5）荨麻疹：为速发的稍隆起于皮面的片状变态反应性皮疹，常见于各种异性蛋白性食物或药物变态反应状态。

6. 蜘蛛痣：是由皮肤小动脉末端分支扩张而形成的蜘蛛状血管痣。蜘蛛痣出现的部位多在上腔静脉分布的范围内，如面、颈、手背、上臂、前胸和肩部等处。一般认为蜘蛛痣的产生与体内雌激素增高有关，常见于慢性肝病患者，也可见于妊娠期妇女。慢性肝病患者手掌大、小鱼际肌处常可见发红，加压后褪色，称肝掌。其发生机制与蜘蛛痣相同。

第四节　常见症状

患者主观感受到的不适感、异常感觉或病态改变。常见症状为发热、心悸、呕吐、呼吸困难、膀胱刺激征等。

一、发热

体温升高（发热：调节性体温升高；过热：非调节性）。

1. 感染性发热：各种病原体感染引起的发热。

2. 非感染性发热：病原体以外的各种物质引起的发热。

3. 热型：常见的有稽留热、弛张热、间歇热、不规则热。①稽留热：体温恒定维持在 39 ℃～40 ℃以上达数天或数周。常见于伤寒、大叶性肺炎等。②弛张热：39 ℃以上，波动幅度大，24 小时内波动范围超过 2 ℃。常见于急性化脓性感染、败血症、风湿病、结核病等。③间歇热：体温骤升达高峰后持续数小时又降至正常水平，高热期无热期反复交替出现。常见于疟疾等。④不规则热：发热的体温曲线无一定规律。多见于流感、风湿热、结核病等。

二、心悸

心悸是一种自觉心脏跳动的不适感或心慌感。

1. 心脏搏动增强：多见于心室肥大、甲状腺功能亢进、贫血、发热等。
2. 心律失常：多见于心动过速、心动过缓、心律不齐等。
3. 心脏神经症：自主神经功能紊乱所致。心脏本身并无器质性病变。

三、呕吐

呕吐是指胃内容物经食管逆向流出口腔的反射性动作。

1. 反射性呕吐：胃源性呕吐，与进食有关。有恶心先兆，呕吐后自觉舒适。多见各型胃炎、幽门梗阻等；其他如肾绞痛、急性心肌梗死、急性肝炎、胆囊炎等。
2. 中枢性呕吐：呈喷射状。颅内压增高，剧烈头痛，无恶心先兆，可见于脑炎、脑膜炎及脑血管意外等。其他如洋地黄、吗啡中毒、尿毒症、代谢性酸中毒等。
3. 前庭神经功能障碍：伴自主神经功能失调症状有眩晕、恶心、耳鸣、心悸、出汗等，如梅尼埃病。

四、呼吸困难

呼吸困难是指呼吸费力，呼吸频率、节律和深度异常改变。主要病因是呼吸、循环系统疾病、中毒、神经精神因素、血液病等。

五、咳嗽

咳嗽是指清除呼吸道的分泌物及异物。

1. 呼吸道疾患：支气管炎、肺炎、肺结核等均可产生炎性分泌物，有痰。
2. 胸膜疾患：胸膜炎或胸膜受到刺激时，可致咳嗽，干咳。
3. 心血管疾患：左心功能衰竭所致肺淤血、肺水肿时，肺泡及支气管内有液体渗出，粉红色泡沫痰。
4. 物理化学因素：呼吸道内的异物、肿瘤、吸烟、粉尘、工业气体等阻塞或刺激呼吸道而引起咳嗽。

六、胸痛

胸痛指颈与胸廓下缘之间疼痛，疼痛性质可呈多种。

1. 胸壁疾病：胸肌劳损、胸部挫伤、肋间神经炎等。
2. 心血管疾病：心绞痛、急性心肌梗死等。
3. 呼吸系统疾病：胸膜炎、自发性气胸、肺炎等。
4. 纵隔疾病：纵隔肿瘤、急性纵隔炎、食管炎等。

5. 其他：膈下脓肿、肝脓肿、脾梗死。

七、水肿

水肿是指血管外的组织间隙中有过多的体液积聚。

1. 全身性水肿（凹陷性水肿）。
2. 心源性水肿：右心功能衰竭。
3. 肾源性水肿：各型肾炎、肾病。
4. 肝源性水肿：失代偿期肝硬化表现为腹水。
5. 营养不良性水肿：慢性消耗性疾病、低蛋白血症、维生素 B_1 缺乏。
6. 其他原因引起的局部性水肿：丝虫病致象皮腿、局部炎症、创伤、过敏等。
7. 积液：胸腔积液、腹腔积液、心包积液。

八、腹痛

腹痛是指由于各种原因引起的腹腔内外脏器的病变，而表现为腹部的疼痛。

1. 腹部疾患：腹部器官的急、慢性炎症，溃疡，穿孔，梗阻，扭转，肿瘤等。
2. 胸部疾患：肺部炎症，胸膜炎、气胸，心绞痛或急性心肌梗死等。
3. 全身性疾患：尿毒症、糖尿病酮症酸中毒、铅中毒等。

九、腹泻

腹泻是指排便次数增加、粪便稀薄并带有黏液、脓血或未消化的食物。

1. 急性腹泻：各种病原菌感染引起的肠炎、急性中毒；其他如变态反应性肠炎、甲状腺功能亢进、尿毒症等。
2. 慢性腹泻：慢性胃炎、肠结核、慢性细菌性痢疾、溃疡性结肠炎、慢性胆囊炎等。

十、膀胱刺激征

尿频、尿急与尿痛三者合称膀胱刺激征。由急性膀胱炎、急性尿道炎、膀胱结核、输尿管结石、前列腺炎、膀胱癌等疾病导致。

十一、昏迷

昏迷是指高级中枢神经活动受到严重抑制。

1. 感染性疾病：毒素侵入中枢神经系统引起中毒性脑病；中毒性细菌性痢疾；中毒性肺炎等。
2. 各种病原体直接损害中枢神经系统；脑炎，脑膜炎等。
3. 脑组织受到破坏、压迫或脑细胞功能发生障碍；脑外伤，脑肿瘤等。

第八章 中医基础

第一节 中医学理论体系

　　中医学是在中国古代的唯物论和辩证法思想的影响和指导下，通过长期的医疗实践，不断积累，反复总结而逐渐形成的具有独特风格的传统医学科学，是中国人民长期同疾病作斗争的极为丰富的经验总结，具有数千年的悠久历史，是中国传统文化的重要组成部分。

一、中医学理论体系的基本内容

　　1. 哲学基础：包括气一元论、阴阳学说、五行学说。

　　2. 藏象经络：脏象、经络、气血精津液等学说是中医学关于正常生命现象的理论知识。其中，脏象学说是中医学理论体系的核心。

　　3. 病因病机：病因病机学说是中医学关于疾病的理论知识，包括病因、发病与病机3部分内容。

　　4. 诊法辨证：诊法，指望、闻、问、切4种诊察疾病的方法，简称四诊。辨证即分析、辨识疾病的证候，即以脏腑、经络、病因、病机等基础理论为依据，对四诊所收集的症状、体征以及其他临床资料进行分析、综合，辨清疾病的原因、性质、部位以及邪正之间的关系，进而概括、判断为何种证候，为论治提供依据。

　　5. 预防治则：预防是采取一定的措施，防止疾病的发生与发展。采取积极的预防或治疗手段，防止疾病的发生和发展，即"治未病"，是中医治疗学的一个基本原则。治未病包括未病先防和既病防变两个方面；治则即治疗疾病的法则或原则，是治疗疾病的观念和确定治法的原则，对临床立法、处方具有普遍指导意义。

　　6. 康复：康复是指改善或恢复人体脏腑组织的生理功能，即采用各种措施对先天或后天各种因素造成的脏腑组织功能衰退或功能障碍进行医疗，从而使其生理功能得以改善或恢复。

二、中医学理论体系的基本特点

　　1. 整体观念：中医学把人体内脏和体表各部组织、器官看成是一个有机的整体，同时认为四时气候、地土方宜、周围环境等因素对人体生理病理有不同程度的影响，既强调人体内部的统一性，又重视机体与外界环境的统一性，这就是中医学整体观念的主要内容。

　　2. 辨证论治：所谓辨证，就是将四诊（望、闻、问、切）所收集的资料、症状和体征，通过分析、综合，辨清疾病的原因、性质、部位以及邪正之间的关系，概括、判断为某种性质的证候。所谓论治，又称施治，就是根据辨证的结果，确定相应的治疗原则和方法，也是研究和实施治疗的过程。合而言之，辨证论治是在中医学理论指导下，对四诊所获得的资料进行分析综合，概括判断出证候，并以证为据确立治疗原则和方法，付诸实施的过程。

辨证是决定治疗的前提和依据，论治是治疗疾病的手段和方法。通过论治可以检验辨证的正确与否。辨证论治的过程，就是认识疾病和解决疾病的过程。辨证和论治，是诊治疾病过程中相互联系不可分割的两个方面，是理论和实践相结合的体现，是理、法、方、药在临床上的具体运用，是指导中医临床工作的基本原则。

第二节　中医学哲学基础

一、阴阳学说

（一）阴阳的基本概念

在中医学中，阴阳是自然界的根本规律，是标示事物内在本质属性和性态特征的范畴，既标示两种对立特定的属性，如明与暗、表与里、寒与热等，又标示两种对立的特定的运动趋向或状态，如动与静、上与下、内与外、迟与数等。

（二）阴阳学说的基本内容

1. 阴阳对立：阴阳对立是阴阳双方的互相排斥、互相斗争。阴阳两个方面的相互对立，主要表现于它们之间的相互制约、相互斗争。阴与阳相互制约和相互斗争的结果是取得了动态平衡。只有维持这种关系，事物才能正常发展变化，人体才能维持正常的生理状态；否则，事物的发展变化就会遭到破坏，人体就会发生疾病。

2. 阴阳互根：阴阳互根，是阴阳之间的相互依存，互为根据和条件。阴阳双方均以对方的存在为自身存在的前提和条件。阳根于阴，阴根于阳，无阳则阴无以生，无阴则阳无以化。阳蕴含于阴之中，阴蕴含于阳之中。阴阳一分为二，又合二为一，对立又统一。

3. 阴阳消长：阴阳对立双方不是处于静止不变的状态，而是始终处于此盛彼衰、此增彼减、此进彼退的运动变化之中。其消长规律为阳消阴长，阴消阳长。阴阳双方在彼此消长的动态过程中保持相对的平衡，人体才保持正常的运动规律。

4. 阴阳转化：阴阳转化，是指阴阳对立的双方，在一定条件下可以相互转化，阴可以转化为阳，阳可以转化为阴。阴阳的对立统一包含着量变和质变。事物的发展变化，表现为由量变到质变，又由质变到量变的互变过程。如果说阴阳消长是一个量变过程，那么阴阳转化便是一个质变过程。

二、五行学说

（一）五行的含义

五行，是指木火土金水5种物质的运动变化。

（二）五行的特性

1. 木曰曲直：曲，屈也；直，伸也。曲直，即能曲能伸之义。木具有生长、能曲能伸、升发的特性。凡具有这类特性的事物或现象，都可归属于木。

2. 火曰炎上：炎，热也；上，向上。火具有发热、温暖、向上的特性。火代表生发力量的升华，光辉而热力的性能。凡具有温热、升腾、茂盛性能的事物或现象，均可归属于火。

3. 土爱稼穑：春种曰稼，秋收曰穑，指农作物的播种和收获。土具有载物、生化的特性，故称土载四行，为万物之母。凡具有生化、承载、受纳性能的事物或现象，皆归属于土。

4. 金曰从革：从，顺从、服从；革，革除、改革、变革。金具有能柔能刚、变革、肃杀的特性。引申为肃杀、潜能、收敛、清洁之意。凡具有这类性能的事物或现象，均可归属于金。

5. 水曰润下：润，湿润；下，向下。水代表冻结含藏之意，水具有滋润、就下、闭藏的特性。凡具有寒凉、滋润、就下、闭藏性能的事物或现象都可归属于水。

（三）五行的调节机制

1. 正常调节机制（图 8-1）：

（1）相生规律：相生即递相资生、助长、促进之意。五行之间互相滋生和促进的关系称作五行相生。五行相生的次序是木生火，火生土，土生金，金生水，水生木。

（2）相克规律：相克即相互制约、克制、抑制之意。五行之间相互制约的关系称之为五行相克。五行相克的次序是木克土，土克水，水克火，火克金，金克木，木克土。

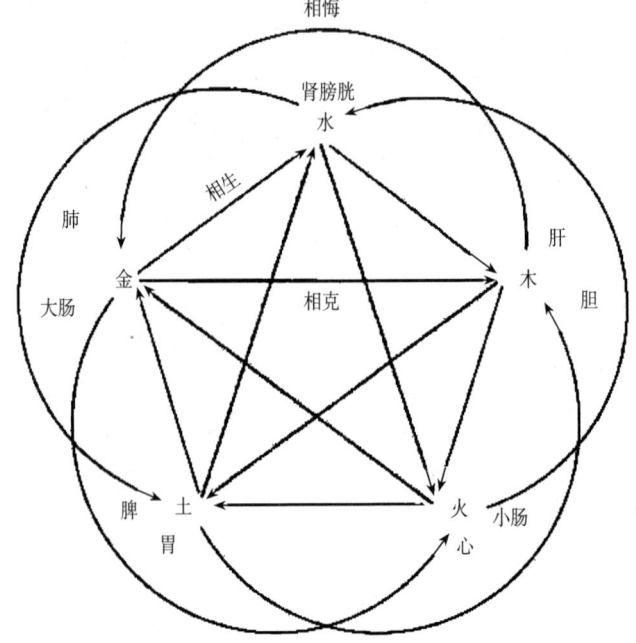

图 8-1　五行相生相克关系图

2. 异常调节机制：

（1）子母相及：及，影响所之意。子母相及是指五行生克制化遭到破坏后所出现的不正常的相生现象。包括母及于子和子及于母两个方面。母及于子与相生次序一致，子及于母则与相生的次序相反。如木行，影响到火行，称母及于子；影响到水行，则称子及于母。

（2）相乘相侮：相乘相侮，实际上是反常情况下的相克现象。①相乘规律：乘，即乘虚侵袭之意。相乘即克制太过，超过正常制约的程度，使事物之间失去了正常的协调关系。五行之间相乘的次序与相克同，但被克者更加虚弱。②相侮规律：侮，即欺侮，有恃强凌弱之意。相侮是指五行中的任何一行本身太过，使原来克它的一行，不仅不能去制约它，反而被它所克制，即反克，又称反侮。

第三节 藏 象

一、五脏

1. 心：心，在五行属火，为阳中之阳脏，主血脉，藏神志，为五脏六腑之大主、生命之主宰。心主血脉，指心有主管血脉和推动血液循行于脉中的作用，包括主血和主脉两个方面。心主神志，即是心主神明，又称心藏神。

2. 肺：在五行属金，为阳中之阴脏。主气司呼吸，助心行血，通调水道。在五脏六腑中，位居最高，为五脏之长。肺与四时之秋相应。肺主气是肺主呼吸之气和肺主一身之气的总称。肺主行水，是指肺的宣发和肃降对体内水液输布、运行和排泄的疏通和调节作用。由于肺为华盖，其位最高，参与调节体内水液代谢，所以说"肺为水之上源，肺气行则水行"。

3. 脾：在五行属土，为阴中之至阴。脾主运化，指脾具有将水谷化为精微，并将精微物质转输至全身各脏腑组织的功能。实际上，脾就是对营养物质的消化、吸收和运输的功能。脾生血，指脾有生血的功能。脾主统血，指脾具有统摄血液，使之在经脉中运行而不溢于脉外的功能。脾主升清是指脾具有将水谷精微等营养物质，吸收并上输于心、肺、头目，再通过心肺的作用化生气血，以营养全身，并维持人体内脏位置相对恒定的作用。这种运化功能的特点是以上升为主，故说"脾气主升"。

4. 肝：在五行属木，为阴中之阳。肝主疏泄，是指肝具有疏通、舒畅、条达以保持全身气机疏通畅达，通而不滞，散而不郁的作用，是保证机体多种生理功能正常发挥的重要条件。肝藏血是指肝脏有储藏血液、防止出血和调节血量的功能。

5. 肾：主藏精，主水液，主纳气，为人体脏腑阴阳之本，生命之源，故称为先天之本；在五行属水，为阴中之阳。肾藏精是指肾具有储存、封藏人身精气的作用。肾主水液，是指肾为水脏，泛指肾具有藏精和调节水液的作用。肾主水的功能是靠肾阳对水液的气化来实现的。肾脏主持和调节水液代谢的作用，称作肾的"气化"作用。肾主纳气，是指肾有摄纳肺吸入之气而调节呼吸的作用。人体的呼吸运动，虽为肺所主，但吸入之气，必须下归于肾，由肾气为之摄纳，呼吸才能通畅、调匀。

二、六腑

1. 胆：居六腑之首，又隶属于奇恒之府，其形呈囊状，若悬瓠，附于肝之短叶间。胆属阳属木，与肝相表里，肝为脏属阴木，胆为腑属阳木。胆储藏排泄胆汁，主决断，调节脏腑气。

2. 胃：是腹腔中容纳食物的器官。其外形屈曲，上连食管，下通小肠。主受纳腐熟水谷，为水谷精微之仓、气血之海，胃以通降为顺，与脾相表里，脾胃常合称为后天之本。胃与脾同居中土，但胃为燥土属阳，脾为湿土属阴。

3. 小肠：居腹中，上接幽门，与胃相通，下连大肠，包括回肠、空肠、十二指肠。主受盛化物和泌别清浊。与心相表里，属火属阳。

4. 大肠：居腹中，其上口在阑门处接小肠，其下端紧接肛门，包括结肠和直肠。主传化糟粕和吸收津液。属金、属阳。

5. 膀胱：又称净腑、水府、玉海、脬、尿胞。位于下腹部，在脏腑中，居最下处。主储存尿液及排泄尿液，与肾相表里，在五行属水，其阴阳属性为阳。

6. 三焦：是脏象学说中的一个特有名称。三焦是上焦、中焦、下焦的合称，为六腑之一，属脏腑中最大的腑，又称外腑、孤脏。主升降诸气和通行水液，在五行属火，其阴阳属性为阳。

三、脏腑之间的关系

脏与腑的关系，实际上就是脏腑阴阳表里配合关系。由于脏属阴，腑属阳；脏为里，腑为表，一脏一腑，一表一里，一阴一阳，相互配合，组成心与小肠、肺与大肠、脾与胃、肝与胆、肾与膀胱等脏腑表里关系，体现了阴阳、表里相输相应的关系。

第四节　精、气、血、津液

一、精

在中医学的精、气、血、津液学说中，精或称精气是一种有形的，多是液态的精微物质。其基本含义有广义和狭义之分。广义的精，泛指构成人体和维持生命活动的精微物质，包括精、血、津、液在内。狭义的精，指肾藏之精，即生殖之精，是促进人体生长、发育和生殖功能的基本物质。精具有繁衍生殖，生长发育，生髓化血和濡润脏腑的功能。

二、气

中医学从气是宇宙的本原，是构成天地万物的最基本的元素这一基本观点出发，认为气是构成人体的最基本物质，也是维持人体生命活动的最基本物质。气分为元气、宗气、营气和卫气。气具有推动、温煦、防御、固摄、营养和气化的功能。

三、血

血，即血液，是循行于脉中的富有营养的红色的液态物质，是构成人体和维持人体生命活动的基本物质之一。血主于心,藏于肝,统于脾,布于肺,根于肾,有规律地循行脉管之中,在脉内营运不息,充分发挥灌溉一身的生理效应。

四、津液

津液是人体一切正常水液的总称。津液包括各脏腑组织的正常体液和正常的分泌物,如胃液、肠液、唾液、关节液等。习惯上也包括代谢产物中的尿、汗、泪等。在体内,除血液之外,其他所有正常的水液均属于津液范畴。津液的功能主要包括滋润濡养、化生血液、调节阴阳和排泄废物等。

五、气、血、精、津液的关系

1. 气与血的关系:气对血的作用,是气为血之帅。气为血帅包含着气能生血、气能行血、气能摄血3方面的意义。血对气的作用,即血为气之母。血为气母是指气在生成和运行中始终离不开血。

2. 气与精的关系:精包括先天之精和后天之精。精依气生,气化为精。精之生成源于气,精之生理功能赖于气之推动和激发。

3. 气与津液的关系:气对津液的作用表现为气能生津、行津、摄津3个方面。津液对气的作用表现为津液是气的载体,气必须依附于津液而存在,否则就将涣散不定而无所归。

4. 血与精的关系:精能化血,血能生精,精血互生,故有"精血同源"之说。

5. 血与津液的关系:血与津液均是液态物质,均有滋润和濡养作用。与气相对而言,两者均属于阴,在生理上相互补充,病理上相互影响。

第五节 体 质

中医体质学主要是根据中医学阴阳五行、脏腑、精气血津液等基本理论来确定人群中不同个体的体质差异性。其具体分类方法有阴阳分类法、五行分类法、脏腑分类法、体型肥瘦分类法以及禀性勇怯分类法等。

一、体质分类的方法

中医学用阴阳学说来阐述生命运动的规律,说明健康与疾病的问题。所以,中医学主要是用阴阳学说从生理功能特点对体质加以分类。本节对体质的分类采用阴阳分类法。应当指出,体质分类上所使用的阴虚、阳虚、阳亢以及痰饮、脾虚、肝旺等名词术语,与辨证论治中所使用的证候名称是不同的概念,它反映的是一种在非疾病状态下就已存在的个体特异性。

二、正常体质

"阴阳匀平,命之曰人","阴平阳秘,精神乃治"。因此,理想的体质应是阴阳平和之质,但是阴阳的平衡是阴阳消长动态平衡,所以总是存在偏阴或偏阳的状态,只要不超过机体的调节和适应能力,均属于正常生理状态。因此,人体正常体质大致可分为阴阳平和质、偏阳质和偏阴质3种类型。

（一）阴阳平和质

阴阳平和质是功能较协调的体质。具有这种体质的人，其身体强壮，胖瘦适度，或虽胖而不臃滞，虽瘦而有精神；其面色与肤色虽有五色之偏，但都明润含蓄，目光有神，性格随和、开朗，食量适中，二便调畅，对自身调节和对外适应能力强。阴阳平和质者，不易感受外邪，少生疾病，即使患病，往往自愈或易于治愈：其精力充沛，工作潜力大，夜眠安稳，休息效率高。如后天调养得宜，无暴力外伤或慢性病患，则其体质不易改变，易获长寿。

（二）偏阳质

偏阳质是指具有偏于亢奋、偏热、多动等特性的体质。偏阳质者，多见形体偏瘦，但较结实。其面色多略偏红或微苍黑，或呈油性皮肤；性格外向，喜动，易急躁，自制力较差；其食量较大，消化吸收功能健旺。偏阳质平时畏热、喜冷或体温略偏高，动则易出汗，喜饮水；精力旺盛，动作敏捷，反应快，性欲旺盛。

偏阳质的人对风、暑、热邪的易感性较强，受邪发病后多表现为热证、实证，并化燥、伤阴。皮肤易生疖疮。内伤为病多见火旺、阳亢或兼阴虚之证，容易发生眩晕、头痛、心悸、失眠以及出血等病症。

（三）偏阴质

偏阴质是指具有偏阳不足、偏寒、多静等特性的体质。具有这种体质的人，多见形体偏胖，但较弱，容易疲劳；面色偏白而欠华；性格内向，喜静少动，或胆小易惊；食量较小，消化吸收功能一般；平时畏寒、喜热，或体温偏低。精力偏弱，动作迟缓，反应较慢。

偏阴质者对寒、湿之邪的易感性较强，受邪后多从寒化，表证不发热或发热不高，并易传里或直中内脏。冬天易生冻疮。内伤杂病多见阴盛、阳虚之证。容易发生湿滞、水肿、痰饮、瘀血等病证，具有这种体质的人，阳气偏弱，易导致阳气不足，脏腑功能偏弱，水湿内生，从而形成临床常见的阳虚、痰湿、痰饮等病理性体质。

第六节　病　　因

一、外感病因

外感病因，是指由外而入，或从皮毛，或从口鼻，侵入机体，引起外感疾病的致病因素。外感病是由外感病因而引起的一类疾病，一般发病较急，病初多见寒热、咽痛、骨节酸楚等。

外感病因大致分为六淫和疫疠两类。六淫，又称"六邪"，是风、寒、暑、湿、燥、火6种外感病邪的统称。疠气是一类具有强烈传染性的病邪，又名戾气、疫疠之气、毒气、异气、杂气、乖戾之气等。疠气通过空气和接触传染。

二、六淫的性质及其致病特点

（一）风

1. 自然特性：风具有轻扬开泄，善动不居的特性，为春季的主气，因风为木气而通于肝，故又称春季为风木当令的季节。风虽为春季的主气，但终岁常在，四时皆有。故风邪引起的疾病虽以春季为多，但不限于春季，其他季节均可发生。

2. 风邪的性质和致病特征：风性轻扬开泄，善行数变，风性主动，风为百病之长，这是风邪的基本特点。

（1）轻扬开泄：风为阳邪，其性轻扬升散，具有升发、向上、向外的特性。所以风邪致病，易于伤人上部，易犯肌表、腰部等阳位。肺为五脏六腑之华盖，伤于肺则肺气不宣，故出现鼻塞流涕、咽痒咳嗽等。风邪上扰头面，则出现头晕头痛、头项强痛、面肌麻痹、口眼㖞斜等。风邪客于肌表，可见怕风、发热等表证。因其性开泄，具有疏通、透泄之性，故风邪侵袭肌表，使肌腠疏松，汗孔开张，而出现汗出、恶风等症状。

（2）善行数变：风善动不居，易行而无定处。"善行"是指风邪具有易行而无定处的性质，故其致病有病位游移，行无定处的特性。如风疹、荨麻疹之发无定处，此起彼伏；行痹（风痹）之四肢关节游走性疼痛等，均属风气盛的表现。"数变"，是指风邪致病具有变化无常和发病急骤的特性。如风疹、荨麻疹之时隐时现，癫痫、中风之猝然昏倒，不省人事等。因其兼挟风邪，所以才表现为发病急，变化快。总之，以风邪为先导的疾病无论是外感还是内伤，一般都具有发病急、变化多、传变快等特征。

（3）风性主动："风性主动"是指风邪致病具有动摇不定的特征。常表现为眩晕、震颤、四肢抽搐、角弓反张、直视上吊等症状，故称"风胜则动"。如外感热病中的"热极生风"，内伤杂病中的"肝阳化风"或"血虚生风"等证，均有风邪动摇的表现。

（4）风为百病之长：风邪是外感病因的先导，寒、湿、燥、热等邪，往往都依附于风而侵袭人体。如与寒合为风寒之邪，与热合为风热之邪，与湿合为风湿之邪，与暑合则为暑风，与燥合则为风燥，与火合则为风火等。所以，临床上风邪为患较多，又易与六淫诸邪相合而为病。故称风为百病之长，六淫之首。

风与肝相应。风为木气，通于肝。外感风邪可导致胃脘痛、腹胀、肠鸣、呕吐、泄泻等。这是风邪伤肝，木盛克土所致。

综上所述，风为春令主气，与肝木相应。风邪为病，其病证范围较广，变化为快。其具体特点：①遍及全身，无处不至，上至头部，下至足膝，外而皮肤，内而脏腑，全身任何部位均可受到风邪的侵袭。②媒介作用，能与寒、湿、暑、燥、火等相合为病。③其致病的特殊性，风病来去急速，病程不长，其特殊症状也易于认识，如汗出恶风、全身瘙痒、游走不定、麻木以及动摇不宁等症状。临证时，发病在春季与感受风邪明显有关者，均可考虑风邪的存在。

（二）寒

1. 自然特性：寒具有寒冷、凝结特性，为冬季的主气，寒为水气而通于肾，故称冬季为寒水当令的季节。因冬为寒气当令，故冬季多寒病，但也可见于其他季节。由于气温骤降，防寒保温不够，人体亦易感受寒邪而为病。

2. 寒邪的性质和致病特征：寒邪以寒易伤阳、寒性凝滞、寒性收引为基本特征。

（1）寒易伤阳：寒是阴气的表现，其性属阴，故寒为阴邪。阳本可以制阴，但阴寒偏盛，则阳气不仅不足以驱除寒邪，反为阴寒所侮，故云"阴盛则寒"，"阴盛则阳病"。所以寒邪最易损伤人体阳气。阳气受损，失于温煦之功，故全身或局部可出现明显的寒象。如寒邪束表，卫阳郁遏，则现恶寒、发热、无汗等，称之为"伤寒"。若寒邪直中于里，损伤脏腑阳气者，谓之为"中寒"。如伤及脾胃，则纳运升降失常，以致吐泻清稀，脘腹冷痛；肺脾受寒，则宣肃运化失职，表现为咳嗽喘促，痰液清稀或水肿；寒伤脾肾，则温运气化失职，表现为畏寒肢冷、腰脊冷痛、尿清便溏、水肿腹水等；若心肾阳虚，寒邪直中少阴，则可见恶寒蜷卧、手足厥冷、下利清谷、精神委靡、脉微细等。

（2）寒性凝滞：凝滞，即凝结阻滞之谓。人身气血津液的运行，赖阳气的温煦推动，才能畅通无阻。寒邪侵入人体，经脉气血失于阳气温煦，易使气血凝结阻滞，涩滞不通，不通则痛，故疼痛是寒邪致病的重要特征。因寒而痛，其痛得温则减，逢寒增剧，得温则气升血散，气血运行无阻，故疼痛缓解或减轻。寒胜必痛，但痛非必寒。由于寒邪侵犯的部位不同，所以病状各异。若寒客肌表，凝滞经脉，则头身肢节剧痛；若寒邪直中于里，气机阻滞，则胸、脘、腹冷痛或绞痛。

（3）寒性收引：收引，即收缩牵引之意。寒性收引是指寒邪具有收引拘急之特性。"寒则气收"。寒邪侵袭人体，可使气机收敛，腠理闭塞，经络筋脉收缩而牵急。若寒客经络关节，则筋脉收缩拘急，以致拘挛作痛、屈伸不利或冷厥不仁；若寒邪侵袭肌表，则毛窍收缩，卫阳闭郁，故发热、恶寒而无汗。

寒与肾相应。寒为水气，通于肾。寒邪侵袭，寒水泛滥，则尿少，水肿；寒水过盛，上制心火，则心痛、心悸、肢厥等。

总之，寒为冬季主气，与肾水相应。寒病多发于冬季，但也可见于其他季节。寒邪为病，其致病特点：①寒为阴邪，易伤阳气，故寒邪致病，全身或局部有明显的寒象；②寒胜则痛，所以疼痛为寒证的重要特征之一；③因寒则气收，故其病有毛窍闭塞、气机收敛、筋脉拘急的特征，表现为无汗、拘急作痛或屈伸不利等。

（三）暑

1. 自然特性：暑为火热之邪，为夏季主气，暑邪有明显的季节性，主要发生在夏至以后，立秋以前。暑邪独见于夏令，故有"暑属外邪，并无内暑"之说。暑邪致病有阴阳之分，在炎夏之日，气温过高或烈日曝晒过久，或工作场所闷热而引起的热病，为中于热，属阳暑；而暑热时节，过食生冷或贪凉露宿，或冷浴过久所引起的热病，为中于寒，属阴暑。总之，暑月受寒为阴暑，暑月受热为阳暑。

2. 暑邪的性质和致病特征：暑性炎热，暑性升散，暑多夹湿。

（1）暑性炎热：暑为夏月炎暑，盛夏之火气，具有酷热之性，火热属阳，故暑属阳邪。暑邪伤人多表现出一系列阳热症状，如高热、心烦、面赤、烦躁、脉象洪大等，称伤暑（或暑热）。

（2）暑性升散：升散，即上升发散之意。升，指暑邪易于上犯头目，内扰心神，因为暑邪易入心经；散，指暑邪为害，易于伤津耗气。暑为阳邪，阳性升发，故暑邪侵犯人体，多直入气分，可致腠理开泄而大汗出。汗多伤津，津液亏损，则可出现口渴喜饮，唇干舌燥，尿赤短少等。在大量汗出同时，往往气随津泄，而导致气虚，故伤于暑者，常可见到气短乏力，甚则突然昏倒，不省人事之中暑。中暑兼见四肢厥逆，称暑厥。暑热引动肝风而兼见四肢抽搐，颈项强直，甚则角弓反张，称暑风（暑痉）。暑热之邪，不仅耗气伤津，还可扰动心神，而引起心烦闷乱而不宁。

（3）暑多夹湿：暑季不仅气候炎热，且常多雨而潮湿，热蒸湿动，湿热弥漫空间，人身之所及，呼吸之所受，均不离湿热之气。暑令湿胜必多兼感。其临床特征，除发热、烦渴等暑热症状外，常兼见四肢困倦、胸闷呕恶、大便溏泄不爽等湿阻症状。虽为暑湿并存，但仍以暑热为主，湿浊居次，非暑中必定有湿。

暑为夏季主气，暑邪为患，有阴暑、阳暑之分。暑邪致病的基本特征为热盛、阴伤、耗气，又多夹湿。所以，临床上以壮热、阴亏、气虚、湿阻为特征。

（四）湿

1. 自然特征：湿具有重浊、黏滞、趋下特性，为长夏主气。湿与脾土相应。夏秋之交，湿热熏蒸，水气上腾，湿气最盛，故一年之中长夏多湿病。湿亦可因涉水淋雨、居处伤湿，或以水为事。湿邪为患，四季均可发病，且其伤人缓慢难察。

2. 湿的性质和致病特征：湿为阴邪，阻碍气机，易伤阳气，其性重浊、黏滞、趋下。

（1）湿为阴邪，阻碍气机，易伤阳气：湿性类水，水属于阴，故湿为阴邪。湿邪侵及人体，留滞于脏腑经络，最易阻滞气机，从而使气机升降失常。胸胁为气机升降之道路，湿阻胸膈，气机不畅则胸闷；湿困脾胃，使脾胃纳运失职，升降失常，故现纳谷不香、不思饮食、脘痞腹胀、便溏不爽、小便短涩之候。由于湿为阴邪，阴胜则阳病，故湿邪之害，易伤阳气。脾主运化水湿，且为阴土，喜燥而恶湿，对湿邪又有特殊的易感性，所以脾具有运湿而恶湿的特性。因此，湿邪侵袭人体，必困于脾，使脾阳不振，运化无权，水湿停聚，发为泄泻、水肿、小便短少等症。"湿胜则阳微"，因湿为阴邪，易于损伤人体阳气，由湿邪郁遏使阳气不伸者，当用化气利湿、通利小便的方法，使气机通畅，水道通调，则湿邪可从小便而去，湿去则阳气自通。

（2）湿性重浊：湿为重浊有质之邪。所谓"重"，即沉重、重着之意。故湿邪致病，其临床症状有沉重的特性，如头重身困、四肢酸楚沉重等。若湿邪外袭肌表，湿浊困遏，清阳不能伸展，则头昏沉重，状如裹累；如湿滞经络关节，阳气布达受阻，则可见肌肤不仁、关节疼痛重着等。所谓"浊"，即秽浊垢腻之意。故湿邪为患，易于出现排泄物和分泌物秽浊不清的现象。如湿浊在上则面垢、眵多；湿滞大肠，则大便溏泻、下痢脓血黏液；湿气下注，则小便混浊、妇女黄、白带下过多；湿邪浸淫肌肤，则疮疡、湿疹、脓水秽浊等。

（3）湿性黏滞："黏"，即黏腻；"滞"，即停滞。所谓黏滞是指湿邪致病具有黏腻停滞的特性。这种特性主要表现在两个方面。一是症状的黏滞性。即湿病症状多黏滞而不爽，如大便黏腻不爽，小便涩滞不畅，以及分泌物黏浊和舌苔黏腻等。二是病程的缠绵性。因湿性黏滞，蕴蒸不化，胶着难解，故起病缓慢隐袭，病程较长，往往反复发作或缠绵难愈。如湿温，它是一种由湿热病邪所引起的外感热病。由于湿邪性质的特异性，在疾病的传变过程中，表现出起病缓、传变慢、病程长、难速愈的明显特征。如湿疹、湿痹（着痹）等，亦因其湿而不易速愈。

（4）湿性趋下：水性就下，湿类于水，其质重浊，故湿邪有下趋之势，易于伤及人体下部。其病多见下部的症状，如水肿多以下肢较为明显。如带下、小便混浊、泄泻、下痢等，亦多由湿邪下注所致。但是湿邪浸淫，上下内外，无处不到，非独侵袭人体下部。

湿为长夏主气，与脾土相应。湿邪有阻遏气机，易伤阳气之性，其性重浊黏滞，且有趋下之势。故湿邪为病，表现为人体气机阻滞，脾阳不振，水湿停聚而胸闷脘痞、肢体困重、呕恶泄泻等，以及分泌物和排泄物如泪、涕、痰、带下、二便等秽浊不清。

（五）燥

1. 自然特性：燥具有干燥、收敛清肃特性，为秋季主气。秋季天气收敛，其气清肃，气候干燥，水分匮乏，故多燥病。燥气乃秋令燥热之气所化，属阴中之阳邪。燥邪为病，有温燥、凉燥之分。初秋有夏热之余气，久晴无雨，秋阳以曝之时，燥与热相结合而侵犯人体，故病多温燥。燥与肺气相通。

2. 燥邪的性质和致病特征：干涩伤津，燥易伤肺，为燥邪的基本特征。

(1) 干涩伤津：燥与湿对，湿气去而燥气来：燥为秋季肃杀之气所化，其性干涩枯涸，故曰"燥胜则干"。燥邪为害，最易耗伤人体的津液，形成阴津亏损的病变，表现出各种干涩的症状和体征，诸如皮肤干涩皲裂、鼻干咽燥、口唇燥裂、毛发干枯不荣、小便短少、大便干燥等。

(2) 燥易伤肺：肺为五脏六腑之华盖，性喜清肃濡润而恶燥，称为娇脏。肺主气而司呼吸，直接与自然界大气相通，且外合皮毛，开窍于鼻，燥邪多从口鼻而入。燥为秋令主气，与肺相应，故燥邪最易伤肺。燥邪犯肺，使肺津受损，宣肃失职，从而出现干咳少痰或痰黏难咯，或痰中带血，以及喘息胸痛等。

燥为秋季主气，与肺相应。燥邪以干涩伤津和易于伤肺为重要特征。不论外燥还是内燥，均可见口、鼻、咽、唇等官窍干燥之象，以及皮肤、毛发干枯不荣等。

(六) 火 (热)

1. 自然特性：火具有炎热特性，旺于夏季，从春分、清明、谷雨，到立夏 4 个节气，为火气主令。因夏季主火，故火与心气相应。但是火并不像暑那样具有明显的季节性，也不受季节气候的限制。

2. 温、暑、火、热的关系：温、暑、火、热四者性质基本相同，但又有区别。

(1) 温与热：这里的温和热均指病邪而言。温为热之渐，热为温之甚，两者仅程度不同，没有本质区别，故常温热混称。在温病学中所说的温邪，泛指一切温热邪气，连程度上的差别也没有。

(2) 暑与火 (热)：暑为夏季的主气，乃火热所化，可见暑即热邪。但暑独见于夏季，纯属外邪，无内暑之说。而火 (热) 为病则没有明显的季节性，同时还包括高温、火热煎熬等。

(3) 火与热：火为热之源，热为火之性。火与热，其本质皆为阳盛，故往往火热混称。但两者还是有一定的区别的，热纯属邪气，没有属正气之说。而火，一是指人体的正气，称"少火"；二是指病邪，称"壮火"。这是火与热的主要区别。一般地说，热多属于外感，如风热、暑热、温热之类病邪。而火则常自内生，多由脏腑阴阳气血失调所致，如心火上炎、肝火炽盛、胆火横逆之类病变。

就温、热、火三者而言，温、热、火虽同为一气，但温能化热，热能生火，所以在程度上还是有一定差别的。温为热之微，热为温之甚；热为火之渐，火为热之极。

3. 火的含义：中医学中的火有生理与病理、内火和外火之分。

(1) 生理之火：是一种维持人体正常生命活动所必需的阳气，它谧藏于脏腑之内，具有温煦生化作用。这种有益于人体的阳气称"少火"，属于正气范畴。

(2) 病理之火：病理之火是指阳盛太过，耗散人体正气的病邪。这种火称之为"壮火"。这种病理性的火又有内火、外火之分。①外火：一是感受温热邪气而来；二是风寒暑湿燥等外邪转化而来，即所谓"五气化火"。五气之中，只有暑邪纯属外来之火，我们称之为暑热。其余风、寒、湿、燥等邪并非火热之邪，之所以能化而为火，必须具备一定的条件。第一，郁遏化火。风、寒、湿、燥侵袭人体，必须郁久方能化火。如由寒化热，热极生火，温与热结或湿蕴化热，热得湿而愈炽，湿得热而难解，郁而化火或者湿蕴化热，湿热极甚而化火。火就燥，故燥亦从火化。第二，因人而异，阳盛之体或阴虚之质易于化火。第三，与邪侵部位有关。如邪侵阳明燥土，则易化火，寒邪直中入脾，则化火也难。此外，五气能否化火，与治疗也有一定的关系。②内火：多因脏腑功能紊乱，阴阳气血失调所致。情志过极亦可久郁化火，即所谓"五志化火"。

4. 火邪的性质和致病特征：火邪具有燔灼、炎上、耗气伤津、生风动血、易致肿疡、易扰心神等特性。

（1）火性燔灼：燔即燃烧；灼，即烧烫。燔灼，是指火热邪气具有焚烧而熏灼的特性。故火邪致病，机体以阳气过盛为其主要病理机制，临床上表现出高热、恶热、脉洪数等热盛之征。总之，火热为病，热象显著，以发热、脉数为其特征。

（2）火性炎上：火为阳邪，其性升腾向上。故火邪致病具有明显的炎上特性，其病多表现于上部。如心火上炎，则见舌尖红赤疼痛，口舌糜烂、生疮；肝火上炎，则见头痛如裂、目赤肿痛；胃火炽盛，可见齿龈肿痛、齿衄等。

（3）耗气伤津：火热之邪，蒸腾于内，最易迫津外泄，消烁津液，使人体阴津耗伤。故火邪致病，其临床表现除热象显著外，往往伴有口渴喜饮、咽干舌燥、小便短赤、大便秘结等津伤液耗之征。火太旺而气反衰，阳热亢盛之壮火，最能损伤人体正气，导致全身性的生理功能减退。此外，气生于水，水可化气，火迫津泄，津液虚少无以化气，亦可导致气虚，如火热亢盛，在壮热、汗出、口渴喜饮的同时，又可见少气懒言、肢体乏力等气虚之证。总之，火邪为害，或直接损伤人体正气，或因津伤而致气伤，终致津伤气耗之病理结果。

（4）生风动血：火邪易于引起肝风内动和血液妄行。

生风：火热之邪侵袭人体，往往燔灼肝经，劫夺津血，使筋脉失于濡养，而致肝风内动，称为热极生风。风火相煽，症状急迫，临床上表现为高热、神昏谵语、四肢抽搐、颈项强直、角弓反张、目睛上视等。

动血：血得寒则凝，得温则行。火热之邪，灼伤脉络，并使血行加速，迫血妄行，易于引起各种出血，如吐血、衄血、便血、尿血以及皮肤发斑，妇女月经过多、崩漏等。

（5）易致肿疡：火热之邪入于血分，聚于局部，腐肉败血，则发为痈肿疮疡。"痈疽原是火毒生"。"火毒"、"热毒"是引起疮疡的比较常见的原因，其临床表现以疮疡局部红肿热痛为特征。

（6）易扰心神：火与心气相应，心主血脉而藏神。故火之邪伤于人体，最易扰乱神明，出现心烦失眠，狂躁妄动，甚至神昏谵语等症。

综上所述，火有生理性火和病理性火，本节所讲的为病理性火，又称火邪。火邪就来源看，有外火和内火之异。外火多由外感而来，而内火常自内生。火邪具有燔灼炎上、伤津耗气，生风动血，易生肿疡和扰心神的特征。其致病广泛，发病急暴，易成燎原之势。在临床上表现出高热津亏、气少、肝风、出血、神志异常等特征。

三、内伤病因

内伤病因，又称内伤，泛指因人的情志或行为不循常度，超过人体自身调节范围，直接伤及脏腑而发病的致病因素，如七情内伤、饮食失宜、劳逸失当等等。

（一）七情内伤

七情是指喜、怒、忧、思、悲、恐、惊等7种正常的情志活动，是人的精神意识对外界事物的反应。在正常的活动范围内，一般不会使人致病。只有突然强烈或长期持久的情志刺激，超过人体本身的正常生理活动范围，使人体气机紊乱，脏腑阴阳气血失调，才会导致疾病的发生。因此，作为病因，七情是指过于强烈、持久或突然的情志变化，导致脏腑气血阴阳失调而发生疾病的情志活动。

七情损伤，使脏腑气机紊乱，血行失常，阴阳失调。不同的情志变化，其气机逆乱的表现也不尽相同。怒则气上，喜则气缓，悲则气消，思则气结，恐则气下，惊则气乱。

1. 怒则气上：气上，气机上逆之意。怒为肝之志。凡遇事愤懑或事不遂意而产生一时性的激怒，一般不会致病。但如暴怒，则反伤肝，使肝气疏泄太过而上逆为病。肝气上逆，血随气升，可见头晕头痛、面赤耳鸣，甚者呕血或昏厥。肝气横逆，亦可犯脾而致腹胀、飧泄。飧泄又称水谷利，大便呈完谷不化样。若克胃则可出现呃逆、呕吐等。由于肝肾同源，怒不仅伤肝，还能伤肾。肾伤精衰，则现恐惧、健忘、腰脊软等症。肝为五脏之贼，故肝气疏泄失常可影响各脏腑的生理功能而导致多种病变。

2. 喜则气缓：气缓，心气弛缓之意。喜为心之志。包括缓和紧张情绪和心气涣散两个方面。在正常情况下，喜能缓和紧张情绪，使心情舒畅，气血和缓，表现为健康的状态。但是喜乐无极，超过正常限度，就可导致心的病变。暴喜伤心，使心气涣散，神不守舍，出现乏力、懈怠、注意力不集中，乃至心悸、失神，甚至狂乱等。

3. 悲则气消：气消，肺气消耗之意。悲忧为肺之志。悲，是伤感而哀痛的一种情志表现。悲哀太过，往往通过耗伤肺气而涉及心、肝、脾等多脏的病变。如耗伤肺气，使气弱消减，意志消沉。可见气短胸闷、精神委靡不振和懒惰等。

4. 悲忧伤肝，肝伤则精神错乱，甚至筋脉挛急、胁肋不舒等。悲哀过度，还可使心气内伤，而致心悸、精神恍惚等。悲忧伤脾则三焦气机滞塞，运化无权，可现脘腹胀满、四肢痿弱等。

5. 思则气结：气结，脾气郁结之意。思为脾之志，思考本是人的正常生理活动，若思虑太过，则可导致气结于中，脾气郁结，中焦气滞，水谷不化，而见胃纳呆滞、脘腹痞塞、腹胀便溏，甚至肌肉消瘦等。思发于脾而成于心，思虑太过，不但伤脾，也可伤心血，使心血虚弱，神失所养，而致心悸、怔忡、失眠、健忘、多梦等。

6. 恐则气下：气下，精气下陷之意。恐为肾之志。恐，是一种胆怯、惧怕的心理作用。长期恐惧或突然意外惊恐，皆能导致肾气受损，所谓恐伤肾。过于恐怖，则肾气不固，气陷于下，可见二便失禁、精遗骨痿等症。恐惧伤肾，精气不能上奉，则心肺失其濡养，水火升降不交，可见胸满腹胀、心神不安、夜不能寐等症。

7. 惊则气乱：气乱是指心气紊乱。心主血，藏神，大惊则心气紊乱、气血失调，出现心悸、失眠、心烦、气短，甚则精神错乱等症状。

惊与恐不同，自知者为恐，不知者为惊。惊能动心，亦可损伤肝胆，使心胆乱，而致神志昏乱，或影响胎儿，造成先天性癫痫。

（二）饮食失宜

饮食是健康的基本条件。饮食所化生的水谷精微是化生气血，维持人体生长、发育，完成各种生理功能，保证生命生存和健康的基本条件。饮食失宜包括饥饱无度、饮食不洁、饮食偏嗜等。饮食失宜能导致疾病的发生，为内伤病的主要致病因素之一。

（三）劳逸失当

劳逸，包括过度劳累和过度安逸两个方面。正常的劳动和体育锻炼，有助于气血流通，增强体质。必要的休息，可以消除疲劳，恢复体力和脑力，不会使人致病。只有比较长时间的过度劳累（或体力劳动，或脑力劳动或房劳过度）、过度安逸（完全不劳动不运动），才能成为致病因素而使人发病。

第九章　药理常识

药物是指可以改变或查明机体的生理卫生功能及病理状态，可用以预防、诊断和治疗疾病的化学物质。

药理学是研究药物与机体相互作用及作用规律的，研究药物对机体的作用及作用机制，即药效学，又称药物效应动力学，也研究药物在机体的影响下所发生的变化及其规律，即药动学，又称药物代谢动力学、药代动力学。

药理学的任务是阐明药物的作用及作用机制，为临床合理用药、发挥药物最佳疗效、防治不良反应提供理论依据。

新药是指未曾在中国境内上市销售的药品。已上市药品改变剂型、改变给药途径、增加新适应证亦属新药范围。

第一节　药动学

一、药物分子的跨膜转运

（一）简单扩散（被动转运）

简单扩散又称脂溶扩散，是大多数药物转运的方式，其特点是不耗能、无饱和性、无竞争性。

（二）主动转运

主动转运的特点是逆浓度差转运，需要耗能，具有饱和现象，有竞争性。借助载体有特异性。脂溶性很小，而分子质量较大的药物，一般须经主动转运才能通过细胞膜，如青霉素通过肾小管细胞主动排泄。

（三）易化扩散

药物与生物膜上的特殊载体形成可逆性的复合物，进行不耗能的顺浓度差转运。

易化扩散的特点是顺浓度差转运，不耗能。具有饱和现象，有竞争性。借助载体有特异性。如葡萄糖进入细胞内。

从胃肠道吸收入门静脉系统的药物在到达全身血液循环前必先通过肝脏，如果肝脏对其代谢能力很强，或由胆汁排泄的量大，则使进入全身血液循环内的有效药物量明显减少，这种作用称为首过消除。

二、药物的体内过程

（一）吸收

药物的吸收是指药物自体外或给药部位经过细胞组成的屏障膜进入血液循环的过程。

1. 胃肠道给药：

（1）口服：是最常用的给药方法，占内科处方的80%左右。特点是以被动转运为主。主要在小肠吸收，受pH值影响。具有首关消除（药物自胃肠道黏膜吸收经门静脉进入肝脏后，有些药物被转化，使进入体循环的量减少）。如口服氯丙嗪后，血药浓度仅为肌内注射等剂量的1/3。①优点：简便、安全、经济；②缺点：吸收慢、生物利用度小。

（2）舌下给药：①优点，简便不受消化酶及pH值影响、无首关消除；②缺点，吸收面积小。

（3）直肠给药：①优点，吸收快，无首关消除；②缺点，吸收面积小，不规则。

2. 注射给药：

（1）静脉注射（iv）：药物直接注入血管，无吸收过程。可立即显效，作用迅速，剂量可调，可注射大容积、刺激性药物，但对制剂要求高，不方便，不安全。

（2）肌内注射（im）：肌肉组织与皮下组织相比有血流丰富，感觉神经末梢较少的特点，故吸收快、疼痛轻，适用于油剂，混悬剂和稍具刺激性的药物。

（3）皮下注射（ih）：吸收较口服快，但不适用于有刺激性的药物。

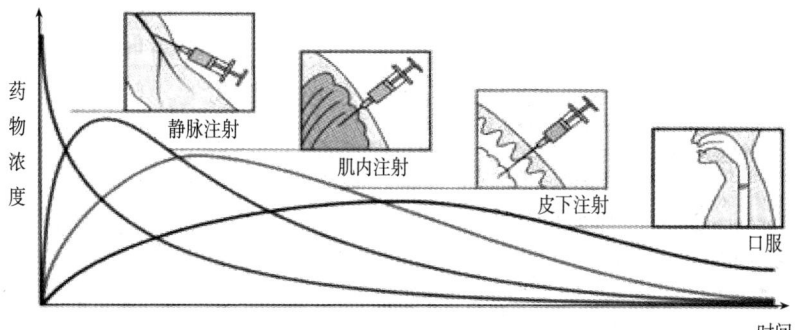

图9-1 药物浓度与时间关系图

3. 呼吸道给药：气体和挥发性药物以及药物溶液经喷雾器分散为微粒（φ5 μm）可直接进入细胞，吸收极其迅速。

4. 经皮给药：指一些脂溶性小分子药物在促渗剂（如氮酮）的作用下，通过皮肤吸收而产生稳定持久的作用。如硝苯地平贴皮剂（抗高血压）、硝酸甘油贴皮剂（预防心绞痛）。

（二）分布

药物一旦被吸收进入血液循环内，便可能分布到机体的各个部位和组织。药物吸收后从血液循环到达机体各个部位和组织的过程称为分布。

1. 血液中：药物与血浆蛋白结合能限制药物经生物膜的转运，是药物体内的一种暂时储存形式。在血浆蛋白结合部位上，药物间或药物与内源性物质间能相互竞争。

2. 组织中：肾毛细血管内皮膜孔大，肝静脉窦缺乏完整的内皮——药物从肾、肝消除——药物中毒时肾、肝器官首先受累；是药物对某些细胞成分具有特殊亲和力的结果，如脂肪；多是一种储存现象。

（三）代谢

1. 药物代谢：药物在体内发生的化学结构的改变。最终目的是使药物排出体外。

2. 药物代谢部位：体内各种组织均有不同程度的代谢药物的能力，但肝脏是最主要的药物代谢器官，此外，胃肠道、肺、皮肤、肾也可产生有意义的药物代谢作用。

（四）排泄

1. 肾脏排泄：游离的药物能通过肾小球过滤进入肾小管，随着原尿水分的回收，药物在肾小管内的浓度上升，当超过血浆浓度时，那些极性低，脂溶性大的药物反向血浆扩散（再吸收），排泄较少也较慢，只有那些经过生物转化的极性高，水溶性代谢物的不被再吸收而顺利排出。有些药物在近曲小管由载体主动转运入肾小管，排泄较快，但在同类药物间可能有竞争性抑制。

肾功能受损时，以肾脏排泄作为主要消除途径的药物消除速度减慢，因此，给药量应相应减少，以避免蓄积作用。不以肾脏排泄作为主要消除途径的药物则无须减量。

2. 消化道排泄：被分泌到胆汁内的药物及其代谢产物经由胆道及胆总管进入肠腔，然后随粪便排泄出去，经胆汁排入肠腔的药物部分可再经小肠上皮细胞吸收经肝脏进入血液循环，这种肝脏、胆汁、小肠间的循环称肠肝循环。较大药量反复进行肠肝循环可延长药物的半衰期和作用维持时间。若中断其肠肝循环，半衰期和作用时间均可缩短。强心苷中毒后，口服考来烯胺可在肠内和强心苷形成络合物，中断其肠肝循环，加快从粪便中排泄，为急救措施之一。

3. 其他途径的排泄：药物也可经汗液、唾液和泪液排泄，但量很少，不甚重要。

药物经乳汁排泄的特点与上述相同。

药物也可经头发和皮肤排泄，但量很少，以高度敏感的方法测定这些组织内的有毒金属具有法医学意义。

三、药动学的几个概念

（一）消除半衰期

药物消除半衰期（$t_{1/2}$）是血浆药物浓度下降一半所需要的时间，是确定每天给药次数的一个重要参考指标。其长短可反映体内药物消除速度。

（二）表观分布容积

当血浆和组织内药物分布达到平衡后，体内药物按此时的血浆药物浓度在体内分布时所需体液容积称表观分布容积。

（三）生物利用度

经任何给药途径给予一定剂量的药物后到达全身血液循环内药物所占总剂量的百分比称生物利用度。

四、药物剂量的设计和优化

（一）维持量

在大多数情况下，临床多采用多次间歇给药或是持续滴注，以使稳态血浆药物浓度维持在一个治疗浓度范围。因此须计算药物维持剂量。为了维持选定的稳态血浆药物浓度或靶浓度，需调整给药速度以使进入体内的药物速度等于体内消除药物的速度。

（二）负荷量

因维持量给药通常需要 $4\sim5$ 个 $t_{1/2}$ 才能达到稳态血浆药物浓度，增加剂量或者缩短给药间隔时间均不能提前达到稳态，只能提高药物浓度。因此如果患者急需达到某个稳态血浆药物浓度以迅速控制病情时，可用负荷量给药法。负荷量是首次剂量加大，然后再给予维持剂量，使某个稳态血浆药物浓度（即事先为该患者设定的靶浓度）提前产生。

第二节　药物的基本作用

一、药物作用与药理效应

药物作用是指药物对机体的初始作用，是动因。药理效应是药物作用的结果，是机体反应的表现。功能提高称兴奋，功能降低称抑制。

多数药物是通过化学反应而产生药理效应的。这种化学反应的专一性使药物的作用具有特异性。药物作用特异性的物质基础是药物的化学结构。

二、治疗效果

治疗效果又称疗效，是指药物作用的结果有利于改变患者的生理、生化功能或病理过程，使患病的机体恢复正常。根据治疗作用的效果，可将治疗作用分为以下两种。

（一）对因治疗

用药目的在于消除原发致病因子，彻底治愈疾病，称对因治疗。

（二）对症治疗

用药目的在于改善症状，称对症治疗。对症治疗不能根除病因，但对病因未明暂时无法根治的疾病却是必不可少的。

三、不良反应

凡与用药目的无关，并为患者带来不适或痛苦的反应统称药物不良反应。多数不良反应是药物固有的效应，在一般情况下是可以预知的，但不一定是能够避免的。少数较严重的不良反应较难恢复，称药源性疾病，如庆大霉素引起的神经性耳聋。

（一）副作用

由于选择性低，药理效应涉及多个器官，当某一效应用作治疗目的时，其他效应就成为副作用。如阿托品用于解除胃肠痉挛时，可引起口干、心悸、便秘等副作用。副作用是在治疗剂量下发生的，是药物本身固有的作用，多数较轻微并可以预料。

（二）毒性反应

毒性反应是指在剂量过大或药物在体内蓄积过多时发生的危害性反应，一般比较严重。毒性反应一般是可以预知的，应该避免发生。急性毒性多损害循环、呼吸及神经系统功能，慢性毒性多损害肝、肾、骨髓、内分泌等功能。致癌、致畸胎和致突变反应也属于慢性毒性范畴。

（三）后遗效应

后遗效应是指停药后血药浓度已降至阈浓度以下时残存的药理效应。

（四）停药反应

停药反应是指突然停药后原有疾病加剧，又称反跳反应。如长期服用可乐定降压后突然停药，停药次日血压可剧烈回升。对于这类药物在使用时如需停药，应逐步递减剂量，以免发生停药反应。

（五）变态反应

变态反应是一类免疫反应。非肽类药物作为半抗原与机体蛋白结合为抗原后，经过接触10天左右的敏感化过程而发生的反应，又称过敏反应。常见于过敏体质患者。反应性质与药物原有效应无关，用药理性拮抗药解救无效。反应的严重程度差异很大，与剂量无关。停药后反应逐渐消失，再用时可能再发。致敏物质可能是药物本身，也可能是其代谢物，亦可能是制剂中的杂质。临床用药前虽常做皮肤过敏试验，但仍有少数假阳性或假阴性反应。

（六）特异质反应

某些药物可以使少数患者出现特异性的不良反应，反应性质可能与常人不同。如对骨骼肌松弛药琥珀胆碱的特异质反应是由于先天性血浆胆碱酯酶缺乏所致；红细胞葡萄糖-6-磷酸脱氢酶缺乏引起还原型谷胱甘肽缺乏的患者，服用具有氧化作用的药物如磺胺类药时，就可能引起溶血。目前认为特异质反应多半是由于机体生化机制的异常所致，且与遗传有关，是一种遗传性生化缺陷。

第三节　药物剂量与效应关系

药理效应与剂量在一定范围内成比例，这就是剂量-效应关系（简称量-效关系）。以效应强度为纵坐标、药物剂量或药物浓度为横坐标作图则得量-效曲线。药理效应按性质可以分为量反应和质反应两种情况。

一、量反应

效应的强弱呈连续增减的变化，可用具体数量或最大反应的百分比表示者称量反应。从量反应的量-效曲线可以看出下列特定位点（图9-2）。

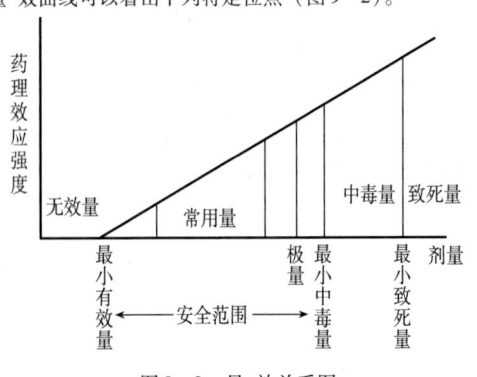

图9-2　量-效关系图

（一）最小有效量

最小有效量或最低有效浓度，即刚能引起效应的最小药量或最小药物浓度，又称阈剂量或阈浓度。

（二）最大效应

随着剂量或浓度的增加，效应也增加，当效应增加到一定程度后，若继续增加药物浓度或剂量而其效应不再继续增强，这一药理效应的极限称为最大效应，又称效能。

（三）半数最大效应浓度

半数最大效应浓度是指能引起 50% 最大效应的浓度。

二、质反应

如果药理效应不是随着药物剂量或浓度的增减呈连续性量的变化，而表现为反应性质的变化，则称为质反应。质反应以阳性或阴性、全或无的方式表现，如死亡与生存、惊厥与不惊厥等，其研究对象为一个群体。从质反应的量-效曲线可以看出下列特定位点。

（一）半数有效量（ED_{50}）

ED_{50} 即能引起 50% 的实验动物出现阳性反应时的药物剂量。

（二）半数致死量（LD_{50}）

LD_{50} 即能杀死一半试验总体之有害物质、有毒物质或游离辐射的剂量。

（三）治疗指数

治疗指数是指药物的 LD_{50}/ED_{50} 的比值，用以表示药物的安全性。

（四）药物安全性评价指标

治疗指数大的药物相对较治疗指数小的药物安全。但以治疗指数来评价药物的安全性，并不完全可靠。因为有效剂量与其致死剂量之间有重叠。为此，有人用 1% 致死量（LD_1）与 99% 有效量（ED_{99}）的比值或 5% 致死量（LD_5）与 95% 有效量（ED_{50}）之间的距离来衡量药物的安全性。

第四节　药物与受体

一、受体概念和特性

受体是一类介导细胞信号转导的功能蛋白质，能识别周围环境中某种微量化学物质，首先与之结合，并通过中介的信息放大系统，触发后续的生理反应或药理效应。

配体是指体内能与受体特异性结合的物质，又称第一信使。受体对相应的配体有极高的识别能力，受体均有相应的内源性配体，如神经递质、激素、自体活性物质等。

受体具有如下特性：灵敏性，特异性，饱和性，可逆性，多样性。

二、作用于受体的药物分类

根据药物的亲和力及内在活性的大小，可将药物分为激动药和拮抗药。

（一）激动药

激动药为既有亲和力又有内在活性的药物，它们能与受体结合并激动受体而产生效应。依其内在活性大小又可分为完全激动药和部分激动药。前者具有较强亲和力和较强内在活性（α＝1）；后者有较强亲和力，但内在活性不强（α＜1）。

（二）拮抗药

拮抗药能与受体结合，具有较强亲和力而无内在活性（α＝0）的药物。根据拮抗药与受体结合是否具有可逆性而将其分为竞争性拮抗药和非竞争性拮抗药。竞争性拮抗药能与激动药竞争相同受体，其结合是可逆的。通过增加激动药的剂量与拮抗药竞争结合部位，可使量-效曲线平行右移，但最大效能不变。非竞争性拮抗药与激动药并用时，可使亲和力与活性均降低，即不仅使激动药的量-效曲线右移，而且也降低其最大效能。与受体结合非常牢固，产生不可逆结合的药物也能产生类似效应。

第五节　影响药物效应的因素

一、药物因素

（一）药物制剂与给药途径

同一药物由于剂型不同、采用的给药途径不同，所引起的药物效应也会不同。通常注射药物比口服吸收快、到达作用部位的时间快，因而起效快，作用显著。注射剂中的水溶性制剂比油溶液和混悬剂吸收快、起效时间短。口服制剂中的溶液剂比片剂、胶囊容易吸收。控释制剂是一种可以控制药物缓慢、恒速或非恒速释放的制剂，其作用更为持久和温和。

药物的制备工艺和原辅料的不同，也可能显著影响药物的吸收和生物利用度。

有的药物采用不同给药途径时，还会有不同的作用和用途，如硫酸镁内服可以导泻和利胆，注射则引起止痉、镇静和颅内压降低。

（二）药物相互作用

两种或两种以上药物同时或先后序贯应用时，药物之间的相互影响和干扰，可改变药物的体内过程（吸收、分布、代谢和排泄）及机体对药物的反应性，从而使药物的药理效应或毒性发生变化。

药物相互作用主要表现在两个方面，一是不影响药物在体液中的浓度，但改变药理作用，表现为药效学的相互作用。二是通过影响药物的吸收、分布、代谢和排泄，改变药物在作用部位的浓度而影响药物作用，表现为药动学的相互作用。药物相互作用对于那些药效曲线陡直或治疗指数低的药物，如抗凝血药、抗心律失常药、抗癫痫药和抗肿瘤药、免疫抑制药，可能具有重要的临床意义。

二、机体因素

（一）年龄

年龄对药物作用的影响主要表现在：新生儿和老年人体内药物代谢和肾脏排泄功能不全，大部分药物在新生儿和老年人中都会有更强烈、更持久的作用；药物效应靶点的敏感性发生改变；老年人的特殊生理因素（如心血管反射减弱）和病理因素（如体温过低）；机体组成发生变化。在老年人中，脂肪在机体中所占比例增大，导致药物分布容积发生相应的改变。老年人常需服用更多的药物，发生药物相互作用的可能性相应增加。

（二）性别

女性体重一般轻于男性，在使用治疗指数低的药物时，为维持相同效应，女性可能需要较小剂量。妊娠妇女除了维持妊娠的药物以外，其他药物的应用均应审慎，因为进入母体内的药物均能进入胎儿体内，凡能对母体产生即使是很轻微不良反应的药物都可能影响胚胎或胎儿的发育。在分娩过程中对母体使用的药物也可能对新生儿产生持久的作用，因为新生儿不仅对药物的代谢和排泄的功能不全，而且因切断和母体的循环联系而不能利用母体内消除药物的机制。

（三）遗传因素

遗传是药物代谢和效应的决定因素，基因是决定药物代谢酶、药物转运蛋白和受体活性和功能表达的结构基础，是药物代谢与反应的决定因素，基因的突变可引起所编码的药物代谢酶、转运蛋白和受体蛋白氨基酸序列和功能异常，成为产生药物效应个体差异和种族差异的主要原因。

（四）特异质反应

特异质反应是一种性质异常的药物反应，通常是有害的，甚至是致命的，常与剂量无关，即使很小剂量也会发生。这种反应只在极少数患者中出现，如氯霉素导致的再生障碍性贫血发生率约为 1/50 000。

（五）疾病状态

疾病本身能导致药动学和药效学的改变。

（六）心理因素-安慰剂效应

安慰剂一般指由本身没有特殊药理活性的中性物质如乳糖、淀粉等制成的外形似药的制剂。但从广义上讲，安慰剂还包括那些本身没有特殊作用的医疗措施如假手术等。安慰剂产生的效应称安慰剂效应。

（七）长期用药引起的机体反应性变化

1. 耐受性和耐药性：为机体在连续多次用药后反应性降低。增加剂量可恢复反应，停药后耐受性可消失，再次连续用药又可发生。

2. 依赖性和停药症状或停药综合征依赖性：是在长期应用某种药物后，机体对这种药物产生了生理性的或是精神性的依赖和需求，分生理依赖性和精神依赖性两种。

第六节　药物剂型

一、口服给药

（一）片剂

通常片剂的溶出度及生物利用度较丸剂好；剂量准确，片剂内药物含量差异较小；质量稳定，片剂为干燥固体，且某些易氧化变质及易潮解的药物可借包衣加以保护，光线、空气、水分等对其影响较小。

（二）包衣片

在片心外包衣膜的片剂，目的是增加片剂中药物的稳定性，掩盖药物的不良气味，改善片剂的外观等，包衣片又可分为糖衣片剂、薄膜衣片剂、肠溶衣片剂等。

（三）多层片

多层片是指由两层或数层组成的片剂，其目的是改善外观或调节作用时间，或减少两层中药物的接触，减少配伍变化。

（四）咀嚼片

咀嚼片是指在口中嚼碎后咽下的片剂，此类片剂较适于幼儿，幼儿不会吞服片剂，幼儿用片剂中需加入糖类及适宜香料以改善口感。

（五）泡腾片

泡腾片是指含有泡腾崩解剂的片剂，泡腾片遇水可产生气体，使片剂快速崩解。崩解快速、服用方便、起效快速。特别适用于儿童、老年人以及吞服药丸困难的患者。经过调味后的泡腾片，口味更佳，良药不再苦口，使患者更乐于接受。

（六）分散片

分散片是指在水中可迅速崩解均匀分散的片剂。相对于普通片剂、胶囊剂等固体制剂，分散片具有服用方便、崩解迅速、能降低药物的不良反应（尤其是难溶性药物）、提高药物生物利用度等优点。

（七）硬胶囊

硬胶囊是将药物按剂量装入胶囊中而成的制剂。胶囊剂可掩盖药物的不良气味，易于吞服；能提高药物的稳定性及生物利用度，一般情况下其起效快于丸剂、片剂等剂型；还能定时定位释放药物，并能弥补其他固体剂型的不足，应用广泛。如肠溶胶囊、直肠用胶囊、阴道用胶囊等。

（八）软胶囊

油类或对明胶等胶囊材料无溶解作用的液体药物或混悬液封闭于软胶囊内而制成的胶囊剂，又称胶丸剂。服用方便，起效迅速，服用量少，适用于多种病症，如藿香正气软胶囊等。

（九）肠溶胶囊

肠溶胶囊是指不溶于胃液，但能在肠液中崩解而释放活性成分的胶囊。可避免药物口服后对胃的刺激；防止对酸或胃酶不稳定的药物在胃内的降解，从而提高药物的疗效；控制药物的释放部位，使药物能有效地在小肠吸收。

（十）丸剂

丸剂是指药材细粉或药材提取物加适宜的黏合辅料制成的球形或类球片形制剂。丸剂与汤剂相比，吸收较慢，药效持久，节省药材，体积较小，便于携带与服用。缓和某些药物的毒副作用及不良反应。丸剂种类包括以下几种。

1. 蜜丸：把药物研成粉末跟水、蜂蜜或淀粉糊混合团成丸状。
2. 水蜜丸：药物细粉以蜂蜜和水为黏合剂制成的丸剂。
3. 水丸：药物细粉用冷开水、药汁或黄酒、醋、糖液为黏合剂制成的小球形干燥丸剂。
4. 浓缩丸：指将部分药物的提取液浓缩成膏与某些药物的细粉，以水、蜂蜜或蜂蜜和水为黏合剂制成的丸剂。
5. 糊丸：药物细粉以米粉、米糊或面糊等为黏合剂制成。
6. 蜡丸：药物细粉以蜂蜡为黏合剂制成。
7. 微丸：药物直径小于 2.5 mm。

（十一）滴丸

滴丸是指固体或液体药物与适当物质（一般称为基质）加热熔化混匀后，滴入不相混溶的冷凝液中、收缩冷凝而制成的小丸状制剂，主要供口服使用。稳定性高、吸收非常迅速、生物利用度高。

（十二）口服液

口服液药物的分散度大，吸收快，作用迅速，具有良好的生物利用度；有效成分分散均匀，能准确量取使用，尤其适用小儿和老年患者；剂量的大小易调节，易控制；能减低某些易溶药物的局部刺激性；能增加某些药物的稳定性和安全性。

（十三）混悬剂

混悬剂是指难溶性固体药物以微粒状态分散于分散介质中形成的非均匀的液体制剂。难溶性药物的混悬剂在肠胃中释放比水溶液慢，但比片剂快，这点适用于儿童和吞咽困难患者，方便服用。

（十四）糖浆剂

糖浆剂是指含有药物、药材提取物或芳香物质的口服浓蔗糖水溶液。糖浆剂是指含有药物或芳香物质的浓蔗糖水溶液。可以掩盖某些药物的苦、咸等不适气味，使药物容易内服，尤受儿童欢迎。

（十五）散剂

散剂是指一种或数种药物经粉碎、混匀而制成的粉末状制剂。散剂比表面积较大，因而具有易分散、奏效快的特点；外用覆盖面积大，具保护、收敛等作用；制备工艺简单，剂量易于控制，便于小儿服用。

（十六）颗粒剂

颗粒剂是指将药物与适宜的辅料配合而制成的颗粒状制剂，可以直接吞服，也可以冲入水中饮入，应用和携带比较方便，溶出和吸收速度较快（克服了前体剂型的不足）。

（十七）乳剂

乳剂是指互不相溶的两相液体经乳化而形成的非均相液体分散体系。药物分散性大、药效缓和、持久、副作用小。保证了油性药物剂量的准确性及使用。

（十八）缓释（控释）剂

缓释剂是指用药后能在较长时间内持续释放（按照一定速率释放）药物以达到长效作用的制剂。该类药物的特点有给药次数少、给药途径多样化、刺激小而且疗效持久；血药浓度波动较小，有利于降低药物的毒副作用；还可减少用药的总剂量，用最小剂量达到最大药效。

二、注射给药

注射剂是指药物制成的供注入体内的无菌溶液以及供临用前配成溶液或混悬液的无菌粉末或浓溶液。药效迅速、剂量准确、作用可靠；使用于不宜口服的药物；适用于不能口服药物的患者；能产生定位及靶向给药的作用；延长药效。

三、呼吸道给药

（一）气雾剂

气雾剂是指含药、乳液或混悬液与适宜的抛射剂共同装封于具有特制阀门系统的耐压容器中，使用时借助抛射剂的压力将内容物呈雾状物喷出，用于肺部吸入或直接喷至腔道黏膜、皮肤及空间消毒的制剂。能使药物迅速达到作用部位、起效快；避免药物在胃肠道中降解，无首过效应；使用剂量小，不良反应小。药物被封装在密闭容器中，避免与空气和水分接触，同时也避免了污染和变质的可能；使用和携带方便，对创面的局部刺激性小；昂贵药品浪费较其他剂型少。

（二）粉雾剂

粉雾剂是指药物经特殊的给药装置给药后以干粉形式进入呼吸道，发挥全身或局部作用的一种给药系统。根据给药部位的不同，可经鼻用粉雾剂和经口腔用（肺吸入）粉雾剂。无胃肠道降解作用；无肝脏首过效应；药物吸收迅速，给药后起效快；药物吸收后直接进入体循环，达到全身治疗的目的；可用于胃肠道难以吸收的水溶性大的药物；顺应性好，特别适用于原需进行长期注射治疗的患者；起局部作用的药物，给药剂量明显降低，毒副作用小。

四、皮肤给药

（一）膏剂

膏剂是用水或植物油将药物煎熬浓缩而成的膏状制剂。膏剂有内服和外用两种。内服膏剂有效成分含量高，服用量少，溶媒不良反应小的特点。外用膏剂分软膏剂和硬膏剂。软膏剂又称药膏，用适当的药物和基质均匀混合制成，容易涂于皮肤、黏膜的半固体外用制剂，可使药物在局部被缓慢吸收而持久发挥疗效或起保护、润滑皮肤的作用。硬膏剂是用植物油与黄丹或铅粉等经高温炼制成的铅硬膏为基质，并含有药物或中药材提取物的外用制剂，在常温时为坚韧固体，用前预热软化，再粘贴在皮肤上，用法简单，携带储存方便，但疗效缓慢，黏度失宜时易污染衣物。

（二）贴剂

贴剂是指粘贴在皮肤上，药物可产生全身或局部作用的一种薄片状制剂。透皮贴剂通过扩散而起作用，药物扩散直接进入皮肤和血液循环，若有控释膜层和粘贴层则通过上述两层进入皮肤和血液循环。不受胃排空速率等影响，生物利用度高；使用方便，无疼痛，可随时撤销或中断治疗；给药剂量准确，吸收面积固定，血药浓度稳定；无松香等增黏剂，对皮肤刺激性小；延长作用时间，减少用药次数。

（三）洗剂

洗剂是指水、醇等为溶剂的外用液体制剂，专用于洗皮肤患处。洗剂一般具有清洁、消毒、止痒、收敛和保护的作用。

（四）涂剂

涂剂是指涂于局部皮肤的外用澄清液体制剂，多为抗真菌、腐蚀或软化角质药物的醇溶液，也有用其他有机溶剂作溶剂的。应注意的是，涂剂一般应仅用于局部患处，勿沾染正常皮肤或黏膜。

（五）凝胶剂

凝胶剂是指药物与适宜的辅料制成的均一、混悬或乳剂型的乳胶稠厚液体或半固体制剂。较其他外用剂，能吸收皮肤浸出物而不妨碍皮肤功能，生物相容性好对皮肤无刺激。

五、黏膜给药

（一）口含片

口含片是指含在颊膜内缓慢溶解而发挥治疗作用的片剂。口含片多用于口腔及咽喉疾患，可在局部产生较久的疗效，如消炎、消毒等。常用者如含碘喉症片等。口含片硬度较大，不会在口腔中快速崩解。

（二）滴鼻剂

滴鼻剂是指药材提取物或药物用适宜的溶剂制成的供滴入鼻腔用的液体制剂。局部作用，很快奏效。

（三）滴眼剂

滴眼剂是指药物制成供滴眼用的澄明溶液或混悬液，用以防治或诊断眼部疾病。以水溶液为主，有少量水性混悬液或油溶液。局部用药，对眼部具有杀菌、消炎、扩瞳、缩瞳、麻醉等作用，吸收快且刺激性小。

（四）眼膏剂

眼膏剂是指药物与适宜基质制成的专供眼用的灭菌软膏剂，与滴眼剂相比，具有疗效持久、能减轻眼睑对眼球的摩擦等特点。较滴眼剂在结膜囊内保留时间长，属缓释长效制剂。

六、腔道给药

（一）栓剂

栓剂药物不受或少受胃肠道 pH 值或酶的破坏；避免药物对胃黏膜的刺激性；中下直肠静脉吸收可避免肝脏首过作用；适宜于不能或不愿口服给药的患者；可在腔道起润滑、抗菌、杀虫、收敛、止痛、止痒等局部作用。直肠用可避免肝脏的首关效应。

（二）阴道泡腾片

阴道泡腾片是指由有机酸如酒石酸或枸橼酸和碳酸氢钠分别制粒，混以主药压成的片剂。效果较口服好，因为它直接作用于患部，这样药物浓度相对高于经口服的浓度。

第 三 篇
商品基础篇

第十章 西 药

第一节 抗微生物药

抗微生物药是指具有杀灭或抑制各种病原微生物（细菌、真菌、支原体、衣原体等）的作用的药物。分为青霉素类、头孢菌素类、其他 β -内酰胺类、氨基苷类、四环素类、氯霉素类、大环内酯类、林可霉素类、糖肽类、磺胺类药、喹诺酮类药、抗结核药、抗真菌药、抗病毒药等（表 10-1）。

表 10-1　　　　　　　　　　抗微生物药分类

分类 1	分类 2	分类 3
抗生素	β -内酰胺类	青霉素类
		头孢菌素类
		其他 β -内酰胺类
	氨基苷类	
	大环内酯类	
	酰胺醇类（氯霉素类）	
	四环素类	
	林可霉素类	
	糖肽类	
	其他抗生素	
磺胺类药		
喹诺酮类		
抗真菌药		
抗结核药		
抗病毒药		

青霉素

【别名】青霉素 G、盘尼西林、苄青霉素。

【药理作用】作用机制是干扰细菌细胞壁的合成。青霉素口服约 1/3 可经肠道吸收，其余被胃酸及消化酶破坏。具有明显的抗菌后效应。

【适应证】主要适用于革兰阳性球菌所致的各种感染，如败血症、肺炎、脑膜炎、扁桃体炎、中耳炎、猩红热、丹毒、产褥热等。

【禁忌证】对任何青霉素类过敏的患者禁用本品。

【注意事项】过敏反应为青霉素最常见最严重的反应，发生率为 5%～10%。常见过敏反应为药热、皮疹、荨麻疹、血管性神经性水肿、哮喘等，停药后可自行消失。

【药物相互作用】氯霉素、红霉素、四环素类、磺胺类药等抑菌剂可干扰青霉素的杀菌活性，不宜与青霉素类合用。丙磺舒、阿司匹林、吲哚美辛、保泰松、磺胺类药可减少青霉素类在肾小管的排泄，因而使青霉素类的血药浓度增高，而且维持较久，半衰期延长，毒性也可能增加。

氨苄西林

【别名】氨苄青霉素、安比西林、安必仙。

【药理作用】作用机制是干扰细菌细胞壁的合成。口服后吸收良好，但受食物影响，口服 2 小时血药浓度达峰值，经肾排泄。体内分布广，胆汁及尿内浓度高。

【适应证】抗菌谱与青霉素相似。主要用于敏感菌所致的各种感染，以泌尿系统、胆道感染较突出。

【禁忌证】对任何青霉素类过敏的患者禁用本品。

【注意事项】本品药疹发生率较高（10%～15%），有轻微的胃肠道反应。传染性单核细胞增多症、巨细胞病毒感染、淋巴细胞白血病、淋巴瘤等患者应用本品时易发生皮疹。

【药物相互作用】参阅青霉素。

阿莫西林

【别名】安莫西林、阿莫仙、加林。

【药理作用】作用机制是干扰细菌细胞壁的合成。口服后迅速吸收，75%～90% 可自胃肠道吸收。食物对药物吸收的影响不显著。本品可通过胎盘，乳汁、汗液和泪液中含有微量。本品经肾排泄，尿中阿莫西林浓度很高，部分药物经胆汁排泄，其浓度高于氨苄西林。

【适应证】抗菌谱与青霉素相似。主要用于敏感菌所致的呼吸道、尿路、胆道感染，配合其他药物用于消化性溃疡杀灭幽门螺杆菌。

【禁忌证】对任何青霉素类过敏的患者禁用本品。

【注意事项】不良反应以腹泻、恶心、呕吐等胃肠道反应较为多见，皮疹易发生于传染性单核细胞增多症者。此外尚有药物热、哮喘等。少数患者的血清氨基转移酶升高，偶有嗜酸性粒细胞增多和白细胞降低。由假丝酵母菌或耐药菌引起的二重感染也可见到。本品应避免用于传染性单核细胞增多症患者使用。

【药物相互作用】参阅青霉素。本品与丙磺舒无相互作用。

苯唑西林

【别名】合抗、安迪灵。

【药理作用】作用机制是干扰细菌细胞壁的合成。本品耐酸稳定，口服可吸收，30%～33%可在肠道吸收；食物可影响本品在胃肠道的吸收。由肝脏代谢，自肾脏排出体外。

【适应证】主要用于耐青霉素葡萄球菌所致的各种感染，如败血症、呼吸道感染、脑膜炎、软组织感染等，也可用于化脓性链球菌属或肺炎链球菌属与耐青霉素葡萄球菌所致的混合感染。肺炎链球菌、化脓性链球菌、其他链球菌属或对青霉素敏感的葡萄球菌感染则不应采用本品治疗。

【禁忌证】对任何青霉素类过敏的患者禁用本品。

【注意事项】青霉素引起的各种过敏反应皆可发生于苯唑西林。对严重肾功能减退患者，避免应用过大剂量，以防神经系统等毒性反应的发生。阿司匹林、磺胺类药在体内外皆可抑制苯唑西林对血浆蛋白的结合，磺胺类药可减少本品在胃肠道的吸收。丙磺舒可延长本品半衰期和增高其血药浓度。

【药物相互作用】参阅青霉素。在静脉注射液中本品与庆大霉素、土霉素、四环素、新生霉素、多黏菌素B、磺胺嘧啶、呋喃妥因、去甲肾上腺素、间羟胺、苯巴比妥、戊巴比妥、水解蛋白、B族维生素、维生素C、琥珀胆碱等呈配伍禁忌。

二、头孢菌素类

头孢菌素分类与适应范围如表10-2所示。

表10-2　　　　　头孢菌素分类与适应范围

	代表药物	适应范围
头孢菌素类	第一代：头孢氨苄、头孢羟氨苄、头孢拉定	适用于敏感细菌所致的尿路感染、皮肤软组织感染以及急性扁桃体炎、急性咽炎、中耳炎和肺部感染等
	第二代：头孢呋辛酯、头孢克洛	适用于敏感菌所致的呼吸系统、泌尿系统、耳鼻喉科及皮肤、软组织感染等
	第三代：头孢克肟、头孢泊肟酯、头孢他美酯	适用于治疗支气管炎、支气管扩张合并感染、慢性呼吸道疾患继发感染、肺炎、肾盂肾炎、膀胱炎、淋菌性尿道炎、胆囊炎、胆管炎
	第四代：头孢吡肟、头孢匹罗	适用于各种严重感染如呼吸道感染、泌尿系统感染、胆道感染、败血症等

头孢拉定

【别名】先锋霉素Ⅵ、菌必清。

【药理作用】作用机制是干扰细菌细胞壁的合成。口服本品后迅速吸收。肌内注射吸收较口服为差，但持续时间较久。

【适应证】抗菌谱为需氧革兰阳性球菌，仅对少数革兰阴性杆菌有一定抗菌活性。用于敏感细菌所致的急性咽炎、急性扁桃体炎、中耳炎、支气管炎、肺炎等呼吸道感染、泌尿生殖道感染及皮肤软组织感染等。

【禁忌证】禁用于对本品或其他头孢菌素过敏的患者。

【注意事项】本品毒性低微，不良反应较轻，发生率也较低。胃肠道反应较为常见，有恶心、呕吐、腹泻、胃部不适等。药疹可能发生。孕妇及哺乳期妇女慎用。肾功能减退患者使用时须减少剂量或延长给药间期。

【药物相互作用】本品与庆大霉素、阿米卡星等氨基苷类抗生素联合有协同作用。本品与氨基苷类、强利尿剂及其他肾毒性药物同服，可使上述药物的肾毒性增加。

头孢羟氨苄

【别名】欧意、安泰、可立欣、力欣奇。

【药理作用】对革兰阳性菌有较好的抗菌作用，对革兰阴性菌和厌氧菌亦有一定的抗菌活性，口服吸收良好。

【适应证】用于葡萄球菌、链球菌、肺炎链球菌等引起的呼吸道感染、尿路感染、皮肤软组织感染。

【禁忌证】禁用于对本品或其他头孢菌素过敏的患者。

【注意事项】肾功能明显损害者、有胃肠道（特别是结肠炎）病史者慎用。本品不宜长期服用，以免引起假膜性肠炎。

【药物相互作用】丙磺舒可提高本品血药浓度，延缓肾排泄。

头孢克洛

【别名】头孢氯氨苄、头孢克罗。

【药理作用】作用机制为干扰细菌细胞壁的合成。空腹口服本品达峰时间为 $0.5 \sim 1$ 小时。牛奶不影响本品吸收。头孢克洛在中耳脓液中可达到相当浓度。唾液和泪液中浓度高。本品主要自肾排泄。

【适应证】主要用于治疗敏感菌所致的急性中耳炎、呼吸道感染、尿路感染、皮肤软组织感染、败血症，骨、关节感染和腹腔、盆腔感染。

【禁忌证】禁用于对本品或其他头孢菌素过敏的患者。

【注意事项】不良反应以软便、腹泻，胃部不适、食欲不振、嗳气等胃肠道反应为多见，程度均较轻。本品宜空腹口服，食物可延迟其吸收。孕妇及哺乳期妇女慎用。胃肠道疾病病史者，特别是溃疡性结肠炎、局限性肠炎或抗生素相关性肠炎者和患者有肾功能减退者应慎用。肝功能损害患者也应慎用。

【药物相互作用】与庆大霉素或其他肾毒性抗生素合用有增加肾损害的危险性。与呋塞米、依他尼酸、布美他尼等强利尿药以及氨基苷类抗生素合用有增加肾毒性的可能。

头孢呋辛酯

【别名】西力达、联邦赛福欣、达力新。

【药理作用】口服经胃肠道吸收后，在酯酶作用下迅速水解为头孢呋辛而发挥抗菌作用。作用机制是抑制细菌细胞壁的合成，餐后服用吸收率比空腹用药时高 50%，能迅速地直达感染部位。

【适应证】本品适用于成人急性咽炎或扁桃体炎、急性中耳炎、上颌窦炎、慢性支气管炎急性发作、急性支气管炎、单纯性尿路感染、皮肤软组织感染及无并发症淋病奈瑟菌性尿道炎和宫颈炎。儿童咽炎或扁桃体炎、急性中耳炎及脓疱病等。

【禁忌证】对本品及其他头孢菌素类过敏者、有青霉素过敏性休克或即刻反应史者及胃肠道吸收障碍者禁用。2.5 岁以下小儿禁用。

【注意事项】肾功能减退及肝功能损害者慎用；有胃肠道疾病史者，特别是溃疡性结肠炎、局限性肠炎或抗生素相关性结肠炎者慎用；长期服用本品可致菌群失调，引发继发性感染。

【药物相互作用】呋塞米、依他尼酸、布美他尼等强利尿药，卡莫司汀、链佐星等抗肿瘤药及氨基苷类抗生素等肾毒性药物与本品合用有增加肾毒性的可能。

头孢克肟

【别名】世福素、欧健、士瑞克。

【药理作用】作用机制为干扰细菌细胞壁的合成。口服后 40%～50% 吸收，口服达峰时间为 2～4 小时。服用本品混悬液后血药峰浓度较片剂高 25%～50%。口服后体内分布良好，可通过胎盘进入胎儿循环。

【适应证】用于对本品敏感菌所致的下列轻中度感染：①急性细菌性支气管炎，慢性支气管炎伴急性细菌性感染、支气管扩张伴感染、肺炎；②肾盂肾炎、膀胱炎；③胆道感染；④急性中耳炎、鼻窦炎。

【禁忌证】禁用于对本品或其他头孢菌素过敏的患者。

【注意事项】头孢克肟不良反应大多短暂而轻微。最常见者为胃肠道反应，有腹泻、大便次数增多、腹痛、恶心、消化不良、腹胀；肠炎患者慎用，6 个月以下儿童不宜应用。

【药物相互作用】参阅头孢克洛。

头孢泊肟酯

【别名】亮博、施博、帅孚、西博特欣。

【药理作用】第三代口服头孢菌素，为一前体药物。头孢泊肟酯的杀菌部分为头孢泊肟，它由胃肠道中存在的非特异性酯酶水解头孢泊肟酯形成。头孢泊肟可以抑制细菌细胞壁的合成，为杀菌药。

【适应证】适用于上呼吸道感染，下呼吸道感染，皮肤、软组织感染、尿路感染、淋病。

【禁忌证】对本品和青霉素类过敏者禁用。

【注意事项】家族中有易患支气管哮喘、皮疹、荨麻疹等过敏体质的患者慎用；因药物主要经肾脏排泄，严重肾功能不全的患者需要减少给药剂量；营养不足者可能会出现维生素 K 缺乏病；肾功能下降的老龄患者慎用；长期用药可能引起二重感染。

【药物相互作用】抗酸剂或 H_2 受体拮抗药可减少其吸收并降低其血药浓度峰值；丙磺舒可升高其血浆浓度水平。

头孢吡肟

【别名】博帅、达力能、马斯平。

【药理作用】广谱第四代头孢菌素，通过抑制细菌细胞壁的生物合成而达到杀菌作用。对革兰阳性菌和阴性菌均有作用。

【适应证】本品用于治疗成人和 2 月龄至 16 岁儿童上述敏感细菌引起的中重度感染，包括下呼吸道感染（肺炎和支气管炎），单纯性下尿路感染和复杂性尿路感染（包括肾盂肾炎），非复杂性皮肤和皮肤软组织感染，复杂性腹腔内感染（包括腹膜炎和胆道感染），妇产科感染，败血症，以及中性粒细胞减少伴发热患者的经验治疗。也可用于儿童细菌性脑脊髓膜炎。

【禁忌证】本品禁用于对头孢吡肟或 L-精氨酸，头孢菌素类药物，青霉素或其他 β-内酰胺类抗生素有即刻过敏反应的患者。

【注意事项】广谱抗菌药可诱发伪膜性肠炎；与氨基苷类药物或强利尿药合用时，应加强临床观察，并监测肾功能，避免引发氨基苷类药物的肾毒性或耳毒性作用。

【药物相互作用】头孢吡肟溶液不可加至甲硝唑、万古霉素、庆大霉素、妥布霉素或硫酸奈替米星、氨茶碱溶液中。

三、其他 β-内酰胺类

阿莫西林克拉维酸钾

【别名】安奇、强力阿莫仙、铿锵、君尔清、抗之霸。

【药理作用】本品为阿莫西林和克拉维酸钾的复方制剂。阿莫西林为广谱青霉素类抗生素，克拉维酸钾本身只有微弱的抗菌活性，但具有强大广谱 β-内酰胺酶抑制作用，本品对胃酸稳定，口服吸收良好，食物对本品的吸收无明显影响。

【适应证】适用于下呼吸道感染、中耳炎、鼻窦炎；亦可用于肠球菌所致的轻中度感染。

【禁忌证】青霉素皮试阳性反应者、对本品及其他青霉素类药物过敏者及传染性单核细胞增多症患者禁用。

【注意事项】长期或大剂量服用本品者，应定期检查肝、肾、造血系统功能和检测血清钾或钠。

【药物相互作用】阿司匹林、吲哚美辛、保泰松、磺胺类药可减少本品在肾小管的排泄，因而使本品的血药浓度升高，消除半衰期延长，毒性也可能增加。本品与别嘌呤合用时，皮疹发生率显著增高，故应避免合用。氯霉素、红霉素、四环素类等抗生素和磺胺类药等抑菌药可干扰本品的杀菌活性，因此不宜与本品合用，尤其在治疗脑膜炎或急需杀菌药的严重感染时。

四、氨基苷类

庆大霉素片

【别名】硫酸庆大霉素片。

【药理作用】作用机制是抑制蛋白质的合成。肌注后吸收迅速而完全。吸收后主要分布于细胞外液，其中 5%～15% 再分布到组织中，在肾皮质细胞中积蓄，本品可穿过胎盘。尿液中药物浓度高。

【适应证】常用于各种感染，如严重的革兰阴性菌感染、铜绿假单胞菌感染、混合感染，亦可用于结肠手术前准备。

【禁忌证】对庆大霉素或其他氨基苷类过敏者禁用本品。

【注意事项】不良反应包括耳毒性、肾毒性、神经肌肉阻滞作用、变态反应等。孕妇、哺乳期妇女及婴幼儿慎用。重症肌无力、帕金森病患者慎用。

【药物相互作用】与其他氨基苷类、呋塞米等合用或先后连续应用，可增加耳毒性、肾毒性以及神经肌肉阻滞作用的可能性。与头孢噻吩合用可能增加肾毒性。与多黏菌素类合用或先后连续应用，可增加肾毒性和神经肌肉阻滞作用。其他肾毒性及耳毒性药物均不宜与本品合用或先后连续应用，以免加重肾毒性或耳毒性。

五、四环素类

四环素

【别名】林立康、金晶康。

【药理作用】作用机制是抑制蛋白质的合成。本品口服后可吸收但不完全，约可吸收口服量的30%～70%；进食后服药的血药浓度较空腹服用者约降低一半。本品易与新生的骨和牙齿等组织结合，在肝、脾和其他生长迅速的组织如肿瘤等部位浓集。

【适应证】主要用于衣原体、支原体和立克次体引起的感染。

【禁忌证】对四环素或四环素类任何一种药物有过敏史者禁用本品。肾盂肾炎伴肾功能减退的妊娠妇女静脉滴注四环素应属禁忌。

【注意事项】①四环素类药物可通过胎盘屏障进入胎儿体内，沉积在牙齿和骨骼中，致牙齿产生不同程度的变色黄染，牙釉质发育不良及龋齿，并可致骨发育不良。②口服四环素类药物可引起胃肠道症状，如恶心、呕吐、上腹不适、腹胀、腹泻等。口服量每次不宜大于0.5 g，以减少胃肠道反应。③四环素类的应用可使人体内正常菌群减少，导致维生素缺乏、真菌繁殖，出现口干、咽痛、口角炎、舌炎、舌苔色暗或变色等。④二重感染。长期应用四环素类可诱发耐药金黄色葡萄球菌、革兰阴性杆菌和真菌等的消化道、呼吸道和尿路感染，严重者可致败血症。⑤肝脏损害。四环素可致肝毒性，通常为肝脂肪变性。

【药物相互作用】与制酸药如碳酸氢钠等合用时，可使四环素类的吸收减少、活性降低，故在服用四环素类药物后1～3小时内不应服用制酸药。与强利尿药如呋塞米等药物合用时可加重肾功能损害。避孕药，口服含雌激素类避孕药与四环素类同时应用，可降低避孕药的效果，以及增加经期外出血。

米诺环素

【别名】美满霉素、美诺星。

【药理作用】本品为半合成四环素类广谱抗生素，具高效和长效性，在四环素类抗生素中，本品的抗菌作用最强。抗菌谱与四环素相近。本品口服后迅速被吸收，食物对本品的吸收无明显影响。

【适应证】适用于对本品敏感的病原体引起的下列感染：①败血症、菌血症；②浅表性化脓性感染，如毛囊炎、脓皮病、扁桃体炎、肩周炎、泪囊炎、牙龈炎、外阴炎、创伤感染、术后感染等；③深部化脓性疾病，如乳腺炎、淋巴管（结）炎、颌下腺炎、骨髓炎、骨炎；④急慢性支气管炎、喘息型支气管炎、支气管扩张、支气管肺炎、细菌性肺炎、异型肺炎、肺部化脓症；⑤痢疾、肠炎、感染性食物中毒、胆管炎、胆囊炎；

⑥腹膜炎；⑦肾盂肾炎、肾盂炎、肾盂膀胱炎、尿道炎、膀胱炎、前列腺炎、附睾炎、宫内感染、淋病；⑧中耳炎、鼻旁窦炎、颌下腺炎；⑨梅毒。

【禁忌证】对本品及其他四环素类过敏者禁用。

【注意事项】肝、肾功能不全及食管通过障碍者、老年人、口服吸收不良或不能进食者、全身状态恶化患者（因易引发维生素 K 缺乏病）慎用。

【药物相互作用】①由于制酸药（如碳酸氢钠）可使本品的吸收减少、活性降低，故本品与制酸药应避免同时服用；②本品与含铝、钙、镁、铁离子的药物合用时，可形成不溶性络合物，使本品的吸收减少；③降血脂药物考来烯胺或考来替泊与本品合用时，可能影响本品的吸收；④由于本品能干扰青霉素的杀菌活性，所以应避免本品与青霉素类合用。

美他环素

【别名】甲烯土霉素。

【药理作用】作用机制为药物能与细菌核糖体 30S 亚基的 A 位置结合，抑制肽链的增长和影响细菌蛋白质的合成。口服可吸收，在体内分布较广。

【适应证】用于支原体、衣原体所致的感染，可用于中、重度痤疮的辅助治疗。

【禁忌证】有四环素类药物过敏史者禁用。

【注意事项】本品宜空腹口服，即餐前 1 小时或餐后 2 小时服用，以避免食物对吸收的影响；原有肝病者不宜用此类药物；肾功能损害的患者不宜应用此类药物，如确有指征应用时须慎重考虑，并调整剂量。

【药物相互作用】与制酸药如碳酸氢钠同用时，由于胃内 pH 值增高，可使本品吸收减少、活性减低，故服用本品后 1～3 小时内不应服用制酸药；含钙、镁、铁等金属离子的药物，可与本品形成不溶性络合物，使本品口服后吸收减少。

六、氯霉素类

氯霉素

【药理作用】作用机制是抑制蛋白质的合成。口服后吸收快而完全，约可吸收给药量的 80%～90%，给药后半小时可达有效血浓度，1～3 小时达峰浓度。

【适应证】对革兰阴性菌作用强，特别是对伤寒沙门菌和引起副伤寒的沙门菌等沙门菌属及流感嗜血杆菌作用最强，可作首选。主要用于敏感菌所致脑膜炎、败血症等。

【禁忌证】对氯霉素或甲砜霉素有过敏史者禁用本品。

【注意事项】不良反应：①对造血系统的毒性反应是氯霉素的最严重的不良反应，有两种不同表现形式。一是与剂量有关的可逆性骨髓抑制，临床表现为贫血，并可伴白细胞和血小板减少；二是与剂量无关的骨髓毒性反应，常表现为严重的、不可逆性再生障碍性贫血。②溶血性贫血。③灰婴综合征，临床表现为腹胀、呕吐、进行性苍白、发绀、微循环障碍、体温不升、呼吸不规则。哺乳期妇女应用本品时应暂停授乳。老年人，肝、肾功能损害患者及早产儿、新生儿避免使用本品。

【药物相互作用】氯霉素与降血糖药（如甲苯磺丁脲）或口服抗凝血药（如双香豆素、华法林）合用时，可增强其降血糖作用或抗凝血作用，因此需调整剂量。长期口含雌激素的避孕药期间应用氯霉素，可降低避孕效果，以及增加经期外出血。林可霉素类与氯霉素不宜联合应用。

七、大环内酯类

阿奇霉素

【别名】阿红霉素、奇泰、赛乐欣、齐宏、希舒美、维路得、欣匹特。

【药理作用】作用机制是抑制蛋白质的合成。口服后迅速吸收，生物利用度为37%。在体内分布广泛，各种组织内浓度可达同期血浓度的10～100倍。经肾排出。

【适应证】①化脓性链球菌引起的急性咽炎、急性扁桃体炎。②流感嗜血杆菌、卡他布兰汉菌或肺炎链球菌引起的细菌性急性支气管炎、慢性支气管炎急性发作。③肺炎链球菌、流感嗜血杆菌以及肺炎支原体所致的社区获得性肺炎；衣原体所致的尿道炎和宫颈炎。④沙眼。⑤杜克嗜血杆菌所致软下疳；衣原体所致的尿道炎和宫颈炎。⑥敏感菌所致的皮肤软组织感染。⑦与其他药物联合，用于HIV感染者中鸟分枝杆菌复合体感染的预防与治疗。

【禁忌证】对本品或其他大环内酯类药物过敏者禁用本品。

【注意事项】服药后可出现腹痛、腹泻、恶心、呕吐等胃肠道反应。偶可出现头昏、头痛及发热、皮疹、关节痛等过敏反应，过敏性休克和血管神经性水肿极为少见。少数患者可出现一过性中性粒细胞减少、血清氨基转移酶升高。妊娠期、哺乳期妇女、2岁以下小儿、肝功能损害者慎用。

【药物相互作用】避免本品与含铝或镁的制酸剂同时服用，因可降低本品的血药峰浓度；必须合用时，阿奇霉素应在服用上述药物前1小时或后2小时给予。

罗红霉素

【别名】倍沙、乐喜清、亚力希、仁苏、赛乐林。

【药理作用】作用机制是抑制蛋白质的合成。进食后服药可使生物利用度下降约一半。扁桃体、鼻窦、中耳、肺、痰、前列腺及其他泌尿生殖系统中的药物浓度均可达有效治疗水平。

【适应证】本品适用于化脓性链球菌引起的咽炎及扁桃体炎，敏感菌所致的鼻窦炎、中耳炎、急性支气管炎、慢性支气管炎急性发作，肺炎支原体或衣原体所致的肺炎；沙眼衣原体引起的尿道炎和宫颈炎；敏感细菌引起的皮肤软组织感染。

【禁忌证】对本品或其他大环内酯类药物过敏者禁用本品。

【注意事项】主要不良反应为腹痛、腹泻、恶心、呕吐等胃肠道反应，但发生率明显低于红霉素。偶见皮疹、头昏、头痛等。服用本品仍宜中止授乳。肝功能不全者慎用本品或减量应用。老年及肾功能减退患者无须调整剂量。

克拉霉素

【别名】力深、克拉仙、诺邦、搭沙。

【药理作用】作用机制是通过阻碍细胞核蛋白50S亚基的联结，抑制蛋白合成而产生抑菌作用。口服后经胃肠道迅速吸收，生物利用度（F）为55%。食物可稍延缓吸收之起始，但不影响生物利用度。

【适应证】适用于敏感菌引起的泌尿生殖系统感染及皮肤软组织感染，与奥美拉唑、替硝唑联合用于胃溃疡。

【禁忌证】对本品或大环内酯类药物过敏者禁用。孕妇、哺乳期妇女禁用。

【注意事项】肝功能损害、中度至严重肾功能损害者慎用。肾功能严重损害者，须作剂量调整。

【药物相互作用】与氟康唑合用会增加本品血浓度。

八、林可霉素类

林可霉素

【别名】洁霉素、克隐多灵。

【药理作用】作用机制是抑制蛋白质的合成。口服可吸收，不为胃酸灭活，空腹口服仅 20%～30% 被吸收，进食后服用则吸收更少。林可霉素主要在肝中代谢，可经胆道、肾和肠道排泄。也可从乳汁中分泌。

【适应证】适用于敏感需氧菌及厌氧菌所致的各种感染：①败血症、肺炎、脓胸及肺脓肿；②皮肤软组织感染；③妇产科感染如子宫内膜炎、非淋球菌性卵巢-输卵管脓肿、盆腔炎、阴道侧切术后感染；④腹腔感染如腹膜炎、腹腔脓肿；⑤骨、关节感染等。轻症患者可用口服制剂，严重感染患者可用注射剂。

【禁忌证】对本品或本类药物过敏的患者禁用。

【注意事项】因神经肌肉阻滞作用，在前列腺增生的老年男性较大剂量使用该类药物时，偶可出现尿潴留。孕妇慎用，哺乳期妇女应用本药应停止授乳。

【药物相互作用】林可霉素类具神经肌肉阻断作用，与抗胆碱酯酶药等治疗肌无力的药物合用可降低后者的疗效，应调整这些药物的剂量。林可霉素类药物不宜与氯霉素或红霉素合用。

克林霉素

【别名】氯洁霉素、可欣林。

【药理作用】作用机制为抑制蛋白质的合成。口服后迅速吸收，不被胃酸破坏，空腹时生物利用度为 90%，进食不影响其吸收。在肝脏代谢，经尿及大便等排出。

【适应证】与林可霉素基本相同。

【禁忌证】对本品或本类药物过敏的患者禁用。

【注意事项】孕妇慎用，哺乳期妇女应用本药应停止授乳。用药期间须密切注意大便次数，如出现排便次数增多，应注意假膜性肠炎的可能。

【药物相互作用】克林霉素可增强骨骼肌松弛药、氨基苷类抗生素的神经肌肉阻断作用，应避免合用。体外试验显示克林霉素与红霉素具拮抗作用，应避免联合应用。

九、糖肽类及其他类

磷霉素

【别名】复美欣、新亚迈林。

【药理作用】作用机制是抑制细菌细胞壁的合成。空腹口服后，血药峰浓度于服药后 2 小时到达，约可自胃肠道吸收给药量的 30%，口服生物利用度为 37%，进食后服药的生物利用度下降至 30%。在胎儿循环和乳汁中浓度约为母血浓度的 70% 和 7%。

【适应证】口服制剂适用于敏感菌所致的单纯性下尿路感染、肠道感染（包括细菌性痢疾）、胆道、皮肤及软组织感染等。

【禁忌证】对本品或本类药物过敏的患者禁用。

【注意事项】不良反应主要为轻度胃肠道反应，如恶心、纳差、中上腹不适、稀便或轻度腹泻，一般不影响继续用药，偶有表现为假膜性肠炎。孕妇慎用。

【药物相互作用】与β-内酰胺类联合对金黄色葡萄球菌（包括甲氧西林耐药金葡菌）、铜绿假单胞菌具协同作用。与氨基苷类联合具协同作用。本品与甲氧氯普胺同用时，可使磷霉素血药浓度降低，其他胃肠动力药亦有可能发生类似情况，因此本品不宜与上述药物同用。

十、磺胺类

复方磺胺甲噁唑

【别名】复方新诺明、菌特灵。

【药理作用】作用机制为干扰叶酸的合成。口服后易吸收，约可吸收给药量的90%以上，但吸收较缓慢。由于磺胺类药与胆红素竞争血浆蛋白的结合，可使血中游离胆红素增高，有引起早产儿、新生儿发生核黄疸的可能。

【适应证】适用于敏感菌株所致的尿路感染、小儿急性中耳炎、成人慢性支气管炎急性发作、肠道感染、志贺菌感染等。治疗卡氏肺孢菌肺炎，本品系首选。由产肠毒素大肠埃希杆菌（ETEC）所致旅游者腹泻。

【禁忌证】对本品或磺胺类中任何一种药物有过敏史者禁用。新生儿及2月以下婴儿的应用属禁忌。

【注意事项】过敏反应较为常见，可表现为药疹；也有表现为光敏反应、药物热、关节及肌肉疼痛、发热等血清病样反应。如应用本品疗程长，剂量大时宜同服碳酸氢钠并多饮水。孕妇及哺乳期妇女慎用。

【药物相互作用】对氨基苯甲酸可替代磺胺被细菌摄取，因而可拮抗磺胺药的抑菌作用，两者不宜合用。口服抗凝血药、口服降血糖药、甲氨蝶呤、苯妥英钠和硫喷妥钠等药物与磺胺类药合用时，使这些药物的作用增强甚至产生毒性反应，因此需调整其剂量。

十一、喹诺酮类

诺氟沙星

【别名】氟哌酸、君豪。

【药理作用】本品为杀菌剂，通过作用于细菌DNA螺旋酶的A亚单位，抑制DNA的合成和复制而导致细菌死亡。

【适应证】适用于敏感菌所致的尿路感染、淋病、前列腺炎、肠道感染和伤寒及其他沙门菌感染。

【禁忌证】对本品及氟喹诺酮类药过敏的患者禁用。

【注意事项】应用氟喹诺酮类药物可发生中、重度光敏反应；原有中枢神经系统疾病患者，如癫痫及癫痫病史者均应避免应用，有指征时需仔细权衡利弊后应用。

【药物相互作用】多种维生素，或其他含铁、锌离子的制剂及含铝或镁的制酸药可减少本品的吸收，建议避免合用，不能避免时在本品服药前 2 小时，或服药后 6 小时服用。

左氧氟沙星

【别名】 可乐必妥、金裕星、来立信、彼妥、瑞科沙、一品、京必妥新。

【药理作用】 作用机制是抑制 DNA 的合成和复制。口服吸收完全，吸收给药量近100％。体内广泛分布，肺组织药物浓度可达血浓度的 2～5 倍。

【适应证】 适用于敏感菌所致的下列感染：慢性支气管炎急性细菌性感染、社区获得性肺炎和医院获得性肺炎、急性上颌窦炎、急性单纯性下尿路感染、复杂性尿路感染、急性肾盂肾炎、复杂性和非复杂性皮肤及皮肤结构感染。

【禁忌证】 对本品有过敏史者，或对喹诺酮类任何一种药物有过敏史者禁用本品。

【注意事项】 与其他喹诺酮类相仿，在用药期间可能出现血糖增高或降低，多发生于口服降血糖药患者，应注意监测血糖。应避免用于 18 岁以下的未成年人。孕妇及哺乳期妇女慎用。

【药物相互作用】 含镁、铝的制酸剂、含铁制剂和含锌的多种维生素制剂等均可干扰本品的口服吸收，因此不宜合用。非甾体抗炎药与喹诺酮类药物（包括左氧氟沙星）合用时，可能增加对中枢神经系统的作用和抽搐发作的危险性。抗糖尿病药与喹诺酮类药物包括左氧氟沙星合用时，可能出现高血糖或低血糖变化。

环丙沙星

【别名】 西普乐、环福星、悉复欢。

【药理作用】 作用机制为抑制 DNA 的合成和复制。空腹口服后吸收迅速，食物可延缓吸收。主要经肾排出。

【适应证】 用于敏感菌所致的下列感染：①泌尿生殖道感染；②呼吸道感染；③胃肠道细菌感染；④复杂性腹腔感染，宜与甲硝唑等抗厌氧菌药同用；⑤伤寒；⑥骨和关节感染；⑦皮肤软组织感染等。

【禁忌证】 ①对本品及喹诺酮类药过敏者禁用；②孕妇、婴幼儿禁用。

【注意事项】 常见不良反应：①胃肠道反应，较为常见，多表现为腹部不适或疼痛、胃纳减退、恶心或呕吐、腹泻或便秘、味觉异常等。②中枢神经系统反应，多表现为头昏、头痛、嗜睡或失眠等。③过敏反应，可表现为皮疹、皮肤瘙痒，偶可出现渗出性多形红斑和血管神经性水肿；光过敏和光毒性，表现为暴露部位轻至中、重度皮疹、疱疹；偶可发生过敏性休克。小儿、18 岁以下青少年、孕妇、哺乳期妇女慎用。肝肾功能减退者慎用。

【药物相互作用】 含铝或镁的制酸药可减少本品口服的吸收，避免同时口服。与丙磺舒合用时本品血浓度增高，产生毒性。本品不宜与茶碱类合用。非甾体消炎药与喹诺酮类合用可能增加对中枢神经系统的刺激．并有发生惊厥的危险性。

司帕沙星

【别名】 世保扶、朗瑞、力贝尔、巴沙、森澳欣。

【药理作用】 本品的作用机制是抑制细菌 DNA 合成过程中的 DNA 旋转酶的作用而起杀菌作用。为长效品种，体内半衰期为 17.6 小时，具有强组织穿透力，可迅速进入多种组织和体液。

【适应证】用于敏感菌引起的外科、妇科、消化道、皮肤软组织感染，也可用于异烟肼和利福平耐药的结核病患者。

【禁忌证】对喹诺酮类药物过敏者、孕妇、哺乳期妇女、18岁以下患者禁用。

【注意事项】用药期间，应尽可能避免接触日光、暴晒；肝、肾功能异常者应慎用或适当降低剂量；有癫痫史及其他中枢神经系统疾病者慎用；服用本品后结核分枝杆菌检查可能呈假阳性。

【药物相互作用】本品不宜与阿司咪唑、特非那丁、西沙必利、红霉素、喷他脒、吩噻嗪、三环类抗抑郁药、丙吡胺、胺碘酮合用。

加替沙星

【别名】巴替、邦赛、加力宁、利欧、罗欣严达、先奎莎、严立菲。

【药理作用】本品的抗菌作用是通过抑制细菌的DNA旋转酶和拓扑异构酶Ⅳ，从而抑制细菌DNA的复制、转录、修复过程。口服吸收良好，且不受饮食因素影响，绝对生物利用度为96%。

【适应证】主要用于由敏感病原体所致的各种感染性疾病，包括慢性支气管炎急性发作、急性鼻窦炎，社区获得性肺炎，单纯性尿路感染（膀胱炎）和复杂性尿路感染、急性肾盂肾炎，男性淋球菌性尿路炎症或直肠感染和女性淋球菌性宫颈感染。

【禁忌证】本品禁用于对加替沙星或喹诺酮类药物过敏者。

【注意事项】与其他喹诺酮药物一样，已见症状性高血糖和低血糖的报道，肾功能不全患者使用本品应注意调整剂量。

【药物相互作用】本品与丙磺舒合用，可减缓加替沙星经肾排除。

十二、抗结核类

利福平

【别名】力复平、威福仙。

【药理作用】作用机制为抑制细菌RNA的合成，防止该酶与DNA连接，从而阻断RNA转录过程。口服吸收良好。进食后服药可使达峰时间延迟和峰浓度减低。本品可穿过胎盘，进入胎儿血液循环。本品在肝脏中代谢，主要经尿、胆汁、粪便从肠道排泄。

【适应证】本品与其他抗结核药联合应用于结核病初治与复治，包括结核性脑膜炎的治疗。本品亦可与其他药物联用于麻风、非结核分枝杆菌感染的治疗。利福平与万古霉素（静脉）联合可用于甲氧西林耐药葡萄球菌所致的严重感染。

【禁忌证】对本品或利福霉素过敏者、严重肝功能不全、胆道阻塞者、3个月以内孕妇禁用。

【注意事项】消化道反应最为多见，口服本品后可出现厌食、恶心、呕吐、上腹部不适、腹泻等胃肠道反应。应于空腹时（餐前1小时或餐后2小时）用水送服，以保证最佳吸收。

【药物相互作用】服用利福平时饮酒可导致利福平性肝毒性发生率增加。

异烟肼

【别名】雷米封。

【药理作用】作用机制为抑制敏感细菌分枝菌酸的合成而使细胞壁破裂。口服后吸收快。可穿过胎盘，进入胎儿血液循环。

【适应证】适用于各型结核病的预防。异烟肼与其他抗结核药联合，适用于各型结核病的治疗，包括结核性脑膜炎以及其他分枝杆菌感染。

【禁忌证】过敏者禁用。

【注意事项】发生率较多者有步态不稳或麻木针刺感、烧灼感或手脚疼痛（周围神经炎）、深色尿、眼或皮肤黄染（肝毒性，35 岁以上患者中发生的可能性增加）、食欲不佳、异常乏力或软弱、恶心或呕吐（肝毒性的前驱症状）。孕妇、哺乳期妇女、酒精中毒及肝、肾功能损害者慎用。

【药物相互作用】服用异烟肼时饮酒易引起异烟肼诱发的肝脏毒性反应，应劝告患者服药期间避免酒精饮料。利福平与异烟肼合用时可增加肝毒性的危险性，因此在疗程的头 3 个月应密切随访有无肝毒性征象出现。

乙胺丁醇

【别名】肺敌平。

【药理作用】作用机制为渗入分枝杆菌体内干扰 RNA 的合成从而抑制细菌的繁殖，本品只对生长繁殖期的分枝杆菌有效。口服易吸收，生物利用度高。脑膜炎症时脑脊液中可达有效浓度。2 小时血药浓度达峰值。

【适应证】适用于与其他抗结核药联合治疗结核分枝杆菌所致的各型结核病，亦可用于非结核分枝杆菌感染的治疗。为二线抗结核药，可用于经其他抗结核药治疗无效的患者。

【禁忌证】过敏者、孕妇禁用。

【注意事项】一般治疗量不良反应较少，长期大量用药可致视神经炎，表现为视力下降，视野缩小，出现中央及周围盲点，红绿色盲，发生率与剂量、疗程有关。

【药物相互作用】与乙硫异烟胺合用可增加不良反应。与氢氧化铝合用能减少乙胺丁醇的吸收。与可能引起神经系统不良反应的药物合用可增加本品神经毒性。

吡嗪酰胺

【别名】异烟酰胺、氨甲酰基吡嗪。

【药理作用】作用机制为妨碍结核分枝杆菌对氧的利用，而影响细菌的正常代谢，造成死亡。口服后吸收快而完全。主要在肝中代谢，经肾小球滤过排泄。

【适应证】与其他抗结核药（如链霉素、异烟肼、利福平及乙胺丁醇）联合用于治疗结核病。本品仅对结核分枝杆菌有效。

【禁忌证】过敏者禁用。

【注意事项】糖尿病、痛风患者慎用。肝功能减退者除非必要，通常不宜采用吡嗪酰胺。

【药物相互作用】吡嗪酰胺可增加血尿酸浓度从而降低别嘌醇、秋水仙碱、丙磺舒、磺吡酮对痛风的疗效。与乙硫异烟胺合用时可增强不良反应。

十三、抗真菌类

氟康唑

【别名】大扶康、普芬、滨力、扶达。

【药理作用】作用机制为：①损伤真菌细胞膜和改变其通透性，以致重要的细胞内物质外漏；②抑制氧化酶和过氧化酶的活性，引起细胞内过氧化氢积聚导致细胞亚微结构的变性和细胞坏死。口服吸收完全，空腹口服可吸收给药量的90%以上。

【适应证】①假丝酵母菌病：用于治疗口咽部和食管感染；播散性假丝酵母菌病，包括假丝酵母菌血症、腹膜炎、肺炎、尿路感染等；假丝酵母菌外阴阴道炎。②隐球菌病：用于治疗脑膜以外的新型隐球菌病；③球孢子菌病。④芽生菌病、组织胞浆菌病本品可作为伊曲康唑的替代选用药物。

【禁忌证】孕妇及哺乳期妇女慎用。

【药物相互作用】与口服降血糖药合用时，可发生低血糖症，因此需监测血糖，并减少磺脲类降血糖药的剂量。

酮康唑

【别名】里索劳、霉康灵。

【药理作用】作用机制：①损伤真菌细胞膜和改变其通透性，以致重要的细胞内物质外漏；②抑制氧化酶和过氧化酶的活性，引起细胞内过氧化氢积聚导致细胞亚微结构的变性和细胞坏死。本品在胃酸内溶解易吸收。餐后服药可吸收给药量的75%。胃酸酸度降低时，吸收减少。可穿过胎盘进入胎儿血液循环。部分在肝内代谢，主要由胆汁排泄。

【适应证】本品用于下列系统性真菌感染的治疗：①假丝酵母菌病、慢性皮肤黏膜假丝酵母菌病、口腔假丝酵母菌感染、假丝酵母菌尿路感染；②皮炎芽生菌病；③球孢子菌病；④组织胞浆菌病；⑤着色真菌病；⑥副球孢子菌病。由于本品对血-脑屏障穿透性差，故不宜用于治疗真菌性脑膜炎；酮康唑不推荐用于曲霉、毛霉或足分支菌感染，因对上述真菌的抗菌作用差。

【禁忌证】过敏者禁用。

【注意事项】不良反应：①肝毒性，本品可引起血清氨基转移酶（AST、ALT）升高，属可逆性。临床表现为黄疸、尿色深、粪色白、异常乏力等，通常停药后可恢复。②胃肠道反应，如恶心、呕吐、腹痛及纳差等较为常见。③男性乳房发育。④孕妇及哺乳期妇女慎用。

【药物相互作用】同时应用能引起骨髓抑制的药物可增加本品的不良反应，尤其是对造血系统的不良反应。

伊曲康唑

【别名】斯皮仁诺、美扶、依他康唑。

【药理作用】餐后立即服用本品，生物利用度最高。对假丝酵母菌和浅表癣菌有强大的抗菌力。本品具有高亲脂性，广泛分布于各组织、器官中。

【适应证】主要用于浅表真菌感染，如体癣、股癣、头癣、甲癣，其疗效优于灰黄霉素。

【禁忌证】对本品过敏者禁用。

【注意事项】对持续用药超过1个月的患者，以及治疗过程中如出现厌食、恶心、呕吐、疲劳、腹痛或尿色加深的患者，建议检查肝功能。如果出现异常，应停止用药。

【药物相互作用】利福平和苯妥英钠可明显降低本品的口服生物利用度，因此，当与诱酶药物共同服用时应监测本品的血浆浓度。

特比萘芬

【别名】丁克、疗霉舒。

【药理作用】本品选择性抑制真菌膜的角鲨烯环氧化物酶，抑制麦角固醇合成，使真菌死亡。口服吸收迅速，广泛分布于全身组织，很快弥散和聚集于皮肤、指（趾）甲和毛发等处，缓慢释放和排除。

【适应证】用于皮肤癣菌引起的甲癣、体癣、股癣、手癣、足癣。

【禁忌证】对盐酸特比萘芬及本品其他成分过敏者禁用。

【注意事项】有消化道反应、头痛、乏力及暂时性肝酶升高。

十四、抗病毒类

泛昔洛韦

【别名】法昔洛韦、明立欣。

【药理作用】作用机制是抑制了病毒 DNA 的合成。口服吸收，进食不影响本品的吸收，主要以原形经肾小球滤过和肾小管分泌排出。

【适应证】①急性带状疱疹；②免疫功能正常者复发性外生殖器单纯疱疹的治疗或慢性抑制治疗；③HIV 感染者反复发作性皮肤黏膜单纯疱疹的治疗。

【禁忌证】过敏者禁用。

【注意事项】本品可引起头痛、恶心、腹泻、呕吐、乏力、腹痛、皮肤瘙痒等。曾有报道肾功能减退患者应用大剂量本品引起急性肾衰竭。孕妇及哺乳期妇女、18 岁以下患儿慎用。

【药物相互作用】本品与丙磺舒或其他主要由肾小管分泌的药物同用，可能导致泛昔洛韦血药浓度增高。

阿昔洛韦

【别名】联邦阿思乐、甘泰、洛芙、无环鸟苷。

【药理作用】作用机制是抑制了病毒 DNA 的合成。口服吸收差，为吸收给药量的 15%～30% 。进食对血药浓度影响不明显。可通过胎盘进入胎儿血液循环。

【适应证】①单纯疱疹病毒感染；②带状疱疹；③免疫缺陷者水痘的治疗。

【禁忌证】过敏者禁用。

【注意事项】长期口服本品出现关节疼痛、腹泻、头痛、恶心、呕吐、晕眩（较短程用药为多）。长期用药少见者有痤疮和失眠。孕妇及哺乳期妇女慎用。

【药物相互作用】与齐多夫定合用可引起肾毒性，表现为深度昏睡和疲劳。

利巴韦林

【别名】利赛洛、病毒唑。

【药理作用】作用机制是损害病毒 RNA 和蛋白合成，使病毒的复制与传播受抑。口服吸收快。呼吸道分泌物中药物浓度大多高于血浓度。可透过胎盘进入胎儿血液循环，也能通过乳汁分泌。在肝内代谢，主要经肾排泄。

【适应证】①婴幼儿呼吸道合胞病毒（RSV）所致细支气管炎及肺炎的严重住院患者（气雾剂）；②用于治疗拉沙热或流行性出血热（具肾脏综合征或肺炎表现者，静脉滴注或口服）；③用于慢性丙型病毒性肝炎的治疗。

【禁忌证】过敏者禁用。

【注意事项】本品吸入用药几乎无毒性反应。静脉或口服给药后较常见的不良反应有溶血、血红蛋白减低及贫血、乏力等，停药后可消失。孕妇及哺乳期妇女慎用。

【药物相互作用】本品与齐多夫定合用时有拮抗作用。

拉米夫定

【别名】贺普丁。

【药理作用】本品对乙型病毒型肝炎病毒和人免疫缺陷病毒有明显抑制作用。本品口服吸收后形成具有抗病毒作用的活性形 5-三磷酸拉米夫定，通过竞争抑制作用，终止 DNA 链延长，阻止 HIV 和 HBV 的 DNA 合成和病毒复制。口服吸收良好，成年人的生物利用度为 80%～85%，儿童为 68%。可通过胎盘进入胎儿血液循环；并在乳汁中分泌。

【适应证】①本品与其他抗反转录病毒药物联合用于 HIV 感染患者；②本品亦可用于治疗慢性乙型病毒性肝炎患者，其 HBsAg 持续阳性 6 个月以上、HBV DNA 阳性患者。

【禁忌证】过敏者禁用。

【注意事项】拉米夫定的不良反应较轻，常见有头痛、乏力、肌肉关节酸痛、上腹不适、头晕、发热、麻木、周围神经病变、口干，偶有皮疹，少数患者可有血小板减少，磷酸肌酸激酶及肝酶增高，大多程度较轻，一般无须停药。孕妇、哺乳期妇女及儿童慎用。

【药物相互作用】复方磺胺甲噁唑（SMZTMP）可增加本品血浓度，但通常无须调整本品剂量。本品与齐多夫定联合，对 HIV 病毒有协同作用。

阿德福韦酯

【别名】阿迪仙、优贺丁。

【药理作用】阿德福韦酯是一种单磷酸腺苷的无环核苷类似物，在细胞激酶的作用下被磷酸化为有活性的代谢产物即阿德福韦二磷酸盐。阿德福韦二磷酸盐可抑制 HBV DNA 多聚酶（反转录酶），从而阻止病毒复制。口服本品 10 mg，生物利用度约为 50%。本品主要经肾脏排泄。肝功能异常不影响本品的药动学。

【适应证】适用于治疗有乙型肝炎病毒活动复制证据，并伴有血清氨基转移酶（ALT 或 AST）持续升高或肝脏组织学活动性病变的肝功能代偿的成年慢性乙型病毒性肝炎患者。

【禁忌证】过敏者禁用。

【注意事项】不良反应发生率低，一般较轻。常见的有乏力、白细胞减少（轻度）、腹泻（轻度）、脱发（中度）、尿蛋白、肌酐升高及可逆性肝脏转氨酶升高等。停止治疗会发生肝炎的急性加重。孕妇、哺乳期妇女及儿童慎用。

第二节 抗寄生虫药

抗寄生虫药是指具有杀灭或抑制各种寄生虫（原虫、蠕虫）的作用的药物。

一、抗阿米巴药与抗滴虫药

甲硝唑

【别名】灭滴灵、甲硝哒唑。

【药理作用】本品为硝基咪唑衍生物，可抑制阿米巴原虫氧化还原反应，使原虫氮链断裂。口服吸收良好，生物利用度大约为80%。肝脓肿脓液、肺、骨、精液、阴道分泌物中均可达到有效杀菌浓度。肾功能减退者单次给药后的药物动力学不变，但肝功能减退者清除减慢。作用机制是作用于细菌的DNA代谢过程，促使细菌死亡。口服吸收良好，生物利用度大约为80%。

【适应证】甲硝唑适用于各种厌氧菌感染、阴道滴虫病、肠道及肠外阿米巴病等。

【禁忌证】过敏者禁用。

【注意事项】本品最严重的不良反应为高剂量时可引起癫痫发作和周围神经病变，后者主要表现为肢端麻木和感觉异常。其他常见的不良反应有胃肠道反应、可逆性粒细胞减少、过敏反应、皮疹、荨麻疹等。孕妇及哺乳期妇女慎用。用药期间不宜饮酒。

【药物相互作用】本品能抑制华法林和其他口服抗凝血药的代谢，加强后者的作用，引起凝血酶原时间延长。

替硝唑

【别名】第孚、德益康。

【药理作用】作用机制是作用于细菌的DNA代谢过程，促使细菌死亡。口服后吸收完全，替硝唑排泄缓慢。替硝唑可通过胎盘，在胎儿循环及胎盘中可达高浓度。在肝脏代谢，主要从尿中排出。

【适应证】替硝唑适用于各种厌氧菌感染、肠道及肠道外阿米巴病、阴道滴虫病、贾第虫病、加得纳菌阴道炎等的治疗；也可作为甲硝唑的替代药用于幽门螺杆菌所致的胃窦炎及消化性溃疡的治疗。

【禁忌证】过敏者禁用。

【注意事项】不良反应少见而轻微，常见的不良反应为恶心、呕吐、食欲下降及口腔异味。头痛、眩晕、皮肤瘙痒、皮疹、便秘及全身不适也有报道。也可出现中性粒细胞减少、双硫仑样反应及黑尿。孕妇及哺乳期妇女慎用。用药期间不宜饮酒。

【药物相互作用】参阅甲硝唑。

奥硝唑

【别名】齐克、奥立妥、奥诺星、奥博林、固特、圣诺安。

【药理作用】对原生动物如阿米巴虫、贾第虫和毛滴虫均有活性。使其螺旋结构断裂或阻断其转录复制而致其死亡达到抗菌抗原生质的目的。

【适应证】适用于毛滴虫病和厌氧菌感染。

【禁忌证】对硝基咪唑类药物过敏的患者禁用。

【注意事项】肝损伤患者用药每次剂量与正常用量相同，使用药间隔时间要加倍，以免药物蓄积。

【药物相互作用】奥硝唑能抑制抗凝血药华法林的代谢，使其半衰期延长，增强抗凝血药的药效。

二、广谱抗蠕虫药

阿苯达唑

【别名】史克肠虫清、扑尔虫。

【药理作用】本品为广谱驱线虫药，可抑制肠道寄生虫对葡萄糖的摄取，导致虫体内的糖原耗竭，使虫体三磷酸腺苷形成减少，但并不影响宿主血内葡萄糖水平。本品有完全杀死蛔虫卵的作用。本品不溶于水，故在肠道内吸收缓慢。

【适应证】本品为广谱驱线虫药。用于治疗钩虫、蛔虫、鞭虫、蛲虫、旋毛虫等线虫病，还可用于治疗猪囊尾蚴病和包虫病。

【禁忌证】①对本品有过敏史及家族过敏史者禁用；②孕妇、哺乳期妇女禁用；③2 岁以下儿童禁用；④肝、肾功能不全者禁用。

【注意事项】严重肝、肾、心功能不全及溃疡病患者慎用。

第三节　解热镇痛药、抗风湿药与抗痛风药

解热镇痛药是指具有解热、镇痛、抗炎作用的药物，又称非甾体消炎药。抗风湿药是指用于治疗风湿性疾病的药物。抗痛风药是指控制和预防痛风发作的药物。

一、解热镇痛药

布洛芬

【别名】泰宝、芬必得。

【药理作用】本品具镇痛、抗炎、解热作用。其作用机制通过对环氧酶的抑制而减少前列腺素的合成，由此减轻因前列腺素引起的组织充血、肿胀、降低周围神经痛觉的敏感性。它通过下丘脑体温调节中心而起解热作用。口服易吸收，与食物同服时吸收减慢，但吸收量不减少。

【适应证】①缓解类风湿关节炎、骨性关节炎、脊柱关节病、痛风性关节炎、风湿性关节炎等各种慢性关节炎的急性发作期或持续性的关节肿痛症状，无病因治疗及控制病程的作用；②治疗非关节性的各种软组织风湿性疼痛，如肩痛、腱鞘炎、滑囊炎、肌痛及运动后损伤性疼痛等；③急性的轻、中度疼痛如术后、创伤后、劳损后、原发性痛经、牙痛、头痛等；④对成人和儿童的发热有解热作用。

【禁忌证】①对阿司匹林过敏的哮喘患者；②孕妇及哺乳期妇女不宜用；③鼻息肉综合征、血管性水肿患者；④14 岁以下患儿。

【注意事项】常见的有消化道症状包括消化不良、胃烧灼感、胃痛、恶心、呕吐，出现于 16% 长期服用者，停药上述症状消失，不停药者大部分亦可耐受。少数出现胃溃疡和消化道出血，亦有因溃疡穿孔者。支气管哮喘、心功能不全、高血压、血友病或其他出血性疾病、有消化道溃疡病史者及肝、肾功能不全者慎用。

【药物相互作用】饮酒或与其他非甾体消炎药同用时增加胃肠道副作用，并有致溃疡的危险。与阿司匹林或其他水杨酸类药物同用时，药效不增强，而胃肠道不良反应及出血倾向发生率增高。与维拉帕米、硝苯地平同用时，本品的血药浓度增高。

萘普生

【别名】倍利、希普生。

【药理作用】本品为非甾体抗炎镇痛药，疗效与布洛芬基本相同，抗炎和镇痛的机制也是由于抑制前列腺素的合成。口服后吸收迅速而完全，与食物、含镁和铝物质同服

吸收率降低，与碳酸氢钠同服吸收加快。

【适应证】适用于缓解各种轻度至中等度的疼痛，如拔牙及其他手术后的疼痛、原发性痛经及头痛等。也适用于类风湿关节炎、骨性关节炎、强直性脊柱炎、幼年型关节炎、肌腱炎、滑囊炎及急性痛风性关节炎，对于关节炎的疼痛、肿胀及活动受限均有缓解症状的作用，与阿司匹林和吲哚美辛比较，症状缓解的效应相仿，但胃肠道和神经系统的不良反应的发生率和严重程度均较低。

【禁忌证】对本品或同类药有过敏史禁用。孕妇不宜应用。哺乳期妇女不宜用。

【注意事项】有凝血机制或血小板功能障碍时，哮喘、心功能不全或高血压、肝和肾功能不全、活动性胃肠出血或活动性消化道溃疡及老年人慎用。长期用药应定期进行肝、肾功能，血常规及眼科检查。

【药物相互作用】饮酒或与其他抗炎药同用时，胃肠道的不良反应增多，并有溃疡发生的危险。可使呋塞米的利尿、降压作用减弱。

吲哚美辛

【别名】消炎痛、美达新。

【药理作用】本品具有抗炎、解热及镇痛作用，其作用机制为通过对环氧酶的抑制而减少前列腺素的合成。至于退热作用，由于作用于下视丘体温调节中枢，引起外周血管扩张及出汗，使散热增加。这种中枢性退热作用也可能与在下视丘的前列腺素合成受到抑制有关。口服吸收迅速而完全，4小时可达给药量的90%，食物或服用含铝及镁的制酸药可稍使吸收缓慢，直肠给药较口服更易吸收。

【适应证】①关节炎：可缓解类风湿关节炎、骨性关节炎、强直性脊柱炎及赖特（Reiter）综合征等的症状，使疼痛和肿胀减轻，及关节活动功能改善，但不能控制疾病过程的进展；②痛风：可用于缓解急性痛风性关节炎的疼痛及炎症，但不能纠正高尿酸血症，不适用于慢性痛风的长期治疗；③滑囊炎、肌腱炎及肩周炎等非关节软组织炎症：在应用一般药无效时可试用；④高热的对症解热：可迅速大幅度短暂退热；⑤偏头痛、痛经、术后痛及创伤后痛等的镇痛对症治疗。

【禁忌证】①对本品或同类药有过敏史禁用；②孕妇禁用；③哺乳期妇女禁用；④活动性溃疡病、溃疡性结肠炎及其他上消化道疾病及病史者禁用；⑤癫痫、帕金森病及精神病患者，本品可使病情加重。

【注意事项】本品的不良反应较布洛芬、萘普生及双氯芬酸钠多。有凝血机制或血小板功能障碍时，哮喘、心功能不全或高血压及肝、肾功能不全慎用。为减少药物对胃肠道的刺激，本品宜于饭后服用或与食物或制酸药同服。

【药物相互作用】本品与硝苯地平或维拉帕米同用时，可致后两者血药浓度增高，因而毒性增加。

双氯芬酸钠

【别名】英太青、戴芬。

【药理作用】其镇痛、抗炎及解热作用比吲哚美辛强2～2.5倍，比阿司匹林强26～50倍。镇痛、消炎作用是通过除对环氧酶有抑制而减少前列腺素外尚有一定抑制脂氧而减少白三烯、缓激肽等产物的作用。口服吸收快，完全。与食物同服降低吸收率。

【适应证】①缓解类风湿关节炎、骨性关节炎、脊柱关节病、痛风性关节炎、风湿性关节炎等各种慢性关节炎的急性发作期或持续性的关节肿痛症状，无病因治疗及控制病程的作用；②治疗非关节性的各种软组织风湿性疼痛，如肩痛、腱鞘炎、滑囊炎、肌痛及运动后损伤性疼痛等；③急性的轻、中度疼痛如术后、创伤后、劳损后、原发性痛经、牙痛、头痛等；④对成人和儿童的发热有解热作用。

【禁忌证】①妊娠 3 个月内禁用；②对双氯芬酸或对其他非甾体消炎药过敏者；③胃肠道溃疡。

【注意事项】最常见的不良反应为胃肠反应，约见于 10% 服药者，主要为胃不适、烧灼感、反酸、纳差、恶心等，停药或对症处理即可消失。肝、肾功能不全者慎用。

【药物相互作用】本品可降低胰岛素和其他降血糖药作用，使血糖升高。与保钾利尿药同用时可引起高钾血症。阿司匹林可降低本品的生物利用度。

对乙酰氨基酚

【别名】泰诺林、退热净。

【药理作用】本品镇痛作用可能是通过抑制中枢神经系统中前列腺素的合成以及阻断痛觉神经末梢的冲动而产生镇痛。解热作用则可能是通过下视丘体温调节中枢产生周围血管扩张、出汗与散热而起作用。本品能症状性缓解疼痛和退热，与非甾体消炎药相比其抗炎作用弱。口服后自胃肠道吸收迅速而完全（在高糖类饮食后服药可能降低吸收），吸收后在体液中分布均匀。哺乳期妇女乳汁中有一定浓度。

【适应证】①缓解轻度至中度疼痛，如头痛、关节痛、肌痛、神经痛、偏头痛、牙痛及痛经或癌症或术后疼痛等；②退热，如感冒或其他原因引起的高热；③治疗轻、中度骨性关节炎；④本品可用于对阿司匹林过敏、不耐受或不适于应用阿司匹林的病例，如水痘、血友病及其他出血性疾病患者（包括应用抗凝血治疗的病例），以及轻型消化性溃疡及胃炎等。

【禁忌证】对本品过敏者禁用。

【注意事项】一般剂量较少引起不良反应，对胃肠刺激小，不会引起胃肠出血。孕妇及哺乳期妇女慎用。肝、肾功能不全者慎用。长期饮酒者服用本品更易发生肝脏毒性反应。

【药物相互作用】长期大量与阿司匹林、其他水杨酸盐制剂或其他非甾体消炎药合用时，可明显增加肾毒性。

二、抗风湿药

甲氨蝶呤

【别名】氨甲蝶岭、氨甲叶酸。

【药理作用】本药及其代谢物抑制二氢叶酸还原酶，干扰核苷酸合成，影响细胞合成所需的 DNA，使活化淋巴细胞的生成和增殖受到抑制。通过对炎症细胞因子的抑制而具有抗炎作用。本品口服后大多数人吸收良好，但有个体差异，生物利用度为 25%～100% 。

【适应证】①类风湿关节炎；②银屑病关节炎及银屑病；③幼年类风湿关节炎的多关节类型；④研究材料结果显示可能对脊柱关节病的周围关节炎、多肌炎及皮肌炎、系统性红斑狼疮有中枢神经受累（鞘内注射）疾病有效。

【禁忌证】妊娠妇女禁用。

【注意事项】不良反应：①胃肠道反应，如口腔炎、口唇溃疡、咽喉炎、恶心、呕吐、腹痛、腹泻、消化道出血。食欲减退常见，偶见假膜性或出血性肠炎等。②肝功能损害。③大剂量应用时可致高尿酸血症性肾病，此时可出现血尿、蛋白尿、尿少、氮质血症甚或尿毒症。④长期用药可引起咳嗽、气短、肺炎或肺纤维化。⑤骨髓抑制，白细胞和血小板减少，甚或贫血和血小板下降而致皮肤或内脏出血。⑥脱发、皮肤发红、瘙痒或皮疹。⑦在白细胞低下时可并发感染。⑧鞘内注射后可能出现视物模糊、眩晕、头痛、意识障碍甚至嗜睡或抽搐等。⑨对生殖功能的影响，导致闭经和精子减少或缺乏，尤以长期应用较大剂量后，但多不严重，有时呈不可逆性。用药期间应终止哺乳。

【药物相互作用】乙醇和其他对肝脏有损害药物，如与本品同用，可增加对肝脏的毒性。本品可引起血液中尿酸水平增高。与保泰松和磺胺类药同用后，因与蛋白结合的竞争，可能会引起本品血清浓度的增高而导致毒性反应的出现。

来氟米特

【别名】爱若华、妥抒。

【药理作用】作用机制主要是抑制二氢乳清酸脱氢酶的活性，从而影响活化淋巴细胞的嘧啶合成。口服吸收迅速，口服生物利用度约80%，吸收不受高脂肪饮食影响。

【适应证】适用于成人类风湿关节炎，有改善病情作用。

【禁忌证】对本品及其代谢产物过敏者及严重肝脏损害患者禁用。

【注意事项】①严重肝脏损害和明确的乙型病毒性肝炎或丙型病毒性肝炎血清学指标阳性的患者慎用。②免疫缺陷、未控制的感染、活动性胃肠道疾病、肾功能不全、骨髓发育不良的患者慎用。③准备生育的男性应考虑中断服药，同时服用考来烯胺（消胆胺）。④在本品治疗期间接种免疫活疫苗的效果和安全性没有临床资料，因此服药期间不应使用免疫活疫苗。

【药物相互作用】和其他肝毒性药物合用可增加不良反应，剂量过大或出现毒性时，可给予考来烯胺或药用炭加以消除。

硫酸氨基葡萄糖

【别名】葡糖胺、维固力、奥泰灵。

【药理作用】刺激软骨细胞产生有正常多聚体结构的蛋白多糖，是一种具有生理性的必需物质。也可抑制损伤软骨的酶，可防止损伤细胞的超氧化物自由基的产生。

【适应证】用于关节炎（膝关节、髋关节、脊椎、肩、手、腕关节和踝关节等）。

【注意事项】孕妇应在严密医疗监护下服用。对本品过敏者禁忌。勿使儿童擅取。

三、抗痛风药

别嘌醇

【别名】阿罗嘌呤、别嘌呤醇、塞洛力。

【药理作用】本品为目前唯一能抑制尿酸合成的药物，可控制高尿酸血症。别嘌醇及其代谢产物能抑制黄嘌呤氧化酶，阻止次黄嘌呤和黄嘌呤代谢为尿酸，从而减少了尿酸的生成。口服本品后在胃肠道内吸收完全。

【适应证】①原发性和继发性高尿酸血症，尤其是尿酸生成过多而引起的高尿酸血症；②反复发作或慢性痛风者；③痛风石；④尿酸性肾结石和（或）尿酸性肾病；⑤伴有肾功能不全的高尿酸血症。

【禁忌证】①孕妇及哺乳者；②对本品有过敏史者。

【注意事项】不用于痛风性关节炎的急性发作期。肝肾功能不全及老年人慎用。

【药物相互作用】与氨苄西林同用时，皮疹的发生率增多，尤其是高尿酸血症患者。与环磷酰胺同用时，对骨髓的抑制可更明显。

秋水仙碱

【别名】秋水仙素。

【药理作用】①和中性白细胞微管蛋白的亚单位结合而改变细胞膜功能，包括抑制中性白细胞的趋化、黏附和吞噬作用。②抑制磷脂酶 A_2，减少单核细胞和中性粒细胞释放前列腺素和白三烯。③抑制局部细胞产生 IL-6 等，从而达到控制关节局部的疼痛、肿胀及发红炎症反应。不影响尿酸盐的生成、溶解及排泄，无降低尿酸作用。口服后在胃肠道迅速吸收，服药后 0.5～2 小时血药浓度达峰值。急性痛风于口服后 12～24 小时起效，90% 的患者在服药 24～48 小时疼痛消失。

【适应证】适用于痛风性关节炎的急性发作、预防复发性痛风性关节炎的急性发作、家族性地中海热。

【禁忌证】①孕妇及哺乳者；②对本品过敏者；③对骨髓增生低下及肾和肝功能不全者禁用。

【注意事项】不良反应与剂量大小有明显相关性，口服较静脉注射安全性高。常见的有胃肠道症状：腹痛、腹泻、呕吐及食欲不振为常见的早期不良反应，发生率可达 80%。对老年人及肾和肝功能有潜在损害者应减少剂量。对胎儿有致畸作用，服药父母必须在停药数月后方能妊娠。

【药物相互作用】本品可导致可逆性的维生素 B_{12} 吸收不良。本品可使中枢神经系统抑制药增效，拟交感神经药的反应性加强。

苯溴马隆

【别名】痛风利仙、苯溴马龙、痛风宁。

【药理作用】其作用机制与丙磺舒相似，即抑制肾小管对尿酸的重吸收而达到降低高尿酸血症和组织中尿酸结晶的沉着，亦促进尿酸结晶的重新溶解。本品促尿酸排出的作用比丙磺舒强，并与丙磺舒有协同作用。本品口服吸收好。

【适应证】本品为强有力的促尿酸排泄药，适用于反复发作的痛风性关节炎伴高尿酸血症及痛风石。

【禁忌证】对本品过敏者。

【注意事项】本品不用于痛风性关节炎的急性发作期。

【药物相互作用】本品的促尿酸排泄作用可因水杨酸盐拮抗而减弱。本品的抗尿酸活性可被水杨酸盐拮抗或被吡嗪酰胺灭活。

第四节 镇痛药

镇痛药分为麻醉性镇痛药、非麻醉性镇痛药、抗肌痉挛药、抗偏头痛药。

一、麻醉性镇痛药

哌替啶

【别名】度冷丁。

【药理作用】本品是人工合成的阿片受体激动药。镇痛效能是吗啡的1/10。起效快，作用时间短。有轻度抗迷走神经作用与解痉作用。口服可吸收，生物利用度仅为肌内注射的一半。能迅速分布至各脏器和肌肉组织，可通过血脑屏障，也可透过胎盘。

【适应证】适用于急性剧痛；麻醉前用药，或局麻与静吸复合麻醉辅助用药。

【禁忌证】有支气管哮喘、上呼吸道梗阻、颅内占位性病变或颅脑外伤，严重肝功能障碍，分娩前4～6小时内的产妇，2岁以下患者禁用静脉注射和人工冬眠疗法，以及诊断未明的腹痛等。

【注意事项】本品反复使用具有耐药性和成瘾性。中等治疗量连用2～3周可产生耐受性，大剂量发生更快，停药2周后可恢复敏感性，耐受性消退。治疗量每日3次，连用1～2周即可成瘾，有的仅2～3小时就可成瘾。成瘾者一旦停药，可产生严重的戒断症状。本品成瘾性比吗啡小，但较易引起依赖性，滥用倾向大，突然停药戒断症状出现较吗啡快，持续时间较短。对甲状腺功能低下、肾上腺皮质功能不全、休克、糖尿病、前列腺肥大、急性酒精中毒和年老体弱者剂量应酌减。室上性心动过速患者慎用。

【药物相互作用】①注射液不得接触氨茶碱、巴比妥类药钠盐、肝素钠、碘化物、碳酸氢钠、苯妥英钠、磺胺嘧啶、磺胺甲噁唑、甲氧西林，否则可致混浊；②能促使双香豆素、茚满二酮等抗凝血药增效，后者用量应按凝血酶原时间而酌减。

布桂嗪

【别名】强痛定。

【药理作用】为麻醉性镇痛药。镇痛作用约为吗啡的1/3。对皮肤、黏膜和运动器官的疼痛效果差。皮下注射10分钟起效，镇痛效果维持3～6小时。

【适应证】用于偏头痛、神经性疼痛，炎症性疼痛、关节痛、外伤性疼痛、痛经、癌症引起的疼痛和术后疼痛。

【注意事项】①常见不良反应为恶心、眩晕、头痛、困倦等。偶可出现精神症状，停药后即消失。②连续使用本品可致耐受和成瘾，不可滥用。

二、非麻醉性镇痛药

罗通定

【别名】颅痛定。

【药理作用】本品为左旋四氢帕马丁，从防己科植物山乌龟等药材中提取加工制成，具有镇痛和催眠作用。较长期应用也不致成瘾，其作用机制尚待阐明。口服吸收良好，10～30分钟起效，持续3～5小时。

【适应证】用于消化系统疾病引起的内脏痛和一般的头痛、月经痛、分娩后宫缩痛及失眠等。特别适用于因疼痛而失眠的患者。

【禁忌证】对本品过敏者。

【注意事项】常用剂量下不良反应较轻，较长期应用也不致成瘾。偶有眩晕、乏力、恶心等反应。用于镇痛时，部分患者出现嗜睡。孕妇及哺乳期妇女慎用。驾驶、机械操作、运动员等人员应用本品应慎重。

三、抗肌痉挛药

氯唑沙宗

【别名】力申、鲁南贝特、肌柔。

【药理作用】主要作用于脊髓反应中枢，抑制脊髓反射，缓解骨骼肌痉挛。

【适应证】适用于骨骼肌痉挛引起的疼痛，各种软组织扭伤、挫伤、肌肉劳损、中枢神经病变引起的肌强直。

【注意事项】肝、肾功能损害者慎用。

【药物相互作用】与镇静药或单胺氧化酶抑制药并用时应减量。

第五节　神经系统用药

神经系统用药包括镇静催眠药、抗癫痫药与抗惊厥药、抗帕金森病及其他运动障碍性疾病药、抗偏头痛药、脑血管病治疗药、脑功能改善药（促智药）与抗记忆障碍药、抗重症肌无力药等。

一、镇静催眠药

佐匹克隆

【别名】忆梦返、思梦还。

【药理作用】属于环吡咯酮类化合物，但药理作用与苯并二氮杂草类（地西泮等）药相似，作用于相同受体。口服后吸收迅速。1.5～2小时血药浓度达峰值。生物利用度约80%。

【适应证】用于催眠。

【禁忌证】①本品过敏、失代偿的呼吸功能不全与15岁以下的患者禁用；②肌无力患者忌用。

【注意事项】可有味苦口干、宿醉、恶心、噩梦、胃痛、焦虑与头痛等表现。大剂量长期用药突然停药可引起戒断症状。药物泌入乳汁中其浓度随血浆中药物浓度变化，哺乳期妇女不宜使用。

【药物相互作用】与肌肉松弛药或其他中枢神经抑制药同用会增强镇静作用。与苯并二氮杂草类抗焦虑药或催眠药同用，戒断症状的出现可增加。

二、抗癫痫药与抗惊厥药

苯妥英钠

【别名】大仑丁、奇非宁。

【药理作用】本品能抑制钠离子内流，缩短动作电位间期及有效不应期，但前者缩短更显著，故相对延长有效不应期，有利于消除折返性激动所致心律失常。还可降低心肌自律性，抑制交感中枢，减少其传出冲动及提高心房颤动与心室颤动阈值。对原有心脏病变者可抑制收缩力。通过减少钠离子内流而使神经细胞膜稳定，限制发作性放电的扩散。在神经元水平，当产生神经冲动时，苯妥英钠可延长通道失活时间而减少钠和钙离子内流，它阻滞强直后增强（PTP）的形成，抑制神经元持续性高频发放，阻止异常放电向周围的正常脑组织扩散，从而阻止发作性电活动的扩散和传播。口服吸收较缓慢，85%～90% 由小肠吸收；口服片剂的生物利用度（F）为95%。

【适应证】①适用于洋地黄中毒所致的室性及室上性心律失常（对室性早搏、室性心动过速疗效较室上性心动过速、心房颤动及心房扑动疗效好）；②适用于治疗癫痫全身强直阵挛性发作、单纯及复杂部分性发作、继发性全面性发作和癫痫持续状态。可用于三叉神经痛，发作性舞蹈手足徐动症，发作性控制障碍（包括发怒、焦虑和失眠的兴奋过度等的行为障碍疾患），肌强直及三环类抗抑郁药过量时心脏传导障碍等。

【禁忌证】对苯妥英或其他乙内酰脲类药过敏。

【注意事项】神经系统不良反应与剂量相关，常见眩晕、头痛，严重时可引起眼球震颤、共济失调、语言不清和意识模糊，调整剂量或停药可消失。小儿长期服用可加速维生素 D 代谢造成软骨病或骨质异常。孕妇及哺乳期妇女慎用。嗜酒、贫血、心血管病、糖尿病及肝、肾功能损害和甲状腺功能异常者慎用。

【药物相互作用】长期应用对乙酰氨基酚患者应用苯妥英钠可增加肝脏毒性，而且疗效降低。长期饮酒可减低苯妥英钠的血浓度和疗效，但服苯妥英钠的同时大量饮酒可增加血药浓度。与含镁、铝或碳酸钙的制酸剂合用可降低苯妥英钠的生物利用度，两药应相隔 2～3 小时服用。与磺酰脲类等口服降血糖药或胰岛素合用，需调整后两者的剂量。

卡马西平

【别名】叉癫宁、立痛宁。

【药理作用】通过阻滞电压门控性 Na⁺、L 型钙通道，增强 γ-氨基丁酸（GABA）、5-羟色胺（5-HT）能神经传导以及拮抗谷氨酸等而发挥情绪稳定作用。口服吸收慢而不规则，因人而异。抗癫痫作用由于自身诱导的代谢差异，起效时间相差很大。

【适应证】主要用于躁狂的急性期和维持治疗，对重症躁狂，混合性躁狂，快速循环型躁狂疗效较好。和其他心境稳定剂（如锂、丙戊酸钠）或抗精神病药联用有协同作用。也用于控制精神病患者的激越、攻击行为和暴怒。

【禁忌证】①有心脏房室阻滞，血小板、血常规及血清铁严重异常，以及骨髓抑制等病史时，禁用本品；②对本品或三环类抗抑郁药过敏者禁用。

【注意事项】最常见的不良反应是中枢神经系统反应，表现为视物模糊、复视、眼球震颤。较少见不良反应有：①变态反应。②史蒂文斯-约翰逊（Stevens-Johnson）综合征或中毒性表皮坏死溶解症（toxicepidermal necrolysis）、皮疹、荨麻疹、瘙痒。③儿童行为障碍。④严重腹泻。⑤稀释性低钠血症或水中毒。表现为精神紊乱，易激怒或敌对行为，特别是老年人为多，持续性头痛，癫痫发作频率增加；严重恶心、呕吐和偶有失水，无力等。⑥红斑狼疮样综合征，表现为皮疹、荨麻疹、瘙痒、发热、骨关节痛及少见的疲劳或无力等。孕妇及哺乳期妇女慎用。未成年人及老年人慎用。

【药物相互作用】与对乙酰氨基酚合用使肝脏毒性增加，并使后者的疗效降低。与单胺氧化酶（MAO）抑制药合用可引起高热或（和）高血压危象、严重惊厥甚至死亡，两药应用至少要间隔14天。当卡马西平用于治疗癫痫时，MAO抑制药可以改变癫痫发作的类型。

丙戊酸钠

【别名】德巴金、典泰。

【药理作用】抗癫痫作用机制尚未阐明，可能与脑内抑制性神经递质GABA的浓度升高有关。另外丙戊酸钠作用于突触前加强GABA的抑制作用，对神经细胞膜的作用则尚未完全阐明，可能直接作用于钾通道。口服吸收快而完全，饭后服用延迟吸收。缓释片可以避免一天内血浓度的波动过大，其生物利用度与胶溶片相同。各种剂型的生物利用度近100%。可通过胎盘进入胎儿血液循环，也可从乳汁分泌。

【适应证】为全面性发作的首选药。也可用于部分性发作，Lennox-Gastant综合征及热性惊厥。也用于偏头痛及双相精神病。

【禁忌证】①有明显肝功能损害时禁用；②对本品过敏者禁用。

【注意事项】常见的不良反应有腹泻、消化不良、恶心或呕吐、胃肠道痉挛、月经周期改变。孕妇及哺乳期妇女慎用。

【药物相互作用】饮酒可加重本品的中枢抑制作用。麻醉药或中枢抑制剂与本品合用，中枢抑制作用增强。与华法林或肝素等抗凝血药及溶血药合用，可引起出血。与阿司匹林或双嘧达莫合用，可由于降低血小板凝集而使出血时间延长。与苯巴比妥合用使后者的代谢减慢，血浓度升高，因而增加镇静作用而导致嗜睡。

三、抗帕金森病与其他运动障碍性疾病药

盐酸金刚烷胺

【药理作用】促进多巴胺能神经元释放多巴胺，抑制突触前膜对多巴胺的摄取，从而增强多巴胺的效应。与左旋多巴合用治疗帕金森病可提高疗效，改善少动、强直等症状，对缓解震颤作用较弱。口服易吸收，血药浓度峰值为2～4小时。本品可通过血脑屏障，也可通过胎盘进入胎儿血液循环，并可进入乳汁。

【适应证】适用于帕金森病、脑炎后帕金森综合征、药物诱发的锥体外系反应、一氧化碳中毒后帕金森综合征及老年人合并有脑动脉硬化的帕金森综合征。也可用于预防或治疗亚洲甲-I型流感病毒所引起的呼吸道感染。

【禁忌证】①本品可由乳汁排泄，哺乳期妇女禁用；②对本品过敏者禁用；③新生儿和1岁以下婴儿禁用。

【注意事项】不良反应较常见的有幻觉，精神混乱，特别是老年患者。较少见的有排尿困难，以老年人为多；昏厥，常继发于直立性低血压。下列情况应慎用：①有脑血管病或病史者；②有反复发作的湿疹样皮疹病史；③末梢性水肿；④充血性心力衰竭；⑤精神病或严重神经症；⑥肾功能障碍；⑦有癫痫病史者。

【药物相互作用】本品不宜与乙醇合用，后者会加强中枢神经系统的不良作用。如头昏、晕厥、精神混乱及循环障碍。中枢兴奋药与本品合用时，可加强中枢兴奋作用，甚至可引起惊厥或心律失常等不良反应。

盐酸苯海索

【别名】安坦、Artane、Benzhexol。

【药理作用】一般认为可部分阻滞中枢（纹状体）的胆碱受体，使黑质纹状体部位的胆碱能神经与多巴胺能神经的功能获得平衡。用药后帕金森病症状及药物诱发的锥体外系症状可缓解，流涎可减少，但抗精神病药引起的迟发性运动障碍不会减轻反而会加重。口服后胃肠道吸收快且完全，可通过血-脑屏障进入中枢神经系统，口服1小时起效，作用持续6～12小时。

【适应证】用于治疗帕金森病和帕金森综合征。也用于药物引起的锥体外系疾患，但迟发性多动症除外。

【禁忌证】青光眼、尿潴留、前列腺肥大患者。

【注意事项】常见不良反应有头晕、视物模糊、便秘、出汗减少、排尿困难、嗜睡、口鼻或喉干燥、畏光、恶心、呕吐等。长期用药可有失眠、精神错乱、幻觉、记忆认知障碍等。孕妇及哺乳期妇女及儿童慎用。老年人长期应用容易促发青光眼。伴有动脉硬化者，对常用量的抗帕金森病药容易出现精神错乱、定向障碍、焦虑、幻觉及精神病样症状，应慎用。肝肾功能障碍者慎用。

【药物相互作用】与乙醇、中枢抑制药合用使中枢抑制作用加强。

盐酸硫必利

【别名】盐酸泰必利、泰必利。

【药理作用】硫必利对多巴胺受体，尤其是D_2受体具有选择性阻断作用，其作用较氯丙嗪弱，对交感神经有轻度抑制作用，并有镇吐和镇痛作用。口服吸收迅速，血药浓度高峰为1小时。

【适应证】本品可治疗舞蹈症、抽动秽语综合征、迟发性运动障碍。

【禁忌证】过敏者禁用。

【注意事项】本品引起的不良反应较少，较常见为嗜睡、溢乳、闭经、消化道反应、头晕、乏力等，个别患者可出现兴奋，一般减量或停药后可以消失。对肝、肾功能不全及严重心血管疾病、造血功能不全或粒细胞减少、嗜铬细胞瘤等患者慎用，孕妇、婴儿慎用。

【药物相互作用】可与镇静催眠药、抗抑郁药、抗帕金森病药、抗癫痫药合用，但开始时应减少合并用药的用量。

四、抗偏头痛药

盐酸氟桂利嗪

【别名】孚瑞尔、奥力保克、氟桂嗪。

【药理作用】本品为哌嗪类钙离子拮抗药，阻滞T型钙通道。可抑制P物质释放，抑制神经源性炎性反应。阻止过量钙离子进入血管平滑肌细胞，引起血管扩张，对脑血管的扩张作用较好，而对冠状血管扩张作用较差。此外，还有抗组胺作用和镇静作用。口服易吸收，血药浓度峰值为2～4小时。

【适应证】①偏头痛和（或）丛集性头痛的预防和治疗；②每天慢性头痛的治疗和预防；③脑血液供应不足，脑卒中恢复期，脑动脉硬化症，蛛网膜下腔出血后血管痉挛，前庭性眩晕，耳鸣和间歇性跛行等周围血管病；④癫痫辅助治疗。

【禁忌证】有药物过敏史或有抑郁症病史时，禁用此药。

【注意事项】嗜睡和疲惫感为最常见；长期服用者可出现抑郁症，以女性患者较常见；锥体外系症状，表现为运动徐缓、震颤、强直，静坐不能，下颌不自主运动等。多数在用药 3 周后出现，停药后消失。患有帕金森病等锥体外系疾病时，应当慎用。孕妇和哺乳妇女慎用。驾驶员和机器操作者慎用，避免发生意外。

【药物相互作用】与乙醇、镇静催眠药合用时，镇静作用增加。与苯妥英钠、卡马西平合用时可以降低氟桂利嗪的血浓度。肿瘤患者进行放射治疗时应用氟桂利嗪，对肿瘤细胞的杀伤力可提高 10～20 倍。在应用抗癫痫药物治疗的基础上加用氟桂利嗪可以提高抗癫痫药效。

五、脑血管病治疗药

尼莫地平

【别名】圣瑞恩尼莫地平、尼莫通。

【药理作用】尼莫地平是一种钙拮抗药，能有效地阻止钙进入血管平滑肌细胞，松弛血管平滑肌，从而解除血管痉挛。口服吸收快，血药浓度高峰为 1 小时，生物利用度仅为 13%。

【适应证】适用于各种原因的蛛网膜下腔出血后的脑血管痉挛和急性脑血管病恢复期的血液循环改善，亦被用作缺血性神经元保护和血管性痴呆的治疗，但效果不肯定。

【禁忌证】对本品过敏及严重肝功能损害者禁用。

【注意事项】蛛网膜下腔出血者应用尼莫地平治疗时约有 11.2% 的患者出现不良反应。最常见不良反应：①血压下降，下降的程度与药物剂量有关；②肝炎；③皮肤刺痛；④胃肠道出血；⑤血小板减少；⑥呕吐；⑦个别患者可发生 ALP、LDH、AKP、血糖、血小板数升高。孕妇、哺乳期妇女及颅内压增高者慎用。高血压患者应用尼莫地平可起到降压作用。

【药物相互作用】高血压患者应用尼莫地平可起到降压作用。与其他钙离子拮抗药联合用时可增加钙离子拮抗作用。

川芎嗪

【别名】川青、力络新。

【药理作用】本品为活血化瘀药。有抗血小板聚集、扩张小动脉、改善微循环的作用。口服吸收及排泄迅速，可以通过血-脑脊液屏障。

【适应证】用于缺血性脑血管病，如脑供血不全、脑血栓形成、脑栓塞等，以及其他缺血性血管疾病，如冠心病、脉管炎等。

【禁忌证】脑出血及有出血倾向的患者忌用。

【注意事项】不良反应主要为消化道症状，极少数妇女经期提前，经量增多，一过性 ALT 增高，偶有药热或药疹发生。

六、脑功能改善药（促智药）与抗记忆障碍药

胞磷胆碱

【别名】尼可林、胞二磷胆碱、胞胆碱。

【药理作用】本品为核苷衍生物，对改善脑组织代谢、促进大脑功能恢复、促进苏

醒有一定作用。可迅速进入血流，并有部分通过血脑屏障进入脑组织。其中胆碱部分在体内成为良好的甲基化供体，可对多种化合物有转甲基化作用。

【适应证】主要用于急性颅脑外伤和脑手术后的意识障碍；也用于缺血性脑血管病和血管性痴呆。

【注意事项】偶见胃肠道反应，轻微，持续时间短。脑出血急性期和严重脑干损伤时不宜大剂量使用。

吡拉西坦

【别名】吡乙酰胺、乙酰胺吡咯烷酮。

【药理作用】吡拉西坦可对抗理化因素所致的脑功能损害，提高学习、记忆能力。可以改善由缺氧所造成的逆行性遗忘。虽然本品的确切作用机制尚不清楚，但是它能促使脑内 ADP 转化为 ATP，使脑内代谢能量供应状况改善。它影响胆碱能神经元兴奋传递，促进乙酰胆碱合成。此外，还可以增加多巴胺的释放，增加记忆能力。口服吸收快，血药浓度峰值为 30～45 分钟，可通过血-脑屏障。

【适应证】①急性脑血管病及脑外伤后记忆和轻中度脑功能障碍；②儿童发育迟缓；③酒精中毒性脑病，肌阵挛性癫痫，镰状细胞贫血病神经并发症的辅助治疗。

【禁忌证】锥体外系疾病、Huntington 舞蹈症患者禁用本品，以免加重病情。

【注意事项】①肾功能不全可能需调整剂量；②在接受抗凝血治疗的患者中，同时应用吡拉西坦时应特别注意出凝血时间，防止出血危险，并调整抗凝血药剂量和用法。

【药物相互作用】在接受抗凝血治疗的患者中，同时应用吡拉西坦时应特别注意凝血时间，防止出血危险。

七、抗重症肌无力药

甲硫酸新斯的明

【别名】普洛斯的明。

【药理作用】本品为可逆性胆碱酯酶抑制药，不易通过血-脑屏障，故对中枢神经系统的不良反应较毒扁豆碱小。因尚能直接激动骨骼肌细胞膜上的 N 胆碱受体，故对骨骼肌兴奋作用较强；缩瞳、降低眼压、心率减慢及兴奋胃肠道平滑肌等作用较弱。皮下或肌内注射时用药量的 67% 以上随尿排出，仅 30% 左右经水解后排出。

【适应证】用于重症肌无力及腹部手术造成的肠麻痹，亦用于外伤及炎症后引起的运动障碍。

【禁忌证】①对过敏体质者禁用；②癫痫、心绞痛、室性心动过速、机械性肠梗阻或泌尿道梗阻及哮喘患者禁用；③心律失常、窦性心动过缓、血压下降、迷走神经张力升高禁用。

【注意事项】大剂量可引起恶心、呕吐、腹泻、流泪、流涎等，可用阿托品对抗。甲状腺功能亢进症和帕金森病等慎用。孕妇及哺乳期妇女用药尚不明确。

【药物相互作用】本品不宜与去极化型肌肉松弛药合用。某些能干扰肌肉传递的药物如奎尼丁，能使本品作用减弱，不宜合用。

第六节　心血管系统用药

本节重点介绍抗高血压药、抗心律失常药、抗心绞痛及抗心肌缺血药、血脂调节药、抗血栓药。

一、抗高血压药

抗高血压药目前分为血管紧张素转化酶抑制药、血管紧张素Ⅱ受体拮抗药、钙通道阻滞药、β受体拮抗药、α受体拮抗药、利尿药、其他降压药物。

（一）血管紧张素转化酶抑制药

卡托普利

【别名】开博通、邦德美。

【药理作用】作用机制：①降压，本品为竞争性血管紧张素转化酶抑制药，使血管紧张素Ⅰ不能转化为血管紧张素Ⅱ，结果血浆肾素活性增高，醛固酮分泌减少，血管阻力减低。本品还抑制缓激肽的降解；也可直接作用于周围血管而降低阻力。②减低心脏负荷，心力衰竭时本品扩张动脉与静脉，降低周围血管阻力或后负荷，减低肺毛细血管嵌压或前负荷，也降低肺血管阻力，因而改善心排血量。口服本品后吸收迅速，吸收率在75%以上，但胃肠道内有食物存在可使本品的吸收减少30%～40%，故宜在餐前1小时服药。用于降压，口服后15分钟开始起效。

【适应证】①用于治疗高血压，可单独应用或与其他降压药如利尿药合用；②用于治疗心力衰竭，可单独应用或与强心药、利尿药合用；③治疗高血压急症（注射剂）。

【禁忌证】①对本品或其他血管紧张素转化酶抑制药过敏者禁用；②孤立肾、移植肾、双侧肾动脉狭窄、肾功能减退者禁用。

【注意事项】长期用药的患者5%～20%出现顽固性干咳；在肾功能不全、补钾或合用保钾利尿药患者易诱发高血钾；首次用卡托普利可引起低血压，应先采用低剂量；孕妇及哺乳期妇女慎用。

【药物相互作用】与利尿药同用使降压作用增强，但应避免引起严重低血压。与其他扩血管药同用可能致低血压。与潴钾药物如螺内酯、氨苯蝶啶、阿米洛利同用可能引起血钾过高。与内源性前列腺素合成抑制药如吲哚美辛同用，将使本品降压作用减弱。与其他降压药合用，降压作用加强。

马来酸依那普利

【别名】益压利、依苏。

【药理作用】作用机制：①降压，本品主要通过抑制肾素-血管紧张素-醛固酮系统而降低血压，但对低肾素活性的高血压也有效；②减低心脏负荷，心力衰竭时本品扩张动脉与静脉，降低周围血管阻力或后负荷，减低肺毛细血管楔压或前负荷，也降低肺血管阻力，从而改善心排血量，使运动耐量时间延长。口服本品后吸收约60%，吸收不受胃肠道内食物的影响。口服本品降压作用于1小时开始，降压作用可维持24小时以上。

【适应证】①用于治疗高血压，可单独应用或与其他降压药如利尿药合用；②用于治疗心力衰竭，可单独应用或与强心药利尿药合用。

【禁忌证】①对本品或其他血管紧张素转化酶抑制药过敏者；②妊娠期与哺乳期妇女；③孤立肾、移植肾、双侧肾动脉狭窄、肾功能减退者。

【注意事项】不良反应：①较常见的有眩晕、头痛、疲乏、咳嗽，均轻微、短暂。②较少见的有肌肉痉挛、恶心、乏力、直立性不适、阳痿、腹泻。③少见的有昏厥、直立性低血压、心悸、心动过速；呕吐、消化不良、口干、便秘、失眠、神经过敏，感觉异常；皮疹、瘙痒。血钾过高、脑动脉或冠状动脉供血不足、主动脉瓣狭窄者慎用。与利尿药同用使降压作用增强。本品与排钾利尿药同用可减少钾丢失，但与保钾利尿药同用可使血钾增高。

【药物相互作用】与利尿药同用使降压作用增强，但须避免引起严重低血压，用本品前停用利尿药或增加钠摄入可减少低血压可能。本品与排钾利尿药同用可减少钾丢失，但与保钾利尿药同用可使血钾增高。

（二）血管紧张素Ⅱ受体拮抗药

缬沙坦

【别名】代文、佳菲、丽珠维可。

【药理作用】是一种强效和特异性的血管紧张素Ⅱ受体拮抗药。作用于血管紧张素Ⅱ相关的受体，阻断血管紧张素Ⅱ引起的血管收缩、醛固酮释放、平滑肌细胞增生等作用，从而降低血压。缬沙坦在降低血压的同时不影响心率。对总胆固醇、甘油三酯、血糖或血尿酸无明显影响。突然停药无血压反跳或其他不良反应。口服后可迅速吸收，平均绝对生物利用度为23%。单剂服药后2小时内出现降压作用，降压作用可持续24小时以上。

【适应证】①治疗高血压，可单独应用或与其他降压药如利尿药合用；②急性心肌梗死后；③治疗心力衰竭。

【禁忌证】①过敏者禁用；②孕妇禁用。

【注意事项】常见不良反应有头晕、头痛、腹泻、腹痛、疲劳、皮疹等。哺乳期妇女慎用。

【药物相互作用】与潴钾利尿药如螺内酯、氨苯蝶啶、阿米洛利、钾剂或含钾盐代用品合用时可使血钾升高。与利尿药合用降压作用增大。

替米沙坦

【别名】迪赛平、诺金平。

【药理作用】是一种强效和特异性的血管紧张素Ⅱ受体拮抗药。作用于血管紧张素Ⅱ相关的受体，阻断血管紧张素Ⅱ引起的血管收缩、醛固酮释放、平滑肌细胞增生等作用，从而降低血压。本品口服吸收迅速，生物利用度可随剂量增加而增加。口服本品后3小时起降压作用。单次给药作用可持续24小时以上；连续用药4周后停药，降压作用仍可持续1周左右。

【适应证】原发性高血压。

【禁忌证】①对本品任一成分过敏者；②对其他血管紧张素受体拮抗药过敏者；③胆道阻塞性疾病患者；④严重肝功能不全者；⑤严重肾功能不全者；⑥孕妇及哺乳期妇女。

【注意事项】可引起腹泻，极少数发生血管性水肿、瘙痒、皮疹、荨麻疹等。血容量不足者、严重充血性心力衰竭者慎用。应用本品 4～8 周后才发挥最大药效，在加大剂量时应注意此点。

【药物相互作用】本品可加强其他降压药的降压效果。麻黄碱及伪麻黄碱的拟交感活性可使本品的降压作用减弱。

（三）钙通道阻滞药

硝苯地平

【别名】心痛定、拜新同、尼福达、得高宁。

【药理作用】本品为一种钙离子内流阻滞药或慢通道阻滞药，阻滞钙离子经过心肌或平滑肌细胞膜面的通道而进入细胞内，由此引起周身血管，包括冠状动脉（正常供血区或缺血区）的血管张力减低而扩张，因而可以降低血压，增加冠状动脉血液供应。并能抑制自发或麦角新碱所引起的冠状动脉痉挛。另一方面能抑制心肌收缩，使心肌做功减低，耗氧量减少，缓解心绞痛。给本品后血压下降时可有反射性心率加速。口服胃肠道吸收良好，达 90% 左右，舌下含服吸收也快。口服 30 分钟血药浓度达高峰，舌下含服或嚼碎服达峰时间提前。在口服 15 分钟起效，1～2 小时作用达高峰，作用持续 4～8 小时；舌下给药 2～3 分钟起效，20 分钟达高峰。

【适应证】用于治疗高血压、心绞痛。包括冠状动脉痉挛所致的心绞痛和变异型心绞痛、冠状动脉阻塞所致的典型心绞痛或劳力性心绞痛。

【禁忌证】①严重低血压；②重度主动脉瓣狭窄；③对本品过敏者。

【注意事项】孕妇及哺乳期妇女慎用。主动脉瓣狭窄及肝、肾功能不全患者须慎用。突然停用 β 受体阻滞药治疗而启用本品，偶可发生心绞痛，须逐步递减前者用量。与硝酸酯类同用，治疗心绞痛作用增强。

【药物相互作用】与其他降压药同用可致极度低血压。与 β 受体阻滞药同用可导致血压过低、心功能抑制，心力衰竭发生的机会增多。与硝酸酯类同用，治疗心绞痛作用增强。与西咪替丁同用时本品的血药浓度峰值增高，须注意调节剂量。

尼群地平

【别名】落普思、资寿、舒麦特。

【药理作用】本品抑制血管平滑肌的跨膜钙离子内流，也抑制心肌的跨膜钙离子内流，但以血管作用为主，故其血管选择性较强。本品引起周身血管，包括冠状动脉、肾小动脉，使之扩张，产生降压作用。本品口服吸收良好，达 90% 以上。口服后 30 分钟收缩压开始下降，60 分钟舒张压开始下降，降压作用在口服后 1～2 小时最大，持续 6～8 小时。

【适应证】用于治疗高血压，可单独应用或与其他降压药合用。

【禁忌证】①对本品有过敏反应者；②严重主动脉瓣狭窄。

【注意事项】不良反应有头痛、脸红、头晕、恶心、低血压、脚肿、心绞痛发作。本品降压后可能出现反射性心动过速，由此诱发心绞痛。多数不良反应轻微，不影响治疗。孕妇及肝、肾功能不全者慎用。与 β 受体阻滞药合用可减轻本品降压后发生的心动过速。

【药物相互作用】与其他降压药如 β 受体阻滞药、血管紧张素转化酶抑制药合用可加强降压作用。与 β 受体阻滞药合用可减轻本品降压后发生的心动过速。本品与地高辛同用，地高辛血药浓度可能增高。

拉西地平

【别名】司乐平、乐息平。

【药理作用】本品具高度选择性作用于平滑肌的钙通道，主要扩张周围动脉，减少外周阻力降低血压。对心脏传导系统和心肌收缩功能无明显影响。本品可使肾血流量增加可产生一过性但不明显的利尿和促尿钠排泄作用。本品作用时间长。口服从胃肠道吸收迅速，由于肝脏广泛首过代谢，生物利用度为2%～9%。

【适应证】治疗高血压。可单用或与其他降压药合用。

【禁忌证】①严重低血压；②重度主动脉瓣狭窄；③本品过敏者。

【注意事项】不良反应：①最常见的有头痛、皮肤潮红、水肿、眩晕和心悸；②少见有无力、皮疹、胃纳不佳、恶心，极少数有胸痛和齿龈增生。孕妇及哺乳期妇女慎用。肝功能不全者慎用。

【药物相互作用】与β受体阻滞药、利尿药合用，降压作用可加强。与西咪替丁合用，可使本品血药浓度增高。

苯磺酸左旋氨氯地平

【别名】施慧达。

【药理作用】苯磺酸氨氯地平是钙离子拮抗药或慢通道阻滞药。本品选择性抑制钙离子跨膜进入平滑肌细胞和心肌细胞，对平滑肌的作用大于心肌。本品是外周动脉扩张药，直接作用于血管平滑肌，降低外周血管阻力，从而降低血压。降压效果和剂量相关，降压幅度与治疗前血压相关，血压正常者服药后没有明显作用。本品可缓解心绞痛，作用机制尚不明确。本品口服后吸收完全但缓慢，6～12小时达到峰浓度。绝对生物利用度为64%～90%，不受饮食影响。持续用药后7～8天达到稳态血药浓度。

【适应证】①高血压，单独用或与其他药物合并应用；②心绞痛，单独用或与其他药物合并应用。

【禁忌证】①严重低血压；②重度主动脉瓣狭窄；③本品过敏者。

【注意事项】本品在10 mg/d的剂量范围内有良好的耐受性，大多数不良反应是轻中度的。本品因不良反应而停药的仅为15%，较常见的不良反应是头痛和水肿。孕妇及哺乳期妇女慎用。肝功能不全者慎用。

【药物相互作用】非甾体消炎药，尤其吲哚美辛与本品同用可减弱降压作用，可能由于抑制前列腺素合成和（或）引起水钠潴留。β受体阻滞药与本品同用耐受良好，但可引起过度低血压。与雌激素同用可增加液体潴留而增高血压。

盐酸维拉帕米

【别名】异搏定、戊脉安。

【药理作用】本品属Ⅳ类抗心律失常药，为一种钙离子内流的抑制药（慢通道阻滞药），使房室结的不应期延长，传导减慢，但很少影响心房、心室肌的传导。还使心肌细胞兴奋收缩耦联中钙离子的利用减低，影响收缩蛋白的活动，心肌收缩减弱，心脏做功减少，心肌氧耗减少。使平滑肌细胞内钙离子的利用减低，收缩蛋白活动受影响，平滑肌松弛，缓解血管痉挛，血管张力降低，动脉压下降，心室后负荷降低。口服后90%以上被吸收，生物利用度低，为20%～35%。

【适应证】口服适用于治疗：①各种类型心绞痛；②控制心房扑动和颤动的室率，

预防阵发性室上性心动过速；③肥厚型心肌病；④高血压。静脉注射适用于治疗快速性室上性心律失常。

【禁忌证】①心源性休克致重度低血压，收缩压＜90 mmHg；②充血性心力衰竭；③二、三房室阻滞、病态窦房结综合征（除非已有起搏器）；④预激综合征伴心房颤动或心房扑动。

【注意事项】不良反应多与剂量有关，常发生于剂量调整不当。①心血管系统：低血压、下肢水肿、心力衰竭、心动过缓（50 次/min 以下），偶尔发展成二度或三度房室阻滞及心脏停搏；②神经系统：头晕或眩晕；③过敏反应：偶可发生恶心、轻度头痛及关节痛、皮肤瘙痒及荨麻疹；④内分泌系统：偶可致血催乳素浓度增高或溢裂。明显心动过缓、轻度心力衰竭、肝肾功能损害、轻度至中度低血压者慎用。

【药物相互作用】与其他降压药物合用有协同作用，须调整本品剂量。不要饮酒。因本品可抑制细胞色素 P450 代谢，故可致卡马西平、环孢素、氨茶碱、奎尼丁或丙戊酸盐血药浓度增加，从而增加毒性。

（四）β 受体阻滞药

盐酸普萘洛尔

【别名】心得安、百尔洛。

【药理作用】本品有非选择性竞争性地抑制肾上腺素 β 受体的作用。通过减弱或防止 β 受体兴奋而使心脏的收缩力与收缩速度下降，通过传导系统的传导速度减慢，使心脏对运动或应激的反应减弱。因此，用于心绞痛的治疗，减低心肌氧耗，增加运动耐量。由于阻滞心脏起搏点电位的肾上腺素能兴奋故用于治疗心律失常。可能本品通过中枢、肾上腺素能神经元阻滞、抑制肾素释放以及心排血量减低等作用，适用于治疗高血压。由于本品能拮抗儿茶酚胺效应，也用于治疗嗜铬细胞瘤及甲状腺功能亢进。口服后胃肠道吸收较完全（90%），1～1.5 小时血药浓度达峰值，生物利用度为 30%。

【适应证】①高血压，单独或与其他药物合并应用；②心绞痛（典型心绞痛，即劳力性心绞痛）；③心律失常，控制室上性快速心律失常、室性心律失常，特别是与儿茶酚胺有关及洋地黄引起者，可用于洋地黄疗效不满意的心房扑动、心房颤动的心室率的控制，也可用于顽固早搏改善患者的症状；④肥厚型心肌病，用于减低流出道压差，减轻心绞痛、心悸与昏厥等症状；⑤嗜铬细胞瘤，配合 α 受体阻滞药用于控制心动过速；⑥甲状腺功能亢进，用于控制心率过快，也用于治疗甲状腺危象；⑦心肌梗死，作为二级预防，减少死亡率；⑧二尖瓣脱垂综合征；⑨还可用于偏头痛和原发性震颤。

【禁忌证】①支气管哮喘；②心源性休克；③心传导阻滞（二、三房室阻滞）；④重度或急性心力衰竭；⑤窦性心动过缓；⑥对本品过敏者。

【注意事项】较常见不良反应的有眩晕或头昏（低血压所致）、心率过慢。孕妇及哺乳期妇女慎用。充血性心力衰竭、糖尿病、肺气肿或非过敏性支气管炎、肝功能不全、甲状腺功能减退、雷诺病或其他周围血管疾病、肾功能减退者慎用。冠心病患者使用本品不宜骤停，否则可出现心绞痛、心肌梗死或室性心动过速。

【药物相互作用】与可乐定同用而须停药时，须先停本品，数天后再逐步减停可乐定，以免血压波动。与钙拮抗药同用，特别是静脉给予维拉帕米，要十分警惕对心肌和传导系统的抑制。本品可引起糖尿病患者血糖过低，故与降血糖药同用时，须调整后者的剂量。

美托洛尔

【别名】倍他乐克、美多心安、酒石酸美托洛尔。

【药理作用】本品为选择性 β_1 受体阻滞药。本品降低血压机制可能有：阻滞心脏 β 受体而减低心排血量；抑制肾素释放而减低肾素血浓度；阻滞中枢和周围肾上腺素能神经元；减少去甲肾上腺释放。本品阻滞心脏起搏点电位的肾上腺素能受体兴奋作用，故用于治疗心律失常。本品拮抗儿茶酚胺使其用于治疗嗜铬细胞或甲状腺功能亢进（简称甲亢）。本品使心肌收缩力减低、心率减慢、心肌氧耗减少，有利于治疗心绞痛和心肌缺血。本品减低心肌收缩力和抑制交感作用使其用于治疗肥厚型心肌病。心力衰竭时本品阻滞交感神经 β 肾上腺素能受体，从而使心力衰竭减轻。口服吸收迅速完全，生物利用度为 50% 。

【适应证】用于治疗高血压、心绞痛、心肌梗死、心律失常、心力衰竭、甲状腺功能亢进、嗜铬细胞瘤，预防偏头痛。

【禁忌证】①显著窦性心动过缓（心率 < 45 次/min）、房室阻滞、低血压、严重或急性心力衰竭时禁用；②对本品过敏者禁用。

【注意事项】长期用本品者撤药时用量须逐渐递减。

【药物相互作用】参阅盐酸普萘洛尔。

卡维地洛

【别名】金络、达利全。

【药理作用】本品是一种肾上腺素 α 受体阻滞药、β 受体阻滞药，其 β 受体阻断作用较强，为拉贝洛尔的 33 倍，为普萘洛尔的 3 倍。本品通过阻断突触后膜 α 受体，扩张血管，降低外周血管阻力。同时阻滞 β 受体，抑制肾素分泌，阻断肾素-血管紧张素-醛固酮系统，产生降压作用。对心排血量及心率影响不大，极少产生水钠潴留。口服易于吸收，生物利用度为 25% 。与食物同服，吸收减慢，但对生物利用度没有明显影响。

【适应证】①原发性高血压，单独使用或与其他降压药如利尿药合用；②有症状的慢性充血性心力衰竭。

【禁忌证】①对本品过敏者；②肺功能损害者；③支气管痉挛或哮喘、慢性阻塞性肺疾病患者；④显著的心动过缓（心率 < 50 次/min）和病态窦房结综合征二、三度房室阻滞；⑤心源性休克；⑥低血压（收缩压 < 85 mmHg）；⑦心功能Ⅳ级的心力衰竭，需要静脉给予正性肌力药患者；⑧糖尿病酮症酸中毒，代谢性酸中毒。

【注意事项】周围血管疾病（如间歇性跛行）患者、嗜铬细胞瘤患者、糖尿病患者慎用。

【药物相互作用】本品可加强其他降压药物（如利血平、甲基多巴、可乐定、钙拮抗药、α 受体拮抗药等）及有降压副作用的药物（巴比妥酸盐、吩噻嗪、二环抗抑郁药）的降压作用，相应的不良反应也增加。本品可能会增强胰岛素或口服降血糖药的作用。非甾体消炎药能降低本品的降压作用。

（五）α 受体阻滞药

甲磺酸酚妥拉明

【别名】立其丁、瑞吉亭。

【药理作用】作用机制：①本品为 α 肾上腺素受体阻滞药，对 $α_1$ 与 $α_2$ 受体均有作用，能拮抗血液循环中肾上腺素和去甲肾上腺素的作用，使血管扩张而降低外周血管阻力；②拮抗儿茶酚胺效应，用于诊治嗜铬细胞瘤，但对正常人或原发性高血压患者的血压影响甚少；③能降低外周血管阻力，使心脏后负荷降低，左室舒张末期压与肺动脉压下降，心搏出量增加，可用于治疗心力衰竭。口服生物利用度低。

【适应证】①用于预防和治疗嗜铬细胞瘤所致的高血压发作，包括手术切除时出现的阵发性高血压，也应用于协助诊断嗜铬细胞瘤；②治疗左心衰竭；③治疗去甲肾上腺素、去氧肾上腺素、间羟胺等静脉给药外溢，用于防止皮肤坏死。

【禁忌证】严重动脉硬化及肾功能不全者，有胃炎或胃溃疡患者禁用。

【注意事项】较常见不良反应有直立性低血压，心动过速或心律失常，鼻塞、恶心、呕吐等；昏倒和乏力较少见；突然胸痛、神志模糊、头痛、共济失调、言语含糊等极少见。孕妇慎用。冠状动脉供血不足、心绞痛、心肌梗死患者慎用，但在有心力衰竭时可以考虑。

【药物相互作用】与拟交感胺类药同用，使后者的周围血管收缩作用抵消或减弱。

盐酸哌唑嗪

【别名】降压新、脉宁平、脉安平。

【药理作用】本品为突触后 α 肾上腺素受体阻滞药，使外周血管扩张，外周血管阻力降低，起降压作用。降压时很少发生反射性心动过速，因此对心排血量影响小。本品能扩张动脉和静脉，降低心脏的前负荷与后负荷，使心功能改善，故可用于治疗心力衰竭。本品治疗心力衰竭起效快。口服吸收完全，生物利用度 50%～85%。本品口服后 2 小时起降压作用。

【适应证】①高血压，作为第二线药物，常在第一线药物治疗不满意时采用或合用；②充血性心力衰竭，主要是严重的难治性患者；③也用于治疗麦角胺过量。

【注意事项】不良反应：①低血压反应，属体位性，常在从卧位或坐位起立时发生眩晕、头昏、甚至突然昏倒。容易在服前剂后30分钟至2小时出现。②较少见的反应有心绞痛的发生或加重、气短、下肢水肿、体重增加。③视物模糊、便秘、腹泻、口干、幻觉、头痛、食欲减退、抑郁、恶心及呕吐、易激动、皮疹、瘙痒、胃痛、鼻塞、尿频持续出现时，应加以注意。

【药物相互作用】与钙拮抗药同用，使降压作用加强，剂量须适当调整。与其他降压药或利尿药同用，也须同样注意。与非甾体消炎镇痛药同用，尤其与吲哚美辛同用，可使本品的降压作用减弱。与拟交感类药物同用，本品的降压作用减弱。

（六）利尿药

氢氯噻嗪

【别名】双氢氯噻嗪。

【药理作用】①利尿作用：噻嗪类药物作用于髓襻升枝粗段皮质部抑制 NaCl 的再吸收，导致 Na^+、Cl^- 和水分的大量排出，产生利尿作用。②抗尿崩症作用：噻嗪类利尿药能明显减少尿崩症患者的尿量。其机制与噻嗪类对磷酸二酯酶的抑制作用有关。③降压作用：在给药治疗后早期，通过利尿排钠，使血浆与细胞外液容量减少，血容量及心排血量降低，因而血压降低；在持久给药时，血容量及心排血量可恢复原来水平，但总外周血管阻力降低，血压仍可降低。口服吸收快但不完全，口服 2 小时起效。生物利用度为 65%～70%。进食能增加吸收量。

【适应证】①水肿性疾病：常见的包括充血性心力衰竭、肝硬化腹水、肾病综合征、急、慢性肾炎水肿和慢性肾衰竭早期、肾上腺皮质激素、雌激素治疗所致的水钠潴留；②高血压：可单独或与其他降压药联合应用，主要用于治疗原发性高血压；③中枢性或肾性尿崩症；④肾石症：主要用于预防含钙盐成分形成的结石；⑤也可用于解除泌尿系感染引起的尿频、尿急、尿痛症状。

【禁忌证】对本品或其他磺酰胺类药物过敏者禁用。

【注意事项】长期大剂量应用本品可能引起代谢紊乱：①低钾血症，利尿排钾过多所致；②低钠血症，如同时限制钠盐摄入则可能出现；③高尿酸血症；④血脂改变，血低密度脂蛋白和甘油三酰升高，高密度脂蛋白降低，有促进动脉粥样硬化的可能。对长期服用或可能发生低血钾者需补充钾盐或给保钾利尿药。

吲达帕胺

【别名】寿比山、美利巴。

【药理作用】降压作用未明，可能为外周血管阻力降低所致。本品降压时对心排血量、心率及心律影响小或无。本品的利尿作用是通过抑制远端肾小管皮质稀释段的再吸收水与电解质。口服吸收快而完全，生物利用度达 93%，不受食物影响。

【适应证】①用于治疗高血压，单用或与其他降压药合用；②用于治疗充血性心力衰竭时的水钠潴留水肿。

【注意事项】不良反应比较轻而短暂，有腹泻、头痛、食欲减退、失眠、反胃、直立性低血压；皮疹、瘙痒等过敏反应；低血钠、低血钾、低氯性碱中毒。无尿或严重肾功能不全、糖尿病、痛风或高尿酸血症、肝功能不全者慎用。

【药物相互作用】本品与肾上腺皮质激素同用时利尿利钠作用减弱。本品与口服抗凝血药同用时抗凝血效应减弱。本品与非甾体抗炎镇痛药同用时本品的利钠作用减弱。本品与多巴胺同用时利尿作用增强。本品与其他种类降压药同用时降压作用增强。

（七）其他降压药

硝普钠

【药理作用】本品为一种速效和短时作用的血管扩张药。对动脉和静脉平滑肌均有直接扩张作用，血管扩张使外周血管阻力减低，因而有降血压作用。血管扩张使心脏前、后负荷均减低，心排血量改善，故对心力衰竭有益。本品给药后几乎立即起作用并达作用高峰，静脉滴注停止后作用维持 1～10 分钟。

【适应证】①高血压急症，如高血压危象、高血压脑病、恶性高血压、嗜铬细胞瘤手术前后阵发性高血压等的紧急降血压。②急性心力衰竭，包括急性肺水肿。宜用于急性心肌梗死或瓣膜（二尖瓣或主动脉瓣）关闭不全时的急性心力衰竭。

【禁忌证】代偿性高血压，如动脉分流或主动脉缩窄时禁用本品。

【注意事项】短期应用适量，不致发生不良反应。静脉滴注过快时血压下降过快过剧，出现眩晕、大汗、头痛、肌肉颤搐、神经紧张或焦虑、烦躁、胃痛、反射性心动过速或心律不齐等。脑血管或冠状动脉供血不足、脑病或其他颅内压增高及肝、肺功能损害和甲状腺功能过低慎用。

【药物相互作用】与其他降压药同用可使血压剧降。与多巴酚丁胺同用，可使心排血量增多而肺毛细血管楔压降低。与拟交感胺类同用，本品的降压作用减弱。

利舍平

【别名】利血平、蛇根碱。

【药理作用】本品使周围交感神经末端的去甲肾上腺素贮存耗竭，也使脑、心和其他器官中的儿茶酚胺和5-羟色胺储存耗竭。降压以周围作用为主，外周血管阻力降低，心率减慢，心排血量减少，从而使血压下降。口服后吸收快，生物利用度约为50%，起效缓慢，数天至3周降压起效。

【适应证】高血压和高血压危象。当前不推荐为第一线用药。

【注意事项】孕妇及哺乳期妇女慎用。心律失常、癫痫、胆石症、精神抑郁史、帕金森病、消化性溃疡、嗜铬细胞瘤、肾功能损害、溃疡性结肠炎、呼吸功能差者慎用。

【药物相互作用】与乙醇或中枢神经抑制药同用可使中枢抑制作用加重。与其他降压药或利尿药同用使降压作用加强；与β受体阻滞药合用可能使后者作用增强。与左旋多巴合用可引起多巴胺耗竭而致帕金森病发作。

二、抗心律失常药

盐酸美西律

【别名】慢心律、脉律定。

【药理作用】本品属Ⅰb类抗心律失常药，抑制钠离子内流，缩短动作电位，相对延长有效不应期，降低兴奋性。本品对心肌几乎无抑制作用。口服后吸收完全。生物利用度为80%～90%。口服后30分钟作用开始，约持续8小时。

【适应证】口服适用于慢性室性心律失常，包括室性早搏及室性心动过速。静脉注射适用于急性室性心律失常，如持续性室性心动过速，应避免用于无症状的室性早搏。

【禁忌证】①二度或三度房室阻滞及双束支阻滞（除非已安装起搏器）；②心源性休克。

【注意事项】20%～30%患者口服发生不良反应。静脉用药不良反应更容易发生。①胃肠反应：为最常见的不良反应，包括恶心、呕吐等；②神经系统反应：为第二位常见不良反应，包括头晕、震颤（最先出现手细颤）、共济失调、眼球震颤、昏迷及惊厥、复视、视物模糊、精神失常、失眠；③心血管系统反应：偶可发生胸痛，促心律失常作用如室性心动过速、低血压及心力衰竭加剧；④过敏反应，皮疹；⑤极个别有白细胞及血小板减少。室内阻滞、严重窦性心动过缓、严重肝或肾功能障碍、癫痫慎用。孕妇及哺乳期妇女慎用。

【药物相互作用】与其他抗心律失常药可能有协同作用，可用于顽固心律失常，但不宜与Ⅰb类药合用。肝药酶诱导剂如苯妥英钠、苯巴比妥、利福平可加快本品代谢，降低血药浓度。制酸药可减低口服本品时的生物利用度。阿托品可延迟本品的吸收，但不影响本品的吸收量，可能因胃排空迟缓所致。止吐药如甲氧氯普胺增加胃排空，可增加本品的吸收速度。

盐酸普罗帕酮

【别名】心律平、悦复隆。

【药理作用】本品属Ⅰc类抗心律失常药。其电生理效应是抑制快钠离子内流，轻度延长动作电位周期及有效不应期。还可降低自律性，抑制触发激动。此外本品也有轻度β受体阻滞作用，约为普萘洛尔的1/4。口服吸收良好，首过效应明显。生物利用度因剂量及剂型而异，为3.1%～21.4%。

【适应证】口服适用于阵发性室性心动过速、阵发性室上性心动过速及预激综合征伴室上性心动过速、心房扑动或心房颤动的预防。也可用于各种早搏的治疗。静脉注射适用于阵发性室性心动过速及室上性心动过速（包括伴预激综合征者）。

【禁忌证】①窦房结功能障碍；②二度或三度房室阻滞，双束支传导阻滞（除非已有起搏器）；③肝或肾功能障碍。

【注意事项】肝或肾功能障碍者慎用。

【药物相互作用】其他抗心律失常药，包括维拉帕米、胺碘酮及奎尼丁等，可能增加本品不良反应。降压药可使本品的降压作用增强。本品可增加普萘洛尔和美托洛尔的血浓度，但临床上未出现明显的不良反应。

三、抗心绞痛药与抗心肌缺血药

硝酸甘油

【别名】保欣宁、礼顿。

【药理作用】其作用机制较为复杂，其血管扩张作用主要通过 NO 的释放，刺激鸟苷酸环化酶，使环鸟苷酸（CGMP）增加而导致血管扩张。能扩张周围静脉，使周围静脉储血，舒张期对冠状动脉血流阻力下降；也可扩张周围小动脉而使外周血管阻力和血压下降，由于周围血管扩张也可用于高血压治疗。易自口腔黏膜及胃肠道吸收，舌下给药吸收迅速完全，生物利用度80%，口服生物利用度仅为8%。舌下给药2～3分钟起效，5分钟达最大效应，作用持续10～30分钟。

【适应证】治疗或预防心绞痛；也可作为扩血管药用于治疗充血性心力衰竭；注射剂可用于治疗高血压。

【禁忌证】对本品或其他硝酸盐类过敏者，严重低血压、青光眼、梗阻性心肌病患者。

【注意事项】常见的不良反应有由直立性低血压引起的眩晕、头晕、昏厥、面颊和颈部潮红；严重时可出现持续的头痛、恶心、呕吐、心动过速、烦躁；皮疹、视物模糊、口干则少见。脑出血或头颅外伤、严重贫血、严重肝、肾功能损害者慎用。

【药物相互作用】与乙酰胆碱、组胺或去甲肾上腺素同用时，疗效可减弱。中度或过度饮酒时，本品可导致血压过低。与降压药或扩张血管药同用时可使硝酸甘油的体位性降压作用增强。

单硝酸异山梨酯

【别名】异乐定、益辛保、长效心痛治。

【药理作用】其作用机制与硝酸甘油类似。口服在胃肠道完全吸收，缓释片生物利用度为80%～90%。

【适应证】预防和治疗心绞痛；与洋地黄及（或）利尿药合用治疗慢性心力衰竭。

【禁忌证】同硝酸甘油类似。

【注意事项】同硝酸甘油类似。

【药物相互作用】同硝酸甘油类似。

曲美他嗪

【别名】心康宁、冠脉舒。

【药理作用】本品部分抑制脂肪酸氧化，使心肌代谢转向更有效地利用氧供，达到减轻心绞痛的目的。本品口服吸收迅速，2～3小时达血药浓度高峰。

【适应证】①心绞痛发作的预防性治疗；②眩晕和耳鸣的辅助性对症治疗。

【禁忌证】对本品过敏者。

【注意事项】不良反应少见，包括头晕、食欲减退、恶心、呕吐、皮疹等。肝、肾功能不全者慎用。孕妇及哺乳期妇女慎用。

【药物相互作用】与洋地黄合用可使不良反应减轻，疗效增加。与口服地尔硫䓬合用，可使抗心绞痛作用加强。

四、血脂调节药

洛伐他汀

【别名】明维欣、洛特。

【药理作用】在体内竞争性地抑制胆固醇合成过程中的限速酶，使胆固醇的合成减少，也使低密度脂蛋白受体合成增加，结果使血胆固醇和低密度脂蛋白胆固醇水平降低，由此对动脉粥样硬化和冠心病的防治产生作用。本品还降低血清甘油三酯水平和增高血高密度脂蛋白水平。近年的研究证实，他汀类除调脂作用外，还有抗炎症、抗氧化、减少内皮素生成、减少组织因子表达、抑制血小板聚集、稳定斑块、抗血栓等多方面作用。由此对动脉粥样硬化、冠心病、缺血性脑卒中的防治起治疗作用。本品口服吸收良好，但在空腹时吸收减少30%。

【适应证】①高胆固醇血症和混合型高脂血症；②缺血性脑卒中的防治。

【禁忌证】①对本品过敏者；②有活动性肝病患者。

【注意事项】较多见的反应有腹泻、胀气、眩晕、头痛、恶心、皮疹。少见的反应有阳痿、失眠。罕见的反应有肌痛、肌炎、横纹肌溶解，表现为肌肉疼痛，发热，乏力常伴血肌磷酸激酶增高。横纹肌溶解可导致肾衰竭，本品与环孢素、其他免疫抑制药、吉非贝齐、红霉素、烟酸等合用可增加其发生。孕妇及哺乳期妇女慎用。本品宜与饮食共进，以利吸收。

【药物相互作用】与抗凝血药同用可使凝血酶原时间延长。与环孢素、红霉素、吉非贝齐、烟酸、免疫抑制药同用使肌溶解和急性肾衰竭的机会增加。

辛伐他汀

【别名】旨泰、苏之、博占同。

【药理作用】本品本身无活性，口服吸收后的水解产物在体内竞争性地抑制胆固醇合成过程中的限速酶，使胆固醇的合成减少，也使低密度脂蛋白受体合成增加，结果使血胆固醇和低密度脂蛋白胆固醇水平显著降低，中度降低血甘油三酯和增高血高密度脂蛋白水平。近年的研究证实，辛伐他汀除调脂作用外，还有抗炎症、抗氧化、减少内皮素生成、减少组织因子表达、抑制血小板聚集、稳定斑块、抗血栓等多方面作用。由此对动脉粥样硬化和冠心病的防治产生作用。本品进食后吸收良好，但在空腹时吸收减少 30%。

【适应证】①高胆固醇血症和混合型高脂血症；②冠心病和缺血性脑卒中的防治。

【禁忌证】①对本品有过敏史者；②有活动性肝病或 ALT 持续升高者。

【注意事项】同洛伐他汀类似。

【药物相互作用】同洛伐他汀类似。

非诺贝特

【别名】利脂平、立平脂。

【药理作用】本品降低血低密度脂蛋白、胆固醇、甘油三酯，增高血高密度脂蛋白。本品的调脂作用主要通过使过氧化物增殖体激活受体（PPAR）的激活，从而使低密度脂蛋白中的小而密的部分减少，大而疏的部分相对增多；抑制极低密度脂蛋白的生成并使甘油三酯分解增多；还使载脂蛋白 A-Ⅰ 和 A-Ⅱ 生成增加，从而增高高密度脂蛋白。本品尚有降低高尿酸血症的血尿酸作用。口服后，尤其餐后吸收快。微粒型胶囊较普通片体外溶解度增加约 46%，生物利用度也增加。

【适应证】高脂血症，尤其是高甘油三酯血症混合型高脂血症。

【禁忌证】①孕妇与乳母禁用；②胆石症及肝、肾功能不全患者禁用。

【注意事项】偶有血转氨酶增高。

【药物相互作用】有增强抗凝血作用，同时应用的口服抗凝血药用量应减半，以后按检查结果调整用量。

普罗布考

【别名】之乐、畅泰。

【药理作用】①调脂作用：本品通过降低胆固醇合成与促进胆固醇分解使血胆固醇与低密度脂蛋白降低，还改变高密度脂蛋白亚型的性质和功能，使血高密度脂蛋白胆固醇（主要 HDL2-C）减低。本品对血甘油三酯的影响小。②抗动脉粥样硬化作用：本品有显著的抗氧化作用，能抑制泡沫细胞的形成，延缓动脉粥样硬化斑块的形成，消退已形成的动脉粥样硬化斑块消退黄色瘤。一次口服本品后 18 小时达最高血药浓度，$t_{1/2}$ 为 52～60 小时。每天服本品，血药浓度逐渐增高，3～4 月达最高水平。

【适应证】高胆固醇血症。

【禁忌证】①对本品有过敏史者。②有心肌损害、严重心律失常、不明原因昏厥者。③由于用本品时可发生心电图 QT 间期延长与严重室性心律失常，故在下列情况忌用：有 QT 间期延长者；有不明原因昏厥或有心源性昏厥者；正在用延长 QT 间期的药物；有血钾或血镁过低者；新近心肌梗死者；严重心动过缓患者。

【注意事项】孕妇及哺乳期妇女慎用。

【药物相互作用】本品能加强香豆素类药的抗凝血作用和降血糖药的作用。

吉非贝齐

【别名】吉非罗齐、脂必清。

【药理作用】降血脂的作用机制未完全明了，可能涉及抑制周围脂肪分解，减少肝脏摄取游离脂肪酸而减少肝内甘油三酯生成，抑制极低密度脂蛋白载脂蛋白的合成而减少极低密度脂蛋白的生成。本品降低血甘油三酯而增高血高密度脂蛋白浓度，虽可轻度降低血低密度脂蛋白胆固醇血浓度，但在Ⅳ型高脂蛋白血症可能使低密度脂蛋白有所增高。从胃肠道吸收完全，高峰血药浓度出现于口服1.5小时后；降血脂作用于治疗后2～5天开始出现，高峰作用出现于第4周。

【适应证】高脂血症。适用于Ⅳ型或Ⅴ型高脂蛋白血症、冠心病危险性大而饮食控制、减轻体重等治疗无效者。也适用于Ⅱb型高脂蛋白血症、冠心病危险性大而饮食控制、减轻体重、其他血脂调节药物治疗无效者。

【禁忌证】本品可使胆固醇排泄增多，在原发性胆汁性肝硬化时禁用。

【注意事项】不良反应：①偶有胆石症、贫血、白细胞减少或肌炎横纹肌溶解；胃痛、嗳气、胃灼热感较多见；腹泻、呕吐、恶心、皮疹、乏力较少见。②偶有肝功能异常，但停药后可恢复正常；偶有轻度贫血及白细胞计数减少，但长期应用又可稳定。胆石症及肝、肾功能不全者慎用。哺乳期妇女慎用。

【药物相互作用】与口服抗凝血药同用时，明显增加抗凝作用。与他汀类同用时可引起横纹肌溶解症，使肌酸磷酸激酶血浓度增高，肌球蛋白尿而致急性肾衰竭。

五、抗血栓药

阿司匹林

【别名】乙酰水杨酸、拜阿司匹林。

【药理作用】①镇痛作用：主要是通过抑制前列腺素及其他能使痛觉对机械性或化学性刺激敏感的物质（如缓激肽、组胺）的合成，属于外周性镇痛药。但不能排除中枢镇痛（可能作用于下视丘）的可能性。②抗炎作用：确切的机制尚不清楚，可能由于本品作用于炎症组织，通过抑制前列腺素或其他能引起炎性反应的物质（如组胺）的合成而起抗炎作用。抑制溶酶体酶的释放及白细胞趋化性等也可能与其有关。③解热作用：可能通过作用于下视丘体温调节中枢引起周围血管扩张，皮肤血流增加，出汗，使散热增加而起解热作用。④抗风湿作用：本品抗风湿的机制，除解热、镇痛作用外，主要在于抗炎作用。⑤抑制血小板聚集的作用。是通过抑制血小板的环氧酶，减少前列腺素的生成而起作用。口服后吸收迅速、完全。食物可降低吸收速率，但不影响吸收量。肠溶片剂吸收慢。本品与碳酸氢钠同服吸收较快。

【适应证】①镇痛、解热：可缓解轻度或中度的疼痛，如头痛、牙痛、神经痛、肌肉痛及月经痛，也用于感冒和流行性感冒等退热；②抗炎、抗风湿：为治疗风湿热的常用药物，用药后可解热、使关节症状好转并使血沉下降，但不能去除风湿热的基本病理改变，也不能治疗和预防心脏损害及其他合并症；③关节炎：除风湿性关节炎外，本品也用于治疗类风湿关节炎等，可改善症状；④抗血栓：本品对血小板聚集有抑制作用，可防止血栓形成，临床用于预防心脑血管疾病以及心房颤动、人工心脏瓣膜、动静脉瘘或其他手术后的血栓形成；⑤儿科用于皮肤黏膜淋巴结综合征（川崎病）的治疗。

【禁忌证】①活动性溃疡病或其他原因引起的消化道出血；②血友病或血小板减少症；③有阿司匹林或其他非甾体消炎药过敏史者；④孕妇。

【注意事项】一般用于解热镇痛的剂量很少引起不良反应。长期大量用药（如治疗风湿热）较易出现不良反应。血药浓度愈高，不良反应愈明显。哺乳期妇女慎用。痛风及肝、肾功能不全和心功能不全者慎用。本品应与食物同服或用水冲服，或采用肠溶片可以减少对胃肠的刺激。

【药物相互作用】与其他非甾体抗炎镇痛药同用时疗效并不加强。与抗凝血药（双香豆素、肝素等）、溶栓药（链激酶、尿激酶）同用，可增加出血的危险。本品与激素长期同用，尤其是大量应用时，有增加胃肠溃疡和出血的危险性。胰岛素或口服降血糖药的降血糖效果可因与本品同用而加强和加速。

氯吡格雷

【别名】波立维、泰嘉。

【药理作用】选择性抑制 ADP 与血小板受体的结合，并抑制激活的 ADP 与糖蛋白 GP Ⅱ b/Ⅲ a 复合物，使血小板的聚集性降低，是急性冠脉综合征的首选抗血小板用药。

【适应证】主要用于近期发生的脑梗死、急性冠状动脉综合征以及外周动脉疾患，防止血栓形成。

【禁忌证】禁用于近期内活动性出血（溃疡出血等）与对本品过敏者。

【注意事项】肝功能受损，有出血倾向者慎用。

双嘧达莫

【别名】潘生丁。

【药理作用】能抑制血小板聚集，防止血栓形成。

【适应证】用于预防血栓栓塞性疾病。

【注意事项】可有头痛、眩晕、恶心、呕吐、腹泻等。

【药物相互作用】本品与抗凝血药、抗血小板聚集剂及溶栓剂合用时应注意出血倾向。

第七节　泌尿系统用药

一、利尿药

利尿药是作用于肾，增加电解质及水排泄、使尿量增多的药物。临床应用很广。常用的利尿药按它们的效应力分类如下。①高效利尿药：包括呋塞米、依他尼酸及布美他尼等；②中效利尿药：包括噻嗪类利尿药及氯酞酮等；③低效利尿药：包括保钾利尿药如螺内酯，氨苯蝶啶、阿米洛利。

呋塞米

【别名】速尿。

【药理作用】①利尿作用：本品为高效利尿药，作用于髓襻升支粗段髓质部和皮质部，利尿作用强大，影响载体对 Na^+、Cl^- 的转运，从而影响了肾脏的稀释和浓缩功能，导致 Na^+、Cl^- 和水分的大量排出，产生强大的利尿作用。②对血流动力学的影响：呋塞米能使前列腺素含量升高，从而具有扩张血管作用。扩张肾血管，降低肾血管阻力，使肾血流量尤其是肾皮质深部血流量增加，在呋塞米的利尿作用中具有重要意义，也是其用于预防急性肾衰竭的理论基础。口服吸收快，生物利用度（F）为 60%～70%，进食能减慢吸收。但不影响吸收率及其疗效。

【适应证】①水肿性疾病：包括充血性心力衰竭、肝硬化、肾脏疾病，尤其是应用其他利尿药效果不佳时，应用本类药物仍可能有效。与其他药物合用治疗急性肺水肿和急性脑水肿等。②高血压：不作为治疗原发性高血压的首选药物，但当噻嗪类药物疗效不佳，尤其当伴有肾功能不全或出现高血压危象时，本类药物尤为适用。③预防急性肾衰竭：用于各种原因导致肾脏血流灌注不足，在纠正血容量不足的同时及时应用，可减少急性肾小管坏死的机会。④高钾血症及高钙血症。⑤稀释性低钠血症：尤其是当血钠浓度低于 120 mmol/L 时。⑥抗利尿激素分泌过多症（SIADH）。⑦急性药物毒物中毒：如巴比妥类药物中毒等。

【禁忌证】对本品或其他磺酰胺类药物过敏者禁用。

【注意事项】孕妇及哺乳期妇女慎用。无尿或严重肾功能损害、糖尿病、高尿酸血症或有痛风病史者、严重肝功能损害、急性心肌梗死、胰腺炎或有此病史者、有低钾血症倾向者、红斑狼疮、前列腺肥大者慎用。

【药物相互作用】糖皮质激素、盐皮质激素，促肾上腺皮质激素及雌激素能降低本药的利尿作用，并增加电解质紊乱尤其是低钾血症的发生机会。非甾体消炎药能降低本品的利尿作用，肾损害机会也增加。饮酒及含酒精制剂和可引起血压下降的药物能增强本品的利尿作用。本药可使尿酸排泄减少，血尿酸升高，故与治疗痛风的药物合用时，应调整后者的剂量。本品会降低降血糖药的疗效。与抗组胺药物合用时耳毒性增加，易出现耳鸣、头晕、眩晕。

氢氯噻嗪

【别名】双氢氯噻嗪。

【药理作用】①利尿作用：噻嗪类药物作用于髓襻升枝粗段皮质部抑制 NaCl 的再吸收，导致 Na^+、Cl^- 和水分的大量排出，产生利尿作用。②抗尿崩症作用：噻嗪类利尿药能明显减少尿崩症患者的尿量。其机制与噻嗪类对磷酸二酯酶的抑制作用有关。③降压作用：在给药治疗后早期，通过利尿排钠，使血浆与细胞外液容量减少，血容量及心排血量降低，因而血压降低；在持久给药时，血容量及心排血量可恢复原来水平，但总外周血管阻力降低，血压仍可降低。口服吸收快但不完全，口服 2 小时起效。生物利用度为 65%～70%。进食能增加吸收量。

【适应证】①水肿性疾病：常见的包括充血性心力衰竭、肝硬化腹水、肾病综合征及急、慢性肾炎水肿和慢性肾衰竭早期、肾上腺皮质激素、雌激素治疗所致的水钠潴留；②高血压：可单独或与其他降压药联合应用，主要用于治疗原发性高血压；③中枢性或肾性尿崩症；④肾石症：主要用于预防含钙盐成分形成的结石；⑤也可用于解除泌尿系感染引起的尿频、尿急、尿痛症状。

【禁忌证】对本品或其他磺酰胺类药物过敏者禁用。

【注意事项】长期大剂量应用本品可能引起代谢紊乱：①低钾血症，利尿排钾过多所致；②低钠血症，如同时限制钠盐摄入则可能出现；③高尿酸血症；④血脂改变，血低密度脂蛋白和甘油三酯升高，高密度脂蛋白降低，有促进动脉粥样硬化的可能。对长期服用或可能发生低血钾者需补充钾盐或给保钾利尿药。

螺内酯

【别名】安体舒通。

【药理作用】本品结构与醛固酮相似，为醛固酮受体的竞争性抑制药。作用于末端远曲小管和集合管的醛固酮受体，阻断 Na^+-K^+ 和 Na^+-H^+ 交换，使 Na^+、Cl^- 和水排泄增多。本品利尿作用较弱。口服吸收快，生物利用度（F）约 90%。口服 1 天左右起效，2～3 天利尿作用达高峰，停药后作用仍可维持 2～3 天。

【适应证】①水肿性疾病：与其他利尿药合用，治疗充血性水肿、肝硬化腹水等水肿性疾病，其目的在于纠正上述疾病时伴发的继发性醛固酮分泌增多，并对抗其他利尿药的排钾作用。也用于特发性水肿的治疗。②高血压：作为治疗高血压的辅助药物。③原发性醛固酮增多症：螺内酯可用于此病的诊断和治疗。④低钾血症的预防：与噻嗪类利尿药合用，增强利尿效应和预防低钾血症。

【禁忌证】对本品过敏或其他磺酰胺类药物过敏、高钾血症者忌用。

【注意事项】长期服用本药在男性可致男性乳房发育、阳痿、性功能低下，在女性可致乳房胀痛、声音变粗、毛发增多、月经失调、性功能下降。孕妇及哺乳期妇女慎用。无尿及肾功能不全、肝功能不全、低钠血症、酸中毒、乳房增大或月经失调者慎用。

【药物相互作用】肾上腺皮质激素尤其是具有较强盐皮质激素作用者，促肾上腺皮质激素能减弱本药的利尿作用，而拮抗本品的潴钾作用。雌激素能引起水钠潴留，从而减弱本品的利尿作用。非甾体消炎药，尤其是吲哚美辛，能降低本品的利尿作用，且合用时肾毒性增加。与激动 α 受体的拟肾上腺素药合用可降低本品的降压作用。与引起血压下降的药物合用，利尿和降压作用均加强。

二、泌尿系统特殊用药

盐酸特拉唑嗪

【别名】高特灵。

【药理作用】本品是高选择性的前列腺 α_1 受体抑制药，由于对尿道功能的高选择性，对心血管影响相对较小。口服生物利用度约 90%。食物很少甚至不会影响其生物利用度。

【适应证】前列腺增生。

【禁忌证】对该药或 α 受体阻滞药过敏者。有低血压者（如从卧位转为立位时出现眩晕）。

【注意事项】常见不良反应有体虚无力、心悸、恶心、外周水肿、眩晕、嗜睡、鼻充血、鼻炎和视物模糊、弱视。对良性前列腺增生伴有高血压患者同时应用噻嗪类药物或其他抗高血压药，应注意调整剂量以防止低血压。如果用药中断数天，恢复用药时应从初始剂量重新开始。初始剂量为睡前服用 1 mg，以减少或避免首剂低血压效应。

【药物相互作用】吲哚美辛或其他非甾体抗炎镇痛药与本品同用使降压作用减弱。雌激素与本品同用，前者的液体潴留作用使降压作用减弱。本品与其他降压药合用，降压作用增强。

盐酸坦洛新

【别名】坦索罗辛、哈乐、齐索。

【药理作用】本品可选择阻断 α_1 受体。本品可选择性阻断泌尿道平滑肌上的 α_1 受体，对前列腺增生症引起的排尿困难、夜间尿频、残尿感等症有明显改善。该药无首剂效应，首剂不必减少剂量或强调临睡前服药。

【适应证】前列腺增生。

【禁忌证】对本品或 α_1 受体阻滞药有过敏者。

【注意事项】体位性低血压患者和肾功能不全患者慎重使用。

【药物相互作用】西咪替丁使盐酸坦洛新清除率显著降低，生物利用度显著增加，所以与西咪替丁合用应慎重，尤其当剂量大于 0.4 mg 时。

非那雄胺

【别名】普洛平、保法止、保列治、非那司提。

【药理作用】本品是睾酮代谢成为更强的雄激素双氢睾酮（DHT）过程中的细胞内酶-Ⅱ型 5α 还原酶的特异性抑制药。本品缓慢与Ⅱ型 5α 还原酶形成稳定的酶复合物，非常有效地减少血液和前列腺内 DHT。本品的口服生物利用度大约为 80%，不受食物影响。

【适应证】前列腺增生。

【禁忌证】妇女和儿童禁忌。

【注意事项】主要不良反应是性功能受影响（阳痿、性欲降低、射精障碍），射精量减少和乳房不适（乳腺增生、乳房触痛）及皮疹。上述副作用随治疗时间延长逐年减少。由于非那雄胺起效慢，用药 3 个月后才会发挥满意疗效，因此有建议开始时非那雄胺和 α 受体阻滞药联合应用。当患者之性伴侣怀孕或可能怀孕时，患者需避免其伴侣接触其精液或停止服用本品。

【药物相互作用】未发现明显药物相互不良反应。

西地那非

【别名】万艾可、威尔刚、伟哥。

【药理作用】西地那非为一种分解环磷酸鸟苷（cGMP）的特异 5 型磷酸二酯酶（PED5）的选择性抑制药。当性刺激引起局部 NO 释放时，本品可抑制 PDE2 增加海绵体内 cGMP 水平，松弛平滑肌，血流入海绵体。在没有性刺激时，推荐剂量的西地那非不起作用。对器质性或心理性勃起功能障碍患者性刺激引起的勃起有改善效应。服药后 30 分钟内生效，约 2 小时最强，药效可持续 4 小时。本品吸收迅速。绝对生物利用度约为 40%。

【适应证】男性勃起功能障碍（ED）。

【禁忌证】①服用任何剂型的硝酸酯的患者禁用；②色素视网膜炎患者禁用；③对本品中任何成分过敏的患者禁用。

【注意事项】有报道的不良反应：①心血管系统反应，心肌梗死、心源性猝死、室性心律失常、脑出血、一过性脑缺血和高血压。上述患者绝大多数原已存在心血管危险因素。不良反应许多发生于性活动过程中或刚刚结束后。②泌尿生殖系统反应，勃起时间长，异常勃起和血尿。③神经系统反应，癫痫发作和焦虑。本品剂量如超过 25 mg，不应在服用 α 受体阻滞药 4 小时之内服用。青光眼患者慎用本品。

【药物相互作用】与西咪替丁、红霉素、酮康唑、伊曲康唑、甲苯磺丁脲等同用时，西地那非的血药浓度会升高；与利福平同服，则降低西地那非的血药浓度。

他达拉非

【别名】希爱力、西力士、犀利士。

【药理作用】本品为磷酸二酯酶 5（PDE5）抑制药，作用可持续 36 小时。口服后吸收快，服药约 2 小时达到平均血浆峰浓度（Cmax），吸收率和程度不受食物的影响。

【适应证】男性勃起功能障碍（ED）。

【禁忌证】①正在服用硝酸盐类药物的患者禁用本品；②不应用于不宜进行性生活的心脏病患者；③对本品过敏的患者不得服用；④本品不能用于具有遗传性半乳糖不耐受、半乳糖分解酶缺乏或葡萄糖半乳糖吸收不良的患者。

【注意事项】本品的不良反应短暂而轻微，至多是中度的。

盐酸黄酮哌酯

【别名】渡洛捷、优必达。

【药理作用】本品为平滑肌松弛药。具有抑制腺苷酸环化酶、磷酸二酯酶的作用以及拮抗钙离子作用。并有弱的抗毒蕈碱作用，对泌尿生殖系统的平滑肌具有选择性解痉作用，因而能直接解除泌尿生殖系统平滑肌痉挛，使肌肉松弛，消除尿频、尿急、尿失禁及尿道膀胱平滑肌痉挛引起的下腹部疼痛。本品脂溶性较高，口服吸收很快，2 小时左右血药浓度即达高峰。

【适应证】本品用于以下疾病引起的尿频、尿急、尿痛、排尿困难及尿失禁等症状性治疗。①下尿路感染性疾病（前列腺炎、膀胱炎、尿道炎等）；②下尿路梗阻性疾病（早、中期前列腺增生，痉挛性、功能性尿道狭窄）；③下尿路器械检查后或术后（前列腺摘除术、尿道扩张、膀胱腔内手术）；④尿道综合征；⑤急迫性尿失禁。

【禁忌证】①胃肠道梗阻或出血、贲门失弛缓症、尿道阻塞失代偿者禁用；②有神经精神症状者及心、肝、肾功能严重受损者禁用；③司机及高空作业人员等禁用。

【注意事项】青光眼、白内障及残余尿量较多者慎用。孕妇慎用。12 岁以下儿童不宜服用。

第八节 呼吸系统用药

呼吸系统的常用药种类很多，如镇咳药、呼吸兴奋药、平喘药、抗感染药、抗肿瘤药等。本节将就镇咳、平喘、祛痰 3 类药物加以叙述，其余药物请参阅其他章节。

一、镇咳药

镇咳药可作用于中枢，抑制延脑咳嗽中枢；也可作用于外周，抑制咳嗽反射弧中的感受器和传入神经纤维的末梢。

磷酸可待因

【别名】可待因、尼柯康。

【药理作用】对延髓的咳嗽中枢有选择性地抑制，镇咳作用强而迅速；作用于中枢神经系统，兼有镇痛、镇静作用；能抑制支气管腺体的分泌，可使痰液黏稠，难以咳出，故不宜用于多痰黏稠的患者。口服后较易被胃肠吸收，本品能透过胎盘。

【适应证】①镇咳，用于较剧的频繁干咳，如痰液量较多宜并用祛痰药；②镇痛，用于中度以上的疼痛；③镇静，用于局部麻醉或全身麻醉时。

【注意事项】常用量引起依赖性的倾向较其他吗啡类药为弱。孕妇及哺乳期妇女慎用。支气管哮喘、急腹症、胆结石、原因不明的腹泻、颅脑外伤或颅内病变、前列腺增生者慎用。

【药物相互作用】本品与抗胆碱药合用时，可加重便秘或尿潴留的不良反应。与美沙酮或其他吗啡类药合用时，可加重中枢性呼吸抑制作用。与肌肉松弛药合用时，呼吸抑制更为显著。

氢溴酸右美沙芬

【别名】美沙芬、克立停。

【药理作用】本品系中枢性镇咳药。抑制延髓咳嗽中枢而镇咳。其镇咳作用与可待因相等或稍强，无镇痛作用或成瘾性。服药后半小时起效，作用持续 6 小时。

【适应证】用于各种原因引起的干咳。

【禁忌证】妊娠 3 个月内妇女忌用。

【注意事项】偶有头晕、轻度嗜睡、口干、便秘、恶心和食欲不振。痰量多的患者慎用。

【药物相互作用】本品不宜与乙醇及其他中枢神经抑制药并用，因可增强对中枢的抑制作用。

二、祛痰药

能使痰液易于排出的药物称祛痰药。呼吸道上的痰液刺激气管黏膜而引起咳嗽。黏痰积于小呼吸道内可使呼吸道狭窄而致喘息。因此，祛痰药还能起到镇咳、平喘作用。

溴己新

【别名】必嗽平、必消痰、赛维。

【药理作用】有较强的溶解黏痰作用，可使痰中的多糖纤维素裂解，稀化痰液。抑制杯状细胞和黏液腺体合成糖蛋白使痰液中的唾液酸减少，减低痰黏度，便于排出。自胃肠道吸收快而完全，口服吸收后 $0.5 \sim 3$ 小时血药浓度达峰值。生物利用度为 $70\% \sim 80\%$。

【适应证】用于慢性支气管炎、哮喘等痰黏不易咳出而造成气急的患者。

【注意事项】对胃黏膜有刺激反应。胃炎患者或胃溃疡患者慎用。与四环素族抗生素合用，可增加抗菌作用，与阿莫西林合用可增加其在肺的分布浓度。

【药物相互作用】与四环素族抗生素合用，可增加抗菌作用，与阿莫西林合用可增加其在肺的分布浓度。

羧甲司坦

【别名】强利痰灵、化痰片、美咳片、羟甲半胱氨酸。

【药理作用】本品为黏液稀化剂，可使黏液中黏蛋白多肽链中的二硫链（—S—S—）断裂，使其黏度降低，有利于痰液排出。服药后 4 小时见效。

【适应证】用于慢性支气管炎、支气管哮喘等引起的痰液稠厚、咳嗽困难。

【注意事项】不良反应有恶心、胃部不适、胃肠道出血等。服用本品时注意避免同时应用强镇咳药，以免稀化的痰液堵塞呼吸道。有出血倾向的胃和十二指肠溃疡患者慎用。

氨溴索

【别名】兰勃素、美舒咳、沐舒坦。

【药理作用】氨溴索是溴己新在体内的代谢物，具有黏痰溶解作用。它可减少黏液的滞留，因而显著促进排痰，改善呼吸状况。应用本品治疗时，患者黏液的分泌可恢复至正常状况。咳嗽及痰量通常显著减少，呼吸道黏膜的表面活性物质因而能发挥其正常的保护功能。氨溴索口服吸收快且几乎完全，达峰时间在 0.5～3 小时。

【适应证】适用于伴有痰液分泌异常或排痰功能不良的急、慢性支气管肺疾病的祛痰治疗。尤其是慢性支气管炎急性发作、喘息性支气管炎、支气管哮喘等症。

【禁忌证】对氨溴索或配方中其他任何成分过敏者禁用。

【注意事项】轻微的上消化道不良反应（主要是胃部灼热、消化不良、偶见恶心、呕吐）；过敏反应很少出现，主要为皮疹。使用本品期间，应避免同服强力镇咳药。妊娠期间，特别是前 3 个月应慎用。本品可进入乳汁，治疗剂量时对婴儿没有影响。

【药物相互作用】本品与某些抗生素（阿莫西林、头孢呋辛、红霉素、多西环素）合用可升高抗生素在肺组织的浓度。无与其他药物合用的临床不利的相互作用的报道。

三、平喘药

平喘药是指用于平复喘息的药物。喘息是支气管哮喘和喘息性支气管炎的主要症状。喘息时呼吸道反应性亢进。抑制呼吸道炎症及炎症介质是喘息的根本治疗。

茶 碱

【别名】舒弗美、希尔文。

【药理作用】平滑肌松弛药，对呼吸道平滑肌有直接松弛作用。其作用机制比较复杂，近来认为茶碱的支气管扩张作用是由于内源性肾上腺素与去甲肾上腺素释放的结果，此外，茶碱是嘌呤受体阻滞药，能对抗腺嘌呤等对呼吸道的收缩作用。茶碱能增强膈肌收缩力，尤其在膈肌收缩无力时作用更显著，因此对改善呼吸功能有益。口服易被吸收，吸收程度视不同的剂型各异，液体制剂和未包衣的片剂吸收快、连续而完全。

【适应证】主要用于支气管性与心源性哮喘，也可用于心源性水肿。

【注意事项】茶碱的毒性常出现在血清浓度为 15～20 μg/mL，特别是在治疗开始。早期多见的有恶心、呕吐、易激动、失眠等，当血清浓度超过 20 μg/mL，可出现心动过速、心律失常，血清中茶碱超过 40 μg/mL，可发生发热、失水、惊厥等症状，严重的甚至呼吸、心搏骤停致死。孕妇、产妇及哺乳期妇女慎用。新生儿及 55 岁以上患者慎用。

【药物相互作用】地尔硫䓬、维拉帕米可干扰茶碱在肝内的代谢，与本品合用，增加本品血药浓度和毒性。西咪替丁、雷尼替丁可降低本品肝清除率，合用时可增加茶碱的血清浓度和（或）毒性。某些抗菌药物，如大环内酯类的红霉素、喹诺酮类的依诺沙星、环丙沙星、氧氟沙星、克林霉素、林可霉素等可降低茶碱清除率，增高其血药浓度，尤以依诺沙星为著，当茶碱与上述药物伍用时，应适当减量。

硫酸沙丁胺醇

【别名】喘特宁、舒喘灵。

【药理作用】作用于支气管 β_2 肾上腺素受体，松弛平滑肌，其机制为激活腺苷环化酶、促进环磷腺苷生成。吸入本品 5～15 分钟作用开始，最大作用时间为 60～90 分钟，持续 3～6 小时。口服 30 分钟后作用开始，最大作用时间为 2～3 小时，持续 6 小时。

【适应证】用于支气管哮喘或喘息型支气管炎等伴有支气管痉挛的呼吸道疾病。

【注意事项】较常见的不良反应有震颤、恶心、心率增快或心搏异常强烈。较少见的不良反应：头晕、目眩、口咽发干。高血压、冠状动脉供血不足、糖尿病、甲状腺功能亢进等患者应慎用。

【药物相互作用】同时应用其他肾上腺素受体激动药者，其作用可增加，不良反应也可能加重。并用茶碱类药时，可增加松弛支气管平滑肌的作用。也可能增加不良反应。

盐酸克仑特罗

【别名】克喘素、氨哮素。

【药理作用】本品是 β_2 受体激动药，平喘作用较强，有增强纤毛运动、溶解黏液的作用。口服后易从胃肠道吸收，15 分钟起效，作用时间可维持 6～8 小时。气雾吸入后 5 分钟起效，作用可维持 4 小时。以栓剂直肠给药，作用可达 24 小时。

【适应证】用于治疗支气管哮喘。

【注意事项】少数患者服后感口干、心悸、手颤。心脏病患者和甲状腺功能亢进患者慎用。

布地奈德

【别名】普米克、布德松。

【药理作用】本品为糖皮质激素，其与糖皮质激素受体的亲和力较强，因而具有较强的局部抗炎作用。其呼吸道抗炎强度是二丙酸倍氯米松的 2 倍左右，是氢化考的松的 600 倍，是地塞米松的 20～30 倍。本品口服生物利用度 11%。

【适应证】应用于持续性哮喘的长期治疗。具有轻度持续哮喘以上程度即可使用。

【禁忌证】对本品过敏者禁用。

【注意事项】参阅其他吸入糖皮质激素。本品可产生局部不良反应和全身不良反应，但由于本品体内灭活代谢快，清除率高，因而其全身不良反应比丙酸倍氯米松轻。肺结核患者、特别是活动性肺结核患者慎用。

【药物相互作用】口服酮康唑会增加同时口服的布地奈德的血药浓度。

丙酸氟替卡松

【别名】辅舒酮。

【药理作用】氟替卡松具有与糖皮质激素受体亲和力较高，脂溶性高等特点。由于高脂溶性，使其在呼吸道内浓度和存留时间明显延长，并使穿透细胞膜与糖皮质受体结合局部抗炎活性更强。吸入本品 30 分钟后，与糖皮质激素受体结合的浓度达高峰，比布地奈德快 60 分钟。其与糖皮质激素受体的亲和力在吸入糖皮质激素中最高。氟替卡松口服生物利用度低，仅 21%，为二丙酸倍氯米松的 1/20，是布地奈德的 1/10。

【适应证】用于持续性哮喘的长期治疗。具有轻度持续性哮喘以上程度即可使用。

【禁忌证】对本品过敏者禁用。

【注意事项】其局部不良反应与其他吸入性糖皮质激素相同。

孟鲁司特钠

【别名】顺尔宁。

【药理作用】本药是一种选择性白三烯受体拮抗药，能特异性抑制半胱氨酰白三烯受体，因此对哮喘有治疗、预防作用。口服吸收迅速而完全，进食不影响吸收，平均生物利用度 64%。

【适应证】适用于成人及 2 岁以上儿童支气管哮喘的长期治疗与预防。

【禁忌证】对本品过敏者禁用。

【注意事项】不良反应：①可见腹痛和头痛；②曾有超敏反应、睡眠异常、恶心、呕吐、消化不良、腹泻、肌肉痉挛、肌痛的报道。妊娠、哺乳期妇女慎用。

【药物相互作用】不得与特非那定、阿司咪唑、西沙必利、咪哒唑仑或三唑仑合用。

第九节　消化系统用药

消化系统用药包括抗酸药、黏膜保护药、抑酸药、胃肠动力药、助消化药、催吐药和止吐药、泻药和止泻药、肠道微生态药、肝胆疾病用药等。

一、抗酸药

抗酸药为碱性物质，口服后通过中和胃酸而达到降低胃酸目的，此类药物的作用特点是作用时间短，服药次数多，不良反应大。目前抗酸药多为复方制剂，如复方氢氧化铝。因抗酸药作用时间短，故应增加服药频度，服药时间应在饭后 1.5 小时或睡前。

氢氧化铝

【别名】欣达抒。

【药理作用】氢氧化铝是典型且常用的抗酸药，具有抗酸、吸着、局部止血和保护溃疡面等作用。该药中和或缓冲胃内已存在的胃酸。产生的氧化铝有收敛作用，可局部止血。氢氧化铝还与胃液混合，形成凝胶，覆盖在溃疡表面，形成一层保护膜，起机械保护作用。本品起效缓慢，在胃内作用时效的长短与胃排空的快慢有关。空腹服药作用可持续 20～30 分钟，餐后 1～2 小时服药时效可能延长到 3 小时。

【适应证】①能缓解胃酸过多而合并的反酸等症状，适用于胃和十二指肠溃疡病及反流性食管炎的治疗；②与钙剂和维生素 D 合用时可治疗新生儿低钙血症（手足搐搦）；③减少肾病患者的高磷血症。

【禁忌证】①对本品过敏者；②低磷血症（如吸收不良综合征）患者不宜服用本品；③早产儿和婴幼儿不宜服用；④有胆汁、胰液等强碱性消化液分泌不足或排泄障碍者不宜使用；⑤骨折患者不宜服用；⑥阑尾炎或急腹症。

【注意事项】不良反应：①消化系统反应，常见便秘，与剂量有关。可诱发肝、胆功能异常。②代谢/内分泌系统反应，可导致低磷血症、骨质疏松和骨软化症等。③神经/精神系统反应，肾衰竭者长期服用本药可引起铝中毒，出现精神症状。④血液系统反应，对患有尿毒症的患者，血液中过量的铝可能引起小细胞低色素性贫血。肾功能不全者、长期便秘者需慎用。

【药物相互作用】与西咪替丁或雷尼替丁同用对解除十二指肠溃疡疼痛症状有效，但一般不提倡两者在 1 小时内同用。用量大时可吸附胆盐，因而减少脂溶性维生素的吸收，特别是维生素 A。

碳酸氢钠

【别名】小苏打。

【药理作用】能迅速中和胃酸，抗酸作用弱而短暂。

【适应证】用于胃酸过多和胃及十二指肠溃疡患者；与某些磺胺类药合用，用于碱化尿液，防治磺胺类药在尿中析出结晶；治疗酸血症。

【禁忌证】禁用于吞食强酸中毒时的洗胃。

【注意事项】长期应用时可引起尿频、尿急、持续性头痛、食欲减退、恶心呕吐、异常疲倦虚弱等。口服时在于在胃内产生大量 CO_2，引起呃逆、胃肠充气等。较少见的有胃痉挛、口渴（细胞外钠浓度过高引起细胞脱水）。孕妇慎用。

【药物相互作用】与肾上腺皮质激素（尤其是具有较强盐皮质激素作用者）、促肾上腺皮质激素、雄激素合用时，易发生高钠血症和水肿。

铝碳酸镁

【别名】达喜、威地美。

【药理作用】①迅速中和胃酸，并保持很长一段时间；②可逆性、选择性结合胆酸；③持续阻止胃蛋白酶对胃的损伤；④增强胃黏膜保护因子的作用；⑤直接作用于病变部位，不吸收入血液。

【适应证】适用于急、慢性胃炎，胃、十二指肠溃疡，反流性食管炎，与胃酸有关的胃部不适症状，如胃痛、胃灼热感、酸性嗳气、饱胀等预防非甾体类药物的胃黏膜损伤，尤其适用于合并有糖尿病和高血压的患者。

【注意事项】肾功能损伤的患者不能长期、大剂量服用。

【药物相互作用】本品与酸性药物（如氯化铵等）合用时，其抗酸活性降低，两者不应合用。

二、黏膜保护药

胃黏膜保护药是指预防和治疗胃黏膜损伤，保护胃黏膜，促进组织修复和溃疡愈合的药物，代表药物有硫糖铝、枸橼酸铋钾、胶体果胶铋等。不宜与强制酸药物同时服用，否则会降低药效。

硫糖铝

【别名】胃溃宁、迪先。

【药理作用】本品为蔗糖硫酸酯的碱性铝盐，是一种胃黏膜保护药，具有保护溃疡面，促进溃疡愈合的作用。本品口服后胃肠道吸收仅5%，作用持续时间约5小时。

【适应证】用于治疗胃、十二指肠溃疡及胃炎。

【禁忌证】①对本品过敏者；②早产儿及未成熟新生儿。

【注意事项】长期及大剂量用药，增加磷丢失，引起低磷血症，可能出现骨软化。肾功能不全者慎用。孕妇及哺乳期妇女慎用。

【药物相互作用】本品可干扰脂溶性维生素（维生素 A、维生素 D、维生素 E 和维生素 K）的吸收。硫糖铝可减少西咪替丁的吸收，通常不主张合用硫糖铝和西咪替丁。但临床为缓解溃疡疼痛也可合并应用制酸药，后者须在服用本品前半小时或服用本品1小时后给予。不宜与碱性药合用。

枸橼酸铋钾

【别名】丽珠得乐、迪诺。

【药理作用】①本品为胃黏膜保护药。在胃酸条件下产生沉淀，形成弥散性的保护层覆盖于溃疡面上，阻止胃酸、酶及食物对溃疡的侵袭，促进溃疡黏膜再生和溃疡愈合。②本品能杀灭幽门螺杆菌。枸橼酸铋钾在胃中形成不溶性沉淀，仅有少量铋被吸收。

【适应证】①用于慢性胃炎及缓解胃酸过多引起的胃痛、胃烧灼感和反酸；②用于治疗胃溃疡、十二指肠溃疡，复合溃疡、多发溃疡及吻合口溃疡等；③与抗生素联用，根除幽门螺杆菌。

【禁忌证】对本品过敏者禁用。孕妇及哺乳期妇女禁用。严重肾功能不全者禁用。

【注意事项】肝功能不全者、儿童、急性胃黏膜病变时慎用。应用于保护胃黏膜时，需于餐前半小时并用 30～50 mL 温水送服。

【药物相互作用】本品不宜与抗酸药同时服用。如需合用，应至少间隔半小时以上。本品与四环素同时服用会影响后者吸收。

胶体果胶铋

【别名】谓乐必、维敏。

【药理作用】本品是一种新型胶体铋制剂，具有保护胃肠黏膜、直接杀灭幽门螺杆菌和止血作用，可促进溃疡愈合、炎症好转，并可降低溃疡的复发率。口服后在肠道内吸收甚微。

【适应证】①慢性胃炎及缓解胃酸过多引起的胃痛、胃烧灼感和反酸；②治疗胃溃疡、十二指肠溃疡、复合溃疡、多发溃疡及吻合口溃疡等；③与抗生素联用，根除幽门螺杆菌。

【禁忌证】①对本品过敏者；②严重肾功能不全患者及孕妇禁用。

【注意事项】偶有轻度便秘。服用本药后，粪便可呈无光泽的黑褐色，但无其他不适，属正常现象。停药后 1～2 天内粪便色泽转为正常。

【药物相互作用】本品不宜与强制酸药物同时服用，否则会降低药效。

三、抑酸药

抑酸药包括 H_2 受体拮抗药和质子泵抑制药。其中 H_2 受体拮抗药代表药物有西咪替丁、雷尼替丁、尼扎替丁、法莫替丁等。质子泵抑制剂代表药物有奥美拉唑、埃索美拉唑、兰索拉唑、泮托拉唑等。

西咪替丁

【别名】泰胃美、美西。

【药理作用】可抑制基础胃酸分泌，降低胃酸氢离子浓度，抑制胃蛋白酶分泌，并有预防溃疡形成及促进溃疡面愈合作用。口服后 60%～70% 由肠道迅速吸收，口服生物利用度约为 70%。

【适应证】治疗活动性十二指肠溃疡，预防十二指肠溃疡复发；胃溃疡；反流性食管炎；预防与治疗应激性溃疡及药物性溃疡等；消化性溃疡病发出血。

【禁忌证】对本品过敏、孕妇和哺乳期妇女以及急性胰腺炎患者。

【注意事项】由于西咪替丁在体内分布广泛，药理作用复杂，故不良反应较多。①消化系统反应：较常见的有腹泻、腹胀、口苦、口干、血清转氨酶轻度升高等；②泌尿系统反应：急性间质性肾炎、肾衰竭等，停药后肾功能一般均可恢复正常；③造血系统反应：西咪替丁对骨髓有一定的抑制作用，少数患者可发生可逆性白细胞或粒细胞减少等；④中枢神经系统反应：西咪替丁可通过血-脑屏障，具有一定的神经毒性。肝、肾功能不全及老年人、幼儿慎用。

【药物相互作用】与抗酸药（如氢氧化铝、氧化镁）合用时，可减缓十二指肠溃疡疼痛，但西咪替丁的吸收可能减少，故一般不合用。如必须合用，两者应至少间隔1小时服用。与甲氯氧普胺或硫糖铝或酮康唑合用时，本品的血药浓度降低。与卡托普利合用时有可能引起精神症状。与氨基苷类抗生素合用时可能导致呼吸抑制或呼吸停止。

雷尼替丁

【别名】善胃得、胃安太定。

【药理作用】雷尼替丁为选择性的 H_2 受体拮抗药，能竞争性地阻断组胺与胃壁细胞上的 H_2 受体结合，有效地抑制胃酸分泌，降低胃酶的活性，还能抑制胃蛋白酶的分泌。雷尼替丁抑制胃酸的作用为西咪替丁的 $5\sim12$ 倍，对胃及十二指肠溃疡的疗效高，具有速效和长效的特点。本品口服吸收迅速但不完全，生物利用度为50%，其吸收不受食物和抗酸药的影响。

【适应证】①活动性十二指肠溃疡，预防十二指肠溃疡复发；②胃溃疡；③反流性食管炎；④预防与治疗应激性溃疡及药物性溃疡等；⑤治疗佐林格-埃利森综合征；⑥消化性溃疡并发出血；⑦缓解胃酸过多所致的胃痛、胃灼热、反酸。

【禁忌证】①对组胺 H_2 受体拮抗药过敏者；②苯丙酮酸尿；③急性间歇性血卟啉病既往史者；④孕妇及哺乳期妇女、8岁以下儿童禁用。

【注意事项】长期服用可持续降低胃液酸度，有利于细菌在胃内繁殖。肝、肾功能不全者及老年人慎用。

【药物相互作用】与铋剂合用时，在胃溃疡愈合、根除幽门螺杆菌以及减少溃疡复发等方面，优于本品单独使用。与抗幽门螺杆菌的抗生素合用时，可减少溃疡复发。

法莫替丁

【别名】高舒达、保胃健。

【药理作用】本品是高效、长效的 H_2 受体阻滞药，具有对 H_2 受体亲和力高的特点，其作用机制与西咪替丁相似，可有效抑制胃酸分泌。其抑制 H_2 受体的强度比西咪替丁强20倍，比雷尼替丁强7.5倍。本药口服吸收迅速但不完全，口服生物利用度约为50%，且不受食物影响。

【适应证】①胃及十二指肠溃疡，吻合口溃疡，应激性溃疡；②反流性食管炎；③佐林格-埃利森综合征；④上消化道出血。

【禁忌证】对本品过敏者禁用。严重肾功能不全者禁用。孕妇、哺乳期妇女禁用。

【注意事项】本品使胃酸降低从而有利于细菌在胃内的生长繁殖，因此有胃反流的情况下可能发生感染。肝、肾功能不全者，婴幼儿慎用。

【药物相互作用】丙磺舒可降低本品的清除率，提高本品的血药浓度。与抗酸药（如氢氧化镁、氢氧化铝等）合用，可减少本品的吸收。饮酒/吸烟可降低法莫替丁的疗效。

奥美拉唑

【别名】洛赛克。

【药理作用】本品为质子泵抑制药，是一种脂溶性弱碱性药物，易浓集于酸性环境中，能特异性地作用胃壁细胞质子泵（H^+-K^+-ATP 酶），抑制该酶活性，阻断胃酸分泌的最后步骤，使胃液中的胃酸量大为减少，对基础胃酸分泌和各种刺激因素引起的胃酸分泌均有很强的抑制作用。抗酸作用持久。本品口服经小肠迅速吸收，1 小时内起效，食物可延迟其吸收，仍不影响吸收总量。本品单次给药时生物利用度约为 35%，反复给药的生物利用度可达 60%。

【适应证】①用于胃、十二指肠溃疡，并可与抗生素合用治疗幽门螺杆菌（HP）相关的消化性溃疡；②用于反流性食管炎；③佐林格-埃利森综合征；④本品静脉注射可用于消化性溃疡急性出血的治疗，如急性胃黏膜病变出血。

【禁忌证】对本品过敏者。严重肾功能不全者。婴幼儿。

【注意事项】本品耐受性良好，不良反应少。①消化系统反应：可有口干、轻度恶心、呕吐、腹胀、便秘、腹泻、腹痛等；②神经精神系统反应：可有感觉异常、头晕、头痛、嗜睡、失眠、外周神经炎等；③代谢/内分泌系统反应：长期应用奥美拉唑可导致维生素 B_{12} 缺乏；④致癌性；⑤其他：可有皮疹、男性乳房发育、溶血性贫血等。肾功能不全及严重肝功能不全者慎用。孕妇及哺乳期妇女慎用。

【药物相互作用】对 HP 敏感的药物（如阿莫西林等）与奥美拉唑联用有协同作用，可提高清除 HP 的疗效。奥美拉唑的抑酸作用可影响铁剂吸收。

泮托拉唑

【别名】诺森、潘美路。

【药理作用】本品是一种不可逆质子泵抑制药，可被激活为环次磺胺，再特异性地与胃酸分泌的最终环节——质子泵（即 H^+-K^+-ATP 酶）结合，使其丧失泌酸功能。抑酸效应呈现剂量相关性。并抑制胃蛋白酶的分泌及活性和幽门螺杆菌生长。单次或多次给药后的生物利用度均保持在 77% 左右，且不受食物或其他抗酸药的影响。

【适应证】①消化性溃疡；②反流性食管炎；③促胃泌素瘤；④与抗生素合用，根除幽门螺杆菌治疗，减少消化性溃疡复发。

【禁忌证】①对本品过敏者；②哺乳期妇女；③妊娠头 3 个月妇女。

【注意事项】本品耐受性好，不良反应较少。偶有头痛、失眠、嗜睡、恶心、腹泻、便秘、上腹痛、腹胀、皮疹、皮肤瘙痒及头晕等症状。大剂量使用时可出现心律不齐、氨基转移酶升高、肾功能改变、粒细胞减少等。肝、肾功能不全者慎用。

【药物相互作用】本品可降低伊曲康唑、酮康唑等药物的胃肠道吸收，降低其药效。

雷贝拉唑

【别名】丁齐尔、罗贝拉唑。

【药理作用】本品为苯并咪唑类质子泵抑制药，可特异性地抑制三磷酸腺苷酶的作用，对基础胃酸和由刺激引起的胃酸分泌均有抑制作用，并具有抗幽门螺杆菌的活性。

【适应证】适用于胃溃疡、十二指肠溃疡、吻合口溃疡、胃食管反流病、促胃泌素瘤。

【禁忌证】过敏者。有苯并咪唑类药物过敏史者。孕妇及哺乳期妇女。儿童。

【注意事项】不良反应：①血液系统反应，可引起红细胞、淋巴细胞减少、白细胞减少或增多、嗜酸粒细胞及中性粒细胞增多。如出现此类异常状况时，立即停药并采取适当措施。②消化系统反应，可引起便秘、腹泻、腹胀、恶心、下腹疼痛、消化不良及肝脏酶学指标升高。③心血管系统反应，可有心悸。④精神神经系统反应，可有头痛眩晕、困倦、四肢乏力、感觉迟钝、握力低下、口齿不清、步态蹒跚等。⑤致癌性。⑥其他反应，可有皮疹、荨麻疹、瘙痒、水肿、总胆固醇及尿素氮增高、蛋白尿等。如出现此类异常状况时，立即停药并采取适当措施。有肝脏疾病者及老年人慎用。

【药物相互作用】本品可减少酮康唑、伊曲康唑的胃肠道吸收，使后者疗效丧失。

四、胃肠动力药

胃肠动力药是指改善胃肠动力异常的药物，包括解痉药、促动力药。

阿托品

【别名】硫酸阿托品。

【药理作用】本品为抗 M 胆碱药，具有松弛内脏平滑肌的作用。治疗剂量时，对正常活动的平滑肌影响较小，但对过度活动或痉挛的内脏平滑肌则有显著的解痉作用。可缓解或消除胃肠平滑肌痉挛所致的绞痛。大剂量可抑制胃酸分泌。口服本品单一剂量，1 小时后达血药峰浓度；注射用药作用出现较快，15～20 分钟后即达血药峰浓度。

【适应证】①用于胃肠道功能紊乱，有解痉作用，但对胆绞痛、肾绞痛效果不稳定；②用于急性微循环障碍，治疗严重心动过缓、晕厥合并颈动脉窦反射亢进以及一度房室阻滞；③作为解毒剂，可用于锑剂中毒引起的阿-斯综合征、有机磷中毒以及急性毒蕈碱中毒；④用于麻醉前以抑制腺体分泌，特别是呼吸道黏液分泌；⑤可减轻帕金森病患者强直及震颤症状，并能控制其流涎及出汗过多；⑥散瞳，并对虹膜睫状体炎有消炎止痛之效。

【禁忌证】①心脏病；②胃食管反流病、胃幽门梗阻、食管与胃的运动减弱、下食管括约肌松弛；③青光眼；④溃疡性结肠炎；⑤前列腺增生引起的尿路感染；⑥休克伴有心动过速或高热者；⑦急性五氯酚钠中毒者。

【注意事项】本品具有多种药理作用，临床上应用其中一种作用时，其他的作用则成为不良反应。①常见的有便秘、出汗减少（排汗受阻可致高热）、口鼻咽喉干燥、视物模糊、皮肤潮红、排尿困难、胃肠动力低下、胃食管反流；②少见的有眼压升高、过敏性皮疹或疱疹。脑损害者（尤其是儿童）、发热患者、腹泻患者、老年患者、胃溃疡患者慎用。孕妇及哺乳期妇女慎用。

山莨菪碱

【别名】654-2、乐诚。

【药理作用】山莨菪碱为 M 胆碱受体阻断药，作用与阿托品相似或稍弱。具有明显的外周抗胆碱作用，能使痉挛的平滑肌松弛，并能解除血管痉挛（尤其是微血管），改善微循环。同时有镇痛作用。本品口服吸收较差。

【适应证】①感染中毒性休克；②血管痉挛和栓塞引起的循环障碍；③平滑肌痉挛：胃、十二指肠溃疡、胆管、胰管、输尿管痉挛引起的绞痛；④各种神经痛；⑤眩晕病；⑥眼底疾病；⑦突发性耳聋；⑧也用于有机磷中毒，但效果不如阿托品好；⑨配制成滴眼液可用于因睫状肌痉挛所造成的假性近视。

【禁忌证】①颅内压增高、脑出血急性期患者；②青光眼患者；③前列腺增生者；④新鲜眼底出血者；⑤恶性肿瘤患者。

【注意事项】本品不良反应与阿托品相似，但毒性较低。可有口干、面红、轻度扩瞳、视近物模糊等。个别患者有心率加快及排尿困难等，多在1～3小时内消失。用量过大时亦有阿托品样中毒症状，但本药排泄快，无蓄积作用，对肝肾无损害。

【药物相互作用】本品可抑制胃肠道蠕动，使维生素 B_2 吸收部位的滞留时间延长，吸收增加。本品与维生素 K 合用治疗黄疸型肝炎，在降低转氨酶、消退黄疸方面优于常规治疗。本品可抵消西沙必利对胃肠道的动力作用。本品可减少抗结核药的肝损害。

多潘立酮

【别名】吗丁啉、邦能。

【药理作用】本品系苯并咪唑衍生物，为外周性多巴胺受体拮抗剂，可直接阻断胃肠道的多巴胺 D_2 受体而起到促胃肠运动的作用。能促进上胃肠道的蠕动，促进胃排空，增加胃窦和十二指肠运动，协调幽门的收缩，抑制恶心、呕吐，并有效地防止胆汁反流；同时也能增强食管蠕动和食管下端括约肌的张力，防止胃食管反流。本品口服、肌内注射、静脉注射或直肠给药均可。口服、肌内注射或直肠给药后迅速吸收。本品口服的生物利用度较低，肌内注射的生物利用度为90%。

【适应证】①用于治疗胃轻度、中度以上功能性消化不良（FD）；②反流性胃炎；③可作为消化性溃疡（主要是胃溃疡）的辅助治疗药物，用以消除胃窦部潴留；④各种原因引起的恶心、呕吐；⑤少数可应用于促进产后泌乳。

【禁忌证】①对本品过敏者；②嗜铬细胞瘤；③乳腺癌；④机械性肠梗阻；⑤胃肠道出血。

【注意事项】孕妇慎用。较甲氧氯普胺，基本无精神和中枢神经系统的不良反应。

【药物相互作用】与红霉素、甘露醇联用时有协同作用，可提高疗效。可增加对乙酰氨基酚、氨苄西林、左旋多巴、四环素等药物的吸收率。甲氧氯普胺也为多巴胺受体拮抗药，两者作用基本相似，不宜联用。可使胃黏膜保护剂在胃内停留时间缩短，难以形成保护膜，故两者不宜联用。胃肠解痉药与多潘立酮联用时可发生药理拮抗作用，减弱多潘立酮的抗消化不良作用，故两者不宜联用。H_2 受体拮抗药可减少多潘立酮在胃肠道的吸收。使助消化药迅速达肠腔，疗效减低，故两者不宜联用。

伊托必利

【别名】瑞复啉。

【药理作用】本品通过刺激内源性乙酰胆碱释放并抑制乙酰胆碱水解，可增强胃的内源性乙酰胆碱生成，增强胃和十二指肠运动，促进胃排空，并具有中等强度镇吐作用。本品口服后吸收迅速，给药后约30分钟可达峰值血药浓度。

【适应证】本品适用于功能性消化不良引起的各种症状，如上腹部不适、餐后饱胀、早饱、食欲不振、恶心、呕吐等。

【禁忌证】①对本品过敏者禁用；②胃肠道出血、阻塞或穿孔以及其他刺激胃肠道可能引起危险的疾病。

【注意事项】因孕妇及哺乳期妇女用药安全性未确定，应慎用。儿童不宜使用。

【药物相互作用】抗胆碱能药可能会对抗本品的作用，故两者不宜合用。

五、助消化药

助消化药多为消化液中成分或促进消化液分泌的药物。能促进食物的消化，用于消化道分泌功能减弱，消化不良。有些药物能阻止肠道的过度发酵，也用于消化不良的治疗。

胃蛋白酶

【药理作用】胃蛋白酶系自猪、羊或牛的胃黏膜中提取的蛋白水解酶。本品系胃蛋白酶用乳糖、葡萄糖或蔗糖稀释制得。由于胃蛋白酶缺乏症常伴胃酸缺乏，故单用难奏效，多与稀盐酸同时服用，以增进食欲，促进消化。

【适应证】消化不良、食欲不振及慢性萎缩性胃炎等。

【注意事项】偶见过敏反应。遇热不稳定，70 ℃以上失效。本品与硫糖铝相拮抗，不宜合用。

【药物相互作用】忌与碱性药物配伍，不宜与抗酸药物同服。本品与硫糖铝相拮抗，不宜合用。

复方消化酶

【别名】达吉。

【药理作用】本品含有 6 种消化酶，采用分段崩解技术，充分发挥各种酶的活性，作用部位广泛，包括胃、十二指肠、小肠、肝、胆、胰，可将蛋白质、淀粉、脂肪等大分子物质分解至易吸收的小分子，纤维素酶则可分解纤维素的 $\beta_1 - 4$ 键，熊去氧胆酸能促进胆汁分泌，促进脂肪及脂肪酸分解，抑制肝细胞内脂肪沉积，增加肝血流量，增强肝细胞解毒功能，抑制肠道胆固醇吸收。

【适应证】本品具有促进食物消化，驱除肠内气体和利胆的作用，可提高胆汁分泌，加强消化吸收，对胰脏功能不全引起的腹部胀满、上腹不适、鼓胀、泄泻、脂肪便等各种消化不良症均有疗效。

【注意事项】不良反应：①呕吐、泄泻、软便。②可能发生口内不快感。

六、催吐药与止吐药

延脑的呕吐中枢，可接受来自催吐化学感受区（CTZ）、前庭器官、内脏等传入冲动而引发呕吐。催吐药和止吐药可以兴奋和抑制呕吐中枢达到催吐和止吐的作用。

甲氧氯普胺

【别名】胃复安。

【药理作用】本品主要通过抑制中枢催吐化学感受区（CTZ）中的多巴胺受体，从而呈现强大的中枢性镇吐作用。同时，本药可抑制胃平滑肌松弛，使胃排空加快，同时促使上部的小肠松弛，因而促使胃窦、胃体与上部小肠间的功能协调。使下食管括约肌静息压升高，食管蠕动收缩幅度增加，可减少食管反流。本品易自胃肠道吸收，吸收和起效迅速，静脉注射后 1～3 分钟、口服后 30～60 分钟、肌内注射后 10～15 分钟生效。

【适应证】①慢性胃炎、胃下垂伴有胃动力低下和功能性消化不良者，以及胆胰疾病等引起的腹胀、腹痛、嗳气、胃灼热及食欲不振等；②纠正迷走神经切除后胃排空延缓所致的胃潴留及解除糖尿病性胃排空功能障碍及胃食管反流病；③恶心和呕吐；④用于十二指肠插管、胃肠钡剂 X 线检查；⑤系统性硬化病等引起的消化不良。

【禁忌证】①对普鲁卡因或普鲁卡因胺过敏者；②癫痫患者；③胃肠道出血、机械性梗阻或穿孔；④嗜铬细胞瘤；⑤进行放射治疗（简称放疗）或化学药物治疗（简称化疗）的乳腺癌患者；⑥抗精神病药致迟发性运动功能障碍史者。

【注意事项】本品大剂量或长期应用可导致锥体外系反应。主要表现为帕金森病，可出现肌震颤、头向后倾、斜颈、阵发性双眼向上注视、发音困难、共济失调等。孕妇及哺乳期妇女慎用。肝肾功能不全者及老年人慎用。

【药物相互作用】本品可加快胃排空，因而促进麦角胺的吸收，有利于偏头痛的治疗。本品与硫酸镁有协同性利胆作用。本品可降低西咪替丁的口服生物利用度，如两药必须合用，则服药时间应至少间隔1小时。本品可减轻甲硝唑的胃肠道不良反应。因本品可增加直立性低血压及低血压危险，故与抗高血压药合用时应予重视。

盐酸地芬尼多

【别名】西法多霉素。

【药理作用】本品能改善椎基底动脉供血、调节前庭神经系统功能、抑制呕吐中枢，有抗眩晕、镇吐及抑制眼球震颤作用，特别对内耳前庭引起的眩晕和呕吐更有效。本品还具有较弱的周围性抗 M 胆碱作用。本品经肠道吸收比较完全。

【适应证】用于多种疾病引起的眩晕与呕吐（例如椎基底动脉供血不足、梅尼埃病、高血压等）、手术麻醉后的呕吐；对晕动病有预防和治疗作用。

【禁忌证】①对本品过敏者；②肾功能不全者；③6 个月内的婴儿。

【注意事项】不良反应主要有口干、心动过速、头痛和轻度胃肠不适，停药后即可消失。偶可见一过性轻度低血压和皮疹。青光眼、胃肠道或泌尿道梗阻性疾病、窦性心动过速患者慎用。如出现精神症状应终止治疗。

【药物相互作用】先服用地芬尼多，可降低阿扑吗啡治疗中毒时的催吐作用。

七、泻药与止泻药

泻药是能增加肠内水分，促进蠕动，软化粪便或润滑肠道促进排便的药物。临床主要用于功能性便秘。止泻药是控制腹泻的药物。通过减少肠道蠕动或保护肠道免受刺激而达到止泻作用。适用于剧烈腹泻或长期慢性腹泻，以防止机体过度脱水、水盐代谢失调、消化及营养障碍。

酚酞片

【别名】果导片。

【药理作用】刺激性轻泻药。确切机制不详，可能为刺激肠壁内神经丛，直接作用于肠平滑肌，于是蠕动增加，同时又能促进液体与离子在肠内积聚而加快导泻作用。口服后约有 15% 被吸收。

【适应证】用于治疗便秘，也可在结肠、直肠内镜检查或 X 射线检查时用作肠道清洁剂。

【禁忌证】①婴儿和哺乳期妇女；②本品过敏者；③阑尾炎、肠梗阻；④直肠出血未明确诊断者不宜连续长期应用；⑤充血性心力衰竭和高血压；⑥粪块阻塞。

【注意事项】不良反应：偶见肠绞痛、出血倾向。药物过量或长期滥用时可造成电解质紊乱，诱发心律失常、神志不清、肌痉挛以及倦怠无力等症状。

【药物相互作用】本品与碳酸氢钠、氧化镁等碱性药物合用，可引起尿液变色。

开塞露

【药理作用】主要成分为甘油。能润滑并刺激肠壁，软化大便，使易于排出。

【适应证】用于小儿及年老体弱者便秘的治疗。

【注意事项】外用无明显不良反应。

药用炭

【药理作用】①止泻作用：能吸附导致腹泻及腹部不适的多种有毒与无毒刺激物。减轻对肠壁的刺激，减少蠕动，从而起止泻作用。②解毒作用：能吸附摄入的毒性物质，抑制胃肠道吸收。③消胀作用：吸附肠道气体，解除不适症状。胃肠道不吸收，全由肠道排出。

【适应证】吸附药，用于食物、生物碱等中毒及腹泻、腹胀气等。亦可作为腹部 X 射线平片摄片前和腹部 B 超检查前用药。

【禁忌证】3 岁以下儿童如患长期的腹泻或腹胀禁用本品。

【注意事项】口服几无不良反应，长期或大量服用可引起便秘。

【药物相互作用】作为解毒药应用时，禁止与吐根伍用，吐根能被活性炭吸附，影响解毒效果。能吸附抗生素、维生素、磺胺类药、生物碱、乳酶生等，对消化酶如胃蛋白酶，胰酶的活性也有影响，均不宜合用。

蒙脱石散

【别名】思密达。

【药理作用】口服本品后，药物可均匀地覆盖在整个肠腔表面，并维持 6 小时之久。可吸附多种病原体，将其固定在肠腔表面，而后随肠蠕动排出体外。同时减少肠细胞的运动失调，恢复肠蠕动的正常律律。此外还能修复损坏的细胞间桥，使细胞紧密连接，防止病原菌进入血液循环，并抑制其繁殖。它可减慢肠细胞转变速度，促进肠细胞的吸收功能，减少其分泌，缓解幼儿由于双糖酶降低或缺乏造成糖脂消化不良而导致的渗透性腹泻。本品口服后不被肠道吸收入血，2 小时后可均匀地覆盖在整个肠腔表面。

【适应证】①成人及儿童的急、慢性腹泻，儿童急性腹泻尤佳；②肠易激综合征；③也用于食管炎及与胃、十二指肠、结肠疾病有关的疼痛的对症治疗；④肠道菌群失调。

【注意事项】本品安全性好，无明显不良反应。极少数患者可出现轻微便秘，减量后可继续服用。

【药物相互作用】本品与诺氟沙星合用可提高对致病性细菌感染的疗效。本品可减轻红霉素的胃肠反应，提高红霉素的疗效。

八、肠道微生态药

肠道微生态药能调节人体内的肠道微生态系统，使之得以平衡，从而对宿主的营养、免疫和疾病的预防与治疗发挥积极的作用。

乳酸菌素

【别名】舒畅宁。

【药理作用】本品是人体固有正常生理菌株与灭菌粉混合而成的微生态制剂，其特点是对多种抗生素具有耐药性；形成生物学屏障，调整肠道菌群，抑制致病菌的繁殖生长，促进肠正常菌群的生长。本品还能改善肠道运动功能，对肠蠕动有双向调节作用，既能止泻，又有治疗便秘的作用。调节肠道内 pH 值，抑制肠道内腐败菌繁殖，防止肠道内蛋白质发酵，减少肠内积气。

【适应证】主要用于消化不良以及肠内异常发酵，小儿饮食不当引起的腹泻及营养不良等；也用于使用抗生素及放疗、化疗后引起的菌群失调症性腹泻及急性胃肠炎、腹泻、痢疾等。

【禁忌证】对乳糖、半乳糖及乳制品有高度过敏者禁用。

【注意事项】偶见皮疹、头晕、口干、恶心、呕吐和便秘等。

双歧杆菌

【别名】丽珠肠乐。

【药理作用】本品为双歧杆菌活菌制剂。双歧杆菌通过脂磷壁酸与肠黏膜上皮细胞结合，与其他厌氧菌共同占据肠黏膜表面，形成生物学屏障，阻止致病菌的入侵和定植。它在代谢过程中产生乳酸和醋酸，降低肠道内 pH 值和氧化还原电位（EH），有利于抑制致病菌生长，维持肠道菌群平衡。有利于肠道炎症的改善。

【适应证】①急慢性腹泻、各种肠炎及肠道菌群失调症的防治；②用于炎症性肠病的辅助用药；③便秘、肠功能紊乱的防治；④菌群失调所致的血内毒素升高有关的疾病（如急、慢性肝炎及肝硬化等）的辅助治疗。

【禁忌证】对微生态制剂过敏史者禁用。

【注意事项】无明显不良反应。

【药物相互作用】与抗生素合用有可能降低本药疗效。

乳酶生

【别名】表飞明。

【药理作用】本品为活肠球菌的干燥制剂，肠球菌在肠内能分解糖类生成乳酸，使肠内酸度增高，从而起到抑制肠内病原体的繁殖、防止蛋白质发酵的作用。

【适应证】本品用于消化不良、肠内过度发酵、肠炎、腹泻等。

【注意事项】未见明显不良反应。

【药物相互作用】不宜与抗菌药物（红霉素、氯霉素、土霉素等）或吸着剂合用，应分开服（间隔2～3小时）。

九、肝胆疾病用药

用于肝胆疾病的药物包括利胆药和保肝药。

葡醛内酯

【别名】肝泰乐。

【药理作用】本品可降低肝淀粉酶的活性，阻止糖原分解，使肝糖原量增加，脂肪储量减少。许多毒物和药物与本品可结合形成无毒的葡萄糖醛酸结合物后排出，具有保肝和解毒作用。

【适应证】适用于急、慢性肝炎及肝硬化；食物或药物中毒。

【禁忌证】对本品过敏者禁用。

【注意事项】偶见轻度面部充血、胃肠道不适，减量或停药后即消失。孕妇及哺乳期妇女用药尚不明确。

联苯双酯

【别名】联苯酯。

【药理作用】本品能减轻因四氯化碳及硫代乙酰胺引起的血清 ALT 升高，能增强肝脏解毒功能，减轻肝脏的病理损伤，促进肝细胞再生和保护肝细胞，从而改善肝功能。

【适应证】适用于慢性肝炎和长期单项 ALT 异常者。

【注意事项】不良反应轻微，个别患者服用后可出现轻度恶心。

甘草酸二铵

【别名】甘利欣。

【药理作用】本品具有较强的抗炎作用。抗炎机制与抑制磷脂酶 A_2 活性和前列腺素 E_2 的合成和释放相关。本品能降低毒物引起的血清 ALT 和 AST 的升高。明显减轻毒物造成的肝脏组织学损害，并能增强肝脏的解毒功能。口服后从胃肠道吸收，其生物利用度不受胃肠道食物的影响。

【适应证】主要用于伴有 ALT 升高的各型急、慢性肝炎。

【禁忌证】严重低钾血症、高钠血症、高血压、心力衰竭、肾衰竭患者禁用。

【注意事项】少数患者可出现血压升高、头晕、头痛、上腹部不适、腹胀、皮疹和水肿等，以上症状一般较轻，不影响治疗。孕妇慎用。

【药物相互作用】与依他尼酸、呋塞米、乙噻嗪、三氯甲噻嗪等利尿药并用时，其利尿作用可增强本品所含甘草酸二铵的排钾作用，而导致血清钾值的下降，应特别注意观察血清钾值的测定。

硫普罗宁

【别名】诺宁、海诺欣。

【药理作用】本品可使肝细胞线粒体中的 ATP 酶活性降低，ATP 含量升高，电子传递功能恢复正常，从而改善肝细胞功能，对抗各类肝损伤负效应，促进坏死肝细胞的再生和修复。可促进重金属如汞、铅排出，保护肝功能和多种物质代谢酶。本品还可通过提供巯基发挥解毒和组织细胞保护作用，从而治疗因化疗和放疗引起的白细胞减少。本品口服后在肠道容易吸收，生物利用度 85%～90%。

【适应证】用于改善各类急、慢性肝炎的肝功能；也用于脂肪肝、酒精性和药物性肝损伤的治疗及重金属中毒的治疗。对因化疗和放疗引起的白细胞降低有预防和治疗作用；对老年性早期白内障和玻璃体混浊也有显著的治疗作用。

【禁忌证】①过敏者禁用；②孕妇及哺乳期妇女、儿童禁用；③急性重症铅、汞中毒患者禁用。

【注意事项】长期大剂量用药罕见蛋白尿或肾病综合征，应减量或停药。出现罕见胰岛素自体免疫综合征、疲劳感和肢体麻木、涎腺肿大时，应及时停药。

【药物相互作用】硫普罗宁注射液不应与具有氧化作用的药物合用。

第十节　血液系统用药

血液系统用药是用于造血系统疾病的药物，包括升血细胞药、止血与抗纤溶药、抗凝血、抗血小板及溶栓药、血浆代用品等。

一、升血细胞药

升血细胞药又可分为抗贫血药、升白细胞药、升血小板药。常用的抗贫血药有铁剂、叶酸、维生素 B_{12} 等。常用的升白细胞药有利可君、肌苷、鲨肝醇等。常用升血小板药有白介素等。

维生素 B_{12}

【别名】氰钴胺、钴胺素。

【药理作用】①缺乏维生素 B_{12} 时，其对血液学影响与叶酸相似，即 DNA 合成受阻，导致巨幼细胞贫血；②人体缺乏维生素 B_{12} 时，可引起甲基丙二酸排泄增加和脂肪酸代谢异常；③维生素 B_{12} 的缺乏，可以导致蛋氨酸和 S-腺苷蛋氨酸的合成障碍，很可能是神经系统病变的原因之一。口服后 8～12 小时血药浓度达到高峰。

【适应证】抗贫血药。用于巨幼细胞贫血，也可用于神经炎的辅助治疗。

【注意事项】①肌内注射偶可引起皮疹、瘙痒、腹泻以及过敏性哮喘，但发生率很低，极个别有过敏性休克；②可引起低血钾及高尿酸血症。

【药物相互作用】应避免与氯霉素合用，否则可抵消维生素 B_{12} 具有的造血反应。氨基苷类抗生素，对氨基水杨酸类，抗惊厥药如苯巴比妥、苯妥英钠、扑米酮或秋水仙碱等，可以减少维生素 B_{12} 从肠道吸收。

叶　　酸

【别名】斯利安。

【药理作用】叶酸的代谢产物参与嘌呤核苷酸和嘧啶核苷酸的合成与转化。叶酸缺乏时，胸腺嘧啶核苷酸合成发生困难，DNA 合成也受影响，细胞分裂速度减慢。这不仅影响造血细胞，引起巨幼细胞贫血，也可累及体细胞，特别是消化道黏膜细胞。叶酸在胃肠道几乎完全吸收，生物利用度为 76%～93%，达峰时间为 60～90 分钟。

【适应证】①抗贫血药，主要用于因叶酸缺乏所致的巨幼细胞贫血；②预防叶酸缺乏症；③妇女妊娠早期增补叶酸可以降低神经管畸形发生的危险。

【注意事项】在肾功能正常患者，本品很少发生中毒现象，偶见过敏反应，有些患者长期服用叶酸后可出现厌食、恶心、腹胀等胃肠道症状。大量服用叶酸时，可引起黄色尿。不宜与甲氨蝶呤同时使用。

【药物相互作用】与维生素 C 同服，后者可能抑制叶酸在胃肠中的吸收。叶酸与苯妥英钠同用，可降低后者的抗癫痫作用。

铁补充剂

【药理作用】铁为血红蛋白及肌红蛋白的主要组成成分。血红蛋白为红细胞中主要携氧者。肌红蛋白系肌肉细胞储存氧的部位。与三羧酸循环有关的大多数酶和因子均含铁，或仅在铁存在时才能发挥作用。铁剂以亚铁离子形式主要在十二指肠及空肠近端吸收。非缺铁者，口服摄入铁的 5%～10% 可自肠黏膜吸收；体内铁储存量缺乏者，20%～30% 摄入铁可被吸收。与食物同时摄入铁，其吸收量较空腹时减少 1/3～1/2。注射用铁剂，吸收较口服为迅速。

【适应证】用于预防或治疗各种原因引起的缺铁，包括儿童或婴儿期需铁量增加而食物中供应量不足、铁吸收障碍、妊娠中后期以及慢性失血等。

【禁忌证】①血色病或含铁血黄素沉着症及不伴缺铁的其他贫血（如珠蛋白生成障碍性贫血）；②肝、肾功能严重损害，尤其伴有未经治疗的尿路感染者不宜注射铁剂。

【注意事项】酒精中毒、肝炎、急性感染、肠道炎症如肠炎、结肠炎、憩室炎及溃疡性结肠炎、胰腺炎、消化性溃疡慎用。

【药物相互作用】 本品与制酸药如碳酸氢钠、磷酸盐类及含鞣酸的药物或饮料同用，易产生沉淀而影响吸收。本品与西咪替丁、去铁胺、二巯丙醇、胰酶、胰脂肪酶等同用，可影响铁的吸收；与铁合用，可影响四环素类药物、氟喹诺酮类、青霉胺及锌制剂的吸收。与维生素 C 同服，可增加本品吸收，但也易致胃肠道反应。

【常用铁剂】

1. 富马酸亚铁（红红、富血铁）：本品含铁量较高（达 33%），且较难被氧化，不良反应较少，奏效也较快。

2. 葡萄糖酸亚铁：本品含铁量 11.6%，铁利用率高，起效快，胃肠道反应轻。

3. 琥珀酸亚铁（速力菲）：本品含铁量 35%，吸收平稳，胃肠道反应较轻。

4. 枸橼酸铁铵（柠檬酸铁铵）：本品为三价铁剂，不如二价亚铁盐易吸收，含铁量也较低，故不适于重症贫血病例。但收敛作用小，刺激性较小，患者易耐受，适用于儿童不能吞服片剂者。

5. 右旋糖酐铁（朴红、科莫非）：本品为右旋糖酐和铁的络合物。本品为注射用铁剂，适用于不宜口服给药的缺铁性贫血患者。

6. 蔗糖铁（维乐福）：本品为注射用铁剂，适用于口服铁不能有效缓解的缺铁性贫血、各种严重铁缺乏需快速补铁者、对口服铁剂吸收障碍和不能耐受者。

利可君

【别名】 利血生。

【药理作用】 本品为半胱氨酸衍生物，服用后在十二指肠碱性条件下与蛋白结合形成可溶的物质迅速被肠所吸收，增强骨髓造血系统的功能。

【适应证】 本品用于预防和治疗各种原因引起的白细胞减少、再生障碍性贫血及血小板减少症等。

【注意事项】 尚未发现有关不良反应的报道。

肌　苷

【药理作用】 本品能提高 ATP 水平并可转变为各种核苷酸。可刺激体内产生抗体，还可提高肠道对铁的吸收，活化肝功能，加速肝细胞的修复。有增强白细胞增生的作用。

【适应证】 适用于各种原因引起的白细胞减少症、血小板减少症、各种心脏疾患及急、慢性肝炎和肝硬化等。

【注意事项】 偶见胃部不适、轻度腹泻，静脉注射可有颜面潮红、恶心、腹部灼热感。

鲨肝醇

【药理作用】 本品即 α-正十八碳甘油醚，为动物体内固有物质，在骨髓造血组织中含量较多，可能是体内造血因子之一。有促进白细胞增生及抗放射线的作用，还可对抗由于苯中毒和细胞毒类药引起的造血系统抑制。

【适应证】 用于治疗各种原因引起的白细胞减少症，如放射性、抗肿瘤药等所致的白细胞减少症。

【注意事项】 治疗剂量偶见口干、肠鸣亢进。

二、止血药与抗纤溶药

止血药与抗纤溶药通过对纤维蛋白酶的抑制作用，达到止血的作用。

维生素K

【药理作用】维生素K是肝脏合成因子Ⅱ、Ⅶ、Ⅸ、Ⅹ所必需的物质。维生素K缺乏可引起这些凝血因子合成障碍或异常，临床可见出血倾向和凝血酶原时间延长。天然的维生素K_1和维生素K_2为脂溶性，口服后必须依赖胆汁吸收；人工合成的维生素K_3和维生素K_4为水溶性，口服直接吸收，活性也较强。

【适应证】用于维生素K缺乏或活力降低，导致凝血因子Ⅱ、Ⅶ、Ⅸ或Ⅹ合成障碍的出血性疾病。①新生儿出血；②肠道吸收不良所致维生素K缺乏；③广谱抗生素或肠道灭菌药致肠道内细菌合成的维生素K减少或缺乏；④双香豆素等抗凝血药致体内维生素K不能发挥作用，造成与维生素K缺乏相类似的后果。

【注意事项】不良反应：①静脉注射维生素K_1偶尔可发生过敏样反应。可出现味觉异常、面部潮红、出汗、支气管痉挛、心动过速以致低血压等。②维生素K_3可引起新生儿特别是早产儿高胆红素血症和溶血。肌内注射可引起局部红肿和疼痛。

【药物相互作用】口服抗凝血药如双香豆素类可干扰维生素K代谢。两药同用，作用相互抵消。较大剂量水杨酸类、磺胺类药、奎宁、硫糖铝、考来烯胺、放线菌素等也可影响维生素K效应。

氨甲苯酸

【别名】止血芳酸。

【药理作用】能竞争性阻抑纤溶酶原在纤维蛋白上吸附，从而防止其激活，保护纤维蛋白不被纤溶酶所降解和溶解，最终达到止血效果。口服后胃肠道吸收率为（69±2）%。

【适应证】主要用于急性或慢性、局限性或全身性纤维蛋白溶解亢进所致的各种出血。

【注意事项】偶有头昏、头痛、腹部不适。

【药物相互作用】口服避孕药、雌激素和凝血酶原复合物与本品合用，有增加血栓形成的危险。

第十一节　内分泌系统用药

内分泌系统的内分泌腺体和细胞释放激素，通过体液传送至其他器官或细胞后，对这些器官活细胞的功能发挥兴奋或抑制的调节作用。这些整理作用是通过级链方式来完成的。腺体分泌的激素有生长素、催乳素、甲状腺激素、肾上腺激素、性激素等。当这些激素缺乏导致疾病时，则需用腺垂体激素或靶腺激素补充或替代治疗。

一、肾上腺皮质激素

氢化可的松

【别名】氢可的松、可的索、皮质醇、皮质酮。

【药理作用】本品为肾上腺皮质激素类药，适用于严重肝功能不全的患者。在超生理剂量（药理剂量）时，除影响物质代谢外，还具有抗感染、抗过敏和抑制免疫反应等多种药理作用。

【适应证】主要用于肾上腺功能减退及垂体功能减退症的补充或替代治疗，亦可用于过敏性和炎症性疾病。

【注意事项】不当使用或长期大剂量使用可导致多种不良反应和并发症，甚至危及生命。

【药物相互作用】非甾体消炎镇痛药可加强其致溃疡作用。可增强对乙酰氨基酚的肝毒性。与抗胆碱能药（如阿托品）长期合用，可致眼压增高。与降血糖药如胰岛素合用时，因可使糖尿病患者血糖升高，应适当调整降血糖药剂量。与避孕药或雌激素制剂合用，可加强其治疗作用和不良反应。

地塞米松

【别名】氟美松、恩诺迪清、的确当、顺峰康平、皮炎平。

【药理作用】本品极易自消化道吸收。本品血浆蛋白结合率较其他皮质激素类药物为低，易于通过多种屏障。

【适应证】主要用于过敏性与自身免疫性炎症性疾病。还可用于预防新生儿呼吸窘迫综合征、降低颅内压、缓解肿瘤所致脑水肿以及库欣综合征的诊断与病因鉴别诊断。

【注意事项】本品不宜用作肾上腺皮质功能减退症的替代治疗。本品较大剂量容易引起糖尿病和类似库欣综合征症状。

【药物相互作用】参阅氢化可的松。

二、甲状腺疾病用药

左甲状腺素钠

【别名】伏甲索、加横、伏加索、雷替斯、特洛新、优甲乐。

【药理作用】本品可在胃肠道吸收，但吸收不完全，吸收率不定，特别是与食物同服时，因此最好口服给药。甲状腺激素不易通过胎盘，因此甲状腺功能减退患者在妊娠时无须停药。

【适应证】各种原因引起的甲状腺功能减退、甲状腺癌术后。

【注意事项】微量甲状腺素可从乳汁排出。

【药物相互作用】左甲状腺素钠会增加抗凝血药作用；左甲状腺素钠会升高血中苯妥英钠水平；左甲状腺素钠增加儿茶酚胺受体敏感性，因此会增强三环抗抑郁药的作用。

甲巯咪唑

【别名】他巴唑、赛治。

【药理作用】本品口服后由胃肠道迅速吸收，吸收率为 $70\% \sim 80\%$。广泛分布于全身，但浓集于甲状腺，在血液中不与蛋白质结合。甲巯咪唑及其代谢物 $75\% \sim 80\%$ 经尿排泄，易通过胎盘并能经乳汁分泌。

【适应证】用于各种类型的甲状腺功能亢进。尤其适用于：①病情较轻，甲状腺轻至中度肿大患者；②青少年及儿童、老年患者；③甲状腺术后复发，又不适于用放射性[131]I 治疗者；④术前准备；⑤作为[131]I 放疗的辅助治疗。

【注意事项】妊娠妇女慎用或不用。服用本类药物的妇女应避免哺乳。

【药物相互作用】与抗凝血药合用，可增强抗凝血作用。服用本品前避免服用碘剂。磺胺类、对氨基水杨酸、保泰松、巴比妥类、酚妥拉明、妥拉唑林、维生素 B_{12}、磺酰脲类等都有抑制甲状腺功能和甲状腺肿大的作用，故合用本品须注意。

丙硫氧嘧啶

【别名】丙赛优、申康。

【药理作用】口服后由胃肠道迅速吸收，经代谢后广泛分布于全身，但浓集于甲状腺。在血中半衰期甚短（1～2小时），但生物作用时间较长，本品及其代谢物由尿液排泄，能较少透过胎盘，并经乳汁分泌。

【适应证】抗甲状腺药。用于甲状腺功能亢进。

【注意事项】①过敏反应：最常见皮肤瘙痒、药疹，少数伴有发热。②消化道反应：有厌食、呕吐、腹痛、腹泻等。罕见黄疸性肝炎。③粒细胞缺乏症：一般发生在治疗后的2～3个月内，老年人易发生。④甲状腺肿及甲状腺功能减退。

【药物相互作用】参阅甲巯咪唑。

三、糖尿病用药

胰岛素

【别名】普通胰岛素。

【药理作用】胰岛素通过与靶组织（主要是肝、脂肪和肌肉）细胞膜上的特异性受体（胰岛素受体）结合后起作用，然后引发一系列生理效应，总的效应是降低血糖，并有抑制酮体生成的作用。此外与生长激素有协同作用，促进生长，促进钾向细胞内转移，并有水钠潴留作用。

【适应证】①1型糖尿病的强化治疗。②2型糖尿病发生感染、创伤、大手术等严重应激情况，以及合并心脑血管并发症，肾脏或视网膜病变。③糖尿病急性并发症，如酮症酸中毒、乳酸性酸中毒、高血糖高渗性昏迷，此时须静脉给药。④长病程2型糖尿病血浆胰岛素水平确实较低，经合理饮食、体力活动和口服降血糖药治疗控制不满意者。2型糖尿病具有口服降血糖药禁忌时，如妊娠、哺乳等。⑤成年或老年糖尿病患者发病急，体重显著减轻伴明显消瘦。⑥妊娠糖尿病。⑦继发于严重胰岛素疾病的糖尿病。⑧对严重营养不良、消瘦、顽固性妊娠呕吐、肝硬化初期可同时静脉滴注葡萄糖和小剂量胰岛素，以促进组织利用葡萄糖。

【禁忌证】低血糖患者禁用；对胰岛素或本品中其他成分过敏者禁用。

【注意事项】①低血糖反应。②水肿。一般患者在胰岛素治疗初期可因钠潴留作用而发生轻度水肿，可自行缓解而无须停药。③视物模糊。④胰岛素抗药性。⑤过敏反应。

【药物相互作用】糖皮质类固醇、促肾上腺皮质激素、胰高血糖素、雌激素、口服避孕药、肾上腺素、苯妥英钠、噻嗪类利尿药、甲状腺素等可不同程度地升高血糖浓度，同用时应调整这些药或胰岛素的剂量。非甾体消炎镇痛药可增强胰岛素降血糖作用。β受体阻滞药如普萘洛尔与胰岛素同用可增加低血糖的危险。中等量至大量的酒精可增强胰岛素引起的低血糖的作用。某些钙通道阻滞药可改变糖代谢，使血糖升高。血管紧张素转化酶抑制药、溴隐亭、酮康唑等可致血糖降低。吸烟可拮抗胰岛素的降血糖作用。

精蛋白锌胰岛素注射液

【药理作用】药理作用参见胰岛素。本品皮下注射吸收缓慢而均匀，注射后 3～4 小时起效，12～24 小时达到高峰，药效持续时间可达 24～36 小时。本品主要在肝、肾和骨骼肌中降解。其中，肝脏代谢 50% 左右。胰岛素及其降解产物主要经肾小球滤过而排泄。

【适应证】参见胰岛素。主要提供基础水平胰岛素，按病情需要有时需与短效胰岛素合用。有利于减少每天胰岛素注射次数，控制夜间高血糖。

【禁忌证】低血糖患者禁用；对胰岛素或本品中其他成分过敏者禁用。

【注意事项】①本品作用缓慢，不能用于抢救糖尿病酮症酸中毒及高渗性昏迷患者；②本品不能用于静脉注射；③使用前应先滚动药瓶或放在两手掌中来回轻搓，使药物混匀，但不可用力摇动，以免产生气泡。

【药物相互作用】参阅胰岛素。

生物合成人胰岛素注射液

【药理作用】药理作用参见胰岛素。

【适应证】参阅胰岛素。本品为短效胰岛素制剂，可以与长效胰岛素制剂合用。用于治疗糖尿病。此外，还可静脉注射用于包括应激性高血糖症在内的急性状态的处理。本品静脉注射时，主要用于抢救糖尿病酮症酸中毒和高血糖高渗性昏迷的患者。

【禁忌证】低血糖患者禁用；对胰岛素或本品中其他成分过敏者禁用。

【注意事项】参阅胰岛素。

【药物相互作用】参阅胰岛素。

精蛋白生物合成人胰岛素注射液

【药理作用】药理作用参见胰岛素。本品皮下注射后，缓慢均匀吸收，起效时间在1.5 小时之内，最大浓度时间在 4～12 小时之内，持续时间大约为 24 小时。

【适应证】参阅胰岛素。用于治疗 1 型、2 型糖尿病。强化治疗控制血糖后改用本品可减少注射次数。

【禁忌证】低血糖患者禁用；对胰岛素或本品中其他成分过敏者禁用。

【注意事项】本品不宜用于治疗糖尿病酮症酸中毒或高渗性昏迷等急性并发症。

【药物相互作用】参阅胰岛素。

格列苯脲

【别名】优降糖、达安疗、达安宁、格列赫互。

【药理作用】刺激胰岛 B 细胞分泌胰岛素。

【适应证】适用于在经饮食控制及体育锻炼疗效不满意的轻、中度 2 型糖尿病患者，在胰岛 B 细胞有一定的分泌胰岛素的功能，无急性并发症，非妊娠期，无慢性肾脏功能不全。

【注意事项】本品孕妇禁用；哺乳期妇女不宜用，以免发生婴儿低血糖；下列情况禁用明确诊断的 1 型糖尿病患者；2 型糖尿病患者伴有酮症酸中毒，昏迷，严重烧伤、感染、外伤和重大手术等应激情况；肝肾功能不全者；对磺胺药过敏者；白细胞减少的患者。

【药物相互作用】与水杨酸类、磺胺类药、保泰松类、抗结核病药、四环素类、单胺氧化酶抑制药、β受体阻滞药、氯霉素、香豆素类和环磷酰胺等合用可增强本品作用。氯丙嗪、拟交感神经药、皮质激素类、甲状腺激素、口服避孕药和烟酸制剂等可降低本品降血糖作用。本品可以减弱患者对酒精的耐受力，而酒精亦可能加强药物的降血糖作用。

格列齐特

【别名】达美康、唐迪、美奇特、唐清、康进、来克胰。

【药理作用】参见格列苯脲。本品可减轻血小板黏附及凝集，并有纤维蛋白溶解活性。本品口服吸收较快，口服后2～6小时血药浓度达峰值，消除半衰期8～10小时，主要经肝代谢失去活性，第2天可由肾排出98%。

【适应证】参阅格列苯脲。

【注意事项】参阅格列苯脲。

【药物相互作用】参阅格列苯脲。

格列吡嗪

【别名】安达、利糖妥、灭糖尿、美吡达。

【药理作用】参阅格列苯脲。本品口服后吸收快，1～2.5小时需要浓度达峰值，消除半衰期为3～7小时，主要经肝代谢失去活性。

【适应证】参阅格列苯脲。

【注意事项】参阅格列苯脲。

【药物相互作用】参阅格列苯脲。

格列美脲

【别名】力贻苹、万苏平、迪北、安尼平。

【药理作用】本品口服后迅速而完全地吸收，空腹或进食时口服对吸收无明显影响。服后2～3小时达血药峰值。

【适应证】参见格列苯脲。本品用于治疗2型糖尿病。

【注意事项】①低血糖；②消化系统症状；③有个别病例报道血清转氨酶升高；④偶见皮肤过敏反应；⑤偶见血小板减少，白细胞减少，粒细胞缺乏；⑥其他：头痛、乏力、头晕少见。

【药物相互作用】参阅格列苯脲。

盐酸二甲双胍

【别名】格华止、博士糖锭、舒尔清、君力达、立克糖、亿恒。

【药理作用】本品降血糖的作用机制可能是：①增加肌肉、脂肪等外周组织对胰岛素的敏感性，增加胰岛素介导的葡萄糖的摄取和作用，并促进糖的无氧酵解；②增加非胰岛素依赖的组织对葡萄糖的利用；③抑制糖原异生作用，减少肝糖输出；④抑制肠壁细胞摄取葡萄糖；⑤抑制胆固醇的生物合成和储存，降低血甘油三酯、总胆固醇水平。本品无促进脂肪合成作用，对正常人无明显降血糖作用，对2型糖尿病单独用时一般不引起低血糖。

【适应证】2型糖尿病包括10岁以上少年2型糖尿病，肥胖和伴高胰岛素血症者。用本品不但有降血糖作用，还可有减轻体重和高胰岛素血症的效果。对某些磺酰脲类疗效差的患者可奏效，如与磺酰脲类合用，有协同作用，较分别单用的效果更好。亦可用于 10 岁以上不伴酮症或酮症酸中毒的 1 型糖尿病患者，与胰岛素联合治疗，可减少胰岛素剂量。

【禁忌证】妊娠、哺乳期妇女不宜使用本品。有下列情况应禁用：①2 型糖尿病伴有酮症酸中毒、肝及肾功能不全等情况；②糖尿病合并严重的慢性并发症；③静脉肾盂造影或动脉造影前；④酗酒者；⑤严重心、肺疾病患者；⑥维生素 B_{12}、叶酸和铁缺乏的患者；⑦全身情况较差的患者。

【注意事项】不良反应：①常见的有恶心、呕吐、腹泻、口中有金属味；②有时有乏力、疲倦、体重减轻、头晕、皮疹；③乳酸性中毒罕见。

【药物相互作用】本品可加强抗凝血药（如华法林等）的抗凝血倾向。西咪替丁可增加本品的生物利用度，并减少其肾脏清除率。

阿卡波糖

【别名】拜糖平、卡博平。

【药理作用】阿卡波糖结构类似寡聚糖，可与 α-糖苷酶结合，可竞争性抑制糖类在空肠的迅速吸收，使其在整个小肠中逐渐被吸收，从而降低餐后高血糖。

【适应证】①在生活方式控制的基础上，非超重、肥胖的 2 型糖尿病患者可单独用药 3 个月后如果血糖未达到控制目标值，可与其他口服治疗糖尿病药物或胰岛素联合应用；②对血糖控制很不稳定的 1 型糖尿病患者，可与胰岛素合用，但本品单独应用对 1 型糖尿病患者无效；③糖耐量低减患者长期服用可减少发展为 2 型糖尿病的危险性。

【禁忌证】下列情况禁用本品：①对本品过敏者；②18 岁以下的患者；③妊娠、哺乳期妇女；④有明显消化和吸收障碍的慢性胃肠功能紊乱患者；⑤患有可因肠胀气而恶化的疾病的患者；⑥肾功能损害，血肌酐超过 176.8 μmol/L 的患者。

【注意事项】①常见者为腹胀和肠鸣音亢进，排气增多，偶有腹泻，腹痛；②个别病例可能出现红斑、皮疹和荨麻疹等皮肤过敏反应；③罕见不良反应为黄疸合并肝功能损害。

【药物相互作用】应避免与抗酸药、考来烯胺、肠道吸附剂和消化酶制品同时服用，因为这些药可降低本品的降血糖作用。本品具有抗餐后高血糖作用，单独应用时不引起低血糖，当与磺酰脲类降血糖药、二甲双胍或胰岛素合用时，可能发生低血糖，需适当减少上述治疗药物用量。

伏格列波糖

【别名】倍欣。

【药理作用】本品为 α-糖苷酶抑制药，可抑制糖类分解为单糖，从而阻碍、延缓糖类的吸收，使餐后高血糖减轻。

【适应证】用于 2 型糖尿病，经饮食控制、体育锻炼 2～3 个月，血糖仍不能满意控制者。本品可以单独应用，也可与其他降血糖药合用。本品不应单独用于 1 型糖尿病。

【注意事项】①消化系统：主要为轻度腹胀、腹鸣、排气增加、稀便、腹痛、食欲缺乏；②过敏反应；③其他罕见反应。

【药物相互作用】与 β 受体阻滞药、水杨酸制药、单胺氧化酶抑制药、氯贝特类高脂血症治疗剂、华法林同用能增强降血糖的作用。与肾上腺素、肾上腺皮质激素、甲状腺激素同用能降低降血糖的作用。

罗格列酮

【别名】文迪雅、爱能、太罗、宜力喜。

【药理作用】本品通过增加组织对胰岛素的敏感性，提高细胞对葡萄糖的利用而发挥降低血糖的疗效。

【适应证】仅适用于其他降血糖药物无法达到血糖控制目标的 2 型糖尿病患者。65 岁以上老年患者慎用本品。

【禁忌证】禁用于下列人群：①对本品过敏者；②有心力衰竭病史或有心力衰竭危险因素的患者；③有心脏病史的患者；④骨质疏松症或发生过非外伤性骨折病史的患者；⑤严重血脂紊乱的患者；⑥儿童、孕妇及哺乳期妇女。

【注意事项】65 岁以上老年患者慎用本品。

【药物相互作用】未见明显不良药物相互作用。

瑞格列奈

【别名】诺和龙。

【药理作用】本品与胰岛 B 细胞的 36 kDa 蛋白特异性结合，促进胰岛素分泌。

【适应证】用于 2 型糖尿病患者。胰岛 B 细胞尚有一定的分泌胰岛素功能，无急性并发症，不合并妊娠，无严重肝、肾功能不全的 2 型糖尿病患者。严重肾功能减退者适当减少药量。本品可单独应用，也可与二甲双胍合用于单用一种药物效果欠佳的患者。

【禁忌证】①有明显肝肾功能损伤者禁用；②孕妇、哺乳期妇女、12 岁以下儿童禁用；③阶数型糖尿病患者。

【注意事项】①本品可致低血糖，与二甲双胍合用会增加发生低血糖的危险性；②如合用本品及二甲双胍仍不能控制高血糖，则应改用胰岛素治疗；③在发生应激反应时，如发热、外伤、感染或手术，可出现高血糖，应改用胰岛素治疗。

【药物相互作用】下列药物可增强本品的降血糖作用，增加低血糖的危险性：单胺氧化酶抑制药、非选择性 β 肾上腺素受体阻滞药、血管紧张素转化酶抑制药、非甾体消炎药、水杨酸盐、奥曲肽、乙醇以及促合成代谢的激素。下列药物可减弱本品的降血糖作用：口服避孕药、噻嗪类药物、肾上腺皮质激素、达那唑、甲状腺激素和拟交感神经药。CYP3A4 抑制药如酮康唑、伊曲康唑、红霉素、氟康唑、米比法地尔和诱导 CYP3A4 的化合物如利福平或苯妥英钠两类药物不宜与本品合并使用。

胰激肽原酶

【药理作用】本品能提高人体内激肽系统活性，使小血管和毛细血管扩张，增加毛细血管通透性和血流量，改善微循环。

【适应证】血管扩张药。有改善微循环作用。主要用于微循环障碍性疾病，如糖尿病引起的肾病、周围神经病、视网膜病、眼底病及缺血性脑血管病，也可用于原发性高血压的辅助治疗。

【禁忌证】脑出血及其他出血性疾病的急性期禁用；对本品过敏者禁止注射给药；本品注射剂型含有苯甲醇，禁止用于儿童肌内注射。

【注意事项】偶见皮疹、皮肤瘙痒等过敏现象及胃部不适和倦怠等感觉，停药后消失。

【药物相互作用】本品与蛋白酶抑制药不能同时使用。本品与血管紧张素转化酶抑制药（ACEI）有协同作用。

第十二节　妇产科用药

一、阴道局部用药

甲硝唑

【别名】阴康宁。

【适应证】用于阴道滴虫病及厌氧菌感染等。泡腾片可用于非特异性阴道炎及妇产科手术前阴道准备。

【注意事项】上药前冲洗外阴，每日更换内裤。

替硝唑

【药理作用】本品具有抗原生动物和专性厌氧细菌的作用。对原生动物如阴道毛滴虫、溶组织内阿米巴和兰伯氏贾第虫均有抑制作用。

【适应证】滴虫性阴道炎。

【禁忌证】①对替硝唑有硝基咪唑类药物过敏者禁用；②孕妇及哺乳期妇女禁用。

【注意事项】①肝、肾功能不全者慎用；②出现局部疼痛、头痛、眩晕或过敏反应，应及时停药。

奥硝唑

【别名】齐克、奥立泰、奥立妥、奥诺星、奥博林、今达。

【药理作用】第三代硝基咪唑类衍生物。

【适应证】阴道栓用于细菌性阴道病、滴虫性阴道炎。

【注意事项】①对本品或硝基咪唑类药物过敏者禁用；②孕妇（特别是妊娠早期）慎用；③哺乳妇女慎用。

【药物相互作用】同其他硝基咪唑类药物相比，本品对乙醛脱氢酶无抑制作用。奥硝唑能抑制抗凝血药华法林的代谢，使其半衰期延长，增强抗凝血药的药效，当与华法林同用时，应注意观察凝血酶原时间并调整给药剂量。

硝酸咪康唑

【别名】达克宁、达克宁霜、联邦倍康、新达克亭。

【药理作用】有抗真菌、酵母菌、某些革兰阳性球菌、杆菌作用。

【适应证】适用于假丝酵母菌引起的阴道感染和革兰阳性细菌引起的重复感染。

【注意事项】如发现局部刺激和过敏反应者应停药；配偶有感染者应进行适当治疗；孕妇及哺乳期妇女慎用。

二、计划生育用药

左炔诺孕酮

【别名】毓婷、惠婷。

【药理作用】本品可通过抑制卵泡发育和排卵，影响子宫内膜正常发育而干扰孕卵的埋入和着床等环节避免妊娠。

【适应证】用于事后紧急避孕。

【注意事项】如服药后 2 小时内发生呕吐，应立即补服 1 片；事后避孕不能作为长期避孕措施；紧急避孕服药会使下次月经提前或推后，如推后超过 1 周应检查是否妊娠；服药后到下次月经来潮期间，如再有性生活，必须使用有效避孕措施。

米非司酮

【别名】后定诺。

【适应证】用于无避孕措施的性交后或避孕失败后预防妊娠的补救措施（又称紧急避孕）。

【注意事项】参阅左炔诺孕酮。

壬苯醇醚栓

【别名】爱侣。

【药理作用】本品为非离子型表面活性剂，对精子细胞膜有破坏作用，改变精子细胞渗透性，从而杀死精子或使精子失去活力，达到避孕效果。

【适应证】本品为杀精子药，用于阴道避孕。

【注意事项】不良反应：有个别使用者发生过敏反应，女性外阴和阴道、男性阴茎发生较重的刺激症状；局部充血、水肿；少数使用者局部有轻度刺激症状，阴道分泌物增多。应将药物放置在阴道深部；各种制剂有不同的溶解时间，故必须在药物溶解后才开始性交；如为栓剂或片剂，放置阴道内后不宜起立或走动，以免药物流出。

第十三节　免疫系统用药

免疫调节药通过影响机体的免疫应答反应和免疫病理反应而调节机体的免疫功能，防治免疫功能异常所致的疾病。

香菇多糖

【别名】天地欣、天青、香菇菌多糖、怡可舒。

【药理作用】本品为香菇子实体或菌丝体提取的多糖。它能增强动物、健康人和肿瘤患者的淋巴细胞增殖反应，促进 IL-1、IL-2 的生成，诱导干扰素产生，使荷瘤小鼠或注射免疫抑制药所致免疫功能低下的小鼠的迟发型超敏反应部分或完全恢复正常。此外，它还能增强巨噬细胞和自然杀伤细胞的功能。

【适应证】①急、慢性白血病及胃癌、肺癌、乳腺癌等肿瘤的辅助治疗，提高患者的免疫功能，减少放疗和化疗的不良反应；②尚可用于乙型病毒性肝炎。

【注意事项】应选用最适剂量范围，剂量过大疗效反降低。偶见胸闷、休克、皮疹、恶心、呕吐等。停药后即可消失。

转移因子

【药理作用】从健康人白细胞中提取的一种多核苷酸肽，无抗原性，可将供体细胞免疫信息转移给受体，使受体的淋巴细胞转化并增殖为致敏淋巴细胞，由此获得供体样的特异或非特异细胞免疫功能，起佐剂作用。

【适应证】用于免疫缺陷性疾病的补充治疗、难治性感染及肿瘤的辅助治疗。

【注意事项】细胞免疫功能增强作用可维持数月至 1 年以上，但对出生不满 1 个月的新生儿无效。

【药物相互作用】淋巴细胞血清、抗肿瘤药或糖皮质激素可降低或抑制本品的作用。

匹多莫德

【别名】匹多莫特、普利莫。

【药理作用】对非特异性免疫反应和特异性免疫反应均有促进作用。

【适应证】临床用于细胞免疫功能低下引起的反复发作的上呼吸道、下呼吸道感染、中耳炎、泌尿系统和妇科感染，还可用于病毒感染和恶性肿瘤等慢性疾病。

【注意事项】过敏体质、肾功能不全者、妊娠及哺乳期妇女慎用；进餐时服用其生物利用度降低 50%，应于餐前或餐后 2 小时服用。

第十四节　抗过敏药

马来酸氯苯那敏

【别名】扑尔敏、氯屈米通。

【药理作用】为烷基胺类抗组胺药，主要作用机制为：抗组胺作用、抗胆碱作用。

本品可口服或注射给药，口服吸收迅速完全。本品主要经肝脏代谢，其代谢物经尿液、粪便、汗液排泄。本品亦可随乳汁分泌。

【适应证】过敏性鼻炎、荨麻疹、各种过敏性皮肤病。

【禁忌证】新生儿和早产儿、癫痫患者、接受单胺氧化酶抑制药治疗者禁用；对本品及辅料过敏者禁用。

【注意事项】婴幼儿、孕妇、闭角型青光眼、膀胱颈部或幽门十二指肠梗阻或消化性溃疡致幽门狭窄者、心血管疾病患者及肝功能不全者慎用；老年人酌减量；妊娠期及哺乳期妇女慎用。

【药物相互作用】与中枢神经抑制药并用，可加强本品的中枢抑制作用。可增强金刚烷胺、氟哌啶醇、抗胆碱药、三环类抗抑郁药、吩噻嗪类以及拟交感神经药的药效。本品不宜与哌替啶、阿托品等药合用，亦不宜与氨茶碱作混合注射。本品与普萘洛尔有拮抗作用。

盐酸苯海拉明

【别名】苯那君、可他敏。

【药理作用】作用机制为：①抗组胺可与组胺竞争拮抗 H_1 受体，从而抑制组胺释放介导的过敏反应；②中枢抑制作用镇静、减轻眩晕、恶心、呕吐；③镇咳作用直接作用延髓咳嗽中枢，抑制咳嗽反应；④本品还具有局部麻醉作用；⑤镇吐等抗 M 胆碱样受体及降低毛细血管渗出、消肿、止痒等作用。

【适应证】①皮肤、黏膜的过敏如荨麻疹、血管神经性水肿、过敏性鼻炎、各种皮肤瘙痒及过敏症；②急性过敏反应如输血或血浆所致者；③晕动病的防治；④曾用于辅助治疗帕金森病和锥体外系症状；⑤镇静作用，术前给药；⑥牙科局部麻醉。

【禁忌证】新生儿和早产儿禁用；对本品及辅料过敏者禁用。

【注意事项】①本品有阿托品样作用，故慎用于闭角型青光眼、胃肠道或泌尿生殖系统梗阻的患者；②本品可影响神经肌肉接头的传导，故重症肌无力患者慎用；③妊娠期或哺乳期妇女慎用；④应用本品后避免驾驶车辆或操作精密或危险机器；⑤老年人慎用。

【药物相互作用】可短暂影响巴比妥类药物和磺胺醋酰钠的吸收。与对氨基水杨酸同用时可减低后者肠道的吸收而降低其血药浓度。可增强中枢神经抑制药（如催眠、镇静等）的作用，应避免合用。

盐酸西替利嗪

【别名】迪皿、联双、路成、敏达。

【药理作用】可选择性拮抗 H_1 受体，可抑制由组胺介导的过敏反应的初始期，同时还可明显减少与迟发性皮肤过敏反应相关的炎性细胞的迁移及炎性介质的释放。本品不易通过血-脑屏障，有一定抗胆碱作用。

【适应证】用于过敏性鼻炎、过敏性结膜炎、荨麻疹，各种过敏性瘙痒性皮肤病。

【禁忌证】对本品及辅料及过敏者禁用；对羟嗪过敏者也应禁用。

【注意事项】治疗剂量虽不增加乙醇的作用，但仍需谨慎；驾驶及操作精密或危险机械者慎用；肾功能不全者慎用。本品偶见嗜睡、头晕、头痛、激动、口干、胃肠不适；罕见过敏反应报道。

【药物相互作用】尚无与其他药物有相互作用的报道，但同服镇静药（安眠药）时仍需小心。

氯雷他定

【别名】开瑞坦、雷宁、邦诺、天晴正舒、常克、怡邦、亿菲。

【药理作用】可选择性拮抗外周 H_1 受体。起效快，作用强。氯雷他定或其代谢物均不能通过血-脑屏障，无明显的中枢抑制和抗胆碱的作用。

【适应证】用于治疗过敏性鼻炎、慢性荨麻疹及其他过敏性瘙痒性皮肤病。

【禁忌证】对本品及辅料过敏者禁用。

【注意事项】①对肝功能受损者，应减低剂量；②孕妇、哺乳期妇女慎用；③2 岁以下儿童服用本品的安全性及疗效目前尚未确定；④老年患者用药量与成人相同。

【药物相互作用】抑制肝药物代谢酶活性的药物能使本品的代谢减慢。与大环内酯类抗生素、西咪替丁、茶碱等药物并用也可抑制氯雷他定的代谢。

第十五节　水、电解质及酸碱平衡用药

葡萄糖

【别名】淀粉糖、右旋糖。

【药理作用】葡萄糖是人体主要的热量来源之一，被用来补充热量，治疗低血糖症。当葡萄糖和胰岛素一起静脉滴注，糖原的合成需利用钾离子，从而钾离子进入细胞内，血钾浓度下降，故被用来治疗高钾血症。高渗葡萄糖注射液快速静脉注射有组织脱水作用，可用作组织脱水药。另外，葡萄糖是维持和调节腹膜透析液渗透压的主要物质。

【适应证】①补充热量和体液，用于各种原因引起的进食不足或大量体液丢失，全静脉内营养，饥饿性酮症；②低血糖症；③高钾血症；④高渗溶液用作组织脱水药；⑤配制腹膜透析液。

【禁忌证】糖尿病酮症酸中毒未控制者；高血糖非酮症性高渗状态；葡萄糖-半乳糖吸收不良症（避免口服）。

【注意事项】分娩时注射过多葡萄糖可刺激胎儿胰岛素分泌，产生产后婴儿低血糖。下列情况慎用：①胃大部分切除患者做口服糖耐量试验时易出现倾倒综合征及低血糖反应，应改为静脉葡萄糖试验。②周期性麻痹，低钾血症患者。③应激状态或应用糖皮质激素时容易诱发高血糖。④水肿及严重心、肾功能不全、肝硬化腹水者，易致水潴留，应控制输液量。心功能不全者尤应控制滴速。

氯化钠

【别名】生理盐水。

【药理作用】钠和氯是机体重要的电解质，主要存在于细胞外液，对维持人体正常的血液和细胞外液的容量和渗透压起着非常重要的作用。

【适应证】①各种原因所致的失水，包括低渗性、等渗性和高渗性失水；②高渗性非酮症昏迷，应用等渗或低渗氯化钠可纠正失水和高渗状态；③低氯性代谢碱中毒；④外用 0.9% 氯化钠注射液冲洗眼部、洗涤伤口等；⑤用于产科的水囊引产。

【注意事项】下列情况慎用：①水肿性疾病；②急性肾衰竭少尿期，慢性肾衰竭尿量减少而对利尿药反应不佳者；③高血压；④低钾血症；⑤老年人和小儿补液量和速度应严格控制。

氯化钾

【别名】补达秀、迪佳、立贝甲。

【药理作用】钾在细胞代谢、维持细胞内液渗透压、保持细胞内外酸碱平衡、神经冲动的传递、肌肉收缩、心肌兴奋性、自律性和传导性及正常脏器功能的维持等方面都起重要作用。

【适应证】治疗低钾血症；预防低钾血症；洋地黄中毒引发频发、多源性早搏或快速性心律失常。

【禁忌证】高钾血症时禁用。

【注意事项】老年人肾脏清除 K^+ 功能下降，应用钾盐时较易发生高钾血症。

下列情况慎用：代谢性酸中毒伴有少尿时；肾上腺皮质功能减弱者；慢性肾功能不全；急性脱水；家族性周期麻痹；慢性或严重腹泻可致低钾血症；胃肠道梗阻、慢性胃炎、溃疡病、食管狭窄、憩室、肠张力缺乏、溃疡性肠炎者，不宜口服补钾；传导阻滞性心律失常，尤其是应用洋地黄类药物时；大面积烧伤、肌肉创伤、严重感染、大手术后 24 小时内和严重溶血；肾上腺性征异常综合征伴盐皮质激素分泌不足。

【药物相互作用】肾上腺糖皮质激素类药尤其是具有较明显盐皮质激素作用者、肾上腺盐皮质激素和促肾上腺皮质激素（ACTH），因能促进尿钾排泄，与本品合用时降低钾盐疗效。抗胆碱药能加重口服钾盐尤其是氯化钾的胃肠道刺激作用。非甾体消炎镇痛药加重口服钾盐的胃肠道反应。血管紧张素转化酶抑制药和环孢素能抑制醛固酮分泌，尿钾排泄减少，故合用时易发生高钾血症。

氯化钙

【药理作用】钙离子是保持神经、肌肉和骨骼正常功能所必需的；对维持正常的心、肾、肺和凝血功能，以及细胞膜和毛细血管通道性也起到重要作用。另外，钙还参与调节神经递质和激素的分泌和贮存，氨基酸的摄取和结合、维生素 B_{12} 的吸收等。

【适应证】治疗急性低钙血症；慢性低钙血症的治疗；预防钙缺乏；高钾血症的辅助治疗；心搏骤停的复苏；高镁血症的辅助治疗；过敏性疾病的治疗；治疗铅中毒所致的肠痉挛。

【禁忌证】①高钙血症和高钙尿症；②含钙肾结石或有肾结石病史；③类肉瘤病；④洋地黄中毒时禁止静脉应用钙剂。

【注意事项】①妇女怀孕时，对钙的需要量明显增多，需要补充钙剂；②本品静脉注射不应用于小儿；③长期或大剂量应用钙剂可致血清磷浓度下降。

【药物相互作用】与雌激素同用，可增加对钙的吸收。与苯妥英钠同用可产生不吸收的化合物，影响二者生物利用度。与四环素同服，影响四环素的吸收。与噻嗪类利尿药同用，可增加肾脏对钙的重吸收，导致高钙血症。

碳酸氢钠

【别名】小苏打。

【药理作用】静脉给药后使血浆内 HCO_3^- 浓度升高，中和氢离子，从而纠正酸中毒；本品可碱化尿液。

【适应证】治疗代谢性酸中毒；碱化尿液；作为制酸药，治疗胃酸过多引起的症状；静脉滴注对某些药物中毒有非特异性的治疗作用；用作全静脉内营养、配置腹膜透析液或血液透析液。

【禁忌证】禁用于强酸中毒时的洗胃。

【注意事项】①长期或大量应用可致代谢性碱中毒，并且钠负荷过高引起水肿，孕妇应慎用；②对6岁以下小儿一般不用做制酸药；③下列情况慎用：少尿或无尿，钠潴留并有水肿时，高血压，阑尾炎或有类似症状而未确诊者及消化道出血原因不明者；④下列情况不作静脉内用药：代谢性或呼吸性碱中毒，因呕吐或持续胃肠负压吸引导致大量氯丢失，低钙血症。

【药物相互作用】与肾上腺皮质激素（尤其是具有较强盐皮质激素作用者）、促皮质激素、雄激素合用时，易发生高钠血症和水肿。与含钙药物、乳及乳制品合用，可致乳碱综合征。与排钾利尿药合用，发生低氯性碱中毒的危险性增加。本品可减少口服铁剂的吸收，两药服用时间应尽量分开。

第十六节　维生素、微量元素类用药

一、维生素

维生素是一类维持机体正常代谢和身体健康必不可少的低分子有机化合物，在人体内含量甚微，既不能提供能量，也不作为机体构成成分。大部分维生素在人体内不能合成，或合成不足，因此不能满足机体需要。

维生素 A

【别名】甲种维生素、视黄醇、维他命 A、维他命甲、抗干眼病维生素。

【药理作用】维生素 A 是一种较复杂的不饱和一元醇。维生素 A 具有促进生长、繁殖、维持正常骨骼上皮组织视力和黏液分泌等生理功能。维生素 A 在肝内代谢，随粪便、尿液排出。哺乳期妇女有部分维生素 A 分泌于乳汁中。

【适应证】①维生素 A 缺乏的预防和治疗，如角膜软化、干眼病、夜盲症、皮肤角化粗糙等；②维生素 A 需要量增加时或摄入不足的情况：妊娠、哺乳期妇女和婴儿，持续紧张状态，感染、长期发热，吸收综合征伴有胰腺功能不良，糖尿病和甲状腺功能亢进、严重蛋白质营养不良、脂肪吸收不良时，严格控制或选择饮食或长时间接受肠道外营养的患者，体重骤降而致营养不良患者。

【注意事项】①妊娠期对维生素 A 需要量略增多，但每天不宜超过 6000 U；②婴幼儿对大量或超量维生素 A 较敏感，应谨慎使用；③老年人长期服用维生素 A，可能因视黄基醛廓清延迟而致维生素 A 过量；④大剂量或长期服用维生素 A 可能引起齿龈出血、唇干裂；⑤维生素 A 过多症时禁用，慢性肾衰竭时慎用维生素 A。

【药物相互作用】制酸药影响维生素 A 的吸收。大量维生素 A 与香豆素或茚满二酮衍生物同服，可导致凝血酶原降低。口服避孕药可提高血浆维生素 A 浓度。与维生素 E 合用时，可促进维生素 A 吸收，增加肝内储存量，加速利用和降低毒性，但大量维生素 E 服用可耗尽维生素 A 在体内的贮存。

维生素 B_1

【别名】硫胺素、维生素乙、维他命 B_1、盐酸硫胺。

【药理作用】本品与三磷酸腺苷形成维生素 B_1 焦磷酸盐，在体内参与糖代谢中 α - 酮酸的氧化脱羧反应；缺乏时氧化受阻形成丙酮酸、乳酸蓄积影响能量代谢。维生素 B_1 能抑制胆碱酯酶的活性，缺乏时胆碱酯酶活性增强，乙酰胆碱水解加速，致神经冲动传导障碍，影响胃肠、心肌功能。

【适应证】①适用于维生素 B_1 缺乏的预防和治疗，如维生素 B_1 缺乏所致的脚气病或 Wernicke 脑病，亦用于周围神经炎、消化不良等的辅助治疗；②胃肠道外营养或摄入不足引起的营养不良时维生素 B_1 的补充；③下列情况时维生素 B_1 的需要量增加：妊娠或哺乳期、甲状腺功能亢进、烧伤、血液透析、长期慢性感染、发热、重体力劳动、吸收不良综合征伴肝胆系统疾病、小肠疾病及胃切除后；④大量维生素 B_1 对下列遗传性酶缺陷病可改善症状：亚急性坏死性脑脊髓病、支链氨基酸病、乳酸性酸中毒和间歇性小脑共济失调；⑤无确切疗效：小脑综合征、皮肤病、慢性腹泻、精神病、多发性硬化。

【注意事项】维生素 B_1 对正常肾功能几乎无毒性。注射用药时可产生过敏反应如出现皮疹、瘙痒、哮鸣等个别过敏性休克，故仅重症者补给少时才采用注射用药。

【药物相互作用】维生素 B_1 在碱性溶液中易分解，与碱性药物如碳酸氢钠、枸橼酸钠配伍，易引起变质。

维生素 B_2

【别名】核黄素、乳黄素、维生素乙$_2$、维他命 B_2。

【药理作用】维生素 B_2 转化为黄素单核苷酸和黄素腺嘌呤二核苷酸均为组织呼吸的重要辅酶，并可激活维生素 B_6，将色氨酸转换为烟酸，并可能与维持红细胞的完整性有关。

【适应证】①用于防治口角炎、唇干裂、舌炎、阴囊炎、角膜血管化、结膜炎、脂溢性皮炎等维生素 B_2 缺乏病；②胃肠道外营养及因摄入不足所致营养不良，进行性体重下降时应补充维生素 B_2；③下列情况对维生素 B_2 需要量增加：妊娠及哺乳期妇女、甲状腺功能亢进、烧伤、长期慢性感染、发热、新生儿高胆红素血症接受蓝光治疗时、恶性肿瘤、吸收不良综合征伴肝胆系统疾病及肠道疾病或胃切除术后。

【注意事项】 餐后口服吸收较完全，不宜与甲氧氯普胺同服。对诊断的干扰，尿中荧光测定儿茶酚胺浓度可呈假性增加，尿胆原测定成假阳性。

维生素 B_6

【别名】 史瑞克。

【药理作用】 本品在体内与 ATP 经酶的作用，转变成具有生理活性的磷酸吡哆醛及磷酸吡哆胺，它是某些氨基酸的氨基酸转移酶，脱羧酶及消化酶的辅酶，参与许多代谢过程。

【适应证】 ①防止因大量或长期服用异烟肼等引起的周围神经炎；②可能减轻部分患者妊娠、抗肿瘤药和放疗引起的恶心、呕吐；③可能有助于白细胞减少症；④局部涂搽治疗痤疮、酒渣鼻和脂溢性湿疹等；⑤与烟酰胺合用治疗糙皮病；⑥其他维生素 B_6 缺乏病患者。

【注意事项】 本品在肾功能正常时几乎不产生毒性。孕妇接受大量维生素 B_6 可致新生儿产生维生素 B_6 依赖综合征和致畸胎。

【药物相互作用】 饮酒（乙醇）影响肠道吸收核黄素；应用吩噻嗪、三环类抗抑郁药、丙磺舒等药，核黄素需要增加。

叶　　酸

【别名】 美天福、斯利安。

【药理作用】 叶酸系由蝶啶、对氨基苯甲酸和谷氨酸组成的水溶性 B 类维生素为机体细胞生长和繁殖必需的物质。

【适应证】 抗贫血药，适用于治疗各种原因引起的叶酸缺乏和巨幼细胞贫血及妊娠后期的预防给药。

【注意事项】 叶酸口服可以迅速改善巨幼细胞贫血，但不能阻止维生素 B_{12} 缺乏所致的神经损害的进展。大剂量持续服用叶酸，可进一步降低血清维生素 B_{12} 的含量。如因诊断不明需用叶酸作为诊断性治疗时，其每天用量以不超过 0.4 mg 为妥。

【药物相互作用】 与维生素 C 同服，后者可能抑制叶酸在胃肠中的吸收。叶酸与苯妥英钠同用，可降低后者的抗癫痫作用。

维生素 C

【别名】 达维欣、果味维 C、抗坏血酸注射液、力度伸、伟喜。

【药理作用】 本品可降低毛细血管通透性，加速血液凝固，刺激凝血功能，促进铁在肠内吸收，促使血脂下降，增加对感染的抵抗力，参与解毒功能，具有抗组胺及阻止致癌物质生成的作用。

【适应证】 用于防治坏血病，也可用于各种急、慢性传染性疾病及紫癜等的辅助治疗，克山病患者发生心源性休克时，可用大剂量本品治疗；慢性铁中毒的治疗；特发性高铁血红蛋白血症的治疗。下列情况对维生素 C 的需要量增加：患者接受慢性血液透析，胃肠道疾病，艾滋病，结核病，癌症，溃疡病，甲状腺功能亢进，发热，感染，创伤，烧伤，手术后等；因严格控制或选择饮食、接受肠道外营养的患者，营养不良，体重骤降，以及在妊娠期和哺乳期，维生素 C 需要量均需增加；应用巴比妥类、四环素类、水杨酸类或以维生素 C 作为泌尿系统酸化药时。

【注意事项】本品可通过胎盘，可分泌入乳汁。有下列情况应慎用：半胱氨酸尿症，痛风，高草酸尿症，草酸盐沉积症，尿酸盐性肾结石，糖尿病，葡萄糖-6-磷酸脱氢酶缺乏症，血色病，铁粒幼细胞贫血或珠蛋白生成障碍性贫血，镰状细胞贫血。

【药物相互作用】口服大剂量维生素 C 可干扰抗凝血药的抗凝效果。巴比妥或扑米酮等合用，可促使维生素 C 的排泄增加。

维生素 D

【别名】骨化醇。

【药理作用】维生素 D 促进钙、磷重吸收，提高血钙、血磷浓度。

【适应证】维生素 D 缺乏症的预防与治疗；用于慢性低钙血症、低磷血症。

【注意事项】短期内摄入超量或长期服用大量维生素 D，可导致严重中毒反应；维生素 D 中毒可引起的高钙血症，可引起全身性血管钙化、肾钙质沉淀及其他软组织钙化，而致高血压及肾衰竭；治疗中发现下列情况时需高度警惕维生素 D 中毒表现：早期症状为食欲不振、恶心、呕吐、极度口渴、多尿、便秘和腹泻交替发生，以后逐渐消退，易烦躁，进一步发展至抑郁状态。

【药物相互作用】含镁的制酸药与维生素 D 同用，特别在慢性肾衰竭患者，可引起高镁血症。降钙素与维生素 D 同用可抵消前者对高钙血症的疗效。大量钙剂或利尿药与常用量维生素 D 并用，有发生高钙血症的危险。大量的含磷药与维生素 D 同用，可诱发高磷血症。

阿法骨化醇

【别名】法能、盖诺真、立庆、阿法 D_3。

【药理作用】在体内经肝以及成骨细胞转化为维生素 D_3 的活性代谢物骨化三醇而起作用。

【适应证】用于肾脏生成骨化三醇减少而致的骨病等。

【药物相互作用】与钙剂使用可能会引起血钙升高。考来烯胺或含镁、铝抗酸药可减少本品吸收。本品与大剂量磷剂合用，可诱发高磷血症。

维生素 E

【药理作用】属于抗氧化剂，可结合饮食中的硒，保护细胞膜及其他细胞结构多价不饱和脂肪酸，使其减少自由基损伤。

【适应证】用于未进食强化奶粉或有严重脂肪吸收不良母亲的新生儿、早产儿、低出生体重儿；脂肪吸收异常而引起的维生素 E 缺乏症；用于习惯性流产、先兆流产、不育症及更年期障碍的辅助治疗；用于维生素 E 需要量增加的情况：甲状腺功能亢进、吸收不良综合征伴胰腺功能低下、肝胆系统疾病、小肠疾病、胃切除术后、β-脂蛋白缺乏血症、棘红细胞增多症，蛋白质缺乏症，接受肠道外营养者、进行性体重下降者，孕妇及哺乳期妇女。

【禁忌证】尚不明确。

【注意事项】由于维生素 K 缺乏而引起的低凝血酶原血症患者及缺铁性贫血患者慎用。

本品不良反应主要有：长期应用本品易引起血小板聚集；长期大剂量服用本药，可引起视物模糊、乳腺肿大、腹泻、头晕、流感样综合征、头痛、恶心及胃痉挛，乏力软弱；外用可引起接触性皮炎。本品可能引起高血压、荨麻疹、糖尿病，加重心绞痛，甚至可导致乳癌和使免疫功能下降。

【药物相互作用】大量氢氧化铝可降低脂溶性维生素 E 的吸收。避免香豆素及其衍生物与大量本品同用，以防止低凝血酶原血症发生。降血脂药考来烯胺和考来替泊，矿物油及硫糖铝等药物可干扰本品的吸收。缺铁性贫血补铁时对维生素 E 的需要量增加。本品可促进维生素 A 的吸收，肝内维生素 A 的贮存和利用增加，并降低维生素 A 中毒的发生；但超量时可减少维生素 A 的体内贮存。

复合维生素 B

【药理作用】参阅维生素 B_1、维生素 B_2、维生素 B_6、烟酰胺等。

【适应证】用于营养不良、厌食、维生素 B_1 缺乏病、糙皮病和缺乏维生素 B 类所致病症治疗。

【注意事项】一般无不良反应。

维生素 AD

【别名】鱼肝油、三维鱼肝油乳、贝比诺胶丸、贝特令。

【药理作用】参阅维生素 A、维生素 D_2 和维生素 D_3。

【适应证】治疗佝偻病和夜盲症；治疗小儿手足抽搐症；预防维生素 AD 缺乏病。

【注意事项】一次大剂量或长期过量服用可引起中毒反应。

【药物相互作用】口服避孕药可提高血浆维生素 A 的浓度。与维生素 E 同用，可增加维生素 A 的吸收，增加其肝内储存量，加速利用和降低毒性，但大量维生素 E 可消耗维生素 A 在体内的储存。大量维生素 A 与抗凝血药同服，可导致凝血酶原降低。抗酸药（如氢氧化铝）可影响本品中维生素 A 的吸收，故不应同服。不应与注射用钙制剂或氧化镁、硫酸镁等药物合用，以免引起高镁、高钙血症。

二、微量元素

微量元素重要生理功能有：参与酶的构成与激活，构成体内重要的载体及电子传递系统，参与激素及维生素的合成，调控自由基的水平等。

葡萄糖酸锌

【别名】星瑞灵。

【药理作用】锌参与多种酶的合成与激活，对蛋白质、核酸合成、肠道蛋白的吸收和消化发挥重要生理功能，促进生长发育。

【适应证】用于预防及治疗锌缺乏。

磷酸钙

【适应证】本品为制酸药、补钙药。用于胃与十二指肠溃疡引起的胃酸过多；补充钙缺乏；肾衰竭时纠正低钙、高磷血症；继发性甲状旁腺功能亢进、纤维骨炎、高磷血症、磷酸滞留时本品可用作磷酸盐结合剂；帮助防治骨质疏松症。

【注意事项】心、肾功能不全患者慎用；与噻嗪类利尿药合用，可增加肾小管对钙的重吸收；长期大量用药应定期测血钙浓度。

复合微量元素

【适应证】肠道外营养补给时，用以添加微量元素。

【禁忌证】果糖不耐受者禁用。

【注意事项】胆囊疾病、肾功能障碍者慎用。

第十七节　酶类与生化制剂

胃蛋白酶

【别名】胃液素、胃酶、命原、百布圣。

【药理作用】消化酶。

【适应证】用于消化不良，消化功能减退及慢性萎缩性胃炎、胃癌、恶性贫血所致的胃蛋白酶缺乏。

【注意事项】不宜与抗酸药同服，在碱性环境中其活性降低。

【药物相互作用】忌与碱性药物配伍，不宜与抗酸药物同服。本品与硫糖铝相拮抗，不宜合用。

菠萝蛋白酶

【别名】菠萝酶、凤梨酶、波罗蛋白酶。

【药理作用】是从菠萝汁中提出的混合酶制剂，能水解纤维蛋白，溶解血凝块。口服后可通过疏通炎症部位的循环而有一定的抗炎和消肿作用。

【适应证】可用于各种原因所致的炎症、水肿、血肿、血栓症。

【注意事项】可引起凝血功能障碍，正在用抗凝血药者，溃疡病及肝肾功能严重受损者忌用；片剂应吞服，因嚼碎可被胃蛋白酶破坏而失效。

溶菌酶

【别名】胞壁质酶、球蛋白 G、细胞壁溶解酶、盐酸溶菌酶。

【药理作用】有抗菌、抗病毒、止血、消肿及加快组织恢复功能等作用。

【适应证】用于慢性鼻炎、急性和慢性咽喉炎、口腔溃疡、水痘、带状疱疹及扁平疣等。

蚓激酶

【别名】普恩复。

【药理作用】有溶血栓作用。

【适应证】用于防治缺血性脑病、纤维蛋白酶增高和血小板凝集率增高的患者。

【注意事项】必须餐前服用，有出血倾向者慎用。

辅酶 A

【别名】亿能、欣复能、妥安健。

【药理作用】本品能激活体内物质代谢，参与糖、蛋白质、脂肪的代谢及机体的解毒过程。

【适应证】用于脂肪肝、肝炎、冠状动脉硬化、心肌梗死、肾病综合征及尿毒症的辅助治疗。

【注意事项】急性心肌梗死患者禁用。

【药物相互作用】与三磷酸腺苷、细胞色素 C 等合用，效果更好。

辅酶 Q_{10}

【别名】能气朗、泛癸利酮。

【药理作用】本品是细胞代谢和细胞呼吸激活药，并有非特异性免疫增强作用。

【适应证】用于充血性心力衰竭、冠心病、高血压的辅助治疗；急、慢性病毒性肝炎、亚急性重型肝炎的综合治疗，以及减轻放疗、化疗的某些不良反应。

【注意事项】可有恶心、胃部不适，食欲减退，偶见荨麻疹及一过性心悸。

脑蛋白水解物

【别名】脑多肽、脑活素、脑血素。

【药理作用】为动物脑蛋白经酶降解而产生的氨基酸和多肽，易进入神经细胞，有促进蛋白质合成，改善脑能量代谢，增强记忆等作用。

【适应证】用于脑功能失调、脑卒中、颅脑外伤术后，严重脑部感染继发的功能紊乱、脑功能衰退、婴幼儿大脑发育不全、脑震荡或脑挫伤后遗症等。

【注意事项】偶有过敏反应，过敏体质者慎用；注射过快可引起轻度发热，极少数患者可出现寒战；癫痫持续状态、大发作、严重肾功能不全及孕妇禁用。

【药物相互作用】蛋白水解物注射液不能与氨基酸注射液在同一瓶中输注，当同时应用氨基酸输液时，应注意可能出现氨基酸不平衡。同用抗抑郁药治疗可发生不良的相互作用，导致不适当的精神紧张。此时建议减少抗抑郁药剂量。

第十八节　生物制品

人血白蛋白

【别名】贝林、康达明、安普莱士、蓉生人血白蛋白。

【药理作用】本品有增加循环血容量和维持血浆渗透压的作用。

【适应证】用于因失血、创伤及烧伤等引起的休克，脑水肿及大脑损伤所致的颅内压增高，防止低蛋白血症以及肝硬化或肾病引起的水肿或腹水。

【禁忌证】急性肺水肿患者禁用。

【注意事项】本品打开后，应一次用完，不得分次使用或给第二人使用；输注过程中发现患者有不适反应，应立即停止输注。

【药物相互作用】不应与蛋白质的水解产物以及氨基酸溶液混合，也不应与含有乙醇的溶液混合。

人免疫球蛋白

【别名】博雅、静注丙球、人血丙种球蛋白、丙种球蛋白。

【药理作用】本品采用经乙肝疫苗免疫的健康人血浆或血清制备而成。作用机制分为"被动免疫"和"被动-自动免疫"。

【适应证】主要用于预防麻疹和甲型病毒性肝炎等病毒性感染。

【注意事项】本品为肌内注射制剂，不可静脉注射；制剂过期、安瓿破裂或有摇不散的沉淀禁用，开启后一次用完。

【药物相互作用】应单独使用。

双歧杆菌活菌制剂

【别名】丽珠肠乐。

【药理作用】双歧杆菌通过脂磷壁酸与肠黏膜上皮细胞结合，与其他厌氧菌共同占据肠黏膜表面，形成生物学屏障，阻止致病菌的入侵和定植。

【适应证】用于急慢性腹泻，各种肠炎及肠道菌群失调症的防治；用于炎症性肠病的辅助用药；用于便秘、肠功能紊乱的防治；用于菌群失调所致血内毒素升高的有关疾病的辅助治疗。

【禁忌证】对本品有过敏史者禁用。

【药物相互作用】与抗生素合用有可能降低本品疗效。

枯草杆菌、肠球菌二联活菌制剂

【别名】妈咪爱。

【药理作用】服用本品可直接补充正常生理活菌，抑制肠道内有害细菌过度繁殖，调整肠道菌群。

【适应证】治疗肠道菌群失调引起的肠炎、腹泻、腹胀、便秘、消化不良、食欲不振等。

【禁忌证】对本品有过敏史者禁用。

【注意事项】治疗1个月，症状仍无改善时，应停止用药，或与医师商议；3个月以下的婴幼儿用药，应在医师指导下服用，小于3岁的婴幼儿，不宜直接服用。

【药物相互作用】与抗生素合用有可能降低本品疗效。

地衣芽胞杆菌制剂

【别名】整肠生。

【药理作用】本品为活菌制剂，能调整肠道菌群，拮抗致病菌的作用。口服后该菌进入肠道，对葡萄球菌及酵母菌均有抗菌作用。

【适应证】主要用于急慢性腹泻，各种肠炎及肠道菌群失调症的防治。

【禁忌证】对本品有过敏史者禁用。

【注意事项】与抗生素合用有可能降低本药疗效。

第十九节　皮肤科用药

皮肤病发生在身体表面，外用药物可以直接接触到皮肤损害部位而发挥治疗作用。皮肤科外用药物的选择和应用需从以下考虑：①首先是药物的性质和作用，如清洁剂、保护剂、消毒抗菌剂、抗真菌剂、抗病毒剂、杀虫剂、收敛剂、角质促成剂、角质剥落剂、腐蚀剂、遮光剂和刺激剂等；②其次是药物剂型，如溶液剂、洗剂、酊剂、醋剂、油剂、乳膏、软膏、糊膏、硬膏、凝胶剂、气雾剂等。

一、抗感染药

莫匹罗星

【别名】百多邦。

【药理作用】通过可逆性结合异亮氨酸转移 RNA 合成酶，阻止异亮氨酸深入，从而使细胞内异亮氨酸的所有蛋白质合成停止，而起到杀菌和抑菌作用。对与皮肤感染有关的各种革兰阳性球菌，尤其对葡萄球菌和链球菌高度敏感，对耐药金黄色葡萄球菌也有效，对某些革兰阴性菌具有一定的抗菌作用。

【适应证】局部外用抗生素，适用于各种细菌性皮肤感染，主要用于革兰阳性菌引起的皮肤感染。

【禁忌证】对莫匹罗星或聚乙二醇基质过敏者慎用。

【注意事项】有中度或严重肾损伤者慎用；不适于眼内和鼻内使用。

磺胺嘧啶银

【别名】烧伤宁、烧烫宁。

【药理作用】本品具有磺胺嘧啶和银盐的双重作用。抗菌谱较广，对多数革兰阳性菌和革兰阴性菌均有抗菌活性。本品外用还有收敛作用，可使创面干燥、结痂和促进愈合。

【适应证】外用于预防或治疗二、三度烧伤继发的创面感染。

【禁忌证】对磺胺类药过敏者禁用；孕妇、哺乳期妇女禁用；2 个月以下婴儿禁用；肝、肾功能不全者禁用。

【注意事项】①本品可自局部部分吸收。②以下情况应慎用：缺乏葡萄糖 - 6 - 磷酸脱氢酶、血卟啉症、失水、休克、艾滋病患者和老年患者。③交叉过敏反应。对一种磺胺类药过敏的患者对其他磺胺类药可能过敏，故不应使用。④对呋塞米、砜类、噻嗪类利尿药、磺脲类、碳酸酐酶抑制药呈现过敏的患者，对磺胺药亦可过敏，不应使用本品。⑤外用本药期间应多饮水，保持高尿流量，防止结晶尿的发生，必要时亦可服碱化尿液。⑥在用药治疗过程中须注意定期做血常规检查，尿液检查，肝、肾功能检查。⑦老年患者应用磺胺类药发生严重不良反应的机会增加，因此老年患者确定有应用指征时需权衡利弊后决定。⑧磺胺类药血药浓度不应超过 200 mg/L，如果超过此浓度，不良反应发生率增加，毒性增强。⑨本品应避光保存。

克霉唑

【别名】抗真菌1号、克舒爽、妇康安、金霉迪、林冠。

【药理作用】作用类似咪康唑。局部应用后可渗入表皮，但仅微量吸收至全身。

【适应证】外用治疗由皮肤癣菌所致的浅表皮真菌感染，如手癣、足癣、体癣、股癣，亦可用于头癣。外用于由假丝酵母菌所致的皮肤假丝酵母菌感染和假丝酵母菌外阴阴道炎。外用于由秕糠马拉癣菌所致的花斑癣。

【禁忌证】对咪唑类药物过敏或对本药过敏者禁用。

【注意事项】①用药过程中一旦局部皮肤过敏，皮疹加重，瘙痒，应立即停用。②外用对儿童和老年人未发现有不良反应。③外用后有可能小量分泌进入哺乳期妇女的乳汁。④避免接触眼睛。

硝酸咪康唑

【别名】达克宁、达克宁霜、联邦倍康、新达克亭、优芙宁。

【药理作用】本品抑制真菌细胞膜的麦角固醇生物合成，影响真菌细胞膜的渗透性，抑制真菌生长，导致死亡。此外，咪康唑对葡萄球菌、链球菌和炭疽芽胞杆菌等革兰阳性菌也有一定抗菌作用。

【适应证】外用治疗由皮肤癣菌所致的浅表皮真菌感染，如手癣、足癣、体癣、股癣，亦可用于头癣。外用于由假丝酵母菌所致的皮肤假丝酵母菌感染和假丝酵母菌外阴阴道炎。外用于由秕糠马拉癣菌所致的花斑癣。

【禁忌证】对咪唑类药物过敏或对本品过敏者禁用。

【注意事项】①用药过程中一旦局部皮肤过敏，皮疹加重，瘙痒，应立即停用。②外用对儿童和老年人未发现有特殊问题；个别患者可出现局部刺激，如红斑、烧灼感，偶见不良反应。③避免接触眼睛。

【药物相互作用】本品与降血糖药合用时，可由于抑制后者的代谢而致严重低血糖症。本品与西沙必利合用属禁忌。

硝酸益康唑

【别名】碧欣。

【药理作用】本品外用后大部分进入表皮，也可达到真皮，仅 1% 吸收入血，其抗真菌作用与咪康唑相似。

【适应证】外用治疗由皮肤癣菌所致的浅表皮真菌感染，如手癣、足癣、体癣、股癣，亦可用于头癣。外用于由假丝酵母菌所致的皮肤假丝酵母菌感染和假丝酵母菌外阴阴道炎。外用于由秕糠马拉癣菌所致的花斑癣。

【禁忌证】对咪唑类药物过敏或对本品过敏者禁用。

【注意事项】用药过程中一旦局部皮肤过敏，皮疹加重，瘙痒，应立即停用；避免接触眼睛。

酮康唑

【别名】酮康他索乳膏、金达克宁、康王洗剂。

【药理作用】通过抑制细胞色素 P450 氧化酶而抑制真菌麦角固醇生物合成，并改变细胞膜其他脂类化合物的组成，对皮肤癣菌、酵母菌、双相真菌具有抑菌和杀菌作用。

【适应证】外用治疗由皮肤癣菌所致的浅表皮真菌感染，如手癣、足癣、体癣、股癣，亦可用于头癣。外用于由假丝酵母菌所致的皮肤假丝酵母菌感染和假丝酵母菌外阴阴道炎。外用于由秕糠马拉癣菌所致的花斑癣、脂溢性皮炎。

【禁忌证】对咪唑类药物过敏或对本品过敏者禁用。

【注意事项】用药过程中一旦局部皮肤过敏，皮疹加重，瘙痒，应立即停用；避免接触眼睛。

【药物相互作用】阿糖胞苷可通过竞争性抑制作用使本品的抗真菌作用失活。同时应用能引起骨髓抑制的药物可增加本品的不良反应，尤其是对造血系统的不良反应。

联苯苄唑

【别名】孚琪、治癣必妥、必孚、必伏、美克、惠复得。

【药理作用】具有抗皮肤癣菌、酵母菌、丝状菌和双相真菌的功效，并具有较强的抗真菌活性，对秕糠马拉癣菌和革兰阳性球菌亦有效。而且在皮肤存留时间长，每天用药 1 次即可。仅供外用，吸收很少。

【适应证】外用治疗由皮肤癣菌所致的浅表皮真菌感染，如手癣、足癣、体癣、股癣，亦可用于头癣。外用于由假丝酵母菌所致的皮肤假丝酵母菌感染和假丝酵母菌外阴阴道炎。外用于由秕糠马拉癣菌所致的花斑癣。

【禁忌证】对咪唑类药物过敏或对本药过敏者禁用。

【注意事项】用药过程中一旦局部皮肤过敏，皮疹加重，瘙痒，应立即停用；避免接触眼睛。

制霉菌素

【别名】润福。

【适应证】用于由假丝酵母菌属引起的皮肤、口腔及阴道感染。

【注意事项】偶见局部刺激，可引起接触性皮炎。阴道片或阴道栓可引起白带增多。

二、糖皮质激素

丁酸氢化可的松

【别名】尤卓尔。

【药理作用】不含氟的中效糖皮质激素。外用能降低毛细血管通透性，抑制角质生成，抑制细胞增殖。具有抗过敏、抗炎症的作用。

【适应证】外用适用于对糖皮质激素外用有效的皮肤病，如接触性皮炎、特应性皮炎、脂溢性皮炎、湿疹、神经性皮炎、银屑病等瘙痒性及非感染性炎症性皮肤病。可适于儿童及面部皮肤的使用。

【禁忌证】①对本品及基质成分过敏者和对其他糖皮质激素过敏者禁用；②原发性细菌性、真菌性及病毒性等感染性皮肤病禁用；③水痘、化脓性皮肤病禁用。

【注意事项】①婴儿及儿童勿长期、大面积使用或采用封包治疗，以免抑制下丘脑-垂体-肾上腺轴，产生继发性肾上腺功能不足；②孕妇、哺乳期女应考虑用药的利弊，慎重使用；③避免与眼接触。

醋酸曲安奈德

【药理作用】为中效糖皮质激素外用药。外用能降低毛细血管通透性，抑制角质生成，抑制角质形成细胞增殖，具有抗过敏、抗炎症的作用。

【适应证】外用适用于接触性皮炎、脂溢性皮炎、神经性皮炎、湿疹、银屑病、盘状红斑狼疮等糖皮质激素外用治疗有效的皮肤病。局部注射可用于瘢痕疙瘩、肥厚性瘢痕、腱鞘炎、滑囊炎、肩周炎等的治疗。

【禁忌证】①对本品及基质成分过敏者和对其他糖皮质激素过敏者禁用。②原发性细菌性、真菌性及病毒性等感染性皮肤病禁用。③局部注射时，有高血压、心脏病、糖尿病、溃疡病、骨质疏松症、青光眼及肝、肾功能不全的患者视病情慎用乃至禁用。局部有感染的禁用。

【注意事项】①本品不宜大面积或长期局部外用。②面部、腋下、腹股沟等处皮肤细嫩部位慎用。③孕妇、哺乳期女应考虑用药利弊，慎重使用。④儿童慎用，婴儿不宜使用。⑤患处涂药后不需包封。⑥本品不可用于眼部。⑦皮肤有化脓感染和真菌感染时须同时使用抗感染药。如同时使用后，感染的症状没有及时改善，应停用本品直至感染得到控制。

醋酸氟轻松

【别名】希内斯。

【药理作用】本品是一种含氟糖皮质激素。0.01%外用制剂为中效、0.025%外用制剂为强效糖皮质激素。可使真皮毛细血管收缩，抑制表皮细胞增殖或再生，抑制结缔组织增生，稳定细胞内溶酶体膜，减少炎性渗出，并能抑制组胺及其他炎症介质的形成和释放，具有抗过敏性、抗炎及止痒的作用。

【适应证】外用适用于对糖皮质激素有效的皮肤病。

【禁忌证】对本品及基质成分过敏者和对其他糖皮质激素过敏者禁用；禁用于由细菌、真菌、病毒等所致的原发性感染性皮肤病。

【注意事项】①对于强效糖皮质激素外用制剂，不能长期、大面积应用。②应用于面部及皮肤皱褶部位，应慎重权衡利弊。③如伴有皮肤感染，必须同时使用抗感染药。如同时使用后，感染的症状没有及时改善，应停用本品直至感染得到控制。④孕妇及哺乳期妇女应权衡利弊后慎用。孕妇不能长期、大面积或大量使用。⑤不可用于眼部。⑥儿童及婴儿由于体表面积相对较大，应权衡利弊后慎用，应尽可能减少药物的用量，且不能采用封包治疗。

丙酸氯倍他索

【别名】特美肤、氯倍他索、氯倍米松、恩肤霜、丙酸氯倍米松。

【药理作用】本品是最强效糖皮质激素外用制剂。外用能降低毛细血管通透性，抑制角质生成，抑制角质形成细胞增殖，具有抗过敏、抗炎症的作用。

【适应证】外用适用于慢性湿疹、神经性皮炎、银屑病、掌拓脓包病、扁平苔藓、盘状红斑狼疮等糖皮质激素外用治疗有效的瘙痒性及非感染性炎症皮肤病。

【禁忌证】原发性细菌性、真菌性及病毒性等感染性皮肤病，如脓包病、体癣、股癣、单纯疱疹等禁用；对本品及基质成分过敏者或对其他糖皮质激素过敏者禁用。

【注意事项】①本品不宜大面积或长期局部外用。②不能应用于面部、腋下、腹股沟等皮肤细嫩部位。即便短期应用也可造成皮肤萎缩等不良反应。③孕妇、哺乳期妇女应考虑用药利弊，慎重使用。孕妇不能长期、大面积或大量使用。④婴儿及儿童不宜使用。⑤本品不可用于眼部。⑥如伴有皮肤感染，不许同时使用抗感染药物，如同时使用后，感染的症状没有及时改善，应停用本品直至感染得到控制。

三、抗角化药

维胺酯

【别名】维胺酯维E、三蕊胶囊、痤疮王。

【药理作用】口服具有调节和控制上皮细胞分化与生长，抑制角化，减少皮脂分泌，抑制角质形成细胞的角化过程，使角化异常恢复正常；具有抑制痤疮丙酸杆菌生长，有抗炎作用。

【适应证】口服适用于中、重度痤疮，对鱼鳞病、银屑病及某些角化异常性皮肤病也有一定疗效。

【禁忌证】内服禁用于：①肝、肾功能不全者；②孕妇；③患脂代谢障碍和重症糖尿病者；④禁与维生素A同服。外用禁用于急性和亚急性皮炎、湿疹类皮肤病患者。

【注意事项】内服：①女性患者服药期内及停药后半年内应采取严格避孕措施；②服药期间应定期做血、尿常规及血脂、肝功能等检查；③在服药期间应避免过度日光照晒；④酗酒者慎用；⑤对儿童的安全性尚不清楚，过量服药可产生骨骼改变。外用：①不宜使用于皮肤皱褶部位如腋窝、腹股沟等；②避免接触眼和黏膜；③用药部位应避免强烈日光照晒。

【药物相互作用】与四环素类抗生素合用时，可导致"假性脑瘤"引起脑压增高、头痛和视力障碍。与维生素 A 合用时，可产生维生素 A 过量的相似症状。

维 A 酸

【别名】艾力可、迪维、丽英、维甲酸、维特明。

【药理作用】调节表皮细胞的有丝分裂和表皮细胞的更新，使病变皮肤的增生和分化恢复正常。能促进毛囊上皮的更新，抑制角蛋白的合成，防止角质栓的形成。

【适应证】外用治疗寻常痤疮、鱼鳞病及银屑病，亦可用于其他角化异常性皮肤病。

【禁忌证】孕妇禁用；急性和亚急性皮炎、湿疹类皮肤病患者禁用。

【注意事项】①不宜使用于皮肤皱褶部位；②避免接触眼和黏膜；③用药部位应避免强烈日光照晒，本品宜夜间睡前使用；④使用后应洗手；⑤儿童应考虑用药利弊，慎用。

【药物相互作用】与光敏感药物共用有增加光敏感的危险性。避免同时使用含乙醇的制剂及碱性大的肥皂，以免加剧皮肤干燥和刺激作用。

异维 A 酸

【别名】邦力迪维、保肤灵、泰尔丝。

【药理作用】具有缩小皮脂腺，抑制皮脂腺活性，减少皮脂分泌，以及减轻上皮细胞角化和减少毛囊中痤疮丙酸杆菌的作用。

【适应证】口服适用于重型痤疮，尤其是结节囊肿型痤疮；聚合性痤疮，重症酒渣鼻。亦可用于毛发红糠疹、掌拓角化症等角化异常性皮肤病。外用适于粉刺、寻常痤疮的治疗。

【禁忌证】哺乳期妇女禁用；儿童禁用；肝、肾功能不全，维生素 A 过量及高脂血症者禁用。

【注意事项】本品有致畸胎作用；服药期间应定期做血、尿常规及血脂、肝功能等检查；可发生光敏感反应，在服药期间应避免过度日光照晒。

【药物相互作用】本品应避免与四环素同时服用。与阿维 A、维胺酯或维 A 酸类共用，可增加不良反应的发生率及严重程度。与光敏感药物共用，可发生加剧的光敏反应。

四、其他

炉甘石

【别名】炉甘石洗剂。

【药理作用】具有收敛、止痒作用。

【适应证】外用于急性皮炎、急性湿疹、荨麻疹等急性瘙痒性皮肤病。

【注意事项】对有显著渗出的皮肤损害，不宜使用本品。较强的收敛作用可使皮肤变得干燥。

薄荷脑

【药理作用】具有止痒、清凉和局部扩张血管作用。

【适应证】用于各种原因引起的皮肤瘙痒和瘙痒性皮肤病。

【禁忌证】婴幼儿禁用。

【注意事项】勿用于眼及黏膜部位。

【药物相互作用】常与樟脑合用，以增强止痒效果。

氧化锌

【别名】锌白、锌氧粉、亚铅华。

【药理作用】本品有弱的收敛和抗菌作用，对皮肤既有消炎和保护作用，又有轻度收敛及干燥性能。

【适应证】外用于皮炎、湿疹、痱子、溃疡等。

【注意事项】放在空气中可缓慢吸收二氧化碳并潮解，与油脂中的脂肪酸可生成油酸锌、硬脂酸锌的团块。

尿　　素

【别名】碳酰二胺、碳酰胺、脲。

【药理作用】能增加皮肤角质层蛋白质的水合作用，使皮肤润泽、光滑，并有止痒、抗菌等作用。高浓度尿素（30% 以上）可溶解角蛋白，用以治疗角化异常性皮肤病，另外，也能增加药物的经皮吸收。

【适应证】外用于鱼鳞病、手足皲裂、皲裂性湿疹、老年性皮肤瘙痒症及掌拓角化病、红毛发红糠疹等角化性皮肤病。

【禁忌证】大面积外用可增加血中非蛋白氮，对肾功能不全者禁用。

【注意事项】偶有轻度局部刺激。若皮损部位合并细菌或真菌感染时，应注意适当增加抗细菌药或抗真菌药。

重组人表皮生长因子

【药理作用】①趋化作用：促进上皮细胞、成纤维细胞等多种细胞向创面迁移，提供组织再生与修复的基础，缩短创面愈合时间。②增殖作用：促进 RNA 及 DNA 的复制和蛋白质的合成；调节细胞糖酵解及 Ca^{2+} 浓度；促进创面细胞再上皮化，加速创面愈合速度。③重建作用：促进胞外基质如透明质酸、纤维连接蛋白、胶原蛋白等的合成；调节胶原的降解及更新，增强创面扩张强度；提高上皮细胞的完全再生度和连续性，预防和减少瘢痕形成，提高创面修复质量。

【适应证】难愈性创面的治疗，如足靴区溃疡，糖尿病性溃疡、褥疮窦道、肛门会阴部创面及其他难以愈合的创面；切口愈合障碍的治疗；预防和减少手术瘢痕。

【禁忌证】对天然和重组 rhEGF、甘油、甘露醇过敏者禁用。

【注意事项】感染创面可局部联合使用抗生素或磺胺嘧啶银，也可系统使用抗生素；乳液和儿童唾液、尿液内均含本品，体表局部外用本品对胎儿和婴幼儿有无影响尚不清楚。不宜与蛋白质变性剂或蛋白水解酶类外用药同时使用，以免影响疗效。

【药物相互作用】与蛋白变性剂或蛋白水解酶类外用药物同时使用时会影响药效。

第二十节 眼科用药

一、降眼压药

硝酸毛果芸香碱

【别名】匹罗卡品。

【药理作用】它直接作用于中枢和外周的毒蕈碱受体，对眼内平滑肌的作用表现为瞳孔缩小、睫状肌收缩和眼压下降。毛果芸香碱对于青光眼、高眼压症和正常眼压者都有降眼压效果。用1%滴眼液滴眼后10～30分钟开始缩瞳，降眼压作用的达峰时间约75分钟。

【适应证】原发性开角型（慢性单纯性）青光眼，原发性闭角型青光眼，某些继发性青光眼。

【禁忌证】①老年性白内障患者；②新生血管性和葡萄膜炎性青光眼；③有视网膜脱离病史者；④无晶状体眼；⑤急性结膜炎、角膜炎或其他不应缩瞳的眼病；⑥支气管哮喘和有哮喘病史者；⑦过敏者。

【注意事项】眼部：①调节痉挛滴药后出现睫状肌痉挛，可持续2～3小时，表现为暂时性近视、眉间痛、头痛和眼眶痛；②缩瞳滴药后瞳孔缩小，视力下降；③瞳孔阻滞；④视网膜脱离；⑤滤泡性结膜炎；⑥过敏性睑结膜炎；⑦刺激症状眼刺痛、烧灼感、结膜充血等刺激症状，常常在滴药数天或数周内消退。全身：并不多见。孕妇及哺乳期妇女慎用。

【药物相互作用】毛果芸香碱和噻吗洛尔或拉坦前列腺素联合应用有相加的降眼压作用。本品可与其他缩瞳药、β受体阻滞药、碳酸酐酶抑制药、拟交感神经药物或高渗脱水剂联合应用于治疗青光眼。与阿托品或环戊醇胺脂同时应用，可干扰毛果芸香碱的抗青光眼作用。在以这些药物应用为主时，毛果芸香碱会抵消这些药的散瞳效果。

马来酸噻吗洛尔

【别名】青光露。

【药理作用】本品为β_1和β_2肾上腺素受体阻滞药，使眼压下降的主要机制是减少房水生成。滴眼后降眼压作用起效快，滴眼后20～30分钟眼压即开始下降。

【适应证】用于治疗各种青光眼（原发性开角型和闭角型青光眼，多种继发性青光眼）和高眼压症。也可用于防治眼科激光手术引起的眼压升高和白内障手术后的高眼压反应。

【禁忌证】①有严重心血管系统和呼吸系统疾病患者；②1岁以下婴幼儿；③对本品过敏者禁用。

【注意事项】眼部：①有轻度的局部刺激症状，如暂时性烧灼感、刺痛和视物模糊；②泪液分泌减少、角膜知觉减退、浅层点状角膜病变、过敏性睑结膜炎；③偶尔可诱发视网膜脱离、黄斑出血等严重不良反应。全身：①心血管系统有心动过缓、心律失常、低血压、晕厥等；②呼吸系统有支气管痉挛、哮喘、呼吸困难和呼吸暂停等。孕妇、哺乳期妇女及老年人宜慎用。

【药物相互作用】研究证明噻吗洛尔和拉坦前列腺素联合应用，有加强降眼压的效果。两种β肾上腺素受体阻滞药联合应用不会增加降眼压效果，反而会增加不良反应的发生。

二、散瞳药

托吡卡胺

【药理作用】本品是一种抗胆碱药，能阻滞由乙酰胆碱引起的虹膜括约肌及睫状肌的兴奋作用。其0.5%溶液可使瞳孔散大；1%溶液可使睫状肌麻痹及瞳孔散大。

【适应证】用于散瞳检查眼底和散瞳验光。

【禁忌证】对本品过敏者和闭角型青光眼患者禁用。婴幼儿有脑损伤、痉挛性麻痹及先天愚型综合征者对本品反应强烈，应禁用。

【注意事项】婴幼儿对本品极为敏感，滴眼液吸收后可引起眼局部皮肤潮红、口干等。

三、抗变态反应药

色甘酸钠

【药理作用】通过抑制细胞内环磷腺苷磷酸二酯酶，致使细胞内环磷腺苷的浓度增加，阻止钙离子转运入肥大细胞内，从而稳定肥大细胞膜，阻止过敏反应介质的释放。

【适应证】用于防治春季过敏性结膜炎、过敏性鼻炎及预防支气管哮喘。

【禁忌证】对本品过敏者和妊娠2个月以内的妇女禁用。

【注意事项】个别人滴眼初期有暂时轻微刺痛感，继续用药后消失。

牛磺酸

【药理作用】氧化损伤是诱发白内障的主要因素。牛磺酸具有抗氧化作用，能保护细胞和组织免于氧化损伤。

【适应证】各种类型白内障。

【禁忌证】对本品所含任何成分过敏者。

【注意事项】未见明显不良反应。

四、组织粘连和干眼治疗药物

玻璃酸钠

【药理作用】本品具有高度的黏弹性、可塑性以及良好的生物相容性，在预防粘连和修复软组织方面有明显作用。

【适应证】作为白内障手术、人工晶状体植入术、青光眼手术、角膜移植术和视网膜手术中的房水和玻璃体的代用品。也可滴眼防治眼干燥症。

【禁忌证】对本品所含任何成分过敏者。

【注意事项】可引起暂时性眼压升高。

氯化钠

【药理作用】本品可缓解眼部干涩症状。

【适应证】用于暂时性缓解眼部干涩症状。

【禁忌证】过敏者禁用。

【注意事项】眼部充血、红肿、瘙痒者不宜使用。使用2周后症状未缓解应停药。

硫酸软骨素

【药理作用】硫酸软骨素对维持细胞环境的相对稳定性和正常功能具有重要作用。可促进角膜创伤的愈合，减少瘢痕组织的产生。硫酸软骨素可以改善血液循环，加速新陈代谢，促进渗出液的吸收及炎症的消除。

【适应证】用于角膜炎、角膜溃疡、角膜损伤及其他化学物理因素所致的角膜损伤。

【禁忌证】过敏者禁用。

【注意事项】偶尔有发痒、红肿等过敏现象发生。

五、白内障用药

法可林

【别名】治障宁、睛可明、白可明、内障灵。

【药理作用】进入晶状体后，阻止酮体对可溶性蛋白质的氧化作用，加速分解已经变性的蛋白质。还具有氧化还原能力，加强晶状体的新陈代谢，减缓白内障的发展。抑制醛糖还原酶的活性，阻止糖尿病性白内障的形成和发展。

【适应证】老年性白内障、外伤性白内障和糖尿病性白内障。

【禁忌证】过敏和化脓性眼炎禁用。

【注意事项】偶有过敏反应，引起结膜充血。

吡诺克辛钠

【药理作用】醌类物质对晶状体可溶蛋白质的作用被吡诺克辛钠竞争性抑制，抑制白内障的发展。另外，吡诺克辛钠还可对抗自由基对晶状体损害而导致的白内障。

【适应证】主要治疗初期老年性白内障、轻度糖尿病性白内障或并发性白内障等。

【禁忌证】过敏者禁用。

【注意事项】极少数患者可有轻微眼部刺痛。

苄达赖氨酸

【药理作用】苄达赖氨酸为醛糖还原酶抑制药，对晶状体醛糖还原酶有抑制作用，通过局部滴眼使苄达赖氨酸进入眼组织和房水，并在晶状体内浓集，从而抑制眼内醛糖还原酶活性，达到预防和治疗白内障的目的。

【适应证】早期老年性白内障。

【禁忌证】眼外伤及严重感染时禁用。

【注意事项】常见不良反应有一过性灼烧感、流泪等反应，多可自行消失。

六、抗感染药

氯霉素

【药理作用】氯霉素通过弥散进入细菌细胞内，并可逆性地结合在细菌核糖体的50S亚基上，使肽链增长受阻，因此抑制了肽链的形成，从而阻止蛋白质的合成，达到抗菌作用。

【适应证】用于治疗敏感细菌引起的外眼感染，如结膜炎、角膜炎、睑缘炎、沙眼等。

【禁忌证】①对本品过敏者禁用;②新生儿和早产儿禁用。

【注意事项】用药后出现短暂烧灼感和刺痛,比较常见。用药后出现瘙痒、眼红、皮疹、肿胀和其他刺激症状,比较少见。

【药物相互作用】与林可霉素类或红霉素类等大环内酯类抗生素合用可发生拮抗作用,因此不宜联合应用。

盐酸四环素

【药理作用】本品为广谱抑菌药,高浓度时具杀菌作用。本品能特异性地与细菌核糖体30S亚基的A位置结合,抑制肽链的增长和影响细菌蛋白质的合成。

【适应证】用于敏感病原菌所致结膜炎、眼睑炎、角膜炎、沙眼等。

【禁忌证】过敏者禁用。

【注意事项】偶见局部过敏反应、药疹。

盐酸金霉素

【药理作用】本品作用机制为药物能特异性与细菌核糖体30S亚基的A位置结合,抑制肽链的增长和影响细菌蛋白质的合成。

【适应证】用于敏感金黄色葡萄球菌、化脓性链球菌、肺炎链球菌等革兰阳性菌及流感嗜血杆菌等敏感革兰阴性菌所致浅表眼部感染的治疗;也可用于沙眼衣原体所致沙眼的治疗。

【禁忌证】过敏者禁用。

【注意事项】不良反应少见,应用本品后可感到视力模糊。

利福平

【药理作用】利福平为半合成广谱杀菌药,与依赖于DNA的RNA多聚酶牢固结合,抑制细菌RNA的合成,防止该酶与DNA连接,从而阻断RNA转录过程。

【适应证】用于治疗敏感微生物所致眼部感染,如沙眼、结核性眼病及某些病毒性眼病。

【禁忌证】对本品过敏者禁用。

【注意事项】本品滴眼可发生轻度刺激症状。

【药物相互作用】参阅抗微生物药。

氧氟沙星

【药理作用】本品通过抑制细菌拓扑异构酶Ⅳ及脱氧核糖核酸螺旋酶的活性,阻碍细菌脱氧核糖核酸的复制而达到抗菌作用。

【适应证】用于敏感细菌所致的外眼感染,如结膜炎、角膜炎、角膜溃疡等。

【禁忌证】对氧氟沙星或喹诺酮类药物过敏者禁用。

【注意事项】①不宜长期使用;②在使用中出现过敏症状,应立即停止使用;③孕妇、哺乳期妇女、小儿和老年人慎用。

【药物相互作用】氧氟沙星与抗凝血药之间的相互作用不明显,本品与头孢噻肟、甲硝唑、克林霉素、环孢素等同用后,各药物的药动学过程均无明显改变。长期大量使用经局部吸收后,可产生与全身用药相同的药物相互作用。

依诺沙星

【药理作用】作用于细菌细胞 DNA 螺旋酶的 A 亚单位，抑制 DNA 的合成和复制而导致细菌死亡。

【适应证】敏感菌引起的外眼感染，如结膜炎、角膜炎等。

【禁忌证】①过敏患者禁用；②鉴于本品可引起未成年动物关节病变，故孕妇禁用。

【注意事项】少数患者可有轻微刺激感，不影响使用。

【药物相互作用】长期大量使用经局部吸收后，可产生与全身用药相同的药物相互作用，如可使茶碱类、环孢素、丙磺舒等药物血药浓度升高，增强抗凝血药华法林的抗凝作用，干扰咖啡因的代谢等。

利巴韦林

【药理作用】药物进入被病毒感染的细胞后迅速磷酸化，其产物作为病毒合成酶的竞争性抑制药，抑制病毒合成酶，损害病毒 RNA 和蛋白合成，使病毒的复制与传播受抑。

【适应证】适用于治疗单纯疱疹性角膜炎。

【禁忌证】对本品过敏者、孕妇禁用。

【注意事项】偶见局部轻微刺激。有严重贫血、肝功能异常者慎用。哺乳期妇女应用时应暂停授乳。老年人不推荐应用。

【药物相互作用】与齐多夫定同用时有拮抗作用，因本品可抑制齐多夫定转变成活性型的磷酸齐多夫定。

阿昔洛韦

【药理作用】阿昔洛韦易被病毒摄取后，转化为无环鸟苷三磷酸而与鸟苷三磷酸竞争。通过两种方式抑制病毒复制：干扰病毒 DNA 多聚酶，抑制病毒的复制；在 DNA 多聚酶作用下，与增长的 DNA 链结合，引起 DNA 链的延伸中断。

【适应证】适用于治疗单纯疱疹性角膜炎。

【禁忌证】过敏者禁用。

【注意事项】滴眼可引起轻度疼痛和烧灼感，但易被患者耐受。

氟康唑

【药理作用】主要通过干扰细胞色素 P450 的活性，从而抑制真菌细胞膜麦角固醇的生物合成，损伤真菌细胞膜和改变其通透性，以致重要的细胞内物质外漏。

【适应证】敏感性真菌引起的真菌性角膜炎。

【禁忌证】过敏者慎用。

【注意事项】偶见眼部刺激反应和过敏反应。本品与其他咪唑类药物之间可发生交叉过敏，因此对任何一种咪唑类药物过敏者不可再用本品。

七、其他

重组牛碱性成纤维细胞生长因子

【药理作用】本品主要组成成分为重组牛碱性成纤维细胞生长因子，具有促进修复和再生作用。

【适应证】各种原因引起的角膜上皮缺损和点状角膜病变，复发性浅层点状角膜病变、轻中度眼干燥症、大泡性角膜炎、角膜擦伤、轻中度化学烧伤、角膜手术及术后愈合不良、地图状（或营养性）单纯疱疹性角膜溃疡等。

【禁忌证】对蛋白质过敏者禁用。

【注意事项】未见明显不良反应。

【药物相互作用】与蛋白变性剂或蛋白水解酶类外用药物同时使用会影响药效。

第二十一节　口腔科用药

复方氯己定含漱液

【药理作用】本品为抗菌消炎药。其中葡萄糖酸氯己定为广谱杀菌药。甲硝唑具有抗厌氧菌作用。

【适应证】本品可作为牙龈炎、冠周炎、口腔黏膜炎等所致的牙龈出血、牙周肿痛及溢脓性口臭、口腔溃疡等症的辅助治疗用药。

【禁忌证】过敏者禁用。

【注意事项】偶有过敏反应或口腔黏膜浅表脱屑。长期使用能使口腔黏膜表面与牙齿着色。舌苔也可呈黑褐色，停药后自行消失。含漱后可使味觉有短时的改变，停药后恢复。宜在饭后使用。

【药物相互作用】本品与肥皂、阴离子物质、碘化钾等有配伍禁忌。0.05%浓度的本品与硼酸盐、碳酸氢盐、碳酸盐、氯化物、枸橼酸盐、磷酸盐和硫酸盐有配伍禁忌，因可形成低溶解度的盐而沉淀析出。本品遇硬水可形成不溶性盐。本品遇软木（塞）可失去药物活性。

西地碘

【药理作用】西地碘为口腔、咽喉局部的消毒抗感染药，在唾液作用下可迅速释放出碘分子，直接氧化和卤化菌体蛋白质，对多种微生物包括细菌繁殖体、真菌、芽胞、病毒等均有杀灭作用。

【适应证】用于治疗慢性咽喉炎、白假丝酵母菌感染性口炎、口腔溃疡、慢性牙龈炎、牙周炎症以及糜烂型扁平苔藓等。

【禁忌证】对碘过敏者、妊娠妇女、哺乳妇女。

【注意事项】个别口腔溃疡较重者含药后可出现一过性刺激感，但不影响疗效。极少数患者可出现过敏症状，如血管神经性水肿、上呼吸道黏膜刺激症状，甚至喉头水肿引起窒息。长期应用可出现口内铜腥味、喉部烧灼感、鼻炎、皮疹等，停药后即可消退。

第二十二节　耳鼻咽喉科用药

一、耳部

氯霉素

【药理作用】氯霉素通过弥散进入细菌细胞内，并可逆性地结合在细菌核糖体的50S亚基上，使肽链增长受阻，从而阻止蛋白质的合成。

【适应证】用于治疗敏感细菌感染引起的外耳炎及急、慢性中耳炎。

【禁忌证】过敏者禁用。

【注意事项】偶见过敏反应。孕妇及哺乳期妇女慎用。

【药物相互作用】参阅抗微生物药。

盐酸金霉素

【药理作用】本品作用机制为药物能特异性与细菌核糖体 30S 亚基的 A 位置结合，抑制肽链的增长和影响细菌蛋白质的合成。

【适应证】用于敏感菌所致的急性中耳炎。

【禁忌证】过敏者慎用。

【注意事项】不良反应少见。

环丙沙星

【药理作用】作用于细菌细胞 DNA 螺旋酶的 A 亚单位，抑制 DNA 的合成和复制而导致细菌死亡。

【适应证】用于敏感菌所致的中耳炎、外耳道炎、鼓膜炎等。

【禁忌证】过敏者禁用。

【注意事项】偶有中耳痛及瘙痒感。

【药物相互作用】参阅抗微生物药。

氧氟沙星

【药理作用】作用于细菌细胞 DNA 螺旋酶的 A 亚单位，抑制 DNA 的合成和复制而导致细菌死亡。

【适应证】急、慢性化脓中耳炎，急性外耳道炎及鼓膜炎。

【禁忌证】对氧氟沙星过敏者禁用。

【注意事项】偶有短暂灼痛感。药液较凉时有引起眩晕的可能，冬季用前可用手将药捂温。

二、鼻部

盐酸麻黄碱

【药理作用】本品通过激动 α 受体引起血管收缩，从而减少鼻腔黏膜容积。其血管收缩作用比较持久而缓和，对鼻黏膜上皮纤毛活动影响少，改善鼻腔通气，促进鼻窦引流，并可减轻局部炎症。

【适应证】用于急、慢性鼻炎、鼻窦炎，也可用于鼻出血。

【禁忌证】过敏者慎用。

【注意事项】①偶有鼻刺痛感、烧灼感等局部刺激症状；②高浓度、频繁和长期使用，对鼻黏膜有损害作用；③偶有患者使用后出现血压升高。

【药物相互作用】不能与单胺氧化酶抑制药、三环类抗抑郁药同用。

盐酸羟甲唑啉

【药理作用】本品为减充血药。本品为 α_1 肾上腺素受体激动药，具有迅速收缩鼻血管的作用，从而改善鼻塞症状。

【适应证】适用于急、慢性鼻炎、鼻窦炎，过敏性鼻炎，肥厚性鼻炎。

【禁忌证】 过敏者慎用。

【注意事项】 个别患者可能有轻微的烧灼感、针刺感、鼻黏膜干燥等。

富马酸酮替芬

【药理作用】 本品具有很强的组胺 H_1 受体拮抗作用和抑制过敏反应介质释放的作用，能明显减轻鼻黏膜水肿，从而使过敏性鼻炎的鼻痒、打喷嚏、流鼻涕和鼻塞等症状减轻或消失，本品不改变分泌物的性质，不影响黏液纤毛运动。

【适应证】 本品用于季节性和常年性变应性鼻炎。

【禁忌证】 车辆驾驶员、机械操作者、高空作业者禁用。

【注意事项】 常见不良反应有嗜睡、倦怠口干，恶心等胃肠道反应。偶见头痛、头晕、迟钝以及体重增加。

糠酸莫米松

【药理作用】 是中效糖皮质激素外用制剂。有抗炎、抗过敏及止痒的作用。局部外用经皮吸收率仅 0.4%（乳膏）～0.7%（软膏），因此全身不良反应的发生率极低。

【适应证】 外用适用于对糖皮质激素外用治疗有效的皮肤病，如接触性皮炎、特应性皮炎、湿疹、神经性皮炎及银屑病等瘙痒性及非感染性炎症性皮肤病。

【禁忌证】 ①过敏者禁用；②原发性细菌性、真菌性及病毒性等感染性皮肤病禁用。

【注意事项】 偶见烧灼感，瘙痒、刺痛等刺激反应。长期局部外用可发生皮肤萎缩、毛细血管扩张、增加对感染的易感性等。长期外用于面部可发生痤疮样皮炎、口周皮炎。

丙酸氟替卡松

【药理作用】 本品是糖皮质激素外用制剂。可经皮肤吸收，尤其在皮肤破损处吸收更快。

【适应证】 外用适于对糖皮质激素有效的非感染性、炎症性及瘙痒性皮肤病，如特应性皮炎、湿疹、神经性皮炎、接触性皮炎、脂溢性皮炎及寻常型银屑病等。

【禁忌证】 ①过敏者禁用；②细菌性、真菌性及病毒性皮肤病忌单独使用。

【注意事项】 不良反应通常较轻，可有瘙痒、干燥及烧灼感。偶可引起接触性皮炎。

三、咽喉部

西地碘

【药理作用】 西地碘为口腔、咽喉局部的消毒抗感染药物，在唾液作用下可迅速释放出碘分子，直接氧化和卤化菌体蛋白质，对多种微生物包括细菌繁殖体、真菌、芽胞、病毒等均有杀灭作用。

【适应证】 用于治疗慢性咽喉炎、白假丝酵母菌感染性口炎、口腔溃疡、慢性牙龈炎、牙周炎症以及糜烂型扁平苔藓等。

【禁忌证】 对碘过敏者、妊娠妇女、哺乳妇女。

【注意事项】 个别口腔溃疡较重者含药后可出现一过性刺激感，但不影响疗效。极少数患者可出现过敏症状，如血管神经性水肿、上呼吸道黏膜刺激症状，甚至喉头水肿引起窒息。长期应用可出现口内铜腥味、喉部烧灼感、鼻炎、皮疹等，停药后即可消退。

薄荷喉片

【药理作用】 本品活性成分薄荷脑，为局部刺激药。用于局部能选择性地作用于黏膜的冷觉感受器，产生冷觉反射，引起黏膜血管收缩，产生治疗作用。用于黏膜有清凉作用；用于发炎黏膜，可使血管收缩，浮肿减轻。本品口服迅速从消化道吸收。

【适应证】有清凉、止痛、防腐作用，用于咽喉炎、扁桃体炎及口臭等。

【禁忌证】过敏者禁用。

【注意事项】不良反应少见，偶可发生哮喘、荨麻疹和血管性水肿等变态反应。

第十一章 中 药

第 一 节 概 述

中药的发明与应用，在我国有着悠久的历史，其独特的理论体系和应用形式，充分反映了我国自然资源及历史、文化等方面的若干特点，因此人们习惯把凡是以中医药理论指导采集、炮制、制剂，说明作用机制，指导临床应用的药物，统称为中药。

一、古代历史上 6 部有代表性的本草著作简介

1. 《神农本草经》：成书于西汉末年至东汉末年，是在长期的流传过程中经过多人充实和修饰而成，其作者已无法考证。本书载药 365 种，是我国现存最早的第一部药学专著，奠定了中药基本理论如：四气五味、有毒无毒、配伍法度、剂型选择，并总结了汉以前的药学成就。

2. 《本草经集注》：成书于 500 年左右（南北朝梁代），作者陶弘景，载药 730 种。首创了按药物自然属性分类的方法，第一次全面系统地整理、补充了《神农本草经》，初步确定了综合性本草著作的编写模式。

3. 《新修本草》：又称《唐本草》。成书于唐代显庆四年（659 年），由李勣、苏敬等人共同编撰而成，书中载药 844 种。首创图文对照的编撰方法，是我国历史上第一部官修药典性本草，也是世界上第一部药典。

4. 《经史证类备急本草》：简称《证类本草》。成书于宋代，作者唐慎微，载药 1558 种，新增药 467 种，收方 3000 余首。它采用方药兼收、图文并重、医药结合、资料翔实，具有特色。该书集宋以前本草之大成，保存了大量古代方药的宝贵文献，是现今研究中药学的重要著作。

5. 《本草纲目》：成书于明代（1578 年），作者李时珍，共 52 卷，载药 1892 种，方剂 11000 余首。它按药物自然属性分为 16 部 62 类，采用了当时世界上最先进的分类法，突出了辨证用药的特色，广泛介绍了生物、化学、天文、地理、矿物学、冶金学等多学科知识，对世界医药学和自然科学的许多领域作出了举世公认的卓越的贡献。

6. 《本草纲目拾遗》：成书于清代，作者赵学敏，载药 921 种，新增 716 种药。它创古本草增收新药之冠，丰富了本草学。也订正了《本草纲目》中的错误。

二、中药的性能

中药的性能是对中药作用的性质和特性的高度概括，又称中药药性。它包括四气五味、升降浮沉、归经、有毒无毒等内容。

（一）四气五味

1. 四气：是指寒、热、温、凉 4 种不同的药性，又称四性。它从药物作用于机体所发生的反应概括出来的。是与所治疾病的寒、热性质相对而言的。《神农本草经》云："疗寒以热药，疗热以寒药。"《素问》云："寒者热之，热者寒之。"

2. 五味：就是辛、甘、酸、苦、咸 5 种味。有些药物具有淡味或涩味，实际上不止 5 种。但是，五味是最基本的 5 种滋味，所以仍然称为五味。不同的味有不同的作用，味相同的药物，其作用也有相近或共同之处。目前一般认为作用如下。

（1）辛味：有发散、行气、行血作用。

（2）甘味：有补益、和中、缓急等作用。

（3）酸味：有收敛、固涩作用。

（4）涩味：与酸味药的作用相似。

（5）苦味：有泄和燥及坚阴的作用，即有通泄、燥湿和泻火存阴之意。

（6）咸味：有软坚散结、泻下作用。

（7）淡味：有渗湿、利尿作用。

3. 气味配合：气，偏于定性；味，偏于定能。必须将两者结合，才能准确地辨别药物的作用。每种只有一气，而味可有一至两种或更多。气味相同，功能相近。气味相异，功能不同。

（二）升降浮沉

升降浮沉是反映药物作用趋向的一种性能，其作用趋势与所疗疾病的病势趋向相反。升和降，浮和沉都是相对的，升是上升，降是下降，浮表示发散，沉表示泄利等作用。一般具有升阳发表、祛风散寒、涌吐、开窍等功效的药物，都能上行向外，药物都是升浮的；而具有泻下、清热、利尿渗湿、重镇安神、潜阳熄风、消导积滞、降逆、收敛及止咳平喘等功效的药物，则能下行向内，药性多沉降。此外，药物的升降浮沉，常受到加工炮制的影响，而在复方中，一种药的作用趋向还可能受到其他药物的制约，这在用药时是应加以注意的。

（三）归经

归经是指药物对于机体某部分的选择性作用，即主要对某经（脏腑及其经络）或某几条经发生明显的作用，而对其他经则作用较小，或没有作用。归经是以脏腑、经络理论为基础，以所治具体病证为依据的。

（四）有毒无毒

狭义而言，是指药物用于人体后能否造成伤害，即不良反应。毒性也是药物毒副作用大小的标志。一般系指药物对机体所产生的不良影响及损害性。包括急性毒性、亚急性毒性、亚慢性毒性、慢性毒性，及特殊毒性如致癌、致突变、致畸胎、成瘾等。毒性确定依据有：①是否含有毒成分；②整体是否呈现毒性；③用量是否恰当。

三、中药的应用

中药的应用主要包括配伍、用药禁忌、剂量和用法等几项内容。

（一）配伍

依据患者病情、治法和药物性能，选择性地将两种以上的药物组合在一起的应用形式，称配伍。中药配伍的目的是为了增强疗效，降低毒副作用，扩大适应范围，以适应病情需要等。其配伍关系总称为七情，即单行、相须、相使、相畏、相杀、相恶、相反7种关系。

1. 单行：是指单用一味药来治疗某种病情单一的疾病。

2. 相须：是指两种功效类似的药物配合应用，可以增强原有药物的功效。

3. 相使：是指以一种药物为主，另一种药物为辅，两药合用，辅药可以提高主药的功效。

4. 相畏：是指一种药物的毒副作用能被另一种药物减轻或消除。

5. 相杀：是指一种药物能减轻或消除另一种药物的毒副作用。

6. 相恶：是指一种药物能使另一种药物的功效降低，甚至消失。

7. 相反：是指两种药物合用，能产生或增强毒性反应。

相须、相使可增效；相畏、相杀可减毒，以保证安全用药，临床需充分利用；相恶可减效，临床用药应加以注意；相反则是增毒的配伍，临床属于配伍禁忌。

（二）用药禁忌

用药禁忌主要包括配伍禁忌、病证用药禁忌、妊娠用药禁忌和服药时的饮食禁忌。

1. 配伍禁忌：在选药组方时有的药物应该避免合用，称配伍禁忌。金元以来，配伍禁忌被医家概括为"十八反"和"十九畏"。

（1）十八反：乌头反半夏、瓜蒌、贝母、白蔹、白及；甘草反海藻、大戟、甘遂、芫花；藜芦反人参、沙参、玄参、丹参、苦参、细辛、芍药。

十八反歌诀为：本草明言十八反，半蒌贝蔹及攻乌，藻戟遂芫具战草，诸参辛芍叛藜芦。

（2）十九畏：硫黄畏朴硝，水银畏砒霜，狼毒畏密陀僧，巴豆畏牵牛，丁香畏郁金，牙硝畏三棱，川乌、草乌畏犀角，人参畏五灵脂，官桂畏赤石脂。

十九畏歌诀为：硫黄原是火中精，朴硝一见便相争；水银莫与砒霜见，狼毒最怕密陀僧；巴豆性烈最为上，偏与牵牛不顺情；丁香莫与郁金见，牙硝难合京三棱；川乌草乌不顺犀，人参最怕五灵脂；官桂善能调冷气，若逢石脂便相欺；大凡修合看顺逆，炮爁炙煿莫相依。

2. 病证用药禁忌：某类或某种病证应当避免使用某类或某种药物，称病证用药禁忌。凡药不对证，药物功效不为病情所需，有可能导致病情加重、恶化者，原则上都属禁忌范围。如表虚自汗、阴虚盗汗者，忌用发汗药，以免加重出汗。里寒证忌用寒凉伤阳的清热药。阴虚内热者还须慎用苦寒药，以免苦寒化燥伤阴。脾胃虚寒便溏者忌用泻下药，以免损伤脾胃等。

3. 妊娠用药禁忌：妇女在妊娠期间，除为了中断妊娠、引产外，禁忌使用某些药物，称妊娠用药禁忌。一般将妊娠禁忌药分为禁用药和慎用药。禁用药包括剧毒药、堕胎作用较强的药及药性作用峻猛的药，如砒石、水银、马钱子、川乌、草乌、斑蝥、轻粉、雄黄、巴豆、甘遂、大戟、芫花、牵牛子、商陆、藜芦、胆矾、瓜蒂、干漆、水蛭、虻虫、三棱、莪术、麝香等。慎用药主要是活血化瘀药、行气药、攻下药及温里药等，如牛膝、川芎、红花、桃仁、姜黄、枳实、枳壳、大黄、番泻叶、芦荟、芒硝、附子、肉桂等。

4. 服药时的饮食禁忌：服药期间禁忌进食某些食物，称服药时的饮食禁忌，简称服药食忌，俗称忌口。服药食忌的一般原则：一是忌食可能妨碍脾胃消化吸收功能，影响药物吸收的食物。患病期间，一般人的脾胃功能都可能有所减弱，因此，应忌食生冷、多脂、黏腻、腥臭及有刺激性的食物，以免妨碍脾胃功能，影响药物的吸收，使药物疗效降低。二是忌食对某种病证不利的食物。如生冷食物对寒证，特别是脾胃虚寒证不利；辛热食物对热证不利；食油过多，会加重发热；食盐过多，会加重水肿等。

（三）剂量与用法

剂量主要是指为达到一定的治疗目的，所应用的单味药的剂量，又称用量。书中各具体药物用量项下所标用量，系单味药的常用有效量。除特别注明者外，都是指干燥饮片在汤剂中，成人一天内服的常用有效量（鲜品入药及药物入丸散时的用量则另加说明）。这是临床确定单味药用量时的重要参考依据。

中药的用法主要包括给药途径、应用形式、汤剂的煎煮方法和服药方法。

其中汤剂的煎煮方法主要包括先煎、后下、包煎、另煎、烊化、冲服。

先煎的药，或系有效成分相对不容易煎出的药（如水牛角、鹿角等动物类药，龟甲、鳖甲等动物甲类药，海蛤壳、石决明、牡蛎、珍珠母等动物壳类药，石膏、磁石、代赭石、龙骨等矿物类药及苦楝皮等部分植物药）；或系久煎可使其毒性降低的药（如川乌、草乌、附子、雷公藤等）。

后下的药，或系含挥发性有效成分，久煎易挥发失效的药物（如金银花、鱼腥草、肉桂、沉香及解表药、化湿药中的大部分药）；或系有效成分不耐煎煮，久煎容易破坏的药（如青蒿、大黄、番泻叶、麦芽、谷芽、神曲、白芥子、杏仁、钩藤等）。有的药甚至只需用开水浸泡即可，不必入煎（如大黄、番泻叶用于泻下通便）。

包煎的药，或系药材有毛，对咽喉有刺激性且煎煮时会漂浮水面而不便于煎煮的药物（如辛夷、旋覆花等）；或系药材呈粉末状或煎煮后容易使煎液混浊的药物（如海金沙、蒲黄、五灵脂等）；或系煎煮后药液黏稠不便于滤取药汁的药物（如车前子等）。

另煎的药，多系贵重药材（如人参、西洋参等）。

烊化的药，多系容易粘锅、熬焦，或黏附于其他药渣上的胶类药材（如阿胶、鹿角胶、龟甲胶等）。

冲服的药，或系入水即化的药（如芒硝等）；或系液体类药（如蜂蜜等），及某些药物（如沉香等）加水磨取的药汁。

第二节　解表药

凡以发散表邪，解除表证为主要功效的药物，称解表药。

解表药多具有辛味，性能发散；使肌表之邪外散或从汗解。由于表证有风寒和风热两种不同性质，故本类药物相应分为辛温解表和辛凉解表两类。主要用于外感风寒或风热所致的恶寒、发热、头痛、身痛、无汗（或有汗）、脉浮等证。部分解表药还可用于水肿、咳喘、疹发不畅，可借其辛散祛邪作用以宣肺散邪和促使疹子透发；有些解表药兼能祛除湿邪，缓解疼痛，故可用于风湿所致的肢体疼痛。

应用解表药时，除必须针对外感风寒或风热的不同，而分别选用长于发散风寒或解散风热的药物外，对于正气偏虚的患者，还应随证配伍必要的助阳、益气、养阴等扶正之品，以保证正气并利于祛邪。辛凉解表药用于温病初起，要配伍适当的清热解毒药。

使用发汗力强的解表药，要注意不可使之出汗过多，以免损耗阳气和津液。解表药忌用于多汗及热病后期津液亏耗者；对于久患疮痈、淋病及失血患者，虽有外感表证，仍要慎重使用。

一、发散风寒药

本类药物多属辛温之品，发散风寒，主治外感风寒表证。部分药分别兼有止痛、平喘、利水消肿等功效，兼治风湿痹证、咳喘、水肿等兼风寒表证者。

麻　黄

麻黄科小灌木草麻黄、木贼麻黄或中麻黄的草质茎。主产于河北、山西、内蒙古等地。以秋季割取的嫩枝入药。生用或蜜炙用。

【性味归经】辛、微苦，温。归肺、膀胱经。

【功能主治】发汗，平喘，利水。主治外感风寒，喘咳证及水肿。

【配伍应用】①麻黄配桂枝，相须为用，增强发汗解表力量。用于外感风寒表实证。②麻黄配杏仁，可增强平喘的功效。用于风寒外束，肺气壅遏所致的喘咳证。③麻黄配白术，用于水肿而兼有表证，因本品能发汗利水，有助于消散水肿。

【用法用量】1.5～10 g。

【注意事项】本品发汗力较强，故表虚自汗及阴虚盗汗，喘咳由于肾不纳气者均应忌用。

桂　枝

樟科乔木植物肉桂的嫩枝。主产于广西、广东等地。以3～7月割下的嫩枝入药。生用。

【性味归经】辛、甘，温。归心、肺、膀胱经。

【功能主治】发汗解表，温经通阳。主治外感风寒，风寒湿痹，痰饮证及胸痹、胸痛。

【配伍应用】①桂枝配白芍，以调和营卫，则卫气自如。用于外感风寒，表虚有汗而表证不解者。②桂枝配附子，祛风寒湿邪，温经通络。用于风寒湿痹，肩背肢节酸痛。③桂枝配瓜蒌、薤白，能温通胸中阳气，用于胸痹、胸痛或心悸、脉结代等证。

【用法用量】3～10 g。

【注意事项】本品辛温助热，易伤阴动血，凡温热热病及阴虚阳盛，血热妄行诸症均忌用。

紫　苏

唇形科一年生草本植物紫苏的叶和茎。其叶称紫苏叶，其茎称紫苏梗。各地均产。以夏秋采收的地上部分入药。生用。

【性味归经】辛，温。归肺、脾经。

【功能主治】发表散寒，行气宽中，解鱼蟹毒。主治感冒风寒及外感咳嗽。

【配伍应用】①紫苏配杏仁，用于感冒风寒，兼有咳嗽者。因本品能发散风寒，开宣肺气。②紫苏配藿香，具有行气宽中，和胃止呕功效。用于脾胃气滞，胸闷，呕吐之证。

【用法用量】3～10 g。

【注意事项】不宜久煎。紫苏还有安胎的功效。

生　姜

姜科多年生草本植物姜的根茎。各地均有栽培。以秋、冬两季采挖的新鲜品入药。切片生用、煨用或捣汁用。

【性味归经】辛，微温。归肺、脾、胃经。

【功能主治】发汗解表，温中止呕，温肺止咳。主治外感风寒，风寒咳嗽及胃寒呕吐。

【配伍应用】①生姜配桂枝，增强发汗效果。用于外感风寒。②生姜配半夏，治胃寒呕吐，用于胃寒呕吐；生姜配竹茹、黄连，用于热证呕吐。因本品能温胃和中，降逆止呕。

【用法用量】3～10 g。

【注意事项】可捣汁冲服；本品助火伤阴，故热盛及阴虚内热者忌服。此外，本品还能解半夏、天南星、鱼蟹之毒。

香　薷

唇形科多年生草本植物石香薷的地上部分或全草。主产于江西及安徽、河南等地。以果实成熟后采收地上部分或全草入药。生用。

【性味归经】辛，微温。归肺、胃经。

【功能主治】发汗解表，和中化湿，利水消肿。主治夏季风寒，暑湿及水肿。

【配伍应用】①香薷配扁豆、厚朴，外能发汗解表，内能化湿和中。用于外感风寒，内伤暑湿。②香薷配白术，对脾虚水肿患者尤能散水和脾。因本品能发越阳气，通利水湿。

【用法用量】3～10 g。

【注意事项】本品发汗力较强，表虚有汗及暑热证当忌用。

荆　芥

唇形科一年生草本植物荆芥的地上部分。主产于江苏、浙江等地。以秋季花开穗绿时割取地上部分，或分别采收花穗与梗入药。生用或炒炭用。

【性味归经】辛，微温。归肺、肝经。

【功能主治】祛风解表，止血。主治外感风寒，风疹瘙痒及出血。

【配伍应用】①荆芥配防风、羌活，治风寒证。因本品能祛风解表。②荆芥配蝉蜕，能祛风止痒。用于风疹瘙痒。

【用法用量】3～10 g。

【注意事项】不宜久煎。用于止血，需炒炭用。

防　风

伞形科多年生草本植物防风的根。主产于东北及内蒙古东部。以春、秋季采挖之根入药。生用。

【性味归经】辛、甘，微温。归膀胱、肝、脾经。

【功能主治】祛风解表，胜湿，止痛，解痉。主治外感风寒，风寒湿痹及破伤风。

【配伍应用】①防风配荆芥、前胡，能发散表邪，祛风止痛。用于外感风寒。②防风配羌活、当归，能祛风散寒，胜湿止痛。用于风寒湿痹，关节疼痛等证。③防风配天南星、天麻，能祛风、解痉，用于破伤风角弓反张、牙关紧闭、抽搐痉挛。

【用法用量】3～10 g。

【注意事项】用于外风，为风中之润剂；药性偏温，阴血亏虚，热病动风者不宜使用。

羌　活

伞形科多年生草本植物羌活及宽叶羌活的根茎和根。主产于四川、青海等地。以春、秋两季采挖的根及根茎入药。生用。

【性味归经】辛、苦，温。归膀胱、肾经。

【功能主治】解表散寒，祛风胜湿，止痛。主治外感风寒及风寒湿邪的头身痛。

【配伍应用】①羌活配防风，有较强的发散风寒和止痛效果。用于外感风寒，头痛身痛等证。②羌活配防风、姜黄，能祛风胜湿，散寒止痛，用于风寒湿邪侵袭所致的肢节疼痛、肩背酸痛。

【用法用量】3～10 g。

【注意事项】善治上半身疼痛；阴血亏虚者慎用；用量过多，易致呕吐，脾胃虚弱者不宜服用。

白　芷

伞形科多年生草本植物白芷或杭白芷的根。主产于四川、浙江等地。以秋季采挖的根入药。生用。

【性味归经】辛，温。归胃、大肠、肺经。

【功能主治】解表，祛风燥湿，消肿排脓，止痛。主治外感风寒头痛，疮疡肿痛，及带下证。

【配伍应用】①白芷配防风、羌活，能散风寒，治头痛。用于外感风寒，头痛鼻塞。②白芷配苍耳子，能治鼻渊头痛。因本品芳香上达，祛风止痛。③白芷配金银花、天花粉，能治疮肿。未溃者能消散，已溃者能排脓，有消肿排脓止痛之功，为外科常用之品。④白芷配黄柏，能用于湿热带下证。本品能燥湿止带。

【用法用量】3～10 g。

【注意事项】为阳明经头痛，治鼻渊头痛之要药；阴虚血热者忌服。

藁　本

伞形科多年生草本植物藁本和辽藁本的根茎。前者主产于陕西、甘肃、湖北、四川等地；后者主产于吉林、辽宁等地。以春季采收的干燥根茎入药。生用。

【性味归经】辛，温。归膀胱经。

【功能主治】发表散寒，祛风胜湿，止痛。主治外感头痛，风湿痹痛。

【配伍应用】①藁本配白芷，用于外感风寒所致的头痛、巅顶剧痛及偏头痛等证。因本品能发表散寒，上达巅顶，有止痛之功。②藁本配羌活、防风，用于风寒湿邪所致的痹痛、肢节痛等证。

【用法用量】2～10 g。

【注意事项】为巅顶头痛要药，本品辛温香燥，凡阴血亏虚、肝阳上亢、火热内盛之头痛者忌服。

苍耳子

菊科一年生草本植物苍耳带总苞的果实。各地均产。以秋季采收的成熟干燥果实入药。生用或炒用。

【性味归经】辛、苦，温。有毒。归肺经。

【功能主治】通鼻窍，祛风湿，止痛。主治鼻渊及风湿痹痛。

【配伍应用】①苍耳子配白芷，能散风通窍，止痛，用于鼻渊、头痛、不闻香臭、时流浊涕等证；②苍耳子配威灵仙、肉桂，能祛风湿、止痛，用于风湿痹痛，四肢拘挛。

【用法用量】3～10 g。

【注意事项】本品有毒，过量服用易致中毒；孕妇慎用；血虚头痛不宜用。

辛　夷

木兰科乔木植物望春花、玉兰或武当玉兰的花蕾。主产于河南、湖北、四川等地。以春初采收的干燥花蕾入药。生用。

【性味归经】辛，温。归肺、胃经。

【功能主治】散风寒，通鼻窍。主治鼻渊及各种鼻腔疾病。

【配伍应用】①辛夷配苍耳子，相须为用，能散风通窍，止痛，用于鼻渊、头痛、不闻香臭、时流浊涕等证；②辛夷配细辛、白芷，用于外感风寒，头痛鼻塞。

【用法用量】3～10 g，包煎，外用适量。

【注意事项】鼻病阴虚火旺者忌服。

葱　白

百合科多年生草本植物葱的近根部的鳞茎。我国各地均产。临用时采集。鲜用。

【性味归经】辛，温。归肺、胃经。

【功能主治】发汗解表，散寒通阳，解毒散结。主治感冒轻证。

【配伍应用】①葱白配生姜，能发汗解表，用于感冒风寒轻证；②葱白配附子，能散寒通阳，用于腹泻、厥冷、脉微者；③葱白配蜂蜜，能解毒散结，外用于疮痈疔毒。

【用法用量】3～10 g。

【注意事项】不宜与蜂蜜共同内服。

西河柳

柽柳科灌木或小乔木植物柽柳的嫩枝叶。全国各地均产。以开花时采集的嫩枝入药。生用。

【性味归经】甘、辛，平。归心、肺、胃经。

【功能主治】发汗透疹。主治麻疹不透。

【配伍应用】西河柳配牛蒡子，发汗透疹，用于麻疹初期。

【用法用量】3～10 g。

【注意事项】麻疹已透者不宜用。

细　辛

马兜铃科多年生草本植物北细辛、汉城细辛和华细辛的全草。前两种习称"北细辛"或"辽细辛"，质较佳，主产于东北地区；后者产于陕西等地。以夏秋季采挖的干燥根及根茎入药。生用。

【性味归经】辛，温。有小毒。归肺、肾、心经。

【功能主治】祛风，散寒止痛，温肺化饮，宣通鼻窍。主治头痛、牙痛、痹痛，外感风寒，咳嗽气喘，鼻渊。

【配伍应用】①细辛配川芎、白芷，用于治疗风寒之偏头痛。本品有较好的祛风、散寒、止痛的作用。②细辛配麻黄，用于外感风寒表证。本品能祛风散寒止痛。③细辛配干姜，用于寒饮伏肺，咳嗽气喘，痰多清涕。本品能温肺化饮而止咳喘。

【用法用量】1～3 g。

【注意事项】气虚多汗、阴虚阳亢头痛、阴虚肺热咳嗽等忌用；用量不宜过大。

二、发散风热药

本类药物性味多为辛凉，发散作用亦较发散风寒药缓和，以宣散风热为其主要作用。适用于外感风热所致的发热、微恶风寒、咽干口渴、舌苔薄黄、脉浮数等证。部分药物兼具清头目、利咽喉或宣肺止咳，散邪透疹等作用。故风热性眼病、咽喉肿痛、疹出不透或风热咳嗽诸证亦可选用，并常与清热、解毒药物配伍应用。

薄　荷

唇形科多年生草本植物薄荷的叶和茎。各地均产，以江苏产者质优。一年可以采割2～3次，以干品或鲜品入药。生用。

【性味归经】辛，凉。归肺、肝经。

【功能主治】疏散风热，清利头目，利咽，透疹。主治外感风热，咽喉肿痛，麻疹及肝气郁滞的胁肋胀痛。

【配伍应用】①薄荷配金银花，辛凉解表，用于外感风热。因本品清轻凉散，善解风热之邪。②薄荷配菊花，清利头目，用于风热所致的头痛目赤等证。③薄荷配白芍、柴胡，疏肝解郁，用于肝气郁滞，胁肋胀痛等证。

【用法用量】2～10 g，后下。

【注意事项】本品芳香辛散，发汗耗气，故体虚多汗者不宜使用。

牛蒡子

菊科二年生草本植物牛蒡的果实。主产于河北、吉林、浙江等地。以秋季采收的干燥成熟果实入药。生用或炒用。用时捣碎。

【性味归经】辛，苦，寒。归肺、胃经。

【功能主治】疏散风热，解热透疹，利咽散肿。主治外感风热，麻疹及热毒疮肿。

【配伍应用】①牛蒡子配薄荷，用于外感风热，咳嗽咯痰不利及咽喉肿痛等证。因本品疏散风热，清肺利咽。②牛蒡子配板蓝根，能清热解毒，散结消肿、用于热毒疮肿、痄腮等证。

【用法用量】3～10 g。

【注意事项】本品性寒，润肠通便，气虚便溏者忌用。

蝉　蜕

蝉科昆虫黑蚱羽化时脱落的皮壳。主产于山东、河南、江苏等地。以夏、秋季收集去净泥土的皮壳入药。生用。

【性味归经】甘，寒。归肺、肝经。

【功能主治】疏风热，透疹，明目退翳，熄风止痉。主治外感风热，目翳，麻疹及破伤风。

【配伍应用】①蝉蜕配桔梗，能疏散风热，开宣肺气，用于风热郁肺的发热、咽痛、声音嘶哑等证。②蝉蜕配菊花、木贼，疏肝经风热以退目翳，用于肝经风热的目赤、目嚳等证。③蝉蜕配全蝎、僵蚕，用于肝经风热，小儿惊哭夜啼及破伤风等证。因本品能凉肝熄风，定惊止痉。

【用法用量】3～6 g。

桑　叶

桑科乔木植物桑树的叶。各地均产。以秋冬经霜后采收的叶片入药。生用或蜜炙用。

【性味归经】苦、甘，寒。归肺、肝经。

【功能主治】疏风清热，清肝明目。主治外感风热及目痛。

【配伍应用】①桑叶配菊花、桔梗，能清疏肺经及在表的风热，还能清肝明目。用于外感风热，发热头痛、咳嗽及咽喉肿痛等证。②桑叶配杏仁、贝母，清肺热止咳嗽。用于燥热伤肺，咳嗽痰稠，鼻咽干燥等证。

【用法用量】5～10 g。

【注意事项】经霜后采收，又称冬桑叶。

菊　花

菊科多年生草本植物菊的头状花序，主产于浙江、安徽等地。由于花色和产地不同，又有白菊花、黄菊花和杭菊（浙江）、滁菊与亳菊（安徽）、怀菊（河南）、祁菊（河北）、川菊（四川）之分。以花期采收的干燥花序入药。生用。

【性味归经】甘、苦，微寒。归肺、肝经。

【功能主治】疏风清热，解毒，明目。主治外感风热，目痛及肝风头痛、眩晕证。

【配伍应用】①菊花配桑叶，能清上焦风热，清头目。用于外感风热及肝病初起，发热、头昏痛等证。②菊花配桑叶、蝉蜕、夏枯草，能清肝明目。用于肝经风热或肝火上攻所致的目赤肿痛。③菊花配石决明、白芍，能平肝熄风。用于肝风头痛及肝阳上亢头痛、眩晕等证。

【用法用量】10～15 g。

【注意事项】处方上菊花一般调配白菊花，多用于清肝明目。

蔓荆子

马鞭草科灌木植物单叶蔓荆或蔓荆的果实。主产于山东、江西、浙江等地。以夏季采收的干燥成熟果实入药。生用或微炒用。用时打碎。

【性味归经】辛、苦，微寒。归膀胱、肝、胃经。

【功能主治】疏散风热，清利头目。主治风热感冒头痛，目痛。

【配伍应用】①蔓荆子配防风、菊花，能疏散风热、止痛，用于外感风热所致的头昏头痛等证；②蔓荆子配菊花、蝉蜕，能散肝经风热，清利头目，用于风热所致的目昏或目赤肿痛、多泪等证；③蔓荆子配防风、木瓜，能祛风止痛，用于风湿痹痛，肢体挛急之证。

【用法用量】6～12 g。

【注意事项】诸子皆降，蔓荆子独升。

葛　根

豆科多年生藤本植物野葛或甘葛的根。各地均产。野葛主要野生于湖南、河南、浙江等地；甘葛多栽培于广东、广西等地。以春、秋二季采挖的根入药。生用或煨用。

【性味归经】辛、甘，凉。归肺、脾、胃经。

【功能主治】发表解肌，升阳透疹，解热生津。主治风热感冒，麻疹，腹泻，消渴证及高血压脑病。

【配伍应用】①葛根配桂枝、麻黄，能解肌发汗，用于外感发热、头痛、无汗、项背强痛等证；②葛根配升麻，能解肌发散，用于麻疹初起、发热、恶寒、疹出不畅等证；③葛根配黄芩、黄连，能升发清阳，用于湿热泻痢及脾虚腹泻等证；④葛根配麦冬，能生津，用于热病烦渴、消渴证。

【用法用量】10～20 g。

【注意事项】现代多用于治疗高血压脑病。

柴　胡

伞形科多年生草本植物柴胡或狭叶柴胡的根或全草。前者称北柴胡，主产于辽宁、甘肃、河北等地；后者称南柴胡，主产于湖北、四川等地。以春、秋二季采挖之根入药。生用或醋炙用。

【性味归经】辛、苦、微寒。归肺、肝、胆经。

【功能主治】和解退热，疏肝解郁，升举阳气。主治感冒发热，胁肋胀痛，月经不调，子宫脱垂。

【配伍应用】①柴胡配黄芩、半夏，能疏解半表半里之邪，用于寒热往来、胸胁苦满、口苦、咽干、目眩等证；②柴胡配白芍、当归，能疏肝解郁，用于肝气郁结、胁肋胀痛、头痛、月经不调、痛经等证；③柴胡配人参、黄芪，能升清阳之气而举陷，用于气虚下陷所致的脱肛、子宫脱垂、短气、倦乏等证。

【用法用量】6～10 g。

【注意事项】其性升散，故阴虚阳亢、肝风内动、阴虚火旺、气机上逆者不宜使用；大叶柴胡的根茎有毒，不可当柴胡用。

升　麻

毛茛科多年生草本植物大三叶升麻、兴安升麻或升麻的根茎。大三叶升麻的药材称关升麻，主产于辽宁、黑龙江；兴安升麻药材称北升麻，主产于黑龙江、内蒙古、河北等地；升麻药材称西升麻，主产于陕西、四川、青海等地。以夏、秋二季采挖的干燥根茎入药。生用或蜜炙用。

【性味归经】辛，微甘、微寒。归肺、胃、脾、大肠经。

【功能主治】发表透疹，清热解毒，升阳举陷。主治风热头痛，牙龈肿痛，口舌生疮，麻疹，脱肛及子宫下垂。

【配伍应用】①升麻配葛根，能升散、解热毒、解表、透疹，用于外感风热所致的头痛，疹发不畅等证；②升麻配黄连、生地黄，能清热解毒，用于热毒所致的多种病证；③升麻配人参、黄芪，能升气举陷，用于中气虚弱或气虚下陷的短气、倦乏、久泻脱肛、子宫下垂等证。

【用法用量】3～10 g。

【注意事项】凡阴虚阳浮，喘满气逆、阴虚火旺及麻疹已透，均当忌用。

浮　萍

浮萍科多年生水生漂浮草本植物紫萍的全株。全国各地均产。以6～9月捞取的全草入药。生用或用鲜品。

【性味归经】辛，寒。归肺经。

【功能主治】发汗解表，透疹，祛风止痒，利水消肿。主治外感风热，麻疹，风疹及水肿。

【配伍应用】①浮萍配荆芥、薄荷，能辛散发表，用于外感风热、发热无汗等证；②浮萍配薄荷，能发散，用于麻疹透发不畅；③浮萍配牛蒡子，能祛风止痒，用于风热隐疹、皮肤瘙痒。

【用法用量】3～10 g，外用适量，煎汤浸洗。

【注意事项】可入散剂，每次1～2 g；表虚自汗者不宜使用。

木　贼

木贼科多年生草本植物木贼的地上部分。主产于东北、华北及长江流域等地。以夏、秋二季采集的干品入药。生用。

【性味归经】甘、苦，平。归肺、肝经。

【功能主治】疏散风热，明目退翳，止血。主治风热目赤多泪，目生云翳及便血、痔疮出血。

【配伍应用】①木贼配蝉蜕、谷精草，能疏散肝经风热以明目退翳。用于外感风热所致的目赤多泪等证；②木贼配黄芩、地榆，能止血，用于便血、痔疮出血。

【用法用量】3～10 g。

【注意事项】较少用于一般风热表证，主要用于外感风热所致的目赤多泪。

第三节　清热药

凡以清泄里热为主要作用，主治里热证的药物，称清热药。清热药性属寒凉，具有清热泻火、解毒、凉血、清虚热等功效。使用本类药物，要注意中病即止，避免克伐太过，损伤正气。

一、清热泻火药

本类药物适应于急性热病具有高热、汗出、烦渴、谵妄、发狂、小便短赤、舌苔黄燥、脉象洪实等证候。

石　膏

主要为含水硫酸钙纤维状结晶聚合体的矿石。主产于湖北、甘肃、四川等地。随时可采挖。打碎生用，或煅用。

【性味归经】辛、甘、大寒。归肺、胃经。煅石膏甘、辛、涩，寒。归肺、胃经。

【功能主治】清热泻火，除烦止渴。主治外感热病，高热烦渴，肺热咳喘，胃火亢盛的头痛、牙痛。煅石膏能清热、收敛，外治溃疡不敛、湿疹、水火烫伤。

【配伍应用】①石膏配知母，用于温病邪在气分，壮热、烦渴、脉洪大等实热亢盛之证。因本品有较强的清热泻火的作用；②石膏配竹沥、甘草，用于肺热所致咳嗽痰稠、发热等证。本品清泄肺热的作用较强；③石膏配麻黄、杏仁，用于肺热气喘。共奏清宣肺热和平喘之效；④石膏配牛膝、生地黄、知母，用于胃火上炎所致的头痛、牙龈肿痛。因本品能泻胃火；⑤煅石膏配青黛、黄柏，可用于疮疡溃而不敛、湿疹、水火烫伤等。煅石膏有清热收敛作用。

【用法用量】15～60 g，先煎。煅石膏外用适量，研末撒敷患处。内服宜生用。

【注意事项】脾胃虚寒及阴虚内热忌服。

知　母

百合科草本植物知母的根茎。主产于河北、山西等地。春、秋二季采挖其根茎入药。生用或盐水炙用。

【性味归经】苦、甘，寒。归肺、胃、肾经。

【功能主治】清热泻火，滋阴润燥。主治外感热病，肺热燥咳，骨蒸潮热，阴虚消渴，肠燥便秘。

【配伍应用】①知母配石膏，用于温热病，邪热亢盛、壮热、烦渴、脉洪大等肺胃湿热证。二者相须为用，都有清热泻火除烦的作用。②知母配贝母以清肺化痰止咳。用于肺热咳嗽或阴虚燥咳、痰稠等证。③知母配黄柏，用于阴虚火旺，肺肾阴亏所致的骨蒸潮热、盗汗、心烦等证。本品能滋阴降火。④知母配五味子、天花粉，用于阴虚消渴。因本品有滋阴润燥，生津止渴的作用

【用法用量】6～12 g。

【注意事项】本品性寒润，能滑肠，脾虚便溏者不宜用。

芦　根

禾本科草本植物芦苇的地下茎。各地均产。以春末、夏初及秋季采挖的地下茎入药。生用，尤其鲜用。

【性味归经】甘，寒。归肺、胃经。

【功能主治】清热生津，止呕，除烦。主治热病烦渴，肺热咳嗽，胃热呕逆，热淋涩痛。

【配伍应用】①芦根配石膏、知母、天花粉，用于热病伤津，烦热口渴或舌燥少津之证。本品有清热除烦，生津止渴之效。②芦根配姜汁、竹茹，用于胃热呕逆。本品能清热止呕。③芦根配桔梗、桑叶、杏仁，用于肺热咳嗽，痰稠、口干，及外感风热的咳嗽证。本品能清泄肺热，润燥缓咳。④芦根配薏苡仁、金银花、冬瓜子，用于肺痈咳吐浓痰，共奏清肺排脓之效。⑤芦根配白茅根、车前子，用于小便短赤、热淋涩痛。本品能清热利尿。

【用法用量】15～30 g。鲜品可加倍或更高剂量。

【注意事项】《肘后方》单用本品治呕逆；脾胃虚寒者慎用。

天花粉

葫芦科草本植物栝楼或日本栝楼的块根。主产于河南、山东、江苏等地。秋、冬二季采挖其块根入药。生用，或用鲜品。

【性味归经】甘、微苦，微寒。归肺、胃经。

【功能主治】清热生津，消肿排脓。主治热病烦渴，肺热燥咳，疮疡肿毒。

【配伍应用】①天花粉配芦根、白茅根、麦冬，用于热邪伤津，口干舌燥、烦渴等。因本品能清肺热，降心火，生津止渴。②天花粉配葛根、知母、五味子，用于消渴证。③与贝母、桔梗、桑白皮配伍，用于肺热咳嗽或燥咳痰稠等证。本品能清泄肺热，降膈上热痰，润肺燥。④与金银花、皂角刺、贝母配伍，用于痈肿疮疡，热毒炽盛，赤肿焮

痛。本品能清热泻火，排脓散肿。

【用法用量】10～15 g，煎服或入丸散。不宜与川乌、制川乌、草乌、制草乌、附子同用。

【注意事项】孕妇慎用；脾胃虚寒、大便滑泄者忌用。

栀　子

茜草科灌木植物栀子的果实。主产于长江以南各地。9～11 月采收红黄色的成熟果实入药。生用，或炒焦用。

【性味归经】苦，寒。归心、肺、三焦经。

【功能主治】泻火除烦，清热利湿，凉血解毒。主治热病心烦，肝胆湿热，血热妄行。

【配伍应用】①与淡豆豉配伍以宣泄邪热，解郁除烦。用于热病心烦、郁闷、燥扰不宁。②与黄连、连翘、黄芩配伍，能凉血解毒，泻火除烦。用于火毒炽盛，高热烦躁、神昏谵语。③与茵陈蒿、大黄配伍，能清热利湿，退黄。用于肝胆湿热郁结所致黄疸、发热、小便短赤等证。④与生地黄、黄芩、白茅根配伍，能凉血止血。用于血热妄行的吐血、衄血、尿血等。

【用法用量】3～10 g，外用适量，研末调敷。

【注意事项】本品苦寒伤胃，阴血亏虚、脾虚便溏者不宜用。

夏枯草

唇形科草本植物夏枯草的果穗。各地均产。夏季果穗半枯时采收入药。生用。

【性味归经】苦、辛，寒。归肝、胆经。

【功能主治】清肝火，散郁结，降血压。主治肝火上炎，痰火郁结。

【配伍应用】①与石决明、菊花、蝉蜕配伍，用于肝火上炎，目赤肿痛、羞明流泪、头痛、眩晕等证。因本品能清泄肝火，清头目。②与当归、生地黄、白芍配伍，用于目珠疼痛之痛久血伤。③与玄参、牡蛎、昆布配伍，用于痰火郁结所致的瘰疬、瘿瘤。本品能清热散结。

【用法用量】10～15 g，煎服或熬膏服。

【注意事项】脾胃虚弱者慎用。本品的清泄肝火作用，现代常用于高血压病属肝热、阳亢之证者。

淡竹叶

禾本科草本植物淡竹叶的茎叶。主产于浙江、江苏、湖北等地。夏末未抽花穗时割取其茎叶入药。生用。

【性味归经】苦、淡，寒。归心、小肠、胃经。

【功能主治】清热除烦，利尿。主治口舌生疮，热病烦渴。

【配伍应用】①与生地黄、木通配伍，用于口舌生疮，小便不利，灼热涩痛。本品长于清心与小肠经热，而利尿通淋。②与灯心草、白茅根、海金沙配伍利尿通淋，用于小便不利、灼热涩痛等证。③与芦根、天花粉、麦冬配伍，用于热病心烦口渴之证。本品能清心泄热，除烦止渴。

【用法用量】10～15 g。

【注意事项】虚寒证忌用。

鸭跖草

鸭跖草科植物鸭跖草的干燥地上部分。全国大部分地区均产。夏、秋二季采收，晒干。切断。以色黄绿者为佳。

【性味归经】甘、淡，寒。归肺、胃、小肠经。

【功能应用】清热，利尿，解毒。主治热病发热，热淋，咽喉肿痛。

【配伍应用】①与牛蒡子、薄荷配伍，用于表热证之发热；②与石膏、知母配伍，用于温热病气分实热证之发热；③与车前草、淡竹叶配伍，用于热淋小便短赤或水肿有热者；④与板蓝根、大青叶配伍，用于咽喉肿痛、痈肿疮毒或毒蛇咬伤；⑤与野菊花、紫花地丁配伍，用于疮痈肿毒；⑥与半边莲配伍，用于毒蛇咬伤。

【用法用量】15～30 g；鲜品 30～60 g。外用适量。

【注意事项】《本草纲目》中有消喉痹之用。

谷精草

谷精草科草本植物谷精草带花茎的头状花序。主产于浙江、江苏、安徽等地。秋季采集入药。生用。

【性味归经】辛、甘、平。归肝、胃经。

【功能主治】疏散风热，明目退翳。主治肝经风热，目赤肿痛，目生翳膜。

【配伍应用】与赤芍、荆芥、龙胆配伍，用于肝经风热，目赤肿痛、羞明多泪及目生翳膜。

【用法用量】6～15 g。

【注意事项】《本草纲目》："凡治目中诸病加而用之，甚良，明目退翳之功，似在菊花之上。"

密蒙花

马钱科灌木植物密蒙花树的花蕾或花序。主产于湖北、四川、陕西等地。春季采收。生用或蜜炙用。

【性味归经】甘，微寒。归肝经。

【功能主治】清肝，明目，退翳。主治肝热目赤，目昏生翳。

【配伍应用】①与菊花、木贼、石决明配伍，用于肝热目赤肿痛、羞明、多眵多泪及目昏生翳等证；②与枸杞子、沙苑子配伍，用于肝虚有热，目昏干涩或生翳障者。

【用法用量】6～10 g。

【注意事项】《本草经疏》言密蒙花为厥阴肝家正药，所主无非肝虚有热所致。

青葙子

苋科草本植物青葙的成熟种子。主产于我国中部和南部各地。秋季采集成熟的种子入药。生用。

【性味归经】苦，微寒。归肝经。

【功能主治】清泄肝火，明目，退翳。主治肝火上炎，目赤肿痛，目生翳膜。

【配伍应用】①与决明子配伍，用于肝火上炎，目赤肿痛、目生翳膜、视物昏暗等证；②本品的清泄肝火作用现代还用于高血压之肝阳上亢证。

【用法用量】3～15 g。

【注意事项】本品清热力强，且有扩瞳孔的作用，肝肾亏虚及青光眼者忌用。

决明子

豆科草本植物决明、小决明的种子。各地均有栽种。秋季果实成熟时采收。生用或炒用。

【性味归经】 苦、甘、咸，微寒。归肝、大肠经。

【功能主治】 清肝明目，润肠通便。主治目赤肿痛，便秘，高血压等证。

【配伍应用】 ①决明子配菊花、桑叶，清肝热，用于肝热所致的目赤肿痛、羞明多泪等症；②决明子配火麻仁，用于肠燥便秘。

【用法用量】 10～15 g。

【注意事项】 脾胃虚寒、腹泻便溏者慎用。

二、清热燥湿药

本类药物的性味多属苦寒，苦能燥湿清热，主用于湿热证、湿热内蕴，多见发热、苔腻、尿少等症，如肠胃湿热所致的泄泻、痢疾、痔瘘，肝胆湿热所致的胁肋胀痛、黄疸、口苦；下焦湿热所致的小便淋沥涩痛、带下，其他如关节肿痛、痈肿、湿疹、耳痛流脓等证，都与湿热有关。

苦寒多能伐胃，燥能伤阴，故本类药物对脾胃虚弱和津液亏耗者慎用。必须用时，当配伍益胃或养阴药物。

黄　芩

唇形科多年生草本植物黄芩的根。主产于河北、山西、内蒙古等地。春、秋二季采挖。生用、炒用或酒炙用。

【性味归经】 苦，寒。归肺、胆、脾、大肠、小肠经。

【功能主治】 清热燥湿，泻火解毒，止血，安胎。主治湿热烦渴，肺热咳嗽，血热妄行，胎热不安。

【配伍应用】 ①本品苦寒，燥湿泻热，并能解毒，与栀子、茵陈蒿配伍，用于湿热发黄，以增强清肝利胆之效。②本品清热燥湿，与通草、滑石、豆蔻配伍，用于湿温发热、胸闷、苔腻之证。③与黄连配伍，用于肠胃湿热所致的泻痢。④与木通、生地黄配伍，用于下焦湿热，小便涩痛。⑤本品泻火解毒，与连翘、天花粉、白芷配伍，用于痈肿疮毒。⑥与栀子、黄连、石膏配伍，用于湿热病壮热烦渴、苔黄脉数等证。⑦本品能清解热邪，与柴胡配伍，用于寒热往来证。⑧本品长于清肺热，与半夏、天南星配伍，用于咳嗽痰壅之证。单用即为黄芩散，治肺热咳嗽。⑨本品具清热与止血作用，与生地黄、三七、白茅根配伍，用于内热亢盛，破血妄行所致的咳血、吐血、衄血、便血、血崩等证。⑩本品有清热安胎的作用，与当归、白术配伍，用于胎热不安。

【用法用量】 3～10 克，煎服或入丸散。清热多用生黄芩，安胎多用炒黄芩；清上焦热可用酒芩；止血多炒成炭。

【注意事项】 本品苦寒伐生气，脾胃虚寒、少食、便溏者忌用。

黄　连

毛茛科多年生草本植物黄连、三角叶黄连或云连的根茎。黄连主产于四川、湖北；三角叶黄连主产于四川洪雅、峨眉，云连主产于云南等地。秋季采挖。生用或姜炙、酒炙后用。

【性味归经】苦，寒。归心、肺、胃、大肠、肝、胆经。

【功能主治】清热燥湿，泻火解毒。主治肠胃湿热，热病，痈肿疮毒。

【配伍应用】①本品去中焦湿热，并具有解毒作用，与木香配伍，用于肠胃湿热所致的气滞、里急后重等证；②与葛根、黄芩配伍，用于痢疾、泄泻而身热者；③与吴茱萸配伍，用于肝火或胃热呕吐；④与半夏、竹茹配伍，清热降逆止呕；⑤本品泻火解毒，与黄芩、栀子配伍，用于热病，热盛火炽、壮热、烦躁，甚至神昏谵语等证；⑥本品泻心火，解热毒，与黄芩、白芍、阿胶配伍，用于心火亢盛，烦躁不眠及迫血妄行所致的吐血、衄血等证；⑦本品泻火解毒，与黄芩、栀子、连翘配伍，用于痈肿疮毒、疔毒内攻、耳目肿痛诸证；⑧本品清热解毒，与天花粉、生地黄配伍，用于胃火炽盛，消谷善饥、烦渴多饮的中暑证。

【用法用量】2～10 g。煎服或入丸散。

【注意事项】本品大苦大寒，过量或服用较久，易伤胃。凡胃寒呕吐，脾虚泄泻之证均忌用；苦燥易伤阴津，故阴虚津伤者慎用。

黄　柏

芸香科乔木植物黄檗或黄皮树除去栓皮的树皮。前者的药材称关黄柏，主产于辽宁、吉林等地；后者的药材称川黄柏，主产于四川、贵州等地。3～6月间割取一部分生长10年左右树的树皮入药。生用、炒焦用或盐水炙后用。

【性味归经】苦，寒。归肾、膀胱经。

【功能主治】清热燥湿，泻火解毒，退虚热。主治下焦湿热，湿疹，阴虚发热。

【配伍应用】①本品清热燥湿，泻火解毒，与黄连、白头翁配伍，用于湿热泻痢；②与栀子、甘草配伍，用于黄疸；③与白果、车前子配伍，用于带下黄稠；④与黄连、栀子配伍，用于疮疡肿毒；⑤本品泻火毒，去湿热，与荆芥、苦参配伍，用于湿疹；⑥本品能退虚热，制相火，与知母、地黄、龟甲配伍，用于阴虚发热、骨蒸盗汗等证。

【用法用量】3～10 g。煎服或入丸散。外用适量。

【注意事项】本品大苦大寒，易损胃气，脾胃虚寒者忌用。

龙　胆

龙胆科草本植物龙胆、三花龙胆或条叶龙胆的根。各地均产，以东北产量较大。秋季采挖入药。生用。

【性味归经】苦，寒。归肝、胆经。

【功能主治】清热燥湿，泻肝火。主治肝胆湿热，湿热黄疸。

【配伍应用】①本品清热泻火，燥湿，与茵陈蒿、栀子配伍，用于治疗黄疸；②本品清热燥湿，与苦参、黄柏、车前子配伍，用于阴肿阴痒、白带、湿疹等证；③本品能清肝胆邪热，与黄连、牛黄、钩藤配伍，用于肝经热盛，热极生风所致的高热惊厥、手足抽搐；④与柴胡、黄芩、木通配伍，用于肝胆实热所致的胁痛、头痛、口苦、目赤、耳聋、阴肿阴痒等证。

【用法用量】3～6 g，煎服或入丸散。外用适量。

【注意事项】脾胃虚寒者不宜用；阴虚津伤者慎用。

苦　参

豆科亚灌木植物苦参的根。各地均产。春、秋二季采挖其根入药。生用。

【性味归经】苦，寒。归心、肝、胃、大肠、膀胱经。

【功能主治】清热燥湿，祛风杀虫，利尿。主治湿热证，皮肤瘙痒，小便不利。

【配伍应用】①本品清热燥湿，与栀子、龙胆配伍，用于治疗黄疸。②本品能清热燥湿，与黄柏、白芷、蛇床子配伍，用于治带下黄稠及阴痒。近年用于治阴道滴虫病有很好的效果。③本品煎汤浴洗，用于治疗皮肤瘙痒、脓疱疮。④本品祛风止痒，杀虫，与硫黄、枯矾配伍，治疥癣。⑤本品清热利尿，与蒲公英、石韦配伍，用于湿热蕴结，小便不利、灼热涩痛之证。

【用法用量】3～10 g，煎服或入丸散。反藜芦，故不宜与藜芦同用。

【注意事项】苦寒之品，凡脾胃虚寒者忌用。

穿心莲

爵床科草本植物穿心莲的地上部分。原产于亚洲热带地区，现华南、华东及西南等地有栽培。秋初刚开花时采收地上部分入药。生用。

【性味归经】苦，寒。归心肺、大肠、膀胱经。

【功能主治】清热解毒，燥湿。主治温热病，湿热泻痢，湿疹。

【配伍应用】①穿心莲配金银花，用于温病初起，发热，咽喉肿痛之证。因本品有清热解毒的作用。②穿心莲配马齿苋，治疗泻痢。因本品能清热燥湿。

【用法用量】6～15 g，外用适量。

【注意事项】本品苦寒，不宜多服久服，以免损伤胃气；脾胃虚寒者不宜用。

秦　　皮

木樨科乔木植物苦枥白蜡树或白蜡树的枝皮或干皮。主产于吉林、辽宁、河北等地。春、秋二季采集。生用。

【性味归经】苦、涩，寒。归大肠、肝、胆经。

【功能主治】清热解毒，清肝明目。主治热毒泻痢，肝经郁热，目赤肿痛。

【配伍应用】①秦皮配白头翁、黄连，能清热解毒，用于热毒泻痢。②秦皮配竹叶，用于肝经郁热、目赤肿痛等证。本品可清肝明目。

【用法用量】3～12 g。

【注意事项】外用可煎水洗眼。

白鲜皮

芸香科草本植物白鲜的根皮。主产于辽宁、河北、山东等地。春、秋二季采挖其根皮入药。生用。

【性味归经】苦，寒。归脾、胃、膀胱经。

【功能主治】清热解毒，除湿，止痒。主治湿热疮疹，皮肤瘙痒。

【配伍应用】本品能清热解毒，除湿，止痒。配伍苦参、苍术，用于湿热疮疹、皮肤瘙痒。

【用法用量】6～10 g。

【注意事项】本品还可治湿热黄疸。

三、清热凉血药

本类药物多为苦、甘、咸、寒之品。具有清解营分、血分热邪的作用。主要用于血分实热证，温热病热入营血，血热妄行，症见各种出血及舌绛、烦躁，甚至神昏谵语等证。

生地黄

玄参科草本植物地黄的块根。主产于河南，全国大部分地区有栽培。秋季采挖。鲜用（鲜地黄），或干燥后（地黄）切片生用。

【性味归经】甘，寒。归心、肝、肾经。

【功能主治】清热凉血，养阴生津。主治温热病，血热妄行，热病伤阴。

【配伍应用】①生地黄配犀角、玄参，用于温热病热入营血，身热口干、舌绛或红等证。因本品具有清热凉血和养阴的作用。②生地黄配知母、青蒿、鳖甲，用于温热病后期，余热未尽，阴津已伤，而致发热、夜热早凉，以及慢性病由于阴虚内热所致的潮热证。③生地黄配艾叶、生荷叶、侧柏叶，用于热在血分，迫血妄行的吐血、衄血、尿血、崩漏下血等证。本品能凉血止血。④生地黄配犀角、牡丹皮、赤芍，用于血热毒盛，发疹发斑等证。⑤生地配麦冬、沙参、玉竹，用于热病伤津，舌红口干，或口渴多饮等证。因本品能养阴生津。⑥生地黄配葛根、天花粉、五味子，用于治疗消渴证。⑦生地黄配麦冬、玄参，用于热甚伤阴劫液而致肠燥便秘。

【用法用量】10～30 g，煎服或以鲜品捣汁入药。

【注意事项】本品性寒而滞，脾虚湿滞，腹满便溏者不宜用。

玄　参

玄参科草本植物玄参的根。主产于浙江及其他长江流域省区。冬季采挖。生用。

【性味归经】苦、甘、咸，微寒。归胃、肾、肺经。

【功能主治】清热，解毒，养阴。主治温热病，咽喉肿痛，瘰疬痰核。

【配伍应用】①玄参配生地黄、连翘、黄连以泻火解毒，凉血养阴，用于温热病热入营分，伤阴劫液，身热、口干、舌绛等证；②玄参配犀角、连翘、麦冬，以清心解毒、凉血养阴，用于温热病邪陷心包、神昏谵语之证；③玄参配犀角、石膏、知母，用于温热病血热壅盛、发斑，或咽喉肿胀，甚则躁狂谵语之证；④玄参配牛蒡子、桔梗、薄荷，用于咽喉肿痛；⑤玄参配金银花、连翘、紫花地丁，用于痈肿疮毒；⑥玄参配贝母、牡蛎，用于治瘰疬痰核。

【用法用量】10～15 g。反藜芦，故不宜与藜芦同用。

【注意事项】本品性寒而滞，脾胃虚寒，食少便溏者不宜用。

牡丹皮

毛茛科小灌木植物牡丹的根皮。主产于安徽、山东等地。在10～11月采挖栽培3～5年后的根部，剥取根皮入药。生用或炒用。

【性味归经】苦、辛，微寒。归心、肝、肾经。

【功能主治】清热凉血，活血散瘀。主治血热妄行，阴虚内热，血滞经闭，痈肿疮痛。

【配伍应用】①牡丹皮配犀角、生地黄，用于温热病热入血分而发斑疹，及血热妄行所致的吐血、衄血等证。因本品能清热凉血。②牡丹皮配知母、鳖甲、生地黄，用于温热病后期，阴分伏热发热或夜热早凉，以及阴虚内热等证。因本品能退虚热。③牡丹皮配桃仁、桂枝，用于血滞经闭、痛经或癥瘕等证。因本品能活血散瘀。④牡丹皮配乳香、没药，用于跌打损伤，瘀滞疼痛之证。⑤牡丹皮配金银花、连翘、白芷，用于痈肿疮毒。⑥牡丹皮配桃仁、大黄、冬瓜子，用于肠痈初起。

【用法用量】6～12 g。

【注意事项】血虚有寒、孕妇及月经过多者不宜用。

赤　芍

毛莨科草本植物芍药或川赤芍的根。芍药主产于内蒙古、河北和东北等地；川赤芍主产于四川、陕西、甘肃等地。春、秋二季采挖。生用或酒炙用。

【性味归经】苦，微寒。归肝经。

【功能主治】清热凉血，祛瘀止痛。主治血热妄行，血滞经闭，痈肿。

【配伍应用】①赤芍配牡丹皮、生地黄、犀角，用于温热病热在血分、身热、发斑疹，及血热所致吐血、衄血等证。本品能清血分郁热。②赤芍配当归、川芎、牡丹皮，用于血滞经闭、痛经及跌打损伤、瘀滞肿痛等证。本品能祛瘀行滞止痛。③赤芍配桃仁、红花、乳香，用于外伤瘀痛。④赤芍配金银花、黄连、重楼，用于治疗痈肿疔毒。⑤赤芍配菊花、夏枯草、木贼，用于肝热目赤。

【用法用量】1～15 g。反藜芦，故不宜与藜芦同用。

【注意事项】虚寒性的经闭忌用。

紫　草

紫草科本植物新疆紫草、紫草或内蒙紫草的根。前者的药材称"软紫草"，主产于新疆和西藏；后二者称"硬紫草"，主产于东北、内蒙古等地。春、秋二季采挖入药。生用。

【性味归经】甘、咸，寒。归心、肝经。

【功能主治】凉血活血，解毒透疹。主治麻疹，疮疡，湿疹。

【配伍应用】①紫草配蝉蜕、赤芍，用于麻疹或温热病发斑疹，因热毒盛而致斑疹不畅或色紫暗等证。因本品能凉血活血。②紫草配甘草，用于预防麻疹。③紫草配白芷、当归、血竭，用于疮疡、湿疹、阴痒及烫伤、火伤等证。本品能凉血解毒。

【用法用量】3～10 g，外用适量，敷膏或用植物油浸泡涂擦。

【注意事项】本品有轻泻作用，脾虚便溏者忌用。

四、清热解毒药

本类药物主要具有清热解毒作用，适用于各种热毒病证，如疮痈、丹毒、咽喉肿痛等证，部分清热解毒药还可用于毒蛇咬伤及癌症等。

金银花

忍冬科木质藤本植物忍冬的花蕾。各地均产，尤以山东、河北为主。夏初当花蕾含苞未放时采摘。生用，或制成露剂使用。

【性味归经】甘，寒。归肺、胃、心经。

【功能主治】清热解毒，疏散风热，主治实热证，疮痈疔肿。

【配伍应用】①金银花配连翘，相须为用，用于外感风热或温热病初起，发热而微恶风寒者。本品能清热解毒。②金银花配蒲公英、野菊花、紫花地丁，用于疮、痈、疔肿。③金银花配黄连、白头翁，用于热毒泻痢，下痢脓血之证。

【用法用量】10～15 g。

【注意事项】脾胃虚寒、气虚疮疡脓清者禁用。

连　翘

木樨科灌木植物连翘的果实。主产于山西、陕西、河南等地。秋季采摘初熟的果实，为"青翘"，质较佳；寒露前采摘熟透的果实，称"老翘"或"黄翘"。生用。

【性味归经】苦、微寒。归肺、心、小肠经。

【功能主治】清热解毒，消痈散结。主治外感风热，疮毒痈肿。

【配伍应用】①连翘配金银花，用于外感风热等证。本品能清热解毒透邪。②连翘配天花粉，用于热毒蕴结所致的各种疮毒痈肿。本品能泻火解毒，消痈散结。

【用法用量】6～15 g。

【注意事项】脾胃虚寒、气虚脓清者不宜用。

蒲公英

菊科草本植物蒲公英或其他多种同属植物的全草。各地均产。夏、秋二季采收。生用，或用鲜品。

【性味归经】苦、甘、寒。归肝、胃经。

【功能主治】清热解毒，利湿。主治痈肿及内痈，实热黄疸，小便淋漓。

【配伍应用】①蒲公英配紫花地丁、金银花，用于热毒痈肿疮疡及内痈等证。本品能清热解毒，消痈散结。②蒲公英配茵陈蒿，用于湿热黄疸及小便淋漓涩痛。本品能清热利湿解毒。

【用法用量】10～30 g，外用鲜品适量捣敷或煎汤熏洗患处。

【注意事项】本品用量过大，可致缓泻；蒲公英为治乳痈要药。

紫花地丁

堇菜科草本植物紫花地丁的全草。主产于长江下游及南方各省区。春、秋二季采挖带花或果实的全草入药。生用，或用鲜品。

【性味归经】苦、辛、寒。归心、肝经。

【功能主治】清热解毒，凉血消肿。主治热毒疮疡。

【配伍应用】紫花地丁配金银花、蒲公英，能清热解毒、消散痈肿。用于疔疮、乳痈、丹毒等热毒疮疡证。

【用法用量】10～16 g，外用鲜品适量，捣烂敷患处。

【注意事项】体质虚寒者禁服；紫花地丁善治疔疮。

大青叶

十字花科草本植物菘蓝的叶片。主产于河北、河南、江苏等地。夏、秋二季采摘。生用或用鲜品。

【性味归经】苦，寒。归胃、心经。

【功能主治】清热解毒，凉血消斑，主治热病烦渴，热毒斑疹，咽喉肿痛。

【配伍应用】①大青叶配栀子，用于温热病热毒入血分，发斑、神昏、壮热、烦躁等证。因本品有较强的清热解毒、凉血消斑功效。②大青叶配金银花、玄参，具有清火解毒、利咽消肿之功。用于丹毒、口疮、咽喉肿痛等证。

【用法用量】10～15 g。

【注意事项】脾胃虚寒者慎用。

板蓝根

十字花科草本植物菘蓝的根，或爵床科灌木状草本植物马蓝的根茎及根。前者主产于河北、河南、江苏等地；后者主产于西南、华南地区，秋季采挖入药。生用。

【性味归经】苦，寒。归胃、心经。

【功能主治】清热解毒，凉血，利咽。主治热病，咽喉肿痛，痄腮，痈肿疮毒。

【配伍应用】①板蓝根配金银花，用于外感风热的发热头痛等证。因本品能清热解毒，凉血，利咽。②板蓝根配连翘，治大头瘟毒、头面红肿、咽喉不利等证。因本品能清热解毒，利咽，更以散结见长。

【用法用量】10～15 g。

【注意事项】板蓝根为抗病毒常用中药；体虚而无实火热毒者禁用，脾胃虚寒者慎用。

青　黛

菘蓝、马蓝、蓼蓝、草大青等植物叶中的色素。夏、秋季割取茂盛的茎叶，经加工而制成深蓝色粉末或团块入药使用。

【性味归经】咸，寒。归肝经。

【功能主治】清热解毒，凉血消肿。主治热毒发斑，血热妄行，小儿惊风，热咳痰稠，痄腮肿痛。

【配伍应用】①青黛配白茅根，治血热所致的出血证。因本品能凉血解毒。②青黛配玄参、金银花，用于痄腮肿痛及热毒痈疮。本品能清热解毒，凉血散肿。

【用法用量】1.5～3 g，宜入丸散用，外用适量。

【注意事项】胃寒者慎用。

重　楼

百合科草本植物云南重楼或七叶一枝花的根茎。主产于长江流域及南方各省区。秋末冬初采挖。生用。

【性味归经】苦，微寒。有小毒。归肝经。

【功能主治】清热解毒，消肿止痛，熄风定惊。主治痈肿疮毒，毒蛇咬伤，肝热生风。

【配伍应用】①重楼配黄连、赤芍，能增强解毒消肿之效，主治疮痈热毒、疔毒内攻。②重楼配钩藤，用于肝热生风、惊痫以及热病神昏、抽搐等证。因本品能清肝热，解毒，熄风定惊。

【用法用量】5～10 g。

【注意事项】本品还能化瘀止血。

拳　参

蓼科草本植物拳参的根茎。主产于东北、华北等地。春季出苗前或秋季地上部分枯萎后采挖。生用。

【性味归经】苦、涩，微寒。归肺、大肠、肝经。

【功能主治】清热解毒，祛湿，散痈肿。主治湿热泻痢。

【配伍应用】多单用，用于湿热泻痢，泻脓血、里急后重。因本品有清热除湿和解毒的功效。

【用法用量】3～12 g，外用适量。

【注意事项】无实火热毒者不宜使用，阴证疮疡者禁止用。

半边莲

桔梗科蔓生草本植物半边莲的全草。主产于湖北、湖南、江苏等地。夏季采收。生用或用鲜品。

【性味归经】辛，平。归心、小肠、肺经。

【功能主治】清热解毒，利水消肿。主治毒蛇咬伤，疔疮肿痛，水肿。

【配伍应用】①单用可治毒蛇咬伤、疔疮肿痛。本品有清热解毒的作用。②半边莲配泽泻、茯苓，用于大腹水肿、面足浮肿等证。因本品能利水消肿。

【用法用量】10～15 g。

【注意事项】虚证水肿忌用。

土茯苓

百合科藤本植物光叶菝葜的块茎。主产于广东、湖南、湖北等地。全年可采挖，以秋末冬初采收者较佳。生用。

【性味归经】甘、淡，平。归肝、胃经。

【功能主治】解毒，祛湿，利关节。主治梅毒，火毒痈疖，热淋涩痛。

【配伍应用】①土茯苓配金银花、白鲜皮、甘草，用于治疗梅毒或因梅毒服汞剂而致肢体拘挛者。因本品能解毒，利关节。②土茯苓配金银花，用于火毒痈疖。因本品能解毒。③土茯苓配木通、蒲公英、萹蓄，用于治疗热淋、尿赤涩痛。本品能除湿热。

【用法用量】15～60 g。

【注意事项】肝肾阴虚者慎服；用药期间不宜喝茶。

鱼腥草

三白草科草本植物蕺菜的全草，主产于长江以南各地。夏、秋二季采挖。生用，或用鲜品。

【性味归经】辛、微寒。归肺经。

【功能主治】清热解毒，排脓，利尿。主治肺痈咳血，肺热咳嗽，热毒疮疡，热淋涩痛。

【配伍应用】①鱼腥草配芦根、桔梗。用于肺痈咳吐脓血。因本品能清热解毒，排脓消痈。②鱼腥草配贝母、知母、桑白皮，用于肺热咳嗽。③鱼腥草配野菊花、蒲公英、连翘，用于热毒疮疡。因本品能解毒消痈。④鱼腥草配海金沙、石韦、金钱草，用于热淋、小便涩痛。本品能清热除湿，利尿通淋。

【用法用量】15～30 g，不宜久煎，鲜品用量加倍，外用适量。

【注意事项】虚寒证及阴性疮疡禁服；本品是主治肺痈的最佳用药。

射 干

鸢尾科草本植物射干的块茎。主产于湖北、河南、江苏等地。全年均可采挖，以秋季为佳。生用。

【性味归经】苦，寒。归肺经。

【功能主治】清热解毒，祛痰利咽。主治咽喉肿痛，咳嗽痰多。

【配伍应用】①射干配黄芩、桔梗，能解毒利咽，用于咽喉肿痛。因本品能解毒利咽，祛痰散结。②射干配马兜铃，用于肺热咳喘证。本品长于化痰。

【用法用量】6～10 g。

【注意事项】脾虚便溏者不宜用，孕妇忌用或慎用。

山豆根

豆科蔓生灌木植物越南槐（广豆根）的根。主产于广西、江西、四川等地。全年均可采挖，以秋季为最佳。生用。

【性味归经】苦，寒，有毒。归肺、胃经。

【功能主治】清热解毒，利咽喉，散肿止痛。主治咽喉肿痛。

【配伍应用】山豆根配玄参、射干，能解毒利咽。本品能清热解毒而利咽喉，为治咽喉肿痛要药。

【用法用量】6～10 g。

【注意事项】本品苦寒，不宜于脾胃虚寒者；本品有毒，过量服用易引起呕吐、腹泻、胸闷、心悸等不良反应，故用量不宜过大。

马　勃

马勃科真菌类植物大马勃、紫色马勃的子实体。分布较广，主产于东北、华北及内蒙古等地。秋季采集入药。生用。

【性味归经】辛，平。归肺经。

【功能主治】清肺，利咽，解毒，止血。主治咽喉肿痛，失音，肺热咳嗽，血热出血。

【配伍应用】①马勃配玄参、射干，用于咽喉肿痛、失音、咳嗽等证。本品能清肺热，利咽喉。②马勃配白茅根，有止血作用。本品能止血。

【用法用量】3～6 g，包煎，外用适量，敷患处。

【注意事项】风寒伏肺、咳嗽失音者禁用。

马齿苋

马齿苋科一年生肉质草本植物马齿苋的全草。我国各地均产。夏季采收。生用或用鲜品。

【性味归经】酸，寒。归大肠、肝经。

【功能主治】清热解毒，凉血止血。主治湿热泻痢，火毒痈疖，赤白带下。

【配伍应用】①马齿苋配黄芩、黄连，能凉血解毒，用于湿热泻痢及下痢脓血；②马齿苋单用，可治赤白带下、火毒痈疖。

【用法用量】30～60 g，外用适量，捣敷患处。

【注意事项】脾胃虚寒、肠滑作泄者慎服；

白头翁

毛茛科草本植物白头翁的根。主产于东北、华北等地。春、秋二季采挖。生用。

【性味归经】苦，寒。归大肠、胃经。

【功能主治】清热，解毒，凉血。主治湿热泻痢。

【配伍应用】白头翁配黄连、秦皮，用于湿热泻痢及下痢脓血、里急后重等证。本品能凉血解毒而治痢。

【用法用量】6～15 g。

【注意事项】本品苦寒，虚寒泻痢者慎服；本品为治痢要药。

鸦胆子

苦木科灌木或小乔木植物鸦胆子的成熟果实。主产于广东、广西等地。秋季采集。去壳取仁用。

【性味归经】苦，寒。有小毒。归大肠、肝经。

【功能主治】清热解毒，截疟止痢，腐蚀赘疣。主治疟疾，血痢，鸡眼，寻常疣。

【配伍应用】①鸦胆子外用，治疗鸡眼、寻常疣。本品能腐蚀赘疣。②鸦胆子单用，可治疟治痢。以龙眼肉包裹服。

【用法用量】10～15 粒（治疟疾），10～30 粒（治痢疾）。

【注意事项】本品有小毒，对胃肠道及肝肾均有损害，胃肠出血及肝、肾功能损伤者慎服；不宜多用久服。

红　藤

大血藤科木质藤本植物大血藤的藤茎。主产于江西、湖北、湖南等地。夏、秋二季割取藤茎入药。生用。

【性味归经】苦，平。归大肠、肝经。

【功能主治】清热解毒，活血止痛。主治肠痈腹痛。

【配伍应用】红藤配牡丹皮、金银花，用于热毒痈肿。本品长于清热解毒，消痈止痛。

【用法用量】15～30 g。

【注意事项】本品为治肠痈之要药。

败酱草

败酱科草本植物黄花败酱的全草。主产于长江流域中下游各省。秋季采收。生用。

【性味归经】苦、辛，微寒。归大肠、肝、胃经。

【功能主治】清热解毒，消痈排脓，祛瘀止痛。主治肠痈证，血瘀疼痛。

【配伍应用】①败酱草配薏苡仁、附子，用于治肠痈脓已成者。本品能泻热解毒，散结排脓。②败酱草配五灵脂、香附，用于血滞之胸腹疼痛。本品能祛瘀止痛。

【用法用量】6～15 g，外用鲜品适量，捣烂敷患处。

【注意事项】脾胃虚弱，食少泄泻者禁服；本品善治内痈，多用于肠痈证。

白花蛇舌草

茜草科草本植物白花蛇舌草的全草。主产于长江以南各省区。夏、秋二季采集。生用。

【性味归经】苦、甘，凉。归心、肝、脾经。

【功能主治】清热，利湿，解毒，消痈。主治痈肿疮毒，咽喉肿痛，毒蛇咬伤，热淋小便不利，癌症。

【配伍应用】①本品有较强的解毒消痈功效。配伍红藤、败酱草，可治肠痈；配伍金银花、连翘，可用于痈肿。②本品能清热利湿，通利小便。配伍半边莲、车前草，用于热淋小便不利之证。③本品清热解毒，配伍猕猴桃根、半枝莲，用于胃癌、食管癌、直肠癌等多种癌症。

【用法用量】6～30 g，外用鲜品适量，捣烂敷患处。

【注意事项】阴疽及脾胃虚寒者禁用。

熊　胆

熊科动物棕熊或黑熊的干燥胆汁。棕熊主要分布于东北、华北、西南、西北等地，黑熊主要分布于东北及华北。夏、秋二季猎取，干燥后研细用。现为人工饲养，收集引流的胆汁，干燥，研细入药，称为熊胆粉。

【性味归经】苦，寒。归肝、胆、心、肺、胃经。

【功能主治】清热解毒，止痉，明目。主治惊风，癫痫，抽搐，目赤肿痛，肠痈肿痛，痔疮肿痛。

【配伍应用】①本品能清肝经邪热，制止痉挛。配伍竹沥，治小儿痰热惊痫。②本品清泄肝热以明目退翳。可外用或内服。③本品清热解毒以消痈肿。外用于疮痈肿痛及痔疮肿痛。

【用法用量】1～2.5 g。

【注意事项】外用适量，内服多作丸、散剂，不入汤剂。

白　蔹

葡萄科草质藤本植物白蔹的块根。主产于华北、华东、中南等地。春、秋二季采挖。生用。

【性味归经】苦，微寒。归心、胃经。

【功能主治】清热解毒，敛疮生肌。主治疮疡肿痛，烧烫伤。

【配伍应用】①本品能清热解毒，配伍连翘，用于疮痈初起；②本品能敛疮生肌，配伍白及，可治疮痈溃后不敛者。

【用法用量】5～10 g，外用适量。反乌头，不宜与川乌、绵马制川乌、草乌、制草乌、附子同用。

【注意事项】脾胃虚寒者不宜服。

绵马贯众

鳞毛蕨科草本植物贯众、绵马鳞毛蕨或紫萁科草本植物紫萁等的带叶柄基部的根茎。贯众主产于华北、西北及长江以南各地；绵马鳞毛蕨主产于辽宁、吉林、黑龙江等地；紫萁主产于江苏、四川、浙江等地。秋季采挖入药。生用或炒炭用。

【性味归经】苦，寒。有小毒。归肝、胃经。

【功能主治】杀虫，清热解毒，止血。主治多种寄生虫，风热感冒，痄腮，出血。

【配伍应用】①绵马贯众配槟榔，用于寄生虫病。本品能杀虫。②绵马贯众配板蓝根，用于风热感冒。本品能清热解毒。③绵马贯众配侧柏叶，用于衄血、吐血、便血及崩漏。本品能凉血止血。

【用法用量】10～15 g。

【注意事项】用以止血，宜炒炭用。

五、清虚热药

本类药物主要用于阴虚内热所表现的发热、骨蒸潮热、手足心热以及口燥咽干、虚烦不寐、盗汗、舌红少苔、脉细数等证。本类药物通常配伍生地黄、麦冬、玄参、鳖甲、龟甲之类养阴药品，方能标本兼治。

青　蒿

菊科草本植物黄花蒿的地上部分。各地均产，以重庆、四川、海南等地出产者质优。夏、秋二季于花前期采收。生用或用鲜品。

【性味归经】苦、辛，寒。归肝、胆经。

【功能主治】清虚热，凉血，解暑热，截疟。主治疟疾，阴虚发热，暑热外感。

【配伍应用】①青蒿配黄芩、半夏，用于疟疾兼暑湿而有恶心、发热之证。因本品有截疟和解热的作用。②青蒿配牡丹皮，有清热凉血的作用。用于温热病后期。③青蒿配秦艽，用于阴虚发热。本品有退虚热的作用。④青蒿配荷叶，用于暑热外感。本品能清解暑热。

【用法用量】3～10 g，后下。

【注意事项】脾胃虚弱、肠滑泄泻者慎用。

白　薇

萝藦科草本植物白薇或蔓生白薇的根及根茎。各地均产。秋季采挖入药。生用。

【性味归经】苦，咸寒。归肾、肝、胃经。

【功能主治】清热凉血，利尿通淋，解毒疔疮。主治外感发热，阴虚发热，热淋，血淋，疮痈肿毒。

【配伍应用】①白薇配当归，可治产后血虚发热。本品有清热凉血作用，既能清实热，而又以退虚热为其所长。②白薇配木通，可治胎前产后的热淋、血淋。本品能清热凉血，利尿通淋。

【用法用量】3～12 g。

【注意事项】脾胃虚寒、食少便溏者不宜使用；为治产后阴虚血热之要药。

地骨皮

茄科灌木植物枸杞的根皮。主产于河北、河南等地。全年可采挖入药，以清明节前后采挖者质较佳。生用。

【性味归经】甘，寒。归肾、肺、肝经。

【功能主治】凉血退蒸，清泄肺热。主治阴虚血热，小儿疳热，肺热咳喘，血热出血。

【配伍应用】①本品善清虚热，配知母、鳖甲，用于阴虚血热、小儿疳积发热及骨蒸潮热、盗汗等证。②本品能清泄肺热，配桑白皮、甘草，用于肺热咳喘。③本品可清血热而止血。地骨皮配白茅根、侧柏叶，用于血热妄行的吐血、衄血等证。④本品泻热邪而止烦渴，配生地黄、天花粉，用于消渴尿多证。

【用法用量】6～15 g。

【注意事项】外感风寒发热及脾虚便溏者不宜用。

银柴胡

石竹科草本植物银柴胡的根。主产于陕西、甘肃、内蒙古等地。秋后采挖入药。生用。

【性味归经】甘，微寒。归胃、肝经。

【功能主治】退虚热，清疳热。主治阴虚发热，小儿疳热。

【配伍应用】①本品长于退虚热，配青蒿、鳖甲、地骨皮，用于阴虚发热，劳热骨蒸、盗汗等证；②本品为清疳热要药，配栀子、党参、黄芩，用于小儿虫积发热、腹大、消瘦、口渴、眼红等肝疳之证。

【用法用量】3～10 g。

【注意事项】外感风寒，血虚无热者不宜使用。

胡黄连

玄参科草本植物胡黄连的根茎。主产于云南、西藏等地。秋季采挖入药。生用。

【性味归经】苦，寒。归肝、胃、大肠经。

【功能主治】退虚热，除疳热，清湿热。主治阴虚发热，小儿疳热，湿热泻痢，痔疮肿痛。

【配伍应用】①本品清血热，配地骨皮、银柴胡，用治阴虚骨蒸，潮热盗汗之证。②本品能清热消疳，配党参、白术、山楂、使君子，用于小儿疳积、消化不良、腹胀体瘦、下痢、发热等证。③胡黄连单用治胃肠湿热泻痢及痔疮肿痛。因本品有类似黄连的除湿热和解毒的功效。

【用法用量】3～10 g。

【注意事项】脾胃虚寒者慎用。

第四节　泻下药

凡能引起腹泻或滑利大肠、促使排便的药物称泻下药。本类药物一般又分为攻下药、润下药和峻下逐水药3类。攻下药兼有清热功效，其性味苦寒；润下药常兼有滋养之性，其性味多为甘平；峻下药则以苦寒为主，部分为辛温。泻下药能通利大便，排除积滞、水饮及其他有害物质，有的还能使实热下泄。适用于大便秘结、肠道积滞、实热内结及水肿停饮等里实证。泻下作用峻者，易伤正气，久病体弱，妇女胎前产后，及月经期应慎用或忌用。

一、攻下药

本类药物具有较强的泻下作用，性味大多苦寒，既能通便，又能泄水，主要适用于实热积滞，燥屎坚结，大便秘结者。常配行气、清热药以加强泻下清热作用。部分药通过配伍温里药，也可用于寒积便秘。

大　黄

蓼科多年生草本植物掌叶大黄、唐古特大黄或药用大黄的根及根茎。前两种主产于青海、甘肃等地，药材称北大黄；后者主产于四川，药材称南大黄或川大黄。春季或秋末采挖其根及根茎入药。生用，或酒炒、酒蒸、炒炭用。

【性味归经】苦，寒。归大肠、脾、胃、肝、心包经。

【功能主治】泻下攻积，清热泻火，解毒，活血祛瘀。主治大便秘结，血热妄行，热毒疮疡，烧伤，瘀血证，湿热证。

【配伍应用】①大黄配芒硝，用于肠道积滞，大便秘结。本品苦寒沉降，有较好的泻下作用，为治疗积滞便秘的要药。②大黄配黄连，用于血热妄行及火邪上炎所致的目赤、咽痛等证。因本品能清热泻火。③大黄配牡丹皮，可治肠痈。因其能清热解毒，并借通便作用，使热毒下泄。④大黄配当归，治跌打损伤，瘀血经闭。本品能活血化瘀，为治疗瘀血证的常用药。

【用法用量】3～12 g，用于泻下不宜久煎，外用适量，研末敷于患处。

【注意事项】非实证，不宜使用；脾胃虚弱者慎用；妇女怀孕、月经期、哺乳期应慎用。

芒 硝

硫酸钠矿精制后的结晶体。主产于河北、河南等地。将天然矿物溶于热水中，滤液冷后析出的结晶，称皮硝；皮硝与萝卜片共煮，取上层液冷后析出的结晶，称芒硝；芒硝风化失去结晶水而成的白色粉末，称玄明粉。

【性味归经】咸、苦，寒。归大肠、胃经。

【功能主治】泻下，软坚，清热。主治大便秘结，咽痛，口疮，目赤，疮疡。

【配伍应用】①芒硝配大黄，用于肠道积滞，大便秘结。本品能泻热通便，润燥软坚。②芒硝配硼砂，用于目赤、咽痛、口疮及疮疡。本品多外用以清热。

【用法用量】12～15 g。冲入药汁内服。不宜与硫黄、三棱同用。

【注意事项】孕妇忌用。

番泻叶

豆科灌木植物狭叶番泻或尖叶番泻的叶。前者主产于印度、埃及、苏丹等地；后者主产于埃及，我国广东、广西、云南亦有栽培。9 月采收入药。生用。

【性味归经】甘、苦，寒。归大肠经。

【功能主治】泻下导滞。主治便秘。

【配伍应用】①大多单味泡服，用于便秘。本品能泻下导滞，并能清导实热，热结便秘尤为适宜。②番泻叶配枳实、厚朴，以增强泻下导滞作用，用于便秘。

【用法用量】缓下 1.5～3 g，攻下 5～10 g，用开水泡服，入汤剂后下。

【注意事项】妇女妊娠期、月经期、哺乳期应忌用。

芦 荟

百合科多年生草本植物库拉索芦荟或好望角芦荟的叶汁经浓缩后的干燥物。主产于非洲，我国华南地区有栽培。全年可割叶经加工后直接入药。

【性味归经】苦，寒。归大肠、肝、胃经。

【功能主治】泻下，清肝，杀虫。主治便秘，小儿疳积，癣疮。

【配伍应用】①芦荟配龙胆，用于大便秘结而肝经实热，见头晕头痛、烦躁易怒者。本品能泻下通便，又善清肝火。②芦荟配白术、使君子，用于小儿疳积。本品有驱杀蛔虫作用。

【用法用量】1～2 g，宜入丸散，不入汤剂。

【注意事项】脾胃虚寒、食少便溏者忌用，孕妇慎用。

二、润下药

本类药物大多为植物种子或种仁，富含油脂，能润燥滑肠。适用于年老、体弱、久病以及产后所致津枯、阴虚、血虚便秘者。

火麻仁

桑科一年生草本植物大麻的果实。各地均有栽培。秋季果实成熟时采收入药。生用。

【性味归经】甘，平。归大肠、胃、脾经。

【功能主治】润肠通便。主治便秘。

【配伍应用】①火麻仁配当归、杏仁，用于老人、产妇及体弱者由于津枯血少所致的肠燥性便秘。取其润燥滑肠通便之功。②火麻仁配大黄，加强通便之力，可治热邪伤阴或素体火旺，大便秘结及痔疮便秘、习惯性便秘。

【用法用量】10～30 g。

【注意事项】使用前应捣烂。

郁李仁

蔷薇科灌木植物欧李或郁李的种子。主产于河北、辽宁等地。秋季果实成熟时采收入药。

【性味归经】甘、苦、辛，平。归脾、大肠、小肠经。

【功能主治】润肠通便，利水消肿。主治便秘，水肿。

【配伍应用】①郁李仁配火麻仁，用于肠燥便秘。因本品能润肠通便。②郁李仁配桑白皮、赤小豆，用于利水消肿。

【用法用量】5～12 g。

【注意事项】润肠作用类似火麻仁而较强，孕妇慎用。

三、峻下逐水药

本类药物均有毒，泻下作用峻猛，能引起剧烈腹泻，使体内潴留的水液从大便排出。部分药兼有利尿作用。适用于水肿、胸腹积水及痰饮喘满等症。注意用量用法，确保用药安全。

甘　遂

大戟科多年生草本植物甘遂的块根。主产于山西、陕西等地。春初或秋末采挖入药。醋制用或生用。

【性味归经】苦，寒。有毒。归大肠、肺、肾经。

【功能主治】泻水逐饮，消肿散结。主治水肿，癫痫，痈肿疮毒。

【配伍应用】甘遂配大戟、芫花，用于身面浮肿、大腹水肿及胸胁积液等证。本品泻水之力颇峻，服后可致连续泻下，使潴留之水液排出体外。

【用法用量】0.5～1 g，宜入丸散，醋制可减低毒性。反甘草，不宜与甘草同用。

【注意事项】本品苦寒，有毒，作用峻烈，故虚弱者慎用；孕妇忌用。

京大戟

大戟科多年生草本植物大戟的根。主产于江苏、四川、江西等地。春初或秋末采挖入药。醋制用或生用。

【性味归经】苦，寒。有毒。归脾、肺、肾经。

【功能主治】泻水逐饮，消肿散结。主治水肿，痈肿疮毒，瘰疬痰核。

【配伍应用】京大戟配大枣，用于身面浮肿、大腹水肿及胸胁积液等证。本品逐水作用与甘遂相似而力稍逊。

【用法用量】 1.5～3 g，散剂每次 1 g。醋制以减低毒性。反甘草，不宜与甘草同用。

【注意事项】 本品有毒，作用峻猛，故体质虚弱者慎用；孕妇忌用。

芫 花

瑞香科灌木植物芫花的花蕾。主产于安徽、江苏、浙江等地。春季花未开放时采摘花蕾入药。醋制用或生用。

【性味归经】 辛、苦，温。有毒。归脾、肺、肾经。

【功能主治】 泻水逐饮，祛痰止咳，外用杀虫疗疮。主治水肿，咳嗽，头疮，顽癣。

【配伍应用】 ①芫花配甘遂、大戟，用于身面浮肿、大腹水肿及胸胁积液等证。本品泻水逐饮而以泻胸胁水饮见长。②芫花配大枣，用于治咳。本品能祛痰止咳。

【用法用量】 1.5～3 g，醋制以减低毒性。反甘草，不宜与甘草同用。

【注意事项】 本品作用峻猛，易伤正气，故虚弱者慎用；孕妇忌用。

巴 豆

大戟科乔木植物巴豆的成熟种子。主产于四川、广西、云南等地。秋季果实成熟而蒴果尚未裂开时采收入药。生用、炒用或制霜用。

【性味归经】 辛，热。有大毒。归胃、大肠经。

【功能主治】 泻下冷积，逐水退肿，祛痰利咽。主治寒积便秘，大腹水肿，喉痹。

【配伍应用】 ①巴豆配干姜、大黄，用于寒邪实积，阻结肠道等证。本品辛热，能峻下寒积，开通闭塞。②巴豆配绛矾，用于大腹水肿。本品有强烈泻下作用以消腹水。③巴豆单用，能祛痰涎以利呼吸。用于喉痹。

【用法用量】 0.1～0.3 g，制成巴豆霜以减低毒性。畏牵牛，不宜与牵牛子同用。

【注意事项】 体弱者及孕妇忌用。

牵牛子

旋花科一年生攀援草本植物裂叶牵牛或圆叶牵牛的种子。种子表皮有黑白两种，等同入药。各地均产。秋季果实成熟时采收入药。生用或炒用。

【性味归经】 苦，寒。有毒。归大肠、肺、肾经。

【功能主治】 泻下，逐水，去积，杀虫。主治水肿，便秘，虫积腹痛。

【配伍应用】 牵牛子配甘遂、大戟，用于水饮停蓄，水肿腹胀等证。本品既能泻水，又能利尿，使水湿从二便排出。

【用法用量】 3～10 g，散剂 1.5～3 g。不宜与巴豆、巴豆霜同用。

【注意事项】 脾虚水肿及孕妇忌用。

第五节　利水渗湿药

凡能通利水道，渗泻水湿的药物称利水渗湿药。本类药物能渗能利，故一般具有甘、淡味，主要功效是通利小便，排除水湿邪气。主要适用于小便不利、水肿、淋病、痰饮、湿温、黄疸、湿疮等水湿病证。应用利水渗湿药，须视不同病证，选用有关药物，并作适当配伍。如水肿骤起，有表证者，配宣肺发汗药；水肿日久，脾肾阳虚者，配温补脾肾药；湿热交蒸者，配清热泻火药；热伤血络而尿血者，配凉血止血药。

利水渗湿药应用不当，容易耗伤阴液，阴虚津伤者慎用。

一、利水消肿药

以通利小便、消除水湿为主要功效，常用以治疗水肿及其他多种水湿病证的药物，称利水消肿药。本类药物性味多甘淡而平，其中兼能清热者为寒性。本类药物适用于水湿为患的水肿、小便不利、泄泻、痰饮、带下等证。而其他各种与水湿有关的病证也可选用。

茯 苓

多孔菌科真菌茯苓的菌核。主产于云南、安徽、贵州、四川等地。野生或人工培植。野生茯苓常在7月至次年3月采挖，人工种植于7～9月采挖。去皮切片，生用。

【性味归经】甘、淡，平。归肾、脾、心、肺经。

【功能主治】利水渗湿，健脾，安神。主治水湿证，脾虚证，心悸，失眠。

【配伍应用】①茯苓配猪苓、泽泻，加强利水渗湿作用，凡水湿、停饮均适用，用于小便不利、水肿及停饮等水湿证。②茯苓配党参、白术，用于脾虚证。本品能健脾。③茯苓配朱砂、酸枣仁，用于心悸、失眠。本品能宁心安神。

【用法用量】10～15 g。

【注意事项】本品性泄利，故阴虚而无湿热、虚寒滑精、气虚下陷者慎服。

猪 苓

多孔菌科真菌猪苓的菌核。寄生于桦树、枫树、柞树等的腐根上。主产于陕西、河北、云南等地。春、秋二季采挖。生用。

【性味归经】甘、淡，平。归肾、膀胱经。

【功能主治】利水渗湿。主治小便不利，水肿，泄泻，淋浊，带下。

【配伍应用】猪苓配茯苓、泽泻，用于小便不利、水肿及停饮等水湿证。本品甘淡渗泄，利水作用较茯苓强，凡水湿滞留都可以应用。

【用法用量】5～10 g。

【注意事项】孕妇慎用。

泽 泻

泽泻科植物泽泻的块茎。主产于福建、四川、江西等地。冬季茎叶开始枯萎时采挖。麸炒或盐水炒用。

【性味归经】甘、淡，寒。归肾、膀胱经。

【功能主治】利水渗湿，泄热。主治水湿证，如小便不利、水肿、泄泻、淋浊、带下、痰饮。

【配伍应用】泽泻配茯苓、猪苓，加强利水渗湿作用，用于小便不利、水肿、泄泻、淋浊、带下、痰饮等水湿证。本品甘淡渗湿，利水作用与茯苓相似，为水湿证常用，且性寒能泄肾及膀胱之热，下焦湿热尤为适宜。

【用法用量】5～10 g。

【注意事项】肾虚精滑，无湿热者慎用。

薏苡仁

禾本科草本植物薏苡的成熟种仁。主产于福建、河北、辽宁等地。秋季果实成熟时采收。生用或炒用。

【性味归经】甘、淡，凉。归脾、胃、肺经。

【功能主治】利水渗湿，健脾，除痹，清热排脓。主治小便不利，水肿，脚气，脾虚泻泄，风湿痹痛，肺痈，肠痈。

【配伍应用】①薏苡仁配茯苓、白术，用于小便不利、水肿，脚气及脾虚泄泻。本品淡渗利湿，兼能健脾，功似茯苓，凡是水湿滞留，尤以脾虚湿胜者为适用。②薏苡仁配麻黄、杏仁，用于治风湿患者一身尽痛，发热日晡所剧者。本品既能渗湿，又能舒筋脉，缓和挛急。③薏苡仁配苇茎、冬瓜子，用于治肺痈咳吐脓痰。本品能清热排脓。

【用法用量】10～30 g。

【注意事项】本品性质滑利，故孕妇慎用。

赤小豆

豆科植物赤小豆或赤豆的干燥成熟种子。主产于广东、广西、江西。秋季果实成熟而未开裂时拔取全株，晒干，打下种子，除去杂质，再晒干，以饱满、色紫红者为佳。

【性味归经】甘、酸，平。归心、小肠经。

【功能主治】利水消肿，解毒排脓。主治水肿腹满，脚气浮肿，热毒痈疮。

【配伍应用】①赤小豆配桑白皮，用于水肿腹满，脚气浮肿。本品能通利水道，使水湿下泄而消肿。②赤小豆单品外用，用于热毒痈疮。本品能解毒排脓。

【用法用量】10～30 g。

【注意事项】孕妇慎用。

冬瓜皮

葫芦科草本植物冬瓜的果皮。全国各地均有栽培。夏末秋初果实成熟时采收。生用。

【性味归经】甘，凉。归脾、小肠经。

【功能主治】利水消肿。主治水肿。

【配伍应用】冬瓜皮配茯苓、赤小豆，用于水肿。本品能利水消肿，兼能清热，以热性水肿为宜。

【用法用量】15～30 g。

【注意事项】孕妇慎服。

二、利尿通淋药

以利尿通淋为主要功效，常用以治疗淋证的药物，称利尿通淋药。本类药物味多甘淡，其次味苦，药性寒凉，主要适用于湿热蕴结膀胱、膀胱气化失司的湿热淋证，症见小便频数，短赤不利，淋沥涩痛等。

车前子

车前科草本植物车前或平车前的成熟种子。前者分布于全国各地，后者主要分布于北方各省。主产于黑龙江、辽宁、河北等地。夏、秋二季种子成熟时采收。生用或盐水炙用。

【性味归经】甘，寒。归肾、肝、肺、小肠经。

【功能主治】利水通淋，止泻，清肝明目，清肺化痰。主治小便不利，水肿，淋病，暑湿泄泻，目赤，发热咳嗽。

【配伍应用】①车前子配木通、滑石，用于小便不利、水肿及淋病。本品甘寒滑利，利水并能清热，为治水肿、淋病所常用。②车前子配白术、泽泻，用于暑湿泄泻。本品能利水湿，分清浊而止泻。③车前子配菊花、龙胆，用于肝热目赤肿痛。本品能清肝明目。

【用法用量】5～10 g，包煎。

【注意事项】肾虚精滑及内无湿热者慎用。

滑　石

硅酸盐类矿物滑石族滑石。主产于山东、江西、山西等地。研粉或水飞用。

【性味归经】甘、淡，寒。归膀胱、肺、胃经。

【功能主治】利水通淋，清解暑热。主治小便不利，暑热烦渴。

【配伍应用】①滑石配木通，用于小便不利，淋漓涩痛。本品能清热利水。②滑石配甘草，用于暑热烦渴。本品既能利水湿，又能清解暑热，为治疗暑湿证所常用。

【用法用量】10～15 g，先煎。外用适量。

【注意事项】脾虚、热病伤津者慎用。

木　通

木通科植物木通、三叶木通或白木通的干燥藤茎。主产于江苏、湖南、湖北。秋季采收，截取茎部，除去细枝，阴干，切片。以切面黄白色、具放射状纹者为佳。

【性味归经】苦，寒。归心、小肠、膀胱经。

【功能主治】利水通淋，泻热，通乳。主治膀胱湿热，小便短赤，心火上炎，口舌生疮，产后乳汁不多，湿热痹证。

【配伍应用】①木通配生地黄、竹叶，用以泻心火，清利湿热。本品能利水通淋，导热下行。②木通配王不留行、穿山甲，用于产后乳汁不多。本品有通乳之效。

【用法用量】3～6 g。

【注意事项】内无湿热、津亏、精滑者及孕妇慎用。

通　草

五加科灌木植物通脱木的茎髓。主产于贵州、四川、云南等地。秋季采收。生用。

【性味归经】甘、淡，微寒。归肺、胃经。

【功能主治】清热利水，通乳。主治小便不利，淋漓涩痛，产后乳汁不多。

【配伍应用】①通草配猪苓、泽泻，用于小便不利，淋漓涩痛。本品味淡能渗湿利水，性寒能清热。②通草配王不留行、穿山甲，用于产后乳汁不通。本品能通乳。

【用法用量】2～5 g。

【注意事项】气阴两虚、内无湿热者及孕妇慎用。

海金沙

海金沙科蕨类植物海金沙的成熟孢子。主产于广东、浙江等地。秋季采收。生用。

【性味归经】甘、咸，寒。归膀胱、小肠经。

【功能主治】利水通淋。主治热淋，石淋，血淋，水肿。

【配伍应用】海金沙配滑石、石韦，用于热淋、砂淋、血淋、膏淋等证。

【用法用量】6～12 g，包煎。

【注意事项】肾阴亏虚者慎用。

石 韦

水龙骨科草本植物庐山石韦和石韦或有柄石韦的叶片。各地普遍野生。主产于浙江、湖北、河北等地。四季均可采收。切碎生用。

【性味归经】 甘、苦，微寒。归肺、膀胱经。

【功能主治】 利水通淋，止咳。主治热淋、石淋、血淋、水肿、肺热咳嗽。

【配伍应用】 ①石韦配海金沙，用于热淋、石淋、血淋。本品能利水通淋。②石韦配槟榔，用于肺热咳嗽。本品能清肺化痰止咳。

【用法用量】 5～10 g。

【注意事项】 阴虚及无湿热者忌用。

萆 薢

薯蓣科草本植物绵萆薢和粉背薯蓣的根茎。主产于浙江、湖北、广西等地。春、秋季采挖。生用。

【性味归经】 苦，平。归肾、胃经。

【功能主治】 利湿浊，祛风湿。主治膏淋，风湿痹痛。

【配伍应用】 ①萆薢配益智、石菖蒲，用于膏淋。本品能利湿而分清去浊。②萆薢配桂枝，用于风湿痹痛。本品能祛风湿，舒筋通络。

【用法用量】 10～15 g。

【注意事项】 本品易伤阴，肾阴亏虚遗精滑泄者及孕妇慎用。

地肤子

蓼科草本植物地肤的成熟果实。全国大部分地区有产。秋季果实成熟时采收，生用。

【性味归经】 辛、苦，寒。归肾、膀胱经。

【功能主治】 清热利水，止痒。主治小便不利，淋漓涩痛，皮肤瘙痒。

【配伍应用】 地肤子配黄柏、白鲜皮，用于皮肤湿疮瘙痒。本品能清利湿热，止痒。

【用法用量】 10～15 g，外用适量，煎汤熏洗。

【注意事项】 孕妇慎用。

萹 蓄

蓼科草本植物萹蓄的全草，全国各地均产。夏季茎叶生长茂盛时采收。生用。

【性味归经】 苦、辛，寒。归肾、膀胱经。

【功能主治】 利水通淋，杀虫止痒。主治小便短赤，淋漓涩痛，湿疹。

【配伍应用】 萹蓄配瞿麦，用于小便短赤，淋漓涩痛。本品能下焦湿热，利水通淋。

【用法用量】 10～15 g，外用适量，煎洗患处。

【注意事项】 脾虚者慎用；孕妇慎用。

瞿 麦

石竹科草本植物瞿麦和石竹的带花全草。全国大部分地区有分布，主产于河北、河南、辽宁等地。夏秋季花果期采割。生用。

【性味归经】 苦，寒。归心、小肠经。

【功能主治】 利水通淋。主治小便短赤，淋漓涩痛。

【配伍应用】 瞿麦配萹蓄，用于小便短赤，淋漓涩痛。本品能清湿热，利水通淋。

【用法用量】10～15 g。

【注意事项】脾肾气虚者慎用；孕妇忌用。

灯心草

灯心草科草本植物灯心草的茎髓。全国各地均产，而主产于江苏、四川、云南等地。夏秋季采收。生用。

【性味归经】甘、淡、微寒。归心、肺、小肠经。

【功能主治】利水通淋，清心除烦。主治小便不利，淋漓涩痛，心热烦躁。

【配伍应用】灯心草配泽泻，用于小便不利、淋漓涩痛。本品能清热利水。

【用法用量】1.5～2.5 g。

【注意事项】下焦虚寒，小便失禁者慎用；孕妇慎用。

冬葵子

锦葵科草本植物冬葵的成熟种子。全国各地均有分布。夏秋季种子成熟时采收。生用或捣碎用。

【性味归经】甘、涩、寒。归大肠、小肠、膀胱经。

【功能主治】利水通淋，下乳，润肠。主治小便不利，淋漓涩痛，水肿，乳汁不行，乳房胀痛。

【配伍应用】冬葵子配车前子，用于小便不利、水肿、淋漓涩痛。本品能利水通淋。

【用法用量】10～15 g。

【注意事项】孕妇慎用。

三、利湿退黄药

以清泄湿热、利胆退黄为主要功效，常用以治疗湿热黄疸的药物称利湿退黄药。本类药物性味多为苦寒，苦能降泄，寒能清热，主要归脾、胃、肝、胆经，主要适用于湿热黄疸，症见目黄、身黄、小便黄。

金钱草

报春花科草本植物过路黄（神仙对坐草）的全草，习称大金钱草。江南各省均有分布。夏秋二季采收。晒干，切断生用。

【性味归经】甘、咸、微寒。归肝、胆、肾、膀胱经。

【功能主治】利水通淋，除湿退黄，解毒消肿。主治热淋，砂淋，石淋，湿热黄疸，恶疮肿毒，毒蛇咬伤。

【配伍应用】①金钱草配海金沙、鸡内金，用于热淋，砂淋，石淋。本品能利水通淋，排除结石。②金钱草配茵陈蒿、栀子，用于湿热黄疸。本品能清肝胆湿热，退黄疸。

【用法用量】30～60 g。

【注意事项】孕妇慎用。

茵陈蒿

菊科草本植物茵陈蒿或滨蒿等的干燥地上部分。我国大部分地区有分布，主产于陕西、山西、安徽等地。春、秋季采收。生用。

【性味归经】苦、辛、微寒。归肝、胆、脾、胃经。

【功能主治】清利湿热，退黄疸。主治黄疸，湿疹。

【配伍应用】茵陈蒿配大黄、栀子，用于黄疸。本品能清利湿热而退黄疸。

【用法用量】10～30 g，外用适量，煎汤熏洗。

【注意事项】蓄血发黄者及血虚萎黄者慎用。

垂盆草

景天科肉质草本植物垂盆草的全草。全国各地均产。夏秋季采集。生用或鲜用。

【性味归经】甘、淡、凉。归肝、胆、小肠经。

【功能主治】清热解毒，利湿。主治痈肿疮疡，湿热黄疸。

【配伍应用】①垂盆草配野菊花、紫花地丁，用于痈肿疮疡、毒蛇咬伤。因本品能清热解毒，消痈散肿。②垂盆草配茵陈蒿，用于湿热黄疸。本品能清利湿热。

【用法用量】10～30 g。

【注意事项】脾胃虚寒者慎服；现代可用于治疗传染性肝炎。

虎　杖

蓼科多年生草本植物虎杖的根茎和根。我国大部分地区均产。主产于江西、江苏、山东等地。春、秋二季采挖。生用或鲜用。

【性味归经】微苦、微寒。归肝、胆、肺经。

【功能主治】活血定痛，清热利湿，解毒，化痰止咳。主治经闭，跌打损伤，风湿痹痛，带下，黄疸，烫伤，咳嗽。

【配伍应用】①虎杖配益母草，用于瘀阻经闭。本品活血祛瘀，通络止痛。②虎杖配茵陈蒿，用于湿热黄疸。本品能清热利湿。③虎杖配黄芩、枇杷叶，用于肺热咳嗽。本品既能苦降泄热，又能化痰止咳。

【用法用量】10～30 g。

【注意事项】孕妇忌用。

第六节　化湿药

凡是气味芳香，具有化湿运脾作用的药物，称芳香化湿药。本类药物辛香温燥，能疏畅气机，宣化湿浊，健脾醒胃，适用于脾为湿困，运化失职而致的脘腹痞满、呕吐泛酸、大便溏薄、食少体倦、口甘多涎、舌苔白腻证。此外湿温、暑湿，亦可选用。本类药偏于温燥，易致伤阴，阴虚者应慎用。又因其芳香，含挥发油，入汤剂不宜久煎，以免降低药效。

苍　术

菊科草本植物茅苍术（茅术、南苍术）或北苍术的根茎。前者主产于江苏、湖北、河南等地，后者主产于内蒙古、山西、辽宁等地。春、秋季采挖根茎入药。生用或炒用。

【性味归经】苦、辛、温。归脾、胃、肝经。

【功能主治】燥湿健脾，祛风湿。主治湿阻中焦，风寒湿痹。

【配伍应用】①苍术配厚朴、陈皮，用于湿阻中焦证。本品芳香燥烈，有较强的燥湿健脾作用。②苍术配羌活，用于风寒湿痹，脚膝肿痛、痿软无力等。本品辛散温燥，能祛风湿。

【用法用量】5～10 g。

【注意事项】本品苦温燥烈，故阴虚内热、气虚多汗者忌用。本品尚能明目，用于夜盲症。可单用，或与猪肝、羊肝同食。

厚　朴

木兰科落叶乔木植物厚朴或凹叶厚朴的干皮、根皮及枝皮。产于四川、湖北、安徽等地。4～6月剥取根皮及枝皮入药。生用或姜汁制用。

【性味归经】苦、辛，温。归脾、胃、肺、大肠经。

【功能主治】行气，燥湿，消积，平喘。主治脾胃不和，脘腹胀满，咳嗽气喘痰多。

【配伍应用】①厚朴配苍术、陈皮，用于湿阻中焦证。本品长于行气，燥湿，消积，为消除胀满之要药。②厚朴配杏仁，用于咳嗽气喘痰多者。本品能下肺气，消痰涎而平咳喘。

【用法用量】3～10 g。

【注意事项】本品辛苦温燥，易于耗气伤阴，故气虚津亏者慎用。本品为消除胀满之要药，凡湿阻、食积、气滞所致的脘腹胀满均适用，以治实胀为主。

广藿香

唇形科草本植物广藿香的地上部分。主产于广东。夏、秋季枝叶茂盛时采割。鲜用，或阴干切断生用。

【性味归经】辛，微温。归脾、胃、肺经。

【功能主治】化湿，解暑，止呕。主治湿阻中焦，暑湿证，呕吐。

【配伍应用】①藿香配厚朴、苍术，用于湿阻中焦证。本品芳香行散，能化湿浊。②藿香配紫苏、半夏、厚朴，用于暑湿证。本品能解暑，止呕。

【用法用量】5～10 g。

【注意事项】本品尤善于暑月外感。

佩　兰

菊科草本植物佩兰的地上部分。主产于江苏、河北、山东等地。夏秋采收。鲜用或晒干切断生用。

【性味归经】辛，平。归脾、胃、肺经。

【功能主治】化湿，解暑。主治湿阻中焦，外感暑湿。

【配伍应用】①佩兰配厚朴、苍术，用于湿阻中焦证。本品能化湿和中。②佩兰配藿香，用于治暑湿证。本品能化湿解暑。

【用法用量】5～10 g。

【注意事项】本品善于治脾瘅。

砂　仁

姜科草本植物阳春砂或海南砂或缩砂的干燥成熟果实。阳春砂主产于我国广东、广西等地。海南砂主产于广东、海南岛及湛江地区。缩砂产于越南、泰国、印度尼西亚等地。均于夏秋间果实成熟时采收。用时打碎。

【性味归经】辛，温。归脾、胃、肾经。

【功能主治】化湿，行气，温中，安胎。主治湿阻中焦，脾胃气滞，妊娠呕吐。

【配伍应用】①砂仁配厚朴，用于湿阻中焦证及脾胃气滞证。本品善于化湿，行气。②砂仁配白术、紫苏梗，用于妊娠恶阻，胎动不安。本品能行气和中达止呕、安胎之效。

【用法用量】3～6 g，入汤剂宜后下。

【注意事项】阴虚血燥、火热内炽者慎用。

豆　蔻

姜科草本植物白豆蔻的成熟果实。主产于泰国、柬埔寨、老挝、越南等地。我国云南、广东、广西等地亦有栽培。秋季采收。生用，用时捣碎。

【性味归经】辛，温。归肺、脾、胃经。

【功能主治】化湿，行气，温中，止呕。主治湿阻中焦，脾胃气滞，呕吐。

【配伍应用】①豆蔻配厚朴、陈皮，用于湿阻中焦证及脾胃气滞证。本品能化湿，行气。②豆蔻配半夏，用于胃寒呕吐。本品行气温中而止呕。

【用法用量】3～6 g，入汤剂宜后下。

【注意事项】阴虚血燥者慎用。

草豆蔻

姜科草本植物草豆蔻的近成熟种子。主产于广西、广东等地。夏、秋二季采收。捣碎生用。

【性味归经】辛，温。归脾、胃经。

【功能主治】燥湿，温中，行气。主治寒湿阻滞脾胃，脘腹胀满，呕吐泄泻。

【配伍应用】草豆蔻配厚朴、半夏，用于寒湿阻滞脾胃，脘腹胀满疼痛及呕吐、泄泻等。本品能燥湿，温中。

【用法用量】3～6 g，入汤剂宜后下。

【注意事项】阴虚血少、津液不足及未见寒湿者慎用。

草　果

姜科草本植物草果的成熟果实。主产于云南、广西、贵州等地。秋季果实成熟时采收。捣碎取仁用，或将净草果仁姜汁微炒用。

【性味归经】辛，温。归脾、胃经。

【功能主治】燥湿，温中，截疟。主治寒湿阻滞脾胃，脘腹胀满，呕吐泄泻，疟疾。

【配伍应用】①草果配厚朴、半夏，用于寒湿阻滞脾胃，脘腹胀满、疼痛、吐泻等。本品能燥湿散寒。②草果配常山，用于疟疾。本品能燥湿，散寒，又能截疟。

【用法用量】3～6 g。

【注意事项】阴虚血少者忌用，老弱虚怯者慎用。草果辛香浓烈，燥湿散寒作用最强。

第七节　祛风湿药

凡以祛除风湿、解除痹痛为主要作用的药物，称祛风湿药。本类药物中祛风湿散寒药及祛风湿强筋骨药的药性偏温，祛风湿清热药的药性偏于寒凉，能祛除留着于肌表、经络的风湿，其中部分药还分别具有舒筋、通络、止痛及强筋骨等作用。适用于风湿痹痛、筋脉拘挛、麻木不仁、半身不遂、腰膝酸痛、下肢痿弱等证。祛风湿药（尤其是祛风湿散寒药）性多偏于温燥，易伤阴血，故阴虚血亏者应慎用，必要时须配伍滋补精血之品。

一、祛风湿散寒药

本类药物的药性偏于温燥，主要适用于风湿痹痛而属寒证，症见肢体疼痛，酸楚重着，麻木，关节屈伸不利等，尤以治疗寒痹、湿痹、风痹常用。本类药物芳香温燥之物较多，较宜作酒剂或丸散常服，因其性多偏温燥，热盛或阴虚血亏者慎用。

独　活

伞形科多年生草本植物重齿毛当归的根。主产于四川、湖北、安徽等地。春、秋二季采挖入药。生用。

【性味归经】辛、苦，微温。归肾、膀胱经。

【功能主治】祛风湿，止痛，解表。主治风湿痹痛，风寒表证。

【配伍应用】①独活配杜仲，用于风湿痹痛。本品辛散苦燥，善祛风湿，止痛。②独活配羌活，用于风寒表证，兼有湿邪者。本品能发散风寒湿邪而解表。

【用法用量】3～10 g。

【注意事项】阴虚血燥者慎服；本品善于治下部之痹症。

威灵仙

毛茛科攀援性灌木植物威灵仙、棉团铁线莲或东北铁线莲的根及根茎。前一种主产于江苏、安徽、浙江等地，应用最广；后两者主产于东北、华北等地，仅在少部分地区使用。秋季采挖入药。生用。

【性味归经】辛、咸，温。归膀胱经。

【功能主治】祛风湿，通经络，止痹痛，治骨鲠。主治风湿痹痛，诸骨鲠咽。

【配伍应用】①威灵仙配独活，用于风湿痹痛。本品性善走，能通经络，祛风湿，止痛作用较强。②威灵仙配米醋，用于诸骨鲠咽。本品治骨鲠。

【用法用量】5～10 g。

【注意事项】本品善于治行痹。本品辛香走窜，气血虚弱者慎用。

木　瓜

蔷薇科灌木植物贴梗海棠或木瓜（榠楂）的成熟果实。前者习称"皱皮木瓜"，主产于安徽、湖北等地，应用较广；后者习称"光皮木瓜"，主产于山东、江苏等地，华东、西南等地使用。夏秋季果实呈黄绿色时采收，经加工后入药。生用。

【性味归经】酸，温。归肝、脾经。

【功能主治】舒筋活络，化湿和胃。主治风湿痹痛，吐泻转筋。

【配伍应用】①木瓜配乳香、没药，用于风湿痹痛，筋脉拘挛，筋急项强。本品有较好的舒筋活络作用，且能化湿。②木瓜配蚕沙，用于吐泻转筋。本品治此症，一则使湿浊得化，中焦调和；二则舒经活络，使吐利过多而至的足腓挛急得以缓解。

【用法用量】6～12 g。

【注意事项】内有郁热、小便短赤者慎服。本品善治湿痹症。

徐长卿

萝藦科植物徐长卿的干燥根和根茎。全国大部分地区均产。秋季采挖，除去杂质，阴干。切断。以香气浓者为佳。

【性味归经】辛，温。归肝、胃经。

【功能主治】祛风止痛，止痒。主治风湿痹痛，湿疹风疹。

【配伍应用】①徐长卿配独活，用于风湿痹痛。本品能祛风止痛。②徐长卿配苦参，用于湿疹、风疹。本品能祛风止痒。

【用法用量】3～10 g，不宜久煎。

【注意事项】体弱者慎服；本品善于止痛，还能解蛇毒。

白花蛇

蝰蛇科动物尖吻蝮（五步蛇）的干燥全体。主产于湖北、浙江、江西、福建等地。以条大、干燥、头尾齐全、花纹斑块明显者为佳。

【性味归经】甘、咸，温；有毒。归肝、脾经。

【功能主治】祛风，活络，定惊。主治风湿，中风，麻风，皮肤瘙痒，破伤风。

【配伍应用】①白花蛇配天麻，用于风湿痹痛、肢体麻木、中风后半身不遂。本品有较强的祛风通络作用，前人云其能透骨搜风。②白花蛇配蜈蚣，用于破伤风。本品有定惊止抽搐作用。

【用法用量】3～10 g。

【注意事项】本品善于治顽痹。

海桐皮

豆科植物刺桐的干皮。野生或栽植为行道树。主产于广西、云南、福建、湖北等地。全年可收，而以春季较易剥取，将树砍伐剥取干皮，刮去棘刺及灰垢，晒干。以皮张大、钉刺多者为佳。

【性味归经】苦、辛，平。入肝经。

【功能主治】祛风湿，通筋络。主治风湿痹痛，四肢拘挛，腰膝疼痛。

【配伍应用】海桐皮配五加皮，用于风湿痹痛。本品能祛风湿，通经络。

【用法用量】6～12 g。

【注意事项】本品外用能杀虫止痒，可治疗疥癣、湿疹。

蚕 沙

蚕蛾科昆虫家蚕蛾幼虫的粪便。主产于江苏、浙江及其他养蚕处。6～8月主要收集二眠或三眠蚕的粪便。生用。

【性味归经】甘、辛，温。归肝、脾、胃经。

【功能主治】祛风除湿，和胃化浊。主治风湿痹痛，吐泻转筋。

【配伍应用】①蚕沙配防己，用于风湿痹痛。本品能祛风除湿。②蚕沙配吴茱萸，用于湿浊内阻而致的吐泻转筋。本品能和胃化湿。

【用法用量】5～10 g。

【注意事项】本品包煎。

寻骨风

马兜铃科多年生攀援草本植物绵毛马兜铃的根或全草。主产于河南、江苏、江西等地。夏、秋二季采集入药。生用。

【性味归经】辛，苦，平。归肝经。

【功能主治】祛风湿，通络，止痛。主治风湿痹痛，肢体麻木。

【配伍应用】寻骨风配徐长卿，用于风湿痹痛。本品能祛风湿，通络止痛。

【用法用量】10～15 g。

【注意事项】本品亦可用于胃痛、牙痛。

海风藤

胡椒科攀援藤本植物风藤（细叶青蒌藤）的藤茎。主产于福建、广东、台湾等地。夏、秋二季采割入药。生用。

【性味归经】辛、苦，微温。归肝经。

【功能主治】祛风湿，通经络。主治风湿痹痛、关节不利，跌打损伤。

【配伍应用】海风藤配络石藤，用于风湿痹痛、关节不利及跌打损伤。本品能祛风湿，通经络。

【用法用量】5～10 g。

油松节

松科乔木油松或马尾松的树干或树枝上的结节。各地均产。一年四季可采收入药。生用。

【性味归经】辛、苦，温。归肝、肾经。

【功能主治】祛风燥湿，止痛。主治风湿痹痛，跌打损伤。

【配伍应用】油松节配秦艽，用于风湿痹痛、跌打损伤。本品性偏温燥，以治寒湿痹痛为宜。

【用法用量】10～15 g。

【注意事项】本品辛香温燥，阴虚血亏者慎用。

二、祛风湿清热药

本类药物的药性偏寒，味多辛、苦，主要适用于风湿热痹、关节红肿热痛之证。

防 己

防己科木质藤本植物粉防己或马兜铃科缠绕草本植物广防己的根。粉防己又称汉防己，主产于浙江、安徽、江西等地；广防己又称木防己，主产于广东、广西等地。秋季采挖入药。生用。

【性味归经】苦，寒。归膀胱、肺经。

【功能主治】祛风湿，止痛，利水。主治风湿痹痛，水肿，腹水，脚气浮肿。

【配伍应用】①防己配杜仲、秦艽，用于风湿痹痛。本品善能祛风湿止痛。②防己配葶苈子，用于水肿、腹水、脚气浮肿。本品能利水，清下焦湿热。

【用法用量】5～10 g。

【注意事项】本品善于治热痹。本品不宜大量使用，以免损伤胃气，胃纳不佳及体弱者慎服。

秦 艽

龙胆科多年生草本植物秦艽、麻花秦艽、粗茎秦艽或小秦艽的根。主产于陕西、甘肃、四川等地。春、秋二季采挖入药。生用。

【性味归经】辛、苦，平。归胃、肝、胆经。

【功能主治】祛风湿，舒筋络，清虚热。主治风湿痹痛，骨蒸潮热。

【配伍应用】①秦艽配独活，用于风湿痹痛。本品能祛风湿，舒经络。②秦艽配青蒿，用于阴虚骨蒸潮热。本品能清虚热。

【用法用量】5～10 g。

【注意事项】秦艽、防风、天麻都是风中之润剂。

豨莶草

菊科草本植物豨莶、腺梗豨莶或毛梗豨莶的地上部分。各地均产。夏秋季开花前或花期采割入药。生用或制用。

【性味归经】辛、苦，寒。归肝、肾经。

【功能主治】祛风湿，通经络，清热解毒。主治风湿痹痛，四肢麻木，痈肿疮毒，湿疹瘙痒。

【配伍应用】①豨莶草配臭梧桐，用于风湿痹痛。本品能祛风湿，通经络。②豨莶草生用，用于痈肿疮毒、湿疹瘙痒。本品能清解疮毒，并祛风湿而治湿疮。

【用法用量】10～15 g。

【注意事项】阴血不足者慎用；现代应用本品治高血压，有降低血压的作用。

臭梧桐叶

马鞭草科灌木或小乔木植物海州常山的嫩枝和叶。主产于江苏、浙江、安徽等地。夏季结果前或开花前采收。生用。

【性味归经】辛、苦、甘，平。归肝经。

【功能主治】祛风湿。主治风湿痹痛，肢体麻木，半身不遂。

【配伍应用】臭梧桐配豨莶草，用于风湿痹痛、肢体麻木。本品能祛风湿。

【用法用量】5～15 g。

【注意事项】本品有降血压作用。

络石藤

夹竹桃科攀援木质藤本植物络石的带叶藤茎。主产于江苏、湖北、山东等地。冬季至次年春季采集入药。生用。

【性味归经】苦，微寒。归心、肝、肾经。

【功能主治】祛风通络，凉血消肿。主治风湿痹痛，筋脉拘挛，喉痹，痈肿。

【配伍应用】①络石藤配五加皮，用于风湿痹痛。本品能祛风通络，兼能清热。②络石藤配皂角刺，用于喉痹、消肿。本品能凉血消肿。

【用法用量】6～15 g。

【注意事项】本品善于治热痹症。

桑　　枝

桑科乔木植物桑的嫩枝。全国各地均产。春末至夏初采收入药。生用或炒至微黄用。

【性味归经】微苦，平。归肝经。

【功能主治】祛风通络。主治风湿痹痛，四肢拘挛。

【配伍应用】桑枝配威灵仙，用于风湿痹痛、四肢拘挛。本品有祛风通络，利关节作用，可治痹痛。

【用法用量】10～30 g。

【注意事项】本品善于治上肢痹痛。

三、祛风湿强筋骨药

本类药物性味多为辛苦甘温，主要归肝、肾经，主治风寒湿痹日久未愈，肝肾不足，痹痛不止而兼筋骨不健者。

桑寄生

桑寄生科小灌木植物桑寄生或槲寄生的带叶茎枝。前者主产于华南、西南地区，后者主产于东北、华北、西南地区。冬季至次年春季采集入药。生用。

【性味归经】甘、苦，平。归肝、肾经。

【功能主治】祛风湿，补肝肾，强筋骨，安胎。主治风湿痹痛、腰膝酸痛、胎漏下血、胎动不安。

【配伍应用】①桑寄生配牛膝，用于风湿痹痛、腰膝酸痛。本品能祛风湿，舒筋络，补肝肾，强筋骨。②桑寄生配续断，用于胎漏下血、胎动不安。本品能补肝肾，养血而安胎。

【用法用量】10～20 g。

【注意事项】本品善于补肝肾，强筋骨。

五加皮

五加科灌木植物细柱五加的根皮。主产于湖北、河南等地。秋季采挖。剥取根皮入药。生用。

【性味归经】辛、苦，温。归肝、肾经。

【功能主治】祛风湿，强筋骨。主治风湿痹痛、腰膝软弱。

【配伍应用】五加皮配牛膝，用于风湿痹痛、腰膝软弱。本品能祛风湿，又能强筋骨。

【用法用量】6～15 g。

【注意事项】南五加无毒，北五加（香五加）有毒。

千年健

天南星科草本植物千年健的根茎。主产于云南、广西等地。春、秋二季采挖入药。生用。

【性味归经】辛、苦，温。归肝、肾经。

【功能主治】祛风湿，健筋骨。主治风湿痹痛、腰膝冷痛、下肢拘挛麻木。

【配伍应用】千年健配牛膝、枸杞子，用于风湿痹痛、腰膝冷痛、下肢拘挛麻木。本品能祛风湿，健筋骨。

【用法用量】5～10 g。

【注意事项】阴虚内热者慎服。

狗　脊

蚌壳蕨科多年生草本植物金毛狗脊的根状茎。主产于云南、广西、福建等地。秋季采挖入药。生用或砂烫去绒毛用。

【性味归经】苦、甘，温。归肝、肾经。

【功能主治】补肝肾，强筋骨，祛风湿。主治腰痛，足软，尿频，白带过多。

【配伍应用】①狗脊配杜仲、续断、牛膝，补肝肾，强腰膝，坚筋骨，温散风湿，对肝肾亏虚，兼有风寒湿邪引起的上述病证最为适宜。用于腰痛肌强，不能俯仰，足膝软弱。②狗脊配木瓜、五加皮、杜仲，用于腰痛，小便过多。

【用法用量】10～15 g。

【注意事项】因温补固摄作用，所以肾虚有热，小便不利或短涩黄赤、口苦舌干均忌服。

第八节　理气药

凡以调理气分疾病，能疏畅气机，可使气行通顺的药物，称理气药。理气药大多气香性温，其味辛、苦，善于行散或泄降，具有调气健胃，行气止痛，顺气降逆，疏肝解郁或破气散结等功效，适用于气机不畅所致的气滞、气逆等证。使用本类药物时，必须针对病情，选择相应的药物，并采用适宜的配伍。本类药物辛燥者诸多，易于耗气伤阴，故气虚及阴亏者宜慎用。

陈　皮

芸香科植物橘及其栽培变种的干燥成熟果皮。主产于广东、广西、福建、四川、江西。药材分为"陈皮"和"广陈皮"。采摘成熟果实，剥取果皮，晒干或低温干燥。切丝。药材以色鲜艳、香气浓者为佳。

【性味归经】苦、辛，温。归肺、脾经。

【功能主治】理气，调中，燥湿，化痰。主治脾胃气滞，湿浊中阻，痰湿壅滞。

【配伍应用】①陈皮配枳壳、木香，用于脾胃气滞所致的脘腹胀满、疼痛，嗳气，恶心；②陈皮配苍术、厚朴，以燥湿健脾，用于湿浊中阻所致的胸闷腹胀、纳呆倦怠、大便溏薄、舌苔厚腻；③陈皮配半夏、茯苓，以燥湿化痰，用于痰湿壅滞，肺失宣降，咳嗽痰多气逆。

【用法用量】3～10 g。

【注意事项】本品辛温苦燥，温能助热，舌赤少津，内有实热、阴虚燥咳、咳血、吐血者慎用。

青　皮

芸香科小乔木植物橘及其栽培变种的幼果或未成熟果实的果皮。主产于广东、福建、四川等地。5～6月间收集自落的幼果，晒干，习称"个青皮"；7～8月间采收未成熟果实的果皮，在果皮上纵剖成四瓣至基部，晒干，习称"四花青皮"。生用或醋炙用。

【性味归经】苦、辛，温。归肝、胆、胃经。

【功能主治】疏肝破气，散结消滞。主治胁肋胀痛，乳房胀痛，疝气疼痛，食积不化。

【配伍应用】①青皮配柴胡、郁金，用于肝气郁滞所致的胁肋胀痛。本品能疏肝胆，破气滞。②青皮配香附、柴胡，用于乳房胀痛或结块。本品能疏肝散结。③青皮配山楂、麦芽，用于治食积气滞、胃脘痞闷胀痛。本品消积散滞之力较强。

【用法用量】3～10 g。

【注意事项】本品性烈耗气，孕妇、气虚者慎用。

枳　实

芸香科小乔木橙及其栽培变种或甜橙的幼果。主产于四川、江西、福建等地。5～6月间采集自落的果实。生用或麸炒用。

【性味归经】苦、辛、酸，微寒。归脾、胃经。

【功能主治】破气消积，化痰除痞。主治食积停滞，腹痛便秘，泻痢不畅，痰浊阻塞气机，胸脘痞满。

【配伍应用】①枳实配山楂、麦芽，用于食积不化，脘腹胀满，嗳腐气臭。本品能破气除胀，消积导滞。②枳实配厚朴、大黄，用于热结便秘，腹痛胀满。本品能破气消积。③枳实配薤白、桂枝，用于胸阳不振，寒痰内阻。本品行气消痰，除痞。

【用法用量】3～10 g。

【注意事项】脾胃虚弱及孕妇慎用。

佛　手

芸香科小乔木或灌木佛手的果实。主产于广东、福建、四川等地。秋季果实尚未变黄或刚变黄时采收。生用。

【性味归经】辛、苦、酸，温。归肝、脾、胃、肺经。

【功能主治】疏肝，理气，和中，化痰。主治肝郁气滞，脾胃气滞，咳嗽痰多。

【配伍应用】①佛手配枳壳、木香，用于脾胃气滞所致的脘腹胀满，疼痛，嗳气，恶心。本品能理气，和中。②佛手配香附、郁金，用于肝郁气滞所致的胁痛，胸闷。本品能疏肝解郁。③佛手配枇杷叶，用于咳嗽日久而痰多者。本品能理气，燥湿，化痰。

【用法用量】3～10 g。

【注意事项】阴虚有热、气虚无滞者慎用。

香　橼

芸香科小乔木枸橼或香圆的成熟果实。主产于浙江、江苏、广东等地。秋季果实成熟时采收。生用。

【性味归经】辛、苦、酸，温。归肝、脾、肺经。

【功能主治】疏肝，理气，和中，化痰。主治肝郁气滞，脾胃气滞，咳嗽痰多。

【配伍应用】①香橼配郁金、香附，用于治胸闷，胁痛。本品能疏肝理气，和中止痛。②香橼配木香、吴茱萸，用于治脘痛腹胀。本品能理气和中。③香橼配半夏、茯苓，用于痰湿壅滞，咳嗽痰多。本品能燥湿化痰。

【用法用量】3～10 g。

【注意事项】阴虚有热者慎用。

木　香

菊科草本植物木香、川木香的根。木香产于云南、广西及印度、缅甸等地；川木香主产于四川、西藏等地。秋、冬二季采挖。生用或煨用。

【性味归经】辛、苦，温。归脾、胃、大肠、三焦、胆经。

【功能主治】行气，调中，止痛。主治脾胃气滞，脾运失常，肝失疏泄，脾胃气虚。

【配伍应用】①木香配枳壳，用于脘腹气滞胀痛。本品长于调中宣滞，行气止痛。②木香配黄连，以清热治痢，行气止痛，用于治湿热泻痢。③木香配党参、白术，可奏补而不滞之效，用于脾胃气虚，运化无力，不思饮食。

【用法用量】3～10 g。

【注意事项】本品辛温香燥，凡阴虚津亏火旺者慎用。

香　　附

莎草科草本植物莎草的根茎。全国大部分地区均产，主产于广东、河南、四川等地。秋季采挖。生用，或醋炙用。

【性味归经】辛、微苦、微甘、平。归肝、脾、三焦经。

【功能主治】疏肝理气，调经止痛。主治胁痛，疝痛，痛经，月经不调，乳房胀痛。

【配伍应用】①香附配柴胡、白芍，用于治胁痛。本品用于疏肝解郁，行气止痛。②香附配当归、川芎，用于月经不调、痛经、乳房胀痛。

【用法用量】6～12 g。

【注意事项】本品辛味甚烈，孕妇慎用。

乌　　药

樟科灌木或小乔木乌药的根。主产于浙江、安徽、江西等地。全年均可采挖。生用或麸炒用。

【性味归经】辛，温。归脾、肺、肾、膀胱经。

【功能主治】行气止痛，温肾散寒。主治寒郁气滞，肾阳不足。

【配伍应用】①乌药配薤白，用于治胸闷、胁痛。本品辛开温散，善于疏通气机，能顺气畅中，散寒止痛。②乌药配益智，有温肾缩尿之功，用于肾阳不足，膀胱虚寒引起的小便频数及遗尿。

【用法用量】3～10 g。

【注意事项】本品辛温，止寒性痛，缩虚寒尿。

沉　　香

瑞香科乔木植物沉香及白木香含有树脂的木材。白木香主产于海南、广东、台湾等地；沉香主产于东南亚、印度等地。全年均可采收。割取含树脂的木材，除去不含树脂的部分，阴干，锉末，生用。

【性味归经】辛、苦，微温。归脾、胃、肾经。

【功能主治】行气止痛，降逆止呕，温肾纳气。主治寒凝气滞疼痛，胃寒呕吐呃逆，虚喘。

【配伍应用】①沉香配乌药、木香，用于寒凝气滞，胸腹胀闷作痛之证。本品能祛寒行气止痛。②沉香配豆蔻、柿蒂，用于胃寒呕吐呃逆。本品有温降调中之效。③沉香配肉桂、附子、补骨脂，用于下元虚冷、肾不纳气之虚喘，痰饮咳喘。本品能温肾纳气。

【用法用量】1～1.5 g，研末冲服。

【注意事项】本品辛温助热，阴虚火旺、气虚下陷者慎用。

川楝子

楝科乔木植物川楝的成熟果实。我国南方各地均产，以四川产者为佳。冬季果实成熟时采收。生用或炒用，用时打碎。

【性味归经】苦，寒。有小毒。归肝、小肠、膀胱经。

【功能主治】行气止痛，杀虫，疗癣。主治胁肋作痛，脘腹疼痛，疝气痛，虫积腹痛，头癣。

【配伍应用】①川楝子配延胡索，可增强止痛作用，用于肝气郁滞或肝胃不和所致的胁肋作痛，脘腹疼痛及疝气痛。本品有行气止痛之功，兼能疏泄肝热。②川楝子配使君子，用于虫积腹痛。本品既能杀虫，又能止痛。

【用法用量】3～10 g。

【注意事项】本品味苦性寒，凡脾胃虚寒者不宜用，孕妇慎用。

荔枝核

无患子科乔木荔枝的成熟种子。主产于福建、广东、广西等地。夏季采摘成熟果实。生用或盐水炙用，用时打碎。

【性味归经】甘、微苦，温。归肝、肾经。

【功能主治】理气止痛，祛寒散滞。主治疝气，睾丸肿痛，肝气郁滞，胃脘久痛，经前腹痛，产后腹痛。

【配伍应用】①荔枝核配小茴香。用于厥阴肝经寒凝气滞所致的疝痛、睾丸痛。本品能祛除寒邪，行散滞气，有止痛之功。②荔枝核配木香、香附，用于肝气郁滞，胃脘久痛及妇人气滞血瘀腹痛。本品能疏肝理气，温散行滞。

【用法用量】10～15 g。

薤　白

百合科草本植物小根蒜和薤的地下鳞茎。全国各地均有分布，主产于江苏、浙江等地。夏、秋二季采挖。生用。

【性味归经】辛、苦，温。归肺、心、胃、大肠经。

【功能主治】通阳散结，行气导泻。主治胸痹，胃脘气滞，泻痢后重。

【配伍应用】①薤白配瓜蒌，用于胸痹证。本品辛开行滞，苦泄痰浊，能散阴寒之凝结而温通阳。②薤白配白芍、柴胡，用于胃脘气滞。本品能行气导滞。

【用法用量】5～10 g。

【注意事项】气虚无滞者及胃弱纳呆、不耐蒜味者不宜用。

檀　香

檀香科小乔木檀香的木质心材。产于海南、广东、云南及印度、印度尼西亚等地。全年均可采伐，以夏季采收为佳。生用。

【性味归经】辛，温。归脾、胃、心、肺经。

【功能主治】理气调中，散寒止痛。主治胸腹疼痛，胃寒作痛，呕吐清水。

【配伍应用】檀香配砂仁、乌药，用于寒凝气滞所致的胸腹疼痛及胃寒作痛，呕吐清水。本品性温祛寒，辛能行散，善于利膈宽胸，行气止痛，其气芳香醒脾，故兼有调中和胃之功。

【用法用量】1～3 g。

【注意事项】阴虚火旺、实热吐衄者慎用。近年临床常用本品治疗冠心病。

柿　蒂

柿树科乔木植物柿的宿存花萼。主产于四川、广东、广西等地。秋、冬二季果实成熟时采集或食用时收集。生用。

【性味归经】苦、涩，平。归胃经。

【功能主治】降气止呃。主治呃逆。

【配伍应用】柿蒂配生姜，用于胃失和降所致的呃逆之证。本品能降气止呃。

【用法用量】6～10 g。

【注意事项】气虚下陷者忌用。

甘　松

败酱科草本植物甘松或匙叶甘松的根及根茎。主产于四川、甘肃、青海等地。春、秋二季采挖。以秋季采者为佳。生用。

【性味归经】辛、甘，温。归脾、胃经。

【功能主治】行气止痛，开郁醒脾。主治胸闷腹胀，不思饮食，胃脘疼痛。

【配伍应用】甘松配木香，用于思虑伤脾或寒凝气滞引起的胸闷腹胀，不思饮食，胃脘疼痛等证。本品能行气止痛，开郁醒脾。

【用法用量】3～6 g。

预知子

木通科植物木通、三叶木通、白本通的果实。8～9月间果实成熟时采摘，晒干，或用沸水泡透后晒干。产于江苏、浙江、安徽、陕西等地。

【性味归经】苦，寒。归肝、胆、胃、膀胱经。

【功能主治】疏肝理气散结。主治胁痛，肝胃气痛，疝气痛。

【配伍应用】①预知子配枳壳、川楝子，用于肝郁气滞所致的胁痛，肝胃气痛及疝气痛。本品能疏肝理气。②预知子配昆布，用于瘰疬。本品能理气散结。

【用法用量】6～12 g。

【注意事项】可用于癌症，取其理气散结之功。

玫瑰花

蔷薇科灌木植物玫瑰的花蕾。主产于江苏、浙江、福建等地，春末夏初花将开放时分批采收。生用。

【性味归经】甘、微苦，温。归肝、脾经。

【功能主治】行气解郁，和血散瘀。主治胁痛脘闷，胃脘胀痛，月经不调，损伤瘀痛。

【配伍应用】①玫瑰花配香附，用于肝胃不和所致的胁痛脘闷，胃脘胀痛。本品能行气解郁，疏肝和胃。②玫瑰花配当归、川芎，用于调经；配鸡血藤，用于损伤瘀痛。本品既能疏肝理气，又能和血散瘀。

【用法用量】3～6 g。

梅　花

蔷薇科小乔木梅的花蕾。入药分白梅花、红梅花两种。白梅花主产于江苏、浙江等地；红梅花主产于四川、湖北等地。初春花未开放时采摘。生用。

【性味归经】微酸、涩，平。归肝、胃、肺经。

【功能主治】疏肝解郁，理气和胃。主治胁肋作痛，胃脘疼痛，梅核气。

【配伍应用】①梅花配柴胡，用于肝胃气机郁滞所致的胁肋作痛，胃脘疼痛；②梅花配陈皮，可疏肝悦脾、理气化痰，用于梅核气。

【用法用量】3～6 g。

九香虫

蝽科昆虫九香虫的全虫。主产于云南、四川、贵州等地。3月前捕捉。生用或用文火微炒用。

【性味归经】咸，温。归肝、脾、肾经。

【功能主治】行气止痛，温肾助阳。主治胁肋胀痛，胃脘疼痛，肾阳不足。

【配伍应用】①九香虫配木香，用于胁肋胀痛，胃脘疼痛。本品能温通散滞，行气止痛。②九香虫配杜仲，用于肾虚腰痛。本品能温肾助阳。

【用法用量】3～5 g。

【注意事项】凡阴虚内热者忌用。

第九节　温里药

凡能温散里寒，治疗里寒证的药物，称温里药。温里药性味辛辣，能温暖中焦，健运脾胃，散寒止痛，有的药物并有助阳、回阳的作用。适用于里寒证。使用里寒药，可根据不同情况作如下配伍：外寒内侵兼有表证者，配解表药；寒凝气滞者，配行气药；寒湿内蕴者，配健脾化湿药；脾肾阳虚者，配温补脾肾药；亡阳气脱者，配大补元气药。本类药物辛热而燥，应用不当易耗伤津液，凡属热证、阴虚者及孕妇忌用或慎用。

附　子

毛茛科草本植物乌头子根的加工品。主产于四川及湖北、湖南等地。6月下旬至8月上旬采收。加工炮制为盐附子、黑附子（黑顺片）、白附片用。

【性味归经】辛，甘，大热。有毒。归心、肾、脾经。

【功能主治】回阳救逆，补火助阳，散寒止痛。主治亡阳证，阳虚证，痹痛。

【配伍应用】①附子配干姜，用于亡阳证。本品为回阳救逆之要药。②附子配肉桂，用于肾阳不足，命门火衰。本品善于补火助阳。③附子配桂枝、白术，用于痹痛。本品能散寒止痛。

【用法用量】3～15 g，不宜与半夏、瓜蒌、瓜蒌子、瓜蒌皮、天花粉、川贝母、浙贝母、平贝母、伊贝母、湖北贝母、白蔹、白及同用。

【注意事项】应先煎30～60分钟以减弱其毒性，孕妇及热证、阴虚阳亢者忌用。

干　姜

姜科植物姜的干燥根茎。主产于四川、广东、湖北等地。均系栽培。冬季采收。切片晒干或低温烘干，生用。

【性味归经】辛，热。归脾、胃、肾、心、肺经。

【功能主治】温中，回阳，温肺化饮。主治脾胃寒证，亡阳证，寒饮伏肺。

【配伍应用】①干姜配半夏，用于胃寒呕吐。本品能祛脾胃寒邪，助脾胃阳气。②干姜配附子，用于亡阳证。本品辛热，通心助阳，祛除里寒，能助附子以增强回阳救逆功效，并可减低附子的毒性。③干姜配麻黄、细辛，用于寒饮伏肺，见咳嗽气喘、形寒背冷、痰多清稀。本品能温散肺寒而化痰饮。

【用法用量】3～10 g。

【注意事项】阴虚内热、血热妄行者忌用，孕妇慎用。

肉　　桂

樟科乔木肉桂的树皮。主产于广西、广东、海南等地。多在秋季剥取。因剥取部位及品质的不同而加工成多种规格，常见的有企边桂、板桂、桂通等。生用。

【性味归经】辛、甘，大热。归脾、肾、心、肝经。

【功能主治】引火归元，散寒止痛，温通经脉。主治肾阳不足，脘腹冷痛，痛经，寒湿痹痛，腰痛，阴疽。

【配伍应用】①肉桂配附子，用于肾阳不足，命门火衰。本品辛热纯阳，能温补命门之火，益阳消阴，为治下元虚冷之要药。②肉桂配当归、川芎，用于血分有寒，血行不畅。本品既能散沉寒，又能通血脉。③肉桂配熟地黄、鹿角胶，用于阴疽。本品能散寒温阳，通畅气血。

【用法用量】2～5 g，研末冲服，入汤剂后下。不宜与赤石脂同用。

【注意事项】阴虚火旺、里有湿热、血热妄行者及孕妇忌用。

吴茱萸

芸香科灌木或小乔木吴茱萸、石虎或疏毛吴茱萸接近成熟的果实。主产于贵州、广西、四川等地。8～11月果实尚未开裂时采收。生用或制用。

【性味归经】辛、苦，热。有小毒。归肝、脾、胃、肾经。

【功能主治】散寒止痛，疏肝下气，燥湿。主治冷痛泄泻，寒湿脚气疼痛，呕吐。

【配伍应用】①吴茱萸配干姜、木香，用于脘腹冷痛。本品能散寒止痛。②吴茱萸配木瓜，用于寒湿脚气疼痛。本品既能散寒燥湿，又能下降逆气。③吴茱萸配生姜、半夏，用于呕吐。本品疏肝下气而止呕逆。

【用法用量】1.5～5 g。

【注意事项】本品辛热燥烈，易伤气动火，不宜多用久服，阴虚有热者忌用，孕妇慎用。

花　　椒

芸香科灌木或小乔木花椒或青椒的成熟果皮。我国大部分地区有分布，但以四川产者为佳，故又称川椒、蜀椒。秋季采收，生用或炒用。

【性味归经】辛，温。归脾、胃、肾经。

【功能主治】温中，止痛，杀虫。主治脾胃虚寒，脘腹冷痛，呕吐泄泻，蛔虫病。

【配伍应用】①花椒配人参、干姜，用于脾胃虚寒，脘腹冷痛、呕吐。本品能温中止痛。②花椒配乌梅，用于蛔虫引起的腹痛、呕吐或吐蛔。本品能杀虫止痛。

【用法用量】2～5 g。

【注意事项】阴虚内热者慎用。

荜　　茇

胡椒科藤本植物荜茇接近成熟或成熟果穗。产于海南、云南、广东等地。9～10月间果穗由绿变黑时采收，生用。

【性味归经】辛，热。归胃、大肠经。

【功能主治】温中止痛。主治胃寒呕吐、呃逆，腹痛，泄泻。

【配伍应用】荜茇配荜澄茄，用于胃寒呕吐、呃逆，腹痛，泄泻。本品辛热，能温散胃肠寒邪。

【用法用量】2～5 g。

荜澄茄

樟科乔木或灌木山鸡椒的成熟果实。主产于广西、广东、四川等地。秋季果实成熟时采收。生用。

【性味归经】辛，温。归脾、胃、肾、膀胱经。

【功能主治】温中止痛。主治胃寒呕吐、呃逆，腹痛，泄泻。

【配伍应用】荜澄茄配荜茇，用于胃寒呕吐、呃逆，腹痛，泄泻。本品辛热，能温散胃肠寒邪。

【用法用量】2～5 g。

丁　香

桃金娘科乔木植物丁香的花蕾，习称公丁香。主产于坦桑尼亚、马来西亚，我国海南省也有栽培。通常于当年9月至次年3月，花蕾由绿转红时采收。生用。

【性味归经】辛，温。归脾、胃、肺、肾经。

【功能主治】温中降逆，温肾助阳。主治呕吐，呃逆，腹泻，阳痿。

【配伍应用】①丁香配半夏，用于胃寒呕吐。本品温中散寒，善于降逆。②丁香配附子、巴戟天，用于治阳痿。本品能温肾助阳。

【用法用量】2～5 g，畏郁金，不宜与郁金同用。

【注意事项】热证及阴虚内热者忌用。

高良姜

姜科草本植物高良姜的根茎。主产于广东、广西、台湾等地。夏末秋初采挖生长4～6年的根茎。生用。

【性味归经】辛，热。归脾、胃经。

【功能主治】散中止痛。主治脘腹冷痛，呕吐，泄泻。

【配伍应用】高良姜配炮姜，用于脘腹冷痛，呕吐，泄泻。本品有善于温散脾胃寒邪，止痛止呕的作用。

【用法用量】3～10 克。

小茴香

伞形科草本植物茴香的成熟果实。全国各地均有栽培。秋季果实成熟时采收。生用或盐水炙用。

【性味归经】辛，温。归肝、肾、脾、胃经。

【功能主治】祛寒止痛，理气和胃。主治寒疝疼痛，胃寒呕吐食少。

【配伍应用】①小茴香配乌药，用于寒疝疼痛。本品能疏肝理气，温肾祛寒止痛。②小茴香配干姜，用于胃寒呕吐食少。本品能理气和胃，开味进食。

【用法用量】3～8 g。

【注意事项】阴虚火旺者慎用。

胡　椒

胡椒科藤本植物胡椒的接近成熟或成熟果实。主产于海南、广东、广西等地。秋末至次春果实呈暗绿色时采收，为黑胡椒；果实变红时采收，为白胡椒。生用，用时打碎。

【性味归经】辛，热。归胃、大肠经。

【功能主治】温中止痛。主治肠胃有寒，脘腹疼痛，呕吐泄泻。

【配伍应用】胡椒配高良姜，用于肠胃有寒，脘腹疼痛，呕吐泄泻。本品辛热，能温暖肠胃，散寒止痛。

【用法用量】2～4 g，研粉吞服每次 0.5～1 g。

【注意事项】阴虚内热者慎用。

第十节　活血化瘀药

凡以通利血脉、促进血行、消散瘀血为主要作用的药物，称活血祛瘀药或活血化瘀药，简称活血药。其中活血逐瘀作用较强者，又称破血药。本类药多偏温性，善于走散，具有行血、散瘀、通经、利痹、消肿及止痛等功效，适用于血行失畅、瘀血阻滞之证。人体气血之间有着密切的关系，气行则血行，气滞则血凝，故在使用活血祛瘀药时，常配伍行气药，以增强行血散瘀的作用。本类药物不宜用于妇女月经过多，对于孕妇，尤当慎用或忌用。

一、活血止痛药

以活血止痛为主要功效，常用以治疗多种瘀滞疼痛证的药物，称活血止痛药。本类药物既能活血化瘀，又有较好的止痛作用。可以主治多种瘀血证，尤其适宜于瘀血疼痛的病证，如瘀血所致的头痛、胸胁痛、心腹痛、痛经、产后腹痛、痹痛及跌打损伤等活血止痛药各有其特点，有的辛温，有的辛寒，并多兼有行气作用。

川　芎

伞形科多年生草本植物川芎的根茎。主产于四川，系人工栽培。生用或酒炒用。

【性味归经】辛，温。归肝、胆、心包经。

【功能主治】活血行气，祛风止痛。主治月经不调，痛经，跌打损伤，头痛，风湿痹痛。

【配伍应用】①川芎配当归，用于月经不调、痛经、跌打损伤等证。本品能活血祛瘀，行气止痛。②川芎配白芷，用于外感风寒头痛。本品能祛风止痛。③川芎配独活，用于风湿痹痛。本品能祛风止痛。

【用法用量】3～10 g。

【注意事项】本品温升散，凡阴虚火旺，舌红口干者不宜应用；对妇女月经过多及出血性疾病，亦不宜应用。

乳　香

橄榄科小乔木卡氏乳香树及其同属植物皮部渗出的树脂。主产于非洲索马里、埃塞俄比亚等地。生用或制用。

【性味归经】辛、苦，温。归心、肝、脾经。

【功能主治】活血止痛，消肿生肌。主治痛经，经闭，跌打损伤，疮疡溃破。

【配伍应用】①乳香配当归，用于痛经、经闭。本品活血祛瘀，行气散滞。②乳香配没药，用于疮疡溃破。本品能消肿止痛，去腐生肌。

【用法用量】3～10 g。

【注意事项】胃弱者应慎用，无瘀者及孕妇不宜用，用量不宜过大，不宜多服久服。

没　药

橄榄科灌木或乔木没药树或其他同属植物皮部渗出的油胶树脂。主产于非洲索马里、埃塞俄比亚及印度等地。生用或制用。

【性味归经】辛、苦，平。归心、肝、脾经。

【功能主治】活血止痛，消肿生肌。主治经闭，痛经，跌打损伤，胃痛。

【配伍应用】没药配乳香，用于经闭，痛经，跌打损伤。二者相须为用，能增强活血止痛的作用。

【用法用量】3～10 g。

【注意事项】胃弱者应慎用，无瘀者及孕妇不宜用，用量不宜过大，不宜多服久服。

延胡索

罂粟科多年生草本植物延胡索的块茎。主产于浙江及江苏、湖北等地。生用或醋炙用。

【性味归经】辛、苦，温。归肝、脾经。

【功能主治】活血，行气，止痛。主治胸腹及肢体疼痛。

【配伍应用】延胡索配川楝子，用于气滞血瘀，脘腹疼痛。本品既能活血，又能行气，具有良好的止痛功效。

【用法用量】5～10 g。

【注意事项】醋制可加强止痛之功。

郁　金

姜科多年生草本植物温郁金、姜黄、广西莪术或蓬莪术的块根。商品药材分别称为白丝郁金、黄丝郁金、桂郁金和绿丝郁金。温郁金主产于浙江、四川；姜黄主产于四川、福建；广西莪术主产于广西；蓬莪术主产于四川、广东、福建等地。生用或醋制用。

【性味归经】辛、苦，寒。归肝、肺、心经。

【功能主治】活血止痛，行气解郁，凉血清心，利胆退黄。主治胁肋胀痛，月经不调，癫痫，出血，黄疸。

【配伍应用】①郁金配柴胡，用于胸腹胁肋胀痛。本品疏肝行气以解郁，活血祛瘀以止痛。②郁金配石菖蒲，用于湿温病邪蒙蔽清窍，胸脘痞闷，神志不清。本品凉血清心，行气开郁。③郁金配牡丹皮，用于肝郁化热、迫血妄行所致的吐血、衄血、尿血等证兼有瘀滞者。

【用法用量】6～12 g。

【注意事项】丁香莫与郁金见，郁金不宜与丁香、母丁香同用。

姜　黄

姜科草本植物姜黄的根茎。主产于四川等地。生用。

【性味归经】辛、苦，温。归肝、脾经。

【功能主治】破血行气，通经止痛。主治气滞血瘀，风湿臂痛。

【配伍应用】①姜黄配当归，用于气滞血瘀所致的胸腹疼痛，经闭腹痛。本品能破血行气，通经止痛。②姜黄配羌活，用于风湿臂痛。本品能外散风寒，内行气血，长于行肢臂而活血利痹止痛。

　　【用法用量】 5～10 g。

　　【注意事项】 血虚者慎用。

二、活血调经药

　　常用以治疗妇科经产瘀滞证的药物，称活血调经药，适宜于妇女月经不调、经闭、痛经、产后恶露不尽、产后瘀阻腹痛等经产疾病。

丹　　参

　　唇形科多年生草本植物丹参的根。主产于江苏、安徽、四川等地。生用或酒炙用。

　　【性味归经】 苦，微寒。归心、肝经。

　　【功能主治】 活血祛瘀，凉血消痈，养血安神。主治月经不调，血滞经闭，疮痈肿痛，温热病，心悸，失眠。

　　【配伍应用】 ①丹参配红花，用于月经不调，血滞经闭等妇科疾病。本品能活血祛瘀。②丹参配金银花，用于疮痈肿痛。③丹参配生地黄，用于温热病热入营血。本品能活血凉血。

　　【用法用量】 5～15 g。

　　【注意事项】 反藜芦，不宜与藜芦同用。

益母草

　　唇形科一年生或二年生草本植物益母草的地上部分。全国各地均产。生用、酒拌蒸（或酒炙）后用或熬膏用。

　　【性味归经】 辛、苦，微寒。归肝、心包、膀胱经。

　　【功能主治】 活血化瘀，利尿消肿。主治月经不调，经闭，跌打损伤，小便不利，水肿。

　　【配伍应用】 ①益母草配当归，用于月经不调、经闭等证。本品活血祛瘀以通经。②益母草单用，用于小便不利，水肿。本品能利尿消肿。

　　【用法用量】 10～15 g。

　　【注意事项】 孕妇慎用。

鸡血藤

　　豆科攀援灌木密花豆的藤茎。主产于广西、云南等地。生用或制成膏、胶用。

　　【性味归经】 苦、甘，温。归肝、肾经。

　　【功能主治】 行血补血，舒筋活络。主治月经不调，血虚经闭，关节酸痛，风湿痹痛。

　　【配伍应用】 ①鸡血藤配当归、川芎，用于月经不调，血虚经闭等证。本品既能活血，又能补血，且有舒筋活络之功。②鸡血藤配杜仲，用于关节酸痛，风湿痹痛。本品能舒筋活络。

　　【用法用量】 10～15 g。

桃　　仁

　　蔷薇科小乔木桃或山桃的成熟种子。前者全国各地均产，多为栽培；后者主产于辽宁、河北等地，野生。生用或炒用。

　　【性味归经】 辛、苦，平。归心、肝、大肠经。

【功能主治】活血祛瘀，润肠通便。主治痛经，血滞经闭，跌打损伤，肺痈、肠痈、肠燥便秘。

【配伍应用】①桃仁配红花，用于痛经，血虚经闭，跌打损伤，瘀阻疼痛等证。本品活血祛瘀之力较强。②桃仁配火麻仁，用于肠燥便秘。本品能润肠滑肠。

【用法用量】6～10 g。

【注意事项】脾虚便溏者慎用，孕妇忌用。

红　花

菊科一年生草本植物红花的花。主产于河南、浙江、四川等地。生用。

【性味归经】辛，温。归心、肝经。

【功能主治】活血祛瘀，通经。主治痛经，血滞经闭，跌打损伤，斑疹色暗。

【配伍应用】①红花配桃仁，用于痛经，血虚经闭，跌打损伤，瘀阻疼痛等证。本品能活血祛瘀，通调经脉。②红花配紫草，用于斑疹色暗。本品能活血化瘀以化滞。

【用法用量】3～10 g。

【注意事项】孕妇忌用。

牛　膝

苋科多年生草本植物牛膝和川牛膝的根。前者主产于河南及河北、山西等地；后者主产于四川及云南、贵州等地。生用、酒炙用或盐炙用。

【性味归经】苦、甘、酸，平。归肝、肾经。

【功能主治】活血祛瘀，补肝肾，强筋骨，利尿通淋，引血下行。主治月经不调，痛经，经闭，跌打伤痛，腰膝酸痛，尿血，小便不利，吐血，头痛眩晕。

【配伍应用】①牛膝配红花，用于月经不调、痛经、血滞经闭等妇科疾病。本品能活血祛瘀。②牛膝配杜仲，用于腰膝酸痛。本品既能补肝肾，强筋骨，又能通血脉而利关节，性善下走。③牛膝配滑石，用于尿血、小便不利等证。本品能利尿、行瘀以通淋。

【用法用量】6～15 g。

【注意事项】孕妇及月经过多者忌用。

泽　兰

唇形科多年生草本植物地瓜儿苗的茎叶。主产于黑龙江、辽宁等地。生用。

【性味归经】辛、苦，微温。归肝、脾经。

【功能主治】活血祛瘀，行水消肿。主治血滞经闭，产后瘀滞腹痛，跌打损伤，产后小便不利、身面浮肿。

【配伍应用】①泽兰配当归，用于血滞经闭，产后瘀阻腹痛。本品能活血祛瘀。②泽兰配红花，用于损伤瘀血肿痛。本品有祛瘀散滞之功。③泽兰配防己，用于产后小便不利，身面浮肿。本品能行水消肿。

【用法用量】10～15 g。

月季花

蔷薇科植物月季的干燥花，全国大部分地区均产。全年均可采收，花微开时采摘，阴干或低温干燥，以完整、色紫红、气清香者为佳。

【性味归经】甘，温。归肝经。

【功能主治】活血调经，消肿。主治经闭，胸腹胀痛，瘰疬。

【配伍应用】①月季花配当归，用于肝郁失于疏泄、经脉阻滞所致的经行不畅、胸腹胀痛及经闭。本品能活血调经。②月季花配夏枯草，用于瘰疬。本品能活血消肿。

【用法用量】3～6 g。

【注意事项】脾胃虚弱者、孕妇慎用。

凌霄花

紫葳科植物凌霄或美洲凌霄的干燥花。全国大部分地区均产。夏、秋二季花盛开时采摘，干燥。以完整、色黄褐者为佳。

【性味归经】甘、酸，寒。归肝、心包经。

【功能主治】活血破瘀，凉血祛风。主治血滞经闭，皮肤瘙痒。

【配伍应用】①凌霄花配当归，用于血滞经闭。本品能辛散行血以破瘀。②凌霄花配白蒺藜，用于血热生风，周身瘙痒。本品能凉血祛风。

【用法用量】3～10 g。

【注意事项】孕妇忌用。

王不留行

石竹科一年生或二年生草本植物麦蓝菜的种子。主产于河北等地。生用或炒用。

【性味归经】苦，平。归肝、胃经。

【功能主治】活血通经，下乳。主治痛经、经闭，乳汁不通，乳痈。

【配伍应用】①王不留行配当归，用于痛经、经闭。本品能活血通经。②王不留行配穿山甲，用于产后乳汁不下。本品能下乳。

【用法用量】6～10 g。

【注意事项】孕妇慎用。

三、活血消癥药

以破血逐瘀为主要功效，常用以消癥化积的药物称活血消癥药。本类药物适用于瘀血时间较长，程度较重的瘀血证，尤多用于癥瘕积聚。本类药物药性峻猛，最易耗血动血，凡出血证或虚证及孕妇当忌用。

穿山甲

鲮鲤科动物鲮鲤的鳞甲。主产于广西、云南、广东等地。与砂同炒至松泡而呈黄色，或炒后再加入醋略浸，晒干备用。

【性味归经】咸，微寒。归肝、胃经。

【功能主治】活血通经，下乳，消肿排脓。主治血滞经闭，风湿痹痛，乳汁不通，痈肿，瘰疬。

【配伍应用】①穿山甲配红花，用于经闭。本品能活血通经。②穿山甲配皂角刺，用于痈肿。本品能消肿排脓。③穿山甲配王不留行，用于乳汁不通。本品能通乳。

【用法用量】3～10 g。

【注意事项】疮疡溃破者慎用，孕妇忌用。

莪　术

姜科多年生草本植物蓬莪术、广西莪术或温郁金的根茎。蓬莪术主产于四川、福建、广东等地；广西莪术主产于广西等地；温郁金主产于浙江、四川等地。生用或醋炙用。

【性味归经】辛、苦，温。归肝、脾经。

【功能主治】破血祛瘀，行气止痛。主治气滞血瘀，食滞脘腹胀痛。

【配伍应用】①莪术配三棱，用于气滞血瘀所致的经闭腹痛等证。本品能破血祛瘀，行气止痛。②莪术配木香、山楂，用于食滞脘腹胀痛。本品能行气消积，且能止痛。

【用法用量】3～10 g。

【注意事项】月经过多及孕妇忌用；不宜久服，中病即止。

三 棱

黑三棱科多年生草本植物黑三棱的块茎。主产于江苏等地。生用或醋炙后用。

【性味归经】辛、苦，平。归肝、脾经。

【功能主治】破血祛瘀，行气止痛。主治气滞血瘀，食滞脘腹胀痛。

【配伍应用】①三棱配莪术，用于气滞血瘀所致的经闭腹痛等证。本品能破血祛瘀，行气止痛。②三棱配青皮、麦芽，用于食滞脘腹胀痛。本品能行气消积。

【用法用量】3～10 g，不宜与芒硝、玄明粉同用。

【注意事项】月经过多及孕妇忌用。

水 蛭

环节动物水蛭科蚂蟥、水蛭或柳叶蚂蟥的全体。全国大部分地区均有。生用或用滑石粉烫后用。

【性味归经】咸、苦，平。有小毒。归肝经。

【功能主治】破血逐瘀。主治血滞经闭，瘀滞阻滞，跌打损伤。

【配伍应用】水蛭配桃仁，用于血滞经闭。本品能破血逐瘀。

【用法用量】3～6 g。

【注意事项】月经过多者及孕妇忌用。

虻 虫

虻科昆虫复带虻的雌性全虫。各地均有，以畜牧区最多。生用或炒用，以炒用为多。

【性味归经】苦，微寒。有毒。归肝经。

【功能主治】破血逐瘀。主治血滞经闭，跌打损伤。

【配伍应用】虻虫配桃仁，用于血滞经闭。本品能破血逐瘀。

【用法用量】1～1.5 g。

【注意事项】有毒，孕妇忌用。

四、活血疗伤药

凡能活血化瘀，并以治疗伤科瘀滞疾病为主的药物，称活血疗伤药。本类药物主要适用于跌打损伤，瘀肿疼痛，骨折筋损，痔疮出血等伤科疾病，其中多数药物也可用于其他瘀血病证。

土鳖虫

鳖蠊科昆虫地鳖或冀地鳖的雌虫干燥体，主产于江苏、浙江、湖北、河北、河南，捕捉后，置沸水中烫死，晒干或烘干，以完整、色红褐、质轻者为佳。

【性味归经】咸，寒；有小毒。归肝经。

【功能主治】破血逐瘀，续筋接骨。主治血滞经闭，瘀滞疼痛，骨折损伤。

【配伍应用】①土鳖虫配桃仁，用于血滞经闭，产后瘀阻腹痛。本品能破血逐瘀。②土鳖虫配骨碎补，用于骨折伤痛。本品能续筋接骨，疗伤止痛。

【用法用量】3～10 g。

【注意事项】孕妇忌用。

自然铜

天然黄铁矿，主含二硫化铁。主产于四川、湖南等地。以火煅透，醋淬，研末水飞用。

【性味归经】辛，平。归肝经。

【功能主治】散瘀止痛，接骨疗伤。主治跌仆骨折，瘀阻肿痛。

【配伍应用】自然铜配土鳖虫，用于跌仆骨折，瘀阻肿痛。本品能散瘀止痛，接骨疗伤。

【用法用量】10～15 g。

刘寄奴

菊科植物奇蒿的干燥地上部分。主产于江苏、浙江、江西。秋季开花时采割，除去杂质，晒干，以叶绿、花穗黄、香气浓郁者为佳。

【性味归经】苦，温。归心、肝、脾经。

【功能主治】破血通经，散瘀止痛。主治血滞经闭，产后瘀阻腹痛，跌打损伤，食积腹胀。

【配伍应用】刘寄奴配当归，用于经闭，产后瘀阻。本品能破血通经。

【用法用量】3～10 g。

【注意事项】孕妇忌用。

苏　木

豆科灌木或小乔木苏木的心材。主产于广东、广西等地。用时刨成薄片或碾成粗粉用。

【性味归经】甘、咸，平。归心、肝、脾经。

【功能主治】活血调经，祛瘀止痛。主治血滞经闭，产后瘀阻腹痛，跌打损伤。

【配伍应用】①苏木配当归，用于血滞经闭，瘀阻腹痛。本品能活血调经，散瘀止痛。②苏木配乳香、没药，用于跌打损伤。本品能活血散瘀止痛。

【用法用量】3～10 g。

【注意事项】孕妇忌用。

骨碎补

水龙骨科多年生附生蕨类植物槲蕨或中华槲蕨的根茎。主产于浙江、陕西等地。生用或砂炒用。

【性味归经】苦，温。归肝、肾经。

【功能主治】补肾，活血，止血，续伤。主治腰痛，耳鸣，耳聋，跌扑损伤。

【配伍应用】①骨碎补配牛膝、补骨脂、核桃仁，用于肾虚腰腿疼痛不止；②骨碎补配熟地黄、山茱萸，用于肾虚耳鸣、耳聋及牙痛；③骨碎补配自然铜，活血、止血、续伤，用于跌仆闪挫或金疮，损伤筋骨。

【用法用量】10～20 g。

【注意事项】阴虚内热及无瘀血者不宜服。

第十一节　止血药

凡以制止体内外出血为主要作用的药物，称止血药。本类药物性味以止血作用而论，均可标以酸、涩。主要适用于出血病证，如咳血、衄血、吐血、尿血、便血、崩漏、紫癜及创伤出血等。有凉血止血、收敛止血、化瘀止血、温经止血等不同作用。在使用凉血止血和收敛止血药时，必须注意有无瘀血，如有瘀血未尽，应酌加活血祛瘀药，不能单纯止血，以免有留瘀之弊。

一、凉血止血药

本类药物性均为寒凉，味多苦、甘，苦表示清泄，其甘多与滋味有关。适用于血热妄行的出血证。本类药物性寒凝滞，易凉过伤阳而留瘀，不宜过用。

大　蓟

菊科多年生草本植物蓟的地上部分或根。全国大部分地区均产。生用或炒炭用。

【性味归经】甘、苦，凉。归心、肝经。

【功能主治】凉血止血，散瘀消肿。主治咳血、衄血、崩漏、尿血、疮痈肿痛。

【配伍应用】①大蓟配小蓟，用于咳血、衄血、崩漏、尿血。本品能凉血止血。②大蓟单用，用于疮痈肿痛。本品能散瘀消痈。

【用法用量】10～15 g。

小　蓟

菊科多年生草本植物刺儿菜的地上部分。全国大部分地区均产。生用或炒炭用。

【性味归经】甘、苦，凉。归心、肝经。

【功能主治】凉血止血，解毒消痈。主治咳血、衄血、吐血、崩漏、尿血，热毒疮痈。

【配伍应用】①小蓟配大蓟，用于咳血、衄血、吐血、崩漏、尿血。本品能凉血泄热以止血。②小蓟单用，用于热毒疮痈。本品能解毒消痈。

【用法用量】10～15 g。

地　榆

蔷薇科多年生草本植物地榆或长叶地榆的干燥根。全国均产。生用或炒炭用。

【性味归经】苦、酸、涩，微寒。归肝、大肠经。

【功能主治】凉血止血，解毒敛疮。主治咳血、衄血、吐血、崩漏、尿血、便血、痔血，烫伤，湿疹。

【配伍应用】①地榆配槐花，用于便血、痔血。本品能凉血泄热，收敛止血。②地榆单用，用于烫伤，湿疹。本品能泻火解毒，并有收敛作用。

【用法用量】10～15 g。

【注意事项】虚寒性便血、下痢、崩漏及出血有瘀者慎用，对于大面积烧伤，不宜使用地榆制剂外涂。

苎麻根

荨麻科多年生草本植物苎麻的根。我国中部、南部、西南均有。生用。

【性味归经】甘，寒。归心、肝、肾经。

【功能主治】凉血止血，清热安胎，利尿，解毒。主治咳血、吐血、衄血、崩漏、尿血及紫癜，胎动不安，湿热下注。

【配伍应用】①苎麻根单用，用于咳血、衄血、崩漏、尿血。本品能凉血止血。②苎麻根配黄芩，用于胎动不安。本品能清热安胎。③苎麻根配车前子，用于湿热下注、小便淋漓不畅。本品能清热利尿。

【用法用量】10～30 g。

白茅根

禾本科多年生草本植物白茅的根茎。全国大部分地区均产。生用或炒炭用。

【性味归经】甘，寒。归肺、胃、膀胱经。

【功能主治】凉血止血，清热利尿。主治咳血、衄血、吐血、尿血，热淋，小便不利，水肿，湿热黄疸。

【配伍应用】①白茅根配仙鹤草，用于咳血、衄血、吐血。本品能凉血止血。②白茅根配车前子，用于热淋，小便不利、水肿及湿热黄疸。本品能清热利尿。

【用法用量】15～30 g。

槐　花

豆科乔木植物槐的花蕾。全国大部分地区有栽培。生用或炒炭用。

【性味归经】苦，微寒。归肝、大肠经。

【功能主治】凉血止血。主治各种出血证。

【配伍应用】槐花配地榆，用于便血、痔血。本品能凉血止血。

【用法用量】10～15 g。

【注意事项】脾胃虚寒及阴虚发热而无实火者慎用。

侧柏叶

柏科小乔木植物侧柏的嫩枝叶。全国各地均产。生用或炒炭用。

【性味归经】苦、涩，寒。归肺、肝、脾经。

【功能主治】凉血止血，祛痰止咳。主治咳血、衄血、崩漏、尿血等各种出血证，咳喘痰多。

【配伍应用】侧柏叶配大蓟、小蓟，用于咳血、衄血、崩漏、尿血等。本品能凉血止血。

【用法用量】10～15 g。

二、收敛止血药

以止血为主要功效，并兼能收涩，且性较平和的药物，称收敛止血药。本类药物大多味涩，可用于多种无明显邪气的失血证，对于收敛性较强的收敛止血药，有瘀血及实邪者用之当慎。

紫珠叶

马鞭草科植物杜虹花的干燥叶。主产于广东、广西。夏、秋二季枝叶茂盛时采摘，干燥。切断。以叶片完整、质嫩者为佳。

【性味归经】 苦、涩，凉。归肝、肺、胃经。

【功能主治】 收敛止血，解毒疗疮。主治咳血、衄血、吐血、崩漏、尿血，疮痈肿痛。

【配伍应用】 ①紫珠叶单用，用于咳血、衄血、吐血、崩漏、尿血。本品能收敛止血。②紫珠叶外用，用于烧伤，疮痈肿痛。本品能解毒。

【用法用量】 10～15 g。

仙鹤草

蔷薇科植物龙芽草的干燥地上部分。主产于浙江、江苏、湖北。夏、秋二季茎叶茂盛时采割，除去杂质，干燥。切断。以茎红棕色、质嫩、叶多者为佳。

【性味归经】 苦、涩，平。归心、肝经。

【功能主治】 收敛止血，止痢，杀虫。主治咳血、吐血、衄血、崩漏、尿血，腹泻，痢疾，滴虫性阴道炎。

【配伍应用】 ①仙鹤草配侧柏叶，用于咳血、吐血、衄血、崩漏、尿血。本品能收敛止血。②仙鹤草配木槿花，用于腹泻、痢疾。本品能收敛止痢。③仙鹤草单用，用于滴虫性阴道炎。

【用法用量】 10～15 g。

白　　及

兰科多年生草本植物白及的块茎。主产于贵州、四川等地。生用。

【性味归经】 苦、甘、涩，微寒。归肺、胃、肝经。

【功能主治】 收敛止血，消肿生肌。主治咳血、吐血及外伤出血，疮痈肿痛。

【配伍应用】 ①白及配藕节，用于咳血、吐血。本品能收敛止血。②白及配金银花，用于疮痈肿痛。本品能消肿生肌。

【用法用量】 3～10 g。

【注意事项】 反乌头，不宜与川乌、制川乌、草乌、制草乌、附子同用。

棕榈炭

棕榈科植物棕榈的叶柄的加工品。主产于华南、华东及西南等地。煅炭用。

【性味归经】 涩、苦，平。归肺、肝、大肠经。

【功能主治】 收敛止血。主治咳血、衄血、崩漏、便血。

【配伍应用】 棕榈炭配大蓟、小蓟，用于咳血、衄血、崩漏、便血。本品能收涩止血。

【用法用量】 3～10 g。

【注意事项】 本品收涩性强，出血兼有瘀滞及湿热下痢初起者慎用。

血余炭

人发的加工品。焖煅成炭用。

【性味归经】 苦，平。归肝、胃经。

【功能主治】 止血散瘀，补阴利尿。主治咳血、衄血、吐血、便血、血淋、崩漏，小便不利。

【配伍应用】①血余炭配大蓟、小蓟，用于咳血、衄血、崩漏、尿血。本品能收涩止血，又能散瘀。②血余炭配滑石，用于小便不利。本品能补阴利尿。

【用法用量】6～10 g。

藕　节

睡莲科多年生水生植物莲根茎的节部。主产于浙江等地。生用或炒炭用。

【性味归经】甘、涩，平。归肝、肺、胃经。

【功能主治】收敛止血。主治各种出血证。

【配伍应用】藕节配白及，用于吐血、咳血等证。本品能收敛止血。

【用法用量】10～15 g。

三、化瘀止血药

既可止血，又能活血化瘀的药物，称化瘀止血药，适用于因瘀血内阻而血不循经之出血证。本类药物多为辛味，其性可偏温，或偏寒，主要归肝、心经。

三　七

五加科多年生草本植物三七的根。主产于云南、广西。多为栽培品。夏末秋初开花前采者称"春三七"，秋冬果熟后采收为"冬三七"，以前者为佳。生用。

【性味归经】甘、微苦，温。归肝、胃经。

【功能主治】化瘀止血，活血定痛。主治各种出血，跌打损伤，瘀滞肿痛。

【配伍应用】①三七配血余炭或单用，用于咳血、衄血、崩漏、尿血等各种出血证。本品止血作用佳，并能活血化瘀，具有止血不留瘀的特长，对出血兼有瘀滞者尤为适宜。②三七配川芎或单用，用于跌打损伤，瘀滞肿痛。本品有活血祛瘀、消肿止痛之功，尤长于止痛。

【用法用量】3～10 g。

【注意事项】孕妇慎用；本品性温，凡出血而见阴虚口干者，须配滋阴凉血药同用。

茜　草

茜草科多年生草本植物茜草的根及根茎。主产于安徽等地。生用或炒用。

【性味归经】苦，寒。归肝经。

【功能主治】凉血止血，活血祛瘀。主治各种出血，跌打损伤，血滞经闭，关节疼痛。

【配伍应用】①茜草配大蓟、小蓟、侧柏叶，用于各种出血证。本品既能凉血止血，又能活血化瘀。②茜草配当归、香附等，用于治经闭。本品能活血祛瘀。

【用法用量】10～15 g。

蒲　黄

香蒲科多年生水生草本植物水烛香蒲、东方香蒲或同属植物的花粉。主产于江苏等地。生用或炒用。

【性味归经】甘，平。归肝、心包经。

【功能主治】收敛止血，行血祛瘀。主治咳血、吐血、衄血、尿血、便血、崩漏及创伤出血，产后瘀痛，痛经。

【配伍应用】①蒲黄配仙鹤草，用于咳血、衄血、崩漏、尿血等。本品长于涩敛，止血作用较佳。②蒲黄配五灵脂，用于产后瘀痛、痛经等证。本品生用能活血祛瘀。

【用法用量】3～10 g，包煎。

【注意事项】孕妇忌服。

花蕊石

变质岩类岩石含蛇纹大理岩的石块。主产于江苏、浙江等地。全年可采。多经火煅，研末，水飞后用。

【性味归经】酸、涩、平。归肝经。

【功能主治】止血，化瘀。主治各种内出血。

【配伍应用】花蕊石配三七，用于咳血、吐血等内出血而兼有瘀滞之证。本品涩能止血，兼能化瘀。

【用法用量】10～15 g。

五灵脂

鼯鼠科动物复齿鼯鼠的粪便。主产于河北等地。全年均可采收。醋炙或酒炙用。

【性味归经】甘、苦、咸，温。归肝经。

【功能主治】活血止痛，化瘀止血。主治痛经，血滞经闭，崩漏，胸痛。

【配伍应用】①五灵脂配蒲黄，用于痛经，血虚经闭，胸痛等证。本品能活血散瘀止痛。②五灵脂配三七，用于妇女崩漏经多。本品炒用化瘀止血。

【用法用量】3～10 g。

【注意事项】孕妇慎用。

降　香

豆科小乔木植物降香檀树干和根的心材。主产于广东、广西等地。生用。

【性味归经】辛，温。归肝、脾经。

【功能主治】活血散瘀，止血定痛。主治气滞血瘀的胸胁作痛，跌打损伤，出血。

【配伍应用】①降香配郁金，用于气滞血瘀所致的胸胁作痛。本品能活血散瘀，止血定痛。②降香配乳香、没药，用于损伤瘀血肿痛。本品能活血散瘀，止血定痛。

【用法用量】3～6 g。

【注意事项】凡阴虚火盛、血热妄行而无瘀滞者不宜。

艾　叶

菊科多年生草本植物艾的叶。全国大部分地区均产。生用、捣绒或制炭用。

【性味归经】苦、辛，温。有小毒。归肝、肾、脾经。

【功能主治】温经止血，散瘀止痛。主治出血证，下焦虚寒，腹中冷痛，月经不调，经行腹痛，带下。

【配伍应用】①艾叶配阿胶，用于妇女崩漏下血。本品能温经止血。②艾叶配当归，用于下焦虚寒，腹中冷痛，月经不调，经行腹痛，带下。本品生用能温通经脉，逐寒湿而止冷痛。

【用法用量】3～10 g。

【注意事项】阴虚血热者慎用。

四、温经止血药

既可止血，又能温里散寒的药物，称温经止血药。本类药物主要适用于脾阳虚不能统血或冲脉失固之虚寒性出血证，症见出血日久、血色暗淡，且有全身虚寒表现者。本类药物药性温热，故热盛及阳虚火旺之热性出血应忌用。

灶心土

久经柴草熏烧的灶底中心的土块。全国农村都有。拆修柴火灶时，将烧结的土块取下，用刀削去焦黑部分及杂质即可。

【性味归经】辛，温。归脾、胃经。

【功能主治】温中止血，止呕，止泻。主治吐血、衄血、便血、崩漏，呕吐，脾虚久泻。

【配伍应用】①灶心土配阿胶，用于吐血、衄血、便血、崩漏。本品能温中收涩以止血。②灶心土配半夏，用于脾胃虚寒呕吐。本品能降逆止呕。③灶心土配白术、肉豆蔻，用于脾虚久泻。本品能温脾涩肠以止泻。

【用法用量】15～30 g。

【注意事项】布包，先煎。

第十二节　消食药

凡以消食化积为主要功效的药物，称消食药。本类药物多属甘平之品，除能消化饮食积滞外，多数具有开胃和中的作用，其中个别药物尚有运脾之功。适用于食积不化所致的脘腹胀满、嗳气吞酸、大便失常，以及脾胃虚弱、消化不良等证。在使用上，消食药作用虽缓和，但部分药也有耗气之弊，对气虚食滞者当调养脾胃为主。消食药不宜过服久服，以免耗伤正气。

山　楂

蔷薇科灌木或小乔木山里红或山楂的成熟果实。主产于山东、河北、河南等地。秋季果实成熟时采收。生用或炒用。

【性味归经】酸、甘，微温。归脾、胃、肝经。

【功能主治】消食化积，活血散瘀。主治食滞不化，肉积不消，脘腹胀痛，腹痛泄泻，产后瘀阻腹痛、恶露不尽，疝气痛。

【配伍应用】①山楂配神曲，用于食滞不化。本品能消食化积。②山楂配当归，用于产后瘀阻腹痛、恶露不尽。本品能活血散瘀。

【用法用量】10～15 g。

【注意事项】脾胃虚弱而无积滞者慎用；近年临床常以生山楂用于原发性高血压病、冠心病及高血脂的治疗。

神　曲

大量面粉、麦麸与适量鲜辣蓼、鲜青蒿、杏仁、赤小豆粉和鲜苍耳混合后经发酵而成的加工品。全国各地均产。生用或炒用。

【性味归经】甘、辛，温。归脾、胃经。

【功能主治】消食和胃。主治食积不化，脘腹胀痛，肠鸣泄泻。

【配伍应用】神曲配山楂、麦芽，用于食积不化，脘腹胀痛，肠鸣泄泻。本品能消食健胃和中。

【用法用量】6～15 g。

麦　芽

禾本科草本植物大麦的成熟果实经发芽干燥而成。全国各地均产。生用或炒用。

【性味归经】甘，平。归脾、胃经。

【功能主治】消食和中，回乳。主治食积不化，消化不良，不思饮食，脘闷腹胀，断乳。

【配伍应用】①麦芽配神曲，用于食积不化，消化不良。本品能消食和中。②麦芽有回乳之功，每天用生、炒麦芽各30～60 g，用于妇女断乳。

【用法用量】10～15 g。

【注意事项】妇女授乳期不宜用。

谷　芽

禾本科草本植物稻的成熟果实，经发芽干燥而成。全国各地均产。生用或炒用。

【性味归经】甘，温。归脾、胃经。

【功能主治】消食和中，健脾开胃。主治食积停滞，消化不良。

【配伍应用】谷芽配神曲，用于食积不化，消化不良。本品能消食和中。

【用法用量】10～15 g。

莱菔子

十字花科草本植物萝卜的种子。全国各地均产。初夏采收成熟种子。晒干，生用或炒用，用时宜捣碎。

【性味归经】辛、甘，平。归脾、胃、肺经。

【功能主治】消食化积，降气化痰。主治食积不化，中焦气滞，脘腹胀满，痰涎咳嗽。

【配伍应用】①莱菔子配神曲，用于食积不化。本品能消食化积。②莱菔子配白芥子、紫苏子，用于痰涎咳嗽。本品能降气化痰。

【用法用量】6～10 g，非脾虚气滞者，不宜与人参同用。

【注意事项】气虚及无食积、痰滞者慎用。

鸡内金

雉科动物家鸡的砂囊内壁。全国各地均产。杀鸡后，取出鸡肫，立即取下内壁，洗净，晒干。炒用。

【性味归经】甘，平。归脾、胃、小肠、膀胱经。

【功能主治】运脾消食，固精止遗。主治食积不化，消化不良，小儿疳积，遗尿，遗精，结石。

【配伍应用】①鸡内金配山楂，用于食积不化，消化不良。本品消食力量较强，且有运脾健胃之功。②鸡内金配桑螵蛸，用于遗尿、遗精。本品能固精止遗。③鸡内金配金钱草，用于结石。本品能化坚消石。

【用法用量】3～10 g。

【注意事项】脾虚无积者慎用。

第十三节　驱虫药

凡以驱除或杀灭寄生虫为其主要作用的药物，称驱虫药。驱虫作用与药物的寒热无直接关系，故其药性无规律性。本类药物主要用于肠寄生虫病，如蛔虫病、蛲虫病、绦虫病、钩虫病等。应用时，必须根据寄生虫的种类及患者体质的强弱而选用适当的驱虫药，并需视具体证情而配伍相应的药物。驱虫药一般应在空腹时服，使药力较易作用于虫体，以收驱虫之效。本类药物中，部分药物具有相当的毒性，应用时必须注意剂量，以免损伤正气。在发热或腹痛较剧时，暂时不宜使用驱虫药。孕妇、老弱患者都应慎用。

使君子

使君子科灌木植物使君子的干燥果实。主产于四川、福建等地。取种仁生用或炒香用。

【性味归经】甘，温。归脾、胃经。

【功能主治】杀虫消积。主治蛔虫病，小儿疳积。

【配伍应用】①使君子配苦楝皮，用于蛔虫病。本品有杀虫消积之功。②使君子配党参、白术，用于小儿疳积。本品能杀虫消积。

【用法用量】6～10 g。

【注意事项】大量服用能引起呃逆、眩晕、呕吐等反应，与热茶同服，亦能引起呃逆，故服药时忌饮热茶。

苦楝皮

楝科乔木植物楝树和川楝树的根皮或树皮。主要分布于四川、贵州等地。生用或用鲜品。

【性味归经】苦，寒。有毒。归肝、脾、胃经。

【功能主治】杀虫，疗癣。主治蛔虫病、钩虫病、蛲虫病、头癣、疥疮。

【配伍应用】①苦楝皮配槟榔，用于蛔虫病、钩虫病。本品能杀虫。②苦楝皮外用，用于治头癣、疥疮。本品能疗癣。

【用法用量】6～15 g。

【注意事项】本品有一定毒性，不宜持续和过量服用。肝、肾功能不良者、孕妇、脾胃虚寒者慎服。

槟　榔

棕榈科乔木植物槟榔的成熟种子。主产于海南等地。切片或捣碎用。

【性味归经】苦、辛，温。归胃、大肠经。

【功能主治】杀虫，消积，行气，利水。主治多种寄生虫病，食积气滞，腹胀，水肿。

【配伍应用】①槟榔配南瓜子，用于绦虫病。本品能杀虫。②槟榔配木香，用于食积气滞。本品能消积行气。③槟榔配泽泻，用于水肿实证，本品能行气利水。

【用法用量】6～15 g。

【注意事项】气虚下陷或脾虚便溏者忌用，孕妇慎用。

南瓜子

葫芦科一年生藤本植物南瓜的种子。主产于浙江、江苏等地。研粉生用。以新鲜者良。

【性味归经】甘，平。归胃、大肠经。

【功能主治】杀虫。主治绦虫病，蛔虫病。

【配伍应用】①南瓜子配槟榔，用于绦虫病。本品能杀虫。②南瓜子还可用于血吸虫病。

【用法用量】60～120 g。

【注意事项】研粉，冷开水调服。

鹤草芽

蔷薇科多年生草本植物龙芽草（仙鹤草）的冬芽。全国各地均有分布。研粉用。

【性味归经】苦、涩，凉。归胃经。

【功能主治】杀虫。主治绦虫病。

【配伍应用】鹤草芽研粉单用，用于绦虫病。本品能杀虫。

【用法用量】研粉吞服，每次30～60 g。

【注意事项】本品不宜入煎剂，有效成分几乎不溶于水，遇热易被破坏。

雷　丸

多孔菌科植物雷丸的干燥菌核。主产于四川、贵州等地。生用。

【性味归经】微苦，寒。归胃、大肠经。

【功能主治】杀虫。主治蛔虫病，绦虫病，钩虫病。

【配伍应用】雷丸配槟榔、苦楝皮、牵牛子，用于蛔虫病，绦虫病，钩虫病。本品能杀虫。

【用法用量】6～15 g。宜入丸、散剂。

鹤　虱

菊科多年生草本植物天名精的成熟果实。主产于华北、华中、西南等地。生用或炒用。

【性味归经】苦、辛，平。有小毒。归脾、胃经。

【功能主治】杀虫。主治蛔虫病，蛲虫病，绦虫病。

【配伍应用】鹤虱配使君子，用于蛔虫病，蛲虫病，绦虫病。本品能杀虫。

【用法用量】3～10 g。

榧　子

红豆杉科常绿乔木植物榧树的成熟种子。主产于安徽等地。生用或炒用。

【性味归经】甘，平。归肺、胃、大肠经。

【功能主治】杀虫。主治多种寄生虫病。

【配伍应用】榧子配苦楝皮，用于蛔虫病。本品能杀虫。

【用法用量】30～50 g。

芜　荑

榆科小乔木或灌木植物大果榆果实的加工品。主产于黑龙江等地。晒干入药。

【性味归经】辛、苦，温。归肺、脾、胃经。

【功能主治】杀虫消疳。主治虫积腹痛，小儿疳积泄泻。

【配伍应用】①芜荑配苦楝皮，用于寄生虫病。本品能杀虫。②芜荑配白术，用于小儿疳积泄泻。本品能杀虫消积。

【用法用量】3～10 g。

第十四节　止咳平喘药

凡具有祛痰或消痰作用的药物，称化痰药；能减轻或制止咳嗽和喘息的药物，称止咳平喘药。一般咳喘多挟痰、痰多必致咳喘，而化痰药多兼止咳、平喘作用，止咳平喘药也多兼化痰作用。故二者合称化痰止咳平喘药。

化痰药主要用于痰多咳嗽或痰饮气喘，咯痰不爽之证。止咳平喘药主要用于内伤、外感所引起的咳嗽和喘息。中医理论认为，癫痫惊厥、瘿瘤痰核、阴疽流注等证，在病机上均与痰有密切的关系，故也可用化痰药治疗。

在实际应用中，凡咳嗽兼咳血者，不宜用强烈而有刺激性的化痰药，麻疹初期不宜止咳，尤其不能用温性或带有收敛性质的化痰止咳药。

一、化痰药

本类药物中，药性偏于温燥者，有温肺祛痰、燥湿化痰之功，适用于寒痰、湿痰引起的咳嗽、气喘、痰多以及痰湿阻络所致的肢节酸痛、阴疽流注等证；药性偏于寒凉者，有清热化痰之功，适用于热痰所致的咳喘胸闷，痰稠咳之不利，以及癫痫瘿瘤等证。

半　夏

天南星科植物半夏的块茎。主产于四川、湖北、江苏等地。夏、秋二季采挖。一般需用姜汁、明矾炮制后入药。

【性味归经】辛，温。有毒。归肺、脾、胃经。

【功能主治】燥湿化痰，降逆止呕，消痞散结。主治咳嗽、痰多、气逆、恶心呕吐、梅核气等症。

【配伍应用】①半夏配陈皮、茯苓，增强燥湿化痰之功，用于脾不化湿、痰涎雍滞所致的痰多、咳嗽、嗳气等症。②半夏配生姜，可增强止呕的功效。用于胃气上逆所致的恶心呕吐等症。③半夏配昆布、海藻，祛痰散结，用于瘿瘤痰核之证。

【用法用量】5～10 g，本品反乌头，不宜与川乌、制川乌、草乌、制草乌、附子同用。

【注意事项】生品内服宜慎。因其性温燥，对阴虚燥咳、血证、热痰者均应忌用。

天南星

天南星科植物天南星、异叶天南星或东北天南星的块茎。主产于河南、江苏、辽宁等地。秋、冬二季采挖。常用姜汁、明矾制后入药，即制南星。

【性味归经】辛、苦，温。有毒。归肺、肝、脾经。

【功能主治】燥湿化痰，祛风止痉。主治顽痰咳嗽、胸膈胀闷、风痰眩晕、口眼㖞斜、破伤风等证。

【配伍应用】①天南星配黄芩、瓜蒌等清热化痰之品，用于肺热咳嗽，咯痰黄稠等症；②天南星配白附子、半夏、川乌，用于风痰阻络所致的手足麻木，半身不遂，口眼㖞斜等症；③天南星配白芷、防风、天麻，用于破伤风等证。

【用法用量】5～10 g。

【注意事项】孕妇慎用，阴虚燥咳者禁用。生天南星一般不作内服。

制白附子

天南星科植物独角莲的干燥块茎。经炮制加工制成，应由具备资质的饮片企业生产。其制法为取净白附子，按大小分开，用水浸泡，每天换水2～3次，数天后起黏沫，换水后加白矾（每100 kg白附子，用白矾2 kg），泡1天后再进行换水，至口尝微有麻舌感时，取出。将生姜片、白矾各12.5 kg置锅内加适量水煮沸后，倒入白附子共煮至无白心，取出，除去生姜片，晾至六七成干，切厚片，干燥。以黄色、角质者为佳。

【性味归经】辛，温；有毒。归胃、肝经。

【功能主治】祛风痰，定惊搐，解毒散结，止痛。用于中风痰壅，口眼㖞斜，语言謇涩，惊风癫痫，破伤风，痰厥头痛，偏正头痛，瘰疬痰核，毒蛇咬伤。

【用法用量】3～5 g。一般炮制后用，外用生品适量捣烂，熬膏或研末以酒调敷患处。

【注意事项】阴虚、血虚动风、热盛动风者不宜使用，孕妇忌服。生品一般不作内服。

白芥子

十字花科植物白芥的种子。主产于安徽、河南等地。夏末秋初果实成熟时采收。晒干后打下种子，生用或炒用。

【性味归经】辛，温。归肺经。

【功能主治】温肺祛痰，利气散结，通络止痛。主治寒痰壅滞，咳嗽气喘以及关节疼痛、麻木等证。

【配伍应用】①白芥子配紫苏子、莱菔子，用于寒痰壅滞所致的咳喘、痰多清稀；②白芥子配没药、木香等中药，治疗肩背肢体疼痛、麻木。

【用法用量】3～10 g。

【注意事项】非顽痰体壮邪实者慎用，气虚阴亏及有出血倾向者禁止用，外敷有发泡作用，皮肤过敏者忌用。

桔　　梗

桔梗科植物桔梗的根。主产于安徽、湖北、辽宁等地。春、秋二季采挖。晒干，生用。

【性味归经】苦、辛，平。归肺经。

【功能主治】开宣肺气，祛痰，排脓。主治肺寒，肺热所致的咳嗽痰多，以及肺痈之证。

【配伍应用】①桔梗配杏仁、紫苏叶、陈皮，用于外感风寒、咳嗽痰多、胸膈痞闷、咽痛音哑等症；②桔梗配贝母、甘草、鱼腥草，用于肺痈胸痛、咳吐脓血、痰黄腥臭等症。

【用法用量】3～10 g。

旋覆花

菊科植物旋覆花或欧亚旋覆花的头状花序。主产于河南、河北、江苏等地。夏、秋二季采收。阴干或晒干，生用。

【性味归经】 辛、苦，咸，微温。归肺、脾、胃、大肠经。

【功能主治】 消痰行水，降气止呕。主治痰涎壅盛，咳喘痰多以及嗳气、呕吐等症。

【配伍应用】 ①旋覆花配生姜、半夏、细辛，用于寒痰咳喘，胸膈痞闷等症；②旋覆花配半夏、人参、赭石，能降气止呕，用于脾胃气虚，痰湿上逆所致的嗳气、呕吐、心下痞满之证。

【用法用量】 3～10 g，本品宜包煎。

【注意事项】 阴虚劳嗽、津伤燥咳者慎用。

白　前

萝藦科植物柳叶白前或芫花叶白前的根茎及根。主产于浙江、安徽、福建等地。秋季采挖。晒干，生用或蜜炙用。

【性味归经】 辛、苦，微温。归肺经。

【功能主治】 祛痰，降气止咳。主治外感风寒，风热所致的痰多咳喘之证。

【配伍应用】 ①白前配紫菀、半夏，用于外感风寒所致的痰多咳嗽，喘促之证；②白前配桑白皮、地骨皮，用于外感风热所致的痰多咳嗽，喘促之证。

【用法用量】 3～10 g。

【注意事项】 阴虚火动之风及不因外感而有痰者禁用。

前　胡

伞形科植物白花前胡或紫花前胡的根。前者主产于浙江、湖南、四川等地；后者主产于江西、安徽等地。冬季至次春间采挖。晒干，切片生用或蜜炙用。

【性味归经】 苦、辛，微寒。归肺经。

【功能主治】 降气祛痰，宣散风热。主治肺气不降及外感风热所致的咳喘痰多之证。

【配伍应用】 ①前胡配桑白皮、贝母、苦杏仁，降气化痰，用于咳喘痰稠，胸膈痞满等证；②前胡配薄荷、牛蒡子、桔梗，用于风热壅肺所致的咳嗽。

【用法用量】 6～10 g。

【注意事项】 阴虚火动之风及不因外感而有痰者禁用。

瓜　蒌

葫芦科植物栝楼或双边栝楼的成熟果实。主产于河北、河南、安徽等地。秋季采收。干燥，生用。

【性味归经】 甘、微苦，寒。归肺、大肠经。

【功能主治】 瓜蒌皮清肺化痰，利气宽胸；瓜蒌子润肺化痰，滑肠通便；全瓜蒌兼具以上功效。

【配伍应用】 ①瓜蒌配知母、贝母，用于肺热咳嗽，痰稠不易咯出之证；②瓜蒌配薤白、桂枝、半夏，利气散结以宽胸，用于胸痹、结胸、胸膈痞闷等证；③瓜蒌配郁李仁、火麻仁能润肠通便，用于肠燥便秘。

【用法用量】 10～20 g，不宜与川乌、制川乌、草乌、制草乌、附子同用。

【注意事项】 本品反乌头。

川贝母

百合科植物川贝母、暗紫贝母、甘肃贝母或梭砂贝母的鳞茎。主产于四川、云南、甘肃等地。夏、秋二季采挖。晒干，生用。

【性味归经】 苦、甘，微寒。归肺、心经。

【功能主治】 清热润肺，化痰止咳，散结消痈。用于肺热燥咳，干咳少痰，阴虚劳嗽，痰中带血，瘰疬，乳痈，肺痈。

【配伍应用】 ①川贝母与沙参、麦冬、知母配伍，治阴虚久咳，肺痨久嗽；②川贝母与玄参、牡蛎配伍治痰火郁结之瘰疬。

【用法用量】 煎服，3～6 g；研末服，1～2 g。

【注意事项】 不宜与乌头配伍（十八反）

浙贝母

百合科植物浙贝母的鳞茎。主产于浙江、江苏、安徽等地。原产于浙江象山县，故称象贝。初夏采挖。晒干，生用。

【性味归经】 苦、寒。归肺、心经。

【功能主治】 清热化痰止咳，解毒散结消痈。用于风热咳嗽，痰火咳嗽，肺痈，乳痈，瘰疬，疮毒。

【配伍应用】 ①浙贝母与瓜蒌、桔梗等清热化痰止咳药配伍治热痰咳嗽；②浙贝母清热消肿散结之力比川贝母更强，与玄参、牡蛎配伍治痰火郁结之瘰疬。

【用法用量】 煎服，3～10 g。

【注意事项】 同川贝母。

天竺黄

禾本科植物青皮竹或华思劳竹等杆内分泌液干燥后的块状物。主产于云南、广东、广西等地。秋、冬二季采收。生用。

【性味归经】 甘，寒。归心、肝经。

【功能主治】 清热化痰，清心定惊。主治痰热惊搐之证。

【配伍应用】 ①天竺黄配胆南星、朱砂、白僵蚕，能熄风定惊，用于痰热惊搐之证；②天竺黄配磁石、龙骨、珍珠母，能镇惊安神，用于惊悸失眠、多梦等症。

【用法用量】 3～6 g。

【注意事项】 脾胃虚寒者慎用，血虚失眠者不宜用。

竹　茹

禾本科植物青杆竹、大头典竹或淡竹的茎的中间层。主产于四川、湖北、安徽等地。全年均可采制。鲜用，或晒干生用。

【性味归经】 甘、微寒。归肺、胃、心、胆经。

【功能主治】 清化热痰，除烦止呕。主治肺热咳嗽，胃热呕吐等疾病。

【配伍应用】 ①竹茹配黄芩、瓜蒌，能清热化痰，用于肺热咳嗽、咳痰黄稠等症；②竹茹配陈皮、半夏、茯苓，用于痰火扰心所致的心烦失眠、惊悸等症；③竹茹配黄连，能清胃止呕，用于胃热呕吐等症。

【用法用量】 6～10 g。

【注意事项】 本品为清胃除烦之要药。

礞　石

绿泥石片岩或云母岩的石块或碎粒。前者称青礞石，主产于湖南、湖北、四川等地；后者称金礞石，主产于河南、河北等地。全年可采。除去杂质，煅用。

【性味归经】甘、咸，平。归肺、心、肝经。

【功能主治】下气消痰，平肝镇惊。主治顽痰、老痰以及惊痫之证。

【配伍应用】①礞石配沉香、黄芩、大黄，用于顽痰、老痰浓稠胶结，气逆喘咳的实证；②礞石配珍珠母、薄荷，能攻消痰积，平肝镇惊，用于痰积惊痫之证。

【用法用量】6～10 g。

【注意事项】孕妇慎用。

海　藻

马尾藻科植物海蒿子或羊栖菜的藻体。主产于辽宁、山东、福建等地。夏、秋二季采捞。晒干，生用。

【性味归经】苦、咸，寒。归肝、胃、肾经。

【功能主治】消痰软坚，利水。

【配伍应用】①海藻配昆布、贝母、夏枯草、连翘，能消痰软坚散结，用于瘿瘤、瘰疬等证；②海藻配车前草、益母草，用于脚气浮肿及水肿。

【用法用量】10～15 g，不宜与甘草同用。

【注意事项】本品反甘草。

二、止咳平喘药

本类药物适用于咳嗽喘息等病证。由于喘咳的病证较为复杂，有干咳无痰，有咳痰黄稠或清稀，有外感咳嗽，有虚劳咳嗽等。寒热虚实各不相同，故应选用适宜的药物，并作适当的配伍应用。

苦杏仁

蔷薇科乔木植物山杏、西伯利亚杏、东北杏或杏的成熟种子。主产于东北、内蒙古、华北等地。夏季采收。取出种子，晒干。生用入药。

【性味归经】苦，微温。有小毒。归肺、大肠经。

【功能主治】止咳平喘，润肠通便。主治咳嗽气喘，肠燥便秘等证。

【配伍应用】①苦杏仁配桑叶、菊花、金银花等辛凉解表药，用于风热咳嗽；②苦杏仁配贝母、麦冬，用于燥热咳嗽；③苦杏仁配火麻仁、枳壳，用于肠燥便秘等证。

【用法用量】3～10 g。

【注意事项】不宜久煎；有小毒，勿过量；婴儿慎用。

百　部

百部科植物直立百部、蔓生百部或对叶百部的块根。主产于安徽、江苏、湖北等地。春、秋二季采挖。晒干，切厚片。生用或蜜炙用。

【性味归经】甘、苦，微温。归肺经。

【功能主治】润肺止咳，灭虱杀虫。主治新旧咳嗽，蛲虫病，头虱，体虱等病。

【配伍应用】①百部配荆芥、桔梗、紫菀，用于外感风热，咳嗽，咯痰，咽喉肿痛等证；②百部单品水煎外洗，对人的头虱、体虱及虱卵均有杀灭作用。

【用法用量】5～10 g。

【注意事项】灭虱宜生用，止咳宜蜜炙。

紫　菀

菊科植物紫菀的根及根茎。主产于河北、安徽、黑龙江等地。春、秋二季采挖。晒干，生用或蜜炙用。

【性味归经】辛、苦，温。归肺经。

【功能主治】化痰止咳。主治肺虚久咳，痰中带血等多种咳嗽。

【配伍应用】①紫菀配桔梗、荆芥、陈皮，能化痰止咳，开宣肺气，用于外感风寒、咳嗽痰多；②紫菀配知母、贝母、阿胶，用于肺虚久咳、痰中带血等证。

【用法用量】5～10 g。

款冬花

菊科植物款冬的花蕾。主产于河南、甘肃、山西等地。12 月前后采挖。生用或蜜炙用。

【性味归经】辛、微苦，温。归肺经。

【功能主治】润肺下气，化痰止咳。主治各种咳嗽。

【配伍应用】①款冬花配菊花、桔梗，能宣肺止咳，用于外感风热、咳嗽痰黄等证；②款冬花配百合、白及、贝母，能润肺止咳，用于燥热伤肺，咳嗽痰稠，或痰中带血等证。

【用法用量】5～10 g。

【注意事项】因性温，故多宜于寒咳。

紫苏子

唇形科植物紫苏的成熟果实。主产于江苏、安徽、河南等地。秋季果实成熟时采收。晒干，生用。

【性味归经】辛，温。归肺经。

【功能主治】止咳平喘，润肠通便。主治咳嗽气喘，肠燥便秘等证。

【配伍应用】①紫苏子配白芥子、莱菔子，降气消痰平喘，用于痰壅气逆、咳嗽气喘等症；②紫苏子配厚朴、陈皮、半夏，用于痰涎壅盛，喘咳上气，胸膈满闷等症；③紫苏子配火麻仁、苦杏仁，能润肠通便，用于肠燥便秘等证。

【用法用量】5～10 g。

【注意事项】气虚久咳、脾虚便溏者不宜。

桑白皮

桑科小乔木植物桑的根皮。主产于安徽、河南、浙江等地。秋末叶落至次春发芽前采收。切丝生用或蜜炙用。

【性味归经】甘，寒。归肺经。

【功能主治】泻肺平喘，利尿消肿。主治肺热咳喘，浮肿等证。

【配伍应用】①桑白皮配地骨皮、甘草，能泻肺平喘，化痰止咳，用于肺热咳喘、痰多等证；②桑白皮配大腹皮、茯苓，能利尿消肿，用于浮肿、小便不利等证；③桑白皮配罗布麻、银杏叶，用于原发性高血压的治疗。

【用法用量】10～15 g。

【注意事项】止咳宜蜜炙。

葶苈子

十字花科植物独行菜或播娘蒿的成熟种子。前者称"北葶苈"，主产于河北、辽宁、内蒙古等地；后者称"南葶苈"，主产于江苏、山东、安徽等地。夏季采收。生用或炒用。

【性味归经】苦、辛，大寒。归肺、膀胱经。

【功能主治】泻肺平喘，利水消肿。主治痰涎雍盛咳喘，水肿，小便不利等证。

【配伍应用】①葶苈子配大枣，能泻肺平喘，用于咳逆痰多、喘息不得卧、面目浮肿等证；②葶苈子配防己、椒目，能解肌发散，用于肺气闭塞的水肿、胸腹积水等证；③葶苈子配黄芪、附子，用于肺源性心脏病、心力衰竭等证。

【用法用量】3～10 g。

【注意事项】脾虚便溏者慎用。

枇杷叶

蔷薇科小乔木植物枇杷的叶。主产于广东、江苏、浙江等地。全年均可采收。晒干，刮去毛。生用或蜜炙用。

【性味归经】苦，微寒。归肺、胃经。

【功能主治】化痰止咳，和胃降逆。主治肺热咳嗽，胃热呕吐等证。

【配伍应用】①枇杷叶配前胡、黄芩、半夏，能清肺化痰止咳，用于外感风热所致的咳嗽痰黄等证；②枇杷叶配麦冬、竹茹，能清胃热，止呕逆，用于胃热口渴、呕吐等证。

【用法用量】10～15 g。

【注意事项】止咳宜蜜炙用。

白　果

银杏科植物银杏的成熟种子。主产于广西、四川、河南等地。秋季采收。生用或炒用。

【性味归经】甘、苦、涩，平。有毒。归肺、肾经。

【功能主治】敛肺平喘，收涩止带。主治喘咳，气逆，白浊带下等证。

【配伍应用】①白果配黄芩、桑白皮，能敛肺气，平喘咳，用于肺热咳嗽、气喘等证；②白果配黄柏、芡实，能清热燥湿、止带，用于湿热下注所致的带下色黄腥臭等症。

【用法用量】6～10 g。

【注意事项】凡咳嗽痰稠不利者均当慎用；有小毒，不宜过量。

第十五节　开窍药

凡具有辛香走窜之性，以开窍醒神为主要功效的药物，称开窍药。本类药物辛香行散，皆主入心经，功能通闭开窍，苏醒神志。适用于热陷心包或痰浊阻蔽等所致的神昏谵语，以及惊痫、中风等病出现的突然昏厥之证。

根据本类药物的药性和临床应用的不同，可分为温开药和凉开药两类。温开药适用于寒闭证；凉开药适用于热闭证。

神志昏迷有虚实之分，实者即闭证，治当开窍醒神；虚者即脱证，治当回阳救逆，益气固脱。本类药物只适用于闭证，不宜用于脱证。另外，本类药物为救急、治标之品，只宜暂用，不宜久服，以免耗气；本类药物大多辛香，易于挥发，故多入丸散，不宜煎煮。

麝　香

鹿科动物林麝、马麝或原麝成熟雄体香囊中的干燥分泌物。主产于四川、西藏、云南等地。野生麝多在冬季至次年春季猎取雄麝，割取香囊；人工驯养麝多采用手术取香法，直接从香囊中取出麝香仁，置于遮光容器内，密闭储藏。

【性味归经】辛，温。归心、脾经。

【功能主治】开窍醒神，活血散结，止痛，催产。主治热病神昏，癥瘕，心腹暴痛及胎死腹中等症。

【配伍应用】①麝香配犀角、牛黄，有清热开窍醒神之功，用于温热病热入心包神昏痉厥、中风痰厥、惊痫等证；②麝香配木香、桃仁，具有活血散结，行气止痛的功效，用于心腹暴痛、跌打损伤，及痹证诸痛；③麝香配肉桂，催生下胎，用于胎死腹中或胞衣不下之证。

【用法用量】0.06～0.1 g。

【注意事项】虚证者慎用，脱证者忌用，孕妇及妇女月经期均应忌用。

冰　片

龙脑香科乔木植物龙脑香树脂的加工品，或龙脑香的树干经蒸馏冷却而得的结晶，称"龙脑冰片"。由菊科植物艾纳香（大风艾）的叶，经蒸馏、升华的加工品，称"艾纳香"、"艾片"。现多将松节油、樟脑等用化学合成法加工所得物，称"机制冰片"。龙脑香主产于印度尼西亚、新加坡、泰国等，艾纳香主产于广东、广西、云南等地。冰片成品置于容器内密闭，储于阴凉处，研粉用。

【性味归经】辛、苦，微寒。归心、脾、肺经。

【功能主治】开窍醒神，清热止痛。主治神昏痉厥，各种疮疡，咽喉肿痛，目疾等证。

【配伍应用】①冰片配麝香、牛黄，开窍醒神，用于神昏、痉厥等症；②冰片配硼砂、朱砂、玄明粉，用于咽喉肿痛及口疮的治疗。

【用法用量】0.03～0.1 g。

【注意事项】孕妇慎用；不宜入煎剂。

苏合香

金缕梅科植物苏和香树的树脂。主产于非洲、印度、土耳其等地，我国广西、云南有栽培。初夏时将树皮击伤或割破至木部，使香树脂渗入树皮内，秋季剥下树皮，榨取香树脂即为普通苏合香。若将其溶于酒精中，过滤，再蒸去酒精，则为精制苏合香。成品装入容器内密闭，置阴凉处保存。

【性味归经】辛，温。归心、脾经。

【功能主治】开窍辟秽，止痛。主治中风痰厥，猝然昏倒以及胸腹冷痛等证。

【配伍应用】①苏合香配麝香、丁香，用于中风痰厥、猝然昏倒的寒闭证；②苏合香配檀香、冰片、乳香，用于冠心病心绞痛，有很好的止痛效果。

【用法用量】0.3～1 g。

【注意事项】阴虚火旺者忌服；宜入丸剂。

石菖蒲

天南星科植物石菖蒲的根茎。主产于四川、浙江、江苏等地。秋、冬二季采挖，切片生用或鲜用。

【性味归经】辛、苦、温。归心、胃经。

【功能主治】开窍宁神，化湿和胃。主治神昏，健忘，耳鸣，胸腹胀痛等证。

【配伍应用】①石菖蒲配远志、茯苓、青龙齿，用于健忘、耳鸣、耳聋、失眠等证；②石菖蒲配人参、茯苓等中药，有健脾开胃进食的功效。

【用法用量】5～8 g。

【注意事项】阴亏血虚精滑者慎用。

第十六节　平肝熄风药

凡具有平抑肝阳、熄风止痉功效的药物，称平肝熄风药。本类药物皆入肝经，多为介类、昆虫等动物药物及矿石类药物，具有平肝潜阳、熄风止痉之主要功效，部分平肝熄风药物以其质重、性寒沉降之性，兼有镇惊安神，清肝明目、降逆、凉血等作用，某些熄风止痉药物兼有祛风健络之功。适用于肝阳上亢之头晕目眩、肝风内动、癫痫抽搐、小儿惊风、破伤风等证。药性寒凉之品，脾虚慢惊者忌用；药性温燥之品，阴虚血亏者慎用。

羚羊角

牛科动物赛加羚羊的角。主产于新疆、甘肃、青海等地。羚羊全年均可捕捉，但以秋季猎取最佳。粉碎成细粉，或镑成薄片，生用。

【性味归经】咸，寒。归肝、心经。

【功能主治】平肝熄风，清肝明目，清热解毒。主治惊风、癫痫、头晕目眩、头痛目赤、谵语、狂躁等症。

【配伍应用】①羚羊角配钩藤、菊花、生地黄，有清热熄风之功，用于温热病热极动风的手足搐搦等症；②羚羊角配菊花、石决明，具有平肝潜阳的功效，用于肝阳上亢所致的头晕目眩等症；③羚羊角配决明子、黄芩、龙胆，用于肝火炽盛所致的头痛、目赤等症。

【用法用量】1～3 g。

【注意事项】脾虚慢惊者忌用，入煎剂宜另煎汁兑服，也可磨汁或锉末冲服。

石决明

鲍科动物杂色鲍（光底石决明）、皱纹盘鲍（毛底石决明）、羊鲍、澳洲鲍、耳鲍或白鲍的贝壳。主产于广东、福建、辽宁等地。夏、秋二季捕捉，剥除肉后，洗净贝壳，晒干。生用或煅用。

【性味归经】咸，寒。归肝经。

【功能主治】平肝潜阳，清肝明目。主治头晕目眩、目赤肿痛、视物模糊等目疾证。

【配伍应用】①石决明配生地黄、白芍、牡蛎，平肝潜阳，用于肝阳上亢所致的头晕目眩等症；②石决明配决明子、菊花，用于肝火上炎所致的目赤肿痛。

【用法用量】15～30 g。

【注意事项】脾胃虚寒、食少便溏者慎用。宜打碎先煎；平肝潜阳宜生用。

牡　蛎

牡蛎科动物长牡蛎、大连湾牡蛎或近江牡蛎等的贝壳。主产于广东、福建、山东等地。全年可采。生用或煅用。

【性味归经】咸，微寒。归肝、胆、肾经。

【功能主治】平肝潜阳，软坚散结，收敛固涩。主治心悸失眠、瘰疬痰核、虚汗、带下、崩漏等证。

【配伍应用】①牡蛎配龙骨、龟甲、白芍，用于阴虚阳亢所致的心悸失眠、头晕目眩、耳鸣等证；②牡蛎配黄芪、麻黄根、浮小麦，收敛固涩，用于自汗、盗汗等症；③牡蛎配贝母、玄参，用于痰火郁结所致的瘰疬、痰核等症。

【用法用量】15～30 g。

【注意事项】脾胃虚寒者慎服。宜打碎先煎；收敛固涩宜煅用。

珍　珠

珍珠贝科动物马氏珍珠贝、蚌科动物三角帆蚌或褶纹冠蚌等双壳类动物受刺激形成的珍珠。主产于广东、广西、海南。自动物体内取出，洗净，干燥，以粒大个圆、色白光亮，破开面有层纹、无硬核者为佳。

【性味归经】甘、咸，寒。归心、肝经。

【功能主治】镇心定惊，清肝除翳，收敛生肌。主治惊悸、癫痫、目赤肿痛以及疮面久不愈合等证。

【配伍应用】①珍珠配朱砂、琥珀、天南星，用于惊悸、癫痫等证的治疗；②珍珠配炉甘石、血竭，有收敛生肌的功效，用于疮面久不愈合。

【用法用量】0.3～1 g。

【注意事项】脾胃虚寒者慎用；多入丸散；外用适量。

珍珠母

蚌科动物三角帆蚌和褶纹冠蚌的蚌壳，或珍珠贝科动物珍珠贝、马氏珍珠贝等贝类动物贝壳的珍珠层。主产于海南、广东、广西等地。全年均可采收。生用或煅用。

【性味归经】咸，寒。归肝、心经。

【功能主治】平肝潜阳，清肝明目。主治肝阳上亢所致的头痛、眩晕、耳鸣、烦躁、失眠以及目赤、视物模糊等症。

【配伍应用】①珍珠母配白芍、生地黄、龙齿，平肝潜阳，用于肝阳上亢所致的头痛、眩晕、耳鸣、烦躁、失眠以及目赤、视物模糊等症；②珍珠母配菊花、千里光、车前子，用于肝虚目昏、目赤羞明等症；③珍珠母配苍术、猪肝，用于夜盲症。

【用法用量】15～30 g。

【注意事项】脾胃虚寒、食少便溏者慎用。宜打碎先煎；收敛宜煅用。

赭　石

三方晶系氧化物类矿物赫铁矿的矿石。主产于山西、山东、河南等地。从矿床或岩石中掘出，去泥土杂石。打碎生用或醋淬研粉用。

【性味归经】苦、寒。归肝、心、肺、胃经。

【功能主治】平肝潜阳，降逆，止血。主治头痛眩晕、嗳气、呕吐、吐血等证。

【配伍应用】①赭石配旋覆花、半夏、生姜，用于胃气上逆所致的嗳气、呕吐、呃逆等症；②赭石配白芍、竹茹、白及等，治疗吐血、衄血等症。

【用法用量】10～30 g。

【注意事项】脾胃虚寒、食少便溏者慎用，孕妇忌用。

钩　藤

茜草科植物钩藤、大叶钩藤、毛钩藤、华钩藤或无柄钩藤的带钩茎枝。主产于广西、江西、浙江等地。春、秋二季采收。晒干，生用。

【性味归经】甘，凉。归肝、心包经。

【功能主治】熄风止痉，清热平肝。主治惊痫抽搐、头晕目眩以及高血压等症。

【配伍应用】①钩藤配天麻、石决明、全蝎，用于惊痫抽搐等症；②钩藤配夏枯草、黄芩、菊花，用于肝阳上亢所致的头晕目眩、头痛头胀等症。

【用法用量】10～15 g。

【注意事项】不宜久煎。

天　麻

兰科植物天麻的块茎。主产于云南、贵州、四川等地，而南、北各地均有分布。冬春季节采集。用时润透，切片。

【性味归经】甘，平。归肝经。

【功能主治】熄风止痉，平肝潜阳。主治肝风内动，惊痫抽搐，眩晕头痛以及风湿痹痛等症。

【配伍应用】①天麻配钩藤、羚羊角、全蝎，用于肝风内动，惊风抽搐等症；②天麻配黄芩、牛膝，用于肝阳上亢所致的眩晕头痛之证；③天麻配秦艽、羌活、桑寄生，用于风湿痹痛及肢体麻木等症。

【用法用量】3～10 g。

【注意事项】外感所致的眩晕不宜。

刺蒺藜

蒺藜科植物蒺藜的果实。主产于河南、河北、山东等地。秋季采收。打下果实，炒黄用。

【性味归经】苦、辛，微温。有小毒。归肝经。

【功能主治】平肝疏肝，祛风明目。主治头晕眩晕、风疹瘙痒、目赤多泪之证。

【配伍应用】①刺蒺藜配钩藤、珍珠母、菊花，用于肝阳上亢所致的头痛眩晕之证；②刺蒺藜配蝉蜕、荆芥，用于治疗风疹瘙痒之证。

【用法用量】6～10 g。

全　蝎

钳蝎科动物东亚钳蝎的干燥体。主产于河南、山东、湖北等地。现多人工饲养，多于秋季，隔年收捕一次。野生蝎于春末至秋初捕捉。晾干，生用。

【性味归经】辛，平。有毒。归肝经。

【功能主治】熄风止痉，解毒散结，通络止痛；主治急、慢惊风，中风面瘫，疮疡肿痛，偏正头疼，风湿痹痛等证。

【配伍应用】①全蝎配白附子、白僵蚕，用于中风口眼㖞斜的治疗；②全蝎配蜈蚣，熄风止痉，用于急、慢惊风，中风面瘫、破伤风等证；③全蝎配蜈蚣、白僵蚕，用于偏正头疼，风湿痹痛等症。

【用法用量】2～5 g。

【注意事项】本品有毒，用量不宜过大，血虚生风者慎用，孕妇禁用。

蜈　　蚣

蜈蚣科动物少棘巨蜈蚣的干燥体。主产于江苏、浙江、湖北等地。春、夏二季捕捉。生用或烘炙研末用。

【性味归经】辛，温。有毒。归肝经。

【功能主治】熄风止痉，解毒散结，通络止痛；主治急、慢惊风，中风面瘫，疮疡肿痛，偏正头疼，风湿痹痛等证。

【配伍应用】①蜈蚣配全蝎，熄风止痉，用于急、慢惊风，中风面瘫、破伤风等证；②蜈蚣配天麻、白僵蚕、川芎，用于顽固性头痛、风湿痹痛等证。

【用法用量】1～3 g。

【注意事项】本品有毒，用量不宜过大。孕妇忌用，血虚生风者慎用。

僵　　蚕

蚕蛾科昆虫家蚕蛾的幼虫，在吐丝前因感染白僵菌而发病致死的干燥体。主产于浙江、江苏、四川等地。收集病死的僵蚕，倒入石灰中拌匀，吸去水分，晒干或焙干。生用或炒用。

【性味归经】咸、辛，平。归肝、肺、胃经。

【功能主治】熄风止痉，解毒散结，祛风止痛。主治惊痫抽搐、瘰疬痰核、咽喉肿痛、风虫牙痛等证。

【配伍应用】①白僵蚕配胆南星、天麻、全蝎，能熄风定惊，用于痰热惊搐之证；②白僵蚕配贝母、夏枯草、玄参，用于瘰疬痰核、丹毒等症。

【用法用量】3～10 g。

【注意事项】散风热宜生用，一般宜炒制用。

地　　龙

巨蚓科动物参环毛蚓或缟蚯蚓的全虫体。前者主产于广西、广东、福建等地；后者全国各地均有分布。夏秋捕捉。干燥用或鲜用。

【性味归经】咸、寒。归肝、肺、膀胱经。

【功能主治】清热熄风，平喘，通络，利尿。主治壮热惊痫抽搐，痰鸣喘息以及热痹的关节红肿热痛等疾病。

【配伍应用】①地龙配钩藤、白僵蚕，用于壮热惊痫抽搐等症；②地龙配麻黄、苦杏仁，用于痰鸣喘息等症；③地龙配桑枝、忍冬藤、络石藤，用于热痹所致的关节红肿热痛等症。

【用法用量】5～15 g。

【注意事项】本品性寒而下行，故脾胃虚寒者及孕妇慎用。

第十七节　安神药

凡具有安定神志功效的药物，称安神药。部分药物因较长于治阴血不足所致者，而标甘味，个别药物兼能清热，为寒性。本类药物多为矿物药和植物种子类药，具有重镇安神和养心安神的作用，皆主入心经，适用于心气虚、心血虚或心火盛以及其他原因所致的心神不宁、心悸怔忡、失眠多梦以及癫痫、惊风等证。

安神药的运用须根据不同的病因病机选择适宜的药物，并作相应的配伍。矿石类药物易伤胃耗气，须酌情配伍健脾养胃之品，且只宜暂服，部分药物有毒，更须慎用。

朱　砂

三方晶系硫化物类矿物辰砂族辰砂。主含硫化汞。主产于湖南、贵州、四川等地。随时开采。去除杂质，研细水飞，晒干装瓶备用。

【性味归经】甘，微寒。有毒。归心经。

【功能主治】镇心安神，清热解毒。主治心神不安、惊悸不眠、疮疡肿痛、惊风、癫痫、谵语、狂躁等症。

【配伍应用】①朱砂配当归、生地黄、柏子仁、酸枣仁，有清心养血安神之功，用于心火亢盛所致的心神不安、惊悸不眠等症；②朱砂配冰片、硼砂，用于咽喉肿痛等症。

【用法用量】0.3～1 g。

【注意事项】有毒，内服不可过量，也不可持续服用，以免汞中毒。孕妇及肝、肾功能异常者禁用。

磁　石

氧化物类矿物磁铁矿的矿石，主含四氧化三铁。主产于江苏、山东、辽宁等地。随时开采。生用，或醋淬后用。

【性味归经】咸，寒。归心、肝、肾经。

【功能主治】潜阳安神，聪耳明目，纳气平喘。主治心悸失眠、耳鸣耳聋、肾虚气喘等证。

【配伍应用】①磁石配生地黄、白芍、石决明，平肝潜阳，用于阴虚阳亢所致的心悸失眠等症；②磁石配熟地黄、山茱萸、五味子，用于肝肾阴虚所致的耳鸣耳聋及目昏等症。

【用法用量】10～30 g。

【注意事项】宜打碎先煎；平肝潜阳宜生用；脾胃虚弱者慎用。

龙　骨

古代多种大型哺乳动物，如鹿类、牛类、象类等的骨骼化石或象类门齿的化石。主产于山西、内蒙古、河南等地。全年均可采挖。生用或煅用。

【性味归经】甘、涩，平。归心、肝、肾经。

【功能主治】平肝潜阳，镇静安神，收敛固涩。主治心悸失眠、惊痫癫狂、带下、崩漏等证。

【配伍应用】①龙骨配牡蛎、白芍、赭石，平肝潜阳，用于阴虚阳亢所致的烦躁易怒、头晕目眩等症；②龙骨配朱砂、远志、酸枣仁，用于神志不安、心悸不眠、癫痫等症；③龙骨配沙苑子、芡实，收敛固涩，用于肾虚遗精、遗尿的治疗。

【用法用量】15～30 g。

【注意事项】宜打碎先煎；收敛固涩宜煅用。

琥　珀

古代松科植物的树脂埋藏于地下，经年久凝结转化而成的化石样物质。主产于云南、广西、辽宁等地。随时可采。研末用。

【性味归经】甘，平。归心、肝经。

【功能主治】定惊安神，活血散瘀，利尿通淋。主治惊悸、癫痫、血滞经闭、癥瘕疼痛、小便不利、石淋、热淋等证。

【配伍应用】①琥珀配朱砂、珍珠、天南星，用于惊悸、癫痫等证的治疗；②琥珀配当归、莪术、乌药等中药，有活血破瘀的功效，用于月经不调及外伤瘀肿疼痛；③琥珀配王不留行、木通，用于小便不利、癃闭之症。

【用法用量】1.5～3 g。

【注意事项】多入丸散；不入煎剂。

酸枣仁

鼠李科植物酸枣的成熟种子。主产于河北、陕西、山西等地。秋末冬初时采收。取出种子，晒干，生用或炒用，用时打碎。

【性味归经】甘，酸，平。归肝、胆、心经。

【功能主治】养心安神，敛汗。主治惊悸失眠、体虚自汗、盗汗等症。

【配伍应用】①酸枣仁配白芍、当归、龙眼肉，用于心肝血虚所致的失眠惊悸以及健忘等症；②酸枣仁配五味子、党参、山茱萸，用于体虚自汗、盗汗等症。

【用法用量】15～30 g。

【注意事项】入煎剂宜捣碎。

柏子仁

柏科植物侧柏的种仁。主产于山东、河南、河北等地。冬初种子成熟时采收。晒干，生用或制霜用。

【性味归经】甘，平。归心、肾、大肠经。

【功能主治】养心安神，润肠通便。主治虚烦不眠、惊悸怔忡、便秘等证。

【配伍应用】①柏子仁配酸枣仁、五味子、茯苓，用于心血亏虚所致的惊悸怔忡、失眠等症；②柏子仁配火麻仁、郁李仁，润肠通便，用于肠燥便秘等症。

【用法用量】10～18 g。

【注意事项】便溏及多痰者忌用。

远　志

远志科植物远志或卵叶远志的根。主产于河北、陕西、吉林等地。春季出苗前或秋季地上部分枯萎后采集。生用或炙用。

【性味归经】苦，辛，温。归心、肾、肺经。

【功能主治】宁心安神，祛痰开窍，消痈肿。主治惊悸失眠、健忘、神志恍惚以及痈疽肿毒等证。

【配伍应用】①远志配龙齿、人参、石菖蒲，用于心神不安、失眠、健忘等症；

②远志配石菖蒲、郁金、白矾等，用于痰迷心窍所致的精神错乱、惊痫等症。

【用法用量】3～10 g。

【注意事项】有溃疡病及胃炎者慎用。

合欢皮

豆科植物合欢的树皮。主产于江苏、浙江、安徽等地。夏秋间采收。切段生用。

【性味归经】甘，平。归心、肝、肺经。

【功能主治】安神解郁，活血消肿。主治情志忧郁、虚烦不眠及跌打损伤、内痈等证。

【配伍应用】①合欢皮配柏子仁、龙齿，用于虚烦忧郁、健忘失眠等症；②合欢皮配当归、川芎，有消肿止痛的功效，用于跌打损伤等症。

【用法用量】10～15 克。

第十八节　补虚药

凡能补充人体物质，增强功能，以提高抗病能力，消除虚弱证候的药物，称补虚药，又称补益药或补养药。

所谓虚证，概括起来不外气虚、阳虚、血虚、阴虚 4 种类型。补益药也可根据其作用和应用范围的不同分为补气药、补阳药、补血药、补阴药 4 类。根据四气的确定理论，补气药、补阳药、补血药主要适用于虚寒证，其药性多偏温，补阴药主要适用于虚热证，其药性多偏寒凉。

在服用补虚药时还当照顾脾胃，适当配伍健脾胃的药同用，以免妨碍消化吸收，影响疗效。

一、补气药

凡具有补气功能，治疗气虚证的药物，称补气药。

气虚是指机体活动能力的不足，补气药能增强机体活动的能力，特别是脾、肺二脏的功能，所以最适用于脾气虚或肺气虚的病证。

脾为后天之本，生化之源，脾气虚则食欲不振、大便溏泄、脘腹虚胀、神倦乏力，甚至浮肿、脱肛；肺主一身之气，肺气虚则少气懒言、动作喘乏、易出虚汗。凡呈现以上症状者，都可用补气药来治疗。

临床应用补气药，应根据不同的气虚证分别选用适当的补气药。兼有阴虚或阳虚者，可与补阴药或补阳药同用。由于气旺可以生血，气能统摄血液，因此临床上为了补血、止血，有时还要着重使用补气药。

服用补气药如产生气滞，出现胸闷、腹胀、食欲不振等症，可适当配伍理气药同用。

人　参

五加科多年生草本植物人参的根。主产于吉林、辽宁、黑龙江等地。野生者名"野山参"；栽培者称"园参"。园参一般于栽培 6～7 年后，以秋季茎叶将枯萎时采挖的根入药。切片或粉碎用。

【性味归经】甘、微苦，微温。归肺、脾、心、肾经。

【功能主治】大补元气，补脾益肺，生津止渴，安神增智。主治气虚欲脱，脾气不足，肺气不足，肺气亏虚，津伤口渴、消渴，心神不安、失眠多梦、惊悸健忘。

【配伍应用】①人参配附子，增强回阳作用。用于气虚欲脱之危重证；②人参配白术、茯苓、炙甘草，用于脾虚泄泻及肺虚气喘等证；③人参配麦冬、五味子，用于气津两伤之口渴、汗多及消渴证；④人参配当归、龙眼肉、酸枣仁，用于心气不足、心悸怔忡、失眠多梦、健忘等。

【用法用量】5～10 g，挽救虚脱用15～30 g。

【注意事项】实证、热证而正气不虚者忌服。服人参不宜喝茶和吃萝卜，以免影响药力。反藜芦，畏五灵脂，恶皂荚，均忌同服。

西洋参

五加科多年生草本植物西洋参的根。主产于美国、加拿大。我国北京、吉林、辽宁等地亦有栽培。以秋季采挖的生长3～6年的根入药。切片生用。

【性味归经】甘、微苦，凉。归肺、心、肾经。

【功能主治】补气养阴，清火生津。主治咳喘痰血，烦倦口渴，口干舌燥。

【配伍应用】①西洋参配麦冬、阿胶、知母、贝母，用于阴虚火旺、喘咳痰血；②西洋参配生地黄、石斛、麦冬，用于热伤气阴之烦渴少气及津亏口干口燥等证。

【用法用量】3～6 g，另煎服。

【注意事项】忌铁器火炒，中阳虚衰、寒湿中阻、气郁化火者忌服。不宜与藜芦同用。

党　　参

桔梗科多年生草本植物党参、素花党参或川党参的根。主产于山西、陕西、甘肃等地。以秋季采挖的根入药。切厚片，生用。

【性味归经】甘，平。归脾、肺经。

【功能主治】补中益气，生津养血。主治食少泄泻，气短咳喘，血虚萎黄。

【配伍应用】①党参配茯苓、白术，用于中气不足产生的食少便溏、四肢倦怠等症；②党参配黄芪、五味子，用于肺气亏虚之气短咳喘、言语无力等证；③党参配麦冬、五味子，益气生津，用于热病伤筋、气短口渴；④党参配熟地黄、当归，补气养血，用于血虚萎黄、头晕心慌。

【用法用量】10～30 g。

【注意事项】本品对虚寒证最为适应，实证、热证不宜使用。本品反藜芦，不宜单独同用。

黄　　芪

豆科多年生草本植物蒙古黄芪或膜荚黄芪的根。主产于内蒙古、山西、黑龙江等地。以春、秋二季采挖的根入药。生用或蜜炙用。

【性味归经】甘，微温。归脾、肺经。

【功能主治】补气升阳，益卫固表，托毒生肌，利水消肿。主治食少便溏，气短乏力，脏器脱垂，自汗，盗汗，便血，崩漏，消渴证，气虚水肿。

【配伍应用】①黄芪配当归，补气生血，用于气血亏虚；②黄芪配附子，补气升阳，用于气虚阳衰，畏寒多汗；③黄芪配人参、白术、升麻，补气升阳，用于中气下陷、久泻脱肛、子宫脱垂；④黄芪配人参、龙眼肉、酸枣仁，用于气虚不能摄血的便血、崩漏；⑤黄芪配牡蛎、浮小麦、麻黄根，可止自汗，也用于阴虚引起的盗汗。

【用法用量】 10～15 g，大剂量可用 30～60 g。补气升阳宜炙用，其他方面生用。

【注意事项】 表实邪盛、气滞湿阻、食积内停、阴虚阳亢、痈疽初起或溃后热毒尚盛等证，均不宜用。

太 子 参

石竹科多年生草本植物异叶假繁缕的块根。主产于江苏、安徽、山东等地。以夏季茎叶大部分枯萎时采挖的块根入药。生用。

【性味归经】 甘、微苦，平。归脾、肺经。

【功能主治】 补气生津。主治脾虚食少、乏力肺虚咳嗽、口渴、自汗。

【配伍应用】 ①太子参配山药、扁豆、谷芽，用于脾虚倦怠食少；②太子参配五味子、酸枣仁，治心悸失眠；③太子参配石斛、天花粉，用于津亏口渴。

【用法用量】 10～30 g。

【注意事项】 本品为清补之品，效似西洋参而力弱，宜于轻证或病后虚弱者；邪实正气不虚者慎用。

白 术

菊科多年生草本植物白术的根茎。主产于浙江、湖北、湖南等地。以冬季采收的根茎入药。生用或土炒、麸炒用。

【性味归经】 甘、苦，温。归脾、胃经。

【功能主治】 补气健脾，燥湿利水，止汗安胎。主治食少便溏，脘腹胀满，倦怠乏力，痰饮水肿，自汗，胎动不安。

【配伍应用】 ①白术配人参、干姜，为补气健脾之要药，用于脾气虚弱及寒湿所伤之食少便溏、脘腹胀满、倦怠乏力；②白术配桂枝、茯苓，为治痰饮水肿之良药，用于脾虚不能运化，水湿停留之痰饮水肿；③白术配黄芪、浮小麦，益气补脾，固表止汗。用于脾虚气弱，肌表不顾而自汗；④白术配续断、杜仲、阿胶，增强保胎作用，用于妊娠脾虚气弱、胎动不安。

【用法用量】 5～15 g，生用燥湿利水，炒用补气健脾，炒焦则健脾止泻。

【注意事项】 阴虚内热或津液亏耗燥渴者，均不宜服用。

山 药

薯蓣科多年生蔓生草本植物薯蓣的根茎。主产于河南，湖南、江西等地亦产。以霜降后采挖的根茎入药。润透，切厚片，生用或麸炒用。

【性味归经】 甘，平。归脾、肺、肾经。

【功能主治】 益气养阴，补脾肺肾。主治食少便溏久泻、肺虚咳喘、遗精、尿频、白带过多、消渴证。

【配伍应用】 ①山药配人参、白术、茯苓，补脾气、益脾阴且兼涩性、能止泻，用于脾虚气弱，食少便溏，或泄泻；②山药配党参、麦冬、五味子，补脾气，益肺阴，用于肺虚久咳或虚喘；③山药配熟地黄、山茱萸，能补肾且兼有固涩作用，用于肾虚遗精；④山药配黄芪、天花粉，补气养阴而止渴，用于消渴证。

【用法用量】 10～30 g，补脾宜生用，健脾止泻宜炒用。

【注意事项】本品养阴能助湿，故湿盛中满或有积滞者忌服，实热邪实者慎用。

扁　豆

豆科一年生缠绕草本植物扁豆的成熟种子。主产于江苏、河南、安徽等地。以秋季果实成熟时采收的种子入药。生用或炒用。

【性味归经】甘，微温。归脾、胃经。

【功能主治】健脾化湿。主治脾虚泄泻，暑湿吐泻。

【配伍应用】①扁豆配人参、茯苓、白术，补脾不腻，除湿不燥，故为健脾化湿良药，用于脾虚有湿，体倦乏力，食少便溏或泄泻以及妇女脾虚湿浊下注、白带过多；②扁豆配香薷、厚朴，用于夏伤暑湿，脾胃失和，暑湿吐泻。

【用法用量】10～20 g。健脾止泻宜炒用，消暑宜生用。

甘　草

豆科多年生草本植物甘草、胀果甘草或光果甘草的根及根茎。主产于内蒙古、新疆、甘肃等地。以春、秋二季采挖的根及根茎入药，以秋季采者为佳。切厚片，生用或蜜炙用。

【性味归经】甘，平。归心、肺、脾、胃经。

【功能主治】补脾益气，润肺止咳，缓急止痛，缓和药性。主治心悸，脉结代，咳嗽痰喘，痈疽疮毒、食物或药物中毒，止痛。

【配伍应用】①甘草配人参、白术、茯苓，用于脾胃虚弱，中气不足，气短乏力，食少便溏；②甘草配苦杏仁，止咳平喘，用于咳嗽气喘；③甘草配金银花、蒲公英，用于疮毒、咽痛、食物中毒、药物中毒；④甘草配桂枝、芍药，用于脘腹或四肢挛急作痛。

【用法用量】2～10 g，清火解毒宜生用，补中缓急宜炙用。反大戟、芫花、海藻、甘遂，不宜同用。

【注意事项】本品味甘，可助湿中满，腹胀、呕吐者忌服。长期大量服用可引起水肿、血压升高。

大　枣

鼠李科落叶乔木植物枣的成熟果实。主产于河北、河南、山东等地。以秋季采收的成熟果实入药。生用。

【性味归经】甘，温。归脾、胃、心经。

【功能主治】补中益气，养血安神，缓和药性。主治脾胃虚弱，血虚萎黄。

【配伍应用】①大枣配党参、白术、茯苓，用于中气不足，脾胃虚弱，体倦乏力，食少便溏；②大枣配熟地黄、当归，养血安神，用于血虚萎黄、妇女脏躁。

【用法用量】3～12 枚或 10～30 g。

【注意事项】本品助湿生热，令人中满，故湿盛脘腹胀满、食积、虫积、龋齿作痛，以及痰热咳嗽均忌服。

饴　糖

米、麦、粟或玉蜀黍等粮食，经发酵糖化制成。全国各地均产。有软、硬两种，软者称胶饴，硬者称白饴糖，均可入药，但以胶饴为主。

【性味归经】甘，温。归脾、胃、肺经。

【功能主治】补脾益气，缓急止痛，润肺止咳。主治虚寒腹痛、肺虚肺燥咳嗽。

【配伍应用】①饴糖配桂枝、白芍、炙甘草，用于劳倦伤脾，气短乏力，纳食减少；②饴糖配花椒、干姜、人参，补虚缓急止痛，用于虚寒腹痛，喜温喜按，得食则减；③饴糖配苦杏仁、百部，补虚润肺止咳，用于肺虚咳嗽，干咳无痰，气短作喘。

【用法用量】30～60 g。

【注意事项】本品助湿生热，令人中满，故湿热内郁、中满吐逆、痰热咳嗽者及小儿疳积，均不宜服用。

蜂 蜜

蜜蜂科昆虫中华蜜蜂或意大利蜜蜂所酿的蜜。全国大部分地区均产。以春季至秋季采收的蜜入药。生用或炼后用。

【性味归经】甘，平。归肺、脾、大肠经。

【功能主治】补中缓急，润肺止咳，滑肠通便。主治脾胃虚弱，肺虚肺燥咳嗽，体虚肠燥便秘。

【配伍应用】①蜂蜜配款冬花、紫菀、百部、枇杷叶，用于润肺化痰止咳；②蜂蜜配当归、黑芝麻，润肠通便，尤宜于体虚津枯之便秘。

【用法用量】15～30 g，冲服。

【注意事项】湿热痰滞、胸闷不宽及便溏或泄泻者忌服。

二、补阳药

凡能补助人体的阳气，可以治疗阳虚证的药物称补阳药，又称助阳药。

阳虚证包括心阳虚、脾阳虚、肾阳虚等证。由于肾阳为元阳，对人体脏腑起着温煦生化的作用，阳诸证往往与肾阳不足有十分密切的关系。

肾阳虚的主要症状为畏寒肢冷、腰膝酸软或冷痛，阳痿早泄、宫冷不孕、白带清稀、夜尿增多、脉沉苔白等。助阳药具有补肾阳、益精髓、强筋骨等作用，所以适用于上述各症。此外，由于肾阳衰微，不能温运脾胃，可以引起腹泻；肾不足、不能纳气，可以出现喘促，故有些补肾阳药又用于脾肾两虚的泄泻和肺肾两虚的气喘。

补阳药性多温燥，能伤阴助火，故阴虚火旺者不宜使用。

鹿 茸

鹿科动物梅花鹿或马鹿的雄鹿头上未骨化的幼角。前者习称花鹿茸，主产于吉林、辽宁、河北等地；后者习称马鹿茸，主产于青海、新疆、黑龙江等地。以夏、秋二季锯取或砍取鹿的幼茸入药。用时燎去毛，刮净，横切薄皮，或劈成块，研细粉用。

【性味归经】甘、咸，温。归肾、肝经。

【功能主治】补肾阳，益精血，强筋骨。主治阳痿早泄，宫冷不孕，小便频数，腰膝酸软，贫血、带下病、小儿发育不良。

【配伍应用】①鹿茸配人参、熟地黄、枸杞子，补肾阳、益精血，用于肾阳不足，精血亏虚之畏寒肢冷、阳痿早泄、宫冷不孕、小便频数、腰膝酸痛、头晕耳聋、精神疲乏；②鹿茸配熟地黄、山药、山茱萸，补益肝肾精血，强筋骨，用于精血不足，筋骨无力，或小儿发育不良、骨软行迟、囟门不合；③鹿茸配当归、乌贼骨、蒲黄，本品能补益肝肾，调理冲任，固摄带脉，故可用于妇女冲任虚寒，带脉不固，崩漏不止、带下过多。

【用法用量】1～3 g。

【注意事项】服用本品从小剂量开始，缓缓增量。凡阴虚阳亢、血分有热、胃火盛或肺有痰热以及外感热病者均忌服。

巴戟天

茜草科多年生藤本植物巴戟天的根。主产于广东、广西、福建等地。以冬春季采挖的根入药。生用或盐水炙用。

【性味归经】甘、辛，微温。归肾、肝经。

【功能主治】补肾助阳，祛风除湿。主治阳痿、尿频、不孕、腰膝疼痛。

【配伍应用】①巴戟天配人参、山药、覆盆子，用于阳痿、不孕；②巴戟天配高良姜、肉桂、吴茱萸，用于月经不调，少腹冷痛；③巴戟天配萆薢、杜仲，补肾阳，祛风湿。用于肾阳不足兼有风湿之证。

【用法用量】10～15 g。

【注意事项】阴虚火旺或有湿热者不宜服用。

肉苁蓉

列当科一年生寄生草本植物肉苁蓉带鳞叶的肉质茎。主产于内蒙古、甘肃、新疆等地。以春、秋二季采挖的肉质茎入药。以春季苗未出土或刚出土时采挖者为佳。切厚片生用或酒制用。

【性味归经】甘、咸，温。归肾、大肠经。

【功能主治】补肾助阳，润肠通便。主治阳痿、不孕，大便秘结。

【配伍应用】①肉苁蓉配熟地黄、菟丝子、五味子，用于肾阳不足而致阳痿；②肉苁蓉配鹿角胶、当归、熟地黄、紫河车，用于精血亏虚不能怀孕；③肉苁蓉配巴戟天、萆薢、杜仲，用于腰膝冷痛，筋骨无力；④肉苁蓉配火麻仁、沉香，用于肠燥津枯之大便秘结。

【用法用量】10～20 g。

【注意事项】因能助阳，滑肠，故阴虚火旺及大便泄泻者忌服，肠胃有实热之大便秘结者亦不宜服用。

仙　茅

石蒜科多年生草本植物仙茅的根茎。主产于四川、云南、贵州等地。以秋、冬二季采挖的根茎入药。切段生用。

【性味归经】辛，热。有毒。归肾、肝、脾经。

【功能主治】温肾壮阳，祛寒除湿。主治阳痿，风寒湿痹。

【配伍应用】仙茅配淫羊藿，用于阳痿精冷、小便不禁、心腹冷痛、腰膝冷痹。

【用法用量】3～10 g。

【注意事项】药性燥热，有伤阴之弊，故阴虚火旺者忌服；有毒，不宜大量久服。

淫羊藿

小檗科多年生直立草本植物淫羊藿、箭叶淫羊藿、柔毛淫羊藿、巫山淫羊藿或朝鲜淫羊藿的地上部分。主产于陕西、辽宁、山西等地。以秋季茎叶茂盛时采割的地上部分入药。切丝生用或用炼过的羊脂油炙用。

【性味归经】甘、辛，温。归肾、肝经。

【功能主治】补肾壮阳，祛风除湿。主治阳痿，尿频，风寒湿痹。

【配伍应用】①淫羊藿配熟地黄、枸杞、仙茅，补肾壮阳，适用于肾阳虚衰引起的阳痿、尿频、腰膝无力；②淫羊藿配威灵仙、苍耳子、桂枝，祛风除湿，用于风寒湿痹或肢体麻木。

【用法用量】10～15 g。

【注意事项】阴虚火旺者不宜服。

杜　　仲

杜仲科落叶乔木植物杜仲的树皮。主产于四川、云南、贵州等地。以4～6月剥取的树皮入药。生用或盐水炙用。

【性味归经】甘，温。归肾、肝经。

【功能主治】补肝肾，强筋骨，安胎。主治阳痿，尿频，胎元不固，原发性高血压。

【配伍应用】①杜仲配补骨脂、核桃仁，能补益肝肾，故能强筋骨，用于肝肾不足，腰膝酸软或萎软无力；②杜仲配山茱萸、菟丝子、补骨脂，温补肝肾，用于肝肾虚寒，阳痿、尿频；③杜仲配续断、山药，能补益肝肾，用于肝肾亏虚引起的胎元不固，胎动不安或习惯性堕胎。

【用法用量】10～15 克。

【注意事项】为温补之品，阴虚火旺者慎用。

续　　断

川续断科多年生草本植物川续断的根。主产于四川、湖北、云南等地。以秋季采挖的根入药。生用或酒炒用。

【性味归经】苦、辛，微温。归肾、肝经。

【功能主治】补肝肾，行血脉，续筋骨。主治腰痛、牙疼、骨折、习惯性堕胎。

【配伍应用】①续断配杜仲、牛膝、草薢，用于腰痛腿弱及风湿痹痛；②续断配骨碎补、自然铜、土鳖虫、血竭，用于跌仆损伤、金疮、痈疽溃疡；③续断配桑寄生、菟丝子、阿胶，补益肝肾，补而不滞而有安胎止漏的功效，用于胎漏下血、胎动欲坠。

【用法用量】10～20 g。

【注意事项】崩漏下血宜炒用。

补骨脂

豆科一年生草本植物补骨脂的成熟果实。主产于河南、四川、陕西等地。以秋季果实成熟时采收的成熟果实入药。生用或盐水炙用。

【性味归经】甘、涩、苦，温。归肾、脾经。

【功能主治】补肾壮阳，固精缩尿，温脾止泻。主治阳痿，尿频，泄泻。

【配伍应用】①补骨脂配菟丝子、杜仲，用于阳痿、腰膝冷痛；②补骨脂与大青盐同炒，用于滑精、遗尿、尿频；③补骨脂配肉豆蔻、五味子、吴茱萸，用于脾肾阳虚的泄泻。

【用法用量】5～15 g。

【注意事项】本品性温燥，能伤阴助火，故阴虚火旺及大便秘结者忌服。

益　　智

姜科多年生草本植物益智的成熟果实。主产于海南岛、广东、广西等地。以夏秋采收的由绿变红的果实入药。生用或盐水炒用。用时捣碎。

【性味归经】辛，温。归脾、肾经。

【功能主治】温脾开胃摄唾，暖肾固精缩尿。主治泄泻、遗尿、遗精、口多涎唾。

【配伍应用】①益智配党参、白术、干姜，温脾散寒，用于脾肾受寒，腹痛吐泻；②益智配党参、白术、陈皮，温肾散寒，开胃摄唾，用于中气虚寒，食少多唾；③益智配山药、乌药，暖肾助阳，固精、缩尿，用于肾气虚寒，遗精、遗尿、尿有余沥、夜尿增多。

【用法用量】3～6 g。

【注意事项】本品燥热，能伤阴助火，故阴虚火旺或因热而患遗精、尿频、崩漏证者均忌服。

冬虫夏草

麦角菌科真菌冬虫夏草寄生在蝙蝠蛾科昆虫幼虫上的子座及幼虫尸体的复合体。主产于四川、西藏、青海等地。以初夏子座出土，孢子未发散时挖取的子座与幼虫尸体的复合体入药。生用。

【性味归经】甘，平。归肾、肺经。

【功能主治】益肾补肺，止血化痰。主治阳痿、虚喘。

【配伍应用】①冬虫夏草配杜仲、淫羊藿、巴戟天，益肾补阳，用于阳痿遗精、腰膝酸痛；②冬虫夏草配沙参、阿胶、贝母，补肾阳，益精血，且可止血化痰，用于久咳虚喘、劳嗽痰血。

【用法用量】5～10 g，煎汤服，或与鸡、鸭、猪肉等炖服。

【注意事项】有表邪者不宜服，阴虚火旺者不宜单独使用。

蛤　蚧

壁虎科动物蛤蚧除去内脏的干燥体。主产于广西，广东、云南亦产。全年均可捕捉。用时除去鳞片及头足，切成小块，黄酒浸润后烘干用。

【性味归经】咸，平。归肾、肺经。

【功能主治】补肺气，助肾阳，定喘嗽，益精血。主治虚证喘咳、阳痿。

【配伍应用】①蛤蚧配人参、苦杏仁、贝母，补肺肾，定喘止嗽，对肾不纳气之喘尤为有效，用于肺虚咳嗽、肾虚作喘，虚劳喘咳；②蛤蚧配人参、鹿茸、淫羊藿，助肾阳、益精血，用于肾阳不足、精血亏虚之阳痿。

【用法用量】3～7 g，水煎服；研末服1～2 克。

【注意事项】风寒或实热喘咳均忌服。

胡芦巴

豆科一年生草本植物胡芦巴的成熟种子。主产于安徽、四川、河南等地。以夏季果实成熟时采收的种子入药。捣碎用。

【性味归经】苦，温。归肾经。

【功能主治】温肾阳，逐寒湿。主治肾脏冷痛、寒疝。

【配伍应用】①胡芦巴配附子，用于肾脏虚冷，腹胁胀满；②胡芦巴配吴茱萸、小茴香，治寒疝、少腹连睾丸作痛。

【用法用量】3～10 g。

【注意事项】阴虚火旺或有湿热者忌服。

核桃仁

胡桃科落叶乔木胡桃成熟果实的核仁。我国各地均有栽培。河北、山西、山东等地产量最大。以秋季果实成熟时采收的种仁入药。生用。

【性味归经】甘，温。归肾、肺、大肠经。

【功能主治】补肾，温肺，润肠。主治肾虚腰痛，虚寒咳喘，肠燥便秘。

【配伍应用】①核桃仁配杜仲、补骨脂，补肾助阳、强腰膝，用于腰痛脚弱，腰间重坠、起坐困难；②核桃仁配人参、生姜，温肾而定喘咳，用于虚寒喘咳；③核桃仁配火麻仁、肉苁蓉、当归，润肠通便，用于老年人或病后津液不足之肠燥便秘。

【用法用量】10～30 g。

【注意事项】阴虚火旺，痰热咳嗽及便溏者均不宜服。

紫河车

健康人的胎盘。鲜用或干燥后，研制成粉用。

【性味归经】甘、咸，温。归肾、肺、肝经。

【功能主治】补精，养血，益气。主治阳痿，不孕、虚喘，气血虚弱证。

【配伍应用】①紫河车配鹿茸、肉苁蓉，补肝肾益精血，兼有补阳作用，用于肾气不足，精血衰少所致的不孕或阳痿、遗精、腰酸、头晕、耳鸣等；②紫河车配党参、黄芪、熟地黄、当归，益气养血，用于气血亏虚，消瘦乏力，面色萎黄，产后乳少；③紫河车配熟地黄、龟甲、黄柏，补肺气，益肾精，用于肺肾两虚的气喘。

【用法用量】1.5～3 g。研末服。

【注意事项】阴虚火旺者不宜单独应用。

菟丝子

旋花科一年生寄生缠绕草本植物菟丝子的成熟种子。我国大部分地区均有分布。主产于山东、河南、辽宁等地。以秋季果实成熟时采收的种子入药。炒用或盐水炙用。

【性味归经】辛、甘，平。归肾、肝、脾经。

【功能主治】补阳益阴，固精缩尿，明目止泻。主治阳痿，目暗，泄泻。

【配伍应用】①菟丝子配枸杞子、覆盆子、五味子，用于阳痿遗精；②菟丝子配鹿茸、桑螵蛸、五味子，用于小便不禁；③菟丝子配熟地黄、车前子，补肝明目，用于肝肾不足，目暗不明；④菟丝子配黄芪、党参、白术，补脾止泻，用于脾气不足，饮食减少，脾虚便溏或泄泻。

【用法用量】10～15 g。

【注意事项】本品为平补之药，但偏补阳，故阴虚火旺、大便燥结、小便短赤者忌服。

沙苑子

豆科多年生草本植物扁茎黄芪的成熟种子。主产于陕西，山西、内蒙古等地亦产。以秋末冬初果实成熟尚未开裂时采收的种子入药。生用或盐水炒用。

【性味归经】甘，温。归肾、肝经。

【功能主治】补肾固精，养肝明目。主治腰痛，阳痿，目暗。

【配伍应用】①沙苑子配煅龙骨、莲须、芡实，用于肾虚腰痛、阳痿遗精、遗尿尿频、白带过多；②沙苑子配茺蔚子、青葙子、枸杞子、菊花，养肝明目，用于目暗不明、头昏眼花。

【用法用量】10～20 g。

【注意事项】本品为温补固涩之品，阴虚火旺及小便不利者忌服。

锁　阳

锁阳科多年生肉质寄生草本植物锁阳的肉质茎。主产于内蒙古、甘肃、新疆等地。以春季采挖的肉质茎入药。生用。

【性味归经】甘，温。归肾、肝、大肠经。

【功能主治】补肾助阳，润肠通便。主治阳痿、不孕、便秘。

【配伍应用】①锁阳配熟地黄、龟甲，用于阳痿、不孕、腰膝酸弱、筋骨无力；②锁阳配火麻仁、当归，益精养血、润肠通便，用于肠燥津枯的大便秘结。

【用法用量】10～15 g。

【注意事项】阴虚阳旺、脾虚泄泻、实热便秘均忌服者。

黄狗肾

犬科动物狗的阴茎和睾丸。

【性味归经】咸，温。归肾经。

【功能主治】补肾壮阳。主治阳痿、尿频。

【配伍应用】黄狗肾配菟丝子、肉苁蓉、淫羊藿，用于肾虚所致的男子阳痿、阴冷以及畏寒肢冷、腰酸尿频。

【用法用量】1.5～3 g。

【注意事项】内热多火者忌服。

韭菜子

百合科多年生草本植物韭菜的成熟种子。全国均有栽培。以秋季果实成熟时采收的种子入药。生用。

【性味归经】甘、辛，温。归肾、肝经。

【功能主治】补肝肾，暖腰膝，壮阳，固精。主治阳痿、腰痛、遗精、尿频。

【配伍应用】①韭子配鹿茸、巴戟天、淫羊藿，补肝肾、暖腰膝、壮阳，用于肾阳虚衰、肝肾不足引起的阳痿、腰膝酸软冷痛；②韭子配补骨脂、益智，补肝肾、固精，用于肾气不固之遗精、尿频、白带过多。

【用法用量】5～10 g。

【注意事项】阴虚火旺者忌服。

阳起石

硅酸类矿石阳起石或阳起石石棉的矿石。主产于河南、湖北、山西等地。全年可采。煅红透，黄酒淬过，碾细末用。

【性味归经】咸，微温。归肾经。

【功能主治】温肾壮阳。主治阳痿、宫冷。

【配伍应用】阳起石配杜仲、巴戟天、肉苁蓉，用于肾阳虚衰之男子阳痿、女子宫冷，以及下焦虚寒、腰膝冷痹等证。

【用法用量】3～6 g。入丸散服。

【注意事项】阴虚火旺者忌服。

三、补血药

凡能补血，主要用以治疗血虚证的药物，称补血药。血虚的基本症状是：面色萎黄、嘴唇及指甲苍白、头晕眼花、心慌心悸，以及妇女月经后期量少、色淡，甚至经闭等。血虚与阴虚关系十分密切，血虚往往导致阴虚，如血虚兼阴虚者，补血药当与补阴药同用。在补血药中，部分补血药有补阴功效，可以作为补阴药使用。补血药又常与补气药同用，因"气能生血"，可以增强补血的疗效。

补血药性质多黏腻，妨碍消化，故凡湿浊中阻、脘腹胀满、食少便溏者，不宜应用；脾胃虚弱者，当配伍健脾助消化药同用，以免影响食欲。

当　归

伞形科多年生草本植物当归的根。主产于甘肃，陕西、四川等地亦产。以秋末采挖的根入药。生用或酒炒用。

【性味归经】甘、辛，温。归肝、心、脾经。

【功能主治】补血，活血，止痛，润肠。主治血虚证，月经病证，瘀痛。

【配伍应用】①当归配黄芪，用于血虚引起的各种证候；②当归配川芎、熟地黄、白芍，既能补血活血，又善止痛，为妇科调经之要药，用于月经不调、经闭、痛经；③当归配丹参、乳香、没药、桃仁、红花，补血活血，善止血虚血瘀之痛，且有散寒功效，用于虚寒腹痛、瘀血作痛、跌打作痛、痹痛麻木；④当归配金银花、赤芍、炮山甲、黄芪、熟地黄，补血活血，能起到消肿止痛、排脓生肌的功效，用于痈疽疮疡；⑤当归配肉苁蓉、生何首乌、火麻仁，补血润肠，用于血虚肠燥便秘。

【用法用量】5～15 g。

【注意事项】湿盛中满、肺热痰火、阴虚阳亢者不宜使用，大便泄泻者慎服。

熟地黄

生地黄经加黄酒拌蒸至内外色黑、油润，或直接蒸至黑润而成。切厚片用。

【性味归经】甘，微温。归肾、肝经。

【功能主治】养血滋阴，补精益髓。主治血虚及肝肾阴虚证。

【配伍应用】①熟地黄配当归、川芎、白芍，用于血虚萎黄、眩晕、心悸、失眠、月经不调、崩漏；②熟地黄配山药、山茱萸，为滋阴要药，用于肾阴不足、潮热、盗汗、遗精、消渴等证。

【用法用量】10～30 g。

【注意事项】本品性质黏腻，较生地黄更甚，有碍消化，凡气滞痰多、脘腹胀痛、食少便溏者忌服。

白　芍

毛茛科多年生草本植物芍药的根。主产于浙江、安徽、四川等地。以夏、秋二季采挖的根加工后入药。生用。

【性味归经】苦、酸，微寒。归肝、脾经。

【功能主治】养血敛阴，柔肝止痛，平抑肝阳。主治阴血不足，肝气不和诸证。

【配伍应用】①白芍配当归、川芎、熟地黄，养血调经，用于月经不调、经行腹痛、崩漏、自汗、盗汗；②白芍配白术、当归、柴胡，养血柔肝，缓急止痛，用于肝气不和，胁肋脘腹疼痛，或四肢拘挛作痛；③白芍配生地黄、牛膝、赭石，用于肝阳上亢，头痛、眩晕之证。

【用法用量】5～10 g，大剂量15～30 g，反藜芦，不宜同用。

【注意事项】阳衰虚寒之证不宜单独应用。

何首乌

蓼科多年生缠绕草本植物何首乌的块根。主产于河南、湖北、广西等地。以秋、冬二季叶枯萎时采挖的块根入药。生用称生首乌；以黑豆汁拌匀，蒸至内外均呈棕褐色，晒干用，称制首乌。

【性味归经】制首乌：苦、涩、甘、微温；归肝、肾、心经。生首乌：甘、苦、平；归心、肝、大肠经。

【功能主治】补益精血，截疟，解毒，润肠通便。主治须发早白，久疟，便秘。

【配伍应用】①何首乌配当归、枸杞子、菟丝子，补肝肾，益精血，兼能收敛，且不寒、不燥、不腻，故为滋补良药，用于精血亏虚，头晕眼花，须发早白、腰酸脚软、遗精、崩漏等证；②何首乌配人参、当归、陈皮、煨姜，用于气血两虚，久疟不止；③何首乌配当归、火麻仁、黑芝麻，用于精血不足，肠燥便秘。

【用法用量】10～30 g。

【注意事项】大便溏泻及湿痰较重者不宜服。

阿　　胶

马科动物驴的皮经煎煮、浓缩制成的固体胶。主产于山东、浙江，河北等地亦产。捣成碎块用，或以蛤粉烫炒成珠用。

【性味归经】甘，平。归肺、肝、肾经。

【功能主治】补血止血，滋阴润肺。主治血虚崩漏，咳血，吐血，阴虚燥咳。

【配伍应用】①阿胶配党参、黄芪、当归、熟地黄，用于血虚眩晕、心悸；②阿胶配蒲黄、生地黄、灶心土，为止血要药，用于吐血、衄血、便血、崩漏；③阿胶配黄连、白芍，补血滋阴，用于阴虚心烦，失眠；④阿胶配苦杏仁、牛蒡子、麦冬，滋阴润肺，用于虚劳喘咳或阴虚燥咳。

【用法用量】5～10 g用开水或黄酒化服。

【注意事项】本品滋腻滞脾，内有瘀滞、湿盛等湿邪者忌服，脾胃虚弱便溏者慎用。

龙眼肉

无患子科常绿乔木植物龙眼的假种皮。主产于广东、福建、台湾等地。以初秋采摘的成熟果实的假种皮入药。生用。

【性味归经】甘，温。归心、脾经。

【功能主治】补心脾，益气血。主治惊悸，失眠，气血不足。

【配伍应用】龙眼肉配黄芪、人参、酸枣仁，补心脾，既不滋腻，又不雍气，为滋补良药。用于心脾两虚，惊悸、怔忡、失眠、健忘。

【用法用量】10～15 g，大剂量30 g。

【注意事项】湿阻中满或有停饮、痰、火者忌服。

凡具有滋养阴液，生津润燥等功效，能治阴虚证的药物称补阴药。

阴虚证多发生于热病后期及若干慢性疾病。最常见的有肺阴虚、胃阴虚、肝阴虚、肾阴虚等。其基本症状是：肺阴虚多见于干咳少痰、咳血、虚热、口干舌燥等证；胃阴虚多见舌绛、苔剥、咽干口渴，或不知饥饿，或胃中嘈杂、呕哕，或大便燥结等证；肝阴虚多见两目干涩昏花、眩晕等证；肾阴虚多见腰膝酸痛、手足心热、心烦失眠、遗精或潮热盗汗等证。补阴药各有专长，可根据阴虚的症状，选择应用。

补阴药大都甘寒滋腻，故凡脾胃虚弱、痰湿内阻、腹胀便溏者均不宜用。

北沙参

伞形科多年生草本植物珊瑚菜的根。主产于山东、江苏，福建等地亦产。以夏、秋二季采挖的根入药。生用。

【**性味归经**】甘、微苦，微寒。归肺、胃经。

【**功能主治**】养阴清肺，益胃生津。用于肺热燥咳，劳嗽痰血，胃阴不足，热病津伤，咽干口渴。

【**配伍应用**】①与麦冬、南沙参、苦杏仁、茜草合用，用于燥热伤肺，发热咳喘或咳血；②与麦冬、天冬、诃子合用，用于肺受火刑，咳嗽音哑；③与石斛、玉竹、乌梅合用，用于胃阴虚有热之口干多饮、饥不饮食、大便干结及胃痛、胃胀、嘈杂等诸证。

【**用法用量**】煎服，10～15 g。

南沙参

桔梗科多年生草本植物轮叶沙参或杏叶沙参的根。主产于安徽、江苏、浙江等地。以春、秋二季采挖的根入药。生用。

【**性味归经**】甘、微寒。归肺、胃经。

【**功能主治**】养阴清肺，益胃生津，化痰，益气。用于肺热燥咳，阴虚劳嗽，干咳痰黏，胃阴不足，食少呕吐，气阴不足，烦热口干。

【**配伍应用**】①与麦冬、百合、生地黄合用，用于阴虚劳损，咳嗽，吐衄；②与麦冬、北沙参、苦杏仁、茜草合用，用于燥热伤肺，发热咳喘或咳血；③与玉竹、麦冬合用，用于热病后期，气阴两虚而余热未清，不受温补者；④与半夏、旋覆花、赭石合用，用于胃气上逆，呕吐呃逆者。

【**用法用量**】煎服，10～15 g。

【**注意事项**】反藜芦。

麦 冬

百合科多年生草本植物麦冬的块根。主产于四川、浙江、江苏等地。以夏季采挖的块根入药。生用。

【**性味归经**】甘、微苦，微寒。归胃、肺、心经。

【**功能主治**】润肺养阴，益胃生津，清心除烦。主治燥咳，舌干口渴之消渴证，心烦失眠。

【**配伍应用**】①麦冬配天冬、苦杏仁、阿胶，养肺阴、润肺燥，用于燥咳痰黏，劳嗽咳血；②麦冬配沙参、生地黄、玉竹，养阴生津止渴，用于胃阴不足，舌干口渴；

③麦冬配生地黄、竹叶、酸枣仁，清心除烦安神，用于心烦失眠。

【用法用量】10～15 g。

【注意事项】感冒风寒或有痰饮湿浊的咳嗽，以及脾胃虚寒泄泻者均忌服。

天　冬

百合科多年生攀援草本植物天冬的块根。主产于贵州、四川、广西等地。以秋、冬二季采挖的块根入药。生用。

【性味归经】甘、苦，寒。归肺、肾经。

【功能主治】清肺降火，滋阴润燥。主治燥咳、消渴证。

【配伍应用】①天冬配麦冬，清肺火，滋肾阴，润燥止咳，用于燥咳痰黏、劳嗽咳血；②天冬配生地黄、人参，清热滋阴，生津止渴，用于热病伤阴，舌干口渴或津亏消渴。

【用法用量】6～15 g。

【注意事项】脾胃虚寒、食少便溏、风寒咳嗽者忌服。

石　斛

兰科多年生草本植物环草石斛、马鞭石斛、黄草石斛、铁皮石斛或金钗石斛的茎。主产于四川、贵州、云南等地。全年均可采收其茎入药。以秋季采收者为佳。生用或鲜用。

【性味归经】甘，微寒。归胃、肾经。

【功能主治】益胃生津，滋阴除热。主治热病伤津，胃虚口渴。

【配伍应用】①石斛配生地黄、麦冬、天花粉，养阴清热生津，用于热病津伤烦渴；②石斛配生地黄、白薇、麦冬，滋肾阴，清虚热，用于阴虚津亏，虚热不退。

【用法用量】6～15 g；鲜用15～30 g。

【注意事项】本品能敛邪，实邪不外达，所以温热病不宜早用；又能助湿，如湿温尚未化燥者忌服。

玉　竹

百合科多年生草本植物玉竹的根茎。主产于湖南、河南、江苏等地。以秋季采挖的根茎入药。切厚片或切段用。

【性味归经】甘，微寒。归肺、胃经。

【功能主治】滋阴润肺，生津养胃。主治阴虚外感风热。

【配伍应用】①玉竹配薄荷、淡豆豉、白薇，滋阴解表，用于阴虚之体，感冒风热而发热咳嗽、咽痛口渴等；②玉竹配麦冬、沙参、甘草，用于肺胃阴伤，燥热咳嗽、舌干少津。

【用法用量】10～15 g。

【注意事项】本品虽性质和平，但毕竟为滋阴润燥之品，故脾虚而有湿痰、便溏者不宜服。

黄　精

百合科多年生草本植物黄精、滇黄精或多花黄精的根茎。黄精主产于河北、内蒙古、陕西；滇黄精主产于云南、贵州、广西；多花黄精主产于贵州、湖南、云南等地。春、秋二季采挖。切厚片用。

【性味归经】甘，平。归脾、肺、肾经。

【功能主治】润肺滋阴，补脾益气。主治燥咳，倦怠乏力，腰膝足软，消渴证。

【配伍应用】①黄精配沙参、知母、贝母，滋阴润肺，用于肺虚燥咳；②黄精配枸杞子，补肾益精，用于肾虚精亏所致腰酸、头晕、足软等证；③黄精配黄芪、天花粉、麦冬、生地黄，益气养阴，用于消渴证。

【用法用量】10～20 g。

【注意事项】脾虚有湿、咳嗽痰多以及中寒便溏者均不宜服。

百　　合

百合科多年生草本植物百合或细叶百合的肉质鳞叶。全国各地均产。以湖南、浙江产者为多。以秋季采挖的肉质鳞叶入药。生用或蜜炙用。

【性味归经】甘，寒。归肺、心经。

【功能主治】润肺止咳，清心安神。主治肺热咳嗽，惊悸失眠。

【配伍应用】①百合配生地黄、玄参、贝母，用于劳热咳嗽，咽痛咳血；②百合配知母、生地黄，用于虚烦惊悸，失眠多梦。

【用法用量】10～30 g。

【注意事项】本品为寒润之物，所以风寒咳嗽或脾虚便溏者忌服。

枸杞子

茄科落叶灌木植物宁夏枸杞的成熟果实。主产于宁夏、甘肃、新疆等地。以夏、秋二季采收的橙红色果实入药。生用。

【性味归经】甘，平。归肝、肾经。

【功能主治】滋补肝肾，明目，润肺。主治阳痿，遗精，虚咳，目暗，发白，消渴。

【配伍应用】①枸杞子配菊花、地黄，用于肝肾阴虚之头晕目眩、视力减退；②枸杞子配天冬、地黄，用于肾阴虚之腰膝酸软、遗精；③枸杞子配麦冬、知母、贝母，养阴清肺化痰，用于阴虚劳嗽。

【用法用量】5～10 g。

【注意事项】因能滋阴润燥，故脾虚便溏者不宜服。

桑　　椹

桑科落叶灌木植物桑的果穗。主产于江苏、浙江、湖南等地。以4～6月果实变红时采收的果穗入药。生用。

【性味归经】甘，酸，寒。归心、肝、肾经。

【功能主治】滋阴补血，生津，润肠。主治眩晕、目暗、失眠、发白、消渴、便秘。

【配伍应用】①桑椹配何首乌、女贞子、墨旱莲，用于阴亏血虚之眩晕、目暗、耳鸣、失眠、须发早白；②桑椹配麦冬、生地黄、天花粉，滋阴，生津止渴，用于津伤口渴或消渴；③桑椹配生何首乌、黑芝麻、火麻仁，用于阴亏血虚的肠燥便秘。

【用法用量】10～15 g。

【注意事项】脾胃虚寒作泻者忌服。

墨旱莲

菊科一年生草本植物鳢肠的地上部分。主产于江苏、江西、浙江等地。以花开时采割的地上部分入药。切段生用。

【性味归经】甘、酸，寒。归肝、肾经。

【功能主治】滋阴益肾，凉血止血。主治眩晕，发白，阴虚血热之出血。

【配伍应用】①墨旱莲配女贞子，用于肝肾阴虚之头晕目眩、须发早白；②墨旱莲配生地黄、阿胶、蒲黄、白茅根，滋阴凉血，用于阴虚血热之吐衄、尿血、便血、崩漏。

【用法用量】10～15 g。

【注意事项】脾胃虚寒，大便泄泻者不宜服。

女贞子

木樨科常绿乔木植物女贞的成熟果实。主产于浙江、江苏、湖南等地。以冬季采收的成熟果实入药。生用或酒制用。

【性味归经】甘、苦，凉。归肝、肾经。

【功能主治】补益肝肾，清热明目。主治发白、目暗、阴虚发热。

【配伍应用】①女贞子配墨旱莲，用于肝肾阴虚之头昏目眩、腰膝酸软、须发早白；②女贞子配地骨皮、牡丹皮、生地黄，用于阴虚发热；③女贞子配熟地黄、菟丝子、枸杞子，用于肝肾阴虚导致视力减退、目暗不明。

【用法用量】10～15 g。

【注意事项】本品虽补而不腻，但性质偏凉，如脾胃虚寒泄泻及阳虚者忌服。

龟　甲

龟科动物乌龟的腹甲及背甲。主产于浙江、湖北、湖南等地。全年均可采集其腹甲及背甲入药。以砂炒后醋淬用。

【性味归经】咸、甘，寒。归肾、肝、心经。

【功能主治】滋阴潜阳，益肾健骨，养血补心。主治阴虚阳亢，虚风内动，筋骨不健，崩漏。

【配伍应用】①龟甲配生地黄、石决明、菊花，用于肝阳上亢，头晕目眩；②龟甲配熟地黄、知母、黄柏，用于阴虚火旺、骨蒸劳热、咳嗽咳血、盗汗遗精。

【用法用量】10～30 g。

【注意事项】脾胃虚寒或内有寒湿者忌服。

鳖　甲

鳖科动物鳖的背甲。主产于湖北、湖南、安徽等地。全年均可采集其背甲入药。以砂炒后醋淬用。

【性味归经】咸，微寒。归肝、肾经。

【功能主治】滋阴潜阳，软坚散结。主治阴虚风动，阴虚发热，又治痞积。

【配伍应用】①鳖甲配牡蛎、生地黄、阿胶，滋阴潜阳，用于热病伤阴，虚风内动；②鳖甲配青蒿、生地黄、牡丹皮、知母，用于阴虚发热。

【用法用量】10～30 g。

【注意事项】脾胃虚寒，食少便溏及孕妇均忌服。

黑芝麻

芝麻科一年生草本植物芝麻的成熟种子。我国各地有栽培。以秋季果实成熟时采收的种子入药。生用或炒用。

【性味归经】甘，平。归肝、肾、大肠经。

【功能主治】补益精血，润燥滑肠。主治发白、便秘。

【配伍应用】黑芝麻配当归、肉苁蓉、柏子仁，用于血虚津亏引起的肠燥便秘。

【用法用量】10～30 g。

【注意事项】脾虚大便溏泻者不宜服。

第十九节　收涩药

凡以收敛固涩为主要作用的药物，称收涩药，又称固涩药。

本类药物大多性味酸涩，分别具有敛汗、止泻、固精、缩尿、止带、止血、止嗽等作用，故适用于久病体虚、正气不固所致的自汗、盗汗、久泻、久痢、遗精、滑精、遗尿、尿频、久咳虚喘以及崩漏不止等滑脱不禁的证候。

收敛固涩药的运用，只是治病之标，为及时敛其耗散，防其因滑脱不禁而导致正气衰竭，变生他证。但滑脱证候的根本原因是正气虚弱，故需与相应的补益药配合应用，以期标本兼顾。如气虚自汗、阴虚盗汗，当分别与补气药、养阴药同用；脾肾虚弱所致的久泻、久痢及带下日久不愈，应予补益脾肾药同用；肾虚遗精、滑精、遗尿、尿频，当配伍补肾药；冲任不固、崩漏下血，当配伍补肝肾、固冲任药；肺肾虚损、久咳虚喘，当配伍补肺益肾纳气药等。总之，当根据具体证候，寻求根本，选择配伍，才能增强疗效。

收涩药有敛邪之弊，故凡表邪未解或内有湿滞，以及郁热未清，均不宜用。

一、止汗药

以收敛止汗为主要功效，常用以治疗虚汗证的药物，称止汗药。其主治有二：一为气虚自汗；二为阴虚盗汗。本类药物的性味以涩凉为主，忌用于实热证的出汗。

浮小麦

禾本科一年生草本植物小麦未成熟的颖果。全国产麦区均产。夏季果实成熟时采收。扬场后，取其瘪瘦轻浮的麦粒入药。生用，或炒用。

【性味归经】甘、咸，凉。归心经。

【功能主治】益气，除热，止汗。主治自汗盗汗，骨蒸劳热。

【配伍应用】①浮小麦配牡蛎、麻黄根、黄芪，用于自汗盗汗；②浮小麦配生地黄、麦冬、地骨皮，益气、除热、止汗，用于骨蒸劳热。

【用法用量】15～30 g。

【注意事项】表邪未尽而汗出者不宜使用。

麻黄根

麻黄科多年生草本植物草麻黄或中麻黄的根及根茎。主产于河北、山西、内蒙古等地。以立秋后采收的根及根茎入药。干燥切段。生用。

【性味归经】甘、涩，平。归心、肺经。

【功能主治】止汗。主治自汗盗汗。

【配伍应用】麻黄根配伍当归、黄芪、牡蛎、龙骨、生地黄，敛汗止汗。用于自汗盗汗。

【用法用量】3～10 g。

【注意事项】本品专止汗，有表邪者忌用。

二、止泻药

以涩肠止泻为主要功效，常用以治疗滑脱不禁之久泻、久痢的药物，称止泻药。本类药物的药味以酸涩为主，忌用于热毒泻痢、湿热泻痢或食积腹泻等实证腹泻。

五味子

木兰科多年生落叶木质藤本植物五味子或华中五味子的成熟果实。前者习称"北五味子"，为传统使用正品，主产于东北、河北等地；后者习称"南五味子"，主产于西南及长江流域以南地区。以秋季采收的成熟果实入药。生用或用醋拌蒸晒干用，用时打碎。

【性味归经】酸、甘、温。归肺、肾、心经。

【功能主治】敛肺滋肾，生津敛汗，涩精止泻，宁心安神。主治虚汗、喘咳、遗精、久泻、失眠多梦。

【配伍应用】①五味子配六味地黄丸、细辛、干姜，用于久咳虚喘；②五味子配人参、麦冬，用于热伤气阴，心悸脉虚、口渴多汗；③五味子配桑螵蛸、龙骨、肉豆蔻，用于遗精、滑精、久泻不止；④五味子配生地黄、麦冬、丹参、酸枣仁，用于心悸、失眠、多梦。

【用法用量】3～10 g。

【注意事项】本品酸涩收敛，凡表邪未解，内有实热，咳嗽初期，麻疹初发均不宜用。

乌　梅

蔷薇科落叶乔木植物梅的近成熟果实。主产于浙江、福建、四川等地。以夏季采收的近成熟果实入药。低温烘干后闷至皱皮，色变黑时去核生用或炒炭用。

【性味归经】酸、涩、平。归大肠、肺、脾、肝经。

【功能主治】敛肺，涩肠，生津，安蛔。主治肺虚久咳消渴，蛔厥。

【配伍应用】①乌梅配半夏、苦杏仁、阿胶，敛肺止咳，用于肺虚久咳；②乌梅配肉豆蔻、诃子，能涩肠止泻，用于久泻久痢；③乌梅配天花粉、麦冬、葛根、人参，用于虚热消渴；④乌梅配花椒、干姜、黄连，用于蛔厥腹痛呕吐。

【用法用量】3～10 g。

【注意事项】本品酸涩收敛，故外有表邪或内有实热积滞者均不宜服。

五倍子

漆树科落叶灌木或小乔木植物盐肤、木青麸杨或红麸杨叶上的虫瘿。主要由五倍子蚜寄生而形成。我国大部分地区均产，而以四川、贵州、云南为主。以秋季摘下的虫瘿入药。生用。

【性味归经】酸、涩、寒。归大肠、肺、肾经。

【功能主治】敛肺降火，涩肠，固精，敛汗，止血。主治肺虚久咳，久泻久痢，遗精滑精，自汗盗汗。

【配伍应用】①五倍子配五味子、粟壳，敛肺降火，用于肺虚久咳；②五倍子配枯矾、诃子、五味子，涩肠止泻，用于久泻久痢；③五倍子配茯苓、龙骨，用于遗精滑精。

【用法用量】1.5～6 g。

【注意事项】本品酸涩收敛，凡外感风寒或肺有实热之咳嗽及积滞未清、湿热内蕴之泻痢者均忌服。

椿　皮

苦木科植物臭椿的干燥根皮或干皮。主产于浙江、江苏、湖北、河北。全年均可剥取，晒干，或刮去粗皮晒干。切丝或段。以皮厚、无粗皮、色黄白者为佳。

【性味归经】苦、酸、涩，平。归肺、大肠经。

【功能主治】清热燥湿，涩肠，止血，止带，杀虫。主治久泻、久痢、止血、止带。

【配伍应用】①椿皮配诃子、丁香、滑石，清热燥湿，涩肠止血，用于久泻、久痢、便血；②椿皮配龟甲、香附、白芍、黄芩，用于崩漏、带下。

【用法用量】3～5 g。

【注意事项】本品可治蛔虫病。

石榴皮

石榴科落叶灌木或乔木石榴的果皮。我国大部分地区有栽培。以秋季果实成熟后收集的果皮入药。生用或炒炭用。

【性味归经】酸、涩，温。归大肠经。

【功能主治】涩肠止泻，杀虫。主治久泻、久痢。

【配伍应用】①石榴皮配黄连、黄柏、当归，涩肠收敛，用于久泻、久痢；②石榴皮配槟榔，有杀虫作用，用于虫积腹痛。

【用法用量】3～10 g。

【注意事项】泻痢初起、邪气壅盛者忌服。

诃　子

使君子科落叶乔木植物诃子的成熟果实。主产于云南、广东、广西等地。以秋、冬二季采收的成熟果实入药。生用或煨用。若用果肉则去核。

【性味归经】涩、苦，平。归大肠、肺经。

【功能主治】涩肠，敛肺，下气，利咽。主治久泻、久痢、脱肛、肺虚咳喘。

【配伍应用】①诃子配黄连、木香、甘草，涩肠止泻，兼下气消胀，用于久泻、久痢、脱肛；②诃子配桔梗、甘草，敛肺下气止咳，用于肺虚喘咳。

【用法用量】3～10 g。

【注意事项】凡外有表邪、内有湿热积滞者忌服。

肉豆蔻

肉豆蔻科高大常绿乔木植物肉豆蔻的成熟种仁。主产于马来西亚、印度尼西亚；我国广东、广西、云南亦有栽培。以冬、春二季果实成熟时采收的种仁入药。煨制去油用或生用。

【性味归经】辛，温。归脾、胃、大肠经。

【功能主治】温中行气，涩肠止泻。主治久泻，腹胀食少。

【配伍应用】①肉豆蔻配党参、白术、肉桂、诃子，用于脾胃虚寒，久泻不止；②肉豆蔻配木香、姜半夏，温中行气开胃，用于虚寒气滞，脘腹胀痛，食少呕吐。

【用法用量】3～10 g。

【注意事项】本品温中固涩，故湿热泻痢、胃热疼痛者忌用。

赤石脂

硅酸盐类矿物多水高岭石族多水高岭石。主含含水硅酸铝。主产于福建、山东、河南等地。全年均可采挖。研末水飞或火煅水飞用。

【性味归经】甘、酸、涩，温。归大肠、胃经。

【功能主治】涩肠止泻，止血。外用收湿生肌，敛疮。主治泻痢、带下、敛疮。

【配伍应用】①赤石脂配禹余粮，用于下焦不固、泻痢不止、便血脱肛；②赤石脂配侧柏叶、乌贼骨、白芍，用于崩漏带下。

【用法用量】10～20 g，不宜与肉桂同用。

【注意事项】有湿热积滞泻痢者忌服。

禹余粮

氢氧化物类矿物褐铁矿，主含碱式氧化铁。主产于浙江、广东等地。全年可采。火煅醋淬用。

【性味归经】甘、涩，微寒。归胃、大肠经。

【功能主治】涩肠止泻，收敛止血。主治久泻久痢，崩漏带下。

【配伍应用】①禹余粮配赤石脂，常用于下焦不固、肠滑不禁的久泻久痢；②禹余粮配乌贼骨牡蛎，收敛止血，用于崩漏带下。

【用法用量】10～20 g。

【注意事项】本品专收涩，实证忌用，孕妇慎服。

罂粟壳

为罂粟科一年生或二年生草本植物罂粟成熟蒴果的外壳。原产于国外。我国部分地区的药物种植场有少量栽培，以供药用。以夏季采收的果壳入药，醋炒或蜜炙用。

【性味归经】酸、涩，平。有毒。归肺、大肠、肾经。

【功能主治】敛肺，涩肠，止痛。主治肺虚久咳，久泻久痢，心腹筋骨诸痛。

【配伍应用】①罂粟壳配乌梅，用于虚劳喘咳自汗；②罂粟壳配木香、黄连、生姜，用于久泻久痢。

【用法用量】3～10 g。

【注意事项】本品酸涩收敛，故咳嗽及泻痢初起、湿热下注之遗精者均忌服，孕妇、儿童禁用，运动员慎用，不宜多服久服。

三、固精缩尿止带药

以固涩精关为主要功效，常用以治疗男子肾虚精关不固的遗精、滑精的药物，称固精药；以缩尿为主要功效，常用以治疗肾虚不固，膀胱失约的遗尿、尿频的药物，称缩尿药；以止带为主要功效，常用以治疗脾虚不食，脾湿下注或肾虚不固的带下增多的药物，称止带药。本类药物的药味以涩或酸为主。

莲　子

睡莲科多年生水生植物莲的成熟种子。主产于湖南、福建、江苏等地。以秋季采收的种子入药。生用。

【性味归经】甘、涩，平。归脾、肾、心经。

【功能主治】补脾止泻，益肾固精，养心安神。主治久泻，肾虚遗精，滑精，惊悸失眠。

【配伍应用】①莲子配人参、白术、茯苓、山药，用于脾虚久泻，食欲不振；②莲子配沙苑子、龙骨、牡蛎，补肾固精，用于肾虚遗精、滑精；③莲子配麦冬、茯神、柏子仁，养心益肾，交通心肾，用于虚烦、惊悸失眠。

【用法用量】6～15 g。

【注意事项】大便燥结者不宜服。

莲子心

莲子中的青嫩胚芽。

【性味归经】苦，寒。归心、肾经。

【功能主治】清心，去热，止血，涩精。主治心烦，吐血，遗精。

【配伍应用】莲子心配麦冬、竹叶，用于温病烦热神昏。

【用法用量】1.5～3 g。

【注意事项】研磨服可单用。

芡　　实

睡莲科一年生水生草本植物芡的成熟种仁。主产于江苏、山东、安徽等地。以秋末冬初采收的成熟果实的种仁入药。捣碎生用或炒用。

【性味归经】甘、涩，平。归脾、肾经。

【功能主治】补脾去湿，益肾固精。主治脾虚泄泻，肾虚遗精、白带过多。

【配伍应用】①芡实配党参、白术、山药、莲子，用于脾虚久泻久痢，日久不止；②芡实配沙苑子、龙骨、牡蛎、莲子，用于肾虚遗精、小便不禁、白带过多。

【用法用量】10～15 g。

【注意事项】湿热所致之遗精白浊、尿频带下、泻痢，大、小便不利者不宜使用。

山茱萸

山茱萸科落叶小乔木植物山茱萸的成熟果肉。主产于浙江，安徽、河南等地亦产。秋末冬初采收。用文火烘焙或置沸水中略烫，及时挤出果核。晒干或烘干，以果肉入药。

【性味归经】酸、涩，微温。归肾、肝经。

【功能主治】补益肝肾，收敛固涩。主治腰酸、阳痿、遗精、虚汗、崩漏。

【配伍应用】①山茱萸配熟地黄、山药、泽泻，补益肝肾，既能补精，又可助阳，用于肝肾亏虚，头晕目眩，腰膝酸软、阳痿等；②山茱萸配桑螵蛸、覆盆子、益智、沙苑子，用于遗精、滑精、小便不禁；③山茱萸配附子、人参、龙骨、牡蛎，用于大汗不止，体虚欲脱。

【用法用量】5～10 g；大剂量可用30 g。

【注意事项】本品温补收敛，故命门火炽，素有湿热及小便不利者不宜服。

金樱子

蔷薇科常绿攀援灌木植物金樱子的成熟果实。主产于广东、江西、浙江等地。以9～10月采收的果实入药。纵切两瓣，除去毛刺，生用。

【性味归经】酸、甘、涩，平。归肾、膀胱、大肠经。

【功能主治】固精，缩尿，涩肠止泻。主治遗精、滑精、尿频、白带过多、久泻久痢。

【配伍应用】①金樱子配芡实，用于遗精、滑精、遗尿、尿频、白带过多；②金樱子配党参、白术、山药，用于久泻久痢。

【用法用量】6～18 g。

【注意事项】本品收涩，故有实火、实邪者不宜服。

桑螵蛸

螳螂科昆虫大刀螂、小刀螂或巨斧螳螂的卵鞘。全国大部分地区均产。以深秋至次春采收的卵鞘入药。置沸水中浸杀其卵，或蒸透，晒干用。

【性味归经】甘、咸，平。归肝、肾经。

【功能主治】补肾助阳，固精缩尿。主治遗精、滑精、遗尿、尿频、白带过多等。

【配伍应用】①桑螵蛸配远志、石菖蒲、龙骨，治肾虚、遗尿白浊、小便频数、遗精滑泄、心神恍惚；②桑螵蛸配鹿茸、肉苁蓉、菟丝子，补肾壮阳，用于阳痿。

【用法用量】3～10 g。

【注意事项】本品助阳固涩，故阴虚火旺、内有湿热之遗精、膀胱有热而小便频数者忌服。

覆盆子

蔷薇科落叶灌木植物华东覆盆子的未成熟果实。主产于浙江、福建、湖北等地。以夏初采收的绿黄色果实入药。入沸水中略浸，晒干用。

【性味归经】甘、酸，温。归肝、肾、膀胱经。

【功能主治】益肾，固精，缩尿。主治肾虚不固，遗精、滑精、遗尿、尿频。

【配伍应用】①覆盆子配沙苑子、山茱萸、芡实，补益肝肾，收敛固涩，用于肾虚不固，遗精、滑精；②覆盆子配桑螵蛸、益智、金樱子，用于遗尿、尿频。

【用法用量】3～10 g。

【注意事项】肾虚有火，小便短涩者不宜服。

乌贼骨

乌鲗科动物无针乌贼或金乌贼的内壳。产于辽宁、江苏、浙江等省沿海。收集其骨状内壳，洗净，干燥。生用。

【性味归经】咸、涩，微温。归肝、肾、脾经。

【功能主治】收敛止血，固精止带，制酸止痛，收湿敛疮。主治崩漏下血，肺胃出血，遗精带下，胃痛吐酸，外伤出血。

【配伍应用】①乌贼骨配茜草、棕榈炭、白及，本品咸能入血，温胃而涩，有收敛止血功效，用于崩漏下血、肺胃出血、创伤出血；②乌贼骨配山茱萸、菟丝子、沙苑子、白芷，用于遗精、带下；③乌贼骨配贝母，制酸止痛，用于胃痛吐酸。

【用法用量】6～15 g。

【注意事项】本品性微温，能伤阴助热，故阴虚多热者不宜服。

刺猬皮

刺猬科动物刺猬的干燥外皮。全国大部分地区均产。全年均可捕捉，捕后将皮剥下，以肉脂刮净、刺毛整洁者为佳。内面撒上一层石灰，置通风处阴干。

【性味归经】苦、涩，平。归肾、胃、大肠经。

【功能主治】收敛止血，固精缩尿。主治便血、痔漏、遗精、遗尿。

【配伍应用】①刺猬皮配木贼，收敛止血，用于便血；②刺猬皮配益智、龙骨，固精缩尿，用于遗精、遗尿。

【用法用量】3～10 g。

【注意事项】孕妇慎用。

第二十节　涌吐药

凡以促使呕吐为主要作用的药物，称涌吐药，又称催吐药。《黄帝内经》所云"在上者涌之"，是指人体上部（如咽喉、胸脘）有毒物、宿食、痰涎，均可应用吐法，以达到祛邪病的目的。故凡误食毒物，停留胃中，未被吸收；或宿食停滞不化，尚未入肠，脘腹胀痛；或痰涎壅盛，阻碍呼吸；以及癫痫发狂等证，均可使用涌吐药来治疗。

涌吐药作用强烈，大都具有毒性，且呕吐是剧烈的动作，可以影响内脏，如使用不当，能令患者产生不良后果。故涌吐药只适用于气壮邪实之证，如体质虚弱或老人、小儿、妇女胎前产后，以及素患失血、头眩、心悸、劳嗽喘咳等证者，均当忌用。

在使用涌吐药时，还当注意用量、用法和解救。一般服用涌吐药，可用小量渐增的方法，以防中毒或涌吐太过；且服药后宜多饮热开水，以助药力，或用翎毛探喉以助涌吐。如呕吐不止，当及时解救。吐后当休息，不宜马上进食，等肠胃功能恢复，再饮流质或食易消化的食物，以养胃气。

瓜　蒂

葫芦科一年生草质藤本植物甜瓜的果蒂。全国各地均有栽培。以夏季采集的未老熟的果实的果蒂入药。生用。

【性味归经】苦，寒。有毒。归心、胃、胆经。

【功能主治】内服涌吐热痰、宿食；外用研末吹鼻，可引去湿热。主治热痰、宿食、湿热黄疸。

【配伍应用】瓜蒂配赤小豆，用于痰涎堵塞胸中或宿食停留胃脘之中。

【用法用量】2～5 g。

【注意事项】本品作用强烈，易损伤正气，故孕妇及体虚、失血、上部无实邪者、心脏病患者忌服。

常　山

虎耳草科落叶小灌木植物常山的根。主产于四川、贵州，湖南等地亦产。以秋季采收的根入药。晒干。切片生用或酒炒用。

【性味归经】苦、辛，寒。有毒。归肺、肝、心经。

【功能主治】涌吐痰饮，截疟。主治胸中痰饮，疟疾。

【配伍应用】①常山配甘草、蜜，有较强的涌吐作用，用于胸中痰饮积聚；②常山配草果、槟榔、青皮，用于疟疾久发不止。

【用法用量】5～10 g。

【注意事项】本品作用强烈，能损正气，孕妇、体虚者慎用。

胆　矾

天然的硫酸盐类矿物胆矾或人工制成的含水硫酸铜。主产于云南、山西。随时可采。研末或煅后研末用。

【性味归经】 酸、辛，寒。有毒。归肝、胆经。

【功能主治】 内服涌吐风痰、毒物；外用解毒收湿，蚀疮去腐。主治风痰、喉痹、癫痫、误食毒物、风眼赤烂、口疮、牙疳，肿毒不破。

【配伍应用】 ①胆矾配僵蚕，研末吹喉吐涎，用于喉痹；②胆矾配儿茶、黄连，研末敷治牙疳。

【用法用量】 0.3～0.6 g，外用适量。

【注意事项】 体虚者、孕妇忌服。

第十二章 中成药

第一节 总 论

一、概述

中成药是在中医药理论指导下，以中药材、中药饮片为原料，按照规定的处方、生产工艺和质量标准生产的中药制剂。它是我国历代医药学家经过千百年医疗实践创造、总结的有效方剂的精华。具有便于携带、使用方便、疗效显著等特点。近年来，随着我国中医药事业的发展，中成药越来越受到广大群众的欢迎。

二、中成药的剂型分类

（一）丸剂

丸剂是药材及饮片细粉或提取物加适宜黏合剂或辅料，制成的球形或类球形的固体制剂，其特点是吸收缓慢，药力持久，而且体积小，服用、携带、储存都比较方便，是中成药最古老的剂型之一。根据黏合剂的不同又分为蜜丸、水蜜丸、水丸、糊丸、浓缩丸、微丸等类型。

（二）散剂

散剂是一种或多种单味中药混合制成的粉末状制剂，分内服散剂和外用散剂，是我国传统剂型之一。其治疗范围广，服用后分散快，奏效迅速，且具有制作、携带方便、节省药材等优点。有效成分不溶或难溶于水，或不耐高温，或剧毒不易掌握用量，或者贵重细料药物适宜于制成散剂。

（三）煎膏剂（膏滋）

煎膏剂是药材或饮片用水煎煮、去渣浓缩后，加炼蜜或糖制成的半固体制剂，又称膏滋。具有吸收快，浓度高，体积小，便于保存，可以限期使用的特点。有滋补调理的作用，用于治疗慢性病和久病体虚者。

（四）丹剂

丹剂是水银、硝石、雄黄等矿物药经过炼制、升华、融合等技术处理制成的无机化合物，如红升丹、白降丹等，为传统剂型。大多含水银成分，常用以配制丸散供外用，具有消肿生肌、消炎解毒的作用。部分丸剂、散剂、锭剂品种多以朱砂为衣，因气色赤习称丹，不属于经典丹剂范畴。

（五）片剂

片剂是药物细粉或提取物与适宜的辅料或药材细粉压制而成的片状制剂，分浸膏片、半浸膏片和全粉片等，是常用的现代剂型之一。片剂体积小，用量准确，易崩解，生效快，且具有生产效率高、成本低、服用及储运方便的优点。片剂适用于各种疾病。

（六）颗粒剂（冲剂）

颗粒剂是药物提取物与适宜的辅料或与药物细粉制成的颗粒状制剂，是在汤剂、散剂和糖浆剂的基础上发展起来的新剂型。有颗粒状和块状两种，分为可溶性、混悬性、泡腾性及含糖型、无糖型等不同类型。颗粒剂体积小，重量轻，服用简单，口感好，作用迅速，多适于补益、止咳、清热等作用的药物。

（七）硬胶囊剂

硬胶囊剂是将适量的药物提取物、药物提取物加药粉或辅料制成均匀的粉末或颗粒，填充于硬胶囊中而制成的剂型。外观整洁美观，易于吞服，可掩盖药物的不良气味，崩解快，吸收好。适用于对光敏感、不稳定或遇湿、热不稳定的药物，或有特异气味的药物，或需要定时定位释放的药物。

（八）糖浆剂

糖浆剂是含有药物、药物提取物和芳香物质的浓缩蔗糖水溶液。可以掩盖某些药物的不适气味，便于服用，适用于小儿及虚弱患者服用，尤多见于小儿用药，但不宜用于糖尿病患者。

（九）合剂

合剂是药物用水或其他溶剂，采用适宜方法提取，经浓缩制成的内服液体制剂，具有用量小、口感好、作用快、质量较稳定、携带方便、易保存的特点。

（十）酒剂

酒剂是药物用黄酒或白酒为溶媒浸提制成的澄清液体制剂。又称药酒。酒剂服用量少，吸收迅速，见效快，多用于治疗风寒湿痹及补虚养体、跌打损伤等。

（十一）酊剂

酊剂是药物用规定浓度的乙醇浸出或溶解制成的澄清液体制剂，也可以用流浸膏稀释制成。分内服和外用两种。酊剂有效成分含量高，剂量准确，吸收迅速，适宜于制备含有挥发性成分或不耐热成分的制剂。

（十二）注射剂

注射剂是提取药物有效成分，经精制加工制备而成的可供注入人体内的灭菌溶液或乳状液，或可供临用前配制溶液的灭菌粉末或浓缩液制剂，为中成药现代新剂型。又称针剂。注射剂可用于皮下、肌肉、静脉注射或静脉滴注，剂量准确，起效迅速，不受消化液和食物的影响，生物利用度高，便于急救使用。不宜在家庭中使用。

（十三）膏药

膏药是根据药方，将药物经食用植物油提取，再加红丹炼制而成的外用制剂，为中成药传统剂型。又名黑膏药。膏药有容纳药量多，药效释放持久等特点，多用于跌打损伤、风湿痹痛、疮疡痈肿等疾病。

（十四）栓剂

栓剂是药物提取物或药粉与适宜基质制成的供腔道给药的固体制剂，是中成药的古老剂型。也称坐药或塞药。栓剂比口服给药吸收快，吸收后不经肝脏直接进入大循环，生物利用度高。

（十五）搽剂

搽剂是指药物用乙醇、油或其他适宜溶剂制成的供无破损患处揉擦用的液体制剂，其中以油为溶剂的又称油剂。一般不用于破损皮肤或创伤。如妇洁搽剂，骨质宁搽剂等。

（十六）涂膜剂

涂膜剂是指药物经适宜溶剂和方法提取或溶解与成膜材料制成的供外用涂抹，能形成薄膜的液体制剂。其优点是作用时间长，且可以在创口形成一层保护膜。对创口具有保护作用，用于治疗口腔溃疡、眼科疾病、鼻腔疾病、妇科疾病、烧烫伤、皮肤炎症等。

（十七）其他

中成药剂型在我国正式生产使用的已有40多种，除上述介绍的外，还有软膏剂、软胶囊剂、橡胶膏剂、油剂、露剂、气雾剂、滴丸、滴眼剂、锭剂、胶剂、浸膏剂、流浸膏剂、袋泡剂等。

三、中成药的使用方法和使用剂量

由于中成药的剂型多样，药物性能各异，主治的病症有所不同，故使用方法、使用剂量亦有所不同。因此，选择正确的使用方法，采用合理的给药途经，对于保证安全有效，具有十分重要的意义。

（一）使用方法

1. 内服法：内服法适用于丸、片、硬胶囊、散、丹、糖浆液等剂型。一般宜在餐前约1小时服用；对胃肠有刺激的药物宜在餐后服用；滋腻补益的中成药宜餐前空腹服用；治疟中成药宜在发作前2小时服用；安神的中成药宜在临睡前服用；急症不拘时间；慢性病应定时长期服药；晕车药宜上车前服用。

2. 外用法：外用法适用于膏药、膜、栓、酊、搽等剂型。系根据不同的剂型或贴、或搽、或涂、或放等，直接作用于病变部位或经络穴位，发挥保护、封闭及拔毒生肌、收口、消肿止痛等局部作用；或经透皮吸收，发挥药物的驱风散寒、行滞去瘀、强壮筋骨等功效。

3. 注射法：注射法适用于中药注射剂，可根据病情需要进行肌内注射、静脉注射、皮下注射、穴位注射等，以达到治疗、保健作用。

（二）使用剂量

1. 严格按照药品说明书规定的剂量使用，不能擅自加大或缩小剂量，以免影响中成药的疗效。

2. 特殊情况下可根据病者的年龄、体质强弱、病程长短、病势轻重及所用药物的性质和作用强度来确定剂量。

3. 5岁以下的儿童通常用成人量的1/4，5～9岁可用成人量的1/3，10岁以上可用成人量的1/2。

四、中成药的使用注意事项

（一）证候禁忌

中成药应在中医辨证论治指导下，根据病情轻重缓急，选择合适的药物和合适的剂型，切忌盲目服用。

（二）配伍禁忌

在使用中成药时，一定要注意事项配伍禁忌，如含有乌头的中成药与含有贝母、半夏等治疗咳嗽的中成药配合应用，就会出现配伍禁忌，从而引起毒副作用。

（三）中西合用

有些中成药与西药应避免同服。如中成药防风通圣丸与西药复方降压片不能同服。前者含有麻黄碱，会使动脉收缩升高血压，影响降压效果。

（四）不良反应

有些中成药会引起严重的毒副反应及过敏反应，如朱砂安神丸口服可引起口腔炎、药源性肠炎；黑锡丹久服可致严重铅中毒；牛黄解毒片口服可引起过敏性血小板减少，所以在服用中成药期间如感不适甚至出现以上症状时应立即停药，查找原因。

（五）妊娠禁忌

某些中成药对胎儿有损害作用，根据药物对胎儿损害程度的不同，一般可分为禁用和慎用两类。禁用的大多含有毒性较强或药性峻烈的中药，如麝香、三棱、巴豆等；慎用的大多是含有一些活血行气、泻下导滞及大辛大热药物，如红花、大黄、附子等。禁用的绝对不能用，慎用的可酌情使用，但应尽量避免，以防发生事故。

（六）饮食禁忌

饮食禁忌即通常所说的忌口。在服用中成药期间要注意对某些饮食的禁忌，一般要忌食生冷、腥膻油腻及有刺激性的食物，不能喝酒，忌食辛辣，一般服用中成药不能喝茶、喝绿豆汤。还有个别的药忌食用狗肉、牛肉、羊肉等。服用滋补类中成药的时候一般不能同时食用萝卜。

第二节　解表药

解表药具有发汗、解肌、透疹、解除表证的作用，包括辛温解表药、辛凉解表药、扶正解表药等。

一、辛温解表药

本类药物主要由麻黄、桂枝、荆芥、防风等辛温解表、发汗的中药组成。主要适用于外感风寒表证，症见恶寒发热，头项强痛，肢体酸疼，口不干，无汗或汗出仍发热恶风寒，舌苔薄白，脉浮紧等。凡普通感冒、上呼吸道感染的患者可用此类药辨治。

感冒清热颗粒

【药物组成】荆芥穗、防风、紫苏叶、白芷、柴胡、薄荷、葛根、芦根、苦地丁、桔梗、苦杏仁。

【功能主治】疏风散寒，解表清热。用于风寒感冒，头痛发热，恶寒身痛，鼻流清涕，咳嗽，咽干。

【方解】方中荆芥穗、防风辛温，祛风解表散寒，为君药。紫苏叶、白芷解表散寒，柴胡、薄荷、葛根发表解肌，清散伏热，以上5味加强君药解表退热之功，共为臣药。芦根清肺胃之热，生津止渴，苦地丁清热解毒，桔梗祛痰利咽，苦杏仁降气止咳，共为佐药。诸药合用，共奏疏风散寒，解表清热之效。

【临床应用】①感冒，外感风寒或内有郁热所致头痛发热，恶寒身痛，鼻流清涕，咳嗽，咽干，舌红，苔薄白或薄黄，脉浮；②上呼吸道感染见上述证候者。

【注意事项】①风热感冒者，表现为发热重，微恶风，有汗，口渴，鼻流浊涕，咽喉红肿热痛，咳吐黄痰者不宜用；②不宜在服药期间同时服用滋补性中成药；③忌烟、酒及辛辣、生冷、油腻食物。

风寒感冒颗粒

【药物组成】麻黄、桂枝、白芷、防风、紫苏叶、葛根、陈皮、干姜、桔梗、苦杏仁、甘草。

【功能主治】发汗解表，疏风散寒。用于感冒风寒表证，症见恶寒发热、鼻流清涕、头痛、咳嗽。

【方解】方中麻黄性味辛苦温，发汗解表以散风寒、宣利肺气以平咳喘；桂枝性味辛甘温，解肌发表，温经散寒，同为君药。防风、白芷、紫苏叶祛风散寒，温经止痛，加强君药解表之力，为臣药。葛根解肌发表；陈皮、干姜理气和胃，散寒降逆；桔梗、杏仁宣降肺气，止咳平喘；以上5味，共为佐药。甘草调和诸药，为使药。诸药配伍，共奏发汗解表、疏风散寒之功。

【临床应用】①感冒，因外感风寒，卫阳被郁所致，症见恶寒发热、鼻流清涕、头痛、咳嗽、舌淡、苔白、脉浮；②上呼吸道感染见上述证候者。

【注意事项】①风热感冒及寒郁化热明显者慎用；②服药期间忌食辛辣、油腻食物；③高血压、心脏病患者慎用。

感冒软胶囊

【药物组成】麻黄、桂枝、羌活、防风、荆芥穗、白芷、当归、川芎、苦杏仁、桔梗、薄荷、石菖蒲、葛根、黄芩。

【功能主治】疏风散寒，解表清热。用于外感风寒所致的感冒，症见发热头痛、恶寒无汗、鼻塞流涕、骨节痛、咳嗽、咽痛。

【方解】方中麻黄、桂枝辛温发散，发汗解表，使风寒之邪随汗而解，同为君药。羌活、防风、荆芥穗、白芷辛温解表，温经止痛，加强君药发散风寒之力；当归、川芎活血祛风，通络止痛，6味共为臣药。苦杏仁、桔梗、薄荷利咽，石菖蒲理气化痰，葛根、黄芩解肌清热，同为佐药。诸药合用，共奏疏风散寒，解表清热之功。

【临床应用】①感冒，外感风寒所致，症见发热头痛，恶寒无汗，鼻塞流涕，骨节痛，咳嗽，咽痛，舌淡，苔薄白，脉浮；②上呼吸道感染见上述证候者。

【注意事项】①风热感冒及寒郁化热明显者慎用；②服药期间忌食辛辣、油腻食物，可服热粥以助汗出；③本品高血压、心脏病者慎用。

二、辛凉解表药

本类药物主要是由薄荷、牛蒡子、桑叶、菊花、葛根等清热解毒，祛风解表的中药组成。适用于外感风热症，症见发热，有汗，微恶风寒，头痛口干，咽痛，舌苔薄白或薄黄，脉浮数等。凡普通感冒、流行性感冒、急性扁桃体炎、流行性腮腺炎等具有上述症状的患者均可选用此类中成药辨证治疗。

风热感冒颗粒

【药物组成】板蓝根、连翘、薄荷、荆芥穗、桑叶、芦根、牛蒡子、菊花、苦杏仁、桑枝、神曲。

【功能主治】疏风清热，利咽解毒。用于风热感冒，症见发热、头痛、有汗、鼻塞、咽喉肿痛、咳嗽多痰。

【方解】方中桑叶、菊花疏散风热，清利头目，为君药。连翘、薄荷、荆芥穗清热解毒，疏散风热，辅以牛蒡子、板蓝根、苦杏仁清热解毒，宣肺利咽，共为臣药，桑枝疏风通络，神曲健脾和胃，芦根清热生津，同为佐药。诸药相合，共奏清热解毒，宣肺利咽之功。

【临床应用】①感冒，因外感风热所致的发热，头痛，有汗，咽干或咽痛，鼻塞流浊涕，咳嗽，痰多，苔薄白或薄黄，脉浮数；②上呼吸道感染见上述证候者。

【注意事项】①服药期间饮食宜清淡，忌食辛辣油腻之品；②不宜在服药期间同时服用滋补性中成药；③风寒感冒者不适用，其症见恶寒重，发热轻，无汗，鼻塞流清涕等；④服药 3 天后症状无改善或加重应停药，并去医院就诊。

银翘解毒丸（颗粒、片）

【药物组成】金银花、连翘、薄荷、荆芥、淡豆豉、牛蒡子（炒）、桔梗、淡竹叶、甘草。

【功能主治】疏风解表，清热解毒。用于风热感冒，症见发热、头痛、咳嗽、口干、咽喉疼痛。

【方解】方中金银花、连翘辛凉透邪，清热解毒，为君药。薄荷、荆芥、淡豆豉辛散表邪，透热外出，为臣药。牛蒡子、桔梗、甘草宣肺止咳、清利咽喉；淡竹叶清热生津止咳，均为佐药。其中甘草调和诸药而兼使药。诸药合用，共奏疏风解表，清热解毒之功。

【临床应用】①感冒，外感风热所致发热、微恶风寒、鼻塞流黄浊涕、身热、无汗、头痛、咳嗽、口干、咽喉疼痛、舌苔薄黄、脉浮数；②上呼吸道感染见上述证候者。

【注意事项】①风寒感冒，表现为恶寒重，发热轻，无汗，头痛，鼻塞，流清涕，喉痒咳嗽者不宜用；②孕妇慎用；③忌烟、酒及辛辣、生冷、油腻食物；④不宜在服药期间同时服用滋补性中成药。

双黄连口服液

【药物组成】金银花、黄芩、连翘。

【功能主治】疏风解表，清热解毒。用于外感风热所致的感冒，症见发热、、咳嗽、咽痛。

【方解】方中金银花性味甘寒，芳香疏散，善散肺经热邪，又可清解心胃之热毒，故为君药。黄芩苦寒，长于清肺热，并能清热燥湿，泻火解毒；连翘味苦，性散寒，既能清热解毒，又能透达表邪，长于清心火而散上焦之热，二药共为臣药。全方配合，药少而力专，共奏疏风解表、清热解毒之功。

【临床应用】①感冒，外感风热所致，症见发热，微恶寒，汗泄不畅，头胀痛，鼻塞，流黄浊涕，咳嗽，舌红苔薄黄，脉浮数；②上呼吸道感染见上述证候者；③还可用于治疗流行性感冒、支气管炎、肺炎、扁桃体炎、咽炎及热毒壅盛引起的口腔炎、舌叶状乳头炎、小儿肺炎、烧烫伤感染。

【注意事项】①服用本品可出现全身皮肤瘙痒、皮疹；②风寒感冒慎用；③服药期间忌服滋补性中药，饮食宜清淡，忌食辛辣食物。

柴黄颗粒

【药物组成】 柴胡、黄芩。

【功能主治】 清热解表。用于风热感冒，症见发热、周身不适、头痛、目眩、咽喉肿痛。

【方解】 柴胡性味苦、微寒，有和解退热之功，为君药；黄芩苦寒，长于清肺热，为臣药。两药合用，共达清热解表之效。

【临床应用】 ①感冒，外感风热所致，周身不适，头痛，目眩，咽喉肿痛，咳嗽，苔薄白微黄，脉浮数；②上呼吸道感染见上述证候者。

【注意事项】 ①风寒感冒者慎用；②孕妇慎用；③服药期间忌食辛辣厚味。

三、扶正解表药

本类药物主要是由柴胡、前胡、人参、防风、甘草等中药组成，适用于体质虚弱又感受外邪而致的头痛鼻塞、汗出恶风、倦怠乏力、反复感冒者。凡普通感冒、气管炎、慢性鼻炎、自主神经紊乱之原发性多汗症等见上述症状者均可选用此类中成药辨证治疗。

参苏丸（颗粒、片）

【药物组成】 党参、紫苏、葛根、前胡、茯苓、制半夏、陈皮、桔梗、甘草、炒枳壳、木香。

【功能主治】 益气解表，宣肺化痰。用于恶寒发热，头痛鼻塞，无汗，咳嗽，乏力倦怠，胸闷气短之外感症。

【方解】 方中党参益气扶正，紫苏表散风寒，共为君药。葛根、前胡，解肌发表，宣肺止咳，为臣药。茯苓、陈皮、半夏、桔梗、甘草开胸利气，化痰止咳；枳壳、木香宽膈除满，共为佐使药。诸药合用，补中有散，散中有补，扶正以助祛邪，祛邪而不伤正，达复元气而散风寒之效。

【临床应用】 ①本方益气解表，宣肺化痰，适用于气虚外感之恶寒发热，头痛鼻塞，无汗，咳嗽，乏力倦怠，胸闷气短之症；②老年人或病后、产后气虚而感受风寒者，西医之上呼吸道感染、急性支气管炎见上述表现者可选用。

【注意事项】 ①服药期间饮食宜清淡，忌食辛辣油腻之品；②不宜在服药期间同时服用滋补性中成药；③服药3天后症状无改善或加重应停药，并去医院就诊。

四、祛暑解表药

本类药物主要是由藿香、苍术、厚朴等解表、祛湿的中药组成，适用于暑气内伏，兼外感风寒，而见恶寒发热，无汗头痛，心烦口渴等症。

藿香正气水

【药物组成】 广藿香油、紫苏叶油、白芷、厚朴（姜制）、大腹皮、生半夏、陈皮、苍术、茯苓、甘草浸膏。

【功能主治】 解表化湿，理气和中。用于外感风寒，内伤湿滞或夏伤暑湿所致的感冒，症见头痛昏重、胸膈痞闷、脘腹胀痛、呕吐泄泻；胃肠型感冒见上述证候者。

【方解】 方中藿香味辛，性微温，既可解表散风寒，又芳香化湿浊，且辟秽和中，升清降浊，为君药。辅以紫苏、白芷辛温发散，助藿香外散风寒，芳化湿浊，为臣药。

厚朴、大腹皮行气燥湿、除满消胀；半夏、陈皮燥湿和胃、降逆止呕；苍术、茯苓燥湿健脾、和中止泻，共为佐药。使以甘草调和脾胃，并调和药性。诸药相合，内外兼治，表里双解，风寒得解，湿滞得化，清升浊降，气机通畅，共奏解表化湿，理气和中之效。

【临床应用】①感冒，因外感风寒、内伤湿滞所致的恶寒发热，头身困重疼痛，胸脘满闷，恶心纳呆，舌质淡红，舌苔白腻，脉浮缓；胃肠型感冒见上述证候者。②呕吐，因湿阻中焦所致的呕吐，脘腹胀痛，伴发热恶寒，周身酸困，头身疼痛；胃肠型感冒见上述证候者。③泄泻，因湿阻气机、大肠湿热所致的泄泻暴作，便下清稀，肠鸣腹痛，脘闷纳呆，伴见恶寒发热，周身酸楚；胃肠型感冒见上述证候者。④中暑，因外感暑湿、气机受阻所致的突然恶寒发热，头晕昏沉，胸脘满闷，恶心欲呕，甚则昏仆，舌苔白厚腻；胃肠型感冒见上述证候者。

【注意事项】①外感风热所致的感冒不宜用；②阴虚火旺者不宜用；③饮食宜清淡；④不宜在服药期间同时服用滋补性中药。

保济丸

【药物组成】广藿香、苍术、白芷、化橘红、厚朴、菊花、蒺藜、钩藤、薄荷、茯苓、薏苡仁、神曲茶、稻芽、木香、葛根、天花粉。

【功能主治】解表，祛湿，和中。用于暑湿感冒，症见发热头痛、腹痛腹泻、恶心呕吐、肠胃不适；亦可用于晕车晕船。

【方解】方中广藿香芳香辛散，解表化湿；苍术、白芷解表散寒，燥湿宽中，3味共为君药。化橘红、厚朴燥湿除满，下气和中；菊花、蒺藜、钩藤、薄荷清宣透邪，6味共为臣药。茯苓、薏苡仁淡渗利湿；神曲茶、稻芽、木香醒脾开胃，行气和中；葛根升清止泻；天花粉清热生津，7味共为佐药。全方配伍，共收解表，祛湿，和中之功。

【临床应用】①感冒，外感表邪、胃失和降所致发热头痛、腹痛腹泻、嗳食嗳酸、恶心呕吐，肠胃不适、消化不良、舌质淡、苔腻、脉浮；胃肠型感冒见上述证候者。②急性胃肠炎，感受时邪、饮食不慎所致吐泻不止、下利清稀或如米泔水、腹痛或不痛、胸膈满闷、四肢清冷、舌苔白腻、脉濡弱。③晕动症，乘坐交通工具时出现头晕、恶心、呕吐、面色苍白、汗出肢冷。

【注意事项】①本品解表，祛湿，外感燥热者不宜用；②急性肠道传染病之剧烈恶心、呕吐、水泻不止者不宜用；③哺乳期妇女慎用；④服药期间饮食宜清淡，忌生冷油腻食物。

第三节　泻下药

泻下药具有通导大便、排除肠胃积滞、荡涤实热或攻逐水饮、寒积等作用。包括润下药，清下药，温下药等。习惯性便秘，痔疮，外科手术后便秘，产后便秘可选用此类中成药辨证治疗。

一、润下药

本类药物主要是由火麻仁、苦杏仁、郁李仁、酸枣仁等润肠通便的中药组成，适用于治疗虚人便秘及老人肠燥便秘、产妇便秘等。

麻仁润肠丸（软胶囊）

【药物组成】火麻仁、大黄、苦杏仁（去皮炒）、白芍、陈皮、木香。

【功能主治】润肠通便。用于肠胃积热，胸腹胀满，大便秘结。

【方解】方中以质润多脂的火麻仁润肠通便，为君药。大黄攻积泻下，更取苦杏仁、白芍，一则益阴增液以润肠通便，使腑气通，津液行；二则甘润可减缓大黄攻伐之力，使泻下而不伤正，共为臣药。再以陈皮、木香调中宣滞，加强降泄通便之力，共为佐药。诸药相合，共奏润肠通便之功。

【临床应用】①便秘，胃肠积热所致大便秘结，胸腹胀满，口苦，尿黄，舌红苔黄或黄燥，脉滑数；②习惯性便秘见上述证候者。

【注意事项】①虚寒性便秘不宜用；②月经期慎用；③忌食生冷、油腻、辛辣食物；④有慢性病史者、小儿及年老体虚者不宜长期服用；⑤服药后大便次数过多，大便偏稀，可酌情减量或停服。

通便灵胶囊

【药物组成】番泻叶、当归、肉苁蓉。

【功能主治】泻热导滞，润肠通便。用于热结便秘，长期卧床便秘，一时性腹胀便秘，老年习惯性便秘。

【方解】方中重用番泻叶，既能泻下导滞，又能清导实热，为君药。当归补血养血，润肠通便；肉苁蓉补益精血，润燥滑肠，共为臣药。诸药合用，共奏泻热导滞，滑肠通便之功。

【临床应用】①便秘，长期卧床、老年体虚，气血不足，胃肠蕴热所致大便干结，心悸气短，面色㿠白，周身倦怠，舌淡苔少，脉沉细数；②习惯性便秘见上述证候者。

【注意事项】①孕妇及哺乳期、月经期妇女禁用；②脾胃虚寒者慎用；③忌食辛辣、油腻食物。

二、清下药

本类药物主要是由大黄、槟榔、芒硝、番泻叶等清热泻下，泻火通便的中药组成。适用于热毒内盛，胃火上攻所致口苦咽干，腹胀腹痛，便秘，小便黄赤等症。

复方芦荟胶囊

【药物组成】芦荟、青黛、朱砂、琥珀。

【功能主治】清肝泄热，润肠通便，宁心安神。用于心肝火盛，大便秘结，腹胀腹痛，烦躁失眠等症。

【方解】方中芦荟泻下通便清肝火，为君药。青黛助芦荟泻肝胆之火而兼凉血解毒为臣药。再以朱砂、琥珀镇心安神而除烦，共为佐药。诸药相合，共奏清肝泄热、润肠通便、宁心安神之功。

【临床应用】①便秘，心肝火盛所致大便秘结，胸腹胀满，口苦，烦躁失眠，舌红苔黄，脉数；②习惯性便秘见上述证候者。

【注意事项】①虚寒性便秘以及气虚性便秘不宜用；②哺乳期妇女及肝、肾功能不全者慎用；③忌食生冷、油腻、辛辣食物；④有慢性病史者、小儿及年老体虚者不宜长期服用；⑤服药后大便次数过多，大便偏稀，可酌情减量或停服。

三、温下药

本类药物主要是由何首乌、肉苁蓉、硫黄、枳实等温肾行气，泻下冷积的中药组成。适用于年老体弱，阳气不振的大便坚涩，小便清长，四肢不温等症。

苁蓉通便口服液

【药物组成】肉苁蓉、何首乌、枳实（麸炒）、蜂蜜。

【功能主治】补肾助阳，润肠通便。用于身疲乏力，面色㿠白，大便秘结等症。

【方解】方中肉苁蓉甘咸而温，润而不燥，补益肾阳，润肠通便为君药。辅以何首乌益精血而润肠燥，为臣药。佐以枳实导滞通便。使以蜂蜜润肠，补益脾胃。诸药合用，共奏补益肾阳，润肠通便之功。

【临床应用】本方为补益通便剂，适用于年老体弱，病后、产后肾气虚弱或阴津耗伤所致的大便坚涩，数天一行，排便困难，头晕气短，神疲乏力，小便清长，四肢不温等症。

【注意事项】①胃肠燥热，口苦者不宜用；②孕妇慎用；③服药期间饮食宜清淡，忌生冷油腻食物。

第四节　和解药

和解药是指采用调和的方法，以解除少阳半表半里之邪，肝脾功能失调，上下寒热互结者。属于中医八法之"和法"。包括和解少阳药、调和肝脾药、调和肠胃药。

一、和解少阳药

本类药物主要由柴胡、黄芩、桔梗、陈皮等中药组成，用于往来寒热，胸胁苦满，心烦喜呕，以及口苦，咽干，目眩等症。凡急慢性肝炎，上呼吸道感染，胆囊炎见上述症状者，均可选用此类中成药辨证治疗。

小柴胡颗粒

【药物组成】柴胡、黄芩、党参、制半夏、甘草、生姜、大枣。

【功能主治】和解少阳，补中扶正，和胃降逆。适用于邪在少阳之往来寒热，胸胁苦满，心烦喜呕，以及口苦，咽干，目眩等症。

【方解】本方用柴胡清解少阳之邪，兼能疏畅胸胁气机痞闷，为主药；黄芩清肝胆之热，可协助柴胡以清少阳之邪热，为本方辅药；二药合用，使其达到和解清热之目的；党参、大枣益气和中，扶正以达邪；制半夏、生姜和胃降逆，甘草既能调和诸药，又可相助扶正，为使药；诸药合用，相辅相成，以达到和解少阳，补中扶正，和胃降逆之功。

【临床应用】①本方系和解少阳之药，除了用以和解少阳之外，对于妇女伤寒，疟疾，黄疸等杂病见少阳证者具有较好疗效；②应用本方的指征有往来寒热，胸胁苦满，心烦喜呕，以及口苦，咽干，目眩。

【注意事项】①服药期间忌烟、酒、辛辣、刺激性食物；②老人、儿童服药应在医师指导下进行；③服药 3 天以后症状无改善，应停药并去医院就诊。

二、调和肝脾药

本类药物主要由柴胡、枳壳、陈皮、当归、白芍、香附等疏肝理气，养血活血的中药组成。用于胸闷胁痛，脘腹胀痛，不思饮食，大便泄泻等症。凡慢性萎缩性胃炎，慢性病毒性肝炎，胆囊炎，乳腺炎，乳腺增生等疾病见上述症状者均可选用此类中成药辨证治疗。

逍遥丸（浓缩丸、蜜丸、口服液、颗粒、合剂）

【药物组成】柴胡、当归、白芍、炒白术、茯苓、炙甘草、薄荷、生姜。

【功能主治】疏肝解郁，健脾和营。用于肝郁血虚所致的两胁作痛，寒热往来，头痛目眩，口燥咽干，神疲食少，月经不调，乳房胀痛，脉弦而虚。

【方解】本方既有柴胡疏肝解郁，又有当归、白芍养血柔肝，白术、茯苓健脾祛湿，炙甘草益气补中，缓肝之急，虽为佐使之品，却有襄赞之功，生姜温胃和中，薄荷助柴胡疏肝解郁，全方既补肝体，又助肝用，气血兼顾，肝脾并治，故为调和肝脾之名方。

【临床应用】①适用于肝郁气滞、血虚、脾弱所致的胁痛、肝气郁结、低热、乳癖、月经不调等。症见两胁作痛，寒热往来，头痛目眩，口燥咽干，神疲食少，月经不调，乳房胀痛，脉弦而虚。②慢性萎缩性胃炎，慢性病毒性肝炎、胆囊炎、乳腺炎、乳腺增生等疾病见上述症状者均可选用此药辨证治疗。

【注意事项】①服药期间忌烟、酒、辛辣、刺激性食物；②孕妇忌服；③服药期间不宜同时服用滋补类中药。

丹栀逍遥丸

【药物组成】柴胡（酒制）、当归、白芍（酒炒）、栀子（炒焦）、牡丹皮、白术（土炒）、茯苓、甘草（蜜炙）、薄荷。

【功能主治】舒肝解郁，清热调经。用于肝郁化火，胸胁胀痛，烦闷急躁，颊赤口干，食欲不振或有潮热，以及妇女月经先期，经行不畅，乳房与少腹胀痛。

【方解】方中以柴胡疏肝解郁，行气止痛为君药。当归、白芍养血和血，柔肝止痛；栀子清热凉血，泻火除烦；牡丹皮清热凉血，化瘀止痛，共为臣药。白术、茯苓、炙甘草健脾祛湿，益气和中，扶土抑木，以滋化源，为佐药。薄荷辛凉清轻，助柴胡疏肝散热，为佐使药。诸药合用，肝脾并治，补疏共施，气血兼顾，共奏舒肝解郁，清热调经之功。

【临床应用】①胁痛，因肝郁化火，肝克脾土而致两胁胀痛，口苦咽干，胃脘胀闷，食后加重，苔黄腻，脉弦滑数。②胃脘痛，因肝郁化火，肝胃不和而致胃脘胀痛连及两胁，口苦反酸，嗳气频繁，食后痞满加重，甚至呃逆呕吐，舌质红苔黄，脉弦滑数；胃下垂、消化不良、胃炎见上述证候者。③郁证，因情志不遂，肝郁化火，肝脾不和而致情绪低落，闷闷不乐，喜叹息，胸闷胁痛，腹胀便溏，心烦不寐，甚至急躁易怒，舌红苔黄，脉弦细数。④月经不调，因肝郁化火，冲任失调而致月经周期紊乱，经前烦躁易怒，乳房胀痛，经期腹痛，腹胀便溏，舌红或暗，脉弦细数。

【注意事项】①孕妇、妇女月经期慎用；②服药期间饮食宜清淡，忌生冷及油腻食物；③服药期间保持心情舒畅。

加味逍遥丸

【药物组成】柴胡、栀子（姜炙）、牡丹皮、薄荷、白芍、当归、白术、茯苓、甘草。

【功能主治】舒肝清热，健脾养血。用于肝郁血虚，肝脾不和，两胁胀痛，头晕目眩，倦怠食少，月经不调，脐腹胀痛。

【方解】方中柴胡苦辛微寒，疏肝理气，使肝气得以条达，为君药。栀子清泻三焦之火，导热下行；牡丹皮善清血中之伏火，凉血散瘀；薄荷疏散郁结之气，透达肝经郁热；三者共助柴胡疏肝解郁之功，为臣药。白芍、当归养血和血，以养肝体；白术、茯苓健脾益气，以合"见肝病先实脾"，四者合为佐药。甘草调和诸药，为使药。诸药合用，共奏舒肝解郁，健脾养血之功。

【临床应用】①胁痛，多因肝郁血虚，肝脾不和所致，症见两胁胀痛，以胀痛为主，每因情志而增减，头晕目眩，精神郁闷，时欲太息，嗳气，食少，苔薄，脉弦；②眩晕，多因肝郁气滞化火所致，症见头晕目眩，耳鸣，胁胀，口苦，烦躁易怒，舌红苔黄，脉弦数；③月经不调，多因肝郁脾虚，冲任失司所致，症见月经先期，量多，色紫有块，经前有烦躁，乳房、脐腹胀痛，舌红苔黄，脉弦数。

【注意事项】①脾胃虚寒，脘腹冷痛，大便溏薄者慎用；②服药期间忌食生冷、油腻食物；③服药期间注意事项调节情志，切忌气恼劳碌。

第五节　清热药

清热药具有清热、泻火、凉血、解毒、滋阴透热等作用，属于中医八法之"清"法，包括清热泻火药，清热解毒药、清热利湿药，清脏腑热药等。对于因温、热、火所致的里热证均适用。凡急性结膜炎、牙周炎、口腔溃疡、咽炎、腮腺炎、慢性肝炎、胆囊炎、便秘、泌尿系感染等疾病也可选用此类中成药辨证治疗。另外，此类中成药大多性寒凉，故虚寒型体质、老人、儿童、产后妇女及腹泻便溏者应慎用。

一、清热泻火药

本类药物主要由栀子、大黄、黄芩、黄柏、石膏、人工牛黄等清热泻火，散风消肿的中药组成。适用于中、上二焦热毒内盛所致的头晕耳鸣，目赤，口舌生疮，牙龈肿痛，小便黄赤，大便秘结，舌尖红，苔黄，脉滑数或弦数等症。

黄连上清丸（颗粒、胶囊、片）

【药物组成】黄连、黄芩、黄柏（酒炒）、石膏、栀子（姜制）、大黄（酒制）、连翘、菊花、荆芥穗、白芷、蔓荆子（炒）、川芎、防风、薄荷、旋覆花、桔梗、甘草。

【功能主治】散风清热，泻火止痛。用于风热上攻、肺胃热盛所致的头晕目眩、暴发火眼、牙齿疼痛、口舌生疮、咽喉肿痛、耳痛耳鸣、大便秘结、小便短赤。

【方解】方中黄连、黄芩、黄柏、石膏清热泻火，燥湿解毒；栀子、大黄清热凉血解毒并可引热毒从二便而出，共为君药。连翘、菊花、荆芥穗、白芷、蔓荆子、川芎、防风、薄荷疏散风热，共为臣药。佐以旋覆花下气行水；桔梗清热利咽排脓，载药上行。甘草清热解毒，调和诸药，为佐使药。诸药合用，散风清热，泻火止痛，上通下行，使火热随之而解。

【临床应用】①暴风客热，因风热上攻，肺胃热盛，引动肝火上蒸头目所致，症见眼内刺痒交作，羞明流泪，眵多，白睛红赤，头痛，身热，口渴，尿赤，舌苔黄，脉浮数；急性结膜炎见上述证候者。②聤耳，因风热邪毒上犯，并肺胃热盛，毒热结聚，循经上蒸耳窍，气血相搏，化腐成脓所致，症见急剧发作，耳痛显著，眩晕流脓，重听耳鸣，头痛发热，鼻塞流涕，舌红苔薄黄，脉浮数；急性化脓性中耳炎见上述证候者。③口疮，因风热邪毒内侵，或肺胃热盛，循经上攻于口所致，症见口腔黏膜充血发红，水肿破溃，渗出疼痛，口热口臭，身痛不适，口干口渴，便干尿黄，舌红苔黄，脉浮滑数；急性口炎、复发性口疮见上述证候者。④牙宣，因肺胃火盛，风热内侵，火热蕴郁，循经上蒸于龈所致，症见牙龈红肿，出血渗出，疼痛，口干口渴，口臭口黏，便秘尿黄，舌苔黄，脉浮弦数；急性牙龈（周）炎见上述证候者。⑤牙痛，因风热邪毒侵袭，并有肺胃火盛，蕴热化火结毒，循经郁结牙龈冠周所致，症见冠周牙龈充血肿胀，渗出化脓，疼痛剧烈，口热口臭，口渴口干，张口可受限，便秘，尿黄，舌苔黄厚，脉弦实数；急性智齿冠周炎见上述证候者。⑥喉痹，因风热邪毒内侵，并肺胃热盛，蕴热生火相结，循经上蒸咽喉所致，症见咽喉红肿疼痛，头痛，身热，尿黄便干，舌苔黄，脉弦数；急性咽炎见上述证候者。

【注意事项】①本品清实热火毒，阴虚火旺者慎用；②本品苦寒，易伤胃气，脾胃虚寒者慎用；③过敏体质者慎用；④服药期间饮食宜清淡，忌食辛辣刺激等食物；⑤不宜在服药期间同时服用温补性中成药。

清火片

【药物组成】大青叶、大黄、石膏、薄荷脑。

【功能主治】清热泻火，通便。用于火热壅盛所致的咽喉肿痛、牙痛、头晕目眩、口鼻生疮、目赤肿痛、大便不通。

【方解】方中大青叶味苦而性大寒，具有清热解毒、利咽消肿之效，兼能入血，清热凉血，使气血之热毒两清，故为方中君药。大黄苦寒沉降，具有清热泻火，凉血解毒之效，同时泻热通便，引火下行，为臣药。石膏辛甘性大寒，清热泻火、除烦止渴，且善清解里热，为佐药。薄荷脑芳香调味，凉散风热，祛风利咽，为佐使药。4药合用，共奏清热泻火，通便之效。

【临床应用】①便秘，肠胃积热所致大便秘结，腹胀，腹痛，口干口臭，食欲减退，小便黄赤，舌红苔黄或黄燥，脉滑数；习惯性便秘见上述证候者。②喉痹，肺胃热盛所致咽喉疼痛，口舌生疮，舌红苔黄，脉数；急性咽炎见上述证候者。③牙痛，三焦火盛所致牙龈红肿疼痛，发热，大便燥，小便黄赤，或面颊红肿，颌下瘰疬疼痛者，苔黄，脉滑数有力；急性牙周炎见上述证候者。

【注意事项】①孕妇禁用；②虚火喉痹、牙痛和虚秘者慎用；③忌烟、酒及辛辣、油腻食物。

二、清热解毒药

本类药物主要是由金银花、连翘、黄芩、黄连、黄柏、野菊花等清热解毒的中药组成。适用于三焦火毒热盛所致的身热面赤、胸膈烦热、口舌生疮、头面红肿等症。

牛黄解毒丸（胶囊、片）

【药物组成】人工牛黄、石膏、黄芩、大黄、雄黄、冰片、桔梗、甘草。

【功能主治】清热解毒。用于火热内盛，咽喉肿痛，牙龈肿痛，口舌生疮，目赤肿痛。

【方解】方中人工牛黄味苦气凉，入肝、心经，功善清心泻火解毒，为君药。生石膏味辛能散，气大寒可清胃泻火，除烦止渴；黄芩味苦气寒，清热燥湿，泻火解毒；大黄苦寒沉降，清热泻火，凉血解毒，泻下通便，开实火下行之途，共为臣药。雄黄、冰片清热解毒，消肿止痛；桔梗味苦辛，归肺经，宣肺利咽，共为佐药。甘草调和诸药，为使药。诸药合用，共奏清热解毒之效。

【临床应用】①口疮，因胃火亢盛所致的口舌生疮，疼痛剧烈，或此起彼伏，反复发作，口干喜饮，大便秘结，舌质红苔黄，脉沉实有力；口腔炎、口腔溃疡见上述证候者。②牙痛，因三焦火盛所致的牙龈红肿疼痛，发热，甚则牵引头痛，日轻夜重，口渴引饮，大便燥结，小便黄赤，或面颊红肿，颌下瘰疬疼痛，苔黄，脉滑数有力；急性牙周炎、牙龈炎见上述证候者。③喉痹，因火毒内盛，火热上攻所致的咽痛红肿，壮热烦渴，大便秘结，腹胀胸满，小便黄赤，舌红苔黄，脉滑数有力；急性咽炎见上述证候者。

【注意事项】①阴虚火旺所致口疮、牙痛、喉痹者不宜用；②本品苦寒泄降，脾胃虚弱者慎用；③过敏体质者慎用；因方中含有雄黄，故不宜过量、久服；④忌烟、酒及辛辣、油腻食物；⑤不宜在服药期间同时服用滋补性中药。

银黄颗粒（片）

【药物组成】金银花提取物、黄芩提取物。

【功能主治】清热疏风，利咽解毒。用于外感风热、肺胃热盛所致的咽干、咽痛、喉核肿大、口渴、发热；急慢性扁桃体炎、急慢性咽炎、上呼吸道感染见上述证候者。

【方解】方中金银花性寒泄降，功善清热解毒，又兼疏风散热，透散表邪，为主药。黄芩味苦气寒，既除上焦湿热火毒，又清肺热、泻肺火，为辅药。二药合用，共奏清热解毒、疏风散热之效。

【临床应用】①急、慢乳蛾，由外感风热，邪热入里，肺胃热盛所致，症见咽喉疼痛剧烈，咽痛连及耳根及颌下，吞咽困难，喉核红肿较甚，表面有黄白色脓点，或连成伪膜，高热，渴饮，口臭，舌质红赤，苔黄厚，脉洪大而数；急、慢性扁桃体炎见上述证候者。②喉痹，由外感风热，邪热入里，肺胃热盛所致，症见咽部红肿，疼痛较剧，发热较高，口干，大便秘结，小便黄，舌赤，苔黄，脉洪数；急、慢性喉炎见上述证候者。③感冒，由外感风热，邪热入里化热，肺胃热盛所致，症见身热较著，微恶风，头胀痛，咳嗽，痰黏或黄，咽燥或咽喉红肿疼痛，鼻塞，流黄浊涕，口渴欲饮，舌苔黄，脉浮数；上呼吸道感染见上述证候者。

【注意事项】①本品清热解毒，阴虚火旺者慎用；②本品苦寒，脾气虚寒，大便溏者慎用；③服药期间忌辛辣、鱼腥食物。

新雪颗粒

【药物组成】南寒水石、滑石、石膏、人工牛黄、栀子、竹心、广升麻、穿心莲、珍珠层粉、磁石、沉香、芒硝、硝石、冰片。

【功能主治】清热解毒。用于外感热病，热毒壅盛证，症见高热、烦躁；扁桃体炎、上呼吸道感染、气管炎、感冒见上述证候者。

【方解】方中南寒水石、滑石、石膏甘寒清热；牛黄清心解毒，豁痰开窍，共为君药。栀子、竹心清心泻火；升麻、穿心莲清热解毒，共为臣药。珍珠层粉清热安神、磁石重镇安神，沉香降气宣通；芒硝、硝石泻热散结，使邪有出路，共为佐药。冰片芳香开窍，为使药。诸药合用，共奏清热解毒之效。

【临床应用】①发热，外感热病，热邪入里所致高热头痛，烦躁不安，胸闷，咳嗽，舌红，苔黄，脉数；上呼吸道感染、支气管炎见上述证候者。②乳蛾，外感热病，热毒炽盛所致发热，头痛，咽喉肿痛，烦躁不安，舌红，苔黄，脉数；扁桃体炎见上述证候者。

【注意事项】①孕妇禁用；②外感风寒证慎用。

清开灵胶囊

【药物组成】胆酸、猪去氧胆酸、黄芩苷、水牛角、金银花、栀子、板蓝根、珍珠母。

【功能主治】清热解毒，镇静安神。用于外感风热湿毒、火毒内盛所致高热不退、烦躁不安、咽喉肿痛、舌质红绛、苔黄、脉数者；上呼吸道感染、病毒性感冒、急性化脓性扁桃体炎、急性咽炎、急性气管炎、高热等病症属上述证候者。

【方解】方中胆酸、猪去氧胆酸清热解毒，化痰开窍，凉肝熄风；黄芩苷清热解毒；水牛角、金银花、栀子、板蓝根相伍，清热泻火，凉血解毒；珍珠母平肝潜阳，镇惊安神。诸药相配，共奏清热解毒，镇静安神之功。

【临床应用】①感冒，外感风热之邪而致发热，微恶风，或高热不退，烦躁不安，咳嗽痰黄，咽喉肿痛，大便秘结，小便短赤，舌红绛苔黄，脉浮数；上呼吸道感染见上述证候者。②胁痛，湿热内阻所致食欲不振，脘腹胀闷，胁肋胀痛，口苦，恶心，小便短赤，大便不调，或见黄疸，舌红苔黄腻，脉弦滑数；病毒性肝炎见上述证候者。

【注意事项】①孕妇禁用；②体虚、便溏者慎用；③服药期间忌辛辣刺激性食物。

三、清热利湿药

本类药物主要由黄芩、黄连、黄柏、龙胆、苦参等清热解毒燥湿的中药组成。适用于湿热内壅，所致的发热，尿少，泄泻，痢疾，胁肋胀痛，黄疸，口苦，妇女带下等症。

茵栀黄颗粒（口服液）

【药物组成】茵陈蒿提取物、栀子提取物、黄芩苷、金银花提取物。

【功能主治】清热解毒，利湿退黄。用于肝胆湿热所致的黄疸，症见面目悉黄、胸胁胀痛、恶心呕吐、小便黄赤；急、慢性肝炎见上述证候者。

【方解】方中茵陈蒿味苦微寒，清热利湿，利胆退黄，为治疗黄疸之要药，故为君药。栀子苦寒，清三焦火邪，除肝胆湿热而退黄，为臣药。黄芩苦寒，清热燥湿，泻火解毒，利胆退黄；金银花甘寒，清热凉血解毒，共为佐使药。诸药合用，共奏清热解毒，利湿退黄之功。

【临床应用】①黄疸，因湿热瘀毒蕴结肝胆，胆汁外溢所致，症见身目悉黄，黄色鲜亮，发热，胸闷，胁痛，恶心呕吐，口苦，二便不畅，舌质红，舌苔黄腻，脉弦滑数；②急性肝胆病，慢性肝胆病急性发作期见上述证候者。

【注意事项】①寒湿所发黄疸，症见黄色晦暗，肢凉怕冷，大便溏泄者不宜用；②本品不宜用于肝功能衰竭的黄疸、梗阻性黄疸以及残留黄疸；③自身免疫性肝炎、原发性胆汁性肝硬化和原发性硬化性胆管炎的黄疸应慎用；④妊娠及哺乳期妇女慎用。

四、清脏腑热药

本类药物主要由黄连、栀子、龙胆、石膏、黄芩等清热解毒的中药组成。适用于不同脏腑邪热偏盛所致的心烦失眠，口苦，咳嗽，腹泻，便秘，小便黄赤等症。

龙胆泻肝丸（颗粒、片、浓缩丸）

【药物组成】龙胆、生地黄、泽泻、柴胡、栀子、黄芩、甘草、木通、当归、车前子。

【功能主治】泻肝胆实火，清下焦湿热。用于头痛目赤，胁痛口苦，耳聋，耳肿，阴痒，妇女湿热带下等症。

【方解】方中龙胆味苦寒，既能泻肝胆实火，又清下焦湿热，故为君药。栀子苦寒，清三焦火邪，除肝胆湿热而退黄，为臣药。黄芩苦寒，清热燥湿，泻火解毒，利胆退黄，为佐使药。柴胡、当归、生地黄疏肝，活血，凉血，养阴。泽泻、木通、车前子，引湿热从小便而出。甘草调和诸药，诸药合用，共奏清肝泻火，清利肝胆湿热之功。

【临床应用】①胁痛，表现为身目悉黄，黄色鲜亮，发热，胸闷，胁痛，恶心呕吐，口苦，二便不畅，舌质红，舌苔黄腻，脉弦滑数；急性肝胆病，慢性肝胆病急性发作期见上证证候者。②头痛，表现为急躁易怒，头痛面红，目赤口苦，便秘尿赤，苔黄脉数等症。急性结膜炎，急性中耳炎，高血压等病均可用本品治疗。

【注意事项】①寒湿所发黄疸，症见黄色晦暗，肢凉怕冷，大便溏泄者不宜用；②本品不宜用于肝功能衰竭的黄疸、梗阻性黄疸以及残留黄疸；③自身免疫性肝炎、原发性胆汁性肝硬化和原发性硬化性胆管炎的黄疸应慎用；④妊娠及哺乳期妇女慎用。

清肺抑火片

【药物组成】黄芩、栀子、天花粉、桔梗、知母、大黄、前胡、黄柏、苦参。

【功能主治】清肺止嗽，降火生津。用于肺热咳嗽，痰涎壅盛所致的咽喉肿痛，口鼻生疮，牙龈肿痛，牙根出血，大便干燥，小便黄赤。

【临床应用】本方系清肺抑火，止咳化痰之剂，适用于肺热咳嗽，咽喉肿痛，口鼻生疮，牙龈肿痛，牙根出血，大便干燥，小便黄赤。

【注意事项】①风寒咳嗽及脾胃虚寒者忌服。②孕妇忌服；支气管扩张、肺脓肿、肺结核患者应在医师指导下服用。③服药期间忌烟、酒、辛辣、油腻食物。④不宜在服药期间同时服用滋补性中药。⑤服药3天后症状无改善应停药并去医院就诊。

清胃黄连片

【药物组成】黄连、石膏、黄芩、栀子、连翘、知母、黄柏、玄参、地黄、牡丹皮、赤芍、天花粉、桔梗、甘草。

【功能主治】清胃泻火，解毒消肿。用于肺胃火盛所致的口舌生疮，齿龈、咽喉肿痛，口干口苦，便秘等症。

【方解】本方中黄连、黄芩、栀子、连翘、黄柏清热泻火，解毒消肿，石膏、知母、玄参、地黄、天花粉清热生津止渴，赤芍、牡丹皮凉血消肿，桔梗有排脓之功，甘草调和诸药。诸药合用，共奏清胃泻火，解毒消肿之功。

【临床应用】①适用于肺胃火盛所致的口舌生疮，齿龈、咽喉肿痛，口干口苦，便秘等症；②西医之咽喉炎、扁桃体炎、口腔炎、牙周炎也可用本品治疗。

【注意事项】①服药期间，忌烟、酒、辛辣、刺激性食物；②不宜在服药期间同时服用滋补类中药；③高血压、心脏病患者应在医师指导下服用；④孕妇慎用；⑤服药3天后症状无改善应停药并去医院就诊。

第六节　祛暑药

祛暑剂是以祛暑药为主组成，具有祛除暑邪的作用，用于治疗暑病的方剂。包括解表祛暑药、健胃祛暑药。由于暑病夹湿最为常见，故祛暑时不忘祛湿，亦不宜过食甘寒。凡西医之胃肠型感冒、急性胃炎、急性肠炎、中暑均可选用此类中成药辨证治疗。

祛暑和中药

祛暑和中药主要配伍广藿香、香薷、紫苏叶、白扁豆、厚朴、陈皮、茯苓、白术等祛暑化湿、健脾和中的药物，用于中暑脾胃不和，以恶心、呕吐、腹痛、胃肠不适为主要临床表现者。

十滴水

【药物组成】樟脑、干姜、桉油、小茴香、肉桂、辣椒、大黄。

【功能主治】健胃，祛暑。用于因中暑引起的头晕、恶心、腹痛、胃肠不适。

【方解】方中樟脑辛香辟秽，开窍祛暑，为君药。干姜温脾和中，化湿除满；桉油透邪疏风，清热解暑，2味共为臣药。小茴香理气开胃，辛香止痛；肉桂温中理气；辣椒消食解结，辟毒开胃；大黄荡涤实浊，4味共为佐药。全方配伍，共收健胃祛暑之功。

【临床应用】①中暑，夏秋季感受暑湿所致头晕，头重如裹，恶心，脘腹胀痛，胃肠不适或泄泻，身热不扬，舌苔白腻，脉濡缓；②还可用于治疗皮炎、烧烫伤、冻疮。

【注意事项】①不良反应有猩红热样药疹，接触性皮炎；②孕妇禁用；③服药期间忌食辛辣、油腻食物。

第七节　表里双解药

表里双解药是以解表药配合泻下药、清热药或温里药等为主组成，具有表里同治、治疗表里同病的方剂。包括解表攻里药、解表清里药。适用于外寒内热，表里俱实，恶寒壮热，头痛咽干，小便短赤，便秘，身热下利等症。凡普通感冒，荨麻疹，急性胃炎，痔疮，急性肠炎，急性细菌性痢疾等疾病见上述症状者均可选用此类中成药辨证治疗。但须注意事项，表、里证并存时方可应用此类中成药，并须辨证寒、热、虚、实，分清主次。

一、解表攻里药

本类药物主要由麻黄、桂枝、荆芥、防风等解表药配伍大黄、芒硝等泻下药组成，适用于外有表邪，里有实积的证候，如胸胁苦满痞闷，郁烦呕恶等症。

防风通圣丸（颗粒）

【药物组成】麻黄、荆芥穗、防风、薄荷、大黄、芒硝、滑石、栀子、石膏、黄芩、连翘、桔梗、当归、白芍、川芎、白术（炒）、甘草。

【功能主治】解表通里，清热解毒。用于外寒内热，表里俱实，恶寒壮热、头痛咽干、小便短赤、大便秘结、瘰疬初起、风疹湿疮。

【方解】麻黄、荆芥穗、防风、薄荷疏风解表，使外邪从汗而解，共为君药。大黄、芒硝泻热通便，滑石、栀子清热利湿，使里热从二便分消；石膏、黄芩、连翘、桔梗清热泻火解毒，共为臣药。当归、白芍、川芎养血和血；白术健脾燥湿，为佐药。甘草益气和中，调和诸药，为使药。诸药合用，汗、下、清、利四法俱备，共奏解表通里，清热解毒之功。

【临床应用】①感冒，外感风寒、内有蕴热所致恶寒壮热，头痛，咽干，小便短赤，大便秘结，舌红苔黄厚，脉浮紧或弦数；上呼吸道感染见上述证候者。②风疹湿疮，内蕴湿热、复感风邪所致恶寒发热，头痛，咽干，小便短赤，大便秘结，丹斑隐疹，瘙痒难忍或湿疮；荨麻疹、湿疹见上述证候者。③瘰疬，颈部一侧或两侧见结块肿大如豆，或兼见恶寒发热，小便短赤，大便秘结；淋巴结结核早期见上述证候者。

【注意事项】①本品解表通里，清热解毒，虚寒证者不宜用；②孕妇慎用；③不宜久服；④服药期间宜食清淡、易消化食物，忌油腻、鱼虾海鲜类食物。

上清丸

【药物组成】菊花、黄芩（酒炒）、薄荷、连翘、黄柏（酒炒）、栀子、大黄（酒炒）、荆芥、白芷、川芎、桔梗。

【功能主治】清热散风，解毒通便。用于风热火盛所致的头晕耳鸣、目赤、口舌生疮、牙龈肿痛、大便秘结。

【方解】方中菊花疏散风热，黄芩清热泻火，合以散风清热，切中病机，共为君药。薄荷、连翘解散风热，黄柏、栀子、大黄清热泻火通便，更助君药之力，为臣药。荆芥、防风、白芷、川芎辛散宣通，透邪外出，活血排脓，并佐制君、臣诸药寒凉之性，合为佐药。桔梗清热排脓，载药上行，为使药。诸药合用，共奏清热散风，解毒通便之功。

【临床应用】①暴风客热，风热火盛上攻头目所致的目赤肿痛，头痛，口苦，烦躁易怒，便秘，尿黄赤，舌红苔黄，脉弦数；急性结膜炎见上述证候者。②鼻渊，风热郁肺火盛，湿热入里，邪热循经上蒸于鼻腔所致，症见鼻塞流涕，黏膜充血肿胀，舌苔黄，脉弦数；急性鼻窦炎见上述证候者。③口疮，风热化火，蕴毒上蒸于口所致，口腔黏膜红斑充血，水肿糜烂，渗出疼痛，口热口干，便干，尿黄，舌红苔黄，脉浮数；急性口炎见上述证候者。④牙宣，风热火盛，引动胃火上攻所致，牙龈充血发红，肿胀渗出，出血疼痛，口热口干，口臭口黏，舌红苔黄，脉浮数；急性牙龈（周）炎见上述证候者。

【注意事项】①虚火上炎者慎用；②孕妇慎用；③服药期间忌食辛辣、油腻食物；④老人、儿童及素体脾胃虚寒者慎用。

二、解表清里药

本类药物主要由麻黄、淡豆豉、葛根等解表药配伍黄芩、黄连、黄柏、石膏等清热药组成，适用于表证未解，里热已炽的证候。

葛根芩连片（微丸、口服液）

【药物组成】葛根、黄芩、黄连、炙甘草。

【功能主治】解表清里。用于外感表证未解，热邪入里所致的身热，下利臭秽，肛门有灼热感，胸脘烦热，口干作渴，喘而汗出，苔黄脉数等症。

【方解】方中重用葛根为君药，既能解表清热，又能升发脾胃清阳之气，而治下利，配伍苦寒之黄连、黄芩为臣，清胃肠之热，燥肠肠之湿，甘草甘缓和中，并协调诸药为使，全方配伍，表解里和，身热下利诸症可愈。

【临床应用】①本方为解表清里常用之剂。用于外感表证未解，热邪入里所致的身热，下利臭秽，肛门有灼热感，胸脘烦热，口干作渴，喘而汗出，苔黄脉数等症。②泄泻，表现为发热口渴，泻下臭秽，肛门灼热，尿短而赤，舌苔黄腻，脉滑数。西医之急性肠炎见上述症状者，可用本品治疗。③痢疾，表现为发热腹痛，下痢脓血，里急后重，舌苔黄脉数。西医之急性细菌性痢疾见上述症状者可用本品治疗。

【注意事项】①忌烟、酒、辛辣、生冷、刺激性食物；②脾胃虚寒型腹泻不宜使用本品；③服药3天以后症状无改善或加重，应停药并去医院就诊。

第八节　祛风药

祛风药具有疏散外风或平熄内风的作用，用于治疗风病，主要由辛散祛风或熄风止痉的中药组成。因为风病有"内风"和"外风"之分，所以祛风药也分为疏散外风药，平熄内风药两大类。凡血管神经性头痛，颈椎骨质增生，脑血管意外后遗症，高血压，动脉硬化症，内耳性眩晕症，普通感冒等疾病具有风病特征者均可选用此类中成药辨证治疗。但应注意事项，内风当平熄，外风宜疏散。

一、疏散外风药

本类药物主要由羌活、独活、防风、秦艽、川芎、白芷、荆芥、白附子等辛散祛风的中药组成。适用于风邪外袭，侵入肌肉，经络，筋骨，关节所致的头痛、眩晕、风疹、湿疹、口眼㖞斜、关节酸痛、麻木不仁、屈伸不利、手足拘急、角弓反张等症。凡中风，感冒，荨麻疹，面神经麻痹，破伤风等病见上述症状者均可选用此类中成药辨证治疗。

正天丸（胶囊）

【药物组成】钩藤、白芍、川芎、当归、地黄、白芷、防风、羌活、桃仁、红花、细辛、独活、麻黄、附子、鸡血藤。

【功能主治】疏风活血，通络止痛。用于外感风邪、瘀血阻络引起的头痛；神经性头痛。

【方解】方中川芎活血行气，祛风止痛，为君药。当归、桃仁、红花、鸡血藤活血祛瘀，通络止痛；附子、麻黄、白芷、防风、独活、羌活、细辛散寒，祛风，除湿，止痛；钩藤平肝止痉，共为臣药。地黄、白芍滋阴养血，共为佐使药。诸药合用，共奏疏风活血，通络止痛之功效。

【临床应用】①头痛，由外感风邪、瘀血阻络而致的头痛，症见头面疼痛经久不愈、痛处固定不移，或局部跳痛，舌质紫暗或瘀斑；②神经性头痛见上述证候者。

【注意事项】①婴幼儿、孕妇、哺乳期妇女禁用；②肝、肾功能不全者禁用；③高血压、心脏病患者慎用；④过敏体质者慎用；⑤本品不宜长期服用；⑥服药期间忌烟、酒及辛辣、油腻食物。

通天口服液

【药物组成】川芎、天麻、羌活、白芷、赤芍、菊花、薄荷、防风、细辛、茶叶、甘草。

【功能主治】活血化瘀，祛风止痛。用于瘀血阻滞、风邪上扰所致的偏头痛，症见头部胀痛或刺痛、痛有定处、反复发作、头晕目眩、或恶心呕吐、恶风。

【方解】方中川芎既能行气活血，又能祛风止痛，上行头目，血中之气药，为君药。天麻平肝熄风，通络止痛，通络脉而止疼痛，熄肝风而定眩晕；羌活解表散寒，祛风胜湿，止痛；白芷解表祛风，止痛；3味相合，既能平熄肝阳所化之风，又能祛散外风，行气止痛，共为臣药。赤芍活血和血，通经止痛；菊花、薄荷辛凉疏风，清肝疏郁，清利头目；防风、细辛祛风散寒，通窍止痛，共为佐药；茶叶清利头目，载诸药上行，苦泻风热，甘草调和诸药，合为使药。诸药合用，共奏活血化瘀，祛风止痛之功。

【临床应用】①头痛，系由瘀血阻滞，风邪上扰所致，症见头部胀痛或刺痛，痛有定处，遇风加重，反复发作；血管神经性头痛、紧张型头痛及偏头痛见上述证候者。②眩晕，风阳上扰所致的头晕目眩，恶心呕吐，遇风尤甚；原发性高血压，椎-基底动脉供血不足见上述证候者。

【注意事项】①孕妇禁用；②肝火上炎头痛者慎用；③服药期间忌食辛辣、油腻食物。

二、平肝熄风药

平肝熄风药适用于内风病证。以羚羊角、钩藤、石决明、天麻、菊花、牡蛎、白蒺藜等平肝熄风药为主配伍清热、化痰、养血之品适用于肝阳偏亢，肝风内动所致的高热不退，神志昏迷，四肢抽搐，眩晕，头痛，面色如醉，口角㖞斜等症。而以地黄、白芍、阿胶、鸡子黄、巴戟天、肉苁蓉等滋养药为主配伍平肝熄风、清热之品适用于阴虚生风，虚风内动所致的筋脉拘急，手足蠕动等症。

松龄血脉康胶囊

【药物组成】鲜松叶、葛根、珍珠层粉。

【功能主治】平肝潜阳，镇心安神。用于肝阳上亢所致的头痛，眩晕，急躁易怒，心悸，失眠；原发性高血压及高脂血症见上述证候者。

【方解】方中鲜松叶平肝潜阳，镇心安神，为君药。葛根活血利脉，通络止痛；珍珠层粉镇心安神，共为臣药。诸药合用，共奏平肝潜阳，镇心安神之功效。

【临床应用】①头痛，因肝阳上亢所致，症见头痛，耳鸣，心烦易怒，目赤，口苦，夜寐不安，舌红少苔，脉弦细数；高血压见上述证候者。②眩晕，因肝阳上亢所致，症见眩晕，耳鸣，腰膝酸软，少寐多梦，心烦胸闷，目赤，口苦，舌红少苔，脉弦细数；原发性高脂血症见上述症状者。

【注意事项】①气血不足者慎用；②服药期间忌辛辣、生冷、油腻食物；③高血压持续不降者及出现高血压危象者应及时到医院就诊。

脑立清片（丸、胶囊）

【药物组成】赭石、磁石、珍珠母、猪胆膏、冰片、薄荷脑、制半夏、熟酒曲、牛膝。

【功能主治】清热平肝，潜阳安神。适用于肝阳上亢所致的头晕目眩，耳鸣口苦，心烦不寐，舌质红苔黄，脉弦。

【方解】本方用赭石、磁石、珍珠母、猪胆膏凉肝熄风，潜阳安神为主药；辅佐以冰片、薄荷脑开窍醒脑，半夏化痰降逆，酒曲调和脾胃，再加牛膝补肝肾，引血下行为使，诸药合用，使热清肝平，阳潜神安，则诸症自除。

【临床应用】①本品适用于肝阳上亢所致的头晕目眩，头痛且胀，每因烦劳、恼怒而加剧。面红如醉，耳鸣口苦，心烦不寐，或半身不遂，舌质红苔黄，脉弦等症。②西医之内耳性眩晕，高血压，脑动脉硬化，脑血管意外等病见上述症状者可用本品治疗。

【注意事项】脾胃虚弱之食欲不振，大便溏稀者及孕妇忌服。

天麻首乌片

【药物组成】天麻、何首乌、熟地黄、墨旱莲、女贞子、黄精、当归、白芍、桑叶、炒蒺藜、丹参、川芎、白芷、甘草。

【功能主治】滋阴补肾，养血熄风。用于肝肾阴虚所致的头晕目眩、头痛耳鸣、口苦咽干、腰膝酸软、脱发、白发；脑动脉硬化、早期高血压、血管神经性头痛、脂溢性脱发见上述证候者。

【方解】方中天麻甘平，善平肝熄风、通络止痛；何首乌滋养肝肾、补益精血，乌发生发，两药合用，既养血熄风，又定眩止痛，故为君药。熟地黄、墨旱莲、女贞子、黄精、当归滋补肝肾、养血补阴；白芍、桑叶、炒蒺藜养血敛阴、平肝止痛，共为臣药；丹参、川芎、白芷调畅气血，上达头目，祛风止痛，三者共为佐药。甘草调和诸药，为使药。诸药相配，共奏滋补肝肾，养血熄风之效。

【临床应用】①头痛，由肝肾阴虚，肝阳上扰所致，症见头痛，眩晕，耳鸣，心烦易怒，目赤，口苦，腰膝酸软，神疲乏力，舌红苔少，脉沉细或弦；原发性高血压、偏头痛、紧张型头痛见上述证候者。②眩晕，因肝肾阴虚，精血不足，肝阳上亢所致，症见头晕目眩，耳鸣，少寐，口苦咽干，腰膝酸软，精神委靡，舌红少苔，脉弦细数；脑动脉硬化、轻度原发性高血压见上述证候者。③脱发白发，因肝肾阴虚，精血不足，发失所养所致，症见频发早白，甚或脱落，腰膝酸软，神疲乏力，神经性脱发、脂溢性脱发见上述证候者。可用于治疗恶性肿瘤化疗后脱发。

【注意事项】①孕妇禁用；②忌食生冷、辛辣、油腻食物，忌烟酒、浓茶；③湿热内盛，痰火壅盛者慎用。

镇脑宁胶囊

【药物组成】水牛角浓缩粉、天麻、川芎、丹参、细辛、白芷、葛根、藁本、猪脑粉。

【功能主治】熄风通络。用于风邪上扰所致的头痛头昏、恶心呕吐、视物不清、肢体麻木、耳鸣、血管神经性头痛、原发性高血压、动脉硬化见上述证候者。

【方解】 方中以水牛角浓缩粉清心凉血安神，凉肝熄风定惊；天麻平肝潜阳，熄风止痉，共为君药。川芎活血分瘀，祛风止痛；丹参清心安神，活血化瘀，两药相得益彰，活血通脉，清心安神，同为臣药。细辛祛风通络，通窍止痛；白芷散风除湿，通窍止痛；葛根升阳解肌，活血通络；藁本辛香上达，祛风除湿，通络止痛，共为佐药。猪脑粉补脑填髓，熄风止痉，平眩定晕，引药入经，为使药。诸药相合，共奏熄风通络之功。

【临床应用】 ①头痛，风邪上扰所致的头痛，头昏，烦躁，易怒，恶心呕吐，耳鸣，耳聋，肢体麻木；血管神经性头痛、原发性高血压、脑动脉硬化见上述证候者。②眩晕，风邪上扰所致的头晕目眩，耳鸣，耳聋，视物不清，肢体麻木；原发性高血压见上述证候者。

【注意事项】 ①不良反应可见全身不适，恶心，烦躁，胸闷，心慌，面部、颈背部、两大腿内侧出现大片隆起风团样皮疹，或出现牙龈红肿疼痛及面部、四肢甚至全身水肿；有严重者出现中毒性表皮坏死松解症。②孕妇禁用。③肝火上炎所致头痛者慎用。④痰湿中阻所致眩晕者慎用。⑤过敏体质者慎用。⑥不宜久用。⑦服药期间忌食辛辣、油腻食物。

第九节　祛湿药

祛湿药以祛湿药物为主组成，具有化湿利水，通淋泄浊的作用。适用于湿邪外袭所致的恶寒发热，头胀身重，肢节烦疼，面目浮肿之症和脾失健运所致的胸脘痞闷，呕恶泄利，黄疸浊淋，足跗浮肿之症。包括清热利湿药、利湿通淋药、清肝利胆药、温水化湿药、化浊降脂药。凡西医之慢性胃炎、慢性肠炎，慢性肾炎，膀胱炎及肾病综合征等疾病见上述症状者均可选用此类中成药辨证治疗。因祛湿药多辛香温燥，易于耗伤阴津，故病后体弱，孕妇水肿者慎用。

一、清热利湿药

本类药物主要配伍猪苓、茯苓、泽泻、车前子、大蓟、小蓟、栀子、白茅根、黄芪、赤小豆等清热利湿、利水消肿药物，用于湿热内蕴所致的水肿，症见浮肿、腰痛、尿频、尿血、小便不利、舌苔黄腻、脉滑数。

肾炎四味片

【药物组成】 细梗胡枝子、石韦、黄芩、黄芪。

【功能主治】 清热利尿，补气健脾。用于湿热内蕴兼气虚所致的水肿，症见浮肿、腰痛、乏力、小便不利；慢性肾炎见上述证候者。

【方解】 方中细梗胡枝子为湖北民间治肾炎常用药物，具有清热解毒、活血化瘀之功，为君药。以石韦清热凉血，利水消肿；黄芩清热燥湿，泻火解毒，为臣药。配以黄芪益气健脾，利水消肿，为佐药。4味共奏清热利尿，补气健脾之功。

【临床应用】 ①水肿，因脾气亏虚，运化失健，湿热内蕴所致，症见神疲乏力，浮肿，腰痛，小便不利，舌苔黄腻，脉细或滑数；②慢性肾炎见上述证候者。

【注意事项】 ①孕妇禁用；②脾肾阳虚所致水肿以及风水者慎用；③服药期间宜低盐、低脂饮食，忌食辛辣食物。

二、清肝利胆药

本类药物主要配伍茵陈蒿、栀子、大黄、龙胆、黄芩、柴胡、金钱草、郁金、虎杖、板蓝根、大青叶、车前子、薏苡仁等清肝泄热、淡渗利湿药物，用于肝胆湿热所致的胁痛、黄疸，症见胁肋疼痛、脘腹疼痛、恶心、呕吐、纳呆、大便不通、小便短赤；或身面俱黄、发热、口苦、纳呆、小便不利、大便秘结。

茵栀黄口服液

【药物组成】茵陈蒿提取物、栀子提取物、黄芩提取物（以黄芩苷计）、金银花提取物。

【功能主治】清热解毒，利湿退黄。用于肝胆湿热所致的黄疸，症见面目悉黄、胸胁胀痛、恶心呕吐、小便黄赤；急、慢性肝炎见上述证候者。

【方解】方中茵陈蒿味苦性微寒，善能清热祛湿，利胆退黄，为治疗黄疸之要药，为君药。栀子清三焦火邪，除肝胆湿热而退黄；黄芩清热燥湿，泻火解毒；以加强君药清热利湿之功，为臣药。金银花甘寒，清热凉血解毒，用为佐药。诸药合用，共奏清热解毒，利湿退黄之功。

【临床应用】①黄疸，因湿热熏蒸肝胆，胆汁外溢所致，症见面目悉黄，胸胁胀痛，恶心呕吐，小便黄赤，舌红苔黄腻，脉弦滑数；②急、慢性肝炎见上述证候者。

【注意事项】①阴黄者不宜使用；②服药期间忌饮酒，忌食辛辣油腻食物。

乙肝解毒胶囊

【药物组成】贯众、土茯苓、黄芩、胡黄连、黄柏、大黄、重楼、黑矾。

【功能主治】清热解毒，疏肝利胆。用于肝胆湿热所致的肝区疼痛、全身乏力、口苦咽干、头晕耳鸣、心烦易怒、大便干结、小便少而黄、舌苔黄腻、脉滑数或弦数；乙型肝炎见上述证候者。

【方解】方中绵马贯众清热解毒，土茯苓祛湿解毒，二者合用，清解湿热之毒，共为君药。黄芩、胡黄连、黄柏清热燥湿，为臣药。大黄、重楼、黑矾合以清热解毒，利湿退黄，为佐药。诸药合用，共奏清热解毒，疏肝利胆之功。

【临床应用】①胁痛，湿热蕴结肝胆，失于疏泄所致的胁肋胀痛，口苦咽干，尿黄，大便干，急躁易怒，舌苔黄腻，脉弦滑数；胆结石、胆囊炎、慢性乙型病毒性肝炎见上述证候者。②黄疸，由湿热蕴结肝胆，胆汁不循常道而外溢所致的身目发黄，尿如茶色，口干口苦，舌苔黄腻；急、慢性肝炎见上述证候者。

【注意事项】①孕妇禁用；②脾胃虚寒者慎用；③肝郁气滞、瘀血阻滞、肝阴不足所致胁痛者慎用；④服药期间忌食辛辣、油腻食物，并戒酒；⑤宜餐后服，不宜久用；⑥用于治疗慢性乙型病毒性肝炎时，应在服用一个疗程（2个月）后复查乙型肝炎病毒指标、肝功能和有关影像学检查，确定是否继续服用；⑦肾功能不全者慎用。

护肝片

【药物组成】柴胡、茵陈蒿、板蓝根、猪胆粉、绿豆、五味子。

【功能主治】疏肝理气，健脾消食，具有降低转氨酶作用。用于慢性肝炎及早期肝硬化。

【方解】方中柴胡疏肝解郁，为君药。茵陈蒿清利湿热，利胆退黄；板蓝根、猪胆粉、绿豆清热解毒祛湿，4味共为臣药。五味子护肝降酶，用以为佐。诸药合用，共奏疏肝理气，清热解毒之功。

【临床应用】①胁痛，因肝郁气滞，肝失疏泄所致胸膈痞满，两胁胀痛或窜痛，舌质黯红，脉弦；慢性肝炎、早期肝硬化见上述证候者。②黄疸，因湿毒蕴结肝胆所致身目发黄，尿黄，舌苔黄腻，脉弦滑数；病毒性肝炎见上述证候者。

【注意事项】①脾胃虚寒者慎用；②服药期间忌食辛辣、油腻食物，并戒酒。

消炎利胆片

【药物组成】溪黄草、穿心莲、苦木。

【功能主治】清热，祛湿，利胆。用于肝胆湿热所致的胁痛、口苦；急性胆囊炎、胆管炎见上述证候者。

【方解】方中溪黄草清热利湿退黄，为君药。穿心莲清热解毒，燥湿消肿；苦木能清热祛湿解毒，为臣药。三味合用，共奏清热，祛湿，利胆之功。

【临床应用】①胁痛，因湿热蕴结肝胆，疏泄失职所致，症见胁痛，口苦，厌食油腻，尿黄，舌苔黄腻，脉弦滑数；急、慢性肝炎见上述证候者。②胆胀，因肝胆湿热所致，症见右胁胀痛，口苦，厌食油腻，小便黄，舌红苔黄腻，脉弦滑数；急性胆囊炎、胆管炎见上述证候者。

【注意事项】①脾胃虚寒者慎用；②服药期间饮食宜清淡，忌食辛辣食物，并戒酒；③孕妇慎用；④用于治疗急性胆囊炎感染时，应密切观察病情变化，若发热、黄疸、上腹痛等症加重时应及时请外科诊治；⑤本品所含苦木有一定毒性，不宜久服。

三、利湿通淋药

本类药物主要配伍车前子、金钱草、海金砂、川木通、瞿麦、石韦、栀子、泽泻、滑石、大蓟、小蓟、萹蓄、灯心草、琥珀等清热通淋、利尿排石的药物，用于湿热内蕴所致诸淋、癃闭、小便点滴不畅、小便灼热、小便黄赤。

清淋颗粒

【药物组成】瞿麦、木通、萹蓄、盐车前子、滑石、大黄、栀子、炙甘草。

【功能主治】清热泻火，利水通淋。用于膀胱湿热所致的淋证、癃闭，症见尿频涩痛、淋沥不畅、小腹胀痛、口干咽燥。

【方解】方中瞿麦、木通性味苦寒泄降，司善导热下行，合具清利下焦湿热、利尿通淋之功效；且瞿麦为治淋要药，2味为本方君药。车前子、萹蓄、滑石药性寒凉，加强清热利尿通淋之功；大黄、栀子助君药清热泻火解毒，5味同为臣药。甘草缓急止痛，调和诸药，为使药。诸药合用，共奏清热泻火，利水通淋之功。

【临床应用】①热淋，因湿热下注膀胱，气化不利所致，症见大便干结，苔黄腻，脉滑数；下尿路感染见上述证候者。②癃闭，由湿热内蕴，下注膀胱，或膀胱湿热阻滞，气化不利所致，症见小便短赤灼热，尿线变细，甚至点滴出血，小腹胀满，口渴不欲饮，舌红，苔黄腻，脉数；前列腺增生症见上述证候者。

【注意事项】①孕妇禁用；②淋证属于肝郁气滞或脾肾两虚者慎用；③肝郁气滞、脾虚气陷、肾阳衰惫、肾阴亏耗所致癃闭者慎用；④体质虚弱者及老年人慎用；服药期间忌烟酒及辛辣、油腻食物。

前列通片

【药物组成】蒲公英、泽兰、黄柏、王不留行、车前子、琥珀、黄芪、两头尖、八角茴香油、肉桂油。

【功能主治】清利湿浊，化瘀散结。用于热瘀蕴结下焦所致的轻、中度癃闭，症见排尿不畅、尿流变细、小便频数、可伴尿急、尿痛或腰痛；前列腺炎和前列腺增生见上述证候者。

【方解】方中蒲公英性味苦寒，可清热解毒，消肿散结，利湿通淋；泽兰性味苦辛，微温，可辛散温通，活血祛瘀，利水消肿。配伍合用，清利湿浊，化瘀散结，针对病机和主症，共为君药。黄柏清热燥湿，泻火解毒；王不留行解毒利湿活血；车前子利尿通淋；琥珀活血散瘀，利尿通淋；两头尖导浊行滞，清热通瘀。此5味辅助君药，增强清热利湿，活血化瘀之效，共为臣药。黄芪性味甘、微温，利水消肿；两头尖辛苦咸寒，导浊行滞，清热通瘀；八角茴香油辛温，理气止痛；肉桂油辛热，温经通脉，助阳化气，通利膀胱，既可助膀胱之气化，又以辛温佐制寒凉，共为佐药。诸药为伍，共奏清利湿浊，化瘀散结之功。

【临床应用】①癃闭，湿热蕴结膀胱，热瘀蕴结下焦所致的轻、中度癃闭，症见排尿不畅，尿流细小，尿短频数，可伴小便频数、淋漓涩痛或腰痛，口苦口黏，或渴不欲饮，舌红苔黄腻，脉数；前列腺增生见上述证候者。②浊淋，因热瘀蕴结下焦所致，症见尿道口米泔或糊状浊物，茎中痒痛，小便频数，淋漓涩痛，阴部胀痛不适，舌红，脉弦滑；慢性前列腺炎见上述证候者。

【注意事项】①肝郁气滞、中气不足、肾阳衰惫者慎用；②对小便点滴全无，已成尿闭者，或前列腺增生导致尿路梗阻严重者，非本品所宜，当请外科诊治；③忌食辛辣及酒类；④本品所含两头尖有毒，不宜过量、久用。

癃闭舒胶囊

【药物组成】补骨脂、益母草、琥珀、金钱草、海金沙、山慈菇。

【功能主治】益肾活血，清热通淋。用于肾气不足，湿热瘀阻所致的癃闭，症见腰膝酸软、尿频、尿急、尿痛、尿线细，伴小腹拘急疼痛；前列腺增生见上述证候者。

【方解】补骨脂性味辛温，温肾助阳，有辛通温补之效；益母草性味辛凉，活血祛瘀，利水消肿，善治水瘀互结病症，2味寒温相济，共为君药。琥珀利尿通淋，活血散瘀；金钱草、海金沙清热解毒，利尿通淋，此3味辅助君药，增强化瘀通淋利尿之力，共为臣药。山慈菇清热解毒，散结消肿止痛，为佐药。诸药合用，共收益肾活血，清热通淋之效。

【临床应用】①癃闭，肾元衰惫，膀胱气化无权，水湿内蕴，浊瘀阻滞所致，症见腰膝酸软，排尿不畅，尿流细小，甚至滴沥不畅，小便短急频数，灼热涩痛，小腹胀满，舌黯，苔黄腻，脉弦数；②前列腺增生见上述证候者。

【注意事项】①妊娠及有活动性出血病者禁用；②有肝功能损害者禁用；③肺热壅盛、肝郁气滞、脾虚气陷所致的癃闭皆慎用；④服药期间忌食辛辣、生冷、油腻食物及忌酒；⑤伴有慢性肝脏疾病者慎用。

前列回春胶囊

【药物组成】鹿茸、淫羊藿、枸杞子、五味子、菟丝子、穿山甲（炮）、王不留行、地龙、虎杖、木通、萹蓄、车前子、黄柏、白花蛇舌草、黄芪、茯苓、莱菔子、蜈蚣、甘草。

【功能主治】益肾活血，清热通淋。用于肾气不足、湿热瘀阻所致的淋证，症见尿频、尿急、尿痛、排尿滴沥不爽、阳痿早泄；慢性前列腺炎见上述证候者。

【方解】方中以鹿茸、淫羊藿、枸杞子、五味子、菟丝子补肾益精，温阳化气，行水通利为君药。穿山甲、王不留行、地龙、蜈蚣、虎杖活血化瘀，通络行水；木通、萹蓄、车前子清热利尿通淋；以上共为臣药。黄柏、白花蛇舌草清热解毒；蜈蚣解毒散结，通络止痛；黄芪、茯苓、莱菔子益气健脾，利湿行气，为佐药。甘草调和诸药，为使药。诸药相合，共奏益肾活血，清热通淋之功。

【临床应用】①淋证，因肾气不足，湿热瘀阻所致，症见小便频数短急，沥涩不畅，余沥不已，尿浊带血或有白浊，腰膝酸软，疲倦乏力，苔腻脉细，或濡数；慢性前列腺炎见上述证候者。②阳痿，因肾气亏损，湿热内阻所致，症见阳事不兴，腰膝酸软，肢体酸困，阴部潮湿，脉细，或苔腻，脉濡数。

【注意事项】①服药后偶见口干或消化道不适症状；②妊娠及有活动性出血疾病者禁用；③肝郁气滞所致的淋证慎用；④肝郁不舒，惊恐伤肾所致阳痿者慎用；⑤服药期间忌食辛辣食物及饮酒，忌房事；⑥严重高血压者慎用。

四、祛湿止泻药

本类药物主要配伍黄连、黄芩、黄柏、苦参、白头翁、木香、枳实、厚朴、槟榔、青皮、陈皮、白芍等清热燥湿、理气导滞、缓急止痛药物，用于湿热下注所致泄泻、痢疾，症见腹泻、腹痛、里急后重、大便脓血，或泄泻、暴注下迫、腹痛、大便酸腐、肛门灼热。

肠康片

【药物组成】木香、吴茱萸（制）、盐酸小檗碱。

【功能主治】清热燥湿，理气止痛。用于大肠湿热所致的泄泻、痢疾，症见腹痛泄泻，或里急后重、大便脓血。

【方解】本方为中西合方制剂，仿香连丸之制，以木香行气止痛为君药。盐酸小檗碱有较强的抑菌作用，用为臣药。吴茱萸温中燥湿，止痛止泻，为佐药。全方中西药合用，共达清热燥湿，理气止痛的作用。

【临床应用】①痢疾，饮食不洁，湿热邪毒壅盛大肠所致腹泻腹痛，里急后重，大便脓血；痢疾见上述证候者。②泄泻，大肠湿热所致大便稀软，甚则如稀水样，次数明显增加，气味酸腐臭，或完谷不化，伴腹痛，恶心呕吐，不思饮食，口干渴；急、慢性肠炎及肠易激综合征和溃疡性结肠炎见上述证候者。

【注意事项】①虚寒泻痢者慎用；②忌食辛辣油腻食物；③本品易伤胃气，不可过量、久用；④严重脱水者，则应采取相应的治疗措施。

肠炎宁片

【药物组成】金毛耳草、地锦草、枫香树叶、樟树根、香薷。

【功能主治】清热利湿，行气。用于大肠湿热所致的泄泻、痢疾，症见大便泄泻、或大便脓血、里急后重、腹痛腹胀；急、慢性胃肠炎、腹泻、细菌性痢疾、小儿消化不良见上述证候者。

【方解】金毛耳草性平味苦，有清热祛湿止泻之功，为君药。地锦草、枫香树叶，清热解毒，利湿止泻，以加强君药清热祛湿止泻之功，为臣药。樟树根祛风止痛，香薷祛湿和中，为佐药。全方配伍，共收清热利湿，行气止泻之功。

【临床应用】①痢疾，饮食不洁，湿热阻滞肠胃所致泻下脓血样大便，里急后重，腹痛、恶心、呕吐、发热；痢疾见上述证候者。②泄泻，湿热阻滞胃肠所致大便稀软，甚则如稀水样，次数明显增加，气味酸腐臭，肛门灼热，或完谷不化，伴腹痛、恶心呕吐、不思饮食、口干渴；急、慢性胃肠炎见上述证候者。

【注意事项】①忌食辛辣油腻食物；②本品苦寒，易伤胃气，不可过量、久用；③严重脱水者应采取相应的治疗措施。

枫蓼肠胃康片

【药物组成】牛耳枫、辣蓼。

【功能主治】理气健胃，除湿化滞。用于脾胃不和、气滞湿困所致的泄泻，症见腹胀、腹痛、腹泻；急性胃肠炎见上述证候者。

【方解】方中牛耳枫苦涩、平，具有燥湿止泻之功，为君药。辣蓼辛平，清热燥湿，健脾理气，为臣药。二药合用，共奏理气健胃，除湿化滞之功。

【临床应用】①泄泻，脾胃不和，气滞湿困所致腹痛，腹泻，大便稀薄，次数明显增加，伴腹痛、恶心呕吐、不思饮食、口干渴、发热头痛、头晕；②急性胃肠炎见上述证候者。

【注意事项】①服用后可出现头晕；②孕妇禁用；③脾胃虚寒泄泻者禁用；④忌食辛辣油腻食物；⑤严重脱水者应采取相应的治疗措施。

五、温水化湿药

本类药物主要配伍附子、肉桂、桂枝、白术、苍术、黄芪、茯苓等温阳化气、利水消肿药物，用于脾肾阳虚所致的水肿、癃闭，症见浮肿、夜尿多、尿频、尿急、尿少、小便点滴不畅、腰痛、畏寒肢冷。

前列舒乐颗粒

【药物组成】淫羊藿、黄芪、川牛膝、蒲黄、车前草。

【功能主治】补肾益气，化瘀通淋。用于肾脾两虚、血瘀湿阻所致的淋证，症见腰膝酸软，神疲乏力，小腹坠胀，小便频数，淋漓不爽，尿道涩痛；前列腺增生、慢性前列腺炎见上述证候者。

【方解】方中以淫羊藿补肾助阳化气，黄芪健脾升阳利尿，两药脾肾双调，运化水湿，共为君药。川牛膝滋补肝肾，通经活血，利尿通淋，为臣药。蒲黄利湿通淋，化瘀止血；车前草清热解毒，利湿通淋，为佐药。诸药合用，共奏补肾益气，化瘀通淋之功。

【临床应用】①淋证，因脾肾两虚，血瘀湿阻所致，症见尿频、尿急、尿痛，尿后有余沥，或尿液混浊状若米泔；慢性前列腺炎见上述证候者。②癃闭，由脾肾两虚，血瘀湿阻，膀胱气化不利所致，症见尿频，排尿困难，夜尿增多，舌淡苔白，脉细无力；前列腺增生症见上述证候者。

【注意事项】①膀胱湿热、肝郁气滞所致淋证者慎用；②肝郁气滞、脾虚气陷所致癃闭者慎用；③服药期间忌食辛辣、生冷、油腻食物及忌饮酒。

六、化浊降脂药

本类药物主要配伍制何首乌、山楂、枸杞子、决明子、泽泻、茵陈蒿、葛根、荷叶等化湿、祛痰、降浊的药物，用于高脂血症、动脉粥样硬化痰浊阻滞证，症见形体肥胖、头晕头重、胸闷、多困、倦怠。

血脂康胶囊

【药物组成】红曲。

【功能主治】化浊降脂，活血化瘀，健脾消食。用于痰阻血瘀所致的高脂血症，症见气短、乏力、头晕、头痛、胸闷、腹胀、食少纳呆；也可用于高脂血症及动脉粥样硬化所致的其他心脑血管疾病的辅助治疗。

【方解】方中红曲性味甘、温，归肝、脾、大肠经，《本草衍义补遗》称能"活血消食，健脾暖胃"，故本品有活血分瘀，健脾消食之功。

【临床应用】①高脂血症，用于痰瘀阻滞所致者，症见头晕头重，胸闷泛恶，腹胀，纳呆，肢体麻木，心悸气短，舌黯红或有瘀斑点，脉弦滑或弦涩；②用于治疗高黏血症，脂肪肝，高血压，空腹血糖受损并发高脂血症，并可用于冠心病二级预防。

【注意事项】①临床偶有一过性腹胀、胃部不适、恶心等消化道症状；②饮食宜清淡。

第十节　蠲痹通络药

蠲痹通络药具有祛风湿，通经络，止痹痛作用，适用于风寒、风热、风湿阻滞经络所致的四肢关节疼痛，红肿，屈伸不利，晨僵，麻木等症。包括祛寒通痹药、清热通痹药、活血通痹药、补虚通痹药。凡西医之风湿关节炎，类风湿关节炎，风湿性脊柱炎，骨质增生等疾病见上述症状者均可选用此类中成药辨证治疗。

一、祛寒通痹药

本类药物主要配伍川乌头、草乌头、马钱子、桂枝、防风、羌活、独活、苍术、白术、秦艽等祛风散寒、通络止痛药物，用于痹病寒湿痹阻证，症见关节冷痛、遇寒痛增、得热痛减、关节屈伸不利、阴雨天加重、口淡不渴、恶风寒等。

大活络丸

【药物组成】蕲蛇、乌梢蛇、全蝎、地龙、天麻、威灵仙、制草乌、肉桂、细辛、麻黄、羌活、防风、松香、广藿香、豆蔻、僵蚕（炒）、天南星（制）、牛黄、乌药、木香、沉香、丁香、青皮、香附（醋制）、麝香、安息香、冰片、两头尖、赤芍、没药（制）、乳香（制）、血竭、黄连、黄芩、绵马贯众、葛根、水牛角、大黄、玄参、红参、白术、甘草、熟地黄、当归、何首乌、骨碎补（烫，去毛）、龟甲（醋淬）、狗骨（油酥）。

【功能主治】祛风散寒，除湿化痰，活络止痛。用于风痰瘀阻所致的中风，症见半身不遂、肢体麻木、足痿无力；或寒湿瘀阻之痹病、筋脉拘急、腰腿疼痛；亦可用于跌打损伤、行走不利及胸痹心痛。

【方解】方中蕲蛇、乌梢蛇、全蝎、地龙、天麻、威灵仙合用，以搜风通络剔邪，以止拘挛抽搐：其中蕲蛇、乌梢蛇性善走窜，内走脏腑，外御皮毛，能透骨搜风，祛风邪，通经络；全蝎、地龙、天麻、威灵仙则通络止痛。制草乌、肉桂、细辛、麻黄、羌活、防风、松香合用，以祛风散寒：其中制草乌、肉桂、细辛温经散寒止痛；麻黄温散寒邪；羌活、防风、松香祛风除湿。广藿香、豆蔻、僵蚕、天南星、牛黄、乌药、木香、沉香、丁香、青皮、香附、麝香、安息香、冰片合用，以行气活血，除湿化痰：其中广藿香、豆蔻芳香辟秽，行气化湿；僵蚕、天南星、牛黄祛风化痰止痉；乌药、木香、沉香、丁香、青皮、香附理气止痛，并助血行；麝香、安息香、冰片香窜开泄，畅通气血。两头尖、赤芍、没药、乳香、血竭合用以活血止痛。由黄连、黄芩、绵马贯众、葛根、水牛角、大黄、玄参合用以清伏热，并兼制其他辛热药的燥烈之性。红参、白术、甘草、熟地黄、当归、何首乌、骨碎补、龟甲、狗骨合用，以扶正祛邪：其中红参、白术、甘草、熟地黄、当归益气健脾，补血和血；何首乌、骨碎补、龟甲、狗骨补肝肾，强筋骨。诸药合用，攻补兼施，寒热并用，共奏祛风散寒、除湿化痰、活血通络之功。

【临床应用】①中风，由风痰瘀阻，气血两亏，肝肾不足而致。症见半身不遂，或瘫痪，口舌㖞斜，手足麻木，疼痛拘挛，或肢体痿软无力；缺血性中风、面神经麻痹见上述证候者。②痹病，由寒湿瘀阻而致。症见肢体关节疼痛，屈伸不利，筋脉拘急，麻木不仁，畏寒喜暖，腰腿沉重，行走不便，舌黯淡，苔白腻，脉沉弦或沉缓；风湿性关节炎、骨关节炎、坐骨神经痛见上述证候者。③胸痹，由心气不足，痰瘀阻滞而致。心胸憋闷不舒，或心胸作痛，心悸，神疲，喘息气短，舌黯淡或有瘀点，脉弱或涩；冠心病心绞痛见上述证候者。④跌打损伤，因外力损伤，血离其经，瘀血阻络所致。症见肢体肿胀疼痛，局部活动受限；急性软组织损伤见上述证候者。还可用于治疗癫痫、高脂血症。

【注意事项】①不良反应可有皮疹、眼口腔黏膜糜烂，口唇疱疹，过敏反应及消化道出血；②孕妇禁用；③阴虚火旺者慎用；④脾胃虚寒者慎用；⑤缺血性中风急性期不宜单纯使用，应配合其他治疗方法；⑥服药期间忌食油腻食物，戒酒。

风湿定片

【药物组成】八角枫、徐长卿、白芷、甘草。

【功能主治】散风除湿，通络止痛。用于风湿阻络所致的痹病，症见关节疼痛，风湿关节炎、类风湿关节炎、肋神经痛，坐骨神经痛见上述证候者。

【方解】本方重用八角枫祛风通络，散瘀镇痛，为君药。徐长卿活血止痛，为臣药。白芷祛风除湿，消肿止痛为佐药。甘草调和诸药为使药。诸药合用，共奏散风除湿，通络止痛之功。

【临床应用】①痹病，由风湿阻络所致。症见关节疼痛，关节肿胀，肢体重着，屈伸不利，筋脉拘急，腰腿沉重，行走不便，舌质淡红，舌苔薄白或腻，脉浮缓或濡缓；风湿性关节炎、类风湿关节炎、坐骨神经痛见上述证候者。②胁痛，寒湿之邪侵袭，肝经气血瘀滞所致。症见胁痛，痛处不移，转侧不利，舌淡苔腻，脉弦；肋神经痛见上述证候者。

【注意事项】①湿热瘀阻所致痹病、麻木、胁痛者慎用；②孕妇慎用；③合并心脏病患者慎用。

消络痛片

【药物组成】芫花条、绿豆。

【功能主治】散风祛湿。用于风湿阻络所致的痹病，症见肢体关节疼痛；风湿性关节炎见上述证候者。

【方解】方中芫花条散风除湿，为君药。绿豆清热解毒，佐制芫花条之毒性，使之效缓而持久，二药共奏散风除湿之功。

【临床应用】痹病，由于风湿阻络所致，症见肢体、关节、肌肉疼痛，或肿胀、肢体沉重，随天气变化而作，肌肤麻木不仁，小便不利，舌红，舌苔薄白或腻，脉浮缓或濡；风湿性关节炎见上述证候者。

【注意事项】①用药后可有胃部发热感或关节疼痛加剧现象，一般几天后可自行消失；②孕妇禁用；③风湿热痹慎用；④服用期间忌食辛辣刺激性食物，宜餐后服；⑤妇女用药后如出现月经过多，可适当减量或遵医嘱。

二、清热通痹药

本类药物主要由黄柏、苍术、牛膝、薏苡仁、土茯苓、黄芩、苦参、连翘、葛根、雷公藤、地龙、桑枝、豨莶草等清热燥湿与通络止痛药物组合而成，用于痹病湿热痹阻证，症见关节红肿热痛、筋脉拘急、发热、口渴、汗出、小便黄和大便干等。

痛风定胶囊

【药物组成】秦艽、黄柏、川牛膝、延胡索、赤芍、泽泻、车前子、土茯苓。

【功能主治】清热祛湿，活血通络定痛。用于湿热瘀阻所致的痹病，症见关节红肿热痛，伴有发热、汗出不解、口渴心烦、小便黄、舌红苔黄腻、脉滑数；痛风见上述证候者。

【方解】方中秦艽祛风湿，止痹痛，清湿热，为君药。黄柏清热燥湿，泻火解毒；川牛膝活血通络，祛风除湿，共为臣药。延胡索活血，行气，止痛；赤芍清热凉血，散瘀止痛；泽泻利水渗湿，泄热；车前子渗湿消肿；土茯苓解毒除湿，通利关节，5味共为佐药。诸药配伍，共奏清热祛湿，活血通络定痛之功。

【临床应用】①痹病，因湿热瘀阻所致。症见关节红肿热痛，疼痛较剧，多累及足趾跖趾关节，踝、膝及手关节亦可受累，伴发热，汗出不解，口渴，心烦，小便黄，舌红苔黄腻，脉滑数；②痛风性关节炎见上述证候者。

【注意事项】①孕妇禁用。②服用本品可致胃肠反应，表现为胃痛、纳差等症状。③风寒湿痹者慎用。④服药期间宜清淡饮食，忌食肉类、鱼虾、豆类、辛辣之品，并应忌酒。服药后不宜立即饮茶。

三、活血通痹药

本类药物主要由血竭、乳香、没药、当归、桃仁、红花、赤芍、丹参等活血化瘀与通络止痛药物组合而成，用于痹病瘀血痹阻证，症见关节刺痛，疼痛夜甚、关节屈伸不利、皮下结节等。

正清风痛宁片

【药物组成】盐酸青藤碱。

【功能主治】祛风除湿，活血通络，消肿止痛。用于风寒湿痹病，症见肌肉酸痛，关节肿胀、疼痛、屈伸不利、僵硬、肢体麻木；类风湿关节炎、风湿性关节炎见上述证候者。

【方解】方中盐酸青藤碱苦辛，性平，功能祛风除湿、通络止痛，《本草纲目》云其"主治风疾，风湿流注，历节鹤膝，麻痹瘙痒"；《本草汇言》云"青风藤，散风寒湿痹之药也，能舒筋活血，正骨得髓，故风病软弱无力，并劲偏废之证"。

【临床应用】①痹病，因风寒湿邪闭阻经络关节所致，症见四肢关节肿胀冷痛、屈伸不利，夜间痛甚，或恶风畏寒、肢体麻木，舌质黯红，或有瘀斑，舌苔薄白，脉弦紧或细涩；类风湿关节炎、风湿性关节炎见上述证候者。②可用于坐骨神经痛、慢性肾炎、单纯血尿性 IgA 肾病、带状疱疹后神经痛，海洛因成瘾。

【注意事项】①服用本品临床偶见药疹、月经紊乱、血小板减少、心律失常、耳鼻喉过敏反应等不良反应；②孕妇禁用；③支气管哮喘患者禁用；④湿热痹者慎用；⑤如出现过敏反应应及时停药并及时处理。

四、补虚通痹药

补虚通痹药由补益肝肾、强壮筋骨药与祛风湿药组合而成，常用补益肝肾、强壮筋骨药物有淫羊藿、续断、桑寄生、骨碎补、补骨脂、杜仲、狗脊、菟丝子等。伴气血亏虚，结合配伍黄芪、党参、熟地黄、白术、茯苓药物。用于痹病肝肾不足、气血两虚证，症见肢体拘挛、手足麻木、腰膝酸痛等。

尪痹颗粒（片）

【药物组成】淫羊藿、续断、骨碎补、狗脊（制）、羊骨、附子（制）、独活、桂枝、防风、威灵仙、伸筋草、红花、皂角刺、熟地黄、地黄、白芍、知母。

【功能主治】补肝肾，强筋骨，祛风湿，通经络。用于久痹体虚，关节疼痛，局部肿大、僵硬畸形，屈伸不利及类风湿关节炎见有上述证候者。

【方解】方中淫羊藿、续断、骨碎补、狗脊、羊骨补肝肾，益精血，强筋骨，祛风湿，通经络，止痹通。附子补肾助阳，逐风散寒，除湿止痛。独活、桂枝、防风、威灵仙、伸筋草祛风散寒除湿，活血通络止痛。红花、皂角刺活血祛瘀，散结消肿，通络止痛。熟地黄、地黄、白芍、知母滋补肝肾，益精养血。诸药合用，共奏补肝肾，强筋骨，祛风湿，通经络之功效。

【临床应用】①痹病，因久痹体虚、肝肾不足，风湿瘀阻所致，症见关节疼痛，局部肿大、僵硬畸形，屈伸不利，肿胀疼痛，腰膝酸软，恶寒畏风，肢体麻木，手足乏力；②风湿性关节炎、类风湿关节炎见上述证候者。

【注意事项】①湿热实证慎用；②孕妇慎用；③服药期间忌生冷、油腻食物；④有高血压、心脏病、肝病、肾病等慢性病严重患者应在医师指导下服用。

骨仙片

【药物组成】熟地黄、骨碎补、仙茅、菟丝子、枸杞子、女贞子、牛膝、黑豆、防己。

【功能主治】补益肝肾，强壮筋骨，通络止痛。用于肝肾不足所致的痹病，症见腰膝关节疼痛，屈伸不利，手足麻木；骨质增生见上述证候者。

【方解】方中熟地黄补益肝肾，滋养阴血，益精填髓，重用为君药。骨碎补、仙茅、菟丝子、枸杞子、女贞子、牛膝补肝肾，强筋骨，壮腰膝，祛风湿，止痹痛，均为臣药。黑豆祛风活血，防己祛风除湿，通络止痛，为佐药。诸药共奏补益肝肾，强壮筋骨，通络止痛之功。

【临床应用】①痹病，由肝肾不足所致，症见腰膝疼痛，骨节酸软，屈伸不利，劳累加剧，或脚跟疼痛，舌淡，脉沉细；膝骨关节病、腰椎骨质增生、足跟骨骨质增生见上述证候者。②腰痛，因肝肾不足，而致腰酸腿软，关节作痛，肢体麻木，劳累尤甚，或腰腿疼痛，步履艰难，舌淡，脉沉细；腰椎、颈椎骨质增生、腰肌劳损见上述证候者。

【注意事项】①孕妇慎用；②服药期间忌食生冷食物。

第十一节　祛痰药

祛痰药具有消除痰饮，治疗各种痰病的作用。以祛痰药为主组成。根据痰饮生成的不同，祛痰剂分为燥湿化痰药，清热化痰药，润燥化痰药，温化寒痰药，治风化痰药5大类。痰之为病，无处不到，胸膈肠胃，经络四肢，皆可有之，其发病常见咳嗽喘促，眩晕呕吐，癫狂惊痫以及痰核等。凡西医之气管炎，支气管肺炎，肺气肿，肺心病，癫痫，精神分裂症等疾病均可辨证选用此类中成药进行治疗。

一、燥湿化痰药

本类药物主要由半夏、天南星、陈皮等中药组成，适用于湿痰证，症见痰多易咳，胸脘痞闷，呕恶眩晕，肢体困倦，舌苔白滑，脉缓或滑。

橘红化痰片

【药物组成】化橘红、苦杏仁（炒）、川贝母、白矾、锦灯笼、罂粟壳、五味子、甘草。

【功能主治】敛肺化痰，止咳平喘，用于肺气不敛，痰浊内阻，咳嗽，咯痰，喘促，胸膈满闷。

【方解】方中化橘红辛、苦、温，理气化痰，健脾止咳；苦杏仁微温，化痰止咳，降气平喘，二者相伍，理气化痰，止咳平喘，共为君药。川贝母清热化痰止咳，白矾清热消痰，锦灯笼清热利咽化痰，以助君药止咳平喘之力，为臣药。罂粟壳、五味子敛肺止咳，定喘平嗽，为佐药。甘草化痰止咳，调和诸药，为使药。诸药相合，共奏敛肺化痰，止咳平喘之功。

【临床应用】①咳嗽，久咳伤肺，肺失宣降所致的咳声低微，痰黏色白或微黄，乏力自汗，舌质淡红，苔薄白腻或微黄，脉弦滑；慢性支气管炎见上述证候者。②喘证，久咳伤肺，肺气不敛，痰浊内阻所致的咳嗽气喘，动则喘咳不已，乏力自汗，痰黏色白或微黄，舌质淡红，苔薄腻，脉弦；喘息型支气管炎见上述证候者。

【注意事项】①外感咳喘者慎用；②服药期间忌食辛辣、油腻食物；③本品含罂粟壳，不宜过量、久用。

二、清热化痰药

本类药物主要由瓜蒌、贝母、胆南星等清热化痰药组成，适用于热痰证。症见咳嗽痰黄，黏稠难咯，舌质红苔黄腻，脉滑数等。

强力枇杷露

【药物组成】枇杷叶、罂粟壳、百部、桑白皮、白前、桔梗、薄荷脑。

【功能主治】清热化痰，敛肺止咳。用于痰热伤肺所致的咳嗽经久不愈，痰少而黄或干咳无痰；急、慢性支气管炎见上述证候者。

【方解】方中枇杷叶味苦能降，性寒有清，归肺、胃经，可清泄肺热，化痰降气而止咳；罂粟壳性味酸平，可敛肺止咳，二者共为君药。百部清泄肺热，化痰止咳；桑白皮降肺气，泻肺火；白前清肺化痰止咳，3 味共为臣药。桔梗辛散苦泻，宣开肺气；薄荷脑芳香疏散，祛风利咽，二药共为佐使药。诸药合用，共奏清热化痰，敛肺止咳之功。

【临床应用】①咳嗽，痰热伤肺所致的咳嗽经久不愈，胸闷气短，痰少而黄或干咳无痰，口干咽燥；②急、慢性支气管炎见上述证候者。

【注意事项】①外感咳嗽及痰浊壅盛者慎用；②服药期间忌辛辣厚味食物；③本方含有罂粟壳，不可久用。

牛黄蛇胆川贝散

【药物组成】人工牛黄、川贝母、蛇胆汁、薄荷脑。

【功能主治】清热，化痰，止咳。用于热痰、燥痰咳嗽，症见咳嗽、痰黄或干咳、咯痰不爽。

【方解】方中牛黄苦寒，善于清热化痰，为君药。川贝母甘凉润肺，化痰止咳，为臣药。蛇胆汁苦寒，清肺解毒，为佐药。薄荷脑芳香，祛风利咽，为使药。诸药相合，共奏清热、化痰、止咳之功。

【临床应用】①咳嗽，感受外邪，痰热阻肺，肺失宣肃所致咳嗽，咯痰，痰多黏稠，色黄；或干咳，咯痰不爽，口干，舌红，苔薄黄腻，脉滑数；②急、慢性支气管炎见上述证候者。

【注意事项】①风寒咳嗽、阴虚久咳及寒痰、湿痰患者慎用；②孕妇慎用；③服药期间饮食宜清淡，忌食生冷、辛辣、燥热食物，忌烟酒。

三、润燥化痰药

本类药物主要由炙百合、瓜蒌、贝母等润肺化痰药组成，适用于燥痰证。症见痰稠而黏，咳之不爽，咽喉干燥，甚则呛咳，声音嘶哑等。西医之急性上呼吸道感染见上述症状者可用此类中成药辨证治疗。

养阴清肺丸

【药物组成】地黄、玄参、麦冬、白芍、牡丹皮、川贝母、薄荷脑、甘草。

【功能主治】养阴润燥，清肺利咽。用于阴虚肺燥，咽喉干痛，干咳少痰或痰中带血。

【方解】方中地黄养阴清热，为君药。玄参、麦冬滋肺肾之阴，凉血解毒；白芍敛阴泄热，共为臣药。牡丹皮凉血而消肿痛，川贝母润肺化痰，薄荷脑祛风利咽，共为佐药。甘草祛痰止咳，调和诸药，为使药。诸药合用，共奏养阴润燥，清肺利咽之功。

【临床应用】①咳嗽，因阴虚肺燥所致干咳无痰或痰少而黏，或痰中带血，舌质红，脉细数；慢性支气管炎见上述证候者。②咽痛，因阴津不足所致咽干咽痛，舌质红，脉细数。

【注意事项】①糖尿病患者禁用；②痰湿壅盛，表现为痰多黏稠，或稠厚成块者禁用；③孕妇慎用；④过敏体质者慎用；⑤忌烟、酒及辛辣、生冷、油腻性食物。

蜜炼川贝枇杷膏

【药物组成】枇杷叶、水半夏、川贝母、陈皮、苦杏仁、款冬花、北沙参、五味子、薄荷脑、桔梗。

【功能主治】清热润肺，化痰止咳。用于肺燥咳嗽、痰黄而黏，胸闷，咽喉疼痛或痒，声音嘶哑。

【方解】方中枇杷叶味苦性寒，能清肺降气，化痰止咳，为君药。水半夏与川贝母寒温并用，润肺化痰而无温燥之弊；陈皮理气化痰，取行气行痰消之效，3味合为臣药。苦杏仁、款冬花、北沙参润肺止咳；五味子敛肺止咳；薄荷脑疏风利咽，皆为佐药。桔梗宣肺化痰，并为舟楫之剂，为使药。诸药合用，共奏清热润肺，化痰止咳之功。

【临床应用】①咳嗽，外感燥邪，入里犯肺，肺失宣肃，其气上逆所致咳嗽，痰黄而黏，咳痰不爽，口渴咽干，咽喉疼痛或痒，声音嘶哑，舌苔薄黄，脉数；②急、慢性支气管炎见上述证候者。

【注意事项】①外感风寒咳嗽慎用；②服药期间饮食宜清淡，忌食辛辣油腻食物。

四、温化寒痰药

本类药物主要由干姜、细辛等温肺化痰药组成，适用于寒痰证。症见咳痰清稀色白，舌苔白滑等。西医之急性肺炎、支气管哮喘可选用此类中成药治疗。

桂龙咳喘宁胶囊

【药物组成】桂枝、白芍、炒杏仁、瓜蒌皮、法半夏、龙骨、牡蛎、生姜、大枣、黄连、炙甘草。

【功能主治】止咳化痰，降气平喘。用于外感风寒、痰湿阻肺引起的咳嗽、气喘、痰涎壅盛；急、慢性支气管炎见上述证候者。

【方解】方中桂枝发汗解肌散寒，为君药。白芍敛阴和营，配合桂枝调和营卫；炒杏仁降气止咳平喘，润肠通便；瓜蒌皮清热涤痰，宽胸散结；法半夏燥湿化痰，4味肃肺化痰，止咳平喘，共为臣药。龙骨、牡蛎重镇降气，敛阴固涩，又可防辛散太过而耗散肺气；生姜解表散寒，化痰止咳；大枣配生姜补益脾胃，调和营卫；黄连清热解毒，佐制诸药温燥之性，以上5味均为佐药。甘草化痰止咳，调和诸药，为使药。诸药合用，共奏止咳化痰，降气平喘之效。

【临床应用】①咳嗽，外感风寒，痰湿阻肺所致咳嗽，气喘，痰涎壅盛，苔白滑腻，脉浮滑；急、慢性支气管炎见上述证候者。②哮喘，外感风寒，痰湿阻肺，肺气上逆所致呼吸急促，痰涎壅盛，苔白滑腻，脉浮滑数；喘息型支气管炎、支气管哮喘见上述证候者。

【注意事项】①外感风热慎用；②孕妇慎用；③服药期间戒烟忌酒、油腻、生冷食物。

五、化痰散结药

本类药物主要由昆布、海藻、贝母、夏枯草、陈皮等祛痰、软坚散结的药物组成，用于瘿瘤、瘰疬。

夏枯草膏

【药物组成】夏枯草。

【功能主治】清火，散结，消肿。用于火热内蕴所致的头痛、眩晕、瘰疬、瘿瘤、乳痈肿痛；甲状腺肿、淋巴结结核、乳腺增生见上述证候者。

【方解】夏枯草性味辛苦寒，归肝胆经，具有清热泻火，舒肝解郁，散结消肿的功效。本方即采用单味夏枯草制成。

【临床应用】①头痛，由肝火上炎引起，症见头痛、目赤、口苦咽干，烦躁易怒，便秘，尿黄，舌质红，苔薄黄，脉弦；原发性高血压见上述证候者。②眩晕，由肝火上炎引起，症见眩晕，耳鸣，耳聋，肢体麻木，口苦咽干，便秘，尿黄，舌质红，苔薄黄，脉弦；原发性高血压见上述证候者。③瘰疬，由火热内蕴，气滞痰结所致，症见瘰疬，口苦，便秘，尿黄，舌质红，苔薄黄，脉弦；淋巴结结核见上述证候者。④瘿瘤，由火热内蕴，气滞痰结所致，症见颈间瘿瘤，心烦易怒，口苦咽干，便秘，尿黄，舌质红，苔薄黄，脉弦；单纯性甲状腺肿见上述证候者。⑤乳癖，由火热内蕴，气滞痰结所致，症见乳腺肿痛，口苦，便秘，尿黄，舌质红，苔薄黄，脉弦；乳腺增生见上述证候者。

【注意事项】①气血亏虚者慎用；②孕妇慎用；③服药期间饮食宜进清淡易消化食物，忌食辛辣食物。

第十二节　止咳平喘药

止咳平喘药具有化痰止咳，宣肺平喘等作用，适用于各种咳嗽喘息的病证。根据引起咳嗽、气喘原因的不同，将其分为散寒止咳药，清热止咳药，燥湿化痰药，润肺止咳药，化痰平喘药，纳气平喘药等几大类。凡西医之上呼吸道感染，急、慢性气管炎，支气管炎，肺炎，支气管哮喘，肺气肿等疾病均可选用此类中成药辨证治疗。

一、散寒止咳药

本类药物主要由麻黄、干姜、细辛、紫苏、陈皮等温肺散寒、止咳化痰药组成。适用于风寒束肺、肺失宣降引起的咳嗽，鼻塞，咳痰清稀量多，气急，胸膈满闷等症。

止咳宝片

【药物组成】紫菀、桔梗、前胡、百部、橘红、陈皮、枳壳、五味子、干姜、罂粟壳浸膏、荆芥、薄荷素油、甘草、氯化铵。

【功能主治】宣肺祛痰，止咳平喘。用于外感风寒所致的咳嗽、痰多清稀、咳甚而喘；慢性气管炎、呼吸道感染见上述证候者。

【方解】本方为中西合方制剂。方中中药部分紫菀温润苦泄，降肺气，化痰止咳，平喘下气，桔梗宣通肺气，散风寒，化痰止咳，平喘排痰。前胡、百部助宣肺止咳化痰，橘红、陈皮协理气消痰，枳壳宣肺降气。五味子性温润，敛肺滋肾，干姜温散肺寒，化痰饮，罂粟壳酸涩性平，敛肺止咳，荆芥祛风解表，薄荷素油祛风利咽。甘草润肺止咳化痰，又可调和诸药。方中西药部分氯化铵为祛痰药。方中中西药合用，共达宣肺祛痰，止咳平喘之技。

【临床应用】咳嗽，外感风寒，表邪未净，肺气壅遏，不得宣通所致的咳嗽，或咳甚而喘，痰多清稀而黏，或咽痒，咯痰不爽，气急面红，或伴发热，无汗，苔薄白而滑，脉浮紧；慢性气管炎、上呼吸道感染见上述证候者。

【注意事项】有文献报道服止咳宝片偶见头晕、口苦、大便干结的不良反应。本品温散宣肺，燥热或痰热咳嗽者忌用。本品含温燥、降气之味，孕妇忌服。禁食生冷、辛辣之品及烟酒类。本品含罂粟壳，不宜过量、久服。

通宣理肺丸（胶囊、口服液、片、颗粒、膏）

【药物组成】紫苏、麻黄、前胡、苦杏仁、桔梗、陈皮、半夏（制）、茯苓、黄芩、枳壳（炒）、甘草。

【功能主治】解表散寒，宣肺止嗽。用于风寒束表，肺气不宣所致的感冒咳嗽，症见发热恶寒，咳嗽，鼻塞流涕，头痛无汗，肢体酸痛。

【方解】方中紫苏、麻黄性温辛散，疏风散寒，发汗解表，宣肺平喘，共为君药。前胡、苦杏仁降气化痰平喘，桔梗宣肺化痰利咽，3 味相伍，以复肺脏宣发肃降之机；陈皮、半夏燥湿化痰，茯苓健脾渗湿，以绝生痰之源，共为臣药。黄芩清泻肺热，以防外邪内郁而化热，并防麻黄、半夏等温燥太过；枳壳理气，使气行则痰化津复，共为佐药。甘草化痰止咳，调和诸药，为佐使药。诸药相合，共奏解表散寒，宣肺止咳之功。

【临床应用】咳嗽，风寒外束，肺气不宣，气逆痰阻所致发热恶寒，恶寒较甚，头痛鼻塞，咳嗽痰白，无汗而喘，骨节身痛，舌苔薄白，脉象浮紧；感冒、急性支气管炎见上述证候者。

【注意事项】①本品辛温发散风寒，风热或痰热咳嗽、阴虚干咳者忌服；②孕妇慎用；③服药期间，饮食宜清淡，忌烟、酒及辛辣刺激食物；④本品含有麻黄，心脏病、原发性高血压患者应慎用。

二、清热止咳药

本类药物主要由鱼腥草、瓜蒌、川贝母、黄芩、桔梗、射干等清泻肺热和止咳的中药组成。适用于肺热所致的咳嗽，症见咳嗽，痰多黄稠，胸膈满闷等症。

克咳胶囊

【药物组成】麻黄、罂粟壳、甘草、苦杏仁、石膏、莱菔子、桔梗。

【功能主治】清热祛痰，止咳定喘。用于痰热蕴肺所致的咳嗽，喘急气短。

【方解】方中麻黄辛散苦泄，温通宣畅，外能发散风寒，内能开直肺气，两擅其功；石膏辛甘大寒，清泻肺热，两药清热止咳平喘，切中病机，为君药。苦杏仁味苦能降，降气平喘，莱菔子下气化痰，两药祛痰平喘，助君药之力，共为臣药。罂粟壳酸收涩固，功专敛肺止咳，与麻黄相配，宣敛相固，开合有度；桔梗性善止行，宣肺利气，祛痰止咳，为佐药。甘草为使药。全方辛甘润肺、宣敛相宜、升降有度，共奏清热祛痰，止咳定喘之效。

【临床应用】①咳嗽，痰热蕴肺，或痰湿化热所致，症见胸闷、咳嗽，痰多色黄、质黏稠；支气管炎见上述证候者。②喘证，风寒外束、肺气壅滞，入里化热或素有痰火，遇寒而发所致喘息急促、呼吸困难，甚者张口抬肩，鼻翼翕动，不能平卧，舌红苔黄、脉滑数；喘息型支气管炎见上述证候者。

【注意事项】①风寒袭肺者不宜使用；②本品麻黄剂量较大，辛温发散，有碍胎气，孕妇慎用；③服药期间饮食宜清淡，忌生冷、肥腻、辛辣及海腥鱼虾、烟酒等刺激性食品；④本品辛散耗气，重在治咳喘之标，应中病而止，不可过量、久服；⑤本品含有麻黄，心脏病、原发性高血压患者应慎用。

三、燥湿化痰药

本类药物主要由半夏、陈皮、茯苓、远志、桔梗、瓜蒌子等燥湿化痰药物组成。适用于痰湿阻肺所致的咳嗽，症见咳嗽，痰多黏稠，不易咳出，胸闷等症。

痰咳净片（散）

【药物组成】桔梗、远志、杏仁、冰片、五倍子、炙甘草、咖啡因。

【功能主治】通窍顺气，镇咳祛痰。用于痰浊阻肺所致的咳嗽，痰多，胸闷，气促，喘息；急、慢性支气管炎，咽喉炎，肺气肿见上述证候者。

【方解】方中桔梗开宣肺气，祛痰利咽，为君药。远志祛痰止咳，杏仁降气以止咳平喘，共为臣药。冰片开窍醒神，五倍子敛肺止咳，为佐药。甘草止咳化痰，调和诸药，为使药。另配有化学药咖啡因为清醒药。诸药相合，共奏通窍顺气，镇咳祛痰之功。

【临床应用】①咳嗽，外邪侵袭，肺失宣肃引起咳嗽，痰多而稀，色白或微黄，咽喉不适或疼痛，胸闷，伴气促、喘息，舌淡苔白或黄，脉滑；急、慢性支气管炎，咽喉炎见上述证候者。②喘证，痰浊阻肺，肺失宣肃所致的呼吸困难，喉中痰鸣，甚则张口抬肩，呕吐痰涎，胸脘憋闷，舌淡苔白滑，脉弦滑；喘息型支气管炎，肺气肿见上述证候者。

【注意事项】阴虚燥咳者不宜。本品含冰片，有通窍作用，有碍胎气，孕妇慎用。服药期间饮食宜清淡，忌食生冷、辛辣燥热之品。本品含咖啡因，不宜过量服用；胃溃疡患者者慎用。

四、润肺止咳药

本类药物主要由沙参、百部、百合、知母、麦冬、天花粉等润肺止咳的中药组成。适用于燥邪犯肺所致咳嗽，症见咳嗽，痰少不易咳出，或痰中带血，胸闷等症。

川贝雪梨膏

【药物组成】梨清膏、川贝母、麦冬、百合、款冬花。

【功能主治】润肺止咳，生津利咽。用于阴虚肺热，咳嗽，喘促，口燥咽干。

【方解】方中梨清膏甘、微寒，入肺胃经，生津润燥，清热化痰，为君药。川贝母味苦甘、性凉，润肺利咽，止咳化痰，为臣药。麦冬、百合养阴润肺生津；款冬花润肺下气，化痰止咳，共为佐药。诸药合用，共奏润肺止咳，生津利咽之功。

【临床应用】咳嗽，阴虚肺热所致干咳无痰或少痰，咽喉不利，咳声嘶哑，口燥咽干，舌红少苔，脉细数；慢性支气管炎见上述证候者。

【注意事项】本品性凉质润，脾虚便溏者慎服。风寒束肺、寒痰阻肺咳嗽忌服。服药期间忌食辛辣食物，以免化燥伤津。

蛇胆川贝枇杷膏

【药物组成】蛇胆汁、枇杷叶、川贝母、半夏、桔梗、薄荷脑。

【功能主治】清肺止咳，祛痰定喘。用于风热犯肺所致的咳嗽痰多、胸闷气促。

【方解】方中蛇胆汁苦寒，长于清热化痰，为君药。枇杷叶苦寒，清肺降气，化痰止咳，川贝母功擅清肺化痰，润肺止咳，半夏性虽温燥，与两味合用，专主祛痰，3味共为臣药。桔梗辛散苦泄，宣肺利气化痰，薄荷脑芳香轻扬，祛风利咽，兼为佐使药。诸药合用，有宣有降，共奏润肺止咳、祛痰定喘之功。

【临床应用】咳嗽，外感风热，入里犯肺，肺失宣肃，其气上逆而致咳嗽痰多色黄或痰黏，咳之不爽，胸闷气促，苔腻，脉弦滑；急、慢性支气管炎见上述证候者。

【注意事项】本品清热化痰，润肺止咳，外感风寒者忌用。服药期间饮食宜清淡，忌食辛辣油腻之品，以免助火生痰。

五、化痰平喘药

本类药物主要由陈皮、麻黄、苦杏仁、葶苈子、白果仁等化痰平喘的中药组成。主要适用于痰浊阻肺所致的喘促，症见喘促，痰涎壅盛，气逆，胸闷等症。

海珠喘息定片

【药物组成】胡颓子叶、蝉蜕、防风、天花粉、珍珠层粉、冰片、甘草、盐酸氯喘、盐酸去氯羟嗪。

【功能主治】宣肺平喘，止咳化痰。用于痰浊阻肺，肺气不降所致的咳嗽、咳痰、气喘；慢性支气管炎，支气管哮喘见上述证候者。

【方解】本品为中西合方制剂，方中中药部分胡颓子叶性平，下气平喘，祛痰止咳，蝉蜕、防风疏风解痉，天花粉清热化痰，珍珠层粉、冰片清热开窍，甘草调和诸药；方中西药部分盐酸氯喘能平喘，盐酸去氯羟嗪抗组胺，平喘镇静。本品中西药合用，共奏宣肺平喘，止咳化痰之功。

【临床应用】①咳嗽，由痰浊阻肺，肺失宣降所致，症见咳嗽，咯吐黄痰，喘促气粗，舌红，苔黄，脉数；慢性支气管炎见上述证候者。②哮病，由痰浊阻肺，肺失宣降所致，症见喉中哮鸣如吼，气促痰涌，胸膈烦闷，舌红，苔黄，脉数；支气管哮喘见上述证候者。

【注意事项】①外感咳嗽不宜；②孕妇禁用；③服药期间禁食生冷、辛辣、油腻及刺激性食物；④年老体弱者、甲状腺功能亢进、高血压、心律不齐者慎服；⑤因含西药盐酸氯喘、盐酸去氯羟嗪等，偶见心悸、手颤、嗜睡、口干、失眠等不良反应。

六、纳气平喘药

本类药物主要由肉桂、附子、补骨脂、人参、五味子等补肾纳气，固本平喘等中药组成。适用于肾不纳气所致的喘促，症见喘促日久，气短，动则喘甚，呼多吸少，喘声低弱，汗出肢冷，浮肿等。西医之慢性支气管炎，支气管哮喘，肺气肿，喘息性支气管炎见上述症状者均可选用此类中成药辨证治疗。

补金片

【药物组成】鹿角胶、紫河车、龟甲胶、蛤蚧（去头、足）、蛤蟆油、鸡蛋黄油、乌梢蛇（去头、炒）、红参、当归、核桃仁、黄精（蒸）、麦冬、茯苓、陈皮、浙贝母、百部（蜜炙）、桔梗、白及。

【功能主治】补肾益肺，健脾化痰，止咳平喘。用于肺脾两虚，肾不纳气所致的久病咳喘，神疲乏力；肺结核、慢性支气管炎，肺气肿、肺心病缓解期见上述证候者。

【方解】本方药物组成分为3类，一类由鹿角胶、紫河车、龟甲胶、蛤蚧、蛤蟆油、鸡蛋黄油、乌梢蛇组成，均为血肉有情之品，善补精血；一类由红参、当归、核桃仁、黄精、麦冬组成，红参味甘，大补元气，补肺、脾、肾之气，而当归养血和血，核桃仁、黄精、麦冬润肺补肾，纳气平喘；一类由茯苓、陈皮、浙贝母、百部、桔梗组成，以健脾化痰，止咳平喘，桔梗宣利肺气，并能载药上达于肺；白及收敛止血，消肿生肌。全方共奏，补肾益肺，健脾化痰，止咳平喘之功。

【临床应用】①肺痨，肺气阴两虚，脾肾两可，症见咳逆喘息少气，痰或见夹血，血色暗淡，潮热，盗汗，腰膝疫软，男子遗精、阳痿，女子经少、经闭，舌光质红少津，或舌淡体胖边有齿痕，脉微细而数；肺结核见上述证候者。②喘证，肾不纳气所致喘促短气，动则喘甚，呼多吸少，气不得续，气怯声低，咳声低弱，痰吐稀薄或咳呛痰少质黏，烦热口干，形瘦神疲，跗肿，面色晦暗，口唇青紫，腰膝酸软，舌淡暗或舌暗红苔剥，脉沉弱或细数；肺气肿、肺心病等见上述证候者。③肺胀，肺有痰浊，肾不纳摄，心阳受损所致胸部膨满，呼吸浅短难续，声低气怯，咳嗽，痰少质黏，咳吐不利，胸闷，烦躁，心慌，口唇发绀，腰膝酸软，舌黯紫或暗红少津，脉沉细数无力，或有结代；肺气肿、肺心病见上述证候者。

【注意事项】肺热咳嗽忌用，感冒患者忌用。服药期间忌辛辣食物。

金水宝胶囊（片）

【药物组成】发酵虫草菌粉。

【功能主治】补益肺肾，秘精益气。用于肺肾两虚，精气不足，久咳虚喘，神疲乏力，小寐健忘，腰膝酸软，月经不调，阳瘩早泄；慢性支气管炎、慢性肾功能不全、高脂血症、肝硬化见上述证候者。

【方解】本品为发酵虫草菌粉制剂，具有补肾保肺，止咳平喘，秘精益气之功。

【临床应用】①咳嗽，肺肾两虚，精气不足所致咳嗽无力，久咳不已，自汗盗汗；慢性支气管炎见上述证候者。②喘证，久病肺肾两虚，精气不足所致久咳虚喘，气短，盗汗，神疲乏力，腰膝酸软，痰少或痰白而黏，舌淡嫩，苔白，脉弱；喘息型支气管炎见上述证候者。③阳痿、早泄，精气不足所致腰膝酸软，神疲畏寒，气短，乏力，阳事不举，早泄；性功能低下见上述证候者。④肺肾两虚，精气不足证，肺肾两虚，精气不足所致腰膝酸软，头晕目眩，胸闷，气短，乏力，神疲，甚或肢体浮肿，夜尿频数，胁肋胀痛，胸脘满闷等症；慢性肾功能不全、高脂血症、肝硬化见上述证候者。

【注意事项】外感咳嗽不宜。服药期间禁食生冷、辛辣、油腥及刺激性食物。

百令胶囊（片）

【药物组成】发酵虫草菌粉。

【功能主治】补肺肾，益精气。用于肺肾两虚引起的咳嗽、气喘、咯血、腰背酸痛；慢性支气管炎的辅助治疗。

【方解】本品为发酵虫草菌粉的制剂，具有补肺肾，止咳喘，益精气之功。

【临床应用】①咳嗽，肺肾两虚所致咳嗽无力，久咳不已，腰膝酸软，自汗盗汗；慢性支气管炎见上述证候者。②喘证，肺肾两虚所致咳声低微，喘促，气短，动则益甚，痰少或痰白而黏，盗汗，神疲乏力，腰膝酸软，舌淡嫩，苔白，脉弱；喘息型支气管炎见上述证候者。

【注意事项】本品补虚扶正，外感实证咳喘忌用。服药期间忌辛辣食物。

第十三节　消导药

消导药具有消食导滞，化积消癥的作用，以消导药为主组成。包括消食导滞药，健胃消食药等。适用于由气、血、痰、湿、食等壅滞而成的积滞痞块，脘腹痞满，嗳腐吞酸以及癥积结于胁下，推之不移，腹中疼痛等症。属于中医八法中之"消法"。西医之急、慢性胃炎，胃神经症，肝炎，肝硬化，胆囊炎见上述症状者均可选用此类中成药辨证治疗。

一、消食导滞药

本类药物主要由山楂、神曲、莱菔子等消食的中药组成。适用于食积所致的胸脘痞闷，嗳腐吞酸，恶食呕腻，腹痛泄泻等症。

保和丸（颗粒、片）

【药物组成】山楂（焦）、神曲（炒）、莱菔子（炒）、麦芽（炒）、半夏（制）、陈皮、茯苓、连翘。

【功能主治】消食，导滞，和胃。用于食积停滞，脘腹胀满，嗳腐吞酸，不欲饮食。

【方解】方中山楂消一切饮食积滞，为君药。神曲、莱菔子、麦芽和胃消食，为臣药。半夏、陈皮燥湿化痰，茯苓利湿和中，连翘清热，共为佐药。诸药合用，共奏消食，导滞，和胃之功。

【临床应用】食积，因饮食不节，食积中阻，脾胃升清降浊之功失常所致腹痛腹胀，恶心呕吐，嗳腐吞酸，不欲饮食，大便不调；功能性消化不良见上述证候者。

【注意事项】哺乳期妇女慎用；孕妇禁用；身体虚弱或老年人不宜长期服用；因肝病或心、肾功能不全所致之不欲饮食，脘腹胀满者不宜用；服药期间饮食宜清淡，忌生冷、油腻食物。

六味安消胶囊（散）

【药物组成】藏木香、大黄、山柰、北寒水石（煅）、诃子、碱花。

【功能主治】和胃健脾，消积导滞，活血止痛。用于脾胃不和、积滞内停所致的胃痛胀满、消化不良、便秘、痛经。

【方解】方中藏木香健脾和胃，行气止痛，为君药。大黄攻积导滞，且能活血化瘀，辅助君药行气导滞止痛，为臣药。山柰行气消食止痛，和胃健脾；北寒水石清热泻火，除烦止渴，助大黄清积滞中伏热；诃子涩肠止泻，以防泻下太过伤正；碱花温中消滞，制酸和胃，共为佐药。诸药相合，共奏和胃健脾，消积导滞，活血止痛之功。

【临床应用】①胃痛，由脾胃不和、积滞内停所致胃脘不适，疼痛胀闷，嗳腐吞酸或吐不消化食物，吐食或矢气后痛减，或见口臭而渴，心烦，大便臭秽或溏薄或秘结，苔厚腻，脉滑实；急、慢性胃炎见上述证候者。②便秘，脾胃不和、积滞内停所致大便干结难解，腹胀腹痛，嗳腐吞酸，恶心呕吐，或口干口臭，心烦不安，苔厚腻，脉滑实；功能性消化不良、便秘见上述证候者。③痛经，冲任瘀阻或寒凝经脉，使气血运行不畅，胞宫经血流通受碍所致，症见经前或经期小腹胀痛，拒按，经量少或经行不畅，经色紫黯或夹有血块，或伴有胸胁乳房胀痛，舌紫黯或有瘀点，脉弦或弦涩。

【注意事项】本品属消导之剂，脾胃虚寒胃痛、便秘及热结血瘀痛经者忌用。方中含有活血之品，妇女月经期、妊娠应慎用。服药期间饮食宜清淡，忌食辛辣油腻之品，戒烟酒。

二、健胃消食药

本类药物主要由人参、太子参、党参、白术、山药等补脾益气药物和山楂、神曲、麦芽等消食导滞药物，以及木香、陈皮、砂仁等醒脾快胃药物组成。适用于脾虚食滞所致的脘腹痞满、不思饮食、面黄、体瘦、倦怠乏力、大便溏薄等症。

健胃消食片

【药物组成】太子参、山药、陈皮、山楂、麦芽（炒）。

【功能主治】健胃消食。用于脾胃虚弱所致的食积，症见不思饮食、嗳腐酸臭、脘腹胀满；消化不良见上述证候者。

【方解】方中太子参、山药补气健脾，为君药。陈皮理气和胃，山楂、麦芽消食化积，共为臣药。诸药相合，共奏健脾消食之功。

【临床应用】①食积，暴饮暴食所致食欲不振，食入难化，恶心呕吐，脘部痞闷，嗳腐吞酸，大便不畅，舌苔白腻，脉弦；功能性消化不良见上述证候者。②小儿疳证，脾胃虚弱、纳运失常所致发育迟缓，面黄肌瘦，毛发稀黄，食纳不佳，腹胀便稀，舌苔白厚；营养不良、慢性消化不良见上述证候者。

【注意事项】建立良好饮食习惯，防止暴饮暴食及偏食。小儿疳证兼有食积者，当配合驱虫药。

醒脾开胃颗粒

【药物组成】谷芽、稻芽、荷叶、佛手、香橼、使君子、冬瓜子（炒）、白芍、甘草。

【功能主治】醒脾调中。用于脾胃失和所致的食积，症见面黄乏力、食欲低下、腹胀腹痛、食少便多。

【方解】方中谷芽、稻芽消食和中、健脾开胃，为君药。荷叶轻宣生津、醒脾调中；佛手疏肝和中，理气化痰；香橼行气消痞，共为臣药。使君子杀虫消积，冬瓜子清热利水消肿，白芍柔肝缓急止痛，共为佐药。甘草调和诸药，为使药。全方配伍，共奏醒脾调中之功。

【临床应用】①食积，饮食不节，脾运不健，饮食积滞而出现面黄乏力，食欲低下，腹胀腹痛，大便溏烂；消化不良见上述证候者。②虫积，饮食不节，虫积肠道，脾失健运，而出现腹痛时作，食欲不振，面黄肌瘦；蛔虫病见上述证候者。

【注意事项】建立良好饮食习惯，注意事项个人卫生，禁食不洁的食物。忌食生冷、油腻及不易消化食物。

第十四节　温里药

温里药具有温里助阳，散寒通脉的作用。能够除脏腑经络间阴寒之邪。包括温中散寒药，回阳救逆药等。凡慢性胃炎，慢性肠炎，胃十二指肠溃疡，痛经，盆腔炎，子宫内膜异位等见上述症状者均可选用此类中成药辨证治疗。

一、温中散寒药

本类药物主要是由人参、黄芪、肉桂、高良姜、干姜、小茴香、草豆蔻等中药组成。适用于脾胃虚寒，脘腹冷痛，手足不温，腹泻便溏，舌质淡，苔薄白，脉沉细等症。

温胃舒胶囊（颗粒）

【药物组成】党参、附子（制）、炙黄芪、白术（炒）、山药、肉桂、肉苁蓉（制）、补骨脂、砂仁、乌梅、山楂（炒）、陈皮。

【功能主治】温中养胃，行气止痛。用于中焦虚寒所致的胃痛，症见胃脘冷痛、腹胀嗳气、纳差食少、畏寒无力；慢性萎缩性胃炎、浅表性胃炎见上述证候者。

【方解】方中党参补气健脾，附子温中散寒，共为君药。黄芪、白术、山药补气健脾，燥湿利水，升阳止泻；肉桂、肉苁蓉、补骨脂补肾助阳，散寒止痛，温脾止泻，共为臣药。砂仁开胃化湿，乌梅涩肠止泻，山楂消食化积，陈皮健脾理气，调和中焦，共为佐药。诸药合用，共奏温中养胃，行气止痛之功。

【临床应用】胃痛，过食寒凉，损伤胃阳所致胃凉隐痛，口淡纳差，喜热饮食，大便稀溏，畏寒肢凉，神疲乏力；萎缩性胃炎、浅表性胃炎见上述证候者。

【注意事项】湿热中阻胃痛者慎用。本品含大辛大热、活血通经之品，孕妇慎用。忌食生冷油腻及不易消化食物。

香砂养胃丸（颗粒、片）

【药物组成】白术、木香、砂仁、豆蔻（去壳）、广藿香、陈皮、厚朴（姜制）、香附（醋制）、茯苓、枳实（炒）、半夏（制）、甘草。

【功能主治】温中和胃。用于胃阳不足、湿阻气滞所致的脘闷不舒、胃痛隐隐、呕吐酸水、嘈杂不适、不思饮食、四肢倦怠。

【方解】方中白术补气健脾，燥湿利水，木香和胃止痛，砂仁醒脾开胃，为君药。豆蔻、藿香化湿行气，和中止呕；陈皮、厚朴理气和中，燥湿除积；香附理气止痛，共为臣药。茯苓健脾利湿，枳实破气消积，半夏降逆止呕，共为佐药。甘草调和诸药，为使药。诸药合用，共奏温中和胃之力。

【临床应用】①痞满，因脾虚不运，胃气阻滞所致不思饮食，脘腹胀满，胸脘堵闷，嘈杂不适，苔薄白，脉细滑；功能性消化不良、胃炎见上述证候者。②胃痛，因胃阳不足，湿阻气滞所致胃脘胀痛，痛窜胁背，脘闷不适，呕吐酸水；胃炎、溃疡病见上述证候者。③纳呆，因脾胃虚弱，胃不受纳，脾不运化所致不思饮食，食则饱胀，大便稀溏，体乏无力；消化不良见上述证候者。

【注意事项】胃阴虚，表现为口干欲饮、大便干结、小便短少者不宜用；湿热中阻所致痞满、胃痛、呕吐者慎用；孕妇慎用；过敏体质者慎用；饮食宜清淡，忌烟酒及辛辣、生冷、油腻食物。

二、回阳救逆药

本类药物主要是由附子、干姜、肉桂等回阳救逆之辛热中药组成。适用于阳气衰微，内外俱寒等证。症见四肢厥逆，恶寒倦卧，呕吐腹痛，下利清谷，脉沉细或沉微等。

四逆汤口服液

【药物组成】制附子、干姜、蜜炙甘草。

【功能主治】回阳救逆，温中祛寒。用于阳气虚衰，阴寒内盛所致的四肢厥逆，恶寒倦卧，呕吐腹痛，下利清谷，脉沉细或沉微等症。

【方解】方中附子大辛大热，能温肾回阳为君药。干姜辛热，温中散寒。附子与干姜合用，相得益彰，能增强回阳救逆之功。炙甘草补脾胃而调和诸药，为使药。诸药合用，共奏温中祛寒，回阳救逆之功。

【临床应用】本方为温中祛寒，回阳救逆之剂。多用于阳虚欲脱，脾肾阳虚所致的厥证、腹痛、呕吐、下利等病。表现为四肢厥逆，恶寒倦卧，呕吐腹痛，下利清谷，脉沉细或沉微等症。

【注意事项】凡热邪所致的腹痛、呕吐、泄泻者不宜用；湿热中阻所致痞满、胃痛、呕吐者慎用；孕妇慎用；过敏体质者慎用；饮食宜清淡，忌烟酒及辛辣、生冷、油腻食物。

第十五节　理气药

理气药具有行气解郁，降气平冲之作用，适用于气滞，气逆病症的治疗。包括理气疏肝药、理气和中药两大类。西医之慢性胃炎，慢性肝炎，胆囊炎，支气管哮喘，肺气肿均可选用此类中成药辨证治疗。使用理气药时，注意辨证寒热虚实，以及有无兼症，另外本节中成药多属芳香辛燥之品，容易耗气伤津，应适可而止，勿使过量。老人、儿童、孕妇以及体质虚弱者应慎用。

一、理气疏肝药

本类药物主要由香附、川楝子、青皮、乌药、柴胡、枳壳等疏肝行气止痛的中药组成。具有疏畅气机的作用。适用于肝气郁滞所致的情志抑郁、善太息、胸闷、胁肋胀痛、月经不调、痛经等症。

越鞠保和丸

【药物组成】香附（醋制）、木香、槟榔、神曲（麸炒）、苍术、川芎、栀子（姜制）。

【功能主治】疏肝解郁，开胃消食。用于气食郁滞所致的胃痛，症见脘腹胀痛、倒饱嘈杂、纳呆食少、大便不调；消化不良见上述证候者。

【方解】方中以香附疏肝理气，解郁止痛，为君药。木香行气调中，槟榔、神曲消食化积，理气和胃，共为臣药。苍术燥湿健脾，川芎活血化瘀，行气止痛，栀子泻火除烦，共为佐药。诸药合用，共奏舒肝解郁，开胃消食之功。

【临床应用】①胃痛，暴饮暴食，损伤脾胃，气食郁滞所致脘腹胀痛，倒饱嘈杂，厌恶饮食，恶心呕吐，吐后症轻，嗳气腐酸臭；急性胃炎见上述证候者。②痞证，肝郁气滞，损伤脾胃，气食郁滞所致脘腹胀满，不思饮食，餐后胀甚，倒饱嘈杂；功能性消化不良、胃排空障碍见上述证候者。

【注意事项】湿热中阻、肝胃火郁胃痛、痞满者慎用。忌食生冷硬黏难消化食物。本品有活血破气药，孕妇慎用。

左金丸（胶囊）

【药物组成】黄连、吴茱萸。

【功能主治】泻火，疏肝，和胃，止痛。用于肝火犯胃，脘胁疼痛，口苦嘈杂，呕吐酸水，不喜热饮。

【方解】方中重用苦寒之黄连为君，一者清泻肝火，肝火得清，自不横逆犯胃；再者，黄连可清胃火，胃火降则气自降；少佐辛热疏利之吴茱萸，取其下气之用，可助黄连和胃降逆，其性辛热，开郁力强，于大剂量寒凉药中，非但不会助热，且可使肝气条达，郁结得开，又能制黄连之苦寒，使泻火而无凉遏之弊。二药合用，共奏泻火，疏肝，和胃，止痛之功。

【临床应用】①胃痛，肝火犯胃所致胃脘疼痛，胁肋胀满，烦躁易怒，吞酸，胃中嘈杂，呕吐酸水，口苦，小喜热饮，舌质红苔黄，脉弦或数；急、慢性胃炎及胃十二指肠溃疡见上述证候者。②胁痛，肝火犯胃，肝络失和，肝失疏泄所致胁肋胀痛，烦躁易怒，口干口苦，呕吐吞酸，脘痞嗳气，舌红苔黄，脉弦数；急、慢性胃炎及胃十二指肠溃疡、慢性肝炎见上述证候者。

【注意事项】脾胃虚寒胃痛及肝阴不足胁痛者忌用。饮食宜清淡，忌食生冷、油腻、辛辣饮食，戒烟酒。保持心情舒畅，以免加重病情。

二、理气和中药

本类药物主要由陈皮、厚朴、木香、枳壳、槟榔、砂仁等理气和中的药物组成。适用于脾胃气滞所致脘腹胀满、嗳气吞酸、恶心、呕吐、饮食不消等症。

健胃愈疡片（颗粒）

【药物组成】柴胡、党参、白芍、延胡索、白及、珍珠层粉、青黛、甘草。

【功能主治】疏肝健脾，生肌止痛。用于肝郁脾虚、肝胃不和所致的胃痛，症见脘腹胀痛、嗳气吞酸、烦躁不适、腹胀便溏；消化性溃疡、慢性胃炎见上述证候者。

【方解】方中柴胡疏肝解郁，理气止痛，党参补中益气，健脾养血，共为君药。白芍柔肝止痛，延胡索理气活血止痛，白及、珍珠层粉收敛生肌，共为臣药。青黛解毒散肿，为佐药。甘草调和诸药，为使药。诸药合用，共奏疏肝健脾，生肌止痛之功。

【临床应用】①胃痛，肝气犯胃，肝胃不和所致胃部疼痛，痛窜胁背，气怒痛重，嗳气吞酸，烦躁不适，腹胀便溏；消化性溃疡、慢性胃炎见上述证候者。②吞酸，肝胃不和所致吞酸嘈杂、脘中灼热或灼痛，嗳气呃逆，脉弦；反流性食管炎、消化性溃疡见上述证候者。

【注意事项】湿热蕴结所致胃痛、泄泻者忌用。忌食辛辣、酸性及刺激性食物。溃疡病出血较多者宜综合治疗。

胃脘舒颗粒

【药物组成】党参、白芍、山楂、陈皮、延胡索（醋制）、甘草。

【功能与主治】益气阴，健脾胃，消痞满。用于脾虚气滞所致的胃脘痞满、嗳气纳差、时有隐痛；萎缩性胃炎见上述证候者。

【方解】方中以党参甘平，补中益气，健脾养胃，以固中州，为君药。白芍酸收，养阴柔肝，缓急止痛，山楂甘酸微温，健脾开胃，消食化积，陈皮辛散苦降，芳香醒脾，理气和胃，3味共为臣药，配合君药柔肝醒脾，行气和胃。延胡索辛苦温，活血行气，功善止痛，用为佐药。甘草甘平，合党参补中益气，以资化源，伍白芍甘酸化阴，缓急止痛，又能调和诸药，为佐使药。诸药合用，共奏益气阴，健脾胃，消痞满之功。

【临床应用】①痞证，脾气虚弱，肝气犯脾，肝脾不和所致，症见胃脘痞满，胀闷不适，食少纳呆，食后腹胀，嗳气频作，肢体乏力，舌淡红苔白，脉沉细；慢性萎缩性胃炎见上述证候者。②胃痛，脾胃虚弱，肝胃不和所致，症见胃痛隐隐，时作时休，喜嗳喜按，食少纳呆，倦怠乏力，舌淡苔白，脉虚弦；慢性萎缩性胃炎、上消化道溃疡见上述证候者。

【注意事项】肝胃火郁胃痛、痞满者及外感发热时不宜服用。忌食生冷油腻等不易消化食物。忌情绪激动，保持心情舒畅。

木香顺气丸（颗粒）

【药物组成】木香、香附（醋制）、厚朴（制）、青皮（炒）、枳壳（炒）、槟榔、陈皮、砂仁、苍术（炒）、甘草。

【功能与主治】行气化湿，健脾和胃。用于湿浊中阻、脾胃不和所致的胸膈痞闷、脘腹胀痛、呕吐恶心、嗳气纳呆。

【方解】方中以木香、香附疏肝理气，和胃止痛，共为君药。厚朴、青皮行气燥湿，散结消积，枳壳、槟榔行气导滞宽中，共为臣药。陈皮、砂仁理气化湿和中，苍术燥湿健脾，共为佐药。甘草调和诸药，为使药。全方配伍，共奏行气化湿，健脾和胃之功。

【临床应用】①痞满，肝胃失和，气滞中阻，食湿内停所致胸膈痞满，脘胁胀满，呕恶食少，大便不爽，舌苔白腻或薄或厚，脉滑或弦滑者；功能性消化不良见上述证候者。②胃痛，肝胃气滞，中焦失司所致胃脘胀痛，攻窜作痛，时轻时重，恶心纳呆，大便不爽，苔白腻，脉弦滑；胃炎见上述证候者。

【注意事项】本药为香燥之品，肝胃郁火胃痛痞满者，应当慎用。孕妇忌用。服药期间，饮食要清淡，忌油腻厚味。服药期间保持心情舒畅。

胃苏颗粒

【药物组成】紫苏梗、香附、陈皮、枳壳、槟榔、香橼、佛手、鸡内金（制）。

【功能与主治】疏肝理气，和胃止痛。用于肝胃气滞所致的胃脘痛，症见胃脘胀痛，窜及两肋，得嗳气或矢气则舒，情绪郁怒则加重，胸闷食少，排便不畅．舌苔薄白，脉弦；慢性胃炎及消化性溃疡见上述证候者。

【方解】方中紫苏梗入胃，顺气开郁，和胃止痛；香附入肝，疏肝解郁，理气和胃；

陈皮理气和胃化湿，宣通疏利脾胃，共为君药。枳壳破气消积，利膈宽中，解胃脘胀满，槟榔下气利水，调和脾胃，行气消滞，共为臣药。香橼、佛手疏肝和胃，理气止痛，鸡内金消积化滞，共为佐药。诸药合用，共奏疏肝理气，和胃止痛之功。

【临床应用】胃痛，肝郁气滞，横逆犯胃所致胃脘满闷，两胁胀痛，得嗳气或矢气则舒，情绪郁怒则加重，胸闷食少，排便不畅，舌苔薄白，脉弦；慢性胃炎及消化性溃疡见上述证候者。

【注意事项】脾胃阴虚或肝胃郁火胃痛者慎用。孕妇慎用。服药期间，宜选清淡易消化之品，忌食辛辣油腻及刺激性食品，戒烟酒。

第十六节　理血药

理血药具有活血调血或止血的作用，用于血瘀证和出血证的治疗。包括活血祛瘀药、行气活血药、益气活血药、益气养阴活血药、化瘀消癥药、活血化痰熄风药、止血药等。凡西医之冠心病心绞痛，脑血栓，动脉硬化症，脑梗死，各种内外伤的出血等疾病可选用此类中成药辨证治疗。血证病情复杂，故使用时，应辨清原因，分清标本缓急，做到急则治其标，缓则治其本，或标本兼顾。必要时可配合补益气血之品，使祛瘀而不伤正。伴有瘀血之出血证，使用止血剂时，宜配合活血祛瘀之品，使止血而不留瘀。

一、活血祛瘀药

本类药物主要由川芎、桃仁、红花、赤芍、丹参等活血祛瘀的中药组成。适用于蓄血证和瘀血证，如瘀积肿痛，外伤肿痛，瘀阻经脉之半身不遂，瘀血内停之胸腹诸痛，痈肿初起，以及经闭，痛经，产后恶露不行等。可适当配以理气药，使气行则血行。

丹七片

【药物组成】丹参、三七。

【功能与主治】活血化瘀，通脉止痛。用于瘀血闭阻所致的胸痹，症见胸部刺痛、痛处固定、眩晕头痛、经期腹痛。

【方解】方中丹参性苦微寒，善于活血祛瘀，通络止痛，清心除烦，养血调经，为方中君药。三七味甘微苦、性温，功擅活血祛瘀，通脉定痛，为臣药。二药合用，共奏括血化瘀，通脉止痛之功。

【临床应用】①胸痹，多因瘀血闭阻而致，症见心胸绞痛、刺痛，痛有定处，入夜尤甚，胸闷，心悸，舌质紫暗或有瘀斑，脉弦涩或结代；冠心病心绞痛见上述证候者。②头痛，多因瘀血闭阻而致，症见头痛日久不愈，痛处固定，其痛如刺，或有头部外伤史。③痛经，多因瘀血闭阻而致，症见经前或经期小腹疼痛拒按，血色紫暗有块，块下痛减，舌质暗或有瘀斑瘀点，脉弦细或涩。

【注意事项】寒凝血瘀之胸痹、头痛、痛经者，不宜单独使用本品。本品活血化瘀，孕妇慎用，月经期及有出血倾向者慎用。在治疗期间，心绞痛持续发作，宜加用硝酸酯类药。若出现剧烈心绞痛、心肌梗死，应及时急诊救治。

银杏叶胶囊（口服液、片）

【药物组成】银杏叶。

【功能主治】活血化瘀通络。用于瘀血阻络引起的胸痹、心痛、中风、半身不遂、舌强语謇；冠心病稳定型心绞痛、脑梗死见上述证候者。

【方解】银杏叶味甘、苦、涩，性平。《全国中草药汇编》称其能"活血止痛"，《新华本草纲要》称其"用于胸闷心痛，心悸怔忡等症"，故本品有活血化瘀通络止痛之功效。

【临床应用】①胸痹，多因瘀血闭阻心脉所致，症见胸部疼痛，痛处不移，入夜更甚，心悸不宁，舌暗红，脉沉细涩；冠心病心绞痛见上述证候者。②中风，多因瘀血闭阻脑脉所致，症见头痛头晕，半身不遂，语言謇涩，口眼㖞斜，舌暗红或紫，舌体不正，脉沉细涩；中风恢复期见上述证候者。

【注意事项】孕妇慎用。饮食宜清淡、低盐、低脂。食勿过饱。忌食生冷、辛辣、油腻之品，忌烟酒、浓茶。保持心情舒畅。忌过度思虑，避免恼怒、抑郁等不良情绪。在治疗期间，心绞痛持续发作，宜加用硝酸酯类药物。若出现剧烈心绞痛，心肌梗死，若见有气促、汗出、面色苍白者，应及时急诊救治。

消栓通络胶囊（颗粒、片）

【药物组成】川芎、丹参、黄芪、三七、桂枝、郁金、木香、泽泻、槐花、山楂、冰片。

【功能主治】活血化瘀，温经通络。用于瘀血阻络所致的中风，症见神情呆滞、言语謇涩、手足发凉、肢体疼痛；缺血性中风及高脂血症见上述证候者。

【方解】方中川芎行气活血，祛风通络，为君药。丹参活血祛瘀，宁心安神；黄芪补气行滞，气旺血行；三七化瘀生新，行滞通络，共为臣药，以助君药取活血化瘀，通经活络之功。桂枝温心阳，行气血，助君药温通经脉；郁金、木香行气解郁，化瘀通经，调畅气血；泽泻淡渗利湿，降浊化脂；槐花凉血养阴、平肝降脂；山楂消积导滞，化瘀降脂，共为佐药。冰片辛通痹塞，醒脑回神，引导诸药直达病所，为佐使药。诸药合用，共奏活血化瘀，温经通络之功。

【临床应用】①中风，多因气虚血瘀所致，症见言语謇涩，半身不遂，口舌㖞斜，手足发凉，肢体疼痛或肿胀，舌淡暗，苔白腻或薄白；缺血性中风见上述证候者。②高脂血症，因湿浊内蕴，瘀血内阻所致，症见形体肥胖，肢倦体重，大便不爽，或大便溏，舌暗，苔白腻，脉弦滑。

【注意事项】阴虚内热者慎用，风火、痰热证突出者慎用。出血性中风忌用。孕妇忌用。忌食生冷、辛辣、动物油脂食物。

二、行气活血药

本类药物主要由郁金、木香、乳香、没药、香附、川楝子、降香等活血行气的药物组成。适用于气滞血瘀所致疾病，在血瘀证临床表现的基础上，可伴有胀闷、胀满、胀痛等气滞症状。

荆花胃康胶丸

【药物组成】土荆芥、水团花。

【功能与主治】理气散寒，清热化瘀。用于寒热错杂、气滞血瘀所致的胃脘胀闷疼痛、嗳气、返酸、嘈杂、口苦；十二指肠溃疡见上述证候者。

【方解】方中土荆芥性辛温，能散寒、理气，为君药。水团花清热化瘀，为臣药。两药配合，寒热并调，气血并治，共凑理气散寒、清热化瘀之功。

【临床应用】①胃痛，因寒热错杂、胃失和降、气滞血瘀所致，症见胃脘胀闷疼痛；十二指肠溃疡见上述症候者。②反酸，因寒热错杂、胃失和降所致，症见泛吐酸水、嗳气、胃脘胀闷、胃中畏凉、口中口苦；十二指肠溃疡见上述症候者。③嘈杂，因寒热错杂、脾胃失和所致，症见胃中嘈杂、胃脘胀闷、胃中灼热；十二指肠溃疡见上述症候者。

【注意事项】服药后，少数患者出现恶心、呕吐、腹泻、胃脘不适、皮疹等。孕妇禁用。忌服辛辣刺激性食物及寒凉、油腻、不易消化食物。

胃康灵胶囊

【药物组成】白芍、白及、甘草、茯苓、延胡索、海螵蛸、三七、颠茄浸膏。

【功能主治】柔肝和胃，散瘀止血，缓急止痛，去腐生新。用于肝胃不和、瘀血阻络所致的胃脘疼痛连及两胁、暖气、泛酸；急、慢性胃炎，胃十二指肠溃疡，胃出血见上述证候者。

【方解】本方为中西药结合制剂。方中白芍、甘草养血柔肝、缓急止痛；三七、延胡索、白及化瘀止血、活血定痛，并能敛疮生肌；海螵蛸功长收敛止血，制酸止痛；茯苓健运脾胃以固本。西药颠茄浸膏有解痉镇痛的作用。诸药合用，共奏柔肝和胃、散瘀止血、缓急止痛、去腐生新之功。

【临床应用】胃痛，由情志不畅，肝气犯胃，胃失和降，气血阻滞所致。症见胃脘疼痛、连及两胁、暖气、泛酸；急、慢性胃炎，胃十二指肠溃疡，胃出血见上述证候者。

【注意事项】孕妇慎用。

复方丹参滴丸（颗粒、片）

【药物组成】丹参、三七、冰片。

【功能主治】活血化瘀，理气止痛。用于气滞血瘀所致的胸痹，症见胸闷、心前区刺痛；冠心病心绞痛见上述证候者。

【方解】丹参活血化瘀，清心安神，通脉止痛，为君药。三七活血化瘀，通经止痛，为臣药。冰片辛香走窜，能通窍止痛，醒神化浊，引药入经，为佐使药。共奏活血化瘀，理气止痛之功。

【临床应用】胸痹，因气滞血瘀，阻塞心脉所致，症见胸前闷痛，或猝然心痛如绞，痛有定处，甚则胸痛彻背，背痛彻胸，舌紫暗或有瘀斑，脉弦涩或结代；冠心病心绞痛见上述证候者。

【注意事项】寒凝血瘀胸痹心痛者不宜。脾胃虚寒患者慎用。孕妇禁用。忌食生冷、辛辣、油腻之品，忌烟酒、浓茶。个别人服药后胃脘不适，宜餐后服用。治疗期间，心绞痛持续发作，宜加用硝酸酯类药。如果出现剧烈心绞痛、心肌梗死等，应及时救治。

麝香保心丸

【药物组成】人工麝香、人参提取物、肉桂、苏合香、蟾酥、人工牛黄、冰片。

【功能主治】芳香温通，益气强心。用于气滞血瘀所致的胸痹，症见心前区疼痛、固定不移；心肌缺血所致的心绞痛、心肌梗死见上述证候者。

【方解】方中麝香活血化瘀，开窍止痛，为君药。人参补气健脾；肉桂温阳通脉，蟾酥开窍止痛，苏合香芳香温通，共为臣药；人工牛黄开窍醒神，冰片开窍止痛，共为佐药。诸药合用，共奏芳香温通，开窍止痛，益气强心之功。

【临床应用】胸痹，由气滞血瘀，脉络闭塞所致，症见胸痹，胸闷，心前区疼痛，痛处固定不移，舌质暗红或紫，脉弦涩；冠心病心绞痛、心肌梗死见上述证候者。

【注意事项】含有麝香、蟾酥等开窍药，孕妇禁用。本品中含有蟾酥，不宜过用久用；因其具有强心作用，不宜与洋地黄类药物同用。心绞痛持续发作，服药后不能缓解时，应加用硝酸甘油酯等药物。如出现剧烈心绞痛、心肌梗死，应及时急诊救治。饮食宜清淡、低盐、低脂，忌食生冷、辛辣、油腻之品。食勿过饱，忌烟酒。

冠心苏合滴丸（丸、胶囊、软胶囊）

【药物组成】苏合香、冰片、乳香（制）、檀香、土木香。

【功能主治】理气，宽胸，止痛。用于寒凝气滞、心脉不通所致的胸痹，症见胸闷、心前区疼痛；冠心病心绞痛见上述证候者。

【方解】苏合香辛温走窜，冰片辛凉走窜、芳香开窍、辟秽化浊，开郁止痛，共为君药。乳香、檀香辛温行散，温经活血，行气宽胸，通瘀止痛，共为臣药。土木香健脾和胃，以资化源，调气解郁，散寒止痛，为佐药。诸药合用，共奏理气宽胸，温经，宣痹止痛之功。

【临床应用】胸痹，系寒凝心脉，阳气不运，闭阻气机所致，症见卒然心痛如绞，遇寒即发，形寒肢冷，甚则胸痛彻背，背痛彻胸，舌淡苔薄白，脉沉弦或沉迟；冠心病心绞痛急性发作期见上述证候者。

【注意事项】阴虚血瘀、痰瘀互阻所致胸痹者禁用。本品多为芳香开窍药，不宜长期服用，久服耗伤正气。苏合香、冰片对胃黏膜有一定刺激作用，胃炎、胃溃疡、食管炎者慎用。本品含有活血化瘀之药，孕妇禁用。本品含乳香，胃弱者慎服。饮食宜清淡、低盐、低脂。食勿过饱。忌食生冷、辛辣、油腻之品，忌烟酒、浓茶。在治疗期间，心绞痛持续发作，宜加用硝酸酯类药。如果出现剧烈心绞痛、心肌梗死等，应及时救治。

三、益气活血药

本类药物主要由活血药和补气药组成，常用的补气药有人参、黄芪、党参、灵芝、太子参、红景天等。适用于诸病气虚血瘀证，在血瘀证临床表现的基础上，可伴有气短、乏力、倦怠、懒言、自汗等气虚症状。

心脑康胶囊

【药物组成】丹参、赤芍、川芎、红花、九节菖蒲、郁金、远志、（蜜炙）、地龙、葛根、泽泻、制何首乌、枸杞子、鹿心粉、牛膝、酸枣仁（炒）、甘草。

【功能主治】活血化瘀，通窍止痛。用于瘀血阻络所致的胸痹、眩晕，症见胸闷、心前区刺痛、眩晕、头痛；冠心病心绞痛、脑动脉硬化见上述证候者。

【方解】方中丹参、赤芍、川芎、红花活血化瘀，宣痹止痛，共为君药。九节菖蒲、郁金、远志、地龙开窍通络，葛根、泽泻升清降浊、宁脑利窍，共为臣药。制何首乌、枸杞子、鹿心粉、牛膝滋补肝肾，酸枣仁宁心安神，共为佐药。甘草和中缓急，调和诸药，为使药。诸药合用，共奏活血化瘀，通窍止痛的作用。

【临床应用】①胸痹，因瘀血阻滞，胸阳不展所致，症见胸闷、心前区刺痛，脉弦细而涩，苔薄舌紫；冠心病心绞痛见上述证候者。②眩晕，因瘀血阻于脑窍，窍隧不通，脑络失养所致，症见头晕目眩，阵发头痛，痛处固定不移，脉弦而涩，舌紫苔薄；脑动脉硬化见上述证候者。

【注意事项】孕妇慎用。久服伤及脾胃，一般宜餐后服用。若出现剧烈心绞痛、心肌梗死，并伴有气促、汗出、面色苍白者，应及时急诊救治。

胃乃安胶囊

【药物组成】黄芪、人参（粉）、三七、珍珠层粉、人工牛黄。

【功能主治】补气健脾，活血止痛。用于脾胃气虚，瘀血阻滞所致的胃痛，症见胃脘隐痛或刺痛，纳呆食少；慢性胃炎、胃十二指肠溃疡见上述证候者。

【方解】方中以黄芪甘温，补气健脾，补气行滞，温养脾胃而生肌敛疮，为君药。人参大补元气，补益脾肺之气，为方中臣药。三七活血定痛，珍珠层粉镇心安神；人工牛黄清热解毒消肿，共为佐药。全方配伍，寒温并用，气血同调，共奏补气健脾，活血止痛之功。

【临床应用】胃痛，脾胃气虚，瘀血阻滞所致胃脘隐痛或刺痛，痛有定处，神疲纳呆，四肢倦怠，手指不温，舌质紫黯，舌边有瘀斑，苔白，脉细涩或迟缓；慢性胃炎、胃十二指肠溃疡见上述证候者。

【注意事项】脾胃虚寒或阴虚火旺所致胃痛者不宜。孕妇慎用。忌食生冷油腻、不易消化食物，戒烟酒。

通心络胶囊

【药物组成】人参、水蛭、土鳖虫、赤芍、乳香（制）、降香、全蝎、蜈蚣、檀香、冰片、蝉蜕、酸枣仁（炒）。

【功能主治】益气活血，通络止痛。用于冠心病心绞痛属心气虚乏、血瘀络阻证。症见胸部憋闷、刺痛、绞痛，位置固定不移，心悸自汗，气短乏力，舌质紫暗或有瘀斑，脉细涩或结代。亦用于气虚血瘀阻络型中风病，症见半身不遂或偏身麻木、口舌㖞斜、言语不利。

【方解】方中人参大补元气，益气以助血行，为君药。水蛭、土鳖虫、赤芍、乳香、降香活血破血，祛瘀通痹，共为臣药。全蝎、蜈蚣通络止痛，檀香行气理气、宽胸止痛；冰片通窍止痛；蝉蜕息风止痛；酸枣仁养心安神，共为佐药。诸药合用，共奏益气活血、行气止痛之功。

【临床应用】①胸痹，因心气不足，心血瘀阻，心脉失养，胸阳失展所致，症见胸闷，心前区刺痛，心悸，气短，乏力，自汗，脉细涩，舌淡色紫；冠心病心绞痛见于上述证候者。②中风，因气虚血瘀，脉络阻塞不通所致，症见半身不遂，周身麻木，口舌㖞斜，言语不利等；缺血性中风见上述证候者。

【注意事项】孕妇及妇女月经期禁用；出血性疾患禁用；中风阴虚火旺证禁用；一般宜餐后服用；保持心情舒畅；在治疗期间，心绞痛持续发作，应及时就诊。

心可宁胶囊

【药物组成】丹参、三七、红花、水牛角浓缩粉、牛黄、冰片、蟾酥、人参须。

【功能主治】益气活血，通脉止痛。用于气虚血瘀、瘀阻心脉所致的胸痹，症见胸闷心痛、心悸气短、痛处固定；冠心病心绞痛见上述证候者。

【方解】方以丹参活血祛瘀，通络止痛，养血安神，为君药。三七、红花活血化瘀，通络定痛，为臣药。水牛角浓缩粉凉血安神；牛黄味苦性凉，清心化痰开窍；冰片辛苦微寒，蟾酥甘辛温，寒温并用，均能开窍醒神；人参须益气行滞，推进血行，均为佐药。诸药合用，共奏益气活血，通脉止痛之功。

【临床应用】胸痹，多因气虚血瘀，痹阻心脉而致，症见胸闷心痛，痛处固定，心悸气短，动则喘息，倦怠乏力，或少气懒言，面色无华，或易汗出，舌淡红胖，有齿痕，脉细弱无力或结代；冠心病心绞痛见上述证候者。

【注意事项】孕妇慎用。出血性疾病及妇女月经期禁用。本方含蟾酥，辛温有毒，慎与洋地黄类药品同用。饮食宜清淡，忌食油腻，宜餐后服用。在治疗期间，心绞痛持续发作，宜加用硝酸酯类药。若出现剧烈心绞痛、心肌梗死，应及时急诊救治。

偏瘫复原丸

【药物组成】黄芪、人参、当归、熟地黄、白术（炒）、茯苓、泽泻、豆蔻、川芎、赤芍、丹参、三七、牛膝、天麻、僵蚕（炒）、全蝎、钩藤、白附子（矾炙）、地龙、法半夏、秦艽、铁丝威灵仙、防风、杜仲（炭）、补骨脂（盐炙）、骨碎补、香附（醋炙）、沉香、枳壳（炒）、肉桂、桂枝、冰片、安息香、麦冬、甘草。

【功能主治】补气活血，祛风化痰。用于气虚血瘀、风痰阻络所致的中风，症见手足麻木、言语謇涩、头痛目眩。

【方解】方以黄芪、人参补中益气，生血行滞；当归、熟地黄滋阴养血，生精益髓，通经活络，共为君药。白术、茯苓、泽泻、豆蔻健脾化湿；川芎、赤芍、丹参、三七、牛膝活血祛瘀；天麻、僵蚕、全蝎、钩藤、白附子、地龙、法半夏平肝息风，化痰通络；秦艽、铁丝威灵仙、防风祛风通痹，舒筋活络，共为臣药。佐以杜仲、补骨脂、骨碎补补肝肾、强筋骨；香附、沉香、枳壳行气止痛；肉桂、桂枝温通经脉；冰片、安息香开窍醒神；麦冬养阴生津。甘草调和诸药为使药。诸药成方，共奏补气活血，祛风化痰之功。

【临床应用】中风，因气虚血瘀、风痰阻络所致，症见半身不遂、肢体麻木、口舌㖞斜、言语謇涩为主症，可伴有手足肿胀，口角流涎，肢体或关节疼痛、屈伸不利，重则关节拘缩，饮水发呛，步态不稳，气短乏力，自汗等；脑血管病恢复期见上述证候者。

【注意事项】阴虚火旺，肝阳上亢者慎用。孕妇忌用。

本类药物主要由活血、补气、养阴药组成，常用的养阴药有麦冬、何首乌、地黄、知母、玄参等。适用于气阴两虚、瘀血阻滞所致疾病，在血瘀证临床表现的基础上，伴有气虚和阴虚的症状，阴虚症状可见五心烦热、少寐、盗汗、舌红少苔等。

康尔心胶囊

【药物组成】人参、麦冬、三七、丹参、山楂、枸杞子、何首乌。

【功能主治】益气养阴，活血止痛。用于气阴两虚、瘀血阻络所致的胸痹，症见胸闷心痛、心悸气短、腰膝酸软、耳鸣眩晕；冠心病心绞痛见上述证候者。

【方解】方中人参大补元气，麦冬养阴清心除烦，二者相合以益气养阴，共为君药；

三七、丹参、山楂活血化瘀止痛，共为臣药；佐以枸杞子、何首乌滋补肝肾之阴。诸药合用，共奏益气养阴，活血止痛之功。

【临床应用】胸痹，因气阴亏虚，血瘀络阻，心脉失养所致，症见胸闷不适，心前区疼痛，或隐痛或刺痛，心悸不安，腰膝酸软，耳鸣，眩晕，舌淡红或有瘀点，脉细无力；冠心病心绞痛见上述证候者。

【注意事项】孕妇、经期妇女慎用。在治疗期间，心绞痛持续发作，应及时就诊。饮食宜清淡、低盐、低脂，食勿过饱。忌食生冷、辛辣、油腻之品，忌烟酒、浓茶。

宁心宝胶囊

【药物组成】虫草头孢菌粉。

【功能主治】本品有提高心律，改善窦房结、房室传导功能作用。用于房室阻滞，缓慢型心律失常。

【方解】冬虫夏草性味甘温，归肺肾经，具有补肾益肺，固本秘精之功效，为调补诸劳虚损之佳品。本品系由虫草头孢菌丝体发酵而成，具有温肾填精，补气益血功效，用于心肾阳虚，精血不足之心悸、气短。

【临床应用】心悸，系由心肾阳虚，精血不足所致，症见心中动悸，胸闷气短，动则尤甚，倦怠乏力，神疲懒言，体虚易汗，食欲不振，舌质淡，苔薄白，脉虚缓或结代；房室阻滞，缓慢型心律失常见上述证候者。

【注意事项】本品药性和缓，以补虚益损为主，若心肾阳虚兼有气滞、血瘀、痰浊者，应配合其他药物治疗。保持心情愉快，情绪稳定。劳逸适度。忌过度思虑、恼怒、惊恐。忌烟酒茶等刺激物品。

滋心阴口服液（颗粒、胶囊）

【药物组成】麦冬、北沙参、赤芍、三七。

【功能主治】滋养心阴，活血止痛。用于阴虚血瘀所致的胸痹，症见胸闷胸痛、心悸怔忡、五心烦热、夜眠不安、舌红少苔、脉细数；冠心病心绞痛见上述证候者。

【方解】方中麦冬味甘性凉，长于滋养心阴，清心润肺，益胃生津，为君药。北沙参养胃生津，润肺止咳，与麦冬相须为用，共为臣药。赤芍清热凉血、活血化瘀，助君药散破血分瘀热；三七活血散瘀止痛，二者共为佐药。诸药合用，共奏滋养心阴，活血止痛之效。

【临床应用】胸痹，因心阴亏虚，心血瘀阻所致。症见胸闷不舒，胸前区刺痛，心悸怔忡，五心烦热，夜寐不安，舌红少苔，脉细数；冠心病心绞痛见上述证候者。

【注意事项】孕妇慎用。在治疗期间，心绞痛持续发作，应及时就诊。

五、化瘀消癥药

本类药物主要由土鳖虫、水蛭、三棱、莪术、阿魏等破血药物组成，用于瘀血所致癥瘕、积聚、痞块、腹部肿块、闭经等。

肝复乐片（胶囊）

【药物组成】党参、鳖甲（醋制）、重楼、白术（炒）、黄芪、茯苓、薏苡仁、桃仁、土鳖虫、大黄、郁金、苏木、牡蛎、半枝莲、败酱草、陈皮、香附（制）、沉香、木通、茵陈蒿、柴胡。

【功能与主治】健脾理气，化瘀软坚，清热解毒。适用于以肝郁脾虚为主证的原发性肝癌，症见上腹肿块，胁肋疼痛，神疲乏力，食少纳呆，脘腹胀满，心烦易怒，口苦咽干。

【方解】方中党参健脾益气；醋制鳖甲入肝，软坚散结；重楼入肝经，清热解毒，消肿止痛，共为君药。白术、黄芪补脾益胃；茯苓、薏苡仁健脾利湿，助党参益脾胃之气；桃仁、土鳖虫、大黄、郁金、苏木活血破瘀，合牡蛎助鳖甲软坚散结之功；半枝莲、败酱草清热解毒，散瘀止痛，以加强重楼解毒之效，共为臣药。陈皮、香附、沉香理气健脾，疏肝和胃；木通、茵陈蒿清热利湿，共为佐药。柴胡入肝、胆经，疏肝解郁，载药达肝，为佐使。诸药合用，共奏健脾理气，化瘀软坚，清热解毒之功。

【临床应用】原发性肝癌，因肝郁脾虚所致，症见上腹肿块，胁肋疼痛，神疲乏力，食少纳呆，脘腹胀满，心烦易怒，口苦咽干，舌淡红，苔薄白，脉弦细。

【注意事项】本品含有活血化瘀药物，孕妇忌用。服药期间饮食宜清淡易消化之品，忌食肥甘厚味。少数患者开始服药时出现腹泻，脾胃虚寒者慎用。

六、活血化痰熄风药

活血化痰熄风药主要由活血与化痰熄风药组合而成，化痰熄风药常用胆南星、天竺黄、天麻、地龙、蜈蚣等。适用于风痰瘀血所致中风、半身不遂、言语謇涩、口舌㖞斜、肢体麻木等症。

脑得生胶囊（丸、颗粒、片）

【药物组成】三七、葛根、红花、川芎、山楂（去核）。

【功能与主治】活血化瘀，通经活络。用于瘀血阻络所致的眩晕、中风，症见肢体不用、言语不利及头晕目眩；脑动脉硬化、缺血性中风及脑出血后遗症见上述证候者。

【方解】方中三七微苦，性温，和营行滞，活血化瘀，为君药。葛根甘辛，性凉，升举清阳，解肌通络；红花辛温，活血通经，散瘀止痛，共为臣药，以增强君药活血化瘀，通脉开痹之力。佐以川芎辛温，活血行气，祛风止痛，山楂酸甘，微温，活血化瘀，消积降脂，共为佐药。全方共奏活血化瘀，通经活络之功效。

【临床应用】①中风，因瘀血阻滞脑脉所致，症见半身不遂，口舌㖞斜，语言不利，偏身麻木，舌质紫暗或有瘀点瘀斑，脉弦涩；缺血性中风及中风后遗症见上述证候者。②眩晕，由于脑脉瘀滞所致，症见眩晕，头痛，耳鸣，健忘，失眠，或一过性言语不利，肢体麻木，舌有瘀点瘀斑，脉弦或涩；脑动脉硬化症见上述证候者。

【注意事项】本方为活血化瘀通络之剂，孕妇忌服。脑出血急性期忌用。

养血清脑颗粒

【药物组成】熟地黄、当归、钩藤、珍珠母、决明子、夏枯草、白芍、川芎、鸡血藤、延胡索、细辛。

【功能与主治】养血平肝，活血通络。用于血虚肝旺所致的头痛眩晕、心烦易怒、失眠多梦。

【方解】方中熟地黄甘、微温，归肝、肾经，能够补血滋阴，益精添髓；当归甘、辛，温，具有补血活血，调经止痛之功，二药合用，滋阴养血，补肾益肝，兼有活血通脉之能，共为君药。钩藤甘、微寒，能够熄风止痉，清热平肝；珍珠母甘、咸，寒，能够潜阳安神，清热平熄肝风；决明子甘、苦，微寒，归肝、大肠经，能够清肝明目，润肠通便；夏枯草苦、辛，寒，清肝火，解郁结，共为臣药。白芍滋阴养血，川芎活血行气，合归、芍而成养血和营之用；鸡血藤、延胡索补血活血，化瘀行气，舒筋通络，养血祛风，共为佐药。细辛散风通窍止痛，又可制约方中凉药之性，能够补而不滞，滋而不腻，为使药。诸药相合，标本兼治，共奏养血平肝，活血通络之功。

【临床应用】①头痛，多因血虚肝旺所致，症见头痛，眩晕，视物昏花，心悸，失眠等；原发性高血压、血管神经性头痛见上述证候者。②眩晕，系由血虚肝旺所致，症见头晕，乏力，心悸，失眠，多梦，两目干涩，视物昏花；原发性高血压见上述证候者。③不寐，系由心肝血虚，血不养神所致，症见失眠多梦，心悸，乏力；神经衰弱见上述证候者。

【注意事项】外感或湿痰阻络所致头痛、眩晕者慎用。本品含活血药物，孕妇慎用。服药期间饮食宜用清淡易消化之品，忌食辛辣、油腻之品，以免助热生湿。平素脾虚便溏患者慎用。

华佗再造丸

【药物组成】川芎、吴茱萸、冰片等。

【功能与主治】活血化瘀，化痰通络，行气止痛。用于痰瘀阻络之中风恢复期和后遗症，症见半身不遂、拘挛麻木、口眼㖞斜、言语不清。

【临床应用】中风，因瘀血或痰湿闭阻经络所致，症见半身不遂，口眼㖞斜，手足麻木，疼痛拘挛，肢体沉重疼痛或活动不利，舌质紫暗，舌下脉络瘀曲；中风恢复期见上述证候者。

【注意事项】孕妇禁用。脑出血急性期禁用。中风痰热壅盛证，表现为面红耳赤、大便秘结者不宜用。平素大便干燥者慎用。服药期间饮食宜用清淡易消化之品，忌食辛辣、油腻之品。

七、止血药

本类药物主要由三七、侧柏叶、小蓟、白茅根、槐花、艾叶、灶心土等止血药组成。适用于血液离经妄行而出现的吐血、衄血、咳血、便血、崩漏等各种出血证。因出血证情颇为复杂，故应随证情而异，审因论治，才能提高疗效。

云南红药胶囊

【药物组成】三七、重楼、紫金龙、玉葡萄根、滑叶跌打、大麻药、制黄草乌、金铁锁、石菖蒲、西南黄芩。

【功能主治】散瘀止血，祛风除湿，活血止痛。用于瘀血痹阻或风湿阻络所致的鼻衄、咳血、吐血、痔疮出血、月经过多、痹病、跌打损伤；胃溃疡吐血，支气管扩张咳血，功能失调性子宫出血，眼底出血，眼结膜出血，风湿性关节炎，风湿性腰腿痛，软组织挫伤见上述证候者。

【方解】方用三七化瘀止血，疗伤止痛，为君药。辅以重楼清热凉血，活血祛瘀，散结止痛；紫金龙微寒清热，活血散瘀，祛风止痛，合用以增强君药清热凉血，活血散瘀，祛风止痛的作用，共为臣药。玉葡萄根、滑叶跌打、大麻药散瘀止血，消肿止痛；制黄草乌祛风除湿，通络止痛；金铁锁祛风除湿，散瘀止痛，尽显佐助之用；石菖蒲祛湿化浊；西南黄芩清热燥湿，辅佐君药即可除湿消肿，又可佐制黄草乌燥热之性，其为佐药。方中寒热并调，无温热之弊，化瘀止血，无留瘀之嫌，祛风除湿而不伤阴，诸药合用，共奏止血止痛，活血散瘀，祛风除湿之效。

【临床应用】①血证，多因瘀血阻络，血溢脉外所致的鼻衄，咳血，吐血，便血，痔疮出血，月经过多，舌紫暗，边有瘀斑，脉涩；胃溃疡吐血，支气管扩张咳血，功能性子宫出血，眼底出血，眼结膜出血见上述证候者。②痹病，多因风湿瘀血阻滞，脉络不通而致关节腰腿痛，关节屈伸不利，舌苔白，脉弦紧；风湿性关节炎、类风湿关节炎见上述证候者。③跌打损伤，多因外伤瘀血阻滞而致的伤处皮肤青紫，肿胀疼痛，活动受限，脉弦或涩；软组织损伤见上述证候者。

【注意事项】虚寒证出血者慎用。孕妇忌用服药期间饮食宜选清淡易消化之品，忌食辛辣油腻之品，以免助热生湿。本品含有毒药物，应在医师指导下使用，不可过量、久服。出血量大者，应采取相应急救措施。

裸花紫珠片

【药物组成】裸花紫珠浸膏。

【功能主治】清热解毒，收敛止血。用于血热毒盛所致的鼻衄、咳血、吐血、崩漏下血；呼吸道、消化道出血、子宫失调功能性出血、人工流产后出血见上述证候者。

【方解】方中裸花紫珠具有收敛止血，清热解毒，散瘀消肿的功效。现代药理研究表明，具有消炎，解毒，收敛，止血的作用。

【临床应用】①鼻衄，肺胃、肝胆热盛，迫血妄行所致鼻腔出血，血色鲜红，口鼻干燥，咽痒咳嗽，或口臭龈肿。或急躁易怒，目赤耳鸣，苔薄黄，脉滑数；干燥性鼻炎、萎缩性鼻炎见上述证候者。②咳血，肺热壅盛，灼伤络脉所致咳血，血色鲜红，或痰血相夹，咳吐黄痰，口渴心烦，舌红苔黄，脉滑数；支气管扩张出血见上述证候者。③吐血，胃热伤络，血溢脉外所致的吐血，色鲜红或紫暗，夹有食物残渣，身热烦躁，口干口臭，牙龈肿痛，口舌生疮，舌红苔黄，脉数有力；胃十二指肠溃疡出血见上述证候者。④崩漏，血热内盛，冲任失固所致经血非时而下，量多或淋漓不尽，血色鲜红或有瘀块，舌红苔黄，脉滑数；功能失调性子宫出血、人工流产后出血见上述证候者。

【注意事项】脾胃虚寒者慎用。服药期间饮食宜选清淡易消化之品，忌食辛辣油腻之品。出血量多者，应采取综合急救措施。用本品治疗细菌感染引起的炎症时，可配合使用抗生素，以增疗效。

止血宝胶囊

【药物组成】小蓟。

【功能与主治】凉血止血，祛瘀消肿。用于血热妄行所致的鼻出血、吐血、尿血、便血、崩漏下血。

【方解】本方由单味药组成，主治血热妄行之出血诸证。小蓟甘凉，入肝脾经凉血止血，祛瘀消痛，既可止出血，又可消瘀血，止血且无留瘀之弊，治疗血热夹瘀的出血最为适宜。

【临床应用】①鼻衄，热伤肺络而致鼻腔出血，血色鲜红，口鼻干燥，舌红苔薄黄，脉数；干燥性鼻炎、萎缩性鼻炎见上述证候者。②吐血，热伤胃络所致的吐血，血色鲜红，夹有食物残渣，身热烦躁，口干口臭，牙龈红肿热痛，口疮，舌红苔黄，脉数有力；胃十二指肠溃疡出血见上述证候者。③尿血，热邪下迫肾与膀胱，脉络受损而致尿血鲜红，小便黄赤灼热，心烦口渴，舌红苔黄，脉数；尿路感染出血见上述证候者。④便血，热邪损伤肠络所致大便出血，血色鲜红，大便秘结，小便黄赤，舌红苔黄，脉数有力；胃十二指肠溃疡出血、痔疮出血见上述证候者。⑤崩漏，血热妄行，冲任不调而致经血非时而下，量多或淋漓日久不尽，血色鲜红或有瘀块；功能失调性子宫出血见上述证候者。

【注意事项】阴虚火旺出血证慎用。服药期间饮食宜选清淡易消化之品，忌食辛辣油腻之品。出血量多者，应采取综合急救措施。

血美安胶囊

【药物组成】豕甲、地黄、赤芍、牡丹皮。

【功能与主治】清热养阴，凉血活血。用于原发性血小板减少性紫癜血热伤阴夹瘀证，症见皮肤紫癜、齿衄、鼻衄、妇女月经过多，口渴、烦热、盗汗。

【方解】方中豕甲滋养阴血，育阴清热，针对血热伤阴的病机，故为君药。地黄甘寒，养阴生津，凉血止血，为臣药。赤芍、牡丹皮清热养阴，凉血止血，并且止血而不留瘀，成佐助之用，为佐药。诸药合用，共奏清热养阴，凉血止血之效。

【临床应用】①紫斑，因血热妄行，伤阴夹瘀而致皮肤出现青紫斑点或斑块，或伴有鼻衄、齿衄、便血、尿血，或有发热、口渴、盗汗，舌红苔少，脉弦数；原发性血小板减小性紫癜见上述证候者。②齿衄，多因血热伤阴夹瘀而致牙龈或牙缝出血，舌质红，苔薄黄，脉滑数等；齿龈炎见上述证候者。③月经过多，多因血热妄行，伤阴夹瘀，冲任不调而经血非时而下，淋漓不净，血色鲜红或有瘀块；功能失调性子宫出血见上述证候者。

【注意事项】脾胃虚寒者忌用。服药期间饮食宜选清补易消化之品，忌食辛辣油腻之品，以免加重病情。当血红蛋白低于 60 g/L，且患者耐受较差时，可输血；同时要控制出血及感染。

第十七节　补益药

补益药具有滋养、补益人体气血阴阳不足的作用，用于治疗各种虚证，以补益药为主组成。属于中医八法中之"补法"。人体虚损不足诸证，类别很多，有气虚、血虚、阴虚、阳虚四类，因此补益药也分为益气药、助阳药、养血药。凡西医之神经衰弱，免疫功能低下，各种原因的贫血，肺气肿，老年性慢性支气管炎，各种结核病，性功能减退以及各种慢性消耗性疾病均可选用此类中成药辨证治疗。

使用补益药时，应注意辨别真假虚实；而且常服、久服补益剂时，必须因证制宜，适当配伍健脾、和胃、理气等药品，以达补而不滞之义。

一、益气药

本类药物主要由人参、黄芪、白术、甘草等补脾益气的中药组成。适用于脾肺气虚所致的肢体倦怠乏力，呼吸气短，动则气喘，声低懒言，面色㿠白，食欲不振，虚热自汗，脱肛，子宫脱垂等症。

香砂六君丸

【药物组成】党参、白术（炒）、茯苓、陈皮、木香、半夏（制）、砂仁、炙甘草。

【功能主治】益气健脾，和胃。用于脾虚气滞，消化不良，嗳气食少，脘腹胀满，大便溏泄。

【方解】方中以党参味甘性平，益气健脾，补中养胃，为君药。白术甘温而兼苦燥之性，甘温补气，苦燥健脾，与党参相协，益气补脾之力益著，为臣药。茯苓甘淡健脾渗湿，与白术相伍，前者补中健脾，守而不走，后者渗湿助运，走而不守，二者相辅相成，健脾助运之功益彰；陈皮理气调中，燥湿化痰；木香行气调中止痛；半夏燥湿化痰和胃；砂仁化湿行气，温中止泻，为佐药。甘草味甘益气，调和诸药，为使药。全方配伍，共奏益气健脾，行气和胃之功。

【临床应用】①胃痛，脾胃气虚，胃气阻滞所致胃脘不适，疼痛胀闷，喜温喜按，劳累或受凉后发作或加重，泛吐清水，神疲乏力，胸闷嗳气，食少纳呆，大便溏泄，舌淡苔白，脉细弱；急、慢性胃炎及胃十二指肠溃疡见上述证候者。②痞满，脾胃气虚，健运失职，胃气阻滞，升降失司或所致的脘痞满闷，时轻时重，喜温喜按，胸胁胀满，嗳腐吞酸，恶心呕吐，食少便溏，少气懒言，舌淡红，苔白腻，脉细弱；消化不良见上述证候者。③泄泻，脾胃失运，清浊不分所致大便溏烂，迁延反复，食少，食后脘闷不舒，稍进油腻则大便次数明显增加，大便中夹有未消化食物，面色萎黄，脘腹胀闷不舒，神疲倦怠，舌质淡，苔白，脉细；慢性消化不良见上述证候者。

【注意事项】阴虚内热胃痛，湿热痞满、泄泻者慎用。忌食生冷、油腻、不易消化及刺激性食物，宜食清淡易消化之品，戒烟酒。

养胃颗粒

【药物组成】党参、炙黄芪、山药、陈皮、香附、白芍、乌梅、甘草。

【功能主治】养胃健脾，理气和中。用于脾虚气滞所致的胃痛，症见胃脘不舒、胀满疼痛、嗳气食少；慢性萎缩性胃炎见上述证候者。

【方解】方中以党参、炙黄芪补中益气，健脾和胃，为君药。山药补脾益气，陈皮、香附疏肝解郁，理气和胃，共为臣药。白芍、乌梅、甘草酸甘化阴，和中缓急止痛，共为佐药。全方合用，共奏养胃健脾，理气和中之功。

【临床应用】胃痛，脾胃气虚，健运失职，气机阻滞所致胃脘隐隐作痛或胀痛，痛连两胁，遇劳累或烦恼后发作或加重，嗳气，食少，倦怠乏力，大便不畅或溏薄，舌淡苔白，脉细弱或弦；慢性萎缩性胃炎见上述证候者。

【注意事项】胃脘灼热嘈杂、吞酸者及胃阴不足胃痛者慎用。忌食生冷、油腻、不易消化及刺激性食物，宜食清淡易消化之品，戒烟酒。

补中益气丸（口服液、合剂）

【药物组成】炙黄芪、党参、白术（炒）、升麻、柴胡、陈皮、当归、炙甘草。

【功能主治】补中益气，升阳举陷。用于脾胃虚弱、中气下陷所致的泄泻、脱肛、阴挺，症见体倦乏力、食少腹胀、便溏久泻、肛门下坠或脱肛、子宫脱垂。

【方解】本方重用炙黄芪甘温，能健脾益气，升阳举陷，为君药。党参、白术补中益气，健脾和胃；升麻、柴胡辅助君药升举下陷之清阳，共为臣药。陈皮理气和胃，使补而不滞；当归补血和血，防升阳之品燥烈伤阴，共为佐药。炙甘草补中益气，调和诸药，有佐使之功。全方合用，共奏补中益气，升阳举陷之功。

【临床应用】①泄泻，因脾胃虚弱，中气下陷所致大便溏泻，或久泻不止，水谷不化，稍进油腻等不易消化之物，则大便次数增多，气短，肢倦乏力，纳食减少，脘腹胀闷不舒，面色萎黄，舌淡苔白，脉细弱；慢性肠炎、慢性结肠炎、功能性消化不良、胃肠功能紊乱等见上述证候者。②脱肛，因脾胃虚弱，中气下陷所致肛门下坠或脱出，劳累、增加腹压、咳嗽等均可脱出，伴面色苍白，唇淡，气短，倦怠乏力，腹胀腹痛，舌淡少苔，脉虚无力。③阴挺，因脾胃虚弱，中气下陷所致，自觉阴道有块状物脱出，阴道坠胀，活动或体力劳动时加重，白带增多，质稀色白；伴精神疲倦，面色苍白无华，四肢无力，心悸，气短，小腹下坠，舌淡苔薄白，脉细弱；子宫脱垂或阴道脱垂见上述表现者。此外，临床尚可用治胃下垂、消化性溃疡、上睑下垂、低血压、头痛、眩晕等辨证属于脾胃虚弱，中气下陷者。

【注意事项】阴虚内热者禁用；有恶寒发热表证时不宜用；宜空腹或餐前服，亦可在进食时同服；服药期间忌生冷油腻食物；高血压患者慎服。

二、助阳药

本类药物主要由鹿茸、肉苁蓉、巴戟天、附子、肉桂等温补肾阳的中药组成。适用于肾阳不足所致的腰膝酸痛，四肢不温，少腹拘急冷痛，夜尿频数，阳痿早泄，消渴，脉沉细等症。西医之腰肌劳损，性功能减退，结肠炎，甲状腺功能减退等疾病见上述症状者可选用此类中成药辨证治疗。

桂附地黄丸（胶囊）

【药物组成】肉桂、附子（制）、熟地黄、山茱萸、山药、茯苓、泽泻、牡丹皮。

【功能主治】温补肾阳。用于肾阳不足，腰膝冷痛，肢体浮肿，小便不利或反多，痰饮喘咳，消渴。

【方解】方中肉桂、附子辛、甘、大热，温补肾阳，益火之源，蒸腾气化，两药相须，互增药力，针对病机主病，故为君药。熟地黄补血滋阴；山茱萸既温补肾阳，又益肝肾之阴；山药益气健脾补肾，培补肺气。3味肝脾肾三阴并补，可收阴生阳长之效，共为臣药。茯苓健脾补中，利水渗湿，助山药健脾；泽泻利水渗湿，清利下焦湿热，防熟地黄滋腻；牡丹皮清肝胆相火而凉血，制温药化燥，3味甘淡寒凉，与君药相反相成，为佐药。诸药合用，共奏温补肾阳之功。

【临床应用】①腰痛，由肾阳亏虚，腰府失养所致，症见腰膝疲软，畏寒怕冷，四肢欠温，少气乏力，夜尿频多，舌淡，脉沉细；腰肌劳损见上述证候者。②水肿，由肾阳衰弱，不能温化水湿所致，症见面浮身肿，腰以下尤甚，按之凹陷不起，心悸，气促，畏寒神疲，腰部疲胀，小便不利，舌淡，脉沉细。③喘咳，由肾阳不足，摄纳无权所致，症见喘促日久，气息短促，呼多吸少，动则喘甚，气不得续，咳嗽时轻时重，常因咳甚而尿出，或尿后余沥，面青肢冷。脉微细或沉弱；慢性支气管炎见上述证候者。④消渴，由肾阳不足，不能化气摄水，阴阳两虚所致，症见小便频数，腰膝疲软，四肢欠温，畏寒怕冷，神倦乏力，耳轮干枯，舌淡苔白，脉沉细；糖尿病见上述证候者。

【注意事项】肺热津伤，胃热炽盛，阴虚内热消渴者慎用。治疗期间宜节制房事。本品药性温热，中病即可，不可过服以防止化燥伤阴。孕妇慎用。本品含附子有毒，不可过服、久服。服药期间忌食生冷油腻，以防寒凉伤阴。

腰痛片

【药物组成】杜仲叶（盐炒）、肉桂、当归、补骨脂（盐炒）、续断、狗脊（制）、牛膝、赤芍、乳香（制）、土鳖虫（酒炒）、白术（炒）、泽泻。

【功能与主治】补肾活血，强筋止痛。用于肾阳不足、瘀血阻络所致的腰痛及腰肌劳损。

【方解】本方中杜仲叶甘温，补肝益肾、强筋壮骨；肉桂辛、甘、大热，补火助阳，温通经脉，散寒止痛；当归补血活血，散寒止痛，3味重用量大，切中病机，故为君药。补骨脂补肾健骨，强腰壮膝；续断补肝肾，强筋骨，通利血脉；狗脊补肝肾，强腰膝；牛膝补肝肾，活血祛瘀；赤芍清热凉血，祛瘀止痛；乳香活血化瘀，疗伤止痛；土鳖虫破血逐瘀，疗伤止痛；7味加强君药补肾强筋，活血止痛功效，合为臣药。白术补气健脾，以资化源；泽泻利水渗湿，为佐药。诸药合用，共奏补肾活血，强筋止痛之功。

【临床应用】腰痛，由肾阳亏虚，腰府失养所致，症见腰膝疲痛，下肢痿软，畏寒，四肢欠温，少气乏力，舌淡，脉沉细；腰肌劳损见上述证候者。也可用于跌打损伤，瘀血阻滞的腰痛。症见腰痛部位固定．或肿痛不适，或痛如锥刺，日轻夜重，或疼痛持续不解，活动不利，痛处拒按，舌质隐青或有瘀斑，脉弦涩或细；外伤腰痛见上述证候者。

【注意事项】湿热痹阻所致腰痛不宜使用。本品含活血化瘀药，孕妇慎用。服药期间，不宜进食辛辣、油腻和煎炸类食物，以免助湿生热。

普乐安胶囊（片）

【药物组成】油菜花花粉。

【功能与主治】补肾固本。用于肾气不固所致的癃闭，症见腰膝酸软、排尿不畅、尿后余沥；慢性前列腺炎及前列腺增生见上述证候者。

【方解】方中以油菜花花粉一味单用，取其补肾固本之功。

【临床应用】癃闭，由肾虚所致，症见排尿困难，淋漓不畅，夜尿频数，腰膝疲软，舌淡苔薄，脉细弱；前列腺增生见上述证候者。

【注意事项】肝郁气滞、脾虚气陷所致癃闭不宜使用。服药期间禁食用辛辣、生冷食物及饮酒。

前列舒丸

【药物组成】附子（制）、桂枝、淫羊藿、韭子、熟地黄、山茱萸、山药、薏苡仁、冬瓜子、苍术、泽泻、茯苓、桃仁、牡丹皮、甘草。

【功能与主治】扶正固本，益肾利尿。用于肾虚所致的淋证，症见尿频、尿急、排尿滴滴不尽；慢性前列腺炎及前列腺增生见上述证候者。

【方解】方中附子、桂枝温命门真火，淫羊藿、韭子温肾壮阳，令阳气旺则气化复，气化复则水津升降而不失其度，共为君药。熟地黄、山茱萸、山药等补肾益阴药物，取阴中求阳之意，辅助君药以补肾气，助气化，为臣药。薏苡仁、冬瓜子、苍术、泽泻、茯苓利水渗湿，通利小便，佐助君药温阳利水，标本兼顾。桃仁、牡丹皮，配桂枝可活血行瘀以通肾络，通阳化气而行水液，其为佐药。甘草缓和药性，缓急止痛，为使药。诸药合用，共奏扶正固本，益肾利尿之功。

【临床应用】①淋证，由肾气不足，气化不利所致，症见排尿淋漓不畅，或尿液混浊，状若米泔，腰膝疲痛，形寒肢冷，舌质淡润，苔薄白，脉沉细；慢性前列腺炎见上述证候者。②癃闭，由肾气不足，不能温化水湿所致，症见小便频数，夜间尤甚，尿线变细，余沥不尽，或点滴不爽，精神委靡，畏寒肢冷，舌质淡润，苔薄白，脉沉细；前列腺增生见上述证候者。

【注意事项】膀胱湿热，肝郁气滞所致的淋证不宜使用。肝郁气滞所致癃闭不宜使用。服药期间，饮食宜清淡，忌饮酒、辛辣食物。

固本益肠片

【药物组成】党参、黄芪、补骨脂、白术、山药、炮姜、当归、白芍。

【功能与主治】健脾温肾，涩肠止泻。用于脾肾阳虚所致的泄泻，症见腹痛绵绵、大便清稀或有黏液及黏液血便、食少腹胀、腰酸乏力、形寒肢冷、舌淡苔白、脉虚；慢性肠炎见上述证候者。

【方解】方中党参、黄芪温中，健脾益气止泻，补骨脂温肾补脾止泻，共为君药。白术、山药健脾止泻，炮姜温中散寒和胃，共为臣药。当归、白芍养血和血，收敛止痛，为佐药。全方配伍，共奏健脾温肾，涩肠止泻之功。

【临床应用】泄泻，肾阳不足，阴寒内盛，伤及脾阳，或久泻而致脾肾阳虚所致腹痛绵绵，大便清稀或有黏液及黏液血便，食少，腹胀，腰酸乏力，形寒肢冷，舌淡苔白；慢性肠炎见上述证候者。

【注意事项】湿热痢疾、泄泻者忌用。服药期间忌食生冷、辛辣油腻之品。

三、养血药

本类药物主要由熟地黄、当归、白芍，阿胶等补血药组成，具有补血养血的作用，适用于血虚所致的头晕眼花，面色㿠白无泽，口唇色淡，爪甲枯瘪，心悸失眠，大便干结，月经后期，量少色淡，脉细数或细涩，舌质淡苔滑少津等症。

益血生胶囊

【药物组成】阿胶、龟甲胶、鸡内金、鹿茸、鹿血、麦芽、牛髓、山楂、盐知母、紫河车、鹿角胶、黄芪、熟地黄、党参、白术、当归、茯苓、花生衣、制何首乌、白芍、酒大黄、大枣。

【功能主治】健脾益气，滋阴填精，补血生血。适用于各种血虚所致的头晕眼花，面色苍白，口唇色淡无华，手足麻木，心悸怔忡，倦怠乏力，舌淡苔白脉细等症。

【方解】本方以阿胶、鹿血、牛髓、紫河车、鹿茸、龟甲胶、鹿角胶滋阴补精，补血养血为君药；辅以党参、白术、茯苓、黄芪、大枣补气以资生血之源；佐以熟地黄、当归、白芍、制何首乌补益肝肾，滋阴养血；麦芽、鸡内金、山楂消食化积；花生衣、大黄凉血活血；知母清热以制温补生燥。全方配伍共奏健脾益气，滋阴填精，补血生血之功。

【临床应用】本方为健脾益气，滋阴填精，补血生血之剂。适用于各种血虚所致的头晕眼花，面色苍白，口唇色淡无华，手足麻木，心悸怔忡，倦怠乏力舌淡苔白脉细等症。西医之各种贫血，血小板减少症可用本品治疗。

【注意事项】消化不良者，宜与健脾助运化药合用；内有瘀滞及感冒者不宜使用；虚热者慎用。

驴胶补血颗粒

【药物组成】 阿胶、黄芪、党参、白术、熟地黄、当归。

【功能主治】 补血，益气，调经。用于久病气血两虚所致的体虚乏力、面黄肌瘦、头晕目眩、月经过少、闭经。

【方解】 方中以阿胶补血滋阴填精，黄芪益气健脾升阳，共为君药。臣以党参、白术补中益气，以资气血生化之源，熟地黄、当归养血和血，调经止痛。诸药相合，共奏健脾益气，养血调经之功。

【临床应用】 ①气血两虚证，因体质虚弱，正气不足，或积劳成疾，或病久失养，脾胃虚弱，气血生化不足，气血两虚而见体虚乏力，面黄肌瘦，少气懒言，食欲不振，精神疲惫；贫血见上述证候者。②眩晕，因久病不愈，耗伤气血，或失血之后，虚而不复，或劳思伤脾，不能健运以致气血两虚，脑失濡养而见头晕目眩，动则加剧，遇劳而发，面色苍白或萎黄，神疲乏力；贫血见上述证候者。③月经过少，因素体虚弱，气血不足，或大病久病耗伤气血，或饮食劳倦，思虑伤脾，化源不足，冲任不盛，血海不充而致月经量少，或点滴即净，色淡无块，小腹隐痛喜按，头晕眼花，面色苍白或萎黄。④闭经，因禀赋不足，或饮食劳倦，或忧思过度，损伤心脾，或大病久病，或堕胎小产，气血不足，冲任大虚，血海空乏而见月经逐渐后延，量少，经色淡而质薄，继而停闭不行，头昏眼花，或气短懒言，神疲体倦。

【注意事项】 体实有热者慎服。感冒者慎用，以免表邪不解。服药期间饮食宜选清淡易消化之品，忌食辛辣、油腻、生冷之品。

四、滋阴药

本类药物主要由地黄、麦冬、天冬、龟甲、知母等滋阴生津的中药组成。适用于阴虚所致的肢体消瘦，面容憔悴，口燥咽干，虚烦不眠，大便干燥，骨蒸盗汗，呛咳无痰，午后潮热，梦遗滑精，舌红少苔腻，脉沉细数等症。西医之肺结核，慢性肾炎，糖尿病，视神经萎缩等疾病见上述症状者均可选用此类中成药辨证治疗。

六味地黄丸

【药物组成】 熟地黄、山茱萸（制）、山药、泽泻、茯苓、牡丹皮。

【功能主治】 滋阴补肾。用于肾阴亏损所致的头晕耳鸣，腰膝酸软，骨蒸潮热，盗汗遗精，消渴等症。

【方解】 方中重用熟地黄滋补肾阴，填精益髓生血，为君药。山茱萸补益肝肾，并能涩精；山药补养脾阴而补肾固精，共为臣药。三药配合，肾肝脾三阴并补，是为"三补"。泽泻利湿泄热而降肾浊，并能减熟地黄之滋腻；茯苓淡渗脾湿，并助山药健运，与泽泻共降肾浊；牡丹皮清泄虚热，并制山茱萸之温性，三药称为"三泻"，共为佐药。诸药相合，共奏滋补肾阴之功。

【临床应用】 ①肾阴亏损证，因久病伤肾，或禀赋不足，或房事过度，或过服温燥竭阴之品，而致肾阴亏损，症见腰膝酸软无力，眩晕，耳鸣，形体消瘦，潮热，盗汗，口燥咽干。②眩晕，因先天肾阴不充，或年老肾亏，或久病伤肾，或房劳精耗，以致脑髓空虚，而见头晕目眩，视物昏花，神疲乏力，腰酸腿软，耳鸣；高血压见上述证候者。③耳鸣，因年老肾中精气不足，或欲念妄动，以致肾阴亏耗，耳窍失养而见耳鸣，眩晕，腰膝酸软；神经性耳聋见上述证候者。④发热，因素体阴虚，或病久伤阴，或误用、过用温燥药物等，导致阴精亏虚，阴衰则阳盛，水不制火而见午后潮热，骨蒸劳热，夜间发热，手足心热，烦躁，口燥咽干，腰膝酸软。⑤盗汗，因烦劳过度，或亡血失精，或邪热耗阴，阴精亏虚，虚火内生，阴津被扰，不能内藏而外泄，以致寐中汗出，醒后自止，五心烦热，两颧色红，口渴咽干。⑥遗精，因恣情纵欲，房室劳伤，或禀赋不足，或手淫过度，肾精不藏而致遗精，并伴头昏，耳鸣，腰膝酸软等。⑦消渴，因素体阴虚，或热病伤阴，或劳欲过度导致阴虚燥热，而见口渴多饮，口干舌燥，尿频量多，形体消瘦；2型糖尿病见上述证候者。

【注意事项】脾虚、气滞、食少纳呆者慎用；感冒者慎用；服药期间饮食宜清淡，忌辛辣、油腻之品。

知柏地黄丸

【药物组成】熟地黄、山茱萸（制）、山药、知母、黄柏、茯苓、泽泻、牡丹皮。

【功能主治】滋阴降火。用于阴虚火旺，潮热盗汗，口干咽痛，耳鸣遗精，小便短赤。

【方解】方中重用熟地黄为君药，滋阴补肾，益精填髓。臣以山茱萸、山药补肾固精，益气养阴，而助熟地黄滋补肾阴；知母甘寒质润，清虚热，滋肾阴；黄柏苦寒，泻虚火，坚真阴，配合熟地黄以滋阴降火。佐以茯苓健脾渗湿；泽泻利水清热；牡丹皮清泄肝肾，三药合用，使补中有泻，补而不腻。诸药配合，共奏滋阴降火之功。

【临床应用】①阴虚火旺证，因先天阴液亏虚，或误用、过用温燥药物等，阴液亏耗，虚火内扰而致形体消瘦，潮热，盗汗，两颧发红，五心烦热，咽干口燥，腰膝酸软，小便短赤。②阴虚发热，因素体阴虚，或热病日久，耗伤阴液，或误用、过用温燥药物等，导致阴精亏虚，阴衰则阳盛，水不制火而见午后潮热，骨蒸劳热，夜间发热，手足心热，烦躁。③盗汗，因烦劳过度，或亡血失精，或邪热耗阴，以致阴精亏虚，虚火内生，阴津被扰，不能内藏而外泄，症见寐中汗出，醒后自止，五心烦热或潮热，两颧色红，口渴咽干。④咽痛，因素体阴虚或热伤津液，虚火上炎，熏灼咽喉而致咽干不适，灼热，隐痛，咽痒干咳，有异物感，腰膝酸软，五心烦热；慢性咽炎见上述证候者。⑤耳鸣，因年老肾中精气不足，或房事不节，肾阴亏耗，耳窍失养而见耳鸣，眩晕，腰膝酸软；神经性耳聋见上述证候者。⑥遗精，因房室过度，恣情纵欲，或妄想不遂，扰动精室而致遗精，头晕，耳鸣，腰膝酸软，精神委靡不振。

【注意事项】气虚发热及实热者不宜用；脾虚便溏、气滞中满者不宜用；感冒者慎用；服药期间饮食宜清淡，忌辛辣、油腻之品。

杞菊地黄丸（胶囊、片）

【药物组成】熟地黄、山茱萸（制）、山药、枸杞子、菊花、茯苓、泽泻、牡丹皮。

【功能主治】滋肾养肝。用于肝肾阴亏，眩晕耳鸣，羞明畏光，迎风流泪，视物昏花。

【方解】方中熟地黄味甘、性微温，入心、肝、肾经，养血滋阴，补精益髓，为补益肝肾精血之要药，重用为君药。臣以山茱萸补肾暖肝；山药味甘，归脾、肺、肾经，性平不燥，作用缓和，补脾益肾涩精，为平补气阴之要药，佐以枸杞子滋阴补肾，养肝明目；菊花疏风清热，平肝明目；茯苓渗脾湿；泽泻泄肾浊；牡丹皮清肝火。诸药配合，共奏滋肾养肝之功。本方由六味地黄丸加味而成，在滋补肾阴的基础上，加枸杞子、菊花，兼有养阴平肝，滋水明目作用。

【临床应用】①眩晕，因肝肾不足，阴血亏虚所致，症见头目眩晕，腰酸腰痛，口燥咽干，周身乏力；原发性高血压见上述证候者。②圆翳内障，因肝肾不足，阴血亏虚所致，症见视力缓慢下降，视物昏花，晶珠轻度混浊；老年性白内障初期见上述证候者。③青盲，因肝肾不足，阴血亏虚所致，症见视物不清，不能久视；视神经萎缩见上述证候者。④目涩症，因肝肾不足，阴血所致，症见双目干涩，羞明畏光；眼干燥症见上述证候者。⑤耳聋，因肝肾不足所致，症见耳鸣、耳聋，伴有腰酸腰痛，口干咽燥，潮热，盗汗。

【注意事项】实火亢盛所致的头晕、耳鸣慎用；脾胃虚寒，大便稀溏者慎用；服药期间忌酸冷食物。

五、气血双补药

本类药物主要由人参、党参、白术、黄芪、当归、阿胶、熟地黄等补气药和补血药组成。适用于气血双虚所致的头晕眼花，面色苍白，手足麻木，心悸气短，失眠多梦，倦怠乏力，舌淡苔白，脉细等症。

十全大补口服液（丸）

【药物组成】熟地黄、党参、白术（炒）、茯苓、炙黄芪、当归、白芍（酒炒）、肉桂、川芎、炙甘草。

【功能主治】温补气血。用于气血两虚，面色苍白，气短心悸，头晕自汗，体倦乏力，四肢不温，月经量多。

【方解】方中熟地黄补血滋阴，填精生髓，党参补脾健中，益气生血，阳生阴长，共为君药。白术健脾益气，茯苓健脾利湿，黄芪健脾益气升阳，合以助君药开气血生化之源；当归、白芍补养阴血，以阴配阳；肉桂补火助阳，鼓舞气血生长，共为臣药。佐以川芎行气活血，使补而不滞。使以甘草益气，调和诸药。10味相合，共奏温补气血之功。

【临床应用】①气血两虚证，因禀赋不足，或久病不愈，或年老体弱，或饮食失调，脾胃虚弱，气血两虚而致面色苍白，气短懒言，体倦乏力，四肢不温，食欲不佳；贫血见上述证候者。②心悸，因体质虚弱，或久病失养，或劳累过度，气血亏虚，心失所养，心神不宁而见心慌不安，气短乏力，面色无华，头晕；贫血、功能性心律失常见上述证候者。③眩晕，因久病不愈，虚而不复，或失血过多，血亏气耗，或劳思伤脾，生化无权，气血两虚，脑失濡养而见头晕目眩，动则加剧，面色苍白，神疲乏力，心悸；贫血见上述证候者。④自汗，因素体虚弱，或病后体虚，卫气不能固护肌表，腠理疏松，津液外泄而致汗出，体倦乏力，面色无华，神疲气短。⑤月经量多，因先天不足，或过劳久思，或大病久病，损伤脾气，中气不足，冲任不固，血失统摄，而致月经量多，色淡红，质清稀，小腹空坠，面色苍白，神疲体倦，气短懒言。

【注意事项】体实有热者慎服。感冒者慎用。孕妇慎用。服药期间饮食宜选清淡易消化之品，忌食辛辣、油腻、生冷之品。

复方阿胶浆

【药物组成】阿胶、熟地黄、人参、党参、山楂。

【功能与主治】补气养血。用于气血两虚所致的头晕目眩、心悸失眠、食欲不振；白细胞减少症和贫血见上述证候者。

【方解】方中阿胶补血滋阴，熟地黄补精填精益髓，以补脏腑先天之本，共为君药。人参、党参，甘温大补元气，鼓舞后天生化之源，共为臣药。山楂健胃消食，活血行滞，使其补中寓散，滋而不腻，为佐药。诸药合用，共奏补气养血，滋阴养荣，填精益髓之效。

【临床应用】①气血两虚证，多因素体虚弱，或思虑过度，或久病不愈，气血两虚以致面色萎黄，食欲不振，唇甲淡白，气短懒言，神疲乏力，舌淡苔薄，脉细无力；白细胞减少症和贫血见上述证候者。②眩晕，多因气血两虚，不能上营于脑所致的头晕目眩，疲乏无力，面色不华，舌淡苔薄，脉细无力；贫血见上述证候者。③心悸，系由气血亏虚，心脉失养所致的心悸，失眠，倦怠无力，食欲减退，舌质淡，脉细弱；贫血见上述证候者。④失眠，系由气血两虚，心神失养所致的失眠，肢倦乏力，面色萎黄，食少纳呆，舌质淡，脉细弱；神经衰弱、贫血见上述证候者。

【注意事项】感冒者慎用，以免表邪不解。服药期间忌食生冷油腻之品，以免影响药效。

六、益气养阴药

益气养阴药主要由益气和滋阴药物组成，主要用于气阴两虚证。可用于西医学肺结核、冠心病心绞痛、2型糖尿病及化疗后的辅助治疗。

虚汗停颗粒

【药物组成】黄芪、大枣、浮小麦、糯稻根、牡蛎（煅）。

【功能与主治】益气养阴，固表敛汗。用于气阴不足所致的自汗、盗汗及小儿盗汗。

【方解】方中黄芪益气实卫固表止汗，为君药。大枣补脾益气；浮小麦、糯稻根两药能养阴除虚热而止汗，此3味益气养阴，更助黄芪补益之力，兼助止汗之功，合为臣药。佐以牡蛎收敛固涩而止汗，且有益阴功效。诸药合用，共有益气养阴、固表敛汗之功。

【临床应用】①自汗，此为气虚，卫外不固所致，症见自汗，短气，乏力，舌淡，脉虚弱。②盗汗，此为阴虚内热，逼津液外泄所致，症见盗汗，五心烦热，两颧色红，或兼午后潮热，舌红少苔，脉细数；多汗症见上述证候者。

【注意事项】实热汗出慎用。服药期间忌食辛辣、油腻、生冷之品。

参芪降糖胶囊（颗粒、片）

【药物组成】人参茎叶皂苷、黄芪、山药、麦冬、五味子、枸杞子、覆盆子、地黄、天花粉、茯苓、泽泻。

【功能与主治】益气养阴，健脾补肾。用于气阴两虚所致的消渴病，症见咽干口燥、倦怠乏力、口渴多饮、多食多尿、消瘦；2型糖尿病见上述证候者。

【方解】方中人参大补元气，生津止渴，方中其提取物人参茎叶皂苷据现代药理证明具有一定降糖作用；黄芪健脾益气，升举清阳，二药同用，大补元气，健脾升阳，生津止渴，共为君药。山药平补气阴，健脾滋肾润肺，固涩精微；麦冬养阴清热，益胃生津，二药合用，助参芪益气养阴，生津润燥，共为臣药。五味子益气生津止渴，收敛固涩阴精；枸杞子滋补肝肾，养阴润燥；覆盆子益精缩尿，固涩阴液，三药同用，补敛合用，脾肾同调，佐助君药益气生津止渴，并可避免津液的滑脱；地黄清热凉血，养阴生津；天花粉清热泻火，养阴生津；茯苓健脾益气；泽泻泻虚火，祛肾浊，使补而不滞，皆为佐药。诸药合用，气阴兼养，补敛结合，补中有清，共奏益气养阴，健脾补肾之功。

【临床应用】消渴，多因禀赋虚弱，或过食肥甘厚味，或过用温补之品，或情志过极，或房事劳倦，阴虚燥热，气阴两虚所致，症见口渴多饮，咽干口燥，多食尿多，形体消瘦，倦怠乏力；2 型糖尿病见上述证候者。

【注意事项】属阴阳两虚消渴者慎用。有实热者禁用，待实热退后可服用。孕妇忌用。服药期间忌食肥甘、辛辣之品，控制饮食，注意合理的饮食结构；戒烟酒。避免长期精神紧张；适当进行体育活动。对重症病例，应合用其他降血糖药治疗，以防病情加重。在治疗过程中，尤其是与西药降血糖药联合用药时，要及时监测血糖，避免低血糖反应发生。注意早期防治各种并发症。

糖尿乐胶囊

【药物组成】天花粉、山药、黄芪、人参、地黄、葛根、枸杞子、知母、天冬、茯苓、山茱萸、五味子、鸡内金（炒）。

【功能主治】益气养阴，生津止渴。用于气阴两虚所致的消渴病，症见多食、多饮、多尿、消瘦、四肢无力。

【方解】方中天花粉清热泻火，生津止渴；山药益气养阴，补脾肺肾，二者合用，气阴两顾，清热生津，共为君药。黄芪益气升阳，补脾益肺；人参大补元气，补脾益肺，生津止渴；葛根补脾升阳，生津止渴；枸杞子滋补肝肾，养阴生精，4 味同用，共助君药资生化源，益气生津，滋阴润燥，三消兼顾，以为臣药。佐使以天冬、地黄、知母养阴生津，泻火润燥；茯苓健脾益气；山茱萸、五味子滋补肝肾，固涩阴液，合鸡内金既可健胃消食，又可固脬缩尿。诸药配合，共奏益气养阴，生津止渴之功。

【临床应用】消渴，多因素体阴虚有热，或过食辛辣油腻，或过用温燥之品，或情志郁结化火，或房劳暗耗，燥热内盛，气阴两伤所致，症见口渴多饮，饮不解渴，消谷善饥，肌肉消瘦，小便频数，有甜味，四肢乏力；2 型糖尿病见上述证候者。

【注意事项】阴阳两虚消渴者慎用。孕妇慎用。服药期间忌食肥甘、辛辣之品，控制饮食，注意合理的饮食结构；戒烟酒。避免长期精神紧张；适当进行体育活动。对重症病例，应合用其他降血糖药治疗，以防病情加重。在治疗过程中，尤其是与西药降血糖药联合用药时，要及时监测血糖，避免低血糖反应发生。注意早期防治各种并发症。

消渴丸

【药物组成】地黄、葛根、黄芪、天花粉、五味子、山药、玉米须、格列本脲。

【功能与主治】滋肾养阴，益气生津。用于气阴两虚所致的消渴病，症见多饮、多尿、多食、消瘦、体倦乏力、眠差腰痛；2 型糖尿病见上述证候者。

【方解】方中地黄甘寒，滋肾养阴，清热生津，为君药。辅以葛根、黄芪补脾升阳，资生化源，生津止渴，共为臣药。佐以天花粉、五味子、山药益气养阴，生津止渴，固敛阴津；玉米须利小便而泻热；所含西药成分格列本脲有降糖作用。诸药合用，共奏滋肾养阴，益气生津之功。

【临床应用】消渴，多因素体阴虚火盛，或过食肥甘厚味，或过用温燥之品，或情志郁结化火，或房事耗伤，上、中、下三焦燥热日久，耗气伤阴，气阴两虚所致，症见多渴多饮，小便频数，多食善饥，肢体消瘦，体倦无力，睡眠欠佳，腰膝酸痛；2 型糖尿病见上述证候者。

【注意事项】阴阳两虚消渴者慎用。孕妇忌用。服药期间忌食肥甘、辛辣之品，控制饮食，注意合理的饮食结构；戒烟酒。服用本品时禁止加服磺酰脲类抗糖尿病药。本品含格列本脲（优降糖），下列情况应禁用：1 型糖尿病患者；2 型糖尿病患者伴有酮症酸中毒、昏迷、严重烧伤、感染、严重外伤和重大手术者；孕妇、乳母；肝功能、肾功能不全者；白细胞减少、粒细胞缺乏、血小板减少等患者；对磺胺类药过敏者。体质虚弱、高热、老年患者、有肾上腺皮质功能减退或腺垂体功能减退者慎用。用药期间应定期测定血糖、尿糖、尿酮体、尿蛋白、肝功能、肾功能和血常规，并进行眼科检查。注意早期防治各种并发症，如糖尿病脑病、糖尿病心脏病、糖尿病肾病等，以防止病情的恶化。

七、阴阳双补药

阴阳双补药主要由助阳和滋阴药物组成，主要用于阴阳两虚证。适用于西医学阳痿、遗精、脑动脉硬化、冠心病、前列腺增生、白细胞减少症等。

补肾强身胶囊（片）

【药物组成】淫羊藿、金樱子、狗脊（制）、菟丝子、女贞子（制）。

【功能主治】补肾填精。用于肾虚精亏所致的腰膝酸软、头晕耳鸣、目眩心悸、阳痿遗精。

【方解】方中淫羊藿辛温，善补肾壮火，强阳起萎，填精益血，强筋健骨。针对病机主证，重用量大，为君药。金樱子固精缩尿，止遗；狗脊补肝肾，强腰膝，二药增强君药补肾填精，固精止遗之功，为臣药。菟丝子补肾阳，益阴精，强筋健骨；女贞子滋补肝肾，益阴培本，二药合用，可收阴生阳长之效，共为佐药。诸药合用，共奏补肾填精之效。

【临床应用】①腰痛，由肾虚精亏，肾府失养所致，症见腰疲软，喜揉按、腿膝无力，遇劳则甚，手足欠温，少气乏力，舌淡，脉弱。②阳痿，由肾精亏损，筋脉失养所致，症见勃起不能或软弱不坚，腰部疲胀，头晕耳鸣，心悸目眩，畏寒肢冷，舌淡苔白，脉沉细。③遗精，由肾虚精亏、精关不固所致，症见梦遗日久或滑精，形寒肢冷，阳痿早泄，夜尿频多，或余沥不尽，舌淡嫩有齿龈，苔白滑，脉沉细。

【注意事项】心火亢盛，心肾不交，湿热下注所致遗精早泄者不宜。湿热下注、惊恐伤肾、肝气郁结所致阳痿不宜。湿热或寒湿痹阻、外伤血瘀所致腰痛不宜。服药期间应节制房事。服药期间，不宜进食辛辣、油腻和煎炸类食物，以免助湿生热。

古汉养生精

【药物组成】人参、炙黄芪、黄精（制）、淫羊藿、枸杞子、女贞子（制）、菟丝子、金樱子肉、白芍、麦芽（炒）、炙甘草。

【功能主治】补气，滋肾，益精。用于气阴亏虚、肾精不足所致的头晕、心悸、目眩、耳鸣、健忘、失眠、阳痿遗精、疲乏无力；脑动脉硬化、冠心病、前列腺增生、围绝经期综合征（又称更年期综合征）、病后体虚见上述证候者。

【方解】方中以人参、黄芪大补元气，健脾升阳，养阴生津，为君药。黄精补脾益阴，生精填髓，为平补气阴之品；淫羊藿补肾壮阳，温养肾气；枸杞子滋补肝肾，益精养血，延寿明目；女贞子养肝益肾，填精健脑，乌发明目；菟丝子平补肝肾，补阳益精，金樱子滋补肝肾，固涩肾气，共为臣药。白芍敛阴养血，柔肝缓急，麦芽疏肝气，理肝用，共为佐药。炙甘草调和诸药，为使药。诸药合用，以收补气，滋肾，益精之功。

【临床应用】①眩晕，系由气阴亏虚，肾精不足所致，症见眩晕，动则加重，劳累易发，腰疲，耳鸣；脑动脉硬化、围绝经期综合征、低血压症见上述证候者。②阳痿，多由肾虚精亏所致，症见阳痿，遗精，早泄，腰膝疲软，头眩，耳鸣；良性前列腺增生、性神经症见上述证候者。③健忘，系因脾气亏虚，肾精不足所致，症见健忘，头晕，乏力，精神委靡；病后体虚，神经衰弱见上述证候者。④不寐，多由脾气亏虚，肾精不足，心肝失养所致，症见失眠多梦，心悸，怔忡，气短乏力；神经衰弱见上述证候者。

【注意事项】阳热体质者慎用。服药期间饮食宜用清淡易消化之品，忌食辛辣油腻之品，以免助热生湿。儿童应在医师指导下服用。

生力胶囊

【药物组成】人参、肉苁蓉、熟地黄、枸杞子、淫羊藿、沙苑子、丁香、沉香、荔枝核、远志。

【功能主治】益气助阳，补肾填精。用于阴阳两虚所致的腰膝酸软、神疲乏力、头晕耳鸣、阳痿早泄。

【方解】方中人参味甘、性温，大补元气，有益气助阳之效；肉苁蓉甘温入肾，温补肾阳，益精血，二药重用益气助阳，兴阳起痿，同为君药。熟地黄甘温入肾，补血滋阴，益精填髓；枸杞子甘平归肾，柔润多液，补肾益精；淫羊藿、沙苑子、丁香补肾助阳，涩精止遗，5味合用填补肾精而不伤阳，温补肾阳而不伤阴，共为臣药。沉香、荔枝核，散寒调气，使诸药补而不滞；远志宁心安神，交通心肾，为佐药。诸药合用，共奏益气助阳，补肾填精之功。

【临床应用】阳痿，由肾阴阳两虚所致，症见阳事不举或举而不坚，并伴精神委靡，腰膝酸冷，舌淡胖，苔薄白，脉沉细而迟。

【注意事项】肝郁不舒，湿热下注，惊恐伤肾所致阳痿者不宜使用。服药期间，饮食宜清淡，忌食生冷、辛辣食物，慎房事。

第十八节　开窍药

开窍药具有开窍醒神，治疗神昏窍闭的作用。以芳香开窍的中药为主组成。因为神昏窍闭之证有温邪热毒内陷心包所致；也有寒邪、气郁、痰浊蒙蔽心窍所致。故本类药物分为凉开药、温开药两大类。西医之流行性乙型脑炎，肝性脑病，流行性脑脊髓膜炎，脑血栓，冠心病心绞痛可酌情选用此类中成药辨证治疗。应用开窍药时，必须辨别病证的寒热虚实，分清缓急。另外，开窍药善于辛散走窜，久服易伤元气，故多用于急救，中病即止，不可久服。

一、凉开药

本类药物主要由麝香、冰片等芳香开窍药配伍清热泻火，凉血解毒药为主组成。适用于温邪热毒内陷心包所致的高热，神昏谵语，甚至痉厥，猝然昏倒，不省人事等症。

安宫牛黄丸

【药物组成】牛黄、水牛角浓缩粉、麝香、黄连、黄芩、栀子、雄黄、冰片、郁金、朱砂、珍珠。

【功能主治】清热解毒，镇惊开窍。用于热病，邪入心包，高热惊厥，神昏谵语；中风昏迷及脑炎、脑膜炎、中毒性脑病、脑出血、败血症等见上述症状者。

【方解】方中牛黄清心凉肝，豁痰开窍，熄风止痉，水牛角清营凉血，解毒定惊，麝香芳香开窍，通络醒神，共为君药。黄连、黄芩、栀子清热泻火解毒，雄黄解毒豁痰，共为臣药。冰片、郁金通窍醒神，化浊开郁；朱砂、珍珠镇心安神，定惊止搐，共为佐使药。诸药合用，共奏清热解毒，镇惊开窍之功。

【临床应用】①昏迷，因风温、春温、暑温疫毒，燔灼营血，内陷心包，风动痰生，上蒙清窍所致高热烦躁，神昏谵语，喉间痰鸣，痉厥抽搐，斑疹吐衄，舌绛苔焦，脉细数者；流行性脑脊髓膜炎、流行性乙型脑炎、中毒性脑病、败血症见上述证候者。②中风，因痰火内盛，肝阳化风，风阳夹痰，上扰神明所致突然昏迷，不省人事，两拳固握，牙关紧闭，面赤气粗，口眼㖞斜，喉间痰声辘辘，舌质红，苔黄腻，脉弦滑而数者；脑梗死、脑出血见上述证候者。③惊风，小儿因外感热病，热极生风，兼及痰热内盛，闭塞神明所致的高热烦躁，头痛呕嗽，喉间痰鸣，神昏谵妄，惊厥抽搐，舌红绛，苔焦黄，脉弦数者；流行性脑脊髓膜炎、流行性乙型脑炎见上述证候者。

【注意事项】孕妇禁用；中风脱证神昏，舌苔白腻，寒痰阻窍者不宜用；本品含朱砂、雄黄，不宜过量久服，神志清醒后当停用；本品含有雄黄，不宜与硝酸盐、硫酸盐类同服；肝、肾功能不全者慎用；服药期间饮食宜清淡，忌食辛辣油腻之品；在治疗过程中如出现肢寒畏冷，面色苍白，冷汗不止，脉微欲绝，由闭证变为脱证时，应立即停药；高热神昏，中风昏迷等口服本品困难者，当鼻饲给药。

二、温开药

本类药物主要由苏合香、麝香、冰片等芳香开窍药配伍辛温行气中药组成。适用于中风、中寒、痰厥等属于寒闭之证。症见突然昏倒，牙关紧闭，神昏不语，苔白脉迟等。

苏合香丸

【药物组成】苏合香、安息香、麝香、冰片、沉香、檀香、木香、香附、乳香（制）、丁香、荜茇、白术、朱砂、水牛角浓缩粉、诃子。

【功能主治】芳香开窍，行气止痛。用于痰迷心窍所致的痰厥昏迷，中风偏瘫，肢体不利以及中暑，心胃气痛。

【方解】方中苏合香、安息香、麝香、冰片芳香走窜，开窍醒脑，共为君药。沉香、檀香行气止痛，散寒化浊；木香、香附理气解郁，和胃止痛；乳香活血定痛；丁香、荜茇温中降逆，散寒止痛，共为臣药。白术燥湿化浊；朱砂镇静安神；水牛角凉血清心；诃子温涩敛气，可防诸药辛散太过，耗伤正气，共为佐药。全方配伍，共奏芳香开窍，行气止痛之功。

【临床应用】①中风，因痰湿蒙塞心神所致，症见神昏不语，痰涎壅盛，面色苍白或晦暗，四肢不温，肢体不用或松懈瘫软，舌质淡，舌苔白腻，脉沉缓或细滑；急性脑血管病见上述证候者。②中暑，因感受暑湿秽浊，蒙闭心包所致，症见突然神昏，不省人事，牙关紧闭，苔白，脉迟。③胸痹，因胸阳不振，痰瘀互阻，心脉不通所致，症见胸痛胸闷，气短喘促，舌质淡，舌苔白腻，脉滑；冠心病心绞痛见上述证候者。④腹痛，因寒湿凝滞，气机不畅所致，症见脘腹冷痛，面色苍白，四肢不温等。

【注意事项】孕妇禁用；热病、阳闭、脱证不宜用；中风正气不足者慎用，或配合扶正中药服用；服药期间饮食宜清淡，忌辛辣、油腻食物；本品香燥药物过多，易耗散正气，故不宜久服；急性脑血管病服用本品，应结合其他抢救措施；对中风昏迷者，应鼻饲给药。

第十九节　安神药

安神药具有安神定志功能，是用于治疗神志不安的中药制剂。神志不安是一类精神疾病的总称，临床常见的病症有心悸、失眠、烦躁、惊狂、健忘、善怒等。临床上将之分为养血宁心药、补益心脾药、补益心肾药、补脾益肾药、疏肝解郁药。适用于西医学的神经衰弱、围绝经期综合征、老年轻度认知障碍、脑动脉硬化等。使用时应辨证选药，重镇安神药久用易伤胃气，不宜久用。

一、养血宁心药

本类药物主要由制何首乌、熟地黄、鸡血藤、枸杞子、酸枣仁、丹参、当归等养血和安神的药物组成，主要用于心血不足，心失所养导致的失眠、多梦、心悸、健忘等症。

柏子养心丸（片）

【药物组成】炙黄芪、党参、当归、川芎、柏子仁、酸枣仁、远志、五味子、肉桂、茯苓、半夏、炙甘草、朱砂。

【功能主治】补气，养血，安神。用于心气虚寒，心悸易惊，失眠多梦，健忘。

【方解】方中炙黄芪甘温，补气升阳，党参益气生血，二药相合为君药，温补气血以健生化之源。当归、川芎补血活血，柏子仁养心血、安心神；且当归合黄芪为补血要方，三药为臣药，切中病机。酸枣仁益肝养心安神，远志宣通心气益智，五味子滋肾敛阴宁心，肉桂温肾运营通脉；茯苓健脾安神，半夏和胃祛痰，朱砂镇心定惊，以上药物交通心肾，健脾和胃，安定神志，共为佐药；甘草调和诸药，为使药。全方配合共奏补气，养血，安神之效。

【临床应用】①心悸，由于心气虚寒，心失所养所致，症见心悸易惊，失眠，多梦，健忘，神疲乏力，或肢寒畏冷，舌淡苔薄白；心律失常、神经衰弱见上述证候者。②不寐，由于心气虚寒，心失温养所致，症见少寐多梦，易醒难眠，心慌气短，精神恍惚，自汗，肢冷；神经衰弱见上述证候者。

【注意事项】肝、肾功能不全者慎用。不宜饮用浓茶、咖啡等兴奋性饮品。宜餐后服用。保持情绪乐观，切忌生气烦恼。本品含有朱砂，不可过量、久用。不可与溴化物、碘化物同用。

安神补脑液

【药物组成】鹿茸、制何首乌、淫羊藿、干姜、甘草、大枣、维生素 B_1。

【功能与主治】健脑安神，生精益髓，益气养血。用于肾精不足，气血两亏所致头晕，乏力，失眠，健忘。神经衰弱见上述证候者。

【方解】方中以鹿茸填精补髓；制何首乌滋补肝肾，生精益血，共为君药。淫羊藿温阳益肾，补血生精，为臣药。干姜、甘草、大枣温胃健脾，以补气血生化之源，为佐药。维生素 B_1 营养神经。诸药相合，共奏生精补髓，益气养血，健脑安神之功。

【临床应用】①不寐，由于精血不足、气血两亏、心失所养所致，症见入睡困难，多梦易醒，健忘，头晕，神疲乏力，纳呆，腰膝酸软；神经衰弱见上述证候者。②健忘，由于肝肾不足，精血亏虚，元神失养所致，症见健忘，头晕，气短乏力，失眠多梦，腰膝酸软，遗精滑泄；神经衰弱见上述证候者。

【注意事项】不宜饮用浓茶、咖啡等兴奋性饮品。宜餐后服用。保持情绪乐观，切忌生气烦恼。

二、补益心脾药

本类药物主要由人参、黄芪、白术、酸枣仁、五味子等补脾益气和养心安神的药物组成，主要用于心脾两虚、气血两亏导致的不寐、心悸、失眠、健忘、倦怠乏力等症。

安神健脑液

【药物组成】人参、麦冬、五味子、枸杞子、丹参。

【功能与主治】益气养血，滋阴生津，养心安神。用于气血两亏，阴津不足所致失眠多梦、心悸健忘、头晕头痛、神疲乏力、口干津少。

【方解】方中人参补脾气，益心气，安神增智，为君药。麦冬性味甘寒，养心阴，生津液，清心热，除烦安神，为臣药。五味子益气阴，宁心神；枸杞子补肝肾，化精血，二药补益心肾；丹参性味苦寒，凉血热，活血脉，生新血，养血安神，共为佐药。全方配伍，具有益气养血，滋阴生津，养心安神之效。

【临床应用】①不寐，由于气血两亏、阴津不足所致，症见心神不安，失眠，入睡困难，多梦，易醒，神疲乏力，津少口干；脑动脉硬化、神经衰弱见上述证候者。②健忘，由于气血两亏、阴津不足所致神智失聪，遇事善忘，气短乏力，精神疲惫，口干；脑动脉硬化、神经衰弱、疲劳综合征见上述证候者。③心悸：由于气血两亏、阴津不足所致心失所养或心肾不交，症见心悸不安，少寐多梦，神疲乏力，胸闷不舒，少津口渴；心律失常见上述证候者。

【注意事项】严重感冒者慎用。不宜饮用浓茶、咖啡等兴奋性饮品。保持情绪乐观，切忌生气烦恼。

三、补益心肾药

本类药物主要由枸杞子、淫羊藿、肉苁蓉、酸枣仁、五味子等补肾安神的药物组成，主要用于心肾两虚、心失所养导致的失眠、健忘、腰膝酸软、神疲、头晕、耳鸣等症。

天王补心丸

【药物组成】地黄、天冬、麦冬、酸枣仁、柏子仁、当归、党参、五味子、茯苓、远志、石菖蒲、玄参、丹参、朱砂、桔梗、甘草。

【功能与主治】滋阴养血，补心安神。用于心阴不足所致心悸健忘、失眠多梦、大便干燥。

【方解】本方重用地黄滋阴养血，为君药。天冬、麦冬滋阴清热；酸枣仁、柏子仁养心安神；当归补血润燥，共为臣药。党参补气，五味子补气养阴，宁心安神；茯苓、远志、石菖蒲宁心安神，交通心肾；玄参滋阴降火，以制虚火上炎；丹参活血祛瘀，凉血安神，补而不滞；朱砂镇心安神，兼治其标，以上共为佐药。桔梗，载药上行；甘草调和诸药，共为使药。综合全方，共奏滋阴养血，补心安神之功。

【临床应用】①心悸，由于心肾阴虚、心失所养所致，症见心悸、气短、舌红少苔；病毒性心肌炎、冠心病、心律失常、原发性高血压、甲状腺功能亢进见上述证候者。②不寐，由于阴虚血少、心神失养所致，症见心悸、失眠多梦、健忘、舌红少苔；神经症、围绝经期综合征、老年性记忆力减退见上述证候者。

【注意事项】肝、肾功能不全者慎用。本品含有朱砂，不可久用。不宜饮用浓茶、咖啡等兴奋性饮品。保持情绪乐观，切忌生气烦恼。

益脑胶囊

【药物组成】人参、灵芝、龟甲胶、五味子、党参、茯苓、麦冬、龙骨、石菖蒲、远志。

【功能与主治】益气养阴，滋肾健脑，益智安神。用于气阴两亏、肝肾不足所致的失眠多梦、头晕耳鸣、乏力腰酸、健忘；神经衰弱症，脑动脉硬化症见上述证候者。

【方解】方中人参大补元气，养阴生津，安神益智；灵芝补心气，益气血，安心神，合为君药，以益气养阴，益智安神。龟甲胶补益肝肾，滋阴养血；五味子滋阴生津，宁心安神；党参健脾益气，补血生津；茯苓健脾益气，宁心安神，共为臣药，以补肾健脾，资生化源，宁心安神。佐以麦冬养心生津，清心除烦；龙骨平肝潜阳，镇心安神；石菖蒲化痰益智，醒神健脑；远志交通心肾，安神益智。诸药相合，共奏益气养阴，滋肾健脑，益智安神之功。

【临床应用】①不寐，多因气阴两亏，肝肾不足而致，症见失眠多梦，头晕耳鸣，腰膝酸软，气短乏力，纳减体弱，舌淡红苔少，脉沉细或细数；神经衰弱，脑动脉硬化见上述证候者。②眩晕，多因肝肾不足，气阴两虚而致，症见头晕耳鸣，眩晕频作，腰膝酸软，遗精滑泄，面色无华，气短乏力，食少纳呆，舌淡红苔少，脉沉细或细数；神经衰弱、脑动脉硬化、心律失常见上述证候者。

【注意事项】忌辛辣食物。饮食宜清淡。睡前不宜服用咖啡、浓茶等兴奋性饮品。

四、补脾益肾药

本类药物主要由枸杞子、淫羊藿、肉苁蓉、酸枣仁、五味子等补肾安神的药物组成，主要用于心肾两虚、心失所养导致的失眠、健忘、腰膝酸软、神疲、头晕、耳鸣等症。

神衰康颗粒

【药物组成】倒卵叶五加。

【功能与主治】益气健脾，补肾安神。用于脾肾阳虚所致失眠多梦、体虚乏力、食欲不振。

【方解】方中倒卵叶五加益气健脾，补肾安神。

【临床应用】不寐，由于脾肾阳虚所致，症见失眠多梦、体虚乏力、怕冷、食欲不振；神经衰弱、妇女围绝经期综合征见上述证候者。

【注意事项】不宜饮用浓茶、咖啡等兴奋性饮品。保持情绪乐观，切忌生气烦恼。

五、疏肝解郁药

本类药物主要由柴胡、郁金、远志、百合、石菖蒲等疏肝解郁、安神定志的药物组成，主要用于情志不畅、肝郁气滞所致失眠、心烦、焦虑、健忘。

解郁安神颗粒

【药物组成】柴胡、郁金、龙齿、酸枣仁、远志、百合、白术、茯苓、栀子、石菖蒲、胆南星、半夏、当归、炙甘草、大枣、浮小麦。

【功能主治】疏肝解郁，安神定志。用于情志不畅、肝郁气滞所致失眠、心烦、焦虑、健忘；神经症、围绝经期综合征见上述证候者。

【方解】方中柴胡、郁金疏肝理气，清心解郁，调畅情志，共为君药。龙齿镇心安神；酸枣仁养血安神；远志交通心肾；百合清心安神；白术健脾燥湿，以资化源；茯苓健脾、宁心安神，共为臣药。栀子泻火除烦，凉血安神；石菖蒲化浊开窍，醒神健脑；胆南星、半夏清热化痰，熄风定惊；当归调畅气血；炙甘草、大枣、浮小麦相伍为甘麦大枣汤，以成和中缓急，养心安神之用，炙甘草又可调和药性，共为佐药。诸药合用，共奏舒肝解郁，安神定志之效。

【临床应用】不寐，由于情志不畅、肝郁气滞所致，症见入睡困难、多梦易醒、或醒后难以再次入睡、胸闷胁痛、心烦易怒、焦虑、健忘；神经症、围绝经期综合征见上述证候者。

【注意事项】不宜饮用浓茶、咖啡等兴奋性饮品。保持情绪乐观，切忌生气烦恼。

舒眠胶囊

【药物组成】酸枣仁、柴胡、白芍、合欢花、僵蚕、蝉蜕、灯心草。

【功能与主治】疏肝解郁、宁心安神。用于肝郁伤神所致的失眠症，症见失眠多梦、精神抑郁或急躁易怒，胸胁苦满或胸膈不畅，口苦目眩，舌边尖略红，苔白或微黄，脉弦。

【方解】方中柴胡味苦、微寒，疏肝解郁；白芍味甘、酸，微寒，养阴柔肝，共为君药，两者一升一敛，条达肝气。酸枣仁补肝宁心、安神定志；合欢花疏肝解郁，和血安神，为臣药。僵蚕、蝉蜕清肝安神、宁心除烦，为佐药。灯心草清上导下，引诸药归心，为使药。诸药分用，共奏疏肝解郁，宁心安神之功。

【临床应用】不寐，由于肝气郁结、心神耗伤，神不安宁所致。症见不易入睡、心烦多梦、精神抑郁、急躁易怒，胸胁苦满，口苦目眩。

【注意事项】宜餐后服用。服用期间保持情绪乐观，切忌生气烦恼。孕妇慎用。

第二十节　固涩药

固涩药具有收敛固涩作用，主要用于治疗气、血、精、津液滑脱所致诸病症。临床上的常见病证为自汗、盗汗、遗精滑泄、小便失禁、久泻等。临床上将之分为固表止汗药、固肾涩精药、固脬缩尿药、固肠止泻药。适用于西医学的自主神经紊乱所致多汗、滑精、神经性尿频、功能性遗尿等。固涩药适用于正虚无邪之滑脱，实邪患者不宜使用；使用应辨证使用。

一、固表止汗药

本类药物主要由黄芪、白术、牡蛎、麻黄根等益气固表药物组成，主要用于体虚卫表不固的自汗及阴液不能内守的盗汗。

玉屏风胶囊（颗粒、口服液）

【药物组成】黄芪、白术（炒）、防风。

【功能与主治】益气，固表，止汗。用于表虚不固的自汗恶风，面色白，或体虚易感风邪者。

【方解】黄芪重用益气固表，实卫而止汗，为君药。白术健脾益气，助黄芪益气固表而为臣药。防风走表而御风邪，为佐药。黄芪得防风，固表不留邪；防风得黄芪，祛邪不伤正。本剂补中有散，散中有补，合用可建益气固表止汗之功。

【临床应用】①自汗，由气虚卫虚不固所致，症见自汗、恶风、气短、乏力；②可用于反复发作的上呼吸道感染、慢性支气管炎、小儿变应性鼻炎等。

【注意事项】热病汗出者慎用。阴虚盗汗者慎用。服药期间饮食宜清淡。

二、固肾涩精药

本类药物主要由山茱萸、五味子、芡实、龙骨、牡蛎等固肾涩精药物组成，主要用于肾虚精关不固所致遗精滑泄、腰膝酸软、神疲乏力、耳鸣。

金锁固精丸

【药物组成】沙苑子、芡实、莲须、莲子、龙骨、牡蛎。

【功能主治】固精涩精。用于肾虚不固所致遗精滑泄、神疲乏力、四肢酸软、腰痛耳鸣。

【方解】方中沙苑子味甘咸性温，为补益肝肾，固精要药，针对病机，重用量大，为君药。芡实固肾涩精，健脾收湿；莲须固肾涩精；莲子益肾固精，健脾止泻，养心安神，三药增强君药固肾涩精之效，共为臣药。龙骨、牡蛎寒凉之品，平肝潜阳，收敛固涩，止遗，二药清降潜镇，使相火不得妄动，共为佐药。诸药合用，共奏固肾涩精之效。

【临床应用】①遗精，由肾虚致精关不固所致，症见梦遗频作，甚至滑精，腰膝酸软；②早泄，由肾精亏损或禀赋不足所致，症见早泄，畏寒肢冷，腰膝酸软。

【注意事项】湿热下注所致遗精、早泄者慎用。服药期间，不宜进食辛辣、油腻食物及饮酒。慎房事。

三、固脬缩尿药

本类药物主要由益智、金樱子、桑螵蛸等固脬缩尿药物组成，主要用于肾气不足、膀胱失约所致尿频、遗尿。

缩泉丸

【药物组成】益智、乌药、山药。

【功能主治】补肾缩尿。用于肾虚所致小便频数、夜间遗尿。

【方解】方中益智辛、温，归肾、脾经，温补之中兼有收涩之性，既能温肾助阳以散寒，又能固肾缩尿而止遗，故为君药。乌药辛、温，归肾与膀胱经，辛开温散，疏通气机，温肾散寒，暖膀胱而助气化，用为臣药。山药补脾益肾，固涩精气，为佐药。3 味合用补肾散寒而除下焦虚冷，使肾气复而膀胱约束有权，以达缩泉止遗之功。

【临床应用】①多尿，由肾气虚寒，膀胱气化失常所致，症见小便频数，小便清长，夜间尤甚，腰膝酸软；神经性尿频见上述证候者。②遗尿，由肾气不固，膀胱失约所致，症见小儿夜间睡中遗尿，神疲倦怠；功能性尿频见上述证候者。

【注意事项】肝经湿热所致遗尿者慎用。服药期间宜清淡饮食，不宜进食辛辣、油腻食物及饮酒。

四、固肠止泻药

本类药物主要由肉豆蔻、乌梅、五味子等固肠止泻药物组成，主要用于泄泻日久、脾肾两虚所致大便滑脱不禁。

固肠止泻丸

【药物组成】乌梅、黄连、罂粟壳、干姜、木香、延胡索。

【功能主治】调和肝脾，涩肠止痛。用于肝脾不和所致泄泻。

【方解】方中乌梅酸涩，涩肠止泻，用于久泻久痢，为君药。黄连苦寒，清热燥湿，罂粟壳涩肠止泻，一清热一止泻，标本兼顾，加强君药的疗效，共为臣药。干姜辛热温中散寒，用于久泻久痢产生的中阳虚寒，另外可制黄连之寒，木香行气止痛，健脾消食，延胡索活血行气止痛，可缓解气血瘀滞之腹痛胁满，共为佐药。全方配伍，共收调和肝脾，涩肠止痛之功。

【临床应用】泄泻，由肝脾不和所致，症见腹泻、腹胀、腹痛、两胁胀满、呃逆、烦躁、郁闷、食少；慢性结肠炎、肠易激综合征见上述证候者。

【注意事项】湿热、伤食泄泻者慎用。儿童及孕妇慎用。服药期间，不宜进食辛辣、油腻食物及饮酒。本品含罂粟壳，不可过量，久用。

第二十一节　外科用药

外科用药适用于外科疾病，包括解毒消肿药、生肌敛疮药、清肠消痔药、清热凉血药、消核散结药、活血通脉药。使用时应注意外用膏剂、散剂多含有毒药物，不可久用；外用药不可内服。

一、解毒消肿药

本类药物主要由金银花、连翘、蒲公英、乳香、没药等清热解毒、消肿止痛药物组成，主要用于治疗急性乳腺炎、急性蜂窝织炎、肛周脓肿等属急性期者。

京万红

【药物组成】黄连、黄芩、黄柏、栀子、大黄、地榆、槐米、半边莲、金银花、紫草、苦参、胡黄连、白蔹、地黄、桃仁、红花、当归、川芎、血竭、赤芍、木鳖子、土鳖虫、穿山甲、乳香、没药、木瓜、罂粟壳、五倍子、乌梅、棕榈、血余炭、白芷、苍术、冰片。

【功能主治】清热解毒、凉血化瘀、消肿止痛、祛腐生肌。用于水、火、电灼烫伤，疮疡肿痛、皮肤损伤、创面溃烂。

【方解】方中药物可分4类，一类由黄连、黄芩、黄柏、栀子、大黄、地榆、槐米、半边莲、金银花、紫草、苦参、胡黄连、白蔹、地黄组成，以清热凉血解毒。一类由桃仁、红花、当归、川芎、血竭、赤芍、木鳖子、土鳖虫、穿山甲、乳香、没药、木瓜组成，以活血破瘀，溃痈生肌，消肿止痛。一类由罂粟壳、五倍子、乌梅、棕榈、血余炭组成，以收涩止血，敛疮消肿，促进成脓和溃脓，以达毒随脓泄之目的。另用白芷、苍术、冰片三药辛香走窜，散结止痛，与收敛诸药收散并用。诸药合用，共奏清热解毒，凉血化瘀，消肿止痛，祛腐生肌之功效。

【临床应用】①烧、烫伤，由外来热源损伤所致，症见局部皮肤色红或起水疱，或疱下基底部皮色鲜红，疼痛；一度、浅二度烧烫伤见上述证候者。②疮疡，由热毒瘀盛或热盛肉腐所致，症见局部红肿热痛，日久成脓、溃破；体表急性化脓性疾病见上述证候者。

【注意事项】烧、烫伤感染者禁用。出现皮肤过敏者立即停用。不可久用。不可内服。忌食辛辣、油腻及海鲜等发物。

拔毒膏

【药物组成】金银花、连翘、大黄、栀子、黄芩、黄柏、木鳖子、蜈蚣、穿山甲、当归、川芎、赤芍、乳香、没药、血竭、儿茶、轻粉、红粉、樟脑、苍术、白芷、白蔹、玄参、地黄、桔梗、蓖麻子。

【功能主治】清热解毒，活血消肿。用于热毒瘀滞肌肤所致的疮疡，症见肌肤红、肿、热、痛，或已成脓。

【方解】方中金银花、连翘清热解毒，大黄、栀子清热凉血解毒，共为君药。黄芩、黄柏苦寒泻火解毒，木鳖子、蜈蚣、穿山甲、当归、川芎、赤芍、乳香、没药、血竭、儿茶活血解毒，散结止痛，轻粉、红粉、樟脑解毒化腐生肌，共为臣药。佐以苍术、白芷、白蔹燥湿收敛排脓，玄参、地黄养血滋阴，桔梗、蓖麻子解毒消肿，拔毒排脓。诸药相合，共奏清热解毒，活血消肿之功。

【临床应用】疮疡，多由热毒瘀滞肌肤所致，症见肌肤红赤，肿胀高凸，灼热、疼痛，或局部波动感，跳痛，全身发热；体表急性化脓性疾病见上述证候者。

【注意事项】疮疡阴证者禁用。肿疡未成脓者禁用。孕妇慎用。忌食辛辣、油腻、海鲜等食品。本品为外用药，不可内服。本品含红粉、轻粉、木鳖子，不可久用。

季德胜蛇药片

【药物组成】 七叶一枝花、蟾蜍皮、蜈蚣、地锦草等（国家保密配方）。

【功能与主治】 清热解毒，消肿止痛。用于毒蛇、毒虫咬伤。

【临床应用】 毒蛇、毒虫咬伤，因蛇虫咬伤，风毒入侵，内攻脏腑所致，症见局部牙痕、红肿疼痛，或起水疱，头晕，头痛，寒战发热，四肢乏力，肌肉疲痛；各种毒蛇及毒虫咬伤见上述证候者。

此外，有报道用于腮腺炎、带状疱疹、乙型病毒性肝炎、隐翅虫皮炎、急性化脓性耳郭软骨膜炎、过敏性阴茎包皮水肿、疥疮。

【注意事项】 毒蛇咬伤用本品治疗效不显著者，应改用它法治疗。脾胃虚寒、体弱年迈者慎用。孕妇禁用。本品含有蟾蜍、蜈蚣，不可过服久服，肝、肾功能不全者慎用。忌食辛辣、油腻食品。

二、生肌敛疮药

本类药物主要由红粉、轻粉、龙骨、炉甘石等托毒祛腐生肌药物组成，主要用于治疗急性化脓性疾病、急性乳腺炎、外痔等疮面溃疡者，也可用于轻烫伤。

拔毒生肌散

【药物组成】 黄丹、红粉、轻粉、龙骨、炉甘石、石膏、冰片等。

【功能主治】 拔毒生肌。用于热毒内蕴所致的溃疡，症见疮面脓液稠厚、腐肉未脱、久不生肌。

【方解】 方中黄丹拔毒祛腐，搜脓生肌，为君药。红粉解毒止痒，收敛生肌，轻粉攻毒杀虫，生肌敛地，共为臣药。佐以龙骨、炉甘石收湿敛疮，煅石膏清热收敛，冰片清热止痛，防腐止痒。诸药合用，共奏拔毒生肌之功。

【临床应用】 溃疡，由火热壅盛，热盛肉腐所致，症见疮面脓液稠厚、腐肉未脱；体表急性化脓性疾病见上述证候者。

【注意事项】 孕妇、溃疡无脓者禁用。溃疡过大、过深者不可久用。皮肤过敏者慎用。不可久用。不可内服。忌食辛辣、油腻及海鲜等发物。

湿润烧伤膏

【药物组成】 黄连、黄柏、黄芩、地龙、罂粟壳、芝麻油、蜂蜡。

【功能主治】 清热解毒、止痛生肌。用于烧、烫、灼伤。

【方解】 方中黄连长于清热解毒，为君药。黄芩、黄柏均为苦寒之物，相须为用，增大清热解毒之效，共为臣药。地龙咸寒，功擅清热，通经活络；罂粟壳酸涩，收湿敛疮，尚可止痛；芝麻油、蜂蜡功擅助养气血，滋润肌肤，为佐药。诸药合用，共奏清热解毒、止痛生肌之功。

【临床应用】 ①烧烫伤，本品清热解毒，生肌止痛，具有保持创面湿润，促进修复的作用；②食管烧伤，本品清热解毒，生肌止痛，从长远来看可有效减少食管狭窄的发生。

【注意事项】 对烧伤创面引起的全身疾病，必须在医师指导下使用。注意创面的引流通畅，保持创面干燥。如创面出现湿疹应立即停药，并予对症处理。不可内服。

三、清肠消痔药

本类药物主要用于内痔、外痔、混合痔，均为局部及直肠给药。

马应龙麝香痔疮膏

【药物组成】人工麝香、人工牛黄、珍珠、炉甘石、硼砂、冰片等。

【功能主治】清热燥湿、活血消肿、祛腐生肌。用于湿热瘀阻所致的各类痔疮、肛裂，症见大便出血，或疼痛、有下坠感者；亦用于肛周湿疹。

【方解】方中麝香芳香走窜，通络消肿，散结止痛，为君药。人工牛黄清热解毒，消肿止痛，为臣药。佐以珍珠、炉甘石、硼砂解毒生肌，软坚散结，收涩止痛；冰片清热解毒，祛腐生肌止痛。全方共奏清热燥湿，括血消肿，去腐生肌之功。

【临床应用】①内痔，由湿热瘀阻所致，症见大便时有出血、有痔核脱出、可自行回纳或不可自行回纳；一、二、三期内痔见上述证候者。②肛裂，由湿热瘀阻所致，症见大便带血、肛门疼痛。③肛周湿疹，由湿热瘀阻所致，症见肛门周围湿疹。

【注意事项】孕妇慎用。不可内服。用后出现皮肤过敏及月经不调者须及时停用。忌食辛辣、油腻及海鲜等发物。

化痔栓

【药物组成】苦参、黄柏、洋金花、冰片、次没食子酸铋。

【功能主治】清热燥湿，收涩止血。用于大肠湿热所致的内外痔、混合痔疮。

【方解】本方为中西药合方制剂。方中苦参清热燥湿解毒，为君药。黄柏辅助君药清泄下焦湿热，为臣药。洋金花镇痛，冰片芳香走窜，清热解毒，祛腐生肌止痛，共为佐药。另入次没食子酸铋，收敛，防腐。诸药并用，共奏清热燥湿，收涩止血之功。

【临床应用】①内痔，由大肠湿热所致，症见大便出血或有痔核脱出，可自行回纳或不可自行回纳；Ⅰ、Ⅱ、Ⅲ期内痔见上述证候者。②外痔，由大肠湿热所致，症见肛缘有肿物者，色红或青紫；血栓性外痔、炎性外痔见上述证候者。③混合痔，由大肠湿热所致，症见内痔与外痔位于肛缘内外同一方位者。

【注意事项】①本品性偏寒凉，肠胃虚寒者慎用；②本品所含洋金花有大毒，孕妇慎用；③忌食辛辣、油腻食品；④用药后未能控制便血者，应及时就诊；⑤血栓外痔较大未效者，应考虑手术治疗；⑥本品为外用栓剂，不可口服。

四、清热凉血药

本类药物主要由水牛角、玄参、地黄、青黛等清热凉血解毒药物组成，主要用于治疗内痔和外痔。

痔宁片

【药物组成】地榆碳、侧柏叶碳、黄芩、刺猬皮、槐米、地黄、酒白芍、当归、乌梅、荆芥炭、枳壳、甘草。

【功能主治】清热凉血，润燥疏风。用于实热内结或湿热瘀滞所致痔疮出血、肿痛。

【方解】方中地榆、侧柏炭清热凉血止血，善治下焦血热出血，为君药。黄芩清热燥湿，刺猬皮、槐米清热凉血；地黄、白芍、当归、乌梅养阴润燥，共为臣药。荆芥炭长于疏风止血，枳壳理气宽中，消胀导滞，共为佐药。甘草调和诸药，为使药。全方配伍，共奏清热凉血、润燥疏风之功。

【临床应用】痔疮，由实热内结或湿热瘀滞所致，症见大便出血或有痔核脱出可自行回纳或不可自行回纳、肛缘有肿物者，色红或青紫而疼痛；一、二期内痔、血栓性外痔、炎性外痔见上述证候者。

【注意事项】孕妇禁用。肠胃虚寒者慎用。忌食辛辣、油腻及海鲜等发物。

九华痔疮栓

【药物组成】大黄、厚朴、侧柏叶（炒）、紫草、浙贝母、白及、冰片。

【功能与主治】清热凉血，化瘀止血，消肿止痛。用于血热毒盛所致的痔疮、肛裂等肛肠疾患。

【方解】方中大黄清热解毒、凉血止血、消肿止痛，为君药。厚朴行气通肠，侧柏叶凉血止血，紫草凉血解毒，为臣药。佐以浙贝母消肿散结，白及消肿生肌，止血敛疮；冰片清热解毒，止痛生肌。全方共奏清热凉血，凉血止血，消肿止痛之功。

【临床应用】①痔疮，由血热毒盛所致，症见大便时出血或大便带血，或有痔核脱出；Ⅰ、Ⅱ、Ⅲ期内痔见上述证候者。②肛裂，由血热毒盛所致，大便带血，肛门疼痛。此外，九华痔疮栓可防治痔疮术后粪嵌塞及产妇会阴侧切感染。

【注意事项】①忌食辛辣、油腻、海鲜食品；②孕妇慎用；③本品为外用药，不可内服。

痔特佳片

【药物组成】槐角（炒）、地榆炭、黄芩、防风、枳壳（炒）、当归、阿胶、鞣质。

【功能主治】清热凉血，收敛止血，祛风消肿。用于血热风盛、湿热下注所致的Ⅰ、Ⅱ期内痔，血栓性外痔，肛窦炎，直肠炎。

【方解】方中槐角、地榆炭凉血止血，清热解毒，为君药。黄芩清热解毒，防风祛风胜湿，枳壳行气导滞，辅助君药，是以为臣药。配伍当归、阿胶益阴补血，润肠行舟，止血而不留瘀，以为佐药。诸药合用，相辅相成，共奏清热凉血，收敛止血，祛风消肿之功效。

【临床应用】①内痔，由血热风盛，湿热下注所致，症见大便出血或有痔核脱出，可自行回纳或不可自行同纳；Ⅰ、Ⅱ期内痔见上述证候者。②血栓性外痔，由血热风盛，湿热下注所致，症见肛缘肿物，色青紫。③肛窦炎、直肠炎，由血热风盛，湿热下注所致，症见阵发性刺痛或灼热，便时常有少许黏液分泌物先行排出，大便时干或泄泻。

【注意事项】①本品性偏寒凉，肠胃虚寒者慎用；②本品含槐角，孕妇慎用；③忌食辛辣、油腻食物；④内含鞣质，故服用时忌茶；⑤出血量较多时应及时就诊；⑥血栓外痔较大未效者，应考虑手术治疗。

五、消核散结药

本类药物主要由夏枯草、浙贝母、玄参、海藻、王不留行、乳香、没药等软坚散结、化瘀消肿药物组成，主要用于治疗乳腺增生、淋巴结结核等疾病。

乳癖消胶囊（颗粒、片）

【药物组成】鹿角、鸡血藤、红花、三七、牡丹皮、赤芍、蒲公英、昆布、天花粉、海藻、漏芦、木香、玄参、夏枯草、连翘等。

【功能主治】软坚散结、活血止痛、清热解毒。用于痰热互结所致乳癖、乳痈，症见乳房结节、数目不等、大小形态不一、质地柔软，或产后乳房结块、红热疼痛；乳腺增生、乳腺炎早期见上述证候者。

【方解】方中鹿角滋补肝肾，调理冲任，化痰散结，为君药。鸡血藤、红花养血活血，化瘀散结，为臣药。以三七、牡丹皮、赤芍活血化瘀止痛，蒲公英、连翘、天花粉、玄参、夏枯草、漏芦、昆布、海藻清热解毒，散结消肿，木香行气止痛，为佐药。全方共奏软坚散结，活血消痈，清热解毒之功。

【临床应用】①乳癖，由痰热互结所致，症见单侧或双侧乳房胀痛、肿块明显、皮温微热；乳房增生见上述证候者。②乳痈，由痰热互结或乳汁淤积所致，症见产后乳房结块无波动、皮肤微红、胀痛；急性乳腺炎见上述证候者。

【注意事项】孕妇慎用。若因服用该药物引起全身不适应及时停药。

小金丸（胶囊）

【药物组成】制草乌、地龙、木鳖子（去壳去油）、当归（酒炒）、五灵脂（醋炒）、乳香（制）、没药（制）、枫香脂、香墨、人工麝香。

【功能主治】散结消肿，化瘀止痛。用于痰气凝滞所致的瘰疬、瘿瘤、乳岩、乳癖，症见肌肤或肌肤下肿块一处或数处、推之能动，或骨及骨关节肿大、皮色不变、肿硬作痛。

【方解】方中制草乌温经散寒，通络祛湿，为君药。地龙活血通经，木鳖子消痰散结，当归、五灵脂、乳香、没药活血散瘀，共为臣药。佐以枫香脂、香墨消肿解毒，麝香辛香走窜，温经通络，解毒止痛。诸药合用，共奏散结消肿，化瘀止痛之功效。

【临床应用】①瘰疬，由痰气凝滞所致，症见颈项及耳前耳后结核，一个或数个，皮色不变，推之能动，不热不痛，以后逐渐增大窜生；淋巴结结核见上述证候者。②瘿瘤，由痰气凝滞所致，症见颈部正中皮下肿块，不热不痛，随吞咽上下活动；甲状腺腺瘤、结节性甲状腺肿见上述证候者。③乳癖，由肝郁痰凝所致，症见乳部肿块，一个或多个，皮色不变，经前疼痛；乳腺增生见上述证候者。

【注意事项】疮疡阳证者禁用。本品含有毒、活血药物，孕妇及哺乳期妇女慎用。忌食辛辣、油腻、海鲜等食品。本品含制草乌，不可久服。脾胃虚弱者慎用。肝、肾功能不全者慎用。

乳宁颗粒

【药物组成】柴胡，香附（醋制）、丹参、当归、赤芍、王不留行、青皮、陈皮、白芍、白术（炒）、茯苓、薄荷。

【功能主治】疏肝养血，理气解郁。用于肝气郁结所致的乳癖，症见经前乳房胀痛、两胁胀痛、乳房结节、经前疼痛加重；乳腺增生见上述证候者。

【方解】方中柴胡、香附疏肝解郁，散结消肿，为君药。丹参、当归养血活血，消肿止痛，为臣药。佐以赤芍、王不留行养血活血，行瘀散结，通络止痛；青皮、陈皮加强疏肝理气，散结消肿之功；白芍养血调经，柔肝止痛；白术、茯苓健脾资生化之源；薄荷芳香疏泄，解郁止痛，为使药。全方共奏疏肝养血，理气解郁之功。

【临床应用】乳癖，因肝郁气滞血瘀所致。单侧或双侧乳房疼痛、肿块，肿块边界欠清，与周围组织不粘连，乳房可有胀痛，每随喜怒而消长．常在月经前加重，月经后缓解；乳腺增生见上述证候者。

【注意事项】孕妇慎用。保持心情舒畅。服药期间应当定期到医院检查。

六、活血通脉药

本类药物主要由活血化瘀和清热解毒药物组成，主要用于治疗血栓闭塞性脉管炎、动脉硬化性闭塞症等病。

脉络宁注射液

【药物组成】玄参、石斛、牛膝、金银花等。

【功能与主治】养阴清热、活血化瘀。用于阴虚内热、血脉瘀阻所致脱疽，症见患肢红肿热痛、破溃；血栓闭塞性脉管炎、动脉硬化性闭塞症、静脉血栓形成见上述证候者。亦用于脑梗死阴虚风动、瘀毒阻络证，症见半身不遂、口舌㖞斜、偏身麻木、语言不利。

【方解】方中牛膝活血化瘀通络，凉血消肿止痛，为君药。玄参清热养阴，解毒散结，辅助君药散结消肿，为臣药。金银花清热解毒，凉血消肿；石斛养阴清热，合为佐药。诸药协同，共奏养阴清热，活血祛瘀之功效。

【临床应用】①脱疽，由阴虚内热、血脉瘀阻所致，症见肢体灼热疼痛，夜间尤甚，或见坏疽；血栓闭塞性脉管炎、动脉硬化性闭塞症见上述证候者。②中风，由阴虚内热、血脉瘀阻所致，症见半身不遂、口眼㖞斜、偏身麻木、语言不利；脑栓塞、脑血栓形成见上述证候者。

【注意事项】孕妇禁用。用药过程中出现过敏反应须及时停药。忌食辛辣、油腻及海鲜等发物。

第二十二节　妇科用药

妇科用药主要用于月经病、带下病、胎动不安、恶露不绝、产后腹痛、缺乳、癥瘕等病，具体分为调经药、止带药、安胎药、化瘀生新药、养血通乳药、活血消癥药、安神除烦药。

一、调经药

调经药主要由活血、行气、养血、益气、温经和止血药物组成，主要用于月经病。根据月经病的不同病机，又分为活血调经药、行气活血药、养血活血药、益气养血药、温经活血药、固崩止血药。

（一）活血调经药

本类药物主要由益母草、当归、川芎、赤芍、桃仁、红花等活血化瘀药物，加入少许行气调经药，主要用于瘀血所致的月经不调、痛经、月经过多、月经后期和闭经等。

益母草颗粒（膏、胶囊、口服液）

【药物组成】益母草。

【功能主治】活血调经。用于血瘀所致的月经不调、产后恶露不绝，症见经水量少、淋漓不净、产后出血时间过长；产后子宫复旧不全见上述证候者。

【方解】方中益母草主入血分，活血祛瘀，调理月经、为妇科经产要药。本品为单药制剂，力专效宏，总以活血化瘀，调经止痛为用。

【临床应用】①月经不调，由瘀血内停冲任，气血运行阻隔所致，症见经水量少、淋漓不净、经色紫暗、有血块、行经腹痛、块下痛减、或经期错后、舌紫暗或有瘀点；功能性月经不调见上述证候者。②产后恶露不绝，由产后瘀血阻滞、胞脉不畅、冲任失和、新血不得归经所致，症见产后出血时间过长、小腹疼痛、面色不华、倦怠神疲、舌紫暗或有瘀点；产后子宫复旧不全见上述证候者。

【注意事项】孕妇禁用。月经量多者慎用。气血不足、肝肾亏虚所致月经不调者不宜单用。不宜过量服用。

大黄䗪虫丸

【药物组成】熟大黄、土鳖虫（炒）、水蛭（制）、虻虫（去翅足，炒）、蛴螬（炒）、干漆（煅）、桃仁、地黄、白芍、黄芩、苦杏仁（炒）、甘草。

【功能主治】活血破瘀，通经消癥。用于瘀血内停所致的癥瘕、闭经，症见腹部肿块、肌肤甲错、面色暗黑、潮热羸瘦、经闭不行。

【方解】方中熟大黄苦寒，性沉不降，专于下瘀血，破癥瘕积聚，推陈致新，善行血分，走而不守；土鳖虫味咸성寒，入肝经血分，逐瘀通经，消癥，二者共为君药。水蛭、虻虫破血逐瘀消癥，蛴螬、干漆、桃仁破血逐瘀，祛积消癥，通经止痛，为臣药。地黄、白芍养血凉血，敛阴生津；黄芩清热解毒，苦杏仁破壅降逆，润燥结，共为佐药。甘草益气补中，调和药性，为使药。诸药配伍，共奏破血逐瘀，通经消癥，达到祛瘀不伤正，扶正不留瘀之效。

【临床应用】①闭经，多因瘀血内停，冲任受阻，血海空虚所致，症见面色暗黑、肌肤甲错，潮热羸瘦，经闭不行，舌质紫暗，脉弦涩。②癥瘕，多因血瘀不行，积结日久所致，症见腹部肿块，面色晦暗，肌肤甲错，舌质紫暗，有瘀斑，脉沉涩；子宫肌瘤见上述证候者。

【注意事项】气虚血瘀者慎用。孕妇禁用。本药破血攻伐之力较强，易耗伤正气，体弱年迈者慎用；体质壮实者当中病即止，不可过用、久用。服药后出现皮肤过敏者停用。服药期间忌食寒凉之品。患有感冒时停用。

（二）行气活血药

本类药物主要由柴胡、香附、川楝子、当归、川芎等行气、活血药物组成，主要用于气滞血瘀所致的月经不调、月经前诸症、痛经、月经过少、月经后期和闭经等。

妇科调经片

【药物组成】当归、香附（醋炙）、白术（麸炒）、白芍、熟地黄、延胡索（醋炙）、川芎、赤芍、大枣、甘草

【功能主治】养血柔肝，理气调经。用于肝郁血虚所致的月经不调、经期前后不定、经行腹痛。

【方解】方中当归甘辛温，补血活血止痛，香附疏肝理气，调经止痛，二药合用，养血疏肝，理气止痛，为君药。白术益气健脾，白芍养血柔肝、调经止痛，熟地黄养血滋阴，三药合用，健脾养血，柔肝调经止痛，为臣药。延胡索，川芎、赤芍活血行气止痛，大枣养血补中益气，为佐药。甘草补中益气，缓急止痛，调和诸药，为佐使药。诸

药合用，共奏养血柔肝，理气调经之效。

【临床应用】①月经后期，用于血不养肝，肝郁克脾所致，症见月经后期，量少，或有血块，或色黯红，小腹隐痛，胸闷不舒，头晕心悸，食欲不振，经前乳胀，舌淡红，苔薄白，脉细弦；功能紊乱性月经失调见上述证候者。②月经先后不定期，系由血不养肝，肝郁克脾所致，症见月经先后不定期，量或多或少，或有血块，或色黯红，或经行不畅，小腹隐痛，胸闷不舒，头晕，心悸，食欲不振，舌淡红，苔薄白，脉细弦。③月经过少，系由血不养肝，肝郁克脾所致，症见月经过少，或有血块，或色黯红，小腹隐痛，胸闷不舒，头晕，心悸，食欲不振，经前乳胀，舌淡红，苔薄白，脉细弦。④痛经，系由血不养肝，肝郁克脾，气滞血瘀所致，症见经前或行经期，小腹胀痛，经前胸胁、乳房胀痛．经行不畅，或量少，或有血块，或色黯红，头晕，心悸，食欲不振，舌淡红，苔薄白，脉细弦。

【注意事项】孕妇禁用。湿热蕴结所致月经不调者慎用。服药期间忌食油腻之品。

（三）养血活血药

本类药物主要由当归、鸡血藤、白芍等补血活血药物组成，主要用于血虚夹瘀所致的月经不调、月经过少、月经后期、月经先期、经期延长等。

妇康宁片

【药物组成】白芍、香附、当归、三七、艾叶（炭）、麦冬、党参、益母草。

【功能主治】养血理气，活血调经。用于血虚气滞所致月经不调，症见月经周期后错、经水量少、有血块、经期腹痛。

【方解】方中白芍味酸性寒，大剂量为用，旨在养血敛阴，调经止痛，为君药。当归养血活血，调经止痛，为调经要药；党参健脾益气，以助气血生化之源，与白芍、当归为伍，可收补气生血之效，而为臣药。香附善解肝郁，理气调经而止痛；三七、益母草活血调经，麦冬养阴，以助生血；艾叶温通经脉，散寒止痛，兼制白芍寒凉之性，三药为佐药。诸药合用，共奏养血理气、活血调经之功。

【临床应用】①月经后期，因血虚气滞而致，症见月经周期延后，量少或正常，色淡或暗，伴小腹隐痛或胀痛，面色苍白或萎黄，胸胁乳房胀痛，舌淡红，苔薄白或微黄；功能性月经不调症见上述证候者。②月经过少，血虚气滞血瘀而致，症见月经量少，色淡或暗，质稀或有血块，或伴头晕眼花，心悸怔忡，面色苍白或萎黄，舌淡红或黯，苔薄白。

【注意事项】本品含有活血通经药物，有损胎气，孕妇禁用。服药期间忌食辛辣之品，以免助热伤阴。患有感冒者停用。糖尿病患者慎用。

（四）益气养血药

本类药物主要由人参、党参、白术、茯苓、当归等益气补血药物组成，主要用于气血两虚所致的月经不调、痛经、月经过少、月经后期、月经先期、经期延长、崩漏、闭经等。

八珍益母丸（胶囊）

【药物组成】益母草、熟地黄、当归、白芍（酒炒）、川芎、党参、白术（炒）、茯苓、甘草。

【功能主治】益气养血，活血调经。用于气血两虚兼有血瘀所致的月经不调，症见月经周期错后、行经量少、淋漓不净、精神不振、肢体乏力。

【方解】方中重用妇科良药益母草，活血化瘀，调经止痛，是为君药。熟地黄、当归、白芍、川芎养血和血，党参、白术、茯苓、甘草益气健脾，为臣药。益母草与上药合用，消补兼施，益气养血，活血调经，是治疗气血不足兼有瘀滞之妇科疾病的常用方剂。

【临床应用】月经不调，由先天禀赋不足，或劳倦内伤太过，气血亏虚，冲任瘀滞，血海不足，经血运行不畅所致；症见月经周期错后，行经量少，淋漓不断，精神不振，肢体乏力，面色无华，舌淡苔白；功能性月经不调见上述证候者。

【注意事项】孕妇、月经过多者禁用。湿热蕴结致月经不调者慎用。治疗气血不足导致的妇科疾病，有时需要长期服药。

乌鸡白凤丸（片）

【药物组成】乌鸡、人参、黄芪、山药、熟地黄、当归、白芍、川芎、丹参、鹿角霜、鹿角胶、鳖甲（制）、地黄、天冬、香附（醋制）、银柴胡、芡实（炒）、桑螵蛸、牡蛎（煅）、甘草。

【功能主治】补气养血，调经止带。用于气血两虚，身体瘦弱，腰膝疲软，月经不调，崩漏带下。

【方解】方中重用乌鸡，补阴血，滋肝肾，清虚热，为君药。人参、黄芪、山药补气健脾；熟地黄、当归、白芍、川芎、丹参养血调经；鹿角霜、鹿角胶补肝肾，益精血；鳖甲、地黄、天冬滋补阴液，清虚热，以上为臣药。香附疏肝理气，调经止痛；银柴胡清退虚热；芡实、桑螵蛸、牡蛎收敛固涩止带，合为佐药。甘草调和诸药，为使药。诸药配伍，共奏补气养血，调经止带之效。

【临床应用】①月经不调，气血双亏，阴虚有热，热扰冲任，症见经水先期而至，经量多或经量少，午后潮热，盗汗，腰腿疲软，心烦失眠，舌质偏红；功能性月经不调见上述证候者。②崩漏，气血不足，阴虚有热，热迫血行，症见经乱无期，月经最多，或淋漓不尽，头晕，乏力，腰腿疲痛，心烦易怒，舌质偏红；功能失调性子宫出血见上述证候者。③带卜病，系由气血虚弱，肝肾不足，虚热内扰，带脉不固，津液下夺所致；症见带下量多，黄白相兼，腰疲腿软，虚热盗汗，舌质偏红。

【注意事项】气滞血瘀或血热实证引起的月经不调或崩漏，不宜使用。服药期间应少食辛辣刺激食物。服药后出血不减，或带下量仍多，请医师诊治。

止痛化癥胶囊

【药物组成】党参、炙黄芪（蜜）、当归、鸡血藤、白术（炒）、山药、芡实、丹参、延胡索、三棱、莪术、土鳖虫、蜈蚣、全蝎、川楝子、鱼腥草、败酱草、炮姜、肉桂。

【功能主治】益气活血，散结止痛。用于气虚血瘀所致的月经不调、痛经、癥瘕，症见行经后错、经量少有血块、经行小腹疼痛、腹有癥块；慢性盆腔炎见上述证候者。

【方解】方中党参、黄芪补中益气，以助气血生化；当归、鸡血藤活血养血，调经止痛，4味益气活血，气血双补，共为君药。白术、山药、芡实补脾益气；丹参、延胡索、三棱、莪术、土鳖虫、蜈蚣、全蝎活血化瘀，疏风通络，散结止痛，10味益气活血，散结止痛，可增强君药效能，合为臣药。用川楝子行气散结止痛；以鱼腥草、败酱草清热解毒，消除潜在邪毒；炮姜与肉桂为伍，温通经脉，鼓舞气血运行，并为佐药。诸药合用，共奏益气活血，散结止痛之功。

【临床应用】①月经后期，由气虚血瘀所致，症见月经后期，经量少，色黯红，有血块，或经行不畅，小腹隐痛，神疲肢倦，头晕心悸，皮肤不润，舌淡红或有瘀斑，苔薄白，脉细涩；功能紊乱性月经不调见上述证候者。②月经过少，由气虚血瘀所致，症见月经量少，色黯红，有血块，或经行不畅，小腹隐痛，神疲肢倦，头晕心悸，皮肤不润，舌淡红或有瘀斑，苔薄白，脉细涩。③痛经，由气虚血瘀所致，症见经行腹痛，经量少，色黯红，有血块，或经行不畅，神疲肢倦，头晕，心悸，皮肤不润，舌暗红或有瘀斑，苔薄白，脉细涩；子宫内膜异位症、痛经见上述证候者。④闭经，由气虚血瘀所致，症见月经数月不行，神疲肢倦，头晕，心悸，皮肤不润，舌暗红或有瘀斑，苔薄白，脉细涩。⑤癥瘕，系由气虚血瘀所致，症见腹部包块，积块不坚，推之可移，或胀痛，月经错后或淋漓不净，胸闷不舒，肌肤少泽，神疲肢倦，头晕心悸，舌淡红或有瘀斑，苔薄白，脉沉涩；子宫肌瘤见上述证候者。

【注意事项】单纯气血不足所致月经失调、痛经忌用。本品含有理气活血之品，有碍胎气，孕妇忌用。服药期间忌食生冷食品。

（五）温经活血药

本类药物主要由肉桂、小茴香、炮姜、当归等温经活血药物组成，主要用于寒凝血滞所致的痛经、闭经、月经先期、月经后期、月经量多、月经过少、崩漏等。

痛经宝颗粒

【药物组成】肉桂、三棱、五灵脂、红花、当归、丹参、莪术、延胡索（醋制）、木香。

【功能主治】温经化瘀，理气止痛。用于寒凝气滞血瘀，妇女痛经，少腹冷痛，月经不调，经色暗淡。

【方解】方中肉桂辛热，温里散寒，活血通经，切中寒凝血瘀之变，为君药。三棱、五灵脂、红花、当归、丹参专主活血化瘀，调经止痛，莪术、延胡索行气活血，调经止痛，而为臣药。木香行气止痛，以助血行，为佐药。诸药合用，共奏温经化瘀，理气止痛之功。

【临床应用】痛经，因寒凝冲任，血行不畅，胞脉瘀滞不通所致，症见妇女经期腹痛，少腹冷痛，月经不调，经色暗淡，或夹有血块，块下痛减。舌质黯淡，脉沉涩；原发性痛经见上述证候者。

【注意事项】血热瘀滞引起的痛经不宜使用。孕妇禁用。服药期间慎食生冷食物。

田七痛经胶囊

【药物组成】三七、川芎、延胡索、五灵脂、蒲黄、木香、小茴香、冰片。

【功能主治】活血止血，温经止痛。用于血瘀所致月经量多、痛经，症见经血量多有血块、血色紫暗、小腹冷痛喜热、拒按。

【方解】方中三七甘、微苦、温，功擅化瘀止血，活血定痛，既能止血，又能散瘀，有止血而不留瘀，化瘀而不伤正之特点，药效卓著，故为君。辅以川芎、延胡索活血行气止痛；五灵脂、蒲黄化瘀止血，活血止痛；木香行气止痛，共为臣药，以加强君药化瘀止痛的功效。小茴香辛温，暖肝散寒，温经止痛，为佐药。冰片辛苦，微寒，清热止痛，芳香走窜，为使药。诸药合用，共奏活血止血，行气散寒止痛的功效。

【临床应用】①痛经，多因寒湿之邪与经血搏结，血为寒凝，经血运行不畅所致，症见经前或经行腹痛，喜热拒按，经血量多有血块，血色紫暗，或畏寒肢冷，舌质紫暗，苔白或腻。②月经量多，多因寒凝血瘀，胞宫瘀滞，瘀血不去，新血难安而致，症见经乱无期，月经量多，有血块，血色紫暗，经期小腹冷痛，舌质紫暗，苔白或腻；功能失调性子宫出血见上述证候者。

【注意事项】孕妇禁用。阴虚火旺者慎用。服药期间饮食宜清淡，忌食绿豆及辛辣刺激之品。若经血过多，请医师诊治。患有外感时，停止服用。

复方益母草膏

【药物组成】益母草、当归、川芎、白芍、地黄、木香。

【功能主治】养血调经，化瘀生新。用于血虚血瘀引起的月经不调、痛经、产后恶露不绝，症见经水量少、有血块，月经后错，行经腹痛，产后恶露不净。

【方解】本方由四物汤加鲜益母草、木香组成。方中鲜益母草用量偏重，活血化瘀，调经止痛，是为君药。当归、川芎、白芍、地黄乃四物汤，养血和血，调理月经，是为臣药。木香行气止痛，助益母草通经止痛，是为佐药。6味合用，共奏养血调经，化瘀生新之效。

【临床应用】①月经不调，因营血亏虚，内兼冲任瘀血阻滞，血海不充，冲任不通所致，症见月经后错，经水量少，有血块，或行经腹痛，面色少华，舌淡暗，脉细涩；功能性月经不调见上述证候者。②痛经，因营血亏虚，冲任失于荣养，兼之瘀血内阻，冲任不通所致，症见经期小腹疼痛，行经量少，经色暗，有血块，面色少华，舌质淡暗，脉细涩；原发性痛经见上述证候者。③产后恶露不绝：因产后营血亏虚，瘀血内阻，新血不得归经所致，症见产后恶露衍期不止，夹有血块，小腹疼痛，头昏，乏力，面色少华，舌质淡暗，脉细涩；产后子宫复旧不全见上述证候者。此外，本品配合药物流产使用，可以减少药物流产后的子宫出血量，缩短出血时间。

【注意事项】产后腹痛因瘀热所致者，应配合清热解毒药物使用。孕妇禁用。服药期间少食生冷食物。

（六）固崩止血药

本类药物主要由棕榈、龟甲、杜仲、当归、续断等固崩止血药物组成，主要用于寒凝血滞所致的月经过多、崩漏等。

妇科止血灵

【药物组成】熟地黄、五味子、白芍、杜仲（炭）、续断、槲寄生、山药、牡蛎（煅）、海螵蛸、地榆（炒）、蒲黄（炭）。

【功能主治】补肾敛阴，固冲止血。用于肾阴不足所致的崩漏，症见行经先后无定期、经量多或淋漓不止、经色紫黑、伴头晕耳鸣、手足心热、腰膝酸软；功能失调性子宫出血见上述证候者。

【方解】熟地黄味甘性微温，甘则能补，故主补肝血，滋肾水，益真阴；五味子酸能收敛，性温而润，功能补肾敛阴，共为君药。白芍酸寒，养血敛阴；杜仲、续断、槲寄生补益肝肾，养血固冲；山药味甘性平，平补气阴，共为臣药。牡蛎、海螵蛸收涩止血，地榆凉血止血，蒲黄化瘀止血，为佐药。诸药合用，共奏补肾敛阴、固冲止血之功。

【临床应用】①崩漏，多因肾阴亏损，阴虚失守，虚火动血所致，症见经乱无期，经量多或淋漓不止，色鲜红，质稍稠，伴头晕耳鸣，手足心热，腰膝酸软，舌质红少苔；功能失调性子宫出血见上述证候者。②月经过多，多由于阴虚水亏，火热内炽，扰及冲任，迫血妄行所致，症见月经量过多，伴头晕耳鸣，手足心热，腰膝酸软；排卵型功能失调性子宫出血见上述证候者。③经期延长，多因阴虚内热扰及冲任，血海不宁故经血淋漓过期不净，量少，色红，质稠，伴头晕耳鸣，手足心热，腰膝酸软；排卵型功能失调性子宫出血见上述证候者。

【注意事项】孕妇禁用。气不摄血者不宜服用。服药期间饮食宜富有营养，忌食辛辣、油腻之品。

宫血宁胶囊

【药物组成】重楼。

【功能主治】凉血止血，清热除湿，化瘀止痛。用于崩漏下血、月经过多，产后或流产后宫缩不良出血及功能失调性子宫出血属血热妄行者，以及慢性盆腔炎之湿热瘀结证所致少腹痛、腰骶痛、带下增多。

【方解】本方由重楼一味药组成。重楼具有清热解毒，凉血止血之功，适用于血热出血之证。

【临床应用】①月经过多，血分伏热，扰动血海所致，症见月经量多，色深红，质黏稠，伴心烦口渴，尿黄，便结，舌红苔黄，脉滑数；功能失调性子宫出血见上述证候者。②崩漏，血分伏热，热迫经血，经血非时妄行所致经血非时而下，或淋漓日久不净，色深红质稠，口渴，烦热，小便黄或大便干，舌红，苔黄，脉数；功能失调性子宫出血见上述证候者。③产后恶露不尽，产后阴液耗损，阴虚生热，热迫血行导致恶露过期不止且量较多，色深红，质黏稠，口燥咽干，舌红，脉细而数；产后及流产后子宫复旧不全见上述证候者。

【注意事项】本品凉血止血，脾虚、肾虚、血瘀证出血者忌用。饮食忌肥甘厚味及辛辣之品。妊娠期出血忌用。暴崩者慎用。胃肠道疾病、脾胃虚寒者慎用。

二、止带药

止带药主要由健脾除湿、清热燥湿和补肾药物组成，主要用于带下病。根据带下病的不同病机，又分为健脾胜湿药、清热化湿药、益肾止带药。

（一）健脾胜湿药

本类药物主要由党参、白术、山药、苍术、陈皮等健脾除湿药物组成，加入桑螵蛸、煅牡蛎等收涩止带药物组合而成，主要用于脾虚湿盛所致的带下病。

千金止带丸

【药物组成】党参、白术（炒）、杜仲（盐炒）、续断、补骨脂（盐炒）、当归、白芍、川芎、延胡索（醋炙）、香附（醋炙）、木香、小茴香（盐炒）、牡蛎（煅）、砂仁、鸡冠花、椿皮、青黛等。

【功能主治】健脾补肾，调经止带。用于脾肾两虚所致的月经不调、带下病，症见月经先后不定期、量多或淋漓不净、色淡无块，或带下量多、色白清稀、神疲乏力、腰膝酸软。

【方解】方中党参补气健脾；白术益气健脾，燥湿止带；杜仲、续断、补骨脂补肾助阳，固冲止带，共为君药。以当归、白芍、川芎、延胡索养血活血，调经止痛；用香附、木香、小茴香疏肝理气，调经止痛，7味调补气血，调经止痛，为臣药。青黛清热解毒，以除留恋之邪；鸡冠花、椿皮清热燥湿，收涩止带；煅牡蛎收涩固经止带；砂仁和胃健脾，行气化湿，共为佐药。诸药相合，共奏健脾益肾，行气和血，调经止带之功。

【临床应用】①月经先后不定期，因脾肾两虚所致，症见月经先后不定期，量多或淋漓不止，色淡无块，腰膝酸软，舌质淡，苔薄白；功能性月经不调见上述证候者。②带下病，因脾肾两虚所致，症见带下量多，色白清稀，神疲乏力，腰膝酸软，无臭气，绵绵不断，面色无华，纳少便溏，舌质淡，苔薄白；慢性盆腔炎见上述证候者。

【注意事项】孕妇禁用。本品健脾补肾，肝郁血瘀证、湿热证、热毒证者慎用。

妇良片

【药物组成】当归、熟地黄、白芍、阿胶（海蛤粉炒珠）、白术、山药、续断、白芷、地榆（炒）、血余炭、牡蛎（煅）、海螵蛸。

【功能主治】补血健脾，固经止带。用于血虚脾弱所致月经不调、带下病，症见月经过多、持续不断、崩漏色淡、经后少腹隐痛、头晕目眩、面色无华、或带多清稀。

【方解】方中当归补血活血，调经止痛；熟地黄补血滋阴，益精填髓，共为君药。白芍补血敛阴，调经止痛；阿胶补血止血，调经；白术、山药益气健脾，除湿止带，共为臣药。君、臣药物相配，养血补血，健脾化湿，调经止带。续断补肝肾，固冲任；白芷疏风燥湿止带；地榆凉血止血；血余炭止血散瘀；牡蛎、海螵蛸收敛固涩，止血止带，皆为佐药。诸药相合，共奏补血健脾，固经止带之功。

【临床应用】①月经过多，因脾气虚弱，固摄失权所致，症见月经量过多，血色淡而质薄，伴经后少腹隐痛，晕眩，气短神疲，面色无华，饮食不佳，舌质淡，苔薄白。②崩漏，因脾虚血少，固摄失权所致，症见经血非时而至，崩中或淋漓不净，血色淡而质薄，伴晕眩，气短神疲，面色无华，饮食不佳，舌质淡，苔薄白；功能失调性子宫出血见上述证候者。③带下病，因脾气虚弱，固摄失权所致，症见带下色白质稀，无臭气，绵绵不断，伴小腹隐痛，面色无华，纳少便溏，舌质淡，苔薄白；慢性盆腔炎见上述证候者。

【注意事项】暴崩者慎用。湿热下注、血热证带黄腥臭者慎用。孕妇慎用。糖尿病患者慎用。

（二）清热化湿药

本类药物主要由黄柏、穿心莲、两面针、土茯苓、苦参等清热燥湿药物组成，主要用于湿热下注所致的带下病。

妇科千金片

【药物组成】千斤拔、功劳木、单面针、穿心莲、党参、鸡血藤、当归、金樱根。

【功能与主治】清热除湿，益气化瘀。用于湿热瘀阻所致的带下病、腹痛，症见带下量多、色黄稠稠、臭秽、小腹疼痛、腰骶酸痛、神疲乏力；慢性盆腔炎、子宫内膜炎、慢性宫颈炎见有上述证候者。

【方解】方中千斤拔、功劳木清热解毒，燥湿止带，共为君药。单面针、穿心莲清热解毒，凉血消肿，燥湿止带，为臣药。党参益气健脾，促进水湿运化而止带；鸡血藤、当归养血活血，祛风胜湿；金樱根固精止带，共为佐药。诸药相合，共奏清热除湿，益气化瘀，止带之功。

【临床应用】①带下病，因湿热瘀阻所致，症见带下量多，色黄质稠，有臭味，或小腹作痛，或阴痒，伴纳食较差，小便黄少，舌苔黄腻或厚；慢性盆腔炎见上述证候者。②妇女腹痛，因湿热瘀阻所致，症见妇女腹痛，伴见带下量多，色黄质稠，有臭味，或阴痒，小便黄少，舌苔黄腻或厚；慢性盆腔炎见上述证候者。

【注意事项】气滞血瘀证、寒凝血瘀证者慎用。孕妇慎用。饮食宜清淡，忌辛辣厚味之品。糖尿病患者慎用。

花红颗粒（片）

【药物组成】一点红、白花蛇舌草、薜荔、白背叶根、地桃花、鸡血藤、桃金娘根。

【功能与主治】清热解毒，燥湿止带，祛瘀止痛。用于湿热瘀滞所致的带下病、月经不调，症见带下量多、色黄稠、小腹隐痛、腰骶酸痛、经行腹痛；慢性盆腔炎、附件炎、子宫内膜炎见上述证候者。

【方解】方中一点红清热解毒、活血止痛，为君药。白花蛇舌草清热利湿解毒、薜荔清热解毒，和中化湿，既能助一点红清热解毒，又能燥湿止带，共为臣药。白背叶根、地桃花清热利湿，鸡血藤、桃金娘根活血止痛，共为佐药。7味合用，共奏清热解毒，燥湿止带，祛瘀止痛之功。

【临床应用】①妇女腹痛，系因湿热蕴结，瘀阻冲任，胞脉血行不畅所致，症见小腹疼痛拒按，腰骶胀痛，带下增多，黄稠，有臭味，或伴低热起伏，胸闷心烦，口苦咽干，纳食较差，小便黄少，舌红，苔黄腻；慢性盆腔炎见上述证候者。②带下病，系因湿热蕴结，损及任带二脉所致，症见带下量增多，色黄质稠，有臭味，或小腹作痛，或阴痒，胸闷心烦，口苦咽干，纳食较差，小便黄少，舌红，苔黄腻；慢性盆腔炎见上述证候者。

【注意事项】孕妇禁用。气血虚弱所致腹痛、带下者慎用。饮食宜营养丰富，忌食生冷、厚味及辛辣之品。

宫炎平片

【药物组成】地稔、两面针、当归、柘木、五指毛桃。

【功能与主治】清热利湿，祛瘀止痛，收敛止带。用于湿热瘀阻所致妇女小腹隐痛、带下病，症见妇女小腹隐痛，经色紫暗、有块，带下色黄质稠；慢性盆腔炎见上述证候者。

【方解】方中重用地稔清热利湿，解毒，为君药。两面针清热解毒、消肿止痛，助君药清热解毒，为臣药。当归养血活血，通经止痛；柘木祛风利湿，活血通经；五指毛桃健脾利湿，收敛止带，均为佐药。诸药相合，共奏清热利湿，祛瘀止痛，收敛止带之功。

【临床应用】①妇女腹痛，系因湿热瘀阻，阻滞冲任，血行不畅所致，症见小腹隐痛，腰骶胀痛，经色紫暗有块，带下量多，色黄质稠，或有异味，或月经不调，舌苔腻或厚，脉弦数；慢性盆腔炎见上述证候者。②带下病，系因湿热瘀阻，流注下焦所致，症见带下量多，色黄质稠，小腹隐痛，或阴痒，小便黄少，舌苔黄腻或厚，脉弦数者；慢性盆腔炎见上述证候者。

【注意事项】本品用于湿热瘀阻证，血虚失荣腹痛及寒湿带下者慎用。本品含活血通经之品，孕妇忌用。饮食宜营养丰富，忌食生冷、辛辣及厚味之品。

妇炎康片

【药物组成】土茯苓、苦参、黄柏、当归、赤芍、丹参、三棱（醋炙）、莪术（醋炙）、延胡索（醋炙）、川楝子（炒）、香附（醋炙）、山药、芡实（炒）。

【功能主治】清热利湿，理气活血，散结消肿。用于湿热下注、毒瘀互阻所致带下病，症见带下量多、色黄、气臭，少腹痛，腰骶痛，口苦咽干；阴道炎、慢性附件炎、慢性盆腔炎见上述证候者。

【方解】方中土茯苓解毒除湿，为君药。苦参、黄柏清利下焦湿热，助土茯苓解毒，为臣药。以当归、赤芍、丹参、三棱、莪术活血化瘀；延胡索、川楝子、香附行气止痛；山药、芡实健脾益肾，利湿止带，共为佐药。诸药相合，共奏清热利湿，理气活血，散结消肿之功。

【临床应用】①带下病，因湿热下注，毒瘀互阻所致，症见带下量多、色黄、黏稠，或如脓、臭秽，阴部瘙痒，小腹疼痛，心烦，口苦，舌红，苔黄腻，脉滑数；阴道炎、慢性盆腔炎见上述证候者。②妇女腹痛，湿热下注，毒瘀互阻，阻滞冲任，血行不畅所致，症见小腹疼痛，按之痛甚，腰骶胀痛，经色紫暗有块，带下增多，黄稠，有臭味，舌苔黄腻或厚，脉弦数；慢性盆腔炎见上述证候者。③癥瘕，因湿热蕴结，久而成毒，瘀阻冲任所致，症见妇女腹部包块拒按，小腹及腰骶疼痛，带下增多、色黄，可伴经期提前或延长，经血量多，舌苔黄腻，脉弦数；慢性盆腔炎性包块见上述证候者。

【注意事项】气血虚弱、脾肾阳虚者慎用。孕妇禁用。饮食宜营养丰富，忌食生冷及辛辣之品。

盆炎净颗粒

【药物组成】忍冬藤、蒲公英、鸡血藤、益母草、赤芍、川芎、狗脊、车前草。

【功能主治】清热利湿，活血通络。用于湿热瘀阻所致的带下病、少腹痛，症见带下量多、色黄，小腹隐隐作痛；慢性盆腔炎见上述证候者。

【方解】方中忍冬藤、蒲公英清热解毒，利湿止带，为君药。鸡血藤、益母草、赤芍、川芎活血化瘀，清热凉血，为臣药。狗脊泄湿气而止带浊，车前草清热利湿，共为佐药。诸药合用，共成清热利湿，活血通络之功。

【临床应用】①妇女腹痛，系因湿热阻滞，瘀阻冲任，胞脉血行不畅所致，症见小腹疼痛拒按，腰骶胀痛，带下增多，黄稠，有臭味，或伴低热起伏，胸闷心烦，口苦咽干，纳食较差，小便黄少，舌红，苔黄腻，脉弦数；慢性盆腔炎见上述证候者。②带下病，系因湿热阻滞，损及任带所致，症见带下增多，色黄质稠，有臭味，或小腹作痛，或阴痒，胸闷心烦，口苦咽干，纳食较差，小便黄少，舌红，苔黄腻，脉弦数；慢性盆腔炎见上述证候者。

【注意事项】脾肾阳虚腹痛、带下量多者不宜使用。体虚明显者不宜单独使用。孕妇禁用。忌服辛辣、生冷及厚味之品。

保妇康栓（泡沫剂）

【药物组成】莪术油、冰片。

【功能主治】行气破瘀，生肌止痛。用于湿热瘀滞所致的带下病，症见带下量多、色黄，时有阴部瘙痒；真菌性阴道炎、老年性阴道炎、宫颈糜烂见上述证候者。

【方解】本品以辛苦性温之莪术行气破血，祛瘀止痛，为君药。冰片苦辛，微寒，能清热止痛，去腐生肌，为臣药。两药合用，共奏行气破瘀，生肌止痛之功。

【临床应用】①带下病，因湿热瘀滞，损及任带所致，症见带下增多，色黄或黄白，质黏腻，臭秽，或伴阴部瘙痒，胸闷心烦，口苦咽干，纳食较差，小便黄少，舌红，苔黄腻，脉濡数；真菌性阴道炎、老年性阴道炎、宫颈糜烂见上述证候者。②阴痒，因湿热下注，损伤任带，带下量多，浸渍阴部所致，症见阴部瘙痒，甚则痒痛，带下色黄，黏腻臭秽，或色白如豆渣样，臭秽，口苦咽干，心烦不宁，小便黄赤，舌红，苔黄腻，脉滑数；真菌性阴道炎、老年性阴道炎见上述证候者。

【注意事项】脾肾阳虚所致带下慎用。孕妇禁用。月经期前至经净3天内停用，切忌内服。饮食宜清淡，忌食辛辣、厚味之品。

洁尔阴泡腾片（洗液）

【药物组成】黄芩、苦参、金银花、栀子、土荆皮、黄柏、茵陈蒿、地肤子、蛇床子、薄荷、艾叶、独活、苍术、石菖蒲。

【功能与主治】清热燥湿，杀虫止痒。用于妇女湿热带下，症见阴部瘙痒红肿，带下量多、色黄或如豆渣状，口苦口干，尿黄便结；真菌性、滴虫性及细菌性阴道病见上述证候者。

【方解】方中黄芩清热燥湿，苦参清热燥湿，杀虫止痒，两药为伍，标本兼治，共为君药。以金银花、栀子、土荆皮、黄柏、茵陈蒿清热解毒，燥湿止痒，为臣药。地肤子、蛇床子祛风止痒；薄荷、艾叶、独活、苍术、石菖蒲芳香化浊，祛湿止痒，7味为佐药。诸药合用，共奏清热燥湿，杀虫止痒之功。

【临床应用】①阴痒，因湿热下注，损伤任带，湿热蕴积生虫所致，症见阴部瘙痒，如虫行状，灼热疼痛，带下量多，色黄或呈泡沫状，或色白如豆渣样，臭秽，口苦咽干，心烦不宁，小便黄赤，舌红，苔黄腻，脉滑数；真菌性阴道炎、滴虫性阴道炎及细菌性阴道炎见上述证候者。②带下病，因湿热互结，流注下焦，损及任带所致，症见带下量多，色黄，质黏稠，有臭气，或伴阴部瘙痒，胸闷心烦，口苦咽干，纳食较差，小便黄少，舌红，苔黄腻，脉濡数；真菌性阴道炎、滴虫性阴道炎及细菌性阴道炎见上述证候者。

【注意事项】寒湿带下者慎用。孕妇禁用。月经期前至经净3天内停用，切忌内服。饮食宜清淡，忌食辛辣、厚味之品。注意保持冲洗器的清洁。

妇宁栓

【药物组成】苦参、黄芩、黄柏、猪胆粉、乳香、没药、莪术、儿茶、蛤壳粉、冰片、红丹。

【功能主治】清热解毒、燥湿杀虫，去腐生肌。用于湿热下注所致的带下病、阴痒、阴蚀，症见黄白带下、量多味臭，阴部瘙痒或有小腹疼痛；阴道炎、阴道溃疡、宫颈糜烂见上述证候者。

【方解】方中苦参清热燥湿，杀虫止痒，为君药。黄芩、黄柏、猪胆粉清热解毒，燥湿止带，为臣药。乳香、没药、莪术活血止痛，消肿生肌，儿茶祛腐生肌，蛤壳粉燥湿收敛，配冰片、红丹清热止痛，防腐止痒，共为佐药。诸药相合，共奏清热解毒，燥湿杀虫，去腐生肌之功。

【临床应用】①带下病，因湿热互结，流注下焦，损及任带所致，症见带下量多，色黄、质黏稠，有臭气，或伴阴部瘙痒，胸闷，口苦咽干，纳食较差，小便黄少，舌红，苔黄腻，脉濡数；阴道炎、阴道溃疡、宫颈糜烂见上述证候者。②阴痒，因湿热下注，损及任带所致，症见阴部瘙痒，甚则痒痛，带下量多，色黄质稠，口苦咽干，心烦不宁，小便赤涩，舌红，苔黄腻，脉弦数；阴道炎见上述证候者。

【注意事项】孕妇禁用。月经期前至经净 3 天内停用，切忌内服。饮食宜清淡，忌食辛辣、厚味之品。

抗宫炎片（胶囊）

【药物组成】广东紫珠、益母草、乌药。

【功能主治】清热，祛湿，化瘀，止带。用于湿热下注所致的带下病，症见赤白带下、量多臭味；宫颈糜烂见上述证候者。

【方解】方中紫珠味苦、涩，性凉，清热解毒，凉血，收敛止血，为君药。益母草活血调经，清热解毒，为臣药。乌药理气止痛，为佐药。诸药相合，共奏清热，祛湿，化瘀，止带之功。

【临床应用】带下病，系因湿热下注，损及任带所致，症见带下量多，色黄，质黏稠，有臭气，或伴阴部瘙痒，胸闷心烦，口苦咽干，纳食较差，小便黄少，舌红，苔黄腻，脉濡数；宫颈糜烂见上述证候者。

【注意事项】寒湿带下者慎用。本品含活血通经之品，孕妇忌服。服后偶见头晕，可自行消失，不必停药。忌辛辣、厚味之品。

康妇炎胶囊

【药物组成】蒲公英、败酱草、薏苡仁、赤芍、苍术、当归、川芎、香附、延胡索（制）、泽泻、白花蛇舌草。

【功能主治】清热解毒，化瘀行滞，除湿止带。用于月经不调，痛经，附件炎，阴道炎，子宫内膜炎及盆腔炎等妇科炎症。

【方解】方中蒲公英、败酱草、白花蛇舌草清热解毒、利湿散结；赤芍、当归、川芎、延胡索、香附活血化瘀，通经止痛；薏苡仁、苍术、泽泻健脾除湿止带，诸药合用，共奏清热解毒、化瘀行滞、除湿止带之功。

【临床应用】①妇女腹痛，因湿热瘀阻，血行不畅所致，症见小腹隐痛，腰骶胀痛，带下量多，色黄质稠，舌苔黄腻，脉弦数；慢性盆腔炎见上述证候者。②带下病，系因湿热瘀阻下焦所致，症见带下量多，色黄，质黏稠如脓，有臭味，阴痒，小便黄少，小腹疼痛，心烦，口苦，舌红，苔黄腻，脉弦数；阴道炎、慢性盆腔炎见上述证候者。

【注意事项】血虚失荣、寒湿带下者慎用。孕妇禁用。忌辛辣、厚味之品。

（三）益肾止带药

本类药物主要由地黄、杜仲叶、续断等补肾药物，加入延胡索、川楝子、红藤、侧柏叶等行气和血、收涩止带药物组合而成，主要用于肾虚夹瘀所致的带下病。

愈带丸

【药物组成】当归、白芍、熟地黄、香附（醋炙）、木香、艾叶（炒炭）、干姜（微炒）、肉桂（炒焦）、知母、黄柏、牛膝、蒲黄（炒）、棕榈炭、百草霜、鸡冠花、芍药花、炙甘草。

【功能与主治】养血柔肝，固经止带。用于血虚肝郁所致月经不调、带下病，症见月经先后不定期、赤白带下、头晕目眩、神疲乏力、胸闷不舒。

【方解】方中当归、白芍、熟地黄养血补血，调经，为君药。香附、木香调畅气机，气行则血行，为臣药。君、臣药物相配，血海充盈，气机调达。艾叶、干姜、肉桂3味合用，入下焦，温阳散寒，除湿止带；知母、黄柏、牛膝3味，滋阴降火，善除下焦湿热，兼制干姜、肉桂之辛热；蒲黄、棕榈炭、百草霜入血分，以化瘀收敛止血；鸡冠花、芍药花清热利湿，善止赤白带下，皆为佐药。炙甘草调和诸药，为使药。诸药相合，共奏养血柔肝，固经止带之功。

【临床应用】①月经先后不定期，因血虚肝郁所致，症见月经先后不定期，经行不畅，或有胁肋、乳房、少腹胀痛，胸闷不舒，眩晕，神疲乏力，舌淡或淡黯；功能性月经不调见上述证候者。②赤白带下，因血虚肝郁所致，症见赤白带下，伴少腹胀痛，胸闷不舒，神疲乏力，舌淡或淡黯；慢性盆腔炎见上述证候者。

【注意事项】脾肾两虚证者慎用。本品含活血通经之品，孕妇慎用。忌食生冷、油腻之品。

三、安胎药

本类药物主要由杜仲、续断、桑寄生、白术等安胎药物，配伍补益肝肾、益气养血的药物组合而成。主要用于肝肾不足、气血两虚所致胎漏、胎动不安和滑胎，即西医学的先兆流产和习惯性流产。

保胎丸

【药物组成】黄芪、白术（炒）、槲寄生、菟丝子（酒制）、熟地黄、当归、白芍、川芎、枳壳（炒）、厚朴（姜制）、荆芥穗、羌活、艾叶（炭）、砂仁、贝母、甘草。

【功能主治】益气养血，补肾安胎。用于气血不足、肾气不固所致的胎漏、胎动不安，症见小腹坠痛，或见阴道少量出血，或屡经流产，伴神疲乏力、腰膝酸软。

【方解】方中黄芪、白术益气健脾，化源充足，使胎有所养，为君药。槲寄生、菟丝子补肾气而固胎元，使胎有所系。熟地黄、当归、白芍、川芎补血养胎，共为臣药。君、臣药物相配，健脾补肾，使气血充足，胎元牢固。枳壳、厚朴理气宽中；荆芥穗止血；羌活通络止痛，艾叶温经散寒，暖宫止血而安胎；砂仁理气和胃安胎；贝母开郁散结，共为佐药，使气血调达，冲任调顺。甘草调和诸药，为使药。诸药相合，共奏益气养血，补肾安胎之功。

【临床应用】①胎漏，因冲任气血亏虚，肾气不固，胎元不固所致，症见妊娠期阴道少量出血，色红或淡红，伴气短乏力，食少纳差，小便频数，大便溏或少，舌淡苔薄白，脉沉细滑；先兆流产见上述证候者。②胎动不安，因冲任气血亏虚，肾气不足，胎元不固所致，症见妊娠期阴道少量出血，色红或淡红，小腹绵绵坠痛，腰疲腿软，伴气短乏力，食少纳差，小便频数，大便溏或少，舌淡苔薄白，脉沉细滑；先兆流产见上述证候者。③滑胎，因气血亏损，源流不继所致孕后屡堕，伴腰疲，小腹空坠，神疲乏力，心悸气短，纳呆，便溏，舌淡胖，苔白，脉细滑；习惯性流产见上述证候者。

【注意事项】血热证者慎用。忌食肥甘厚味、辛辣之品。宜卧床休息，禁房事。

四、化瘀生新药

本类药物主要由益母草、当归、赤芍、川芎等活血药物，配伍补益气血的药物组合而成。主要用于血瘀所致恶露不绝，即产后出血，子宫复旧不良。

加味生化颗粒

【药物组成】当归、益母草、川芎、桃仁、赤芍，阿胶、炮姜、艾叶、荆芥、炙甘草。

【功能主治】活血化瘀，温经止痛。用于瘀血不尽，冲任不固所致的产后恶露不绝，症见恶露不止、色紫暗或有血块、小腹冷痛。

【方解】方中当归补血活血，调经止痛；益母草活血祛瘀，调经止痛，共为君药。川芎活血祛瘀，行气止痛；桃仁、赤芍活血祛瘀通经；阿胶补血止血，共为方中臣药。炮姜温经散寒止痛；艾叶温经止血，散寒止痛，调经；荆芥散风止血，合为佐药。炙甘草调和诸药，为使药。诸药相合，共奏活血化瘀，温经止痛之功。

【临床应用】产后恶露不绝，产后血虚，寒邪入里，寒凝血瘀所致产后恶露过期不止，淋漓量少，色紫黯或有血块，小腹冷痛拒按，块下痛减，舌紫黯，或有瘀点，脉涩；产后子宫复旧不全见上述证候者。

【注意事项】血热证者慎用。产后大出血者禁用。

新生化颗粒

【药物组成】当归、川芎、桃仁、红花、益母草、干姜（炭）、炙甘草。

【功能主治】活血祛瘀。用于寒凝血瘀所致产后恶露不下，症见小腹冷痛、有块拒按、形寒肢冷。

【方解】方中用当归补血活血，和血调经，散寒止痛，为君药。川芎活血行气，桃仁、红花、益母草活血祛瘀，4味共为臣药。以干姜温经散寒，为佐药。甘草调和诸药，为使药。诸药相合，共奏活血祛瘀之功。

【临床应用】①产后恶露不下，系因寒凝血瘀，瘀阻冲任胞宫所致，症见产后恶露量少，滞涩不畅，色紫黯有血块，小腹冷痛拒按，舌质黯，苔白滑，脉沉紧或弦涩；产后子宫复旧不全见上述证候者。②产后恶露不绝，因寒凝血瘀所致，症见产后恶露过期不止，淋漓量少，色紫黯有血块，小腹冷痛拒按，舌质黯，苔白滑，脉沉紧或弦涩；产后子宫复旧不全见上述证候者。

【注意事项】血热、湿热恶露不下者慎用。产后宜温，避免受寒，调和情志，保持心情舒畅。饮食宜营养丰富。忌食生冷或过食肥甘之品。注意个人卫生，忌盆浴，戒房事。

五、养血通乳药

本类药物主要由王不留行、穿山甲、漏芦、通草等下乳药，配伍养血益气的药物组合而成。主要用于气血虚弱所致缺乳。

通乳颗粒

【药物组成】黄芪、熟地黄、党参、当归、白芍（酒炒）、川芎、漏芦、瞿麦、通草、路路通、穿山甲（烫）、王不留行、天花粉、鹿角霜、柴胡。

【功能主治】益气养血，通络下乳。用于产后气血亏损，乳少，无乳，乳汁不通。

【方解】方中黄芪补脾益气，熟地黄补血养阴，二药补益气血，功力卓著，而为君药。党参之用，助黄芪益气健脾，以资气血生化之源；当归、白芍、川芎与熟地黄相合，以养血调经而著称，为臣药。君臣诸药补益气血，使乳汁化源不竭。取漏芦、瞿麦、通草、路路通、穿山甲、王不留行活血通经以下乳汁；天花粉清热生津，另入鹿角霜补肾助阳，柴胡疏肝解郁，畅通气血，共为佐药。诸药相合，共奏益气养血，通络下乳之功。

【临床应用】缺乳，系因气血虚弱所致，症见产后乳少，甚或全无，乳汁清稀，乳房柔软，无胀满痛，面色无华或萎黄，神疲，食少，倦怠乏力，心悸气短，舌淡苔白，脉细弱。

【注意事项】肝郁气滞证产后缺乳慎用。调和情志，保持心情舒畅，以免影响泌乳。孕妇忌用。饮食宜营养丰富，忌食生冷及辛辣之品。

六、活血消癥药

本类药物主要由大黄、土鳖虫、水蛭、桃仁、蒲黄等活血化瘀药物组合而成。主要用于瘀血内停所致的妇女癥瘕。

桂枝茯苓丸

【药物组成】桂枝、桃仁、牡丹皮、白芍、茯苓。

【功能主治】活血，化瘀，消癥。用于妇人宿有癥块，或血瘀经闭，行经腹痛，产后恶露不尽。

【方解】方中桂枝味辛甘，性温，温通经脉。行滞化瘀，为君药。桃仁味苦，善泄血滞，破恶廓，消癥瘕；牡丹皮味微苦，性微寒，能散血行瘀，凉血清热；白芍味苦酸，性微寒，和血养血，使消癥而不伤正，共为臣药。茯苓健脾渗湿，以资化源，为佐药。诸药合用，共奏活血，化瘀，消癥之功。

【临床应用】①癥瘕，因瘀血内停，瘀阻冲任所致，症见下腹包块，推之可移，界限清楚，妇女月经不畅，血色暗紫，有小血块，腹痛如刺，痛处拒按，舌暗，有瘀斑；子宫肌瘤、慢性盆腔炎性包块、卵巢囊肿见上述证候者。②痛经，因瘀血内阻所致，症见经前或经期小腹刺痛拒按，量多或少，色黯红有血块，血块下后痛减，舌暗或有瘀点；原发性痛经、子宫内膜异位症见上述证候者。③闭经，由瘀血内阻所致，症见经闭不行，小腹刺痛拒按，舌暗或有瘀点；继发性闭经见上述证候者。④产后恶露不尽，因瘀血阻滞胞脉所致，症见产后恶露淋漓不爽，量少，色紫黯有块，小腹疼痛拒按，舌紫黯或边有瘀点；产后子宫复旧不全见上述证候者。

【注意事项】阴道出血量多者禁用。素有癥瘕，妊娠后漏下不止，胎动不安者，需经医师诊断认可后服用，以免误用伤胎。调和情志，保持心情舒畅。经期及经后3天禁用。忌食生冷、肥腻、辛辣之品。

宫瘤清胶囊

【药物组成】熟大黄、土鳖虫、水蛭、桃仁、蒲黄、黄芩、枳实、牡蛎、地黄、白芍、甘草。

【功能主治】活血逐瘀，消癥破积。用于瘀血内停所致的妇女癥瘕，症见小腹胀痛、经色紫暗有块、经行不爽；子宫肌瘤见上述证候者。

【方解】方中熟大黄活血祛瘀，消癥散结，为君药。土鳖虫，水蛭破血逐瘀、通经；桃仁、蒲黄活血祛瘀；枳实破气消积，使气行则血行，4味相伍，增强大黄活血逐瘀、消癥散结之效，共为臣药。瘀血内停久而化热，伍黄芩清肝泄热，协大黄以清瘀热，牡蛎软坚散结，地黄、白芍养血和血，使消癥攻邪而不伤正，均为佐药。甘草调和诸药，为使药。全方合用，共奏活血逐瘀，消癥破积之功。

【临床应用】癥瘕，用于瘀血内停所致，症见下腹包块，推之可移，界限清楚，经血量多，经色紫暗夹块，或经行不爽，或月经周期紊乱，经期延长或久漏不止，面色晦黯，口干不欲饮，大便干结，舌紫黯，或有瘀斑或瘀点，脉沉弦；子宫肌瘤见上述证候者。

【注意事项】体弱、阴道出血量多者慎用。孕妇禁服。经期及经后3天停服。忌食生冷、肥腻、辛辣之品。

七、安神除烦药

本类药物主要由补肾、养阴、安神药物组合而成。主要用于围绝经期综合征。

更年安片

【药物组成】地黄、熟地黄、制何首乌、玄参、麦冬、茯苓、泽泻、牡丹皮、珍珠母、磁石、钩藤、首乌藤、五味子、浮小麦、仙茅。

【功能主治】滋阴清热，除烦安神。用于肾阴虚所致的绝经前后诸证，症见烘热出汗、眩晕耳鸣、手足心热、烦躁不安；围绝经期综合征见上述证候者。

【方解】方中地黄、熟地黄、制首乌、玄参、麦冬滋养肝肾，补益阴血，清热除烦，为君药。茯苓、泽泻、牡丹皮健脾利水、泻火降浊，为臣药。珍珠母、磁石重镇潜阳安神，钩藤平肝熄风而止眩晕，首乌藤养血安神除烦，五味子、浮小麦滋阴敛汗，养心安神，共为佐药。仙茅壮阳益肾，旨在阳中求阴，阳生阴长，为佐使药。诸药配伍，共奏滋阴清热，除烦安神之效。

【临床应用】绝经前后诸证，妇女经断前后，因肾阴不足，虚阳上浮所致，症见烘热出汗、眩晕耳鸣，腰酸腿软，急躁易怒，心胸烦闷，手足心热，头痛，两胁胀痛，失眠多梦，心悸，口渴，舌红苔少；围绝经期综合征见上述证候者。

【注意事项】孕妇禁用。脾肾阳虚者慎用。服药期间饮食应忌辛辣之品，以免助热伤阴。糖尿病患者慎用。

第二十三节 儿科用药

儿科药主要用于儿童感冒、急性咽炎、急性扁桃体炎、急性支气管炎、支气管肺炎、喘息性支气管炎、百日咳、高热惊厥、小儿营养不良、小儿腹泻等儿科疾病，具体分为解表药、清热药、消导药、止咳平喘药、补益药、镇肝熄风药。

一、解表药

本类药物主要由羌活、防风、藿香、白芷等辛温解表药或金银花、连翘、薄荷等清热解毒药，配伍止咳化痰、和胃消食之品，主要用于儿童感冒、急性咽炎、上呼吸道感染等。

小儿解表颗粒

【药物组成】金银花、连翘、荆芥穗、防风、紫苏叶，葛根、蒲公英、黄芩、牛蒡子（炒）、人工牛黄。

【功能主治】宣肺解表，清热解毒。用于小儿外感风热所致的感冒，症见发热恶风、头痛咳嗽、鼻塞流涕、咽喉痛痒。

【方解】方中金银花、连翘清热解毒，轻宣透表，疏散风热，共为君药。荆芥穗、防风辛散表邪；紫苏叶发表散风、宣肺止咳；葛根解肌退热、生津止渴，可助君药透邪外出；蒲公英清热解毒、利咽散结；黄芩清热泻火、燥湿解毒，以上为臣药。牛蒡子宣肺祛痰、清利咽喉；牛黄苦凉、清热解毒、定惊化痰，共为佐药。诸药合用，共奏宣肺解表，清热解毒之功效。

【临床应用】感冒，由外感风热，肺卫受邪，肺气郁闭，失于清肃，气机不利，灼津为痰，阻滞气道所致，症见发热恶风，头痛，咳嗽，咽痒流涕；上呼吸道感染见上述证候者。

【注意事项】本品适用于风热感冒，风寒感冒者慎用。服药期间忌食生冷、辛辣、油腻的食品。服药期间避免服用滋补性中成药。脾胃虚寒，大便溏薄者慎用。服药期间高热不退，咳嗽加剧者应及时到医院就诊。

小儿宣肺止咳颗粒

【药物组成】麻黄、竹叶防风、西南黄芩、桔梗、白芥子、苦杏仁、葶苈子、马蓝、黄芪、山药、山楂、甘草。辅料为蔗糖、糊精。

【功能主治】宣肺解表，清热化痰。用于小儿外感咳嗽，痰热壅肺所致的咳嗽痰多、痰黄黏稠、咳痰不爽。

【方解】方中麻黄宣肺气，开腠理，散风寒，为君药。防风祛风渗湿，助麻黄解表之力；黄芩清解从阳而化之热，遏阻热势，共为臣药。桔梗、白芥子辛散宣肺化痰；杏仁、葶苈子降气止咳；马蓝苦寒清热解毒，助黄芩行清解之效；黄芪、山药、山楂健脾益气、消食和胃，共为佐药。甘草调和诸药，缓和药性，为使药。全方合用，共奏宣肺解表，清热化痰之功。

【临床应用】咳嗽、肺炎喘嗽，由小儿外感风热，肺失宣肃，聚津为痰，痰热壅肺所致，症见咳嗽痰多，痰黄黏稠，咳痰不爽，气喘，甚则呼吸困难，可伴发热，黄涕，咽部肿痛，舌红，苔薄黄或黄，脉浮数或滑数；小儿气管炎、支气管炎、毛细支气管炎、肺炎见上述证候者。

【注意事项】风寒咳嗽者慎用。服药期间忌食生冷食品。

二、清热药

本类药物主要由金银花、连翘、蒲公英、黄芩、黄连等清热解毒、消肿利咽药物组成，主要用于小儿急性咽炎、急性扁桃体炎、腮腺炎等。

小儿咽扁颗粒

【药物组成】金银花、射干、金果榄、桔梗、玄参、麦冬、牛黄、冰片。

【功能与主治】清热利咽，解毒止痛。用于小儿肺卫热盛所致的喉痹、乳蛾，症见咽喉肿痛、咳嗽痰盛、口舌糜烂；急性咽炎、急性扁桃体炎见上述证候者。

【方解】方中金银花清热解毒，轻宣疏散；射干祛痰利咽，清热解毒，合用清宣肺卫，解毒利咽，共为君药。金果榄清咽止痛，解毒退热；桔梗开宣肺气，化痰利咽；玄参、麦冬养阴润燥，散结利咽，以上4味共为臣药。少量牛黄清热解毒，化痰开窍；冰片清热止痛，醒神开窍，以上均为佐药。诸药合用，共奏清热利咽，解毒止痛之功效。

【临床应用】①急喉痹，因外感风热，邪客咽部所致，症见咳嗽、咽部干燥、灼热疼痛，吞咽不利，咽部红肿，伴有发热恶寒，头痛，咳嗽痰黄等；急性咽炎见上述证候者。②急乳蛾，因外感风邪，肺卫蕴热，邪客喉核所致，症见咽部肿痛，吞咽不便，咽喉干燥，有灼热感，喉核红肿，伴有发热恶寒，头痛鼻塞，咳嗽有痰；急性扁桃体炎见上述证候者。

【注意事项】虚火乳蛾、喉痹者不宜应用。服药期间忌食生冷、辛辣、油腻之食品。服药期间症状加剧、高热不退、呼吸困难时，应及时到医院诊治。

小儿清热宁颗粒

【药物组成】板蓝根、金银花、黄芩、牛黄、羚羊角粉、水牛角浓缩粉、冰片、柴胡。

【功能主治】清热解毒。用于外感温邪、脏腑实热所致的壮热、高烧不退、咽喉肿痛、烦躁不安、大便干结。

【方解】方中板蓝根清热凉血，解毒利咽，善于清泄入里之瘟疫时邪，故为君药。金银花疏散风热、清热解毒；黄芩清热解毒、泄上焦实火，外解内清，加强君药清热解毒之力，而为臣药。牛黄、羚羊角、水牛角、冰片清热凉血解毒，凉肝熄风止痉，除烦热，定惊搐，既可助君臣诸药清热解毒，又防热极生风之变；柴胡疏散风热，使邪热有表而解，5味皆为佐药。诸药合用，共奏清热解毒之功。

【临床应用】感冒，小儿感受温热之邪所致，症见发热恶寒，壮热烦渴，高热不退，咽喉肿痛，烦躁不安，甚则惊厥，舌质红舌苔黄燥，脉洪数；急性上呼吸道感染见上述证候者。

【注意事项】本品含苦寒药物，脾胃虚弱、体质弱者慎用。饮食宜清淡，忌食辛辣、油腻之品。病情较重者可酌情增加用量或到医院就诊。

三、消导药

本类药物主要由鸡内金、山楂、神曲等消积化滞的药物组成，主要用于食滞所致的疾病。

健儿消食口服液

【药物组成】黄芪、白术（麸炒）、陈皮、莱菔子（炒）、山楂（炒）、黄芩、麦冬。

【功能主治】健脾益胃，理气消食。用于小儿饮食不节损伤脾胃引起的纳呆食少、脘胀腹满、手足心热、自汗乏力、大便不调，以至厌食、恶食等症。

【方解】方中黄芪甘温补脾升阳，益气固表，以资化源，故为君药。白术补气健脾，固表止汗，为臣药，二药合用，补脾胃，助运化，祛湿浊，和胃气，为大补后天之本的协同配伍。陈皮气香性温，能行能降，理气运脾；莱菔子下气消食，长于消谷面之积；

山楂酸甘，功擅助脾健胃，尤擅消肉食油腻之积；脾虚食积易于化热，故以苦寒之黄芩、甘寒之麦冬清湿热，益阴阳，共为佐药。诸药配伍，共奏健脾益胃，理气消食之功。

【临床应用】厌食，脾胃虚弱，运化失调所致，症见纳呆食少，面色萎黄，脘腹胀满，容易出汗，舌苔薄白；小儿厌食症见上述证候者。

【注意事项】胃阴不足者慎用。服药期间应调节饮食，纠正不良饮食习惯。

儿康宁糖浆

【药物组成】黄芪、党参、白术、茯苓、薏苡仁、山药、大枣、麦冬、制何首乌、焦山楂、炒麦芽、桑枝。

【功能主治】益气健脾，消食开胃。用于脾胃气虚所致的厌食，症见食欲不振、消化不良、面黄身瘦、大便稀溏。

【方解】方中黄芪甘温益气，升阳健脾，以资化源，以为君药。党参补中益气，白术补气健脾，茯苓、薏苡仁健脾利湿，山药益气养阴，健脾止泻，共助君药，加强益气健脾作用，故为臣药。麦冬益胃生津，制何首乌补益精血，合以益阴养胃，焦山楂、炒麦芽消食化积，桑枝消食利湿，大枣补中益气，调和脾胃，合以消食化积，醒脾和胃，共为佐药。诸药相合，共奏益气健脾，消食开胃之功。

【临床应用】厌食，因饮食不节或喂养不当，以及长期偏食，损伤脾胃，脾胃气虚，运化失常而致，症见厌食，拒食，面色萎黄，形体消瘦，精神不振，大便溏薄，舌苔淡红，苔薄白，脉无力；小儿厌食症见上述证候者。

【注意事项】食积化热，胃阴不足所致厌食者不宜使用。服药期间饮食宜易于消化，忌食生冷、油腻之物。纠止不良的偏食习惯，少吃零食，定时进餐，建立良好的饮食卫生习惯。

四、止咳平喘药

本类药物主要由鸡麻黄、苦杏仁、前胡、紫苏子、葶苈子等宣肺降气、止咳平喘药物，配伍清热解毒、祛痰药物组成，主要用于咳嗽、喘促属肺热证者，即西医小儿急性支气管炎、上呼吸道感染、百日咳所见的咳嗽、喘促。

小儿咳喘灵颗粒（口服液）

【药物组成】麻黄、石膏、苦杏仁、瓜蒌、金银花、板蓝根、甘草。

【功能主治】宣肺清热，止咳祛痰，平喘。用于小儿外感风热所致的感冒、咳喘，症见发热、恶风、微有汗出、咳嗽咳痰、咳喘气促；上呼吸道感染，支气管炎、肺炎见上述证候者。

【方解】方中麻黄宣肺解表而平喘，石膏清泄肺胃之热以生津，两药相辅相成，既能宣肺，又能泄热，共为君药。石膏倍用于麻黄，不失为辛凉之剂，麻黄得石膏则宣肺平喘而不助热，且石膏得麻黄清解肺热无凉遏之弊。苦杏仁降利肺气而平喘咳；瓜蒌甘寒清热化痰、润肺宽胸，是为臣药。金银花清热解毒，轻宣透表；板蓝根清热利咽消肿，均为佐药。甘草既能益气和中，又与石膏相合而生津止渴，更能调和于寒温升降之间，为佐使药。综观全方，清宣降三法具备，共奏宣肺清热，止咳祛痰，平喘之功效。

【临床应用】①感冒，由风热犯肺，肺气郁闭，肺卫失和，气机不利，灼律为痰，阻滞气道所致，症见发热、恶风，微有汗出，咳嗽咳痰；上呼吸道感染见上述症状者。

②喘证，由风热闭肺，痰热壅盛于气道，肺失宣降所致，症见发热不退，咳嗽痰浓，喘息气促；急性支气管炎、肺炎见上述证候者。

【注意事项】风寒感冒者慎用。服药期间忌食生冷、辛辣、油腻食品。服药期间避免服用滋补性中成药。服药期间，高热喘憋、鼻翕加剧者应及时到医院诊治。

小儿止咳糖浆

【药物组成】甘草流浸膏、桔梗流浸膏、橙皮酊、氯化铵。

【功能主治】祛痰，镇咳。用于小儿感冒引起的咳嗽。

【方解】本方为中西药合方制剂。方中甘草清热解毒，利咽祛痰，止咳；桔梗宣肺祛痰止咳；橙皮酊理气燥湿化痰。另入氯化铵祛痰止咳，中西药合用，共奏祛痰、镇咳功效。

【临床应用】咳嗽，由外感风热，肺失清肃，蕴热成痰所致，症见咳嗽，痰多；上呼吸道感染见上述证候者。

【注意事项】本品用于感冒咳嗽轻症，气促喘息重者应配合其他药物。服药期间忌食辛辣、油腻食品。

小儿消积止咳口服液

【药物组成】连翘、枇杷叶（蜜炙）、瓜蒌、枳实、葶苈子（炒）、桔梗、山楂（炒）、莱菔子（炒）、槟榔、蝉蜕。

【功能主治】清热肃肺，消积止咳。用于小儿饮食积滞、痰热蕴肺所致的咳嗽、夜间加重、喉间痰鸣、腹胀、口臭。

【方解】方中连翘清热解毒，枇杷叶清热止咳，二药合用，清热肃肺，而为君药。取瓜蒌、枳实、葶苈子、桔梗清肺热，理气消痰，泻肺平喘，而为臣药。以山楂、莱菔子、槟榔消食导滞；蝉蜕疏散风热，宣肺利咽，共为佐药。诸药合用，共奏清热肃肺，消积止咳之功。

【临床应用】咳嗽，由脾失健运，乳食停滞，化热生痰，又外感风邪，肺失清肃所致，症见咳嗽痰鸣，痰黏黄稠，腹胀，口臭；上呼吸道感染、急性支气管炎上述证候者。

【注意事项】体质虚弱、肺气不足、肺虚久咳、大便溏薄者慎用。3个月以下婴儿不宜服用。服药期间饮食宜清淡，忌食生冷、辛辣、油腻食品。

宝咳宁颗粒

【药物组成】紫苏叶、桑叶、黄芩、青黛、天花粉、人工牛黄、天南星（制）、前胡、浙贝母、麻黄、杏仁（炒）、桔梗、山楂（炒）、枳壳（麸炒）、陈皮、甘草。

【功能主治】清热解表，止嗽化痰。用于小儿外感风寒、内热、停食引起的头痛身热、咳嗽痰盛、气促作喘、咽喉肿痛、烦躁不安。

【方解】方中紫苏叶发汗解表，宣肺止咳；桑叶疏散风热，清肺润燥，共为君药。黄芩清肺泻火，解毒燥湿；青黛清肝泻肺，凉血解毒；天花粉清肺火，润肺燥；人工牛黄清热解毒，熄风止痉；4味助君药清泻肺热，凉肝止痉，共为臣药。天南星燥湿化痰，前胡化痰止咳，浙贝母清肺化痰；麻黄、杏仁、桔梗宣肺化痰，止咳平喘；山楂、枳壳、陈皮消食化滞，行气和胃，以上各药佐助君药化痰止咳，消积导滞，均为佐药。甘草既能祛痰止咳和中，又能调和药性，以为佐使药。诸药合用，共奏清热解表，止嗽化痰之功效。

【临床应用】①感冒，因风寒袭表，入里化热，邪热蕴肺，肺卫失和所致，症见身热，头痛，咳嗽，咽喉肿痛，腹胀厌食，烦躁不安；上呼吸道感染见上述证候者。②咳嗽，因风寒外袭，化热犯肺，热灼津液为痰，阻滞气道所致，症见发热，咳嗽，痰盛气促作喘，咳痰黄稠，烦躁不安；急性支气管炎见上述证候者。

【注意事项】暑邪感冒、肺虚久咳或阴虚燥咳者不宜使用。服药期间忌食生冷、油腻、辛辣食品。注意掌握1～14岁不同年龄间的适当剂量。本品含有杏仁，不宜长期过量服用。

五、补益药

本类药物主要由人参、茯苓、党参、黄芪、白术等补益药物组成，分为健脾益气、益气养阴、补气养血3类，主要用于小儿营养不良、厌食症、小儿佝偻病等疾病。

婴儿健脾颗粒（口服液）

【药物组成】白扁豆（炒）、白术（炒）、山药（炒）、木香、鸡内金（炒）、川贝母、人工牛黄、碳酸氢钠。

【功能主治】健脾，消食，止泻。用于脾虚夹滞所致的泄泻，症见大便次数增多、质稀气臭、消化不良、面色不华、乳食少进、腹胀腹痛、睡眠不宁；婴儿非感染性腹泻见上述证候者。

【方解】本品为中西合方制剂。方中白扁豆、白术健脾利湿，为君药。山药补脾养阴，又能止泻；木香调中宣滞，行气止痛；鸡内金运脾健胃，消食化滞；为臣药。川贝母、人工牛黄为佐药。另入碳酸氢钠增加机体碱储备，降低体内氢离子浓度，防治代谢性酸中毒。中西药合用，共奏健脾、消食、止泻的作用。

【临床应用】泄泻，由脾胃虚弱，运化失调所致，症见大便次数增多，质稀气臭，消化不良，面色萎黄，乳食少进，腹痛腹胀，睡眠不宁，肌肉消瘦，神疲倦怠；婴儿非感染性腹泻症见上述证候者。

【注意事项】风寒泄泻、湿热泄泻者不宜使用。服药期间应注意调摄饮食，不宜食肥甘黏腻之品。泄泻患儿服药后腹泻不止，出现小便短少、皮肤干燥、目眶及前囟凹陷等脱水征象者，应及时采取相应治疗措施。

龙牡壮骨颗粒

【药物组成】党参、黄芪、白术（炒）、山药、茯苓、大枣、鸡内金（炒）、麦冬、龟甲（醋制）、龙骨（煅）、牡蛎（煅）、五味子（醋制）、甘草、乳酸钙、葡萄糖酸钙、维生素 D_2。

【功能主治】强筋壮骨，和胃健脾。用于治疗和预防小儿佝偻病、软骨病；对小儿多汗、夜惊、食欲不振、消化不良、发育迟缓也有治疗作用。

【方解】本方为中西药合方制剂。方中党参补中益气、生津养血，黄芪补气升阳、益卫固表，共为君药。白术、山药、茯苓、大枣、鸡内金为扶土健脾、和胃消食之药，能增进食欲，补养后天共为臣药。麦冬、龟甲、龙骨、牡蛎、五味子为佐药。甘草为佐使药。另入乳酸钙、葡萄糖酸钙补充钙源，维生素 D_2 能促进钙磷吸收。中西药合用，共奏强筋壮骨，和胃健脾之功效。

【临床应用】①小儿五迟，多由先天不足，肝肾亏损，后天失养，气血虚弱所致，患儿可见面色不华，发稀、出牙、坐立行走等生长发育迟缓，骨骼软弱；小儿佝偻病、软骨病、钙缺乏症见上述证候者。②小儿多汗症，小儿脾肾虚弱，气阴不足，卫外不固所致，症见身体消瘦，神萎不振，心烦少寐，动则多汗，晚间尤甚，多梦，惊惕不安，夜间烦哭；小儿佝偻病、软骨病、钙缺乏症见上述证候者。③厌食，由脾胃虚弱，运化失调所致，症见不思饮食，消化不良，肌肉松弛；小儿佝偻病见上述证候者。

【注意事项】实热证者慎用。服药期间忌食辛辣、油腻食物。患儿发热期间暂停服本品，佝偻病合并手足搐搦者应配合其他治疗。

健脾生血颗粒（片）

【药物组成】党参、黄芪、茯苓、白术（炒）、山药、南五味子（醋制）、麦冬、龟甲（醋制）、大枣、鸡内金（炒）、龙骨、牡蛎（煅）、甘草、硫酸亚铁。

【功能主治】健脾和胃，养血安神。用于脾胃虚弱及心脾两虚所致的血虚证，症见面色萎黄或㿠白、食少纳呆、腹胀脘闷、大便不调、烦躁多汗、倦怠乏力、舌胖色淡、苔薄白、脉细弱；缺铁性贫血见上述证候者。

【方解】方中党参、黄芪补中益气，健脾和胃，资生化源，益气生血，为君药。茯苓、白术、山药助君药健脾益气；南五味子、麦冬、龟甲、大枣滋养阴血，合为臣药。鸡内金消食健胃，使诸药补而不滞；龙骨、牡蛎镇静安神，而为佐药。甘草益气补中，调和诸药，而为使药。另入硫酸亚铁促进新血生成。诸药合用，共奏健脾和胃，养血安神之功。

【临床应用】血虚证，小儿因厌食或肠道寄生虫病，脾胃受损，气血生化乏源所致，症见倦怠乏力，气短语低，面色萎黄或苍白，唇甲色淡，心悸不宁，烦躁，多汗，苔薄白，舌质淡，脉细弱；缺铁性贫血见上述证候者。

【注意事项】忌茶，勿与含鞣酸类药物合用；服药期间，部分患儿可出现牙齿颜色变黑，停药后可逐渐消失；少数患儿服药时，可见短暂性食欲下降、恶心、呕吐、轻度腹泻，多可自行缓解。本品含有硫酸亚铁，对胃有刺激性，故宜在餐后服用。饮食宜清淡，忌食油腻、辛辣之品。服药期间要改善饮食，加强营养，合理添加蛋黄、瘦肉、肝、肾、豆类、绿色蔬菜及水果等。以本品治疗小儿缺铁性贫血应结合病因治疗。

六、镇肝熄风药

本类药物主要由人工牛黄、羚羊角、天麻、全蝎等熄风止痉药和珍珠、龙齿、琥珀等镇静安神药，适量配伍麝香、冰片等芳香开窍之品，主要用于小儿高热惊厥、癫痫等。

八宝惊风散

【药物组成】人工牛黄、黄芩、栀子、天竺黄、川贝母、金礞石（煅）、胆南星、天麻（制）、钩藤、防风、全蝎（制）、珍珠、龙齿、茯苓、丁香、沉香、薄荷、麝香、冰片。

【功能主治】祛风化痰，退热镇惊。用于小儿痰热内蕴所致的急热惊风，症见发热咳嗽、呕吐痰涎、大便不通；高热惊厥见上述证候者。

【方解】方中人工牛黄苦凉，善清热解毒，豁痰开窍，熄风定惊，为君药。黄芩、栀子清热解毒；天竺黄、川贝母、金礞石、胆南星清热化痰，熄风止痉，为臣药。天麻、钩藤、防风、全蝎祛风止痉；珍珠、龙齿、茯苓镇惊安神；丁香、沉香调畅气机；薄荷疏散风热，透邪外出，合为佐药。麝香、冰片芳香开窍，以助诸药透达之力，为使药。诸药合用，共奏祛风化痰，退热镇惊之功。

【临床应用】①惊风，由外感风寒表邪，内蕴痰火，引动肝风所致，症见发热，头痛，神昏，抽搐，舌苔薄黄；小儿高热惊厥见上述证候者。②咳嗽，由痰热熏扰肺金所致，症见咳嗽痰多，稠黏难咯，发热，面赤唇红，目赤，口苦作渴，烦躁不宁，小便短赤，大便干结，舌红苔黄；上呼吸道感染、气管炎见上述证候者。

【注意事项】脾虚慢惊风者不宜使用。寒痰停饮咳嗽者慎用。本品含金礞石、珍珠重镇潜阳及麝香、冰片香窜开窍之品，不宜久服、过服。小儿急惊风不宜单用本品。饮食宜清淡，忌食辛辣、油腻食物。

第二十四节　骨伤科用药

骨伤科用药主要用于跌打损伤、闪腰岔气、骨折、筋伤、骨痹等，属于西医学的软组织损伤、急性腰扭伤、骨性关节炎、类风湿性关节炎。具体分为疗伤止痛药、接骨续筋药、通络止痛药、补肾壮骨药。

一、疗伤止痛药

本类药物主要由当归、乳香、没药、川芎、大黄等活血化瘀止痛药物，加入香附、木香等行气止痛药物，主要用于跌打损伤所致局部瘀血、肿胀疼痛，以及闪腰岔气等，属于西医学的软组织损伤、急性腰扭伤。

正骨水

【药物组成】九龙川、猪牙皂、买麻藤、过江龙、香樟、香加皮、海风藤、豆豉姜、羊耳菊、虎杖、草乌、碎骨木、千斤拔、穿壁风、横经席、莪术、降香、土鳖虫、五味藤、鹰不扑、朱砂根、木香、徐长卿、两面针、薄荷脑、樟脑。

【功能主治】活血祛瘀，舒筋活络，消肿止痛。用于跌打扭伤、骨折脱位以及体育运动前后消除疲劳。

【方解】方中九龙川、猪牙皂、买麻藤、过江龙、香樟祛风除湿、活血散瘀止痛。香加皮、海风藤、豆豉姜、羊耳菊、虎杖、草乌祛风湿，通经络，止痛。碎骨木、千斤拔、穿壁风、横经席，以祛风湿、强腰膝。另加莪术、降香、土鳖虫、五味藤、鹰不扑、朱砂根活血散瘀止痛；木香理气止痛；徐长卿止痛；两面针活血行气；薄荷脑祛风止痛；樟脑辛香走窜，温通经脉，行滞止痛。上药合用，共奏活血祛瘀，舒筋活络，消肿止痛之功。

【临床应用】①跌打损伤，多由外力诸如跌打、扭挫所致，症见局部肿胀，疼痛，活动受限而未见皮肤破损；急性闭合性软组织损伤见上述证候者。②骨折脱位，多由外伤而致，症见伤处剧烈疼痛，肢体畸形，活动受限，红肿疼痛，青紫斑块，舌红或暗；骨折、脱臼见上述证候者。

【注意事项】骨折、脱臼者宜手法复位后，再用药物治疗。本品为外用药，含草乌有毒，忌内服、久用、过量使用；不能搽入伤口。本品含有毒及破血消癥之品，孕妇忌用。用药过程中如有瘙痒起疹，暂停使用。

跌打丸

【药物组成】三七、当归、白芍、赤芍、牡丹皮、桃仁、红花、自然铜（煅）、土鳖虫、甜瓜子、血竭、北刘寄奴、骨碎补（烫）、续断、苏木、乳香（制）、没药（制）、姜黄、三棱（醋制）、防风、木通、桔梗、枳实（炒）、甘草。

【功能与主治】活血散瘀，消肿止痛。用于跌打损伤，筋断骨折，瘀血肿痛，闪腰岔气。

【方解】方中三七活血，止血，疗伤止痛；当归、白芍、赤芍、牡丹皮、桃仁、红花活血祛瘀，消肿止痛；自然铜、土鳖虫、甜瓜子、血竭活血祛瘀，疗伤止痛。北刘寄奴、骨碎补（烫）、续断补肝肾，续筋骨；苏木、乳香、没药、姜黄、三棱活血行气，伸筋止痛。防风、木通祛风通络止痛；桔梗、枳实行气。甘草调和诸药。上药合用，共奏活血散瘀，消肿止痛之功。

【临床应用】①跌打损伤，多因外力诸如跌打、扭挫致气血凝滞不通，症见受损局部肿胀，疼痛，活动受限而未见皮肤破损；急性闭合性软组织损伤见上述证候者。②骨折筋伤，多由外伤而致，症见伤处剧烈疼痛，肢体畸形，活动受限，红肿疼痛，青紫斑块，舌红或暗；脱臼、骨折见上述证候者。③闪腰岔气，多因外力诸如挑担负重，搬物屏气致经络气血运行不畅，症见腰痛甚则连及下肢，活动受限或胸胁胀痛，痛呈走窜，胸闷气急，呼吸说话时有牵掣痛；急性腰扭伤、胸胁迸伤见上述证候者。

【注意事项】骨折、脱臼者宜手法复位后，再用药物治疗。本品含活血化瘀药物较多，故孕妇忌用。本品含有乳香、没药，餐后服用可减轻胃肠反应；脾胃虚弱者慎用。

独一味胶囊

【药物组成】独一味。

【功能主治】活血止痛，化瘀止血。用于多种外科手术后的刀口疼痛、出血，外伤骨折，筋骨扭伤，风湿痹痛以及崩漏、痛经、牙龈肿痛、出血。

【方解】本品味苦，性微寒，入肾经，功能活血祛瘀，消肿止痛，《青藏高原药物图鉴》载其有止血功效。故本品可用于治疗手术、外伤、风寒湿所引起的疼痛，出血等。

【临床应用】①外伤出血，多由外伤、手术所致，症见局部皮破肉疼，剧烈疼痛，出血；切割伤见上述证候者。②骨折筋伤，多由外伤而致，症见伤处剧烈疼痛，肢体畸形，活动受限，焮肿疼痛，青紫斑块；脱臼、骨折见上述证候者。③痹病，多为外感风湿，闭阻经络而致，症见关节疲痛，痛如针刺样；风湿性关节炎、类风湿关节炎见上述证候者。④痛经，多由血瘀闭阻经络而致，症见经前或经期小腹疼痛拒按，经行不畅，血色紫暗有块，舌紫暗，脉沉弦。

【注意事项】骨折、脱臼者宜手法复位后，再用药物治疗。本品为活血化瘀之品，孕妇慎用。饮食宜清淡、多选易消化食品。

愈伤灵胶囊

【药物组成】三七、当归、红花、黄瓜子（炒）、落新妇提取物、土鳖虫、自然铜（煅）、续断、冰片。

【功能主治】活血散瘀，消肿止痛。用于跌打挫伤、瘀血阻络所致的筋骨肿痛；亦可用于骨折的辅助治疗。

【方解】方中三七甘微苦温，为伤科止痛化瘀、消肿止痛之圣药，有止血不留瘀之特点，为君药。当归、红花行气，活血，养血；黄瓜子、落新妇提取物活血化瘀止痛，续筋接骨；土鳖虫能破积，通络，理伤，为臣药。佐以自然铜、续断散瘀止痛，益肝补肾，续筋接骨。冰片药性走窜，通经活络，使气旺血行，为佐使药。诸药合用，共奏活血散瘀，消肿止痛之功效。

【临床应用】①跌打损伤，多因各种间接、直接暴力引起，致使肌肉、筋膜、韧带损伤和关节脱位，出现局部淤血肿胀、剧烈疼痛、关节活动不利。②伤筋动骨，由于各种暴力引起的骨折筋伤，损伤气血，致血离其经，血瘀阻络所致，症见伤处剧烈疼痛，肢体畸形肿痛，功能活动障碍；各种新鲜骨折见上述证候者。

【注意事项】骨折患者应先行复位后，再用药物治疗。本品含活血消癥之品，孕妇禁服。

云南白药胶囊

【功能主治】化瘀止血，活血止痛，解毒消肿。用于跌打损伤，瘀血肿痛，吐血，咳血，便血，痔血，崩漏下血，疮疡肿毒及软组织挫伤，闭合性骨折，支气管扩张及肺结核咳血，溃疡病出血，以及皮肤感染性疾病。

【临床应用】①跌打损伤，因瘀血阻滞所致软组织损伤，症见伤处青红紫斑，痛如针刺，燃肿闷胀，不敢触摸，活动受限，舌质紫暗；也可用于闭合性骨折辅助治疗。②吐血，因热毒灼伤胃络所致的吐血，血色鲜红，夹有食物残渣，身热，烦躁，牙龈肿痛，便秘，尿赤；胃十二指肠溃疡出血、食管炎出血见上述证候者。③咳血，因热毒灼伤肺络所致的咯血，血色鲜红，夹有痰涎，咽痒咳嗽，舌红苔黄，脉数有力；支气管扩张、肺结核咳血见上述证候者。④便血，因热毒壅遏肠道，灼伤络脉所致的大便带血，血色鲜红，肛门肿胀；胃十二指肠溃疡出血、痔疮、肛裂出血见上述证候者。⑤崩漏，因热毒内盛，冲任失固所致经血非时而下，量多或淋漓不尽，血色鲜红或有瘀块；功能失调性子宫出血、人流后出血见上述证候者。⑥疮疡，因热毒蕴结肌肤所致，症见肌肤红赤、肿胀、微热、疼痛，舌尖红，脉浮数；体表急性感染性疾病见上述证候者。

【注意事项】孕妇禁用；经期及哺乳期妇女慎用；服药 1 天内，忌食蚕豆、鱼类及酸冷食物。

二、接骨续筋药

接骨续筋药所用药物与疗伤止痛药基本相同，侧重使用自然铜、土鳖虫、骨碎补等接骨药物，适当配伍活血化瘀药物。主要用于骨折、脱臼。

伤科接骨片

【药物组成】红花、土鳖虫、朱砂、马钱子粉、甜瓜子、鸡骨（炙）、自然铜（锻）、海星（炙）、乳香（炙）、没药（炙）、三七、冰片。

【功能与主治】活血化瘀，消肿止痛，舒筋壮骨。用于跌打损伤，闪腰岔气，筋伤骨折，瘀血肿痛。

【方解】方中红花活血通经，祛瘀止痛，用于治疗跌打损伤，瘀血作痛，为君药。土鳖虫破血、逐瘀、通络，是伤科接骨之要药；朱砂解毒消肿止痛，合为臣药。马钱子消肿止痛，治疗骨折；甜瓜子、鸡骨、自然铜、海星具有散结消瘀，舒筋壮骨之功，治疗跌打损伤，筋断骨折，血瘀疼痛；乳香、没药散血祛瘀、消肿定痛，用于治疗跌打损伤、金疮、筋骨诸痛；三七散瘀止血，消肿定痛，可治跌扑瘀血，痈肿疼痛，共为佐药。冰片通诸窍，芳香走窜，散郁火，消肿止痛，引药直达病所，为佐使药。诸药合用，共收活血化瘀，消肿止痛，舒筋壮骨之功。

【临床应用】①跌打损伤，多系外伤扭挫导致血离其经，血瘀阻络所致，症见肢体肿胀疼痛，局部皮肤青紫，活动受限；急性软组织损伤见上述证候者。②筋伤骨折，多因暴力撞击导致筋伤骨折，症见骨折或筋伤错位，肿胀疼痛，活动不利；外伤骨折见上述证候者。③闪腰岔气，多因挑担负重，搬物屏气等所致，症见腰痛，甚则连及下肢，活动受限或胸胁胀痛，痛走走窜，胸闷气急，呼吸说话时有牵掣痛；急性腰扭伤、胸胁迸伤见上述证候者。

【注意事项】骨折患者应先行复位固定后，再用药物治疗。孕妇禁用。本品含马钱子有大毒，过量使用可引起肢体颤抖、惊厥、呼吸困难、甚至昏迷，应该在医师指导下用药，不可过服、久服。如出现中毒症状时，应立即停药并采取相应急救措施。脾胃虚弱者慎用。

三、通络止痛药

本类药物主要由当归、乳香、没药、川芎、威灵仙、羌活、独活等活血和通络止痛药物组成，主要用于骨痹、痹病等，属于西医学的骨性关节炎、类风湿关节炎、强直性脊柱炎等疾病。

骨刺宁胶囊

【药物组成】三七、土鳖虫。

【功能主治】活血化瘀，通络止痛。用于瘀阻脉络所致骨性关节炎，症见关节疼痛、肿胀、麻木、活动受限。

【方解】三七散瘀止血，消肿定痛，主治跌仆瘀血，痈肿疼痛，土鳖虫具有破血、逐瘀、通络之功，为疗伤止痛之要药。二药相合，共奏活血化瘀，通利血脉，通络止痛之效。

【临床应用】骨痹，多系血瘀气滞，脉络闭阻，经络不通所致，症见关节疼痛，肿胀、麻木，活动受限；骨性关节炎见上述证候者。

【注意事项】关节局部红肿热痛者不宜。本品含破血之品，孕妇忌用。

颈复康颗粒

【药物组成】黄芪、党参、白芍、威灵仙、秦艽、羌活、丹参、花蕊石（煅）、王不留行（炒）、川芎、桃仁（去皮）、红花、乳香（制）、没药（制）、土鳖虫（酒炙）、苍术、石决明、葛根、地龙（酒炙）、生地黄、黄柏。

【功能主治】活血通络，散风止痛。用于风湿瘀阻所致的颈椎病，症见头晕、颈项僵硬、肩背酸痛、手臂麻木。

【方解】方中黄芪、党参、白芍补中益气，养血荣筋，以扶正祛邪。威灵仙、秦艽祛风除湿，舒筋活络，止痛。羌活祛风胜湿，散寒止痛。丹参、花蕊石、王不留行、川芎、桃仁、红花、乳香、没药、土鳖虫活血化瘀，通络止痛。苍术燥湿健脾，祛风散寒。石决明平肝潜阳，以治头晕。葛根可除颈项僵痛。地龙通络止痛。生地黄清热养阴，黄柏清热燥湿，两药苦寒，可佐制诸辛热之品。诸药合用，共收活血通络，散风止痛之功。

【临床应用】骨痹，多因风湿瘀阻所致，症见头晕，颈项僵硬，肩背痛，手臂麻木，日久者关节畸形僵硬，舌质淡白等；颈椎病见上述证候者。

【注意事项】本品含活血化瘀药物，孕妇忌服。本品含有乳香、没药，宜餐后服用，脾胃虚弱者慎用。

腰痛宁胶囊

【药物组成】马钱子粉、全蝎、乳香（醋制）、没药（醋制）、土鳖虫、僵蚕、川牛膝、苍术、麻黄、甘草。

【功能主治】消肿止痛，疏散寒邪，温经通络。用于寒湿瘀阻经络所致的腰椎间盘突出症、坐骨神经痛、腰肌劳损、腰肌纤维炎、风湿性关节痛，症见腰腿痛、关节痛及肢体活动受限者。

【方解】方中马钱子善散结消肿止痛，为伤科疗伤止痛之佳品，配伍全蝎更增其通络止痛之效，共为君药。乳香辛香走窜，散瘀止痛，活血消肿；没药活血化瘀，行气止痛，共为臣药。土鳖虫、僵蚕消肿散结止痛；川牛膝归肝、肾经，可活血通络、补肝肾、强筋骨；苍术祛风除湿；麻黄散寒通滞，为佐药。甘草调和诸药，为使药。诸药配伍，共奏消肿止痛，疏散寒邪，温经通络之功。

【临床应用】腰腿痛，多因寒湿瘀阻经络所致，症见腰痛腿痛，屈伸不利，动则加剧，舌淡，边有瘀斑，脉沉涩；腰椎间盘突出症、坐骨神经痛、腰肌劳损、腰肌纤维炎、风湿性关节炎及类风湿关节炎见上述证候者。

【注意事项】孕妇及小儿禁用。餐后服用可减轻胃肠反应。应该在医师指导下用药，不可过服、久服。本品含有麻黄，心脏病、高血压患者慎用。

腰痹通胶囊

【药物组成】三七、川芎、延胡索、白芍、狗脊、独活、熟大黄、牛膝。

【功能主治】活血化瘀，祛风除湿，行气止痛。用于血瘀气滞、脉络闭阻所致腰腿疼痛，痛有定处，痛处拒按，轻者俯仰不便，重者则因痛剧而不能转侧，腰椎间盘突出症见上述证候者。

【方解】方中三七散瘀止血，消肿定痛，祛除在经之瘀血，为君药。川芎活血行气，祛风止痛；延胡索活血、行气、止痛；白芍养血敛阴，柔筋止痛，共为臣药。狗脊补肝肾，除风湿，健腰膝，利关节；独活祛风，胜湿，散寒，止痛；熟大黄活血化瘀，消肿止痛，共为佐药。牛膝逐瘀通经，补肝肾，强筋骨，引药下行，为佐使药。诸药合用，共奏活血化瘀，祛风除湿，行气止痛之功。

【临床应用】腰痛，多由长期劳损，经络气血运行不畅所致，症见腰腿不适，痛有定处，拒按，轻者俯仰不便，重者则因痛剧而不能转侧，舌黯或有瘀点、瘀斑，脉涩；腰椎间盘突出症、强直性脊柱炎见上述证候者。

【注意事项】本品含活血通经之品，孕妇禁用。脾虚便溏者慎用。

根痛平颗粒

【药物组成】白芍、葛根、续断、狗脊（砂汤去毛）、伸筋草、桃仁（去皮）、红花、乳香（醋制）、没药（醋制）、牛膝、地黄。

【功能主治】活血，通络，止痛。用于风寒阻络所致颈、腰椎病，症见肩颈疼痛、活动受限、上肢麻木。

【方解】方中桃仁、红花功善活血化瘀，温经止痛，相须为用，共为君药。乳香、没药活血散瘀，消肿定痛，以助君药之力，为臣药。葛根解肌止痉，濡润筋脉，主治颈项强痛；续断、狗脊、牛膝、地黄补益肝肾，强壮筋骨，侧重膝膝酸痛；伸筋草祛风除湿，舒筋活络；白芍养血柔肝，缓急止痛，7 味共为佐药。甘草与白芍相配，酸甘化阴，缓急止痛，又能调和众品，取使药之用。诸药合用，共奏活血止痛之功。

【临床应用】痹病，因风寒闭阻经络、气血运行不畅而致，症见颈肩肌肉筋骨疼痛，上肢麻木，活动受限，屈伸不利；神经根型颈椎病、腰椎病、腰椎间盘突出症见上述证候者。

【注意事项】孕妇禁用。宜餐后服用。

四、补肾壮骨药

本类药物主要由淫羊藿、牡蛎、续断等补肝肾、壮筋骨药物组成，主要用于骨痹、骨痿等，属于西医学的骨质疏松症。

仙灵骨葆胶囊

【药物组成】淫羊藿、丹参、续断、知母、补骨脂、地黄。

【功能主治】滋补肝肾，活血通络，强筋壮骨。用于肝肾不足，瘀血阻络所致骨质疏松症。

【方解】方中淫羊藿补肾阳、益精血、强筋骨、祛风湿、疗骨痿，为君药。续断补肝肾、强筋骨、续折断；补骨脂温补肾阳、通痹止痛，共为臣药。丹参活血化瘀，通络止痛，佐助君药化瘀止痛；地黄、知母滋肾阴，补精血，既能佐助君药补益精血，强筋壮骨，且药性寒凉，益阴清热，又能佐制君药温肾助阳，燥烈伤阴之弊，使补而不燥，共为佐使药。诸药合用，共奏滋补肝肾，活血通络，强筋壮骨之功效。

【临床应用】骨痿，由于肝肾不足，瘀血阻络，筋骨失养所致，症见腰脊疼痛，足膝酸软，乏力困倦，骨脆易折；骨质疏松症见上述证候者。

【注意事项】孕妇禁用。感冒时不宜服用。过敏体质者慎用。服药期间忌生冷、油腻食物。

骨松宝颗粒

【药物组成】淫羊藿、续断、赤芍、川芎、三棱、莪术、知母、地黄、牡蛎（锻）。

【功能主治】补肾壮骨，活血强筋。用于肝肾不足所致的骨痿，症见背痛，腰痛膝软，骨脆易折；骨性关节炎、骨质疏松症见上述证候者。

【方解】方中淫羊藿补肾壮阳，祛风除湿，为君药。续断补肾、行血脉、续筋骨；赤芍行瘀活血止痛，共为臣药。川芎活血行气，祛风止痛；三棱、莪术破血逐瘀，行气止痛；知母滋阴降火；地黄养血滋阴，补精益髓；牡蛎滋阴潜阳，补充钙源，强壮筋骨，共为佐药。诸药相合，共收补肾壮骨，活血强筋之功。

【临床应用】骨痿，多因肝肾不足，筋骨失养所致，症见背痛，腰痛膝软，骨脆易折；骨性关节炎、骨质疏松症见上述证候者。

【注意事项】孕妇禁用。对于由于骨痿（骨质疏松）引起的骨折，应在医师指导下，配合其他疗法加以对症治疗。饮食宜清淡，适量补充牛乳、豆制品等，以便促进钙质吸收。

第二十五节　皮肤科用药

皮肤科用药主要用于皮肤病变。具体分为清热消痤药、清热祛湿药、活血祛风药、凉血活血药、养血生发药、祛风止痒药、杀虫止痒药。使用时应注意外用药不可内服。

一、清热消痤药

本类药物主要由金银花、野菊花、大青叶、大黄、黄芩等清热解毒和夏枯草、玄参、蒲公英等散结药物组成，主要用于痤疮、湿疹、毛囊炎等。

复方珍珠暗疮片

【药物组成】 暗疮干浸膏粉〔金银花、蒲公英、木通、归尾、地黄、黄芩、玄参、黄柏、大黄（酒炒）、猪胆汁〕、赤芍、珍珠层粉、羚羊角粉、水牛角浓缩粉、北沙参。

【功能主治】 清热解毒，凉血消斑。用于血热蕴阻肌肤所致的粉刺、湿疮，症见颜面部红斑、粉刺疙瘩、脓疱，或皮肤红斑丘疹、瘙痒；痤疮、红斑丘疹性湿疹见上述证候者。

【方解】 方中金银花、蒲公英清热解毒，消肿散结，为治疗疮疹之要药，合为君药。以黄芩、黄柏、大黄、木通和猪胆汁之苦寒，更助君药清热解毒之力，而为臣药。取地黄、玄参、赤芍清热凉血以消斑；遣珍珠层粉、羚羊角粉、水牛角浓缩粉凉血清热；另用北沙参甘寒润燥，归尾活血化瘀，养血润燥，8味皆为佐药。诸药合璧，专主祛邪，可收清热解毒，凉血消斑之效。

【临床应用】 ①粉刺，因血热蕴阻肌肤所致，症见颜面红斑、粉刺、毛囊一致性丘疹，脓疱，以额头、口鼻周围为多，常伴有皮肤灼热，干渴喜冷饮，大便偏干；痤疮见上述证候者。②湿疮，因血热蕴阻肌肤所致，症见皮肤红斑，或红色丘疹，发无定处，有时融合成片，伴有轻度瘙痒；红斑丘疹性湿疹见上述证候者。

【注意事项】 脾胃虚寒者慎用。孕妇慎服。忌食辛辣、油腻、海鲜食品。

清热暗疮片

【药物组成】 金银花、穿心莲、蒲公英、栀子、山豆根、大黄、牛黄、珍珠层粉、甘草。

【功能主治】 清热解毒，泻火通腑。用于肺胃积热所致的粉刺、疖，症见颜面部粉刺、脓疱，皮肤硬结、疼痛、顶部有脓头，大便干，小便黄。

【方解】 方中金银花宣散热邪，清心胃之火而解毒，用为君药。穿心莲、蒲公英清热解毒，消肿散结；栀子味苦性寒，善清三焦之火热而利小便；山豆根清泄肺胃之火，合用以加强清热解毒作用，共为臣药。大黄泻火通腑，破瘀解毒，加牛黄、珍珠层粉凉血解毒，为佐药。甘草调和诸药，为使药。全方共奏清热解毒，泻火通腑之功。

【临床应用】 ①粉刺，因肺胃积热所致，症见毛囊性粉刺、丘疹、脓疱、囊肿、结节，多发于面、前胸、后背等皮脂腺分布区。常伴有皮损瘙痒，多食，口臭，渴喜冷饮；痤疮见上述证候者。②疖，因肺胃积热所致，症见与毛囊一致的圆锥状炎性小结节，红肿，触痛，周围色红肿硬，伴有恶寒，发热，口干，尿黄，大便干；毛囊炎、毛囊周围炎见上述证候者。

【注意事项】脾胃虚寒者慎用。孕妇禁用。忌食辛辣、油腻食物。服药后出现胃脘不适，食欲减少，大便溏稀者应停服。切忌用手挤压患处。

二、清热祛湿药

本类药物主要由苦参、白鲜皮、土茯苓、黄柏、防风等清热祛湿药物，适当配伍清热解毒药物组成，主要用于皮肤瘙痒症、荨麻疹、湿疹、阴道炎所致阴痒、脓疱疮、银屑病等。

湿毒清胶囊

【药物组成】地黄、当归、苦参、白鲜皮、土茯苓、黄芩、丹参、蝉蜕、甘草。

【功能主治】养血润肤，祛风止痒。用于血虚风燥所致的瘙痒，症见皮肤干燥、脱屑、瘙痒，伴有抓痕、血痂、色素沉着；皮肤瘙痒症见上述证候者。

【方解】方中地黄甘苦寒，泄热凉血，养阴润燥；当归补血活血祛风，共为君药。苦参、白鲜皮、土茯苓、黄芩清热解毒，燥湿止痒，丹参清热凉血，活血祛瘀，用以为臣药。蝉蜕祛风止痒，为佐药。甘草调和诸药。为使药。全方共奏养血润肤，祛风止痒之效。

【临床应用】风瘙痒，因血虚风燥所致，症见皮肤剧烈瘙痒，遇热易发作，入夜尤甚，夜寐不安，皮肤初无损害，但于过度搔抓后出现抓痕、血痂、色素沉着、湿疹化、苔藓样变等；皮肤瘙痒症见上述证候者。

【注意事项】湿热俱盛或火热炽盛者慎用。孕妇禁用。忌食辛辣、海鲜食品。过敏体质者慎用。

皮肤病血毒丸

【药物组成】金银花、连翘、忍冬藤、苦地丁、天葵子、土贝母、土茯苓、白鲜皮、地肤子、黄柏、赤茯苓、当归、白芍、熟地黄、鸡血藤、地黄、牡丹皮、白茅根、紫草、紫荆皮、赤芍、益母草、茜草、川芎（酒炙）、桃仁、红花、蛇蜕（酒炙）、防风、蝉蜕、牛蒡子（炒）、苍耳子（炒）、浮萍、荆芥穗（炭）、苦杏仁（去皮炒）、桔梗、白芷、皂角刺、大黄（酒炒）、甘草。

【功能主治】清热利湿解毒，凉血活血散瘀。用于血热风盛、湿毒瘀结所致的隐疹、湿疮、粉刺、酒渣鼻、疖肿等，症见皮肤风团，丘疹，皮肤红赤，肿痛，瘙痒，大便干燥。

【方解】方中以金银花、连翘、忍冬藤、苦地丁、天葵子清热解毒；土贝母、土茯苓、白鲜皮、地肤子、黄柏、赤茯苓解毒利湿散结。当归、白芍、熟地黄、鸡血藤养血活血；地黄、牡丹皮、白茅根、紫草、紫荆皮、赤芍、益母草、茜草、川芎（酒炙）、桃仁、红花凉血清热解毒，活血散瘀消肿。蛇蜕（酒炙）、防风、蝉蜕、牛蒡子（炒）、苍耳子（炒）、浮萍、荆芥穗（炭）祛风消肿，止痒杀虫；苦杏仁（去皮尖）、桔梗清肺热，化痰浊；白芷、皂角刺托毒生新。大黄（酒炒）苦寒沉降，直达下焦，甘草调和药性。诸药合用，共奏清热利湿解毒、凉血活血散瘀之功。

【临床应用】①隐疹，因血热风盛、湿毒瘀结所致，症见皮肤灼热刺痒，遇热加重，搔后即起红色风团，伴发热恶寒，咽喉肿痛；荨麻疹见上述证候者。②湿疮，因血热风盛、湿毒瘀结所致，症见皮损初起潮红热，轻度肿胀，继而粟疹成片或水疱密集，渗液流津，瘙痒无休。常伴身热，口渴，心烦，大便秘结，小便短赤；湿疮见上述证候者。③粉刺，因血热风盛、湿毒瘀结所致，症见毛囊性粉刺、丘疹、脓疱、囊肿、结节，皮损多发于面、前胸、后背等皮脂腺分布区。常伴有颜面潮红，瘙痒，食多，口臭，喜冷饮；痤疮见上述证候者。④酒渣鼻，因血热风盛、湿毒瘀结所致，症见红斑、丘疹、脓疱、甚至形成鼻赘。好发于鼻、颊、额、颏部。常伴口渴喜冷饮，消谷善饥，口臭，大便干燥，小便黄；酒渣鼻见上述证候者。⑤疖肿，因血热风盛、湿毒瘀结所致，症见与毛囊一致的圆锥状炎性小结节，周围色红肿硬，触痛明显。热毒较盛者，可伴有恶寒，发热，口干，尿黄，大便干；疖肿及皮肤浅表化脓性疾病见上述证候者。

【注意事项】风寒证或肺脾气虚证荨麻疹不宜使用。孕妇禁服。月经期或哺乳期慎用。忌食鱼、虾、油腻食品；忌酒、辛辣刺激食物。

三、活血祛风药

本类药物主要由当归、川芎、桃仁、红花等活血药物和蒺藜、防风、白芷、苍术等祛风药物组成，主要用于白癜风、斑秃和银屑病等。

白癜风胶囊

【药物组成】当归、桃仁、红花、丹参、紫草、川芎、香附、补骨脂、干姜、山药、黄芪、蒺藜、白鲜皮、乌梢蛇、龙胆。

【功能主治】活血行滞，祛风解毒。用于经络阻隔、气血不畅所致的白癜风，症见白斑散在分布、色泽苍白、边界较明显。

【方解】方中当归活血祛瘀，养血祛风，为君药。桃仁、红花活血行滞，为臣药。丹参、紫草凉血活血，川芎、香附活血理气，补骨脂、干姜、山药、黄芪补肾健脾，益气生血；蒺藜、白鲜皮、乌梢蛇、龙胆祛风除湿和络，为佐药。诸药合用，共奏活血行滞，祛风解毒的功效。

【临床应用】白癜风，因经络阻隔，气血不畅所致，症见皮色变白，边界清楚，不痒不痛，发无定处，形态各异而多见于头面、颈项、手足等暴露部位，甚或遍及全身。伴精神忧郁或心烦急躁；白癜风见上述证候者。

【注意事项】阴血亏虚者慎用。不宜和感冒类药同时服用。孕妇禁用。妇女月经期经量多者，应在经期停用。本病病程经过缓慢，治疗时间应在3个月以上。

四、凉血活血药

本类药物主要由青黛、紫草、生地黄、大黄等清热活血药物和丹参、桃仁、红花等活血化瘀药物组成，主要用于银屑病、玫瑰糠疹、皮肤型红斑狼疮等。

消银颗粒（片）

【药物组成】地黄、玄参、牡丹皮、金银花、大青叶、当归、赤芍、红花、苦参、白鲜皮、防风、牛蒡子、蝉蜕。

【功能主治】清热凉血，养血润肤，祛风止痒。用于血热风燥型白疕和血虚风燥型白疕，症见皮疹为点滴状、基底鲜红色、表面覆有银白色鳞屑，或皮疹表面覆有较厚的银白色鳞屑、较干燥、基底淡红色、瘙痒较甚。

【方解】方中地黄、玄参、牡丹皮凉血润燥，为君药。金银花、大青叶清热凉血解毒，当归、赤芍、红花活血化瘀通络，为臣药。苦参、白鲜皮、防风、牛蒡子、蝉蜕疏风止痒清热，共为佐药。诸药合用，共奏清热凉血，养血润肤，祛风止痒之功。

【临床应用】白疕，因血热风燥或血虚风燥所致，症见皮疹色鲜红或淡红，呈点滴状或片状，表面覆有白色鳞屑或鳞屑较厚、刮之可见薄膜现象、筛状出血、瘙痒；银屑病见上述证候者。

【注意事项】脾胃虚寒者慎用。孕妇禁用。忌食辛辣、油腻、海鲜食品。儿童用量宜减或遵医嘱。

五、养血生发药

本类药物主要由熟地黄、制何首乌、当归、白芍等补益肝肾、养血生发的药物组成，主要用于斑秃、全秃和脂溢性脱发等。

养血生发胶囊

【药物组成】熟地黄、当归、白芍、制何首乌、菟丝子、川芎、羌活、天麻、木瓜。

【功能主治】养血祛风，益肾填精。用于血虚风盛、肾精不足所致的脱发，症见毛发松动或呈稀疏状脱落、毛发干燥或油腻、头皮瘙痒；斑秃、全秃、脂溢性脱发与病后、产后脱发见上述证候者。

【方解】方中熟地黄甘温味厚，补血滋阴，生精益髓，为君药。当归补血活血；白芍养血敛阴；何首乌补精，益肝血，乌须发，收敛精气；菟丝子补肝肾，益精血，共为臣药。川芎行血中之气，羌活散风通络，上行巅顶，天麻养阴祛风，木瓜化湿祛风，共为佐使。诸药合用，共奏养血祛风，益肾填精之功。

【临床应用】①油风，因血虚风盛，肾精不足所致，症见突然脱发，呈圆形或椭圆形，逐渐加重，甚者毛发全部脱落，偶可伴有头晕，目眩，耳鸣，五心烦热，腰腿疲软，夜寐不安；斑秃、全秃见上述证候者。②脱发，因血虚风盛，肾精不足所致，症见两鬓、前发际头发逐渐减少，伴有头皮发痒、头屑增多，或头发油腻秽浊，毛发较稀疏，枯焦。常伴乏力，夜寐不安，目涩，咽干，腰膝痛等；脂溢性脱发见上述证候者。

【注意事项】孕妇禁用。脾虚湿滞者不宜使用。假性斑秃（患处头皮萎缩，不见毛囊口）不适用。服药期间饮食宜清淡，忌辛辣刺激性食物。生活应有规律，保证充足睡眠。

六、祛风止痒和杀虫止痒药

本类药物主要由苦参、白鲜皮、荆介、蛇床子等祛风杀虫止痒的药物，适当配伍清热解毒、养血之品组成，主要用于荨麻疹、皮肤瘙痒症、湿脚气、癣等。

乌蛇止痒丸

【药物组成】当归、红参须、蛇床子、乌梢蛇、苍术、牡丹皮、苦参、黄柏、人工牛黄、蛇胆汁、防风。

【功能主治】养血祛风，燥湿止痒。用于风湿热邪蕴于肌肤所致的隐疹、瘙痒，症见皮肤风团色红、时隐时现、瘙痒难忍或皮肤瘙痒不止、皮肤干燥，无原发皮疹；慢性荨麻疹、皮肤瘙痒症见上述证候者。

【方解】本方当归补血养血，红参须益气生血，共为君药。以蛇床子、乌梢蛇、苍术祛风止痒，共为臣药；佐以牡丹皮、苦参、黄柏、人工牛黄、蛇胆汁凉血清热，燥湿解毒；防风协诸药达表，为使药。诸药合用，共奏养血祛风，燥湿止痒之效。

【临床应用】①隐疹，因风湿热邪蕴于肌肤所致，症见风团此起彼伏，反复发作，迁延日久，常伴神疲乏力、口干渴、两目干涩；慢性荨麻疹见上述证候者。②风瘙痒，因风湿热邪蕴于肌肤所致，症见单纯皮肤作痒，无皮疹出现，经搔抓后皮肤出现抓痕、血痂、色素沉着，伴见口干口渴，疲倦乏力，两目干涩；皮肤瘙痒症见上述证候者。

【注意事项】用于药疹，应与他药配合使用。孕妇禁用。饮食宜清淡，易消化食物，忌食辛辣、油腻食物。哺乳期妇女应慎用。

第二十六节　眼耳鼻咽喉口腔科用药

眼耳鼻咽喉口腔科用药主要用于耳、眉、眼、鼻、口的病变。可将之分为眼科用药、耳科用药、鼻科用药、咽喉科用药、口腔科用药。

一、眼科用药

眼科用药以明目为主旨。可分为退翳明目药、清肝明目药、化瘀明目药、益肾明目药。适用于西医学的眼科感染性疾病、视神经萎缩、翼状胬肉、老年性白内障、单纯性青光眼、青少年假性近视眼等。

（一）退翳明目药

麝珠明目滴眼液

【药物组成】麝香、珍珠（水飞）、石决明（煅）、炉甘石（煅）、黄连、黄柏、大黄、猪胆（膏）、蛇胆、紫苏叶、荆芥、冬虫夏草、冰片。

【功能主治】清热，消翳，明目。用于肝虚内热所致的视物不清、干涩不舒、不能久视。早、中期老年性白内障见上述证候者。

【方解】方中麝香辛温，善通诸窍，开经络，散瘀化结，善治目翳，故为君药。珍珠、石决明平肝潜阳，养阴熄风，祛翳明目；炉甘石收湿敛疮，退赤去翳；黄连、黄柏、大黄、猪胆膏、蛇胆苦寒燥湿，清热解毒，善清肝热，治目赤肿痛；紫苏叶、荆芥祛风，化浊，收湿，合为臣药。冬虫夏草补肾益精养目，使祛邪而不伤正，为佐药。冰片辛香走窜，通窍散火，明目去翳，又可引导诸药直达病所，为佐使药。诸药共用，可达清热，消翳，明目之功。

【临床应用】①圆翳内障，因肝虚内热所致，视物不清或单眼复视、多视，眼干涩不舒，不能久视；老年性白内障早、中期阶段见上述证候者。②可用于治疗视力疲劳及慢性单纯性青光眼。

【注意事项】①用药前必须将药液摇晃均匀，用后将瓶盖拧紧；②滴药时，瓶口不能触及眼睑，滴药后休息不少于5分钟；③孕妇慎用。

四味珍层冰硼滴眼液

【药物组成】珍珠层粉、天然冰片、硼砂、硼酸。

【功能主治】清热解痉，祛翳明目。用于肝阴不足，肝气偏盛所致的不能久视、轻度眼胀、视力疲劳、轻度青光眼见上述证候者。

【方解】方中珍珠层粉平肝潜阳，宁心定惊而明目，为君药。天然冰片清香透达，散郁火通诸窍，去翳明目，为臣药。硼砂咸凉，清热邪，退目赤消障翳，为佐药。硼酸有消炎抑菌、调节眼药液酸碱度作用。4 味合用，共达清热解痉，去翳明目之功。

【临床应用】①青少年假性近视：视远物模糊，视近清楚，日渐加重，甚则不能久视，干涩不舒，轻度头眼胀痛；②青光眼：可用于开角型青光眼的轻症，多因肝阴不足，肝火上攻所致，症见轻度眼胀，不能久视，久视则疼胀不适，或延及眼眶头额部分；③视力疲劳：对肝阴不足，肝气偏盛，目失所养所致的不能久视，久则目珠疼痛，视物不清，串行，复视。

【注意事项】适用于开角型青光眼病情较轻者。

熊胆眼药水

【药物组成】熊胆粉、硼砂、硼酸、氯化钠。

【功能主治】清热解毒，祛翳明目。用于急、慢性春季结膜炎及流行性角膜炎。

【方解】本方熊胆味苦性寒，能清肝胆实火，退翳明目。硼砂咸凉，清热解毒，消肿退翳，为方中主药，与硼酸、氯化钠合用，共奏清热解毒、祛翳明目之功效。

【临床应用】①暴风客热，多因外感热邪所致，症见白睛红赤，水肿胀起，灼热磨涩，眼眵色黄黏稠，晨起胶结难睁，病情重者可伴有身热恶寒，头痛流涕等症；②急、慢性春季结膜炎及流行性角膜炎见上述证候者。

【注意事项】①眼外伤患者禁用；②本品为外用滴眼液，禁止内服；③孕妇慎用；④忌烟酒及辛辣刺激性食物。

（二）清肝明目药

黄连羊肝丸

【药物组成】黄连、龙胆、胡黄连、黄芩、黄柏、密蒙花、木贼、茺蔚子、夜明砂、决明子（炒）、石决明（煅）、柴胡、青皮（醋炒）、鲜羊肝。

【功能主治】泻火明目。用于肝火旺盛，目赤肿痛，视物昏暗，羞明流泪，胬肉攀睛。

【方解】方中黄连、龙胆苦寒，皆入肝经，相须为用，清肝泻火之力甚著，切中病机，故为君药。胡黄连、黄芩、黄柏、密蒙花、木贼、茺蔚子、夜明砂、决明子、石决明散风清热，平肝明目，为臣药。柴胡、青皮入肝经，条畅气机，疏泄郁热，为佐药。鲜羊肝取其以脏养脏之用，为使药。全方配伍，共奏清肝泻火，明目之功。

【临床应用】①暴风客热，因肝火旺盛所致白睛红赤如火，水肿胀起，眵多干结，目中灼热；急性春季结膜炎见上述证候者。②天行赤眼，与时疫疠有关，易于传染，多为双眼发病，白睛红赤或出现小片出血，灼热涩痛，畏光流泪，少眵或无眵，流行性角膜结膜炎见上述证候者。③胬肉攀睛，因肝火上炎所致胬肉初生起于内眦或外眦部，沿白睛渐渐向黑睛攀生，甚则遮蔽瞳神，红赤高起，刺痒磨痛或轻度畏光；翼状胬肉见上述证候者。④视瞻昏渺，因肝火上炎所致，表现为眼外观正常，患者自觉视力逐渐下降，昏渺蒙昧不清，或伴有眼球疼痛；球后视神经炎、视神经萎缩早期见上述证候者。

【注意事项】①阴虚火旺者慎用；②体弱年迈，脾胃虚寒者宜慎用；③服药期间宜食用清淡易消化之物，忌食辛辣肥甘之品；④本品苦寒药较多，不可过服或久服，中病即止。

（三）化瘀明目药

复方血栓通胶囊

【药物组成】三七、黄芪、丹参、玄参。

【功能与主治】活血化瘀，益气养阴。用于血瘀兼气阴两虚证的视网膜静脉阻塞，症见视力下降或视觉异常，眼底血瘀征象，神疲乏力、咽干、口干等；以及用于血瘀兼气阴两虚的稳定型劳力性心绞痛，症见胸闷、胸痛、心悸、心慌、气短、乏力、心烦、口干。

【方解】方中以三七通脉行瘀，去瘀血而生新血，为君药。黄芪大补元气，使气旺而助血行，为臣药。丹参活血通经，凉血宁神，治因血热而成瘀滞者，为佐药。玄参滋阴清热，引虚浮之火下行，以助明目之功，为使药。诸药合用，共奏活血化瘀，益气养阴之功。

【临床应用】①视瞻昏渺，眼前有黑影一片遮挡，视物不清或有视物变形，眼底检查可见视网膜中央静脉阻塞的相关征象。伴口苦咽干，舌质淡紫，脉缓涩；视网膜中央静脉阻塞见上述证候者。②胸痹，由血瘀兼气阴两虚所致胸闷气短，胸痛时作，心悸心慌，倦怠乏力，自汗盗汗，心烦、口干，舌质淡紫，少苔，脉细涩或结代；稳定型劳力性心绞痛见上述证候者。

【注意事项】①痰瘀阻络、气滞血瘀者慎用；②用药期间不宜食用辛辣厚味、肥甘滋腻食物。

（四）益肾明目药

明目地黄丸

【药物组成】熟地黄、山茱萸（制）、枸杞子、山药、当归、白芍、蒺藜、石决明（煅）、牡丹皮、茯苓、泽泻、菊花。

【功能主治】滋肾，养肝，明目。用于肝肾阴虚，目涩畏光，视物模糊，迎风流泪。

【方解】方中熟地黄滋补肾阴，填精益髓，精气充则神旺，神旺则目精光明，故为君药。山茱萸、枸杞子、山药、当归、白芍补精养血，血盛则形强，以充养神光，为臣药。蒺藜、石决明平肝祛翳，明目除昏，牡丹皮凉血散瘀，治血中郁热；茯苓、泽泻清热利湿，引浮火下行，共为佐药。菊花清热散风，除头痛目赤，引药上行，可升发阴精，为佐使药。以上诸药合用，可达滋肾养肝，益精升阳而明目之功能。

【临床应用】①视瞻昏渺，因劳神竭视，血少，元气弱或精血亏损所致，眼外观端好，无异常人，自觉视力渐降，朦昧不清；一些慢性视神经视网膜病如慢性球后视神经炎、轻度视神经萎缩、视网膜黄斑的退行性病变见上述证候者。②干涩昏花，因劳瞻竭视，过多思虑，或房劳过度，致伤神水，目干涩不爽，视物昏花，甚则黑睛枯干光损，常伴口干鼻燥，妇女月经不调，白带稀少；角膜结膜干燥症见上述证候者。③溢泪症，年老体衰，精血不足，筋肉弛缓，眼液失约所致，初起迎风流泪，甚则时时泪下，但冲洗通道检查，仍然通畅；泪囊吸引功能不良见上述证候者。

【注意事项】①肝经风热、肝胆湿热、肝火上扰者慎用；②脾胃虚弱，运化失调者宜慎用；③服药期间不宜食用油腻肥甘，辛辣燥热之食物。

复明片

【药物组成】酒山茱萸、枸杞子、菟丝子、女贞子、熟地黄、地黄、石斛、决明子、木贼、夏枯草、黄连、菊花、谷精草、牡丹皮、羚羊角、蒺藜、石决明、车前子、木通、泽泻、茯苓、槟榔、人参、山药。

【功能主治】滋补肝肾，养阴生津，清肝明目。用于肝肾阴虚所致羞明畏光、视物模糊；青光眼、初、中期白内障见上述证候者。

【方解】方中酒山茱萸、枸杞子、菟丝子补养肝肾，生精明目；女贞子、熟地黄、地黄补肾滋阴，益肝养血，除目昏翳；石斛滋阴养胃生津，治阴伤目暗，合以补肝益肾，养阴生津。方中以决明子清热散风，治青盲，目赤痛，久服益睛光；木贼疏风散热，解肌退翳；夏枯草清肝火，散郁结；黄连泻火解毒，清热燥湿；菊花、谷精草散风清热，除翳明目；牡丹皮凉血散瘀，解血脉中伏火而明目，合以清热散风，泻火解毒，解肌退翳。方用羚羊角、蒺藜、石决明平肝潜阳，清热开郁明目。方用车前子清利湿热而明目退翳，木通清湿热而去翳明目，泽泻利湿泄热除目昏；茯苓健脾渗湿而治目暗；槟榔下气行水，有收缩瞳神降眼压之功，合以清热利湿明目。方用人参、山药健脾胃，大补元气，以防苦寒、泄利太过。诸药合用，共奏滋补肝肾，养阴生津，清肝明目之功。

【临床应用】①青风内障或乌风内障，因肝肾阴虚，肝火上攻所致，初起自觉眼球作胀，甚则额角偏痛，鼻根部酸痛，检查眼压在正常范围内或稍高，视野有相应缺损，多发作于疲劳或郁怒之后；青光眼见上述证候者。②圆翳内障，因肝肾阴虚，目失所养所致，多见于50岁以上老年人，双眼同时或先后发病，早期眼前可有不动之小黑点，视物有轻烟薄雾遮挡，视力逐渐下降，后期瞳神渐渐变为淡白色或深棕色，直至失明；老年性白内障见上述证候者。

【注意事项】①可发生过敏反应；②脾胃虚寒者慎用；③孕妇慎用；④服药期间忌食辛辣食物。

石斛夜光颗粒

【药物组成】石斛、天冬、麦冬、地黄、熟地黄、枸杞子、肉苁蓉、菟丝子、五味子、牛膝、人参、山药、茯苓、甘草、水牛角浓缩粉、羚羊角、黄连、决明子、青葙子、菊花、盐蒺藜、川芎、防风、苦杏仁、枳壳（炒）。

【功能主治】滋阴补肾，清肝明目。用于肝肾两亏，阴虚火旺，内障目暗，视物昏花。

【方解】方中石斛、天冬、麦冬、地黄清热凉血，养阴生津，以清虚热。熟地黄、枸杞子、肉苁蓉、菟丝子、五味子、牛膝补益肝肾，益精明目。人参、山药、茯苓、甘草补脾益气，以助气血生化之源。以上诸药补肝肾，益精血，益气养阴，濡养眼目。水牛角、羚羊角、黄连、决明子、青葙子清热泻火，凉血明目。菊花、蒺藜、川芎、防风、苦杏仁、枳壳活血行气，疏风明目。诸药合用，共奏滋阴补肾，清肝明目之功。

【临床应用】①圆翳内障，因肝肾不足，阴虚火旺所致。多发于50岁以上的人群，双眼同时或先后发病，早期眼前有黑影，随眼球转动而动，视物昏花，不能久视，老花眼的度数减低，或变为近视，或单眼视物时有复视或多视，以后视力逐渐减退，最后只能辨别手动或光感；老年性白内障的早、中期见上述证候者。②视瞻昏渺，因肝肾不足，精血亏虚，目失所养而致，眼外观正常，自觉视力下降，视物昏花不清的眼内病变。其区别于云雾移睛，视瞻有色，视物变形等有视觉异常的眼底病变；视神经萎缩轻症见上述证候者。③青盲，因肝肾不足，虚火上炎所致，眼内外无障翳气色可寻，只是自视不见者，为视瞻昏渺之重症。一眼或双眼之视力逐渐下降，视物昏蒙，直至不辨人物，年轻人多为双眼同时或先后发病，瞳神内无任何气色可辨，伴见头晕耳鸣，腰膝酸软，双目干涩；视神经萎缩重症见上述证候者。

【注意事项】①肝经风热、肝火上攻实证者慎用；②脾胃虚弱，运化失调者慎用；③孕妇慎用。

障眼明片

【药物组成】熟地黄、菟丝子、枸杞子、肉苁蓉、山茱萸、白芍、川芎、黄精、黄芪、党参、甘草、决明子、青葙子、蕤仁（去内果皮）、密蒙花、蔓荆子、菊花、石菖蒲、车前子、升麻、葛根、关黄柏。

【功能主治】补益肝肾，退翳明目。用于肝肾不足所致的干涩不舒，单眼复视，腰膝酸软，或轻度视力下降；早、中期老年性白内障见上述证候者。

【方解】方中熟地黄、菟丝子、枸杞子、肉苁蓉、山茱萸温补肝肾，益精明目，为君药。白芍、川芎、黄精、黄芪、党参、甘草养血益气，助君药补益肝肾之力。决明子、青葙子、蕤仁、密蒙花、蔓荆子、菊花、石菖蒲、车前子平肝清肝，祛风明目；黄柏泻火坚阴明目，为佐药。升麻、葛根升举清阳之气，引诸药上行，为使药；诸药为伍，共奏补益肝肾，退翳明目之功。

【临床应用】①圆翳内障，因肝肾不足所致，多发于50岁以上老年人，双眼先后或同时发病，视物逐渐昏蒙，视力缓慢下降或有单眼复视、多视，伴干涩不舒，腰膝酸软，不能久视。②老年性白内障早、中期见上述证候者。

【注意事项】①脾胃虚寒者慎用；②治疗过程中不宜食用辛辣烧烤、黏腻肥甘食物。

二、耳科用药

耳科用药可分为解毒利耳药、益肾聪耳药。主要用于西医学的耳部感染性疾病和神经性耳鸣、耳聋。

耳聋左慈丸

【药物组成】熟地黄、山茱萸（制）、山药、泽泻、茯苓、牡丹皮、竹叶、柴胡、磁石（煅）。

【功能主治】滋肾平肝。用于肝肾阴虚，耳鸣耳聋，头晕目眩。

【方解】方中重用熟地黄滋阴补肾，填精益髓，为君药。山茱萸补养肝肾阴，山药补益脾阴，二药配伍，辅助君药，滋养肝脾肾，共为臣药。泽泻利湿泄浊，并防熟地黄之滋腻恋邪；茯苓健脾渗湿，并助山药之健运；牡丹皮清泄相火，并制山茱萸之温涩；又配竹叶、柴胡疏肝解郁，用磁石重镇平肝，潜纳浮阳，聪耳明目，均为佐药。诸药合用，共奏滋补肾阴，平肝潜阳，宣通耳窍之功。

【临床应用】①耳鸣，系由肝肾阴虚，阴被阳亢，肝火上扰清窍所致，症见耳内蝉鸣，伴头晕头痛，面红目赤，口苦咽干，烦躁不宁，或有手足心热，盗汗，腰膝酸软，舌红，苔少；神经性耳鸣见上述证候者。②耳聋，系由肝肾阴虚，阴虚阳亢，肝火上扰清窍所致，症见听力下降，伴头晕头痛，面红目赤，口苦咽干，烦躁不宁，或有手足心热，盗汗，腰膝酸软，舌红，苔少；神经性耳聋见上述证候者。

【注意事项】①痰瘀阻滞实证慎用；②注意饮食调理，忌食或少食辛辣刺激食物，及油腻之品，以防伤阴耗津，助湿生热。

三、鼻科用药

鼻科用药主要由宣通鼻窍药物组成，可分为祛风通窍药、清热通窍药。适用于西医学的急慢性鼻炎、鼻窦炎、过敏性鼻炎等。

（一）祛风通窍药

鼻炎片

【药物组成】苍耳子、辛夷、防风、荆芥、白芷、桔梗、麻黄、细辛、连翘、野菊花、知母、黄柏、五味子、甘草。

【功能主治】祛风宣肺，清热解毒。用于急、慢性鼻炎风热蕴肺证，症见鼻塞、流涕、发热、头痛。

【方解】方中苍耳子温和疏达，味辛散风，通窍止痛，辛夷辛温发散，芳香透窍，其性上达，升达清气，有散风邪、通鼻窍之功，二药合用，具有解表散风，通窍止痛之功，为君药。防风、荆芥发表散风除湿，白芷、桔梗宣肺通窍，活血消肿，为臣药。麻黄、细辛解表散风，宣肺通窍；连翘、野菊花、知母、黄柏清热燥湿，解毒消肿；五味子敛肺生津，为佐药。甘草为使，调和药性。诸药合用，共收祛风宣肺，清热解毒，消肿通窍之功。

【临床应用】①伤风鼻塞，由风热外袭，上犯于鼻，热毒蕴肺，肺失宣肃，热壅鼻道，鼻失通畅所致。症见鼻塞较重，鼻流黏稠黄涕，擤出不爽，鼻黏膜色红肿胀，鼻道有黄色脓涕积留，伴发热，头痛，微恶风，口渴，咳嗽，痰黄黏稠，舌尖红，苔薄黄，脉浮数；急性鼻炎见上述证候者。②鼻窒，由风热上攻，热毒蕴肺所致。症见鼻塞时轻时重，或交替性鼻塞，遇冷则塞减，鼻气灼热，鼻涕色黄量少，嗅觉减退，伴头昏不清，咳嗽痰黄，时有胸中烦热，舌尖红，苔薄黄，脉浮有力；慢性鼻炎见上述证候者。

【注意事项】①风寒袭肺者慎用；②服药期间戒烟酒，忌辛辣食物；③本品含有苍耳子、细辛、不宜过量久用。

通窍鼻炎片

【药物组成】炒苍耳子、黄芪、炒白术、防风、白芷、辛夷、薄荷。

【功能主治】散风固表，宣肺通窍。用于风热蕴肺、表虚不固所致的鼻塞时轻时重、鼻流清涕或浊涕、前额头痛；慢性鼻炎、过敏性鼻炎、鼻窦炎见上述证候者。

【方解】方中苍耳子温和疏达，味辛散风，通窍止痛，为方中君药。黄芪甘温，益肺固表，白术健脾益气，固表，防风发表散风除湿，以助君药散风祛邪之力，又可助黄芪、白术固表实卫，补散结合，补而不滞，散风固表，共为臣药。白芷辛散疏风，活血排脓，通窍止痛，辛夷辛温发散，芳香透窍，其性上达，升达清气，有散风邪、通鼻窍之功，薄荷发散风热，清利头目，三药配伍，佐助君药，增强散风、通窍、止痛之功，共为佐药。诸药合用，共奏散风固表，宣肺通窍之功。

【临床应用】①鼻窒，由风热蕴肺，表虚不固所致。症见鼻塞时轻时重，或交替性鼻塞，遇冷则塞减，鼻气灼热，鼻涕色黄量少，嗅觉减退；伴有头昏不清，咳嗽痰黄，时有胸中烦热，易汗出，舌尖红，苔薄黄，脉浮无力；慢性鼻炎见上述证候者。②鼻衄，由风热蕴肺，表虚不固所致。症见阵发性鼻痒，喷嚏，流鼻涕，小便色黄，大便干燥，易汗出，舌尖红，苔薄黄，脉浮数无力；过敏性鼻炎见上述证候者。③鼻渊，由风热蕴肺，表虚不固所致。症见发病急，鼻塞，涕黄或白黏，量少；多有头痛，发热，畏寒，咳嗽，易汗出，舌质红，苔薄黄，脉浮数无力；鼻窦炎见上述证候者。

【注意事项】①外感风寒或气滞血瘀者慎用；②服药期间戒烟酒，忌辛辣食物；③本品含有苍耳子，不宜过量和久用。

辛芳鼻炎胶囊

【药物组成】辛夷、水牛角浓缩粉、黄芩、龙胆、柴胡、白芷、川芎、细辛、薄荷、菊花、荆芥穗、防风、蔓荆子（炒）、桔梗、枳壳（炒）。

【功能主治】解表散风，清热解毒，宣肺通窍，用于风热蕴肺所致慢性鼻炎、鼻窦炎。

【方解】方中辛夷芳香辛散，散风邪，升清阳，通鼻窍，为君药。辅以水牛角清热解毒，凉血消肿，黄芩、龙胆清热燥湿，柴胡疏风退热，白芷、川芎、细辛发表通窍止痛，活血解毒排脓，共为臣药。薄荷、菊花、荆芥穗、防风、蔓荆子辛散轻扬，佐助君药，发散风邪，清利头目，桔梗、枳壳合用，一升一降，使肺气得以宣发肃降，桔梗尚有排脓消痈之功，以上为佐使药。诸药合用，共奏发表散风、清热宣肺、通利鼻窍之效。

【临床应用】①鼻窒，由风热蕴肺所致。症见鼻塞时轻时重，或交替性鼻塞，遇冷则塞减，鼻气灼热，鼻涕色黄量少，嗅觉减退。伴头昏不清，咳嗽痰黄，时有胸中烦热，舌尖红，苔薄黄，脉浮有力；慢性鼻炎见上述证候者。②鼻渊，由风热蕴肺所致。症见发病急，鼻塞，涕黄或白黏，量少，多伴头痛，发热畏寒，咳嗽，舌质红，苔薄黄，脉浮数；鼻窦炎见上述证候者。

【注意事项】①外感风寒、肺脾气虚及气滞血瘀者慎用；②服药期间戒烟酒，忌辛辣食物；③孕妇慎用；④本品含细辛，不宜过量及长期服用。

鼻窦炎口服液

【药物组成】苍耳子、辛夷、白芷、薄荷、荆芥、竹叶、柴胡、川芎、栀子、黄芩、龙胆、川木通、茯苓、黄芪、桔梗。

【功能主治】疏散风热，清热利湿，宣通鼻窍。用于风热犯肺、湿热内蕴所致的鼻塞不通、流黄稠涕；急、慢性鼻炎及鼻窦炎见上述证候者。

【方解】方中苍耳子温和疏达，味辛散风，宣化湿浊，通窍止痛；辛夷辛温芳香，其性上达，升达清气，散风邪、通鼻窍。二药配伍，具有辛散风邪，芳香通窍之功，共为君药。白芷辛散，疏风通窍，活血排脓，消肿止痛，薄荷、竹叶疏散风热，荆芥解表散风，柴胡疏散风热，川芎祛风止痛，4 味配伍，辅助君药，增强散风，活血排脓，消肿止痛之功，共为臣药。栀子苦寒清降，既可泻三焦实火，又可凉血解毒，黄芩、龙胆清热燥湿，泻火解毒，川木通清热燥湿，化瘀消肿，茯苓化湿利湿，黄芪托毒排脓，生肌消肿，桔梗载药上行，宣肺利气，共为佐使药。诸药合用，共奏疏散风热，清热利湿，宣通鼻窍之效。

【临床应用】①伤风鼻塞，由风热外袭，上犯于鼻，肺失宣肃，热壅鼻道，鼻失通畅所致。症见鼻塞较重，鼻流黏稠黄涕，擤出不爽，鼻黏膜红肿胀，鼻道有黄色脓涕积留，伴发热、头痛、微恶风、口渴、咳嗽，痰黄黏稠，舌尖红，苔薄黄，脉浮数；急性鼻炎见上述证候者。②鼻窒，由风热蕴肺或湿热内蕴所致。症见鼻塞时轻时重，或交替性鼻塞，遇冷则塞减，鼻气灼热，鼻涕色黄量少，嗅觉减退，鼻黏膜与鼻甲色红肿胀，鼻甲柔软，表面光滑，伴头昏不清、咳嗽痰黄，时有胸中烦热，舌尖红，苔薄黄，脉浮有力；慢性鼻炎见上述证候者。③鼻渊，由风热蕴肺或湿热内蕴所致。症见发病急，鼻塞，涕黄或白黏，量少，检查见鼻内黏膜红肿，中鼻道有稠涕，窦窍部位压痛，多伴头痛、发热畏寒、咳嗽，舌质红，苔薄黄，脉浮数；鼻窦炎见上述证候者。

【注意事项】①外感风寒、肺脾气虚及气滞血瘀者慎用；②孕妇慎用；③服药期间戒烟酒，忌辛辣食物；④本品含苍耳子，不宜过量、久用。

（二）清热通窍药

千柏鼻炎片

【药物组成】千里光、卷柏、川芎、麻黄、白芷、决明子、羌活。

【功能与主治】清热解毒，活血祛风，宣肺通窍。用于风热犯肺、内郁化火、凝滞气血所致的鼻塞、鼻痒气热、流涕黄稠，或持续鼻塞、嗅觉迟钝；急、慢性鼻炎及急、慢性鼻窦炎见上述证候者。

【方解】方中千里光味苦气寒，专于清热解毒，活血化瘀，为君药。卷柏辛散而能活血散瘀，川芎芳香走窜，活血行气，祛风止痛；麻黄、白芷配伍苦寒之千里光，祛风解表而不助热，且能通透鼻窍，共为臣药。决明子苦甘而微寒，既能清热泻火，又可润肠通便，引热下行；羌活辛温升散，善解肌表风邪，共为佐药。诸药合用，共奏清热解毒，活血祛风，宣通鼻窍之效。

【临床应用】①伤风鼻塞，由风热犯肺，内郁化火，凝滞气血，鼻失通畅所致，症见鼻塞较重，鼻流黏稠黄涕，擤出不爽，鼻黏膜色红肿胀，鼻道有黄色脓涕积留，伴发热、头痛、微恶风、口渴、咳嗽，痰黄黏稠，舌尖红，苔薄黄；急性鼻炎见上述证候者。②鼻窒，由风热犯肺，内郁化火，凝滞气血所致，症见鼻塞时轻时重，或交替性鼻塞，遇冷则塞减，鼻气灼热，鼻涕色黄量少，嗅觉减退；鼻黏膜与鼻甲色红肿胀，鼻甲柔软，表面光滑，伴有头昏不清、咳嗽痰黄，时有胸中烦热，舌尖红，苔薄黄；慢性鼻炎见上述证候者。③鼻渊，由风热犯肺，内郁化火，凝滞气血所致，发病急，症见鼻塞，涕黄或白黏，量少；检查见鼻内黏膜红肿，中鼻道有稠涕，窦窍部位压痛，多有头痛、发热、畏寒、咳嗽等症，舌质红，苔薄黄；急、慢性鼻窦炎见上述证候者。

【注意事项】①外感风寒、肺脾气虚者慎用；②服药期间，应戒烟酒，忌辛辣，以免生热助湿，加重病情；③本品含千里光，不宜过量、久服，以免中毒；④及时清除鼻腔积留鼻涕，多做低头、侧头运动，以利窦内涕液排出。

鼻炎康片

【药物组成】野菊花、黄芩、猪胆粉、麻黄、薄荷油、苍耳子、广藿香、鹅不食草、当归、氯苯那敏。

【功能主治】清热解毒，宣肺通窍，消肿止痛。用于风邪蕴肺所致的急、慢性鼻炎，过敏性鼻炎。

【方解】方中野菊花功善疏散风热，清热解毒；黄芩苦寒清热燥湿，泻火解毒；猪胆粉苦寒清热解毒，三药配伍，清热解毒力胜，针对主要病机，共为君药。麻黄、薄荷油宣肺散邪，苍耳子温和疏达，味辛散风，通窍止痛，三药辅助君药，增强疏风散邪，宣肺通窍之功，共为臣药。广藿香芳香化湿，鹅不食草祛湿化浊，以助君臣药物化湿浊之功；当归和血行血，以防辛温燥烈之品耗伤气血，共为佐药。更加抗组胺之西药氯苯那敏。诸药合用，各取所长，标本兼顾，共达清热解毒，宣肺通窍，消肿止痛之效。

【临床应用】①伤风鼻塞，系由风热外袭，热毒蕴肺，肺失宣肃，热壅鼻道，鼻失通畅所致，症见鼻塞较重，鼻流黏稠黄涕，擤出不爽，鼻黏膜色红肿胀，鼻道有黄色脓涕积留，伴发热，头痛，微恶风，口渴，咳嗽，痰黄黏稠，舌尖红，苔薄黄；急性鼻炎见上述证候者。②鼻窒，系由风热上攻，热毒蕴肺所致，症见鼻塞时轻时重，或交替性鼻塞，遇冷则塞减，鼻气灼热，鼻涕色黄量少，嗅觉减退；伴有头昏不清，咳嗽痰黄，时有胸中烦热，舌尖红，苔薄黄，脉浮有力；慢性鼻炎见上述证候者。③鼻鼽，系由风热上攻，热毒蕴肺所致，症见阵发性鼻痒，喷嚏，流鼻涕，小便色黄，大便干燥，舌尖红，苔薄黄；过敏性鼻炎见上述证候者。

【注意事项】①肺脾气虚或气滞血瘀者慎用；②服药期间，应戒烟酒，忌辛辣，以免生热助湿，加重病情；③本品含苍耳子，不宜过量、长期服用；④本品含有氯苯那敏，易引起嗜睡，用药期间不宜驾驶车辆、管理机械及高空作业等。

四、咽喉科用药

咽喉科用药可分为疏风利咽药、解毒利咽药、润燥利咽药、化腐利咽药、开音爽咽药。适用于西医学的急、慢性咽炎，急、慢性喉炎，急、慢性扁桃体炎和咽峡炎等。多采用含服或口腔喷敷，以直接作用于病变部位。

（一）疏风利咽药

银黄颗粒（口服液、片）

【药物组成】金银花提取物、黄芩提取物。

【功能主治】清热疏风，利咽解毒。用于外感风热、肺胃热盛所致的咽干、咽痛、喉核肿大、口渴、发热；急、慢性扁桃体炎，急、慢性咽炎，上呼吸道感染见上述证候者。

【方解】方中金银花功善清热解毒，又兼疏风散热，透散表邪，为君药。黄芩既除上焦湿热火毒，又清肺热、泻肺火，为臣药。诸药合用，共奏清热疏风，利咽解毒之效。

【临床应用】①乳蛾，系由外感风热，邪热入里，肺胃热盛所致，症见咽喉疼痛剧烈，咽痛连及耳根及颌下，吞咽困难，喉核红肿较甚，表面有黄白色脓点，或连成伪膜，高热，渴饮，口臭，舌质红赤，苔黄厚；急、慢性扁桃体炎见上述证候者。②喉痹，系由外感风热，邪热入里，肺胃热盛所致，症见咽部红肿，疼痛较剧，发热较高，口干，大便秘结，小便黄，舌赤苔黄；急、慢性喉炎见上述证候者。③感冒，系由外感风热，邪热入里化热，肺胃热盛所致，症见身热较著，微恶风，头胀痛，咳嗽，痰黏或黄，咽燥，或咽喉红肿疼痛，鼻塞，流黄浊涕，口渴欲饮，舌苔黄；上呼吸道感染见上述证候者。

【注意事项】①素体脾胃虚寒者慎用；②服药期间忌食辛辣、厚味、油腻之品，宜食清淡易消化之品。

众生丸

【药物组成】蒲公英、紫花地丁、黄芩、天花粉、玄参、夏枯草、板蓝根、人工牛黄、胆南星、虎杖、柴胡、防风、赤芍、当归、皂角刺、白芷、岗梅。

【功能主治】疏风清热，解毒消肿。用于风热外袭、热毒壅盛所致的咽部红肿疼痛、喉核肿大；上呼吸道感染、急、慢性咽喉炎、急性扁桃体炎、化脓性扁桃体炎、疖肿见上述证候者。

【方解】方中蒲公英、紫花地丁清热泻火，解毒散结，为君药。黄芩清热燥湿，泻火解毒；天花粉清热泻火，生津润燥；玄参清热凉血，解毒散结；夏枯草清火散结；板蓝根清热凉血，解毒利咽；人工牛黄清热解毒；胆南星化痰散结；虎杖清热利湿，凉血解毒；柴胡、防风疏风清热，此10味辅助君药疏风散邪，清泄里热，共为臣药。赤芍、当归、皂角刺、白芷合以活血化瘀，消肿排脓，均为佐药。岗梅为清咽利喉要药，且有引经作用，为佐使药。诸药合用，共奏疏风清热，解毒消肿之效。

【临床应用】①喉痹，因风热入里，火毒炽盛，上灼于咽，局部血脉瘀滞而致。症见咽部红肿、疼痛，声音嘶哑，口干口渴；急性咽炎、慢性咽炎见上述证候者。②乳蛾，多因风热入里，热毒上攻喉核，局部血脉瘀滞而致。症见喉核红肿、疼痛剧烈，吞咽困难，口干口渴；急性扁桃体炎见上述证候者。③疖肿，多因肺胃热盛，或外伤染毒，经络阻隔，气血凝滞而致。症见皮肤疖肿，局部红肿、疼痛；毛囊炎见上述证候者。

【注意事项】①孕妇禁用；②虚火喉痹、乳蛾及阴疽漫肿者慎用；③服药期间忌食辛辣油腻食物；④老人、儿童及素体脾胃虚弱者慎用。

复方黄芩片

【药物组成】黄芩、十大功劳、虎杖、穿心莲。

【功能与主治】清热解毒，凉血消肿。用于风热上攻、湿热内蕴所致的咽喉肿痛、口舌生疮、感冒发热、湿热泄泻、热淋涩痛、痈肿疮疡。

【方解】方中用黄芩清热化湿，解毒利咽，为君药。十大功劳清热泻火、解毒除湿，虎杖清热凉血、化湿解毒，穿心莲清热解毒、凉血消肿燥湿，三药为伍，共助黄芩清热燥湿，凉血解毒之用，为臣药。诸药合用，共奏清热解毒，凉血消肿之效。

【临床应用】①喉痹，因风热上攻，火热内蕴所致。症见咽部肿痛，咽干，口渴，或微恶风寒，发热，咽部红肿，舌边尖红，苔薄白或薄黄，脉浮数或滑数；急性咽炎见上述证候者。②口疮，因风热上攻，火热内蕴，上灼口舌而致。症见口舌溃疡，局部疼痛、烧灼感，口干口臭；口疮见上述证候者。③感冒发热，因外感风热，卫表失和所致。症见发热，微恶寒，头痛，咽痛，口渴，舌红苔白；上呼吸道感染见上述证候者。④痈肿疮疡，因风热入里，火热内蕴，阻隔经络，凝滞气血所致痈肿疮疡。症见皮肤局限性红肿热痛，或破溃化脓，舌红，苔薄黄，脉数；皮肤疖肿见上述证候者。⑤泄泻，由湿热内蕴，伤及脾胃，传化失常所致。症见泄泻腹痛，泻下急迫，粪色黄褐而臭，肛门灼热，烦热，口渴，小便短黄，舌红，苔黄，脉滑数；急性肠炎见上述证候者。⑥热淋，由湿热蕴结下焦，膀胱气化失司所致。症见小便短数，灼热刺痛，尿色黄赤，少腹拘急胀痛，或有腰痛拒按，大便秘结，苔黄腻，脉滑数；急性膀胱炎见上述证候者。

【注意事项】 ①虚寒证者慎用；②服药期间忌食辛辣油腻食物，戒烟酒；③老人、儿童及素体脾胃虚弱者慎用。

（二）解毒利咽药

北豆根胶囊（片）

【药物组成】 北豆根中提取的总生物碱。

【功能主治】 清热解毒，止咳，祛痰。用于火毒内结所致的咽喉肿痛、扁桃体炎、慢性支气管炎见上述证候者。

【方解】 北豆根味苦，性寒，归心肺胃经，能清心肺胃之火，而有解毒利咽消肿之功，为治咽喉疾病之要药，用于肺胃火毒上攻的咽喉肿痛，肺火壅盛的咳嗽尤有良效。

【临床应用】 ①乳蛾，系由火毒内结所致，症见咽喉疼痛剧烈，咽痛连及耳根及颌下，吞咽困难，喉核红肿较甚，表面有黄白色脓点，或连成伪膜，高热，渴饮，口臭，舌质红赤，苔黄厚；急性扁桃体炎见上述证候者。②喉痹，系由火毒内结所致，症见咽部红肿，疼痛较剧，发热较高，口干，大便秘结，小便黄，舌赤，苔黄；急性喉炎见上述证候者。③咳嗽，系由火毒内结，肺热壅盛所致，症见咳嗽，痰多、质黏厚或稠黄，咯吐不爽，面赤，身热，口干欲饮，舌苔黄腻，质红，脉滑数；急性支气管炎见上述证候者。

【注意事项】 ①阴虚火旺或脾胃虚寒者慎用；②服药期间忌食辛辣、厚味、油腻之品，宜选择易消化、清淡之食物；③不可过量、久用。

冬凌草片

【药物组成】 冬凌草。

【功能主治】 清热解毒，消肿散结，利咽止痛。用于热毒壅盛所致咽喉肿痛、声音嘶哑；扁桃体炎、咽炎、口腔炎见上述证候者及癌症的辅助治疗。

【方解】 方中冬凌草味苦、甘，性微寒。为民间草药，具有清热解毒，利咽消肿，止痛的功能。用于急、慢性扁桃体炎、咽炎、喉炎属热毒壅盛证者。

【临床应用】 ①乳蛾，因热毒壅盛，循经上逆，搏结于咽核而致，症见咽核红肿胀大，咽部疼痛，吞咽时疼痛加重，有堵塞感；急、慢性扁桃体炎见上述证候者。②喉痹，因热毒壅盛，熏灼咽喉而致。症见咽部红肿，咽痛，吞咽困难，咽部如有异物感；急、慢性咽炎见上述证候者。③口疮，因热毒壅盛，热毒循经上攻，熏灼口舌而致口舌黏膜破溃，疼痛，局部红肿，灼热；口腔炎见上述证候者。

【注意事项】 ①虚火乳蛾、喉痹、口疮者慎用；②服药期间忌食辛辣、油腻、鱼腥食物，戒烟酒。

新癀片

【药物组成】 人工牛黄、肿节风、猪胆汁膏、肖梵天花、珍珠层粉、水牛角浓缩粉、三七、红曲、吲哚美辛。

【功能主治】 清热解毒，活血化瘀，消肿止痛。用于热毒瘀血所致的咽喉肿痛、牙痛、痹痛、胁痛、黄疸、无名肿毒。

【方解】 方中人工牛黄功能清热解毒，是为君药。肿节风清利咽喉，消肿止痛；猪胆汁膏清热解毒，消肿止痛；肖梵天花祛风利湿，活血消肿，清热解毒；珍珠层粉燥湿敛疮；水牛角清热凉血，解毒消肿，均为臣药。三七活血消肿，化瘀止痛；红曲化瘀、和胃，共为佐药。另以吲哚美辛以抗炎、解热和镇痛，诸药合用，共奏清热解毒，活血消肿之效。

【临床应用】①喉痹，多因火毒炽盛，循经上灼于咽，局部血脉瘀滞而致。症见咽部红肿、疼痛、咽干、口渴；急性咽炎见上述证候者。②牙痛，多因热毒上攻循经熏蒸，气血凝滞而致，症见牙根部肿痛、牙龈红肿、口臭、口干；牙髓炎、牙周炎、智齿冠周炎见上述证候者。③痹症，多因热蕴于内，气血流行不畅而致。症见关节红肿疼痛，屈伸不利，风湿性关节炎、类风湿关节炎见上述证候者。④胁痛，多因肝胆内热，气血瘀滞而致胁肋胀痛、口苦尿黄；急、慢性肝炎见上述证候者。⑤黄疸，多因湿热蕴结肝胆，胆汁瘀积不通所致。症见身目俱黄、口苦尿黄；急、慢性肝炎及胆囊炎、胆石症见上述证候者。⑥皮肤疖，多因皮肤毛囊为外邪内热所壅，气血瘀滞而致。症见皮肤疮疡，红肿热痛，破溃，流脓；化脓性皮肤病见上述证候者。此外，本品还可用于实热火毒引起的口疮等。

【注意事项】①个别患者服药后会有眩晕、咽干、倦怠、轻度腹泻，停药后自行消失，偶有呕吐或过敏反应发生；②虚火喉痹、牙痛、风寒湿痹、外伤胁痛、阴疽漫肿者慎用；③服药期间忌食辛辣油腻食物；④老人、儿童及素体脾胃虚弱者慎用；⑤本品含吲哚美辛，应参照该药注意事项；⑥孕妇慎用。

（三）润燥利咽药

利咽灵片

【药物组成】玄参、穿山甲（制）、土鳖虫、僵蚕、牡蛎（煅）。

【功能与主治】活血通络，益阴散结，利咽止痛。用于阴虚血瘀所致的咽喉干痛、异物感、发痒灼热；慢性咽喉炎见上述证候者。

【方解】方中玄参滋阴凉血，解毒消肿，散结利咽，为君药。穿山甲、土鳖虫合用活血通络，散结止痛，辅助君药活血消肿，止痛利咽，共为臣药。僵蚕化痰散结，牡蛎滋补肝肾，软坚散结，合用滋阴散结以利咽喉，而为佐药。共奏活血通络，益阴散结，利咽止痛之效。

【临床应用】①喉痹，因阴虚血瘀，咽部经脉气血不畅所致，症见咽部不适，干燥，咽痒灼热，有异物感；慢性咽炎见上述证候者。②喉喑，因阴虚血瘀而致，症见声音不扬，或见嘶哑，咽喉异物感，声带肿胀；慢性喉炎见上述证候者。

【注意事项】①实热证喉痹、喉喑者慎用；②本品含活血、破血消癥药物，孕妇禁用；③服药期间饮食宜清淡，忌食辛辣油腻食物，以免助热生湿。忌烟、酒。

（四）开音爽咽药

黄氏响声丸

【药物组成】桔梗、薄荷、薄荷脑、蝉蜕、诃子肉、胖大海、浙贝母、儿茶、川芎、大黄（酒制）、连翘、甘草。

【功能与主治】疏风清热，化痰散结，利咽开音。用于风热外束、痰热内盛所致的急、慢性喉喑，症见声音嘶哑、咽喉肿痛、咽干灼热、咽中有痰，或寒热头痛，或便秘尿赤；急、慢性喉炎及声带小结、声带息肉初起见上述证候者。

【方解】方中桔梗辛散苦泄，主入肺经，功能开宣肺气，祛痰宽胸，利咽开音，故为君药。风热外束，痰热内盛，肺窍壅塞，金实不鸣，故配薄荷、薄荷脑、蝉蜕辛凉宣散，助君药疏散风热，开宣肺气，利咽开音；诃子肉苦泄酸收，助君药清咽开音，敛肺止咳；胖大海甘寒清润，助君药宣肺热，化痰利咽，开音治瘖，兼有润肠通便之功；浙贝母苦寒清热，助君药清肺化痰散结；儿茶苦涩性凉，助君药清肺化痰生津，共为臣药。川芎活血行气止痛；大黄清热解毒，攻积导滞，引火下行；连翘清热解毒，疏散风热，共为佐药，佐助君药发挥活血止痛，通便泄热，疏散风热，利咽开音之功。甘草清热解毒，并调和诸药，为使药。诸药合用，共奏疏风清热，化痰散结，利咽开音之功。

【临床应用】喉喑：因风热外束，痰热内盛，壅结喉门而致声音嘶哑，咽喉肿痛，咽干灼热，咽中有痰，或寒热头痛，或便秘，尿赤，舌红，苔黄；急、慢性喉炎及声带小结、声带息肉初起见上述证候者。

【注意事项】①阴虚火旺者慎用；②服药期间饮食宜清淡，忌食辛辣、油腻、鱼腥食物，戒烟限酒，以免加重病情；③易伤胃气，老人、儿童及素体脾胃虚弱者慎服，儿童用药应遵医嘱。

铁笛丸

【药物组成】麦冬、玄参、浙贝母、瓜蒌皮、桔梗、青果、凤凰衣、诃子肉、茯苓、甘草。

【功能主治】润肺利咽，生津止渴。用于阴虚肺热津亏引起的咽干声哑、咽喉疼痛、口渴烦躁。

【方解】本方用麦冬、玄参滋阴润肺，解毒散结，消肿利咽，生津止渴，共为君药。浙贝母、瓜蒌皮、桔梗开宣肺气，化痰利咽；青果、凤凰衣、诃子肉合用以清肺火，润肺燥，利咽喉，开声音，此6味均为臣药。茯苓健脾渗湿，以资化源，为佐药。甘草调和诸药药性，为使药。诸药合用，共奏润肺利咽，生津止渴之效。

【临床应用】①喉痹，因火毒熏蒸，阴虚肺热津亏，咽失所养而致，声音嘶哑，声带充血，肿胀，口咽干燥；②慢性喉炎见上述证候者。

【注意事项】①实热证喉痹者慎用；②服药期间忌食辛辣油腻食物，忌烟酒。

五、口腔科用药

口腔科用药主要由清热解毒、疏风清热药物组成，用于牙齿和口舌的病变。可分为疏风清热药、解毒清热药、滋阴清热药。适用于西医学的智齿冠周炎，急性牙龈炎，急、慢性牙周炎，急性口炎等。

（一）疏风清热药

黄连上清片（丸）

【药物组成】黄连、黄芩、黄柏（酒炒）、石膏、栀子（姜制）、大黄（酒制）、连翘、菊花、荆芥穗、白芷、蔓荆子（炒）、川芎、防风、薄荷、旋覆花、桔梗、甘草。

【功能主治】散风清热，泻火止痛。用于风热上攻、肺胃热盛所致的头晕目眩、暴发火眼、牙齿疼痛、口舌生疮、咽喉肿痛、耳痛耳鸣、大便秘结、小便短赤。

【方解】方中黄连、黄芩、黄柏、石膏清热泻火，燥湿解毒，栀子、大黄清热凉血解毒并可引热毒从二便而出，共为君药。连翘、菊花、荆芥穗、白芷、蔓荆子、川芎、防风、薄荷疏散风热，共为臣药。佐以旋覆花下气行水，桔梗清热利咽排脓，载药上行，甘草清热解毒，调和诸药，为佐使药。诸药合用，散风清热，泻火止痛，上通下行，使火热随之而解。

【临床应用】①暴风客热，因风热上攻，肺胃热盛，引动肝火上蒸头目所致，眼内刺痒交作，羞明流泪，眵多，白睛红赤，头痛，身热，口渴，尿赤，舌苔黄；急性结膜炎见上述证候者。②脓耳，因风热邪毒上犯，并肺胃热盛，毒热结聚，循经上蒸耳窍，气血相搏，化腐成脓所致，急剧发作，耳痛显著，眩晕流脓，重听耳鸣，头痛发热，鼻塞流涕，舌红苔薄黄；急性化脓性中耳炎见上述证候者。③口疮，因风热邪毒内侵，或肺胃热盛，循经上攻于口所致，口腔黏膜充血发红，水肿破溃，渗出疼痛，口热口臭，身痛不适，口干口渴，便干尿黄，舌红苔黄；急性口炎、复发性口疮见上述证候者。④牙宣，因肺胃火盛，风热内侵，火热蕴郁，循经上蒸于龈所致，牙龈红肿，出血渗出，疼痛，口干口渴，口臭口黏，便秘尿黄，舌苔黄；急性牙龈（周）炎见上述证候者。⑤牙痈，因风热邪毒侵袭，并有肺胃火盛，蕴热化火结毒，循经郁结牙龈冠周所致，冠周牙龈充血肿胀，渗出化脓，疼痛剧烈，口热口臭，口渴口干，张口可受限，便秘，尿黄，舌苔黄厚；急性智齿冠周炎见上述证候者。⑥喉痹，因风热邪毒内侵，并肺胃热盛，蕴热生火相结，循经上蒸咽喉，咽喉红肿疼痛，头痛，身热，尿黄便干，舌苔黄；急性咽炎见上述证候者。

【注意事项】①阴虚火旺者慎用；②服药期间饮食宜清淡，忌食辛辣油腻食物，以免助热生湿；③孕妇禁服，老人、儿童慎服。

（二）解毒清热药

牙痛一粒丸

【药物组成】蟾酥、朱砂、雄黄、甘草。

【功能主治】解毒消肿，杀虫止痛。用于火毒内盛所致的牙龈肿痛，龋齿疼痛。

【方解】方中蟾酥解毒消肿止痛，为君药。朱砂清热解毒，消肿止痛，雄黄解毒疗疮，共为臣药。甘草解毒，调和诸药，为使药。诸药合用，共奏解毒消肿，杀虫止痛之功。

【临床应用】①牙宣，由火毒内盛所致，牙龈缘、龈乳头充血肿胀、出血化脓疼痛，口热、口干、口臭、便干尿黄，舌苔黄；牙龈（周）炎、龈乳头炎见上述证候者。②龋齿，由火毒内盛所致深龋，牙髓充血所致牙痛，口干口热，便干尿黄，舌苔黄；龋齿见上述证候者。

【注意事项】①孕妇及哺乳期妇女禁用；②将含药后渗出的唾液吐出，不可咽下；③本品含有蟾酥、朱砂、雄黄，不宜过量或久用；④外用不可入目。

栀子金花丸

【药物组成】栀子、黄连、黄芩、黄柏、金银花、知母、天花粉、大黄。

【功能主治】清热泻火，凉血解毒。用于肺胃热盛，口舌生疮，牙龈肿痛，目赤眩晕，咽喉肿痛，吐血衄血，大便秘结。

【方解】方中栀子清热燥湿，泻三焦之火，凉血解毒，为君药。黄连、黄芩、黄柏清热燥湿解毒，泻三焦诸经实火，以加强栀子清热燥湿，泻火解毒之力，为臣药。金银花清热解毒，散上焦之热；知母滋阴降火，泻肺胃之火；天花粉降火润燥，排脓消肿；大黄清热散瘀，荡涤肠胃，泻火下行，共为佐药。诸药合用，共奏清热泻火，凉血解毒之功。

【临床应用】①口疮，由肺胃热盛上蒸于口所致。症见口腔黏膜充血水肿，破溃疼痛，口热口干，便秘，尿黄，舌红苔黄，脉弦洪数；复发性口疮、急性口炎见上述证候者。②牙宣、牙痛，因肺胃火盛、上蒸于龈所致，牙龈充血肿胀，渗出出血，化脓疼痛，口热口臭，口干口渴，便干，尿黄，舌红苔黄，脉弦实数；急性牙龈（周）炎、急性化脓性牙龈（周）炎见上述证候者。③喉痹，因肺胃火盛，外感风热所致。症见咽喉黏膜充血，发红、水肿、疼痛，咽干咽痒，便干，尿黄，舌苔黄，脉弦实数；急性咽炎见上述证候者。④暴风客热，因外感风热，肺胃火盛，引动肺经实火，上攻头目而致。症见目赤肿痛，头痛口苦，烦躁易怒，便秘，尿黄，舌红苔黄，脉弦数；急性结膜炎见上述证候者。

【注意事项】①孕妇禁用；②阴虚火旺者慎用；③服药期间忌食辛辣食物；④体弱年迈者慎用。

（三）滋阴清热药

补肾固齿丸

【药物组成】熟地黄、紫河车、骨碎补（盐水炙）、生地黄、鸡血藤、山药、枸杞子、黄芪（炙）、丹参（酒炙）、郁金（醋炙）、五味子（酒炙）、茯苓、泽泻（盐水炙）、牛膝、漏芦、牡丹皮、野菊花、肉桂。

【功能主治】补肾固齿，活血解毒。用于肾虚火旺所致的牙齿酸软、咀嚼无力、松动移位、龈肿齿衄；慢性牙周炎见上述证候者。

【方解】肾虚是牙周病之本，虚热生火是其标，故方中重用熟地黄滋养肝肾，填精益髓，为君药。紫河车滋补气血，益肝肾；骨碎补补肾健骨，行血消肿；生地黄滋阴养血，清热凉血；鸡血藤补血行血，通经活络，暖腰健骨；山药健脾胃，补肺肾；枸杞子补肝肾，润血燥，强筋骨；炙黄芪补气健脾，共为臣药。丹参活血祛瘀，凉血消肿；郁金凉血破瘀；五味子益气生津；茯苓健脾渗湿；泽泻渗湿泻火；牛膝破血行瘀，引火下行；漏芦清热解毒，消肿排脓；牡丹皮清热凉血散瘀；野菊花清热解毒，消肿止痛，共为佐药。肉桂引火归源，活血通经为使药。诸药合用，共奏补肾固齿，活血解毒之功。

【临床应用】①牙宣，由肾虚火旺所致，症见牙龈红肿，出血渗出，咬合无力，咀嚼酸软，牙齿松动，齿龈移位，盗汗，失眠，肢冷，便溏，舌苔薄黄；②慢性牙周炎见上述证候者。

【注意事项】实热证牙宣者慎用。

第二十七节　抗肿瘤药

抗肿瘤药主要用于各种癌症在术后和化疗、放疗后的辅助治疗。

复方斑蝥胶囊

【药物组成】斑蝥、三棱、莪术、人参、黄芪、刺五加、山茱萸、女贞子、半枝莲、熊胆粉、甘草。

【功能主治】破血消癥，攻毒蚀疮。用于瘀毒内结所致的原发性肝癌、肺癌、直肠癌、恶性淋巴瘤、妇科肿瘤。

【方解】方中斑蝥味辛性热，攻毒蚀疮，逐瘀散结，为君药。三棱、莪术破血消癥，行气止痛，共为臣药，以加强君药活血化瘀功效。人参、黄芪、刺五加健脾补肾，补益气血；山茱萸、女贞子滋补肝肾，养阴生精，5 味合用，使祛邪而不伤正，并可防止瘀毒扩散；半枝莲、熊胆粉清热解毒，佐助君药攻毒蚀疮，共为佐药。甘草调和诸药，为使药。诸药合用，共奏破血消癥，攻毒蚀疮之功。

【临床应用】肿瘤（原发性肝癌、肺癌、直肠癌、恶性淋巴瘤、妇科肿瘤），因瘀毒内阻，兼气阴两虚所致，症见腹部或颈部出现肿块，按之如石，痛有定处，面色晦暗，肌肤甲错，或大便色黑，腹痛拒按，或崩漏，兼有腹胀纳差，倦怠乏力，腰膝酸软，舌质紫暗，或有瘀斑、瘀点，脉细涩。

【注意事项】本品为活血化瘀之剂，有出血倾向者慎用。本品含有破血堕胎之品，妇女月经过多及孕妇均忌用。服药期间饮食宜清淡，忌辛辣刺激之品。本品含有斑蝥有毒，易损害肝、肾功能，应在医师指导下使用，不可过量、久服。

平消胶囊（片）

【药物组成】郁金、五灵脂、干漆（制）、枳壳（麸炒）、白矾、硝石、马钱子粉、仙鹤草。

【功能主治】活血化瘀，止痛散结，清热解毒。对热毒瘀结所致的肿瘤患者具有缓解症状、缩小瘤体、提高人体免疫力、延长患者生存时间的作用。

【方解】方中以郁金活血化瘀，行气止痛，为君药。五灵脂、干漆活血破瘀，散结止痛；枳壳行气破气，以加强君药活血行气之功，共为臣药。白矾解毒；硝石攻坚破积，解毒消肿；马钱子粉通络止痛，散结消肿；仙鹤草补虚，扶正祛邪，共为佐药，在活血化瘀同时兼顾解毒散结。诸药合用，共奏活血化瘀，散结消肿，解毒止痛之功。

【临床应用】肿瘤，因瘀毒内结所致，症见胸腹疼痛，痛有定处，或有肿块，面色晦暗，舌质紫暗，或有瘀斑、瘀点，脉沉涩；食管癌、胃肠道肿瘤、肝癌、乳腺癌及乳腺增生等良性肿瘤见上述证候者。

【注意事项】本品含有活血化瘀及有毒药物，孕妇忌用。用药过程中饮食宜清淡，忌食辛辣刺激之品。本品含有硝石、马钱子、干漆，有毒，应在医师指导下使用，不可过量、久服。

消癌平片

【药物组成】乌骨藤（通关藤）提取物。

【功能主治】清热解毒，化痰软坚。用于食管癌、胃癌、肺癌，对大肠癌、宫颈癌、白血病等多种恶性肿瘤，亦有一定疗效，亦可配合放疗、化疗及术后治疗。并用于治疗慢性气管炎和支气管哮喘。

【方解】方中乌骨藤（通关藤）提取物清热解毒、化痰软坚、止咳平喘，西医学研究表明具有一定的抗肿瘤作用，为君药。

【临床应用】肿瘤，有抑制癌细胞生长诱导肿瘤细胞凋亡、提高机体免疫力、防止肿瘤转移、复发，不损伤正常细胞，平衡脏腑各器官的功效。消癌平尤其适于年老体弱失去手术机会，以及放疗、化疗效果欠佳的中晚期恶性肿瘤患者。

【注意事项】本品含有活血化瘀药物，孕妇忌用。用药过程中饮食宜清淡，忌食辛辣刺激之品。

西黄胶囊

【药物组成】人工麝香、人工牛黄、没药（制）、乳香（制）。

【功能主治】解毒散结，消肿止痛。用于毒瘀互结、痈疽疮疡、阻疽肿痛、多发性脓肿、淋巴结炎、寒性脓疡属上述证候者。

【方解】方中麝香芳香走窜，通络消肿，散结止痛，为君药。人工牛黄清热解毒，消肿止痛，为臣药。佐以乳香、没药活血止痛。

【临床应用】肿瘤，用于多种肿瘤的治疗，特别对于呼吸道肿瘤的肺癌、消化道肿瘤的胃癌、妇科肿瘤的乳腺癌等疗效尤为突出。

【注意事项】①本品含有麝香等药物，孕妇忌用；②用药过程中饮食宜清淡，忌食辛辣刺激之品。

华蟾素口服液

【药物组成】干蟾皮。

【功能与主治】解毒，消肿，止痛。用于毒邪内结所致的中、晚期肿瘤，慢性乙型病毒性肝炎。

【方解】干蟾皮味苦性凉，有毒，具有清热解毒、消肿止痛之功效。

【临床应用】①肿瘤，因热毒内蕴所致，症见局部肿块，不痛不痒，或伴红肿热痛，口干口苦，心烦易怒，大便干燥，小便黄赤，舌红，苔黄或黄腻，脉弦数。②慢性乙型病毒性肝炎，因热毒内阻所致，症见胁肋疼痛，食欲不振，神疲乏力，舌红或红绛，苔黄或黄腻，脉弦细数。

【注意事项】本品有一定毒性，应在医师指导下使用，不可过量、久服。孕妇忌用。

至灵胶囊

【药物组成】人工培养的冬虫夏草菌丝体。

【功能主治】补肺益肾。用于肺肾两虚所致咳喘、浮肿等症，亦可用于各类肾病、慢性支气管哮喘、慢性肝炎及肿瘤的辅助治疗。

【方解】冬虫夏草味甘性温，入肝、肺经，有补肾益精、滋补强壮的功能。

【临床应用】①对恶性肿瘤患者能改善睡眠，增进食欲，减轻乏力、出汗等虚弱症状；②还可用于各类肾病、慢性支气管哮喘、慢性肝炎、肝硬化等的治疗。

【注意事项】服后可能有胃部不适，恶心，头晕，停药或减少用量后，再行逐步增加时，不适感可以消失。

贞芪扶正颗粒（胶囊）

【药物组成】黄芪、女贞子。

【功能主治】补气养阴。用于久病虚损，气阴不足。辅助肿瘤手术、放疗、化疗。

【方解】黄芪、女贞子是中医常用的扶正药物。黄芪益气健脾、固表止汗、升阳举陷；女贞子补肝肾、滋阴液、退虚热。二药配伍，阴阳双补。

【临床应用】有提高人体免疫功能，保护骨髓和肾上腺皮质功能；用于各种疾病引起的虚损；配合手术、放疗、化疗，促进功能的恢复。

【注意事项】无明显不良反应。

第十三章　健康食品

　　自 2005 年 7 月以来，我国批准的保健食品主要分为两类：一是补充维生素、矿物质的营养素补充剂类。二是具有特定的保健功能的保健食品，保健功能分为 27 项，包括辅助降血脂、辅助降血糖、辅助降血压、抗氧化、辅助改善记忆、促进排铅、清咽、促进泌乳、减肥、改善生长发育、改善营养性贫血、调节肠道菌群、促进消化、通便、对胃黏膜损伤有辅助保护功能、缓解视疲劳、祛痤疮、祛黄褐斑、改善皮肤水分、改善皮肤油分、增强免疫力、改善睡眠、缓解体力劳动、提高缺氧耐受力、对辐射危害有辅助保护功能、增加骨密度、对化学性肝损伤有辅助保护功能。

　　2012 年 6 月国家食品药品监督管理局发布《保健食品功能范围调整方案》（征求意见稿），拟将现有 27 项功能取消 4 项（改善生长发育、对辐射危害有辅助保护、辅助降血压、改善皮肤油分），涉及胃肠道功能的 4 项合并为 1 项（通便、调节肠道菌群、促进消化、对胃黏膜损伤有辅助保护合并为有助于改善胃肠功能）、涉及改善面部皮肤代谢功能的 3 项合并为 1 项（祛痤疮、祛黄褐斑、改善皮肤水分合并为有助于促进面部皮肤健康），予以保留，最后确定为 18 项功能。

　　营养指人体摄取食物后，在体内消化和吸收、利用其中的营养素以维持生长发育、组织更新和处于健康状态的总过程。

　　营养素是指具有营养功能的物质，包括水、糖类、脂类、蛋白质、维生素、矿物质。

　　根据世界卫生组织（WHO）的定义，健康是生理、心理及社会适应 3 个方面均良好的一种状况，而不仅仅是没有疾病或身体虚弱。全世界一致公认的健康标志有 13 个方面：生气勃勃，性格开朗充满活力，正常的身高体重，光滑顺泽的头发，坚固并带淡红色的指甲，粉红的舌头，食欲旺盛，正常的体温脉搏和呼吸率，健康的皮肤，正常的大、小便，不易得病，明亮的眼睛、粉红的结膜，健康的牙龈口腔黏膜。

　　亚健康指健康的透支状态，即身体确有种种不适，表现为易疲劳，体力、适应力和应变力衰退，但又没有发现器质性病变的状态。

第一节　蛋白质（氨基酸）

　　蛋白质是生命的物质基础，没有蛋白质就没有生命。因此，它是与生命及与各种形式的生命活动紧密联系在一起的物质。机体中的每一个细胞和所有重要组成部分都有蛋白质参与。蛋白质占人体质量的 16.3%，即一个重 60 kg 的成年人其体内约有蛋白质 9.8 kg。人体内蛋白质的种类很多，性质、功能各异，但都是由 20 多种氨基酸按不同比例组合而成的，并在体内不断进行代谢与更新。氨基酸是构成蛋白质的基本单位，以"脱水缩合"的方式组成的多肽链经过盘曲折叠形成的具有一定空间结构的物质。

一、生理功能

1. 构造人身体：蛋白质是一切生命的物质基础，是机体细胞的重要组成部分，是人体组织更新和修补的主要原料。

2. 修补人体组织：人的身体由百兆亿个细胞组成，细胞可以说是生命的最小单位，它们处于永不停息的衰老、死亡、新生的新陈代谢过程中。

3. 维持肌体正常的新陈代谢和各类物质在体内的输送：载体蛋白对维持人体的正常生命活动是至关重要的，可以在体内运载各种物质。

4. 合成免疫细胞和免疫蛋白的原料：用于合成白细胞、淋巴细胞、巨噬细胞、抗体（免疫球蛋白）、补体、干扰素等。

5. 构成神经递质：乙酰胆碱、5-羟色胺用于维持神经系统的正常功能如味觉、视觉和记忆。

6. 组建人体的胶原蛋白占身体蛋白质的1/3，生成结缔组织，构成身体骨架；如骨骼、血管、韧带等，决定了皮肤的弹性，保护大脑（在大脑脑细胞中，很大一部分是胶原细胞，并且形成血-脑屏障保护大脑）。

7. 提供生命活动的能量。

二、蛋白质缺乏的危害

人体蛋白质缺乏常常与能量缺乏同时发生，即蛋白质-能量营养不良。蛋白质-能量营养不良可分为消瘦型营养不良和水肿型营养不良两种。前者是由于膳食中长期缺乏能量、蛋白质和其他营养素的结果；后者主要是由于膳食中缺乏蛋白质所引起，大多数患儿介于两者之间。

消瘦型营养不良，早期表现为体重不增乃至减轻。在营养不良的早期，若仅看面部而不做全身检查，则不易发现消瘦。患儿初期往往多哭、烦躁，继而变为迟钝。初期食欲尚佳，继而低下以至消失，常有呕吐及腹泻等急性消化道紊乱的表现。

水肿型营养不良，水肿是其特征，身体两侧的水肿是对称的，先见于十肢，尤以足背为显著。此外，患儿常表现为虚弱和精神抑制，皮肤干燥发凉，毛发干燥变黄易脱落，指甲生长迟缓等。

三、相关产品

蛋白粉、乳清蛋白粉、胶原蛋白粉、水解蛋白片、氨基酸口服液等（肝肾功能不全者、肾炎患者禁用）。

第二节　糖　类

糖类是自然界存在最多、分布最广的一类重要的有机化合物。主要由碳、氢、氧组成；葡萄糖、蔗糖、淀粉和纤维素等属于糖类化合物。

一、生理功能

1. 提供和储存能量：每克葡萄糖产热 16.8 kJ；神经系统的主要能量来源——

葡萄糖；大脑活动靠糖的有氧氧化供热，血糖的 2/3 被大脑消耗；肌肉和肝脏中的糖原等。

2. 参与机体组成或构成重要的生命物质：糖和脂肪形成的糖脂是细胞膜和神经组织的重要成分；糖与蛋白形成的糖蛋白是抗体、酶、激素、核酸的组成成分等。

3. 参与其他营养素的代谢：抗生酮作用——脂肪在体内的正常代谢需糖类参与，糖类不足，脂肪氧化不完全而产生过量的酮体（丙酮、乙酰、乙酸等），产生酮血症，足量的糖类具有抗生酮作用。

4. 节约保护蛋白质：食物中糖类不足，机体不得不动用蛋白质来满足机体活动所需的能量，这将影响机体用蛋白质进行合成新的蛋白质和组织更新。所以减肥患者或糖尿病患者最少摄入的糖类不要低于 150 g 主食。

5. 参与肝脏的解毒功能：肝糖原充足可增强肝脏对某些有害物质如细菌毒素的解毒作用，糖原不足时机体对酒精、砷等有害物质的解毒作用减弱，葡萄糖醛酸直接参与肝脏解毒。

6. 维持脑细胞的正常功能：葡萄糖是维持大脑正常功能的必需营养素，当血糖浓度下降时，脑组织可因缺乏能源而使脑细胞功能受损，造成功能障碍，并出现头晕、心悸、出冷汗、甚至昏迷。

二、糖的摄入与疾病的关系

1. 摄入单糖、蔗糖过多，易诱发龋齿、心血管疾病与糖尿病。
2. 不耐乳糖症。

三、食物来源

1. 淀粉类多糖：主要存在于植物性食品中。
2. 蔬菜、水果中含有一定的单糖、双糖以及纤维素、果胶类。

第三节　不饱和脂肪酸

不饱和脂肪酸是构成体内脂肪的一种脂肪酸，人体必需的脂肪酸。食物脂肪中，单不饱和脂肪酸有油酸，多不饱和脂肪酸有亚油酸、亚麻酸、花生四烯酸等。人体不能合成亚油酸和亚麻酸，必须从膳食中补充。

一、生理功能

1. 保持细胞膜的相对流动性，以保证细胞的正常生理功能。
2. 使胆固醇酯化，降低血中胆固醇和甘油三酯，降低血液黏稠度，改善血液微循环。调血脂，降血压，预防心脑血管疾病。
3. 提高脑细胞的活性，改善记忆，防止老年健忘，增强青少年记忆力和思维能力。

二、膳食中不饱和脂肪酸不足时易产生的病症

1. 血中低密度脂蛋白和低密度胆固醇增加，产生动脉粥样硬化，诱发心脑血管病。

2. ω-3 不饱和脂肪酸是大脑和脑神经的重要营养成分，摄入不足将影响记忆力和思维力，对婴幼儿将影响智力发育，对老年人将产生老年痴呆症。

膳食中过多时，干扰人体对生长因子、细胞质、脂蛋白的合成，特别是 ω-6 系列不饱和脂肪酸过多将干扰人体对 ω-3 不饱和脂肪酸的利用，易诱发肿瘤。

三、相关产品

深海鱼油软胶囊、小麦胚芽油营养软胶囊（本品不能代替药物。儿童、孕妇及哺乳期妇女、有出血性疾病和出血倾向者禁用）。

第四节 矿物质

矿物质（又称无机盐）是人体内无机物的总称，是地壳中自然存在的化合物或天然元素。矿物质和维生素一样，是人体必需的元素，矿物质是无法自身产生、合成的，每天矿物质的摄取量也是基本确定的，但随年龄、性别、身体状况、环境、工作状况等因素有所不同。

人体必需的矿物质有钙、磷、钾、钠、氯等需要量较多的常量元素，铁、锌、铜、锰、钴、钼、硒、碘、铬等需要量少的微量元素。但无论哪种元素，和人体所需蛋白质相比，都是非常少量的。

一、钙

人体中的钙元素主要以羟基磷酸钙晶体的形式存在于骨骼和牙齿中。我们身体中的矿物质约占体重的 5%，钙约占体重的 2%。身体的钙大多分布在骨骼和牙齿中，约占总量的 99%，其余 1% 分布在血液、细胞间液及软组织中。

（一）生理功能

1. 99% 的钙用于维护骨骼和牙齿的健康。

2. 1% 的钙分布在血液、细胞间液及软组织中。保持血钙的浓度对维持人体正常的生命活动有着至关重要的作用。

3. 缺钙会降低软组织的弹性和韧性。皮肤缺乏弹性会显得松垮、衰老；眼睛晶状体缺乏弹性，易近视、老视；血管缺乏弹性易硬化。

4. 降低神经细胞的兴奋性，所以说钙是一种天然的镇静剂。缺钙会导致神经性偏头痛（占女性的 10%～20%）、烦躁不安、失眠。对婴儿会引起夜惊、夜啼、盗汗。此外，缺钙还会诱发儿童的多动症。

5. 强化神经系统的传导功能，有助于神经递质的产生和释放。

6. 维持肌肉神经的正常兴奋如血钙增高可抑制肌肉、神经的兴奋性；当血钙低于 70 mg/L 时，神经肌肉的兴奋性升高，出现抽搐。肠易激综合征、痛经，缺钙是一个重要原因。

7. 降低（调节）细胞和毛细血管的通透性。缺钙易导致过敏，水肿等。

8. 促进体内多种酶的活动缺钙时，腺细胞的分泌作用减弱。

（二）钙的缺乏

现代医学研究证明，缺钙会造成人体生理障碍，进而引发一系列严重疾病。这里我们列举一些与缺钙有关的主要疾病。

1. 高血压：缺钙会造成反常的钙内流，导致钙在血管内壁细胞和平滑肌细胞内反常积储，引起血管收缩，血管外周阻力增大，血压异常升高。

2. 冠心病：钙还能降低血中胆固醇的浓度，从而起到保护心脏的作用。高钙食物能减少胆固醇总量6%，其中低密度脂蛋白减少11%，而对人体有益的高密度脂蛋白数量则保持不变。学者们认为，长时期严重缺钙易引发冠心病。

3. 骨质疏松：人体长期缺钙而引起负钙平衡的另一个严重后果是骨质疏松。很多研究表明，增加钙的摄入量对骨质损耗有着重要减缓作用，在降低由骨质疏松引起的骨折率方面也有着重要作用，特别在食用钙的同时服用维生素D，效果尤其明显。补钙应在青春期就开始，这时候骨质正在形成，效果会更好。

（三）相关产品

液体钙软胶囊、钙咀嚼片、胶原钙、牡蛎钙等。

二、铁

铁是人体含量的必需微量元素，人体内铁的总量为4～5 g，是血红蛋白的重要部分，人全身都需要它，这种矿物质已存在于向肌肉供给氧气的红细胞中。此外，还是多酶和免疫系统化合物的成分。

（一）生理功能

1. 铁是血红蛋白、肌红蛋白组成部分之一，对输送氧气、转运和储存氧、能量代谢有非常重要的影响，还可预防造血功能不足而引起的缺铁性贫血。

2. 铁元素催化促进β-胡萝卜素转化为维生素A、嘌呤与胶原的合成，抗体的产生，脂类从血液中转运以及药物在肝脏的解毒等。

3. 铁与免疫的关系也比较密切，铁可以提高机体的免疫力，增加中性白细胞和吞噬细胞的吞噬功能，同时也可使机体的抗感染能力增强。

（二）铁缺乏

1. 缺铁性贫血：细胞供氧不足，疲劳而倦怠，使机体工作能力明显下降，比较容易被感染，贫血严重时可增加儿童和母亲患病率。

2. 行为和智力方面：铁缺乏可引起心理活动和智力发育的损害及行为改变。铁缺乏（尚未出现贫血时的缺乏）还可损害儿童的认知能力，而且在以后补充铁后也难以恢复。

3. 体温调节方面：缺铁性贫血的另一特点是在寒冷环境中保持体温的能力受损。

4. 铅中毒方面：动物和人体实验证明缺铁会增加铅的吸收。

5. 铁缺乏对免疫系统的影响：抵抗病原微生物入侵的能力减弱。

（三）相关产品

铁质叶酸片、血红素铁补铁片等。

三、锌

锌是人体中不可缺少的元素，发挥着重要作用。成人体内有锌2～2.5 g。其中眼、毛发、骨骼、男性生殖器官等组织中含量最高；肾、肝、肌肉中中等。人体血液中的锌有75%～85%在红细胞里，3%～5%在白细胞中，其余在血浆中。

（一）生理功能

1. 人体中 100 多种酶的组成部分：这些酶在组织呼吸和蛋白质、脂肪、糖、核酸等代谢中起重要作用。

2. 参加唾液蛋白的构成：锌缺乏可导致味觉迟钝，食欲减退。

3. 促进性器官正常发育保持正常的性功能：缺锌导致性成熟迟缓，性器官发育不全，性功能降低，精子减少，月经不正常。

4. 保护皮肤健康：缺锌时皮肤粗糙、干燥、上皮角化和食管类角化；伤口愈合缓慢，易受感染。

5. 维护免疫功能：根据锌在 DNA 合成中的作用，缺锌时导致免疫细胞增殖减少，胸腺活力降低。由于锌在抗氧化生化酶中的作用，缺锌导致细胞表面受体发生变化。

6. 其他功能：锌有助于清除体内胆固醇，防治动脉粥样硬化症；锌还有助于抑制癌症的发生等。

（二）锌缺乏

儿童发生慢性锌缺乏病时，主要表现为生长停滞。青少年除生长停滞外，还有性成熟推迟、性器官发育不全、第二性征发育不全等。如果锌缺乏症发生于孕妇，可以不同程度地影响胎儿的生长发育，以致引起胎儿的种种畸形。不论儿童或成人缺锌，均可引起味觉减退及食欲不振，出现异食癖。

人类锌缺乏的常见体征为生长缓慢、皮肤伤口愈合不良、味觉障碍、胃肠道疾患、免疫功能减退等；因此补锌就显得非常重要。

（三）相关产品

葡萄糖酸锌、甘草锌等制剂。

四、磷

磷广泛存在于人体中，含量较多，稍次于钙。约占人体总重的 1%，成人体内含有 600～900 g 的磷。体内磷的 85.7% 集中于骨骼和牙齿，其余散在分布于全身各组织及体液中，其中一半存在于肌肉组织。它不但构成人体成分，且参与生命活动中非常重要的代谢过程，是机体很重要的一种元素。

（一）生理功能

1. 构建骨骼及牙齿的重要原料。

2. 磷酸组成生命的重要物质，促进成长及身体组织器官的修复。

3. 参与代谢过程，协助脂肪和淀粉的代谢，供给能量与活力。

4. 参与体内酸碱平衡的调节。

5. 甲状腺功能亢进症患者需要补充磷。

（二）磷缺乏

1. 磷质缺乏会导致佝偻病和牙龈溢脓等疾患。

2. 缺磷会使人虚弱，全身疲劳，肌肉酸痛，食欲不振。

（三）相关产品

大豆卵磷脂软胶囊、大豆磷脂软胶囊、鱼油磷脂软胶囊等。

第五节　维生素

一、维生素 A

维生素 A 是所有具有视黄醇生物活性的 β-紫罗宁衍生物的统称，又称视黄醇。其最好的来源是各种动物肝脏、鱼肝油、鱼卵、全奶、奶油、禽蛋等。此外，在植物中亦存在有可在体内变成维生素 A 原，如 β-胡萝卜素。

维生素 A 的计量单位用国际单位（IU）表示。1965 年世界卫生组织建议不再使用国际单位，直接用视黄醇表示。1 IU 维生素 A = 0.3 μg 视黄醇。

（一）生理功能

1. 维持视觉：维生素 A 可促进视觉细胞内感光色素的形成，可调试眼睛适应外界光线的强弱的能力，以降低夜盲症和视力减退的发生，维持正常的视觉反应，有效预防夜盲症、眼干燥症等眼疾（如眼球干燥与结膜炎等的治疗）。

2. 促进生长、发育：与视黄醇对基因的调控有关，视黄醇也具有相当于类固醇激素的作用，可促进糖蛋白的合成。可促进生长、发育，强壮骨骼，维护头发、牙齿和牙床的健康。

3. 维持上皮结构的完整与健全：维生素 A 可以调节上皮组织细胞的生长，维持上皮组织的正常形态与功能；保持皮肤湿润，防止皮肤黏膜干燥角质化，不易受细菌伤害，有助于对粉刺、脓疱、疖疮，皮肤表面溃疡等症的治疗，有助于祛除老年斑；能保持组织或器官表层的健康。

4. 增强免疫能力：维生素 A 有助于维持免疫系统功能的正常，能加强对传染病特别是呼吸道感染及寄生虫感染的身体抵抗力；有助于对肺气肿、甲状腺功能亢进症的治疗。维生素 A 也有一定的抗氧化作用，可以中和有害的游离基。

（二）维生素 A 缺乏病

维生素 A 缺乏病是体内缺乏维生素 A 所引起的营养素乱性疾病。儿童缺乏维生素 A 时，首先出现夜盲，继之全身上皮组织角质变性及发生继发感染。原因有摄入不足，吸收不良，消耗过多及代谢受阻等（本病以婴幼儿为多见）。

临床表现为：

1. 暗适应能力下降、夜盲，结膜干燥及眼干燥症，出现眼斑，角膜软化穿孔而致失明。

2. 黏膜、上皮改变。

3. 生长发育受阻易患呼吸道感染。

4. 味觉、嗅觉减弱，食欲下降。

5. 头发枯干、皮肤粗糙、毛囊角化、记忆力减退、心情烦躁及失眠。

（三）相关产品

多维营养片、β-胡萝卜素软胶囊、鳕鱼肝油软胶囊等。

二、维生素 D

维生素 D 为固醇类衍生物，具有抗佝偻病作用，又称抗佝偻病维生素。维生素 D 家族成员中最重要的成员是维生素 D_2 和维生素 D_3。它们有以下 2 个特性：它存在于部分天然食物中；受紫外线的照射后，人体内的胆固醇能转化为维生素 D。

（一）生理功能

维生素 D 在体内发挥作用主要是通过促进钙的吸收进而调节多种生理功能。维生素 D 主要有以下生理功能：

1. 提高机体对钙、磷的吸收，使血浆钙和血浆磷的水平达到饱和程度。

2. 促进生长和骨骼钙化，促进牙齿健全。

3. 通过肠壁增加磷的吸收，并通过肾小管增加磷的再吸收。

4. 维持血液中枸橼酸盐的正常水平。

5. 防止氨基酸通过肾脏而损失。

（二）维生素 D 缺乏

维生素 D 缺乏可致佝偻病、手足搐搦、骨软化症、骨质疏松症。一些药物也会影响钙的吸收，如苯巴妥可增加维生素 D 的代谢，增快其非活性代谢物的排出，减少体内维生素 D 的储存。苯妥英钠影响钙结合蛋白而抑制钙吸收。长期服用抗癫痫药的患者血清 25-羟维生素 D 降低并可发生骨软化症。长期服用某些安眠药的非癫痫患者也可有骨质疏松。对这些患者应及早加服生理需要量的维生素 D。

（三）相关产品

钙加 D 咀嚼片、钙维生素 D 软胶囊等。

三、维生素 E

维生素 E 是一种脂溶性维生素，又称生育酚，是最主要的抗氧化剂之一。

（一）生理功能

1. 促进垂体腺激素的分泌；促进精子的生成和活动；增加卵巢功能，使卵泡增加，黄体细胞增大并增强孕酮的作用。缺乏时生殖器官受损，不易受精或引起习惯性流产。

2. 改善脂质代谢，缺乏时导致血浆胆固醇（TC）与甘油三酯（TG）的升高，形成动脉粥样硬化。

3. 对氧敏感，易被氧化，故可保护其他易被氧化的物质，如不饱和脂肪酸、维生素 A 和 ATP 等。减少过氧化脂质的生成，保护机体细胞免受自由基的毒害，充分发挥被保护物质的特定生理功能。

4. 稳定细胞膜和细胞内脂类部分，减低红细胞脆性，防止溶血。缺乏时出现溶血性贫血症。

5. 抗衰老、美容，可消除脂褐素在细胞中的沉积，改善细胞的正常功能，减慢组织细胞的衰老过程，令肌肤有弹性，还能保持身体活力。

（二）维生素 E 缺乏

可引起红细胞被破坏、皮肤及肌肉的变性、溶血性贫血症、生殖功能障碍等。

（三）相关产品

天然维生素 E 软胶囊、小麦胚芽油营养软胶囊等。

四、维生素 B

维生素 B 包括维生素 B_1、维生素 B_2、维生素 B_6、维生素 B_{12}、烟酸、泛酸、叶酸等。

这些 B 族维生素是推动体内代谢，把糖、脂肪、蛋白质等转化成热量时不可缺少的物质。

（一）生理功能

1. 身体的肌肉和神经所需能量主要由糖类提供，所以最易受累。维生素 B 充足，则神经细胞能量充沛，可以缓解忧虑、紧张，增加对噪声等的承受力；反之，导致应对压力的能力衰退，甚至引发神经炎。

2. 与糖、蛋白质、脂肪的代谢密切相关，维持和改善上皮组织，如眼睛的上皮组织、消化道黏膜组织的健康。严重缺乏时会有视力疲劳、角膜充血、口角炎等。当口角炎时医师常常会要患者服用维生素 B_2。

3. 脂肪代谢不良会引起溢脂性皮炎、痘痘、痤疮，补充维生素 B 有很好的效果。

4. 缺乏 B 族维生素可至胃肠蠕动无力、消化液分泌不良，造成消化不良、便秘、口臭、大便恶臭。

5. 烟酰胺在体内构成脱氢酶的辅酶，在糖类、蛋白质、脂肪的代谢中起重要作用，严重缺乏时引起神经、皮肤、消化道病变，称糙皮病，又称三 D 症，表现为皮炎、腹泻和痴呆。

6. 帮助身体组织利用氧气，促进皮肤、指甲、毛发组织的获氧量，祛除或改善头皮屑。

7. 解除酒精和尼古丁等毒素，舒缓头痛、偏头痛、保护肝脏。

8. 维生素 B_{12} 缺乏可引起巨幼细胞贫血及神经系统的疾患。

（二）维生素 B 缺乏

1. 食欲不振、胃肠疾病、头发干枯、记忆力减退、抽筋（肌肉痉挛），说明可能缺乏维生素 B_1。

2. 维生素 B_2 的欠缺会导致口腔、唇、皮肤、生殖器的炎症和功能障碍，称维生素 B_2 缺乏病，又称核黄素缺乏病。

3. 缺少烟酰胺时易患口腔炎、皮炎、微血管增生症、糙皮病等。

4. 缺乏维生素 B_6，进入的食物就不能得到充分的分解，食物里的营养也得不到有效地吸收，同时，大量未消化完全的食物在体内便会产生许多毒素。

（三）相关产品

复合 B 族维生素片、啤酒酵母片等。

五、维生素 C

（一）生理功能

1. 胶原蛋白的合成需要维生素 C 的参与，所以维生素 C 缺乏，胶原蛋白不能正常合成，导致细胞连接障碍。

2. 预防维生素 C 缺乏病（又称坏血病）：血管壁的强度和维生素 C 有很大关系。微血管是所有血管中最细小的，管壁可能只有一个细胞的厚度，其强度、弹性是由负责连接细胞具有胶泥作用的胶原蛋白所决定。

3. 预防牙龈萎缩、出血。健康的牙床紧紧包住每一颗牙齿。牙龈是软组织，当缺乏蛋白质、钙、维生素 C 时易产生牙龈萎缩、出血。

4. 预防动脉硬化。可促进胆固醇的排泄，防止胆固醇在动脉内壁沉积，甚至可以使沉积的粥样斑块溶解。

5. 维生素 C 是一种水溶性的强有力的抗氧化剂。可以保护其他抗氧化剂，如维生素 A、维生素 E、不饱和脂肪酸，防止自由基对人体的伤害。

6. 治疗贫血：使难以吸收利用的三价铁还原成二价铁，促进肠道对铁的吸收，提高肝脏对铁的利用率，有助于治疗缺铁性贫血。

7. 保护细胞、解毒，保护肝脏：在人的生命活动中，保证细胞的完整性和代谢的正常进行至关重要。

8. 提高人体的免疫力：白细胞含有丰富的维生素 C，当机体感染时白细胞内的维生素 C 急剧减少。维生素 C 可增强中性粒细胞的趋化性和变形能力，提高杀菌能力。

9. 维生素 C 能促进痛风患者组织内尿酸盐的溶解，减少患者体内尿酸的含量，预防肾尿酸结石等疾病。

（二）适宜人群

1. 体质较差、抵抗力低下、易疲倦、易患感冒者，特别需要增加维生素 C 的摄入量。

2. 在污染环境工作的人：体内维生素 C 高的人，几乎不会再吸收铅、镉、铬等有害元素。

3. 嗜好抽烟的人：多吃含维生素 C 的食物有助提高细胞的抵抗力，保持血管的弹性，消除体内的尼古丁。

4. 从事剧烈运动和高强度劳动的人：这些人因流汗过多会损失大量维生素 C，应及时予以补充。

5. 维生素 C 缺乏病患者：是因饮食中缺乏维生素 C，使结缔组织形成不良，毛细血管壁脆性增加所致，应多食含维生素 C 丰富的食物。

6. 脸上有色素斑的人：维生素 C 有抗氧化作用，补充维生素 C 可抑制色素斑的生成，促进其消退。

7. 长期服药的人：服用阿司匹林、安眠药、抗肿瘤药、四环素、钙剂、避孕药、降压药等，都会使人体维生素 C 减少，并可引起其他不良反应，应及时补充维生素 C。

8. 白内障患者：维生素 C 是眼中晶状体的营养要素，维生素 C 的摄入量不足，是导致白内障的因素之一，患者应多补充维生素 C。

（三）相关产品

维生素 C 含片、天然复合维 C 咀嚼片、针叶樱桃提取物等。

第六节　膳食纤维

膳食纤维是一种不能在人体小肠消化吸收，而在人体大肠能部分或全部发酵的可食用的植物性成分，糖类及其相类似物质的总和，包括多糖、寡糖、木质素以及相关的植物物质。以溶解于水可分为两个基本类型：水溶性纤维和非水溶性纤维。常见的食物中的大麦、豆类、胡萝卜、柑橘、亚麻、燕麦和燕麦糠等食物都含有丰富的水溶性纤维，水溶性纤维可减缓消化速度和最快速度排泄胆固醇，有助于调节免疫系统功能，促进体内有毒重金属的排出。

一、生理功能

1. 防治便秘：膳食纤维体积大，可促进肠蠕动、减少食物在肠道中停留时间，其中的水分不容易被吸收。膳食纤维在大肠内经细菌发酵，直接吸收纤维中的水分，使大便变软，产生通便作用。

2. 利于减肥：一般肥胖人大都与食物中热量摄入增加或体力活动减少有关。而提高膳食中膳食纤维含量，可使摄入的热量减少，而膳食纤维在小肠内能阻止部分糖和脂质的吸收，本身又有吸水膨胀最终使体内脂肪消耗而起到减肥作用。

3. 防治痔疮：痔疮的发生是因为大便秘结而使血液长期阻滞与瘀积所引起的。由于膳食纤维的通便作用，可降低肛门周围的压力，使血流通畅，从而起防治痔疮的作用。

4. 降低血脂，预防冠心病：由于膳食纤维中有些成分如果胶可结合胆固醇，木质素可结合胆酸，使其直接从粪便中排出，从而消耗体内的胆固醇来补充胆汁中被消耗的胆固醇，由此降低了胆固醇，从而有预防冠心病的作用。

5. 改善糖尿病症状：膳食纤维中的果胶可延长食物在肠内的停留时间，降低葡萄糖吸收速度，使进餐后血糖不会急剧上升，有利于糖尿病病情的改善。

二、适宜人群

1. 长期排便不规律、便秘者。
2. 肥胖，需要控制体重者。
3. 糖尿病患者。
4. 色斑沉着、面部暗黄。

三、相关产品

膳食纤维素片等。

第七节　植物提取物

一、花青素

花青素类色素广泛存在于紫甘薯、葡萄、血橙、红球甘蓝、蓝莓、茄子皮、樱桃、红橙、红莓、草莓、桑葚、山楂皮、紫苏、黑（红）米、牵牛花等植物的组织中。从根本上讲，花青素是一种强有力的抗氧化剂，它能够保护人体免受一种叫做自由基的有害物质的损伤。花青素能够增强血管弹性，改善循环系统和增进皮肤的光滑度；有助于预防多种与自由基有关的疾病；增强免疫系统能力来抵御致癌物质；降低感冒的次数和缩短持续时间；具有抗炎功效，因而可以预防包括关节炎和肿胀在内的炎症；缓解花粉病和其他过敏症；保持血细胞正常的柔韧性从而帮助血红细胞通过细小的毛细血管。因此增强了全身的血液循环，为身体各个部分的器官和系统带来直接的益处，并增强细胞的活力。

适用于需要抗氧化、延缓衰老的人群，需要美容、保持肌肤美白、滋润、弹性的女性，长时间使用电脑、手机的都市白领，心脑血管疾病的人群。

二、大豆异黄酮

大豆异黄酮是黄酮类化合物中的一种，主要存在于豆科植物中，是大豆生长中形成的一类次级代谢产物。由于是从植物中提取，与雌激素有相似结构，因此大豆异黄酮又称植物雌激素，能够弥补30岁以后女性雌性激素分泌不足的缺陷，改善皮肤水分及弹性状况，缓解围绝经期综合征和改善骨质疏松，使女性再现青春魅力。大豆异黄酮的雌激素作用影响到激素分泌、代谢生物学活性、蛋白质合成、生长因子活性，是天然的癌症化学预防剂。

适宜人群：欲延缓衰老的成年女性（皮肤松弛、粗糙、无光泽、色斑增多），出现月经不调、失眠、皮肤干涩等症状的围绝经期女性。儿童、孕妇不宜使用。

三、大蒜素

有多种生物活性，被誉为天然广谱抗生素，有抗真菌、抗细菌，并具有良好的抗癌、防癌、增强免疫力的作用。临床应用于肺部和消化道的真菌感染、隐球菌性脑膜炎及急、慢性细菌性痢疾和肠炎。并有降低血胆固醇、甘油三酯和脂蛋白的作用，改善心血管健康、起到降血脂、降血压、防治动脉粥样硬化等心血管疾病的作用。

适用于免疫力低下的人群；有高血压、高血脂、冠心病的中老年人群；需抵抗病毒、清除血液及肠道毒素的人群。儿童不适宜服用。

四、螺旋藻

螺旋藻又称蓝藻，是一种螺旋形的藻类植物，又是一种有极高营养价值、良好保健效果的功能性食品。螺旋藻中含有丰富的 γ-亚麻酸、β-胡萝卜素（是胡萝卜的10倍）、藻蓝蛋白、藻多糖等营养成分，这些成分对治疗疾病有很好的辅助作用。螺旋藻是一种碱性食品（pH值为7～9），很多胃病是因胃酸偏多而导致，它可以有效中和胃酸改善胃炎、胃溃疡；富含维生素 B_1、维生素 B_2、维生素 B_3、泛酸和锌，可促进体内胰岛素合成分泌，是糖尿病的克星；高达60%以上的优质蛋白质和多种维生素、矿物质可辅助改善肝病；1 g螺旋藻的营养价值约等于1 kg各类蔬菜的营养总和。

适宜人群：儿童、青少年生长发育期；年老、体弱吸收营养不足者；节食减肥人士；膳食搭配不合理者；吸收营养不均衡而导致的贫血、缺钙者；病后康复体虚者。

相关产品：葡萄籽软胶囊、大豆异黄酮胶囊、大蒜素软胶囊、蒜宝软胶囊、螺旋藻营养片等。

第十四章　健康器材

第一节　血糖仪操作方法

一、自我监测血糖的重要性

1. 患者通过自行测定血糖，随时随地了解自己体内血糖的波动，能更好地配合医师进行饮食控制和药物治疗。

2. 对于使用胰岛素治疗的患者，依据血糖数值，多次少量调整胰岛素剂量，优化胰岛素治疗方案。

3. 帮助患者预防、识别和管理低血糖事件，特别是无意识性低血糖，提高治疗的安全性。

4. 帮助患者治疗达标，取得较好的治疗效果和逐渐树立战胜疾病的信心。

二、血糖检测方法的大概步骤

1. 检查血糖仪功能是否正常，试纸是否过期，试纸代码是否与血糖仪相符。每盒试纸都有编码，需在测量前根据试纸的编号调整仪器。测试血糖前要先用温水或中性肥皂彻底洗净双手和干燥双手，温暖手指以增加血液循环。取出试纸插入血糖仪试纸槽内，仪器自动开机，出现滴血符号等待滴血。

2. 用75%乙醇消毒左手无名指指腹待干，待乙醇干了再采血。临床试验表明，为保证快速血糖仪测定血糖的准确性，我们宜采用自然流出法进行指端采血。测试时应手指向下，适当按摩指尖，使其局部血液循环加速，使采血更容易（可由近及远轻柔挤压手指获取血液，但不可过分挤压或按摩。过分挤压会挤出组织液，对血标本造成稀释；过分按摩可使血管扩张，促进组织液渗出，使测量值假性偏低）。根据手指表皮的厚度用自动采血笔以足够深度刺入，自然流出足量血液并进行测定。

3. 将血滴在试纸橘红色的测试区中央，不要涂抹；采取的血滴应足够大覆盖试纸的有色区域，检查"血量指示点"是否完全变蓝，并务必于采血后2分钟内测试。若测试时采血量不足，特别是老人、儿童及皮肤角质化增厚的患者经常难于从手指上取到足够的血滴，因此会检测失败或测得偏低的结果，这时就需更换试纸条重新测定。如遇末梢血循环不好的患者不适合用本法测定血糖值。

4. 屏幕上出现沙漏符号提示检测正在进行。

5. 约5秒后，血糖仪发出提示音，表示检测已经完成，检测结果显示在显示屏上可直接读取。若检测结果空腹血糖保持在 3.9～6.0 mmol/L 为正常；而餐后 2 小时在7.7 mmol/L以下，表明您的血糖控制良好。在日常生活中还应注意避免低血糖的发生。

6. 用棉棒按压手指 10 秒至不出血为止。监测值出现后记录，关机。检测完毕将采血针戴上帽后妥善处理。

三、注意事项

1. 血糖仪必须配合使用同一品牌的试纸，不能混用。有的血糖试纸每批次有区别，换用前需要把新试纸的条形码数字输入仪器，否则会影响测试结果。

2. 检测前用乙醇消毒，待乙醇干透以后再取血，以免乙醇混入血液。不能用碘酒消毒，因为碘会与试纸上的测试剂产生化学反应，影响测试准确性。

3. 采血量必须足以完全覆盖试纸测试区。取血时发现血液量少不能挤手指，否则会混入组织液，干扰血糖浓度。为保证采血量足够，之前手可以在温水中泡一下，再下垂 30 秒。另外，扎的时候把针按一下再弹出，以免扎得太浅。

4. 单次取血或间隔时间较长测定血糖取血部位，宜选择左手无名指指尖两侧指甲角皮肤薄处。因为该指不易感染，最接近实验室血糖，且相对固定在一个手指指端采血，可便于对比及作出准确判断。若经常测试血糖，应轮换选择 10 个手指指尖皮肤。避免取血部位太靠近指甲，因为这可能增加感染的危险性。

5. 注意滴血位置，用吸血的血糖仪，将血吸到试纸专用区域后等待结果。用滴血的血糖仪，将一滴饱满的血滴或抹到试纸测试区域后将试纸插入机内等待结果。不要追加滴血，否则会导致测试结果不准确。

6. 试纸注意保存，放在干燥、避光的地方，需在试条保存温度限制范围内保存。使用时不要触摸试纸条的测试区和滴血区。避免将仪器置于电磁场（如移动电话、微波炉等）附近。

7. 采血针一定要一次性使用。

四、检测时段

虽说掌握了正确的测量方法就能准确自测血糖，然而并不是所有时段都适合血糖的监测，要想了解血糖全貌，还需记住 5 个监测时段。

1. 测空腹血糖：可以看出前一天晚上所用药物对整个夜间乃至清晨血糖的控制情况。

2. 测餐前血糖：可以及时发现低血糖，指导患者调整将要吃入的食物总量和餐前药物的用量。

3. 测餐后 2 小时（从吃第一口饭开始算起）血糖：许多早期糖尿病患者空腹血糖并不高，但其胰岛素分泌功能已受损，受高糖刺激后反应较差，餐后血糖会明显升高。

4. 测睡前血糖：可以指导夜间用药或注射胰岛素剂量。睡前血糖要小于 6 mmol/L，夜间低血糖发生率大于 50%。

5. 测凌晨 3 点血糖：可以鉴别空腹高血糖的原因，因为夜间胰岛素缺乏和胰岛素用量过大都可以引起空腹高血糖。

第二节　诺和笔操作方法

一、诺和笔的构成

　　诺和笔是一种笔型的胰岛素注射器，因为它有剂量准确、注射方便的优点，深受广大糖尿病患者欢迎（图 14-1～图 14-3）。

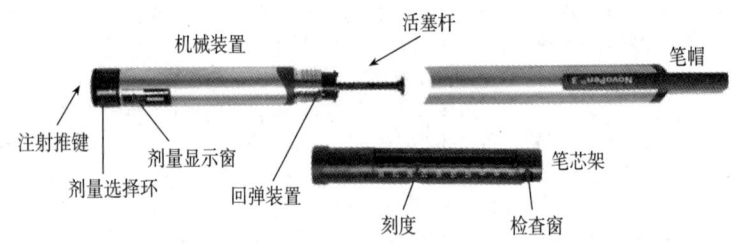

图 14-1　诺和笔的构成

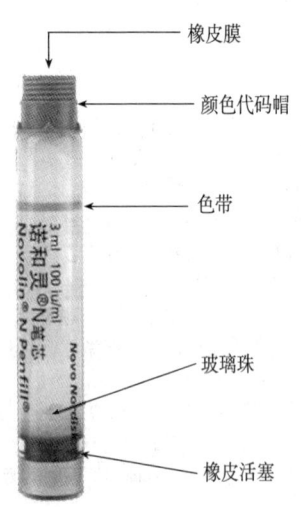

图 14-2　诺和笔芯

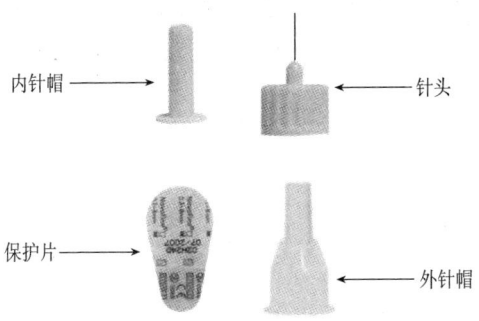

内针帽

针头

保护片

外针帽

图 14 - 3　诺和针

（一）准备

使用前须先仔细阅读诺和笔使用手册，掌握其操作要领。

（二）安装

首先要检查笔芯是否完整，诺和笔有无损坏，然后将笔芯按要求装入笔芯架，将机械装置与笔芯架拧紧，装上特制诺和笔针头，取下针帽待用。

（三）注射

1. 注射部位选择与消毒同常规皮下注射。

（1）排气诺和笔芯可能含有气泡或使用期间也可能有少量空气存在，调拨剂量选择环在 2 U 位置，用手指轻弹笔芯架数次，推下注射推键，当有一滴胰岛素出现在针头时，即表示排气成功。如针头无胰岛素出现，则重复上述步骤，直至排气成功。

（2）剂量选择确定剂量选择环位置，选择所需注射的单位数。

（3）注射要点是右手拇指压住注射推键，其余四指握住笔身，垂直进针，进针深度为诺和针头的 2/3，完全按下注射推键。注射后针头应留在皮下 6 秒以上，并继续按住推键，直至针头完全拔出，这样可以确保剂量准确，又可阻止体液流入针头或笔芯内。注射完毕，旋下诺和笔针。经戊二醛溶液浸泡消毒后丢弃。

（四）注意事项

1. 安装前须将活塞杆旋入回弹装置内，再将机械装置与笔芯架拧紧。

2. 注射不同类型的胰岛素，应换用另一支诺和笔。在使用混合型胰岛素前，应将诺和笔上下颠倒摆动数次，使药液充分混匀，然后马上注射。

3. 小心存放诺和笔、诺和笔芯和诺和笔针。每次注射后须将针头从诺和笔上取走，否则气温的变化可致药液从针头外溢，如是混合型胰岛素可致药液浓度发生变化。

（五）护理体会

1. 以往普通注射器注射胰岛素，通常要经过开启和消毒瓶口、抽取药液、排气、注射等几个步骤，特别是抽混合胰岛素步骤更繁琐，而使用诺和笔注射器注射胰岛素，操作简单、快捷，只需排气、选择剂量、注射 3 步，就可完成整个过程。

2. 诺和笔外观轻巧，可随身携带，在任何时间、任何地点都可以迅速、准确地完成注射。其剂量可精确至 1 U，是传统注射器精确度的 12 倍。而且操作方法简便，患者容易掌握和接受。

3. 注射步骤简要，缩短了操作时间。

诺和笔解决了 2 型糖尿病患者注射胰岛素和口服药物降糖的困扰，减轻了患者精神上的压力，提高了患者的生存质量。

第三节　血压计的操作方法

一、血压计的类型

现在市场上买的血压计主要分为水银柱式血压计和电子（无液）血压计两大类。水银柱式血压计为临床上诊治的常规仪器，但体积较大，携带不方便。电子血压计体积小，携带方便，使用亦方便，几乎所有的人都可以自己使用，作为自我简单检查血压的工具很受高血压患者的欢迎，为家庭辅助用品，但医院不能作诊断仪器使用。

二、水银柱血压计使用方法

测量前检查血压计是否符合要求，袖带宽窄合适，玻璃管无裂隙，管道连接正确，水银充足，橡胶管和输气球不漏气。测量血压时应尽量保持安静，心情放松，紧张、焦虑、疲劳、失眠、剧烈活动等均影响准确测量血压。使用水银柱血压计的方法如下：

1. 安静休息 5 分钟，取坐位或平卧位，一般暴露右上臂，手掌向上放平，肘部和心脏大致在同一水平。

2. 45°倾斜血压计打开血压计水银开关，令袖带和水银表接通。放平稳血压计，驱尽袖带内空气。

3. 将血压计袖带紧贴在上臂，袖带下缘在肘窝上 2～3 cm，袖带松紧以能放进一指或两指为宜。过紧致血管在袖带未充气前已受压，测得血压偏低；过松可使气袋呈气球状，导致有效测量面积变窄，测得血压偏高；将听诊器的听诊部件放在肘窝动脉搏动的地方，戴好听诊器。

4. 以一手固定听诊器胸件，另一手关闭气门，用手握橡皮球均匀充气，直到肱动脉的搏动消失，再让汞柱上升 20～30 mm 后，再渐松橡皮球阀门，缓缓放气，使汞柱缓慢下降，速度以每秒 2～5 mmHg 为宜。下降速度不可过快也不可过慢。

5. 在放气过程中仔细听取声音的变化并观察水银柱的读数，当听到第一声有规律的搏动声音时血压计的读数，即为收缩压；继续缓慢放气，当搏动声突然减弱或消失，此时水银柱的刻度为舒张压的数值。

6. 解开袖带，排尽带内空气，拧紧阀门，将血压计向右倾斜（45°），使玻璃管内水银流入水银槽中，关闭水银槽开关。排净袖带内空气，拧紧气门上螺旋帽，将袖带放在血压计盒内固定位置，关闭血压计。橡胶球连气阀必须安放在机盒内靠右侧空间，防止不慎压破玻璃示值管。

7. 记录测量结果。血压的数值记录应该遵循"收缩压/舒张压 mmHg"的标准。读血压数值时，应先读收缩压，后读舒张压。

如需重复测量时，血压计读数应保持在 0 位，相隔 2 分钟后，再重新充气测量，取两次读数的平均值作为血压值。

三、臂式自动血压计的使用方法

1. 在安静、放松、自然的环境中，脱去外套、毛衣等较厚衣服，裸露上臂或穿较薄的衣服。

2. 尽量保持坐姿进行测量，将手臂放在桌面上，使掌心朝上，手指自然弯曲呈虚握拳头状。

3. 将臂带缠绕在上臂处，臂带缠绕的高度应与心脏保持大致相同的水平位置，气管端口应位于胳膊内侧，其延长线与中指在同一直线上。

4. 固定好臂带的位置后，再用黏口将臂带固定在上臂上，臂带的下边缘应处于肘关节以上 2～3 cm 处。

5. 按开始/停止按钮，待自动充气、完全放气后，就可以直接从显示屏读取血压数据。记录数据。血压的数值记录应该遵循"收缩压/舒张压 mmHg"的标准。读血压数值时，应先读收缩压，后读舒张压。

四、腕式自动血压计的使用方法

1. 在安静、放松、自然的环境中，叮嘱受试者坐正，将双脚平放于地面。

2. 移开手腕处所用衣物，以便腕带能直接缠绕在裸露的皮肤上。

3. 叮嘱患者将手伸直，掌心向上，在离手掌心 1 cm 处，将血压计戴上患者手腕，显示屏向上，扣上腕带，松紧度以患者感觉舒适为主。

4. 将前臂向上弯曲，并贴近于胸前放置，使腕带与心脏平齐，右手轻托左胳膊肘。

5. 按开始键，待自动充气、完全放气后，就可以直接从显示屏读取血压数据，记录数据。血压的数值记录应该遵循"收缩压/舒张压 mmHg"的标准。读血压数值时，应先读收缩压，后读舒张压。

腕式电子血压计，不适用于患有血液循环障碍的患者，如糖尿病、高血脂、高血压等病会加速动脉硬化，从而引起末梢循环障碍。这些患者的手腕同上臂的血压测量值相差很大。建议这些患者及老年人应选择臂式自动血压计来使用。

第 四 篇
常见疾病防治篇

第十五章　呼吸科疾病

第一节　感　冒

【病因】感冒俗称"伤风"，有 70%～80% 由病毒引起，另有 20%～30% 为细菌引起，细菌感染可单纯发生或继发于病毒感染之后。淋雨、受凉、气候突变、过度劳累等可降低呼吸道局部防御功能，致使原存的病毒或细菌迅速繁殖，或者直接接触含有病原体的患者喷嚏、空气以及污染的手和用具诱发本病。老幼体弱，免疫功能低下或有慢性呼吸道疾病如鼻窦炎、扁桃体炎者更易发病。

【分类】

1. 西医常见分类：

（1）普通感冒：为病毒感染引起，又称急性鼻炎或上呼吸道卡他。

（2）流行性感冒（简称流感）：是由流感病毒引起的急性呼吸道传染病。

2. 中医常见分类：

（1）风热感冒：风热之邪犯表、肺气失和所致。

（2）风寒感冒：是风寒之邪外袭，肺气失宣所致。

（3）暑湿感冒：人体感受了夏季暑湿时邪，又因喜欢纳凉和饮冷，使体内的暑湿为风寒所遏，疏泄受阻，因而发病。

【临床表现】

1. 西医分类：

（1）普通感冒：起病较急，主要表现为鼻部症状，如喷嚏、鼻塞、流清水样鼻涕，也可表现为咳嗽、咽干、咽痒或烧灼感甚至鼻后滴漏感。2～3 天后鼻涕变稠，可伴咽痛、头痛、流泪、味觉迟钝、呼吸不畅、声音嘶哑等，有时由于咽鼓管炎致听力减退。严重者有发热、轻度畏寒和头痛等。一般经 5～7 天痊愈，伴并发症者可致病程迁延。

（2）流感：起病急，出现畏寒、高热、头痛、乏力、眼结膜炎和全身肌肉酸痛等中毒症状，而上呼吸道卡他症状轻微。主要通过接触及空气飞沫传播。发病有季节性，北方常在冬季，而南方多在冬、夏两季，由于变异率高，人群普遍易感，发病率高。

2. 中医分类：

（1）风热感冒：临床表现为发热重、微恶风、头胀痛、有汗、咽喉肿痛、咳嗽、痰黏或黄稠、鼻流黄涕、口渴喜饮、舌尖边红、苔薄白微黄。

（2）风寒感冒：临床表现为鼻塞声重、喷嚏、鼻流清涕、恶寒、无发热或发热轻、周身酸疼、咳嗽痰白质稀、舌苔薄白。

（3）暑湿感冒：每天午后热度明显增高，出汗后热度仍然不减，头昏脑涨，身重倦怠，心烦口干，胸闷欲呕，舌苔黄腻，尿量少且呈黄色。

【治疗】由于目前尚无特效抗病毒药，以对症处理为主，同时戒烟、注意休息、多饮水、保持室内空气流通和防治继发细菌感染。

1. 对症治疗：对有急性咳嗽、鼻后滴漏和咽干的患者应给予伪麻黄碱治疗以减轻鼻部充血，亦可局部滴鼻应用。可应用解热药、缓解鼻黏膜充血药、止咳祛痰药等对抗感冒引起的相应症状。

2. 抗菌药物治疗：普通感冒一般无须使用抗菌药物，除非有白细胞升高、咽部脓苔、咳黄痰和流鼻涕等细菌感染的情况，可选口服青霉素、第一代头孢菌素、大环内酯类或喹诺酮类等抗菌药物。如阿莫西林胶囊、头孢氨苄胶囊、罗红霉素分散片、阿奇霉素分散片等。

3. 抗病毒药物治疗：利巴韦林和奥司他韦有较广的抗病毒谱，对流感病毒、副流感病毒和呼吸道合胞病毒等有较强的抑制作用，可缩短病程。具体用药如利巴韦林颗粒、抗病毒颗粒等。

4. 中药治疗：可选用具有清热解毒和抗病毒作用的中药，改善感冒症状，缩短病程。风热感冒可选用风热感冒颗粒、双黄连口服液、维C银翘片、板蓝根颗粒、柴黄颗粒等药物，暑湿感冒可选用藿香正气胶囊、克痢莎等药物，风寒感冒可选用感冒清热软胶囊、风寒感冒颗粒、九味羌活丸、感冒退烧片、感冒疏风片等药物。

【注意事项】注意休息、多饮水、增加营养，给易于消化的饮食。司机及高空作业人员禁用含马来酸氯苯那敏等成分的复方制剂，1岁以下小儿及新生儿禁用含有金刚烷胺成分的复方制剂，过敏体质者慎用。

第二节　咳　　嗽

咳嗽是呼吸系统疾病的一种临床症状，也是人体自我保护的一种正常反射性反应。轻微咳嗽能将呼吸道异物或分泌物排出体外，一般无需治疗，但咳嗽时间过长已影响到正常工作和睡眠时就需要积极治疗了。

【病因】咳嗽的形成和反复发病，常是许多复杂因素综合作用的结果。

1. 异物吸入：如粉尘、食物等异物的吸入。

2. 感染：如咽炎、喉炎、支气管炎、肺炎等引起的咳嗽。

3. 情绪因素：如情绪过于激动、紧张均可引起咳嗽。

4. 气候因素：寒冷、干燥的秋冬季节易引起咳嗽。

【分类】中医常见分类：风热咳嗽、风寒咳嗽、燥热咳嗽、痰湿咳嗽。

【临床表现】

1. 风热咳嗽：咳痰黄稠、咳而不爽、口渴咽痛，身热或见头痛、恶风、有汗等症，舌苔黄薄。

2. 风寒咳嗽：咳嗽声重、咳痰稀薄色白、咽痒，鼻流清涕，或伴有头痛身痛，恶寒发热，无汗，骨节疼痛，舌苔薄白。

3. 燥热咳嗽：干咳少痰或不易咳出、咽干鼻燥，咳甚则胸痛，初起或有恶寒，身热头痛，舌尖红，苔薄黄。

4. 痰湿咳嗽：咳嗽痰多、咳声重浊、痰黏腻而色白易咳，食甘甜油腻物加重，胸闷，食少，体倦，苔白腻。

【治疗】治疗原则以止咳化痰、抗感染为主，同时注意休息、戒烟酒、多饮水，保持室内空气流通。

1. 一般治疗：多休息，多饮水，避免劳累。

2. 对症治疗：咳嗽无痰或少痰，可用右美沙芬、喷托维林（咳必清）镇咳；咳嗽有痰而不易咳出，可选用盐酸氨溴索、溴己新（必嗽平）、桃金娘油提取物化痰。较为常用的为兼顾止咳和化痰的复方制剂，也可根据咳嗽临床表现选用治疗风寒、风热等咳嗽的中成药止咳祛痰。如风寒咳嗽可选用通宣理肺丸、止咳宁嗽胶囊、止咳丸、复方川贝精片等中成药，风热咳嗽可选用蜜炼川贝枇杷膏、蛇胆川贝液、镇咳宁滴丸、清肺十三味散等中成药，肺燥咳嗽可选用养阴清肺颗粒、川贝清肺糖浆、秋梨润肺膏等中成药，痰湿咳嗽可选用消炎止咳片、安嗽化痰丸、止咳橘红丸等中成药。

3. 抗菌药物治疗：有细菌感染证据时应及时使用。可以首选大环内酯类、β内酰胺类或喹诺酮类等药物。如阿莫西林胶囊、头孢克洛胶囊、罗红霉素分散片、氨苄西林胶囊、阿奇霉素分散片等。

【注意事项】如患者咳痰量多并伴有咳嗽者，不宜单用止咳药。抗菌药物应根据病情和患者体质合理选择并按疗程服用，过敏者禁用。治疗期间宜忌食辛辣刺激性食物，不宜饮酒吸烟，注意休息。

第三节　支气管炎

支气管炎是由生物、物理、化学刺激或过敏等因素引起的支气管黏膜及其周围组织慢性非特异性炎症。多为散发，无流行倾向，年老体弱者易感。临床症状主要为咳嗽和咳痰。常发生于寒冷季节或气候突变时，也可由急性上呼吸道感染迁延不愈所致。部分患者可发展成阻塞性肺气肿、慢性肺源性心脏病。

【病因】

1. 病原微生物：病原体与上呼吸道感染类似。常见病毒为腺病毒、流感病毒（甲、乙型）、冠状病毒、鼻病毒、单纯疱疹病毒、呼吸道合胞病毒和副流感病毒。常见细菌为流感嗜血杆菌、肺炎链球菌等，近年来衣原体和支原体感染明显增加，在病毒感染的基础上继发细菌感染亦较多见。

2. 物理、化学因素：冷空气、粉尘、刺激性气体或烟雾（如二氧化硫、二氧化氮、氨气、氯气等）的吸入，均可刺激气管-支气管黏膜引起急性损伤和炎症反应。

3. 过敏反应：常见的吸入致敏原包括花粉、有机粉尘、真菌孢子、动物毛皮排泄物；对细菌蛋白质的过敏。

【临床表现】初为干咳或少量黏液痰，随后痰量增多，咳嗽加剧，偶伴血丝。咳嗽、咳痰可延续2～3周，如迁延不愈，可演变成慢性支气管炎。伴支气管痉挛时，可出现程度不等的胸闷气促。慢性支气管炎临床上可出现连续2年以上，每年持续3个月以上的咳嗽、咳痰、气喘等症状。

【治疗】支气管炎急性发作期及迁延期应以控制感染、止咳祛痰为主，伴喘息时加用解痉平喘的药物。

1. 控制感染：视感染的主要致病菌和严重程度或根据病原菌药敏结果选用抗生素。轻者可口服，较重患者用肌内注射或静脉滴注抗生素。常用药物有阿莫西林胶囊、头孢克洛胶囊、罗红霉素分散片、盐酸左氧氟沙星片等。

2. 祛痰、镇咳：对急性发作期患者在抗感染治疗的同时，应用祛痰药及镇咳药物，以改善症状。迁延期患者尤应坚持疗程用药，以求消除症状、减少发病频率。常用药物有溴己新、喷托维林、盐酸右美沙芬、盐酸溴己新片等。应避免应用强的镇咳剂如可待因等，以免抑制中枢及加重呼吸道阻塞和产生并发症，导致病情恶化。

3. 解痉、平喘：常选用氨茶碱、特布他林等口服，或用沙丁胺醇等吸入剂。

4. 中成药治疗：可选择脾、肺、肾三脏器同时调补的中成药制剂，改善患者体质，增强抗病能力。常用药物有补金片、化痰平喘片、桂龙咳喘宁胶囊、罗汉果玉竹颗粒、利肺片等。

【注意事项】在治疗期间应注意：戒烟是治疗支气管炎的重要措施，忌食辛辣刺激性食物；保持良好的家庭环境卫生，减少粉尘、烟雾等有害气体的吸入；加强体育锻炼、增强体质，提高机体免疫力，尽量减少感冒和上呼吸道感染的次数。

第四节 哮 喘

哮喘是一种常见病、多发病，由多种细胞特别是嗜酸性粒细胞和 T 淋巴细胞参与的慢性呼吸道炎症，这种慢性炎症与呼吸道高反应性相关，通常出现广泛多变的可逆性气流受阻，并引起反复发作性的喘息、气急、胸闷或咳嗽等症状，常在夜间和（或）清晨发作、加剧，多数患者可自行缓解或经治疗缓解。

【病因】哮喘的病因还不十分清楚，患者个体过敏体质及外界环境的影响是发病的危险因素。哮喘与多基因遗传有关，同时受遗传因素和环境因素的双重影响。

【临床表现】为发作性伴有哮鸣音的呼气性呼吸困难或发作性胸闷和咳嗽。严重者被迫采取坐位或呈端坐呼吸，干咳或咳大量白色泡沫痰，甚至出现发绀等，有时咳嗽可为唯一的症状（咳嗽变异型哮喘）。多与接触反应原、冷空气、物理、化学性刺激、病毒性上呼吸道感染、运动等有关。哮喘症状可在数分钟内发作，经数小时至数天，用支气管舒张药或自行缓解。某些患者在缓解数小时后可再次发作。在夜间及凌晨发作和加重常是哮喘的特征之一。有些青少年，其哮喘症状表现为运动时出现胸闷、咳嗽和呼吸困难（运动性哮喘）。

【治疗】目前尚无特效的治疗方法，但长期规范化治疗可使哮喘症状得到控制，减少复发乃至不发作，并能与正常人一样生活、工作和学习。

1. 脱离变应原：部分患者能找到引起哮喘发作的变应原或其他非特异刺激因素，立即使患者脱离变应原的接触是防治哮喘最有效的方法。

2. 药物治疗：治疗哮喘药物主要分为两类。

（1）缓解哮喘发作：此类药物主要作用为舒张支气管，故又称支气管舒张药。包括 β_2 肾上腺素受体激动药（简称 β_2 受体激动药）如沙丁胺醇、特布他林和非诺特罗等；抗胆碱药如异丙托溴胺；茶碱类如氨茶碱等，是目前治疗哮喘的有效药物。茶碱与糖皮质激素合用具有协同作用。

（2）控制或预防哮喘发作：此类药物主要治疗哮喘的呼吸道炎症，又称抗炎药。
①糖皮质激素：此类药物是当前控制哮喘发作最有效的药物，可分为吸入、口服和静脉用药。吸入治疗是目前推荐长期抗炎治疗哮喘的最常用方法。常用吸入药物有倍氯米

松、布地奈德、氟替卡松、莫米松等，通常需规律吸入 1 周以上方能生效。②白三烯拮抗药：通过抑制白三烯的生物活性而发挥抗炎作用，同时具有舒张支气管平滑肌，包括孟鲁司特、扎鲁司特。③其他药物：有酮替酚和新一代组胺 H_1 受体拮抗药，如阿司咪唑、曲尼斯特、氯雷他定，在轻症哮喘和季节性哮喘有一定效果，也可与 β_2 受体激动药联合用药。

（3）急性发作期的治疗：急性发作的治疗目的是尽快缓解呼吸道阻塞，纠正低氧血症，恢复肺功能，预防进一步恶化或再次发作，防止并发症。以控制感染和祛痰、止咳为主；伴发喘息时加用解痉平喘药物。

（4）哮喘长期治疗：一般哮喘经过急性期治疗症状得到控制，但哮喘的慢性炎症病理生理改变仍然存在，因此，必须制定哮喘的长期治疗方案。根据哮喘的控制水平选择合适的治疗方案，必须个体化，联合应用，以最小量、最简单的联合，不良反应最少，达到最佳控制症状为原则。

（5）免疫疗法：分为特异性和非特异性两种。特异性疗法，又称脱敏疗法、减敏疗法；非特异性疗法，如注射卡介苗、转移因子、疫苗等生物制品抑制变应原反应的过程，有一定辅助的疗效。

（6）中成药治疗：在哮喘的长期治疗中可选用一些中成药辅助治疗，提高疗效，改善病情，常用药物有化痰平喘片、复方蛤青胶囊、蛤蚧定喘胶囊、桂龙咳喘宁胶囊等。

【注意事项】明确过敏原等危险因素并避免接触，减少哮喘发病次数；室内卫生要勤打扫，被褥勤晾晒，经常开窗户通风换气；家有哮喘患者，不宜在室内饲养猫、犬等小动物；加强体格锻炼，如用冷水洗鼻、洗脸，改善气管、支气管迷走神经的紧张状态；避免精神刺激、感冒和过度劳累等因素诱发哮喘，加强锻炼、增强营养，对预防哮喘的发作亦有着重要作用。

第十六章　心脑血管科疾病

第一节　头　痛

头痛是临床常见的症状之一，通常是指局限于头颅上半部，包括眉弓、耳轮上缘和枕外隆突连线以上部位的疼痛。

【病因】头痛可由于下列组织的病变引发。

1. 血管改变：血管被伸展、移动、挤压，如脑肿瘤、脑水肿等；颅内外动脉高度扩张，血流冲击松弛的血管壁，刺激痛觉神经末梢或使血管壁发生震动而致头痛，如偏头痛等。

2. 脑膜病变：脑膜炎、脑水肿等刺激或牵引脑膜而引发疼痛。

3. 肌肉病变：额、颞、枕、颈后、头顶和肩背诸肌可由于各种病变发生收缩导致头痛。

4. 神经病变：如三叉神经痛。

5. 五官和颈椎病变：可直接刺激或压迫邻近痛敏结构引发头痛。

6. 其他因素：如生化改变、内分泌改变、遗传因素、食物因素、过敏等。

【分类】按国际头痛学会的分类，其功能性头痛分类如下。

1. 原发性头痛：又包括偏头痛、紧张型头痛、丛集性头痛和慢性阵发性半边头痛、非器质性病变的头痛。

2. 继发性头痛：包括头颅外伤引起的头痛、血管疾病性头痛、血管性颅内疾病引起的头痛、其他物品的应用和机械引起的头痛、非颅脑感染引起的头痛，代谢性疾病引起的头痛，颅、颈、眼、耳、鼻、鼻旁窦、牙齿、口腔、颜面或头颅其他结构疾患引起的头痛或面部痛、脑神经痛、神经干痛传入性头痛及颈源性头痛等。

【临床表现】

1. 头痛的鉴别诊断：

(1) 性质及年龄：偏头痛女性4倍于男性，丛集性头痛男性患者3倍于女性，发作性半侧头痛多见于女性，颜面神经痛多发生于成年以后。

(2) 疼痛部位：半侧疼痛是偏头痛、发作性半侧疼痛的特点；弥漫性全头痛常见于颅内感染、颅脑外伤、颅内压增高、脑出血等。

(3) 头痛的性质：搏动性是偏头痛的特征，也是诊断偏头痛的标准之一；紧缩感、压迫感、钳夹样痛是紧张性头痛的特点；雷击样疼痛见于蛛网膜下腔出血。

(4) 头痛程度：大致分为轻、中、重度，以雷击头痛、脑膜刺激性头痛、偏头痛、三叉神经痛最为剧烈。

(5) 头痛发生的方式及经过：其过程为波动性、持续进展、周期发作抑或慢性复发性。需注意头痛是急性、慢性还是亚急性。

（6）头痛出现的时间和持续时间：丛集性头痛常在夜间入睡后发作，头痛持续的时间则有数秒、数分钟、数日、数月甚至数年不定。

（7）加重、减轻或激发头痛的因素：咳嗽、打喷嚏、大笑、摇头、俯首以及弯身等动作可促使颅内压增高性头痛、偏头痛、颅内感染性头痛、脑肿瘤等头痛加剧；偏头痛的诊断标准之一是日常体力活动如上下楼梯可加重头痛。

（8）伴随症状与体征：注意患者有无发热、眩晕、恶心、呕吐、发作性或持续性视力减退、视野缺损、眼肌瘫痪、瞳孔改变、鼻腔、鼻窦、耳部、咽喉症状；精神症状；意识障碍、脑膜刺激征等情况的发生。

2. 常见头痛的症状：

（1）偏头痛：为反复发作的一侧搏动性头痛，发作前常有闪光、视物模糊、一侧肢体和面部麻木等先兆，活动被抑制甚至不敢活动。常伴有恶心、呕吐、畏光、畏声、倦怠等。

（2）紧张性头痛：又称肌肉收缩性头痛。患者有头部的紧束、受压或钝痛感，更典型的是具有束带感。作为一过性障碍，紧张性头痛多与日常生活中的应激有关，女性多见，疼痛期间日常生活不受影响，不伴有恶心、呕吐、畏声、畏光等症状。

【治疗】本节只介绍常见头痛的治疗。

1. 偏头痛：

（1）发作期治疗：轻、中度头痛可选择非甾体消炎药口服治疗，如布洛芬；中、重度头痛选择麦角胺、舒马普坦等；更严重者需注射药物治疗；头痛伴呕吐者合用多潘立酮。

（2）预防性治疗：①β受体阻滞药，如普萘洛尔等；②5-羟色胺对抗剂，如苯噻啶；③钙拮抗药，如氟桂利嗪；④抗癫痫药，如丙戊酸钠；⑤抗抑郁药，如阿米替林。上述药物需要每天服用，用药后至少2周才能见效。

（3）中成药治疗：选择具有疏风活血、养血平肝、通络止痛作用的中成药制剂，如正天丸、养血清脑颗粒、天麻素胶囊等。

2. 紧张性头痛：

（1）发作期治疗：选择非甾体消炎药及非类固醇抗炎药，如双氯芬酸钠。

（2）预防用药：伴有失眠者给予镇静催眠类药物，有焦虑或抑郁症状者给予抗抑郁药，如阿米替林，需遵医嘱。

【注意事项】避免强光线的直接刺激，注意保暖；忌饮咖啡、酒等饮料；避免过度劳累、避免忧虑、焦虑等情绪，学会调节工作、生活压力，保证良好的睡眠。

第二节　高血压

高血压是以血压升高为主要临床表现伴或不伴有多种心血管危险因素的综合征。高血压是多种心、脑血管疾病的重要病因和危险因素，影响重要脏器，如心、脑、肾的结构与功能，最终导致这些器官的功能衰竭，迄今仍是心血管病死亡的主要原因之一。

【病因】高血压是遗传易感性和环境因素相互作用的结果。一般认为在比例上，遗传因素约占40%，环境因素约占60%。

1. 遗传因素：高血压具有明显的家族聚集性，父母均有高血压，子女的发病概率高达46%，约60%高血压患者可询问到有高血压家族史。

2. 环境因素：

（1）饮食：高血压的患病率与钠盐平均摄入量显著有关，摄盐越多，血压水平和患病率越高；高蛋白质摄入属于升压因素，动物和植物蛋白质均能升压；饮食中饱和脂肪酸或饱和脂肪酸/不饱和脂肪酸比值较高也属于升压因素。饮酒量与血压水平线性相关，尤其与收缩压有关，每天饮酒量超过50 g乙醇者，高血压发病率明显增高。

（2）精神应激：脑力劳动者高血压患病率超过体力劳动者，从事精神紧张度高的职业者，发生高血压的可能性较大，长期生活在噪声环境中，听力敏感性减退者，患高血压也较多。高血压患者经休息后，症状和血压可获得一定改善。

3. 其他因素：

（1）体重：超重或肥胖是血压升高的重要危险因素。体重指数常是衡量肥胖程度的指标。

（2）避孕药：服避孕药妇女血压升高发生率及程度与服用时间长短有关。

（3）睡眠呼吸暂停低通气综合征（SAHS）：是指睡眠期间反复发作性呼吸暂停。SAHS患者50%有高血压，血压高度与SAHS病程有关。

【分类】高血压可分为原发性高血压和继发性高血压。一般常说的高血压即为原发性高血压。

【临床表现】

1. 症状：大多数起病缓慢、渐进，一般缺乏特殊的临床表现。约1/5患者无症状，仅在测量血压时或发生心、脑、肾等并发症时才被发现。一般常见症状有头晕、头痛、颈项板紧、疲劳、心悸等，呈轻度持续性，多数症状可自行缓解，在紧张或劳累后加重。也可出现视物模糊、鼻出血等较重症状。

2. 体征：血压随季节、昼夜、情绪等因素有较大波动。冬季血压较高，夏季较低；血压有明显昼夜波动，一般夜间血压较低，清晨起床活动后血压迅速升高，形成清晨血压高峰。在休息5分钟以上，3次以上非同日静息状态下测得动脉收缩压≥140 mmHg，或舒张压≥90 mmHg，即可诊断为高血压。

3. 恶性或急进型高血压：少数患者病情急骤发展，舒张压持续≥130 mmHg，并有头痛、视物模糊、眼底出血、渗出和视盘水肿，肾脏损害突出，持续蛋白尿、血尿与管型尿。病情进展迅速，如不及时有效降压治疗，预后很差，常死于肾衰竭、脑卒中或心力衰竭，部分患者继发于严重肾动脉狭窄。

4. 并发症：

（1）高血压危象：因紧张、疲劳、寒冷、嗜铬细胞瘤发作、突然停服降压药等诱因，小动脉发生强烈痉挛，血压急剧上升，影响重要脏器血液供应而产生危急症状。在高血压早期与晚期均可发生。危象发生时，出现头痛、烦躁、眩晕、恶心、呕吐、心悸、气急及视物模糊等严重症状，以及伴有痉挛动脉（椎基底动脉、颈内动脉、视网膜动脉、冠状动脉等）累及相应的靶器官缺血症状。

（2）高血压脑病：发生在重症高血压患者，由于过高的血压突破了脑血流自动调节范围，脑组织血流灌注过多引起脑水肿。临床表现以脑病的症状与体征为特点，表现为弥漫性严重头痛、呕吐、意识障碍、精神错乱，甚至昏迷、局灶性或全身抽搐。

（3）脑血管病：包括脑出血、脑血栓形成、腔隙性脑梗死、短暂性脑缺血发作。

（4）心力衰竭。

（5）慢性肾衰竭。

（6）主动脉夹层。

【治疗】

1. 非药物治疗：减轻体重、减少钠盐的摄入、补充钙和钾盐、减少脂肪摄入、戒烟、限制饮酒、增加运动。

2. 治疗方案：大多数无并发症或合并症患者可以单独或者联合使用噻嗪类利尿药、β受体阻滞药、钙拮抗药（CCB）、血管紧张素转化酶抑制药（ACEI）和血管紧张素Ⅱ受体拮抗药（ARB），治疗应从小剂量开始，逐步递增剂量。2级高血压（收缩压160～179 mmHg，舒张压100～109 mmHg）患者在开始时就可以采用两种降压药物联合治疗，处方联合或者固定剂量联合，联合治疗有利于血压在相对较短的时间内达到目标值，也有利于减少不良反应。

比较合理的两种降压药联合治疗方案是：利尿药与CCB；利尿药与ACEI或ARB；二氢吡啶类CCB与β受体阻滞药；CCB与ACEI或ARB。

3. 降压药物：

（1）利尿药：常用的有氢氯噻嗪和氯噻酮。降压起效较平稳、缓慢，持续时间相对较长，作用持久，适用于轻、中度高血压。不宜与ACEI、ARB合用，肾功能不全者禁用。

（2）β受体阻滞药：常用的有美托洛尔、阿替洛尔、比索洛尔、卡维地洛、拉贝洛尔。适用于各种不同严重程度高血压，尤其是心率较快的中、青年患者或合并心绞痛患者。急性心力衰竭、支气管哮喘、病态窦房结综合征、房室阻滞和周围血管病患者禁用。

（3）CCB：分为二氢吡啶类和非二氢吡啶类，前者以硝苯地平为代表，后者有维拉帕米和地尔硫䓬。可用于合并糖尿病、冠心病或周围血管病患者。主要缺点是开始治疗阶段有反射性交感活性增强，引起心率增快、面部潮红、头痛、下肢水肿等，尤其使用短效制剂时。非二氢吡啶类抑制心肌收缩及自律性和传导性，不宜在心力衰竭、窦房结功能低下或心脏传导阻滞患者中应用。

（4）ACEI：常用的有卡托普利、依那普利、贝那普利、赖诺普利、西拉普利、培哚普利、雷米普利和福辛普利。ACEI特别适用于伴有心力衰竭、心肌梗死后、糖耐量减退或糖尿病肾病的高血压患者。不良反应主要是刺激性干咳和血管性水肿。

（5）ARB：常用的有氯沙坦、缬沙坦、厄贝沙坦、替米沙坦、坎地沙坦等。低盐饮食或与利尿药联合使用能明显增强疗效。最大的特点是直接与药物有关的不良反应很少，不引起刺激性干咳，持续治疗的依从性高。

此外还包括有交感神经抑制药，如利舍平、可乐定；直接血管扩张药，如肼屈嗪；α₁受体阻滞药，如哌唑嗪、特拉唑嗪、多沙唑嗪等。

4. 复方制剂和中成药制剂：固定配比的复方制剂应用的有复方利舍平片、厄贝沙坦、氢氯噻嗪等；中成药制剂常用的有杜仲降压片、珍菊降压片、牛黄降压片等。

【注意事项】加强体育锻炼，采取有氧运动，如快走、慢跑等，可在运动的同时减脂降压；规律饮食，低盐、低脂饮食，不宜吃得过饱；忌烟酒；保持心态平和，不急躁易怒、不紧张。

第三节 高脂血症

血脂是人体血浆内所含脂质的总称，其中包括胆固醇、甘油三酯、胆固醇脂、β-脂蛋白、磷脂、未脂化的脂酸等。当血清胆固醇超过 5.96 mmol/L，甘油三酯超过 1.58 mmol/L，β-脂蛋白超过 390 mg/dL 以上时，即可称之为高脂血症。

【病因】脂蛋白代谢过程极为复杂，不论何种病因，若引起脂质来源、脂蛋白合成、代谢过程关键酶异常或降解过程受体通路障碍等，均可能导致血脂异常。

1. 原发性血脂异常：家族性脂蛋白异常血症是由于基因缺陷所致；大多数原发性血脂异常原因不明、呈散发性，认为是由多个基因与环境因素综合作用的结果。临床上血脂异常可常与肥胖症、高血压、冠心病、糖耐量异常或糖尿病等疾病同时发生，并伴有高胰岛素血症，这些被认为均与胰岛素抵抗有关，称代谢综合征；有关的环境因素包括不良的饮食习惯、体力活动不足、肥胖、年龄增加以及吸烟、酗酒等。

2. 继发性血脂异常：

（1）全身系统性疾病：如糖尿病、甲状腺功能减退症、库欣综合征、肝肾疾病、系统性红斑狼疮、骨髓瘤等可引起继发性血脂异常。

（2）药物：如噻嗪类利尿药、β受体阻滞药等。长期大量使用糖皮质激素可促进脂肪分解、血浆 TC 和 TG 水平升高。

【分类】临床上可简单地将血脂异常分为高胆固醇血症、高甘油三酯血症、混合性高脂血症和低密度脂蛋白胆固醇血症；按是否继发于全身系统性疾病可分为原发性和继发性血脂异常两大类。

【临床表现】血脂异常可见于不同年龄、性别的人群。血脂异常可表现为黄色瘤，最常见的是眼睑周围扁平黄色瘤；严重的高甘油三酯血症可产生高脂血症眼底改变。早发性角膜环出现于 40 岁以下，多伴有血脂异常。脂质在血管内皮沉积引起动脉粥样硬化，引起早发性和进展迅速的心脑血管和周围血管病变。血脂异常可作为代谢综合征的一部分，常与肥胖症、高血压、冠心病、糖耐量异常或糖尿病等疾病同时存在或先后发生。严重的高甘油三酯血症可引起急性胰腺炎，应予重视。多数血脂异常患者无任何症状和异常体征，而于常规血液生化检查时被发现。

高血脂的诊断标准：根据《中国成人血脂异常防治指南（2007 年）》，中国人血清总胆固醇（TC）的合适范围为 < 5.18 mmol/L（200 mg/dL），5.18～6.19 mmol/L（200～239 mg/dL）为边缘升高，≥6.22 mmol/L（240 mg/dL）为升高。血清低密度脂蛋白（LDL-C）的合适范围为 < 3.37 mmol/L（130 mg/dL），3.37～4.12 mmol/L（130～159 mg/dL）为边缘升高，≥4.14 mmol/L（160 mg/dL）为升高。血清高密度脂蛋白（HDL-C）的合适范围为 ≥1.04 mmol/L（40 mg/dL），≥1.55 mmol/L（60 mg/dL）为升高，< 1.04 mmol/L（40 mg/dL）为减低。甘油三酯（TG）的合适范围为 < 1.70 mmol/L（150 mg/dL），1.70～2.25 mmol/L（150～199 mg/dL）为边缘升高，≥2.26 mmol/L（200 mg/dL）为升高。

【治疗】治疗原则：继发性血脂异常应以治疗原发病为主，治疗措施应是综合性的；根据是否有冠心病等危症以及有无心血管危险因素，结合血脂水平来综合评估心血管病的发病危险，危险性越高，则调脂治疗应越积极。

1. 非药物治疗：①医学营养治疗。根据患者血脂异常的程度、分型以及性别、年龄和劳动强度等制订食谱。高胆固醇血症要求采用低饱和脂肪酸、低胆固醇饮食，增加不饱和脂肪酸；外源性高甘油三酯血症要求改为严格的低脂肪饮食，脂肪摄入量＜30% 总热量；内源性高甘油三酯血症要注意限制总热量及糖类，减轻体重，并增加多不饱和脂肪酸。②增加有规律的体力活动，控制体重，保持合适的体重指数（BMI）。③其他。包括戒烟；限盐；限制饮酒，禁烈性酒。

2. 药物治疗：

（1）羟甲基戊二酰辅酶 A（HMG-CoA）还原酶抑制药（他汀类）：主要降低血清 TC 和 LDL-C，也在一定程度上降低 TG 和 VLDL，轻度升高 HDL-C 水平。适应证为高胆固醇血症和以胆固醇升高为主的混合性高脂血症。他汀类是目前临床上最重要的，应用最广的降脂药。常用的有洛伐他汀、辛伐他汀、普伐他汀、氟伐他汀、阿托伐他汀、瑞舒伐他汀。

（2）苯氧芳酸类（贝特类）：主要降低血清 TG、VLDL-C，也可在一定程度上降低 TC 和 LDL-C，升高 HDL-C。适应证为高甘油三酯血症和以甘油三酯升高为主的混合性高脂血症。主要制剂有非诺贝特、苯扎贝特、吉非贝齐和氯贝丁酯。

（3）烟酸类：能使血清 TG、VLDL-C 降低，TC 和 LDL-C 也降低，HDL-C 轻度升高。适应证为高甘油三酯血症和以甘油三酯升高为主的混合性高脂血症。主要制剂有烟酸、阿昔莫司。

（4）胆酸螯合剂（树脂类）：适应证为高胆固醇血症和以胆固醇升高为主的混合性高脂血症。主要制剂有考来烯胺、考来替哌。

（5）依泽麦布：适应证为高胆固醇血症和以胆固醇升高为主的混合性高脂血症。

（6）普罗布考：适应证为高胆固醇血症，尤其是纯合子型家族性高胆固醇血症。

（7）n-3 脂肪酸制剂：包括二十碳五烯酸（EPA）和二十二碳六烯酸（DHA）等，是海鱼油的主要成分。调脂机制尚不清楚，可降低 TG 和轻度升高 HDL-C，对 TC 和 LDL-C 无影响。适应于高甘油三酯性高脂血症。

3. 中成药治疗：选择具有行气散瘀，活血通经，益精血，降血脂作用的中成药口服治疗。如脂降宁片、血脂灵胶囊、脂必妥等。

【注意事项】合理饮食，采用低脂肪、低胆固醇、低钠、高维生素、适量蛋白质和能量饮食。控制体重，防止或纠正肥胖，利尿排钠，调节血容量，保护心、脑、肾血管系统功能；根据自身情况，选择合理的运动项目，掌握运动强度，一般每周 3～4 次为宜，每次运动时间控制在 30～40 分钟，下午运动最好，并应坚持长年运动锻炼；戒烟，少饮酒；调节血脂药物的不良反应较多，应在医师或药师指导下选择和服用。

第四节　冠心病（心绞痛型）

冠状动脉粥样硬化性心脏病是指冠状动脉粥样硬化使血管腔狭窄或阻塞，和（或）因冠状动脉功能性改变（痉挛）导致心肌缺血缺氧或坏死而引起的心脏病，统称冠状动脉性心脏病，简称冠心病，又称缺血性心脏病。本章节只介绍心绞痛型冠心病。

【病因】冠心病的主要病因是冠状动脉粥样硬化，但动脉粥样硬化的原因尚不完全清楚，可能是多种因素综合作用的结果。认为本病发生的危险因素有：年龄和性别（45岁以上的男性，55岁以上或者绝经后的女性），家族史（父兄在55岁以前，母亲/姐妹在65岁前死于心脏病），血脂异常（低密度脂蛋白胆固醇LDL-C过高，高密度脂蛋白胆固醇HDL-C过低），高血压，糖尿病，吸烟，超重，肥胖，痛风，不运动等。

【分类】心绞痛型冠心病可分为稳定型心绞痛和不稳定型心绞痛。

【临床表现】

1. 稳定型心绞痛：

（1）症状：心绞痛以发作性胸痛为主要临床表现。疼痛的特点如下。①部位：主要在胸骨体中段或上段之后可波及心前区，有手掌大小范围，甚至横贯前胸，界限不很清楚。常放射至左肩、左臂内侧达无名指和小指，或至颈、咽或下颌部。②性质：胸痛常为压迫、发闷或紧缩性，也可有烧灼感，但不像针刺或刀扎样锐性痛，偶伴濒死的恐惧感觉。有些患者仅觉胸闷不适。发作时，患者往往被迫停止正在进行的活动，直至症状缓解。③诱因：发作常由体力劳动或情绪激动（如愤怒、焦急、过度兴奋等）所诱发，饱食、寒冷、吸烟、心动过速、休克等亦可诱发。疼痛多发生于劳力或激动的当时，而不是在一天劳累之后。典型的心绞痛常在相似的条件下重复发生，但有时同样的劳力只在早晨而不在下午引起心绞痛，提示与晨间交感神经兴奋性增高等昼夜节律变化有关。④持续时间：疼痛出现后常逐步加重，然后在3～5分钟内渐消失，可数天或数星期发作一次，亦可一天内多次发作。⑤缓解方式：一般在停止原来诱发症状的活动后即可缓解；舌下含用硝酸甘油也能在几分钟内使之缓解。

（2）体征：平时一般无异常体征。心绞痛发作时常见心率增快、血压升高、表情焦虑、皮肤冷或出汗。

2. 不稳定型心绞痛：胸痛的部位、性质与稳定型心绞痛相似，但具有以下特点之一。

（1）原为稳定型心绞痛，在1个月内疼痛发作的频率增加、程度加重、时限延长、诱发因素变化，硝酸类药物缓解作用减弱。

（2）1个月之内新发生的心绞痛，并因较轻的负荷所诱发。

（3）休息状态下发作心绞痛或较轻微活动即可诱发，发作时表现有ST段抬高的变异型心绞痛也属此列。

此外，由于贫血、感染、甲状腺功能亢进症、心律失常等原因诱发的心绞痛称之为继发性不稳定型心绞痛。

【治疗】

1. 预防：主要在预防动脉粥样硬化的发生和治疗已存在的动脉粥样硬化。长期服用阿司匹林75～100 mg/d和给予有效的降血脂治疗可促使粥样斑块稳定，减少血栓形成，降低不稳定型心绞痛和心肌梗死的发生率。

2. 治疗原则：改善冠状动脉的血供和降低心肌的耗氧，同时治疗动脉粥样硬化。

3. 发作时的治疗：

（1）休息：发作时立刻休息，一般患者在停止活动后症状即可消除。

（2）药物治疗：①硝酸甘油，舌下含化，迅速为唾液所溶解而吸收，1～2分钟即开始起作用；②硝酸异山梨酯，舌下含化，2～5分钟见效，作用维持2～3小时。在应用上述药物的同时，可考虑应用镇静药。

4. 缓解期的治疗：

（1）药物治疗：使用作用持久的抗心绞痛药，以防心绞痛发作，可单独选用、交替应用或联合应用下列被认为作用持久的药物。①β受体阻滞药：阻断拟交感胺类对心率和心收缩力受体的刺激作用，减慢心率、降低血压，减低心肌收缩力和氧耗量，从而减少心绞痛的发作。常用制剂是美托洛尔缓释片、阿替洛尔、比索洛尔、卡维地洛等。低血压、支气管哮喘以及心动过缓、二度或以上房室阻滞者不宜应用。②硝酸酯制剂：硝酸异山梨酯、单硝酸异山梨酯是长效硝酸酯类药物，无肝脏首关效应，生物利用度几乎100%。③钙通道阻滞药：适用于同时有高血压的患者。如维拉帕米、硝苯地平、氨氯地平、地尔硫草等。④曲美他嗪：抑制脂肪酸氧化和增加葡萄糖代谢，改善心肌氧的供需平衡而治疗心肌缺血。⑤中医中药治疗：目前以活血化瘀、芳香温通和祛痰通络法最为常用，如复方丹参片、丹参滴丸、冠心七味片等。

（2）介入治疗：

（3）手术治疗：主要适应于以下情况。①左冠状动脉主干病变狭窄＞50%；②左前降支和回旋支近端狭窄≥70%；③冠状动脉3支病变伴左心室射血分数＜50%；④稳定型心绞痛对内科药物治疗反应不佳，影响工作和生活；⑤有严重室性心律失常伴左主干或3支病变；⑥介入治疗失败仍有心绞痛或血流动力异常。

（4）运动锻炼疗法：谨慎安排进度适宜的运动锻炼有助于促进侧支循环的形成，提高体力活动的耐受量而改善症状。

【注意事项】宜尽量避免各种确知足以诱致发作的因素；调节饮食，低盐、低脂饮食，特别是一次进食不应过饱；禁绝烟酒，调整日常生活与工作量；减轻精神负担；保持适当的体力活动，但以不致发生疼痛症状为度；注意保暖，避免寒冷刺激；调节生活压力，保持良好心态。

第五节　动脉粥样硬化

动脉粥样硬化是一组称为动脉硬化的血管病中最常见、最重要的一种。动脉粥样硬化的特点是受累动脉的病变从内膜开始，先后有多种病变合并存在，包括局部有脂质和复合糖类积聚、纤维组织增生和钙质沉着形成斑块，并有动脉中层的逐渐退变，继发性病变尚有斑块内出血、斑块破裂及局部血栓形成（称粥样硬化-血栓形成）。

【病因】本病病因尚未完全确定，是多病因的疾病，即多种因素作用于不同环节所致，这些因素称为危险因素。

1. 年龄、性别：临床上多见于40岁以上的中、老年人，49岁以后进展较快。近年来临床发病年龄有年轻化趋势。男性与女性相比，女性发病率较低，但在围绝经期后发病率增加。年龄和性别属于不可改变的危险因素。

2. 血脂异常：脂质代谢异常是动脉粥样硬化最重要的危险因素。总胆固醇（TC），甘油三酯（TG），低密度脂蛋白（LDL，即β脂蛋白，特别是氧化的低密度脂蛋白）或极低密度脂蛋白（VLDL，即前β脂蛋白）增高，相应的载脂蛋白B（ApoB）增高；高密度脂蛋白（HDL，即α脂蛋白）减低，载脂蛋白A降低都被认为是危险因素。在临床实践中，以TC及LDL增高最受关注。

3. 高血压：血压增高与本病关系密切。60%～70%冠状动脉粥样硬化患者有高血压，高血压患者患本病较血压正常者高3～4倍。

4. 吸烟：吸烟者与不吸烟者比较，本病的发病率和病死率增高2～6倍，且与每天吸烟的支数呈正比。被动吸烟也是危险因素。

5. 糖尿病和糖耐量异常：糖尿病患者中不仅本病发病率较非糖尿病者高出数倍，且病变进展迅速。本病患者糖耐量减低者也十分常见。

6. 其他的危险因素：①肥胖（标准体重计算参考本节防治段）；②从事体力活动少，脑力活动，紧张，经常有工作紧迫感者；③常进较高热量、含较多动物性脂肪、胆固醇、糖类和盐的食物者；④遗传因素，家族中有在年龄＜50岁时患本病者，其近亲得病的机会可5倍于无这种情况的家族；⑤性情急躁、好胜心和竞争性强、不善于劳逸结合的A型性格者。

近年提出肥胖与血脂异常、高血压、糖尿病和糖耐量异常同时存在时称"代谢综合征"，是本病重要的危险因素。

【分类】本病发展过程可分为4期，但临床上各期并非严格按序出现，各期还可交替或同时出现。

1. 无症状期（又称亚临床期）：其过程长短不一，包括从较早的病理变化开始，直到动脉粥样硬化已经形成，但尚无器官或组织受累的临床表现。

2. 缺血期：由于血管狭窄而产生器官缺血的症状。

3. 坏死期：由于血管内急性血栓形成使管腔闭塞而产生器官组织坏死的表现。

4. 纤维化期长期缺血：器官组织纤维化萎缩而引起症状。

按受累动脉部位的不同，本病有主动脉及其主要分支、冠状动脉、颈动脉、脑动脉、肾动脉、肠系膜动脉和四肢动脉粥样硬化等类别。

【临床表现】主要是有关器官受累后出现的症状。

1. 一般表现：可能出现脑力与体力衰退。

2. 主动脉粥样硬化：大多数无特异性症状。主动脉广泛粥样硬化病变，可出现主动脉弹性降低的相关表现，如收缩期血压升高、脉压增宽，桡动脉触诊有类似促脉等。

3. 冠状动脉粥样硬化：见第四节相关内容。

4. 颅脑动脉粥样硬化：最常侵犯颈内动脉、基底动脉和脊动脉，颈内动脉入脑处为特别好发区，病变多集中在血管分叉处。粥样斑块造成血管狭窄、脑供血不足或局部血栓形成或斑块破裂，碎片脱落造成脑血栓等脑血管意外（缺血性脑卒中）；长期慢性脑缺血造成脑萎缩时，可发展为血管性脑呆。

5. 肾动脉粥样硬化：可引起顽固性高血压，年龄在55岁以上而突然发生高血压者，应考虑本病的可能。如发生肾动脉血栓形成，可引起肾区疼痛、尿闭和发热等。长期肾脏缺血可致肾萎缩并发展为肾衰竭。

6. 肠系膜动脉粥样硬化：可能引起消化不良、肠道张力减低、便秘和腹痛等症状。血栓形成时，有剧烈腹痛、腹胀和发热。肠壁坏死时，可引起便血、麻痹性肠梗阻和休克等症状。

7. 四肢动脉粥样硬化：以下肢动脉较多见，由于血供障碍而引起下肢发凉、麻木和典型的间歇性跛行，即行走时发生腓肠肌麻木、疼痛以至痉挛，休息后消失，再走时又出现；严重者可持续性疼痛，下肢动脉尤其是足背动脉搏动减弱或消失。如动脉管腔完全闭塞时可产生坏疽。

【治疗】

1. 一般防治措施：

（1）发挥患者的主观能动性配合治疗：说服患者耐心接受长期的防治措施至关重要。

（2）合理的膳食：①控制膳食总热量，以维持正常体重为度，40岁以上者尤应预防发胖。②超过正常标准体重者，应减少每天进食的总热量，食用低脂（脂肪摄入量不超过总热量的30%，其中动物性脂肪不超过10%）、低胆固醇（每天不超过200 mg）膳食，并限制酒和蔗糖及含糖食物的摄入。提倡饮食清淡，多食富含维生素C（如新鲜蔬菜、瓜果）和植物蛋白（如豆类及其制品）的食物。尽量以花生油、豆油、菜籽油等植物油为食用油。③>40岁者即使血脂无异常，也应避免经常食用过多的动物性脂肪和含胆固醇较高的食物，如肥肉、肝、脑、肾、肺等内脏，猪油、蛋黄、蟹黄、鱼子、奶油及其制品、椰子油、可可油等。以食用低胆固醇、低动物性脂肪食物，如鱼、禽肉、各种瘦肉、蛋白、豆制品等为宜。④已确诊有冠状动脉粥样硬化者，严禁暴饮、暴食，以免诱发心绞痛或心肌梗死。合并有高血压或心力衰竭者，应同时限制食盐。

（3）适当的体力劳动和体育活动：参加一定的体力劳动和体育活动，对预防肥胖，锻炼循环系统的功能和调整血脂代谢均有益，是预防本病的一项积极措施。体力活动量应根据原来身体情况、体力活动习惯和心脏功能状态而定，以不过多增加心脏负担和不引起不适感觉为原则。体育活动要循序渐进，不宜勉强做剧烈活动，对老年人提倡散步（每天1小时，可分次进行）、做保健体操，打太极拳等。

（4）合理安排工作和生活：生活要有规律、保持乐观、愉快的情绪，避免过度劳累和情绪激动，注意劳逸结合，保证充分睡眠。

（5）提倡不吸烟，不饮烈性酒：虽然少量低浓度酒能提高血HDL，但长期饮用会引起其他问题，因此不宜提倡。

（6）积极控制与本病有关的一些危险因素：包括高血压、糖尿病、高脂血症、肥胖症等。

2. 药物治疗：

（1）调整血脂药物：血脂异常的患者，经一般防治3个月后，未达到目标水平者，应选用以他汀类降低TC和LDL-C为主的调脂药，如辛伐他汀、洛伐他汀等，其他如贝特类、烟酸及其衍和物、胆酸螯合、不饱和脂肪酸等，如非诺贝特、吉非贝齐等。

（2）抗血小板聚集药：可防止血栓形成，可能有助于防止血管阻塞性病变病情发展，用于预防冠状动脉和脑动脉血栓栓塞。常用阿司匹林肠溶片、氯吡格雷等。

（3）溶血栓和抗凝血药：对动脉内形成血栓导致管腔狭窄或阻塞者，可用溶解血栓制剂，继而用抗凝血药，如肝素、尿激酶、华法林等。

（4）针对缺血症状的相应治疗：如心绞痛时应用血管扩张药及β受体阻滞药等。

（5）预防调理：如月见草油胶丸、脂脉康胶囊、复方丹参片等。

3. 介入和手术治疗：包括对狭窄或闭塞的血管，特别是冠状动脉、肾动脉和四肢动脉施行再通或重建或旁路移植等外科手术，以恢复动脉的供血。

【注意事项】 饮食要注意少食含饱和性脂肪酸的食物，如动物内脏、蛋黄等，可多食含不饱和脂肪酸的食物和保健食品，如大豆、深海鱼类，深海鱼油、大豆磷脂等保健食品；药物治疗应在医师或药师指导下服用，以减少对横纹肌、肝脏的损害。

第六节　脑血栓

脑血栓是脑动脉的主干或其皮质支因动脉粥样硬化及各类动脉炎等血管病变，导致血管的管腔狭窄或闭塞，并进而发生血栓形成，造成脑局部供血区血流中断，发生脑组织缺血缺氧，软化坏死，出现相应的神经系统症状。

【病因】脑血栓形成最常见的病因是动脉硬化，由于脑动脉硬化，管腔内膜粗糙、管腔变窄，在某些条件下，如血压降低、血流缓慢或血液黏稠度增高、血小板聚集性增强等因素的作用下，凝血因子在管腔内凝集成块，形成血栓，使血管闭塞，血流中断，从而使血管供血区的脑组织缺血、缺氧、软化、坏死而发病。

诱发因素：降压过度、劳累过度或休息不好、生活不规律、嗜烟酗酒、暴怒或忧郁、受寒、高脂肪、高热量饮食、剧烈呕吐和腹泻引起的脱水等。

【临床表现】

1. 先兆症状：突然发生眩晕、剧烈头痛，步履蹒跚，走路腿无力，哈欠不断，高血压患者的鼻出血，血压突然持续升高到200/120 mmHg以上，呛咳、吞咽困难，突然出现半身麻木、疲倦、嗜睡、耳鸣等。

2. 一般表现：常于睡眠中或晨起突然起病，常开始于一侧上肢，然后在数小时或1～2天内其神经功能障碍症状进行性累及该侧肢体的其他部分。多数不伴头痛、呕吐等颅内压增高症状，出现偏瘫、偏侧麻木，说话含混不清或失语，喝水发呛，失用症。多数患者情感淡漠、意识模糊或轻度障碍。偶可出现缄默状态及痉挛性截瘫。面神经及舌下神经麻痹，眼球运动麻痹、瞳孔异常、进食吞咽困难。脑血栓轻微者仅见一侧肢体活动不灵活、感觉迟钝、失误。严重者可出现昏迷、意识障碍、大小便失禁甚至死亡。

3. 并发症：常见的并发症有偏瘫、失语、肺炎、压疮、心律失常、心力衰竭、脑水肿或脑疝。

【治疗】

1. 急性期治疗：脑血栓应尽早及时地治疗，治疗原则主要是改善脑循环、防治脑水肿，治疗并发症。

应注意卧床休息，加强护理，改善脑部血液循环增加脑血流量，溶血栓、调节血压，昏迷患者注意保持呼吸道通畅，及时吸痰，翻身拍背，活动肢体，预防肺炎和压疮发生。

2. 恢复期治疗：目的是改善肢体麻木障碍、语言不利等症状，使之达到最佳状态，并降低脑梗死的高复发率。

（1）药物治疗：①改善脑血循环，增加供氧，保护脑细胞，如血塞通软胶囊、曲克芦丁等；②保持血压在适当水平，以防加重病情；③溶栓抗凝，如硫酸氢氯吡格雷片、华法林钠片等；④口服维生素E、维生素C等，防止血栓形成。

（2）功能康复锻炼：改善肢体麻木障碍、语言不利等症状。

【注意事项】适当参加体育锻炼，如慢跑、散步、柔软体操、太极拳等；保持情绪稳定；注意防寒保暖；经常饮水，尤其在清晨和晚间，有利于降低血黏度；晚上临睡前尽量避免口服降压药，如病情需要，尽可能在睡前2～4小时服用。

第七节　中风后遗症

中风后遗症是指在脑中风（即脑血管意外）发病 1 年后，还存在半身不遂或者语言障碍或口眼㖞斜等症状。

【病因】引起中风的危险因素有血黏度高、血脂高、血压高、血糖高、吸烟、酗酒等。

【临床表现】

1. 麻木：患侧肢体，尤其是肢体的末端，如手指或脚趾、或偏瘫侧的面颊部皮肤有蚁爬感觉，或有针刺感，或表现为刺激反应迟钝。

2. 口㖞斜：一侧眼袋以下的面肌瘫痪。表现为鼻唇沟变浅，口角下垂，露齿。鼓颊和吹哨时，口角歪向健侧，流口水，说话时更为明显。

3. 中枢性瘫痪：又称痉挛性瘫痪、硬瘫。患者表现肌张力增高，腱反射亢进，出现病理反射，呈痉挛性瘫痪。

4. 周围性瘫痪：又称弛缓性瘫痪、软瘫。表现为肌张力降低，反射减弱或消失，伴肌肉萎缩，但无病理反射。

【中医辨证分型】

1. 心肾阳虚型：表现意识蒙眬或痴呆，健忘，舌强语謇，肢体不遂，畏寒肢冷，心悸气短，眩晕耳鸣，血压偏低，舌红干或胖嫩，苔白，脉沉细。

2. 肝阳上亢型：表现有高血压病史，常头痛，眩晕，心烦易怒，咽干口苦，失眠多梦，中风偏瘫后血压持续升高，上述症状不减，且口眼㖞斜，言语謇涩，脉弦滑或弦数，苔薄黄或黄腻。

3. 气虚血瘀型：表现半身不遂，口眼㖞斜，言语謇涩，神疲乏力，面白少华，头晕心悸，血压偏高或不高，舌质淡或有瘀点，苔薄白，脉沉细或弦细。

【治疗】

1. 一般治疗：预防引发中风的各类原因，积极治疗原发病。

2. 中药治疗：中风后遗症主要以中药治疗为主。

（1）心肾阳虚型：治宜滋阴补阳，熄风开窍。可用苏合香丸。

（2）肝阳上亢型：治宜育阴潜阳，平肝熄风。可用清眩治瘫丸。

（3）气虚血瘀型：治宜益气活血，祛瘀通络。可用人参再造丸、芪参通络胶囊、消栓通络片等。

3. 改善脑部供血药物：如脑络通、血塞通等。

4. 后期功能康复锻炼：改善肢体麻木障碍、语言不利等症状。

【注意事项】积极治疗原发病，严格控制血压，选择使血压波动较小的药物治疗，不可随意停药；如有半身不遂者应加强护理，减少并发症的发生；饮食合理科学，可多食粗纤维食物，营养均衡，尽量少吃含脂肪量较高的食物，以清淡为主；后期加强功能恢复锻炼，坚持有氧体育活动；中成药口服治疗时脑出血 3 个月内禁用。

第十七章　消化科疾病

第一节　慢性胃炎

慢性胃炎是由各种病因引起的胃黏膜慢性炎症。

【病因】

1. 幽门螺杆菌感染：是我国慢性浅表性胃炎和萎缩性胃炎最主要的原因。

2. 饮食和环境因素：饮食中高盐和缺乏新鲜蔬菜水果与胃黏膜萎缩、肠化生以及胃癌的发生密切相关；幽门螺杆菌感染者胃黏膜萎缩和肠化生的发生率存在很大的地区差异。

3. 自身免疫：慢性胃炎的发生与自身免疫有一定的关系。

4. 其他因素：幽门括约肌功能不全时含胆汁和胰液的十二指肠液反流入胃，可削弱胃黏膜屏障功能；外源因素，如酗酒、服用非甾体消炎药等药物、某些刺激性食物等均可反复损伤胃黏膜，这些因素均可各自或与幽门螺杆菌感染协同作用而引起或加重胃黏膜慢性炎症。

【分类】根据病理组织学改变和病变在胃的分布部位，结合可能病因，将慢性胃炎分为非萎缩性、萎缩性和特殊类型3大类。

1. 慢性非萎缩性胃炎（浅表性胃炎）：是指不伴有胃黏膜萎缩性改变、胃黏膜层见以淋巴细胞和浆细胞为主的慢性炎症细胞浸润的慢性胃炎。根据炎症分布的部位，可再分为胃窦胃炎、胃体胃炎和全胃炎。

2. 慢性萎缩性胃炎：是指胃黏膜已发生了萎缩性改变的慢性胃炎。慢性萎缩性胃炎又可再分为多灶萎缩性胃炎和自身免疫性胃炎两大类。

3. 特殊类型胃炎：种类很多，由不同病因所致，临床上较少见。

【临床表现】由幽门螺杆菌引起的慢性胃炎多数患者无症状；有症状者表现为上腹痛或不适、上腹胀、早饱、嗳气、恶心等消化不良症状；自身免疫性胃炎患者可伴有贫血，在典型恶性贫血时除贫血外还可伴有维生素 B_{12} 缺乏的其他临床表现。

【治疗】

1. 根除幽门螺杆菌：主要是三联疗法治疗，即一种质子泵抑制剂或一种胶体铋剂＋下列任何两种抗生素（阿莫西林、克拉霉素、甲硝唑），7天为1个疗程。疗程不佳者改用四联疗法治疗，即一种质子泵抑制药＋一种胶体铋剂＋下列任两种抗生素（克拉霉素、阿莫西林、左氧氟沙星），7天为1个疗程。

2. 对症治疗（关于消化性不良症状的治疗）：此症状治疗事实上属于功能性消化不良的经验性治疗，抑酸或抗酸药如雷尼替丁或奥美拉唑胶囊；促进胃肠动力药如多潘立酮（吗丁啉）片；胃黏膜保护药如硫糖铝咀嚼片，这些药物除对症治疗作用外，对胃黏膜上皮修复及炎症也可能有一定作用。

3. 中药治疗：可根据症型选择适当的中成药制剂。如保和丸、陈香露白露、暖胃舒乐片等。

【注意事项】避免进食对胃黏膜有强烈刺激的食物和药物，忌烟酒；肝肾功能不全者慎用；过敏体质者慎用；规律饮食，不暴饮暴食；积极治疗易引起慢性胃炎的其他疾病。

第二节　消化性溃疡

消化性溃疡主要是指发生在胃和十二指肠的慢性溃疡，即胃溃疡（GU）和十二指肠溃疡（DU），因溃疡形成与胃酸/胃蛋白酶的消化作用有关而得名。

【病因】消化性溃疡常见的致病因素有以下几个方面。

1. 幽门螺杆菌感染：一般认为是幽门螺杆菌感染引起的胃黏膜炎症削弱了胃黏膜的屏障功能。

2. 非甾体消炎药（NSAID）：是引起消化性溃疡的另一个常见病因。

3. 胃酸和胃蛋白酶：消化性溃疡的最终形成是由于胃酸/胃蛋白酶对黏膜自身消化所致。

4. 其他因素：吸烟、遗传、急性应激、胃十二指肠运动异常等因素均可引发消化性溃疡。

【分类】根据发病部位可分为胃溃疡、十二指肠溃疡及复合型溃疡。

【临床表现】

1. 疼痛特点：

（1）长期性：整个病程平均6～7年，有的可长达一二十年，甚至更长。

（2）周期性：上腹疼痛呈反复周期性发作，尤以十二指肠溃疡更为突出。中上腹疼痛发作可持续几天、几周或更长，继以较长时间的缓解。

（3）节律性：十二指肠溃疡的疼痛在两餐之间发生，持续不减直至下餐进食或服制酸药物后缓解。一部分十二指肠溃疡患者，由于夜间的胃酸较高，尤其在睡前曾进餐者，可发生半夜疼痛；胃溃疡疼痛的发生较不规则，常在餐后1小时内发生，经1～2小时后逐渐缓解，直至下餐进食后再出现上述节律。

（4）疼痛部位：十二指肠溃疡的疼痛多出现于中上腹部，或在脐上方，或在脐上方偏右处；胃溃疡疼痛的位置也多在中上腹，但稍偏高处，或在剑突下和剑突下偏左处。疼痛范围约数厘米直径大小。

（5）疼痛性质：多呈钝痛、灼痛或饥饿样痛，一般较轻而能耐受，持续性剧痛提示溃疡穿透或穿孔。

（6）影响因素：疼痛常因精神刺激、过度疲劳、饮食不慎、药物影响、气候变化等因素诱发或加重；可因休息、进食、服制酸药、以手按压疼痛部位、呕吐等方法而减轻或缓解。

2. 其他症状：本病除中上腹疼痛外，尚可有唾液分泌增多、胃灼热、反胃、嗳酸、嗳气、恶心、呕吐等其他胃肠道症状。食欲多保持正常，但偶可因食后疼痛发作而惧食，以致体重减轻。全身症状可有失眠等神经症的表现，或有缓脉、多汗等自主神经系统不平衡的症状。

3. 常见并发症：穿孔、大量出血、癌变、幽门梗阻等。

【治疗】治疗的目的是消除病因、缓解症状、愈合溃疡、防止复发和防治并发症。针对病因的治疗如根除幽门螺杆菌，有可能彻底治愈溃疡病，是近年消化性溃疡治疗的一大进展。

1. 一般治疗：生活要有规律，避免过度劳累和精神紧张。注意饮食规律，戒烟、酒。服用 NSAID 者尽可能停用，即使未用亦要告诫患者今后慎用。

2. 治疗消化性溃疡的药物：

（1）抑制胃酸药物：抗酸药具中和胃酸作用，可迅速缓解疼痛症状。目前常用的有：①H_2 受体阻滞药如雷尼替丁、法莫替丁等；②质子泵抑制药（PPI），作用强且持久，特别适用于难治性溃疡或 NSAID 溃疡患者不能停用 NSAID 时的治疗。如奥美拉唑钠肠溶片、兰索拉唑片、泮托拉唑钠肠溶片等。

（2）保护胃黏膜药物：常用的有硫糖铝和胶体铋制剂，枸橼酸铋钾兼有较强抑制幽门螺杆菌作用，可作为根除幽门螺杆菌联合治疗方案的组分。

3. 根除幽门螺杆菌治疗：

（1）根除幽门螺杆菌：主要是三联疗法治疗，即一种质子泵抑制药或一种胶体铋剂＋下列任何两种抗生素（阿莫西林、克拉霉素、甲硝唑），7 天为 1 个疗程。疗程不佳者改用四联疗法治疗，即一种质子泵抑制药＋一种胶体铋剂＋下列任两种抗生素（克拉霉素、阿莫西林、左氧氟沙星），7 天为 1 个疗程。

（2）根除幽门螺杆菌治疗结束后的抗溃疡治疗：在根除幽门螺杆菌疗程结束后，继续给予一个常规疗程的抗溃疡治疗。

（3）根除幽门螺杆菌治疗后复查。

4. 中成药治疗：可选择有修复溃疡黏膜的中成药制剂进行治疗，如溃疡散胶囊、胃刻宁等。

5. 手术治疗指征：目前手术治疗主要限于少数有并发症者。包括：①大量出血经内科治疗无效；②急性穿孔；③瘢痕性幽门梗阻；④胃溃疡癌变；⑤严格内科治疗无效的顽固性溃疡。

【注意事项】消化性溃疡一定要按疗程服药，防止反复发作；尽量减少使用对胃肠黏膜损伤大的药物，如非甾体消炎药等；禁止食用刺激性大的食物，如辛辣食物、碳酸饮料等，可多食高蛋白食物，如牛奶等；规律饮食，一日三餐定时定量；注意休息，避免劳累及精神刺激。

第三节　急性胃肠炎

急性胃肠炎是胃肠黏膜的急性炎症，常见于夏、秋季。

【病因】

1. 细菌和毒素的感染：急性肠胃炎常以沙门菌属和嗜盐菌（副溶血弧菌）感染最常见，毒素以金黄色葡萄球菌常见，病毒亦可见到。常有集体发病或家庭多发的情况。如吃了被污染的家禽、家畜的肉、鱼；或吃了嗜盐菌生长的蟹、螺等海产品及吃了被金黄色葡萄球菌污染了的剩菜、剩饭等而诱发本病。

2. 物理化学因素：进食生冷食物或某些药物如水杨酸盐类、磺胺类药、某些抗生素等；或误服强酸、强碱及农药等均可引起本病。

【临床表现】

1. 上腹痛：疼痛部位在正中偏左或脐周压痛，呈阵发性加重或持续性钝痛，伴腹部饱胀、不适。

2. 恶心、呕吐：呕吐物为未消化的食物，吐后感觉舒服，严重时吐出黄色胆汁或胃酸。

3. 腹泻：伴发肠炎者出现腹泻，可为稀便和水样便，为深黄色可伴有恶臭，每天3～5次甚至数十次。

4. 脱水及电解质紊乱：由于反复呕吐和腹泻，引起失水过多，甚至休克。

5. 中毒症状：常有发热、头痛、全身不适及程度不同的中毒症状。

【治疗】

1. 一般治疗：①去除病因，卧床休息，禁用对胃有刺激的饮食和药物。酌情短期禁食，然后给予易消化的清淡的少渣的流质食物。②多饮水，补充体内丢失水分，可服用糖盐水（在开水中加入适量的糖盐）。少量多次（一般每次不超过 50 mL），以免引起呕吐。

2. 对症治疗：

（1）止痛：腹痛严重者可服用颠茄片、山莨菪碱等解痉药止痛。

（2）止吐：服用甲氧氯普胺（胃复安）止吐。

（3）止泻：选择收敛、吸附、保护胃肠黏膜的蒙脱石散起到止泻作用。

（4）抗菌消炎：伴有腹泻、发热症状者应根据情况选择合理的抗生素进行治疗，如呋喃唑酮、诺氟沙星、庆大霉素等。

（5）中药治疗：可选择清热利湿、行气止痛类的药物进行治疗，对急性胃肠炎引起的恶心、呕吐、腹泻等症状有很好的效果。如止痢宁片、复方黄连素、肠胃宁胶囊等。

【注意事项】急性胃肠炎患者应卧床休息，注意保暖；伴有呕吐、腹泻等症状，可供给鲜果汁、藕粉、米汤、蛋汤等流质食物，酌情多饮开水、淡盐水；忌食牛肉等易产气食物，并尽量减少蔗糖的摄入；应注意饮食卫生；忌食高脂肪的食物、辛辣刺激性的食物、含纤维素较多的食物和调味品等。

第四节　慢性结肠炎

慢性结肠炎是一种慢性、反复性、多发性的结肠炎症，以结肠、乙状结肠和直肠为发病部位。常因各种致病原因导致肠道的炎性水肿、溃疡、出血等病变。

【病因】

1. 过敏因素：受致敏物质刺激，自身免疫引起反应，而激发大量免疫细胞凝聚、结集在肠黏膜表面，从而引起黏膜表面水肿充血及渗液等炎症发生。

2. 感染因素：当患者食用被污染、变质的食物之后可加重原有症状。

3. 自身免疫：在长时间炎症作用下，引起免疫细胞增强攻击力，互相杀灭，将正常细胞破坏，导致炎症加重。

【分类】根据病变程度可分为轻度型、中度型、重度型。

【临床表现】慢性结肠炎起病缓慢，可持续不缓解或静止与活动反复发作。患者可出现便秘或腹泻症状，有排便次数增多、排便困难，便下大量黏液或带血，时有里急后重现象，伴随左下腹隐隐作痛，体重下降，消瘦，精神不振。

【治疗】

1. 一般治疗：多饮水，忌食辛辣刺激性食物；注意腹部保暖。

2. 对症治疗：

（1）止泻：可选择蒙脱石散、鞣酸苦参碱等药物治疗。

（2）抗感染治疗：选择柳氮磺吡啶、奥沙拉嗪进行治疗。

（3）中成药治疗：选择调和脾胃、涩肠止痛类的药物口服治疗。如补脾益肠丸、固肠止泻丸、止痢宁等。

【注意事项】不吃生冷、油腻、辛辣性及变质食物，禁酒；可多食苹果、石榴等含有鞣酸的水果，可达到一定的收敛止泻的作用；避免腹部受凉，加强体育锻炼，提高自身免疫力。

第五节　慢性肝炎

慢性肝炎是指由不同病因引起的，病程至少持续超过 6 个月以上的肝脏坏死和炎症。病程呈波动性或持续进行性，如不进行适当的治疗，部分患者可进展为肝硬化。而病毒性肝炎有一定的传染性，主要通过血液传播、性传播和母婴传播，亲密接触者也可能被感染。

【病因】

1. 感染肝炎病毒：乙型肝炎病毒、丙型肝炎病毒、丁型肝炎病毒是慢性肝炎的常见感染病毒。

2. 长期饮酒：乙醇须在肝脏代谢，长期饮酒，乙醇的代谢产物乙醛对肝细胞损伤较大。

3. 自身免疫因素：机体对自身抗原耐受性被打破，激发对自身抗原的免疫应答，免疫细胞攻击自身相应的靶抗原，造成细胞的凋亡、坏死和炎症反应。

4. 服用肝毒性药物：部分药物对肝细胞有一定毒性，如服用时间过长就会引起药物性肝炎。

【分类】慢性肝炎按发病原因可分为：①慢性乙型病毒性肝炎；②慢性丙型病毒性肝炎；③自身免疫性肝炎；④慢性酒精性肝病；⑤药物性肝病，又称药物性肝损害。

依据病情轻重，可将慢性肝炎分为轻、中、重度以及慢性重型肝炎。

【临床表现】

1. 轻症慢性肝炎：又称慢性迁延性肝炎，患者反复出现疲乏、头晕、消化道症状，肝区不适、肝大、压痛，也可有轻度脾大。

2. 中度慢性肝炎：上述轻症症状明显，继而出现神经症状，常见的有乏力、委靡、头晕、失眠。病程长达半年以上。

3. 重度慢性肝炎：除上述症状外，出现早期肝硬化相关症状。继而并发原发性肝癌和肝衰竭。

【治疗】慢性肝炎的治疗包括多个方面，保肝、抗纤维化、抗病毒，去除病因、预防肝癌等。

1. 一般治疗：注意营养均衡，多食用新鲜蔬菜水果，尽量少食用油炸食品，禁烟禁酒，保持正常体重，保证睡眠时间，注意劳逸结合，心情平和。

2. 抗病毒治疗：对于慢性乙型病毒性肝炎等病毒感染性肝炎患者来说，控制病毒复制是很重要的，可选择干扰素、阿糖腺苷、阿德福韦酯、拉米夫定等药物。

3. 免疫调节剂：可选用胸腺素、免疫球蛋白、转移因子等进行治疗。

4. 改善肝细胞功能：改善肝细胞功能的药物有肌苷、水飞蓟宾、促肝细胞生长素等。

5. 中成药治疗：养血柔肝，祛瘀解毒类中成药亦是不错的选择，如健肝灵胶囊、乙肝清热解毒胶囊、护肝宁片等。

【注意事项】接种乙型肝炎疫苗是目前预防乙型病毒性肝炎的重要措施；饮食以高优质蛋白、低脂为主，多食含粗纤维的食物；忌烟酒，注意休息；用药后转移酶下降之后要逐渐减量，坚持服用 2～6 个月。

第六节　脂肪肝

脂肪肝是一种由于各种原因引起的肝细胞内脂肪堆积过多的病变。脂肪肝正成为仅次于病毒性肝炎的第二大肝病，为隐蔽性肝硬化的常见原因。

【病因】脂肪肝多发于以下几种人：肥胖者、过量饮酒者、高脂饮食者、少动者、慢性肝病患者及中老年内分泌患者。肥胖、过量饮酒、糖尿病是脂肪肝的 3 大主要病因。

【分类】根据发病原因可分为非酒精性脂肪肝、酒精性脂肪肝；按程度分为单纯性脂肪肝、脂肪性肝炎、脂肪性肝硬化。

【临床表现】

1. 非酒精性脂肪肝：起病隐匿，发病缓慢，常无症状。少数患者可有乏力、右上腹轻度不适、肝区隐痛或卜腹胀痛等非特异症状。严重脂肪性肝炎可出现黄疸、食欲不振、恶心、呕吐等症状。常规体检部分患者可发现肝大。发展至肝硬化失代偿期则其临床表现与其他原因所致肝硬化相似。

2. 酒精性脂肪肝：患者的临床表现因饮酒的方式、个体对乙醇的敏感性以及肝组织损伤的严重程度不同而有明显的差异。症状一般与饮酒的量和酗酒的时间长短有关，患者可在长时间内没有任何肝脏的症状和体征。

（1）酒精性脂肪肝一般情况良好，常无症状或症状轻微，可有乏力、食欲不振、右上腹隐痛或不适。肝脏有不同程度的肿大。患者有长期饮酒史。

（2）酒精性肝炎临床表现差异较大，与组织学损害程度相关。常发生在近期（数周至数月）大量饮酒后，出现全身不适、食欲不振、恶心呕吐、乏力、肝区疼痛等症状。可有发热（一般为低热），常有黄疸，肝大并有触痛。严重者可并发急性肝衰竭。

（3）酒精性肝硬化发生于长期大量饮酒者，其临床表现与其他原因引起的肝硬化相似，可以门静脉高压为主要表现。可伴有慢性酒精中毒的其他表现如精神神经症状、慢性胰腺炎等。

【治疗】

1. 一般治疗：治疗原发病、控制引发脂肪肝的原因，脂肪肝和脂肪性肝炎即可逆转和康复。减肥和运动时脂肪肝患者的最佳治疗措施。

2. 药物治疗：

（1）西药治疗：常选用保护肝细胞、去脂药物及抗氧化剂等，如维生素 B、维生素 C、维生素 E、多烯磷脂酰胆碱、熊去氧胆酸、水飞蓟宾、肌苷、辅酶 A 等。

（2）中药治疗：选择降低血脂、保护肝细胞、防止胆固醇在肝内沉积的中成药进行治疗。如降脂排毒胶囊、脂降宁、护肝片、健肝灵胶囊等。

【注意事项】脂肪肝患者要控制高脂、高热量饮食，多吃粗纤维食物；加强体育锻炼，根据患者体质，制定适合个体的运动计划，要有一定量的时间和强度；绝对忌酒。

第七节 胆囊炎

胆囊炎是细菌性感染或化学性刺激（胆汁成分改变）引起的胆囊炎性病变，为胆囊的常见病。

【病因】

1. 免疫力低下造成胆道感染：胆道感染可引起胆囊发炎。

2. 情绪失调：可导致胆汁的排泄受阻引发胆囊炎。

3. 饮食：日常饮食要有节制，切忌暴饮暴食。少吃高脂肪和富含胆固醇的食物，并注意饮食卫生。

4. 肠道寄生虫病：比如蛔虫钻入胆道可引起胆道发炎。其残体和卵可成为结石的"核心"。

【分类】根据胆囊感染、梗阻程度和病程的不同阶段可分为急性胆囊炎和慢性胆囊炎两种；依炎症程度分为单纯性胆囊炎、化脓性胆囊炎、坏疽性胆囊炎、胆囊穿孔 4 种。

【临床表现】

1. 急性胆囊炎：突发右上腹或上腹部绞痛或胀痛，常放射至右肩或右背部，起病常在进食油质饮食后，多伴有恶心、呕吐，可有发热、畏寒。炎症重者可出现轻度黄疸。

2. 慢性胆囊炎：多有胆绞痛病史，此外无特殊临床表现，主要是饭后有上腹胀满、疼痛，与进食脂肪多少有关。消化不良，呃逆，嗳气，恶心，甚者呕吐，偶有腹泻等非特异性症状。与溃疡病或慢性阑尾炎近似。

【治疗】

1. 急性胆囊炎：

（1）非手术治疗：①解痉止痛，选择阿托品等胃肠道解痉药缓解急性疼痛；②抗感染首先选用抗菌谱覆盖较广、细菌耐药少的抗生素，尤其要覆盖阴性杆菌和厌氧菌。非手术治疗适合于炎症较轻、症状体征不重者。

（2）手术治疗：急性胆囊炎若不适于非手术疗法，则应早期手术，以免发生合并症和增加手术困难。

2. 慢性胆囊炎：

（1）一般治疗：卧床休息，给易消化的流质饮食，忌油腻食物，严重者禁食、胃肠减压，静脉补充营养、水及电解质。

（2）解痉、镇痛药物治疗：阿托品、山莨菪碱、颠茄片等药物口服治疗。

（3）抗菌治疗：氨苄西林、环丙沙星、甲硝唑；还可选用氨基苷类或头孢菌素类抗生素。

（4）利胆：曲匹布通、消炎利胆片或清肝利胆口服液口服，发作缓解后方可应用。

（5）手术治疗：发生坏死、化脓、穿孔、嵌顿结石者，应及时手术治疗，进行保胆手术或胆囊切除。

【注意事项】忌食高胆固醇类食物，可食清淡流质饮食；少量多餐，促进胆汁排泄；多饮水，促进胆汁稀释；多食粗纤维食物，避免便秘；胆囊炎患者忌食鸡蛋及奶制品。

第十八章 风湿科疾病

第一节 类风湿关节炎

类风湿关节炎（RA）是以对称性多关节炎为主要临床表现的异质性、系统性、自身免疫性疾病。本病是慢性、进行性、侵蚀性疾病，如未适当治疗，病情逐渐加重发展。因此早期诊断、早期治疗至关重要。

【病因】RA 的病因研究迄今尚无定论，可能与以下因素有关。

1. 环境因素：目前认为一些感染因素（可能有细菌、支原体和病毒等）可能通过某些途径影响 RA 的发病和病情进展。

2. 遗传易感性：流行病学调查显示，RA 的发病与遗传因素密切相关。

3. 免疫紊乱：被认为是 RA 主要的发病机制。

【临床表现】RA 发生于任何年龄，80% 发病于 35～50 岁，女性患者约 3 倍于男性。RA 的临床表现多样，从主要的关节症状到关节外多系统受累的表现。RA 多以缓慢而隐匿的方式起病，在出现明显关节症状前可有数周的低热，少数患者可有高热、乏力、全身不适、体重下降等症状，以后逐渐出现典型关节症状。少数则有较急剧的起病，在数天内出现多个关节症状。

1. 关节表现：

（1）晨僵：早晨起床后病变关节感觉僵硬，称"晨僵"（日间长时间静止不动后也可出现），如胶黏着样的感觉，持续时间至少 1 小时者意义较大。晨僵出现在 95% 以上的 RA 患者。

（2）痛和压痛：关节痛往往是最早的症状，最常出现的部位为腕、掌指关节、近端指间关节，其次是足趾、膝、踝、肘、肩等关节。多呈对称性、持续性，疼痛的关节往往伴有压痛，受累关节的皮肤出现褐色色素沉着。

（3）关节肿：多因关节腔内积液或关节周围软组织炎症引起。常见的部位为腕、掌指关节、近端指间关节、膝等关节，亦多呈对称性。

（4）关节畸形：见于较晚期患者，关节周围肌肉的萎缩、痉挛则使畸形更为加重。最为常见的是腕和肘关节强直、掌指关节的半脱位、手指向尺侧偏斜，重症患者关节呈纤维性或骨性强直失去关节功能，致使生活不能自理。

（5）关节功能障碍：关节肿痛和结构破坏都可引起关节的活动障碍。美国风湿病学会将因本病而影响了生活的程度分为 4 级：Ⅰ级：能照常进行日常生活和各项工作；Ⅱ级：可进行一般的日常生活和某种职业工作，但参与其他项目活动受限；Ⅲ级：可进行一般的日常生活，但参与某种职业工作或其他项目活动受限；Ⅳ级：日常生活的自理和参与工作的能力均受限。

2. 关节外表现：

（1）类风湿结节：是本病较常见的关节外表现，可见于20%～30%的患者，多位于关节隆突部及受压部位的皮下，如前臂伸面、肘鹰嘴突附近、枕、跟腱等处。其大小不一，结节直径由数毫米至数厘米、质硬、无压痛、对称性分布。此外，几乎所有脏器如心、肺、眼等均可累及。其存在提示本病的活动。

（2）类风湿血管炎：RA患者的系统性血管炎少见，少数引起局部组织的缺血性坏死。眼受累多为巩膜炎，严重者因巩膜软化而影响视力。

（3）肺：肺受累很常见，其中男性多于女性，常见的有肺间质病变、结节样改变、Caplan综合征、胸膜炎、肺动脉高压等。

（4）心脏受累：急性和慢性的RA患者都可以出现心脏受累，其中心包炎最常见。

（5）胃肠道：患者可有上腹不适、胃痛、恶心、纳差，甚至黑粪，多与服用抗风湿药，尤其是非甾体消炎药有关，很少由RA本身引起。

（6）其他脏器：RA还会使肾、神经系统、血液系统等受累。患者还会出现干燥性角膜炎、结膜炎和口干燥症。

【治疗】治疗措施包括一般性治疗、药物治疗、手术治疗，其中以药物治疗最为重要。

1. 一般性治疗：包括休息、关节制动（急性期）、关节功能锻炼（恢复期）、物理疗法等。卧床休息只适宜于急性期、发热以及内脏受累的患者。

2. 药物治疗：根据药物性能，治疗RA的常用药物有非甾体消炎药、改变病情抗风湿药、糖皮质激素和植物药等。

（1）非甾体消炎药（NSAID）：具镇痛消肿作用，是改善关节炎症状的常用药，常用的有塞来昔布、双氯芬酸、吲哚美辛等。

（2）改变病情抗风湿药：较NSAID发挥作用慢，临床症状的明显改善需1～6个月，有改善和延缓病情进展的作用。常用的有甲氨蝶呤、柳氮磺嘧啶等。

（3）糖皮质激素：有强大的抗炎作用，在关节炎急性发作可给予短效激素，常选用泼尼松等。长期使用糖皮质激素造成的依赖性导致停药困难，应逐渐减少用量，直至完全停药。

（4）植物药制剂：常有的植物药制剂包括雷公藤多苷等。

（5）中成药制剂：可选择具有祛风除湿、散寒止痛的中成药物口服治疗，如寒雪风湿胶囊、风湿定、风湿马钱片等。

（6）外用贴膏：选择具有活血化瘀、祛风除湿的膏药贴于患处。常用的有消通贴膏、伤湿止痛膏等。

3. 手术治疗：适用于较晚期有畸形并失去功能的关节。

【注意事项】加强锻炼，增强身体素质；避免受风、受潮、受寒；注意劳逸结合；保持精神愉快；预防和控制感染；少食牛奶、肥肉、甜食，少饮酒和咖啡。

第二节　痛　风

痛风是嘌呤代谢障碍引起的代谢性疾病，其发病有明显的异质性。

【病因】尿酸的排泄减少、尿酸的生成增多，血尿酸浓度过高和（或）在酸性环境下，尿酸可析出结晶，沉积在骨关节、肾脏和皮下等组织，造成组织病理学改变，导致痛风性关节炎、痛风肾和痛风石等。

【临床表现】临床多见于 40 岁以上的男性，女性多在围绝经期后发病。常有家族遗传史。

1. 无症状期：仅有波动性或持续性高尿酸血症，从血尿酸增高至症状出现的时间可长达数年至数十年，有些可终身不出现症状，但随年龄增长痛风的患病率增加。

2. 急性关节炎期常有以下特点：①多在午夜或清晨突然起病，多呈剧痛，数小时内出现受累关节的红、肿、热、痛和功能障碍，单侧跖趾及第 1 跖趾关节最常见，其余依次为踝、膝、腕、指、肘；②秋水仙碱治疗后，关节炎症状可以迅速缓解；③发热；④初次发作常呈自限性，数天内自行缓解，此时受累关节局部皮肤出现脱屑和瘙痒，为本病特有的表现；⑤可伴高尿酸血症，但部分患者急性发作时血尿酸水平正常；⑥受寒、劳累、饮酒、高蛋白和高嘌呤饮食以及外伤、手术、感染等均为常见的发病诱因。

3. 痛风石及慢性关节炎期：痛风石是痛风的特征性临床表现，常见于耳轮、跖趾、指间和掌指关节，常为多关节受累，且多见于关节远端，表现为关节肿胀、僵硬、畸形及周围组织的纤维化和变性，严重时患处皮肤发亮、菲薄，破溃则有豆渣样的白色物质排出。形成瘘管时周围组织呈慢性肉芽肿，虽不易愈合但很少感染。

4. 肾脏病变：主要表现在 2 个方面。

（1）痛风性肾病：起病隐匿，早期仅有间歇性蛋白尿，随着病情的发展而呈持续性，伴有肾浓缩功能受损时夜尿增多，晚期可发生肾功能不全，表现水肿、高血压、血尿素氮和肌酐升高。少数患者表现为急性肾衰竭，出现少尿或无尿，最初 24 小时尿酸排出增加。

（2）尿酸性肾石病：10%～25% 的痛风患者肾有尿酸结石，呈泥沙样，常无症状，结石较大者可发生肾绞痛、血尿。当结石引起梗阻时导致肾积水、肾盂肾炎、肾积脓或肾周围炎，感染可加速结石的增长和肾实质的损害。

【治疗】原发性高尿酸血症和痛风的防治目的：①控制高尿酸血症预防尿酸盐沉积；②迅速终止急性关节炎的发作。③防止尿酸结石形成和肾损害。

1. 一般治疗：控制饮食总热量；限制饮酒和高嘌呤食物（如动物内脏等）的大量摄入；每天饮水 2000 mL 以上以增加尿酸的排泄；慎用抑制尿酸排泄的药物如噻嗪类利尿药等；避免诱发因素和积极治疗相关疾病等。

2. 高尿酸血症的治疗：

（1）排尿酸药：常用药物有苯溴马隆、丙磺舒等。

（2）抑制尿酸生成药物：别嘌醇通过抑制黄嘌呤氧化酶，使尿酸的生成减少，适用于尿酸生成过多或不适合使用排尿酸药物者。

（3）碱性药物：碳酸氢钠可碱化尿液，使尿酸不易在尿中积聚形成结晶，长期大量服用可致代谢性碱中毒，并且因钠负荷过高引起水肿。

3. 急性痛风性关节炎期的治疗：应绝对卧床，抬高患肢，避免负重，迅速给秋水仙碱，越早用药疗效越好。

（1）秋水仙碱：为治疗急性痛风性关节炎的特效药物。

（2）非甾体消炎药：消炎镇痛，常用的有双氯芬酸、布洛芬、塞来昔布等。

（3）糖皮质激素：上述药物治疗无效或不能使用秋水仙碱和非甾体消炎药时，可考虑使用糖皮质激素，如泼尼松，但停药后容易出现症状"反跳"。

4. 其他：高尿酸血症和痛风常与代谢综合征伴发，应积极行降压、降脂、减重及改善胰岛素抵抗等综合治疗。

【注意事项】妥善处理诱发因素，禁用或少用影响尿酸排泄的药物，如青霉素、四环素、大剂量噻嗪类及氨苯蝶啶等利尿药、维生素 B_1 和维生素 B_2 及胰岛素等；注意体重、注意劳逸结合；肥胖者要积极减肥，减轻体重；忌食含嘌呤较高的食物，如海鲜、动物内脏、肉汤等，限制总热量和蛋白质的摄入，限制食盐的摄入，忌烟酒；多饮水，多吃碱性食物。

第三节　腰肌劳损

腰肌劳损是指以腰部隐痛反复发作，劳累后加重，休息后缓解等为主要表现的疾病，是一种常见的腰部疾病。既是多种疾病的一个症状，又可作为独立的疾病。

【病因】长期体位不正或弯腰下工作，或经常腰部持续负重，可引起腰部筋肉的慢性积累性损伤；腰部急性损伤后，治疗不当或延误治疗，迁延日久，可造成腰部慢性损伤；腰骶部有先天性结构异常，使肌肉的起止点随之发生异常或该部活动不平衡，而易致腰部慢性损伤。常见的病因有棘上、棘间韧带慢性损伤、腰椎退行性脊椎炎、第3腰椎横突综合征。

【临床表现】腰肌劳损的主要症状为腰或腰骶部疼痛，反复发作，疼痛可随气候变化或劳累程度而变化，时轻时重，缠绵不愈。腰部可有广泛压痛，脊椎活动多无异常。急性发作时，各种症状均明显加重，并可有肌肉痉挛，脊椎侧弯和功能活动受限。部分患者可有下肢牵拉性疼痛，但无串痛和肌肤麻木感。疼痛的性质多为钝痛，可局限于一个部位，也可散布整个背部。腰部酸痛或胀痛，部分刺痛或灼痛。劳累时加重，休息时减轻，适当活动和经常改变体位时减轻，活动过度又加重。不能坚持弯腰工作。常被迫时时伸腰或以拳头击腰部以缓解疼痛。

【治疗】

1. 一般治疗：适当休息、定时改变姿势，避免弯腰持物是减轻症状、防止复发的根本方法。

2. 药物治疗：

（1）非甾体消炎药：常用的药物有布洛芬缓释胶囊、双氯芬酸钠等。

（2）中成药：可选择具有消肿止痛、温经通络等作用的中成药口服治疗，如腰痛宁胶囊、腰痛片等。

（3）外用贴膏：对于缓解腰痛有一定的疗效，可选择消炎镇痛膏、消痛贴膏等。

3. 物理治疗：可选择疼痛部位进行理疗、推拿、按摩等物理疗法进行治疗。

【注意事项】注意保暖，改善阴冷潮湿的生活、工作环境；腰部用力应适当，不可强力举重，不可负重久行，坐、卧、行走保持正确姿势，若需作腰部用力或弯曲的工作时，应定时做松弛腰部肌肉的体操；劳逸适中，加强局部肌肉锻炼。

第四节　骨质增生症

骨质增生症又称增生性骨关节炎、骨性关节炎、退变性关节病、老年性关节炎、肥大性关节炎，是由于构成关节的软骨、椎间盘、韧带等软组织变性、退化，关节边缘形成骨刺，滑膜肥厚等变化，而出现骨破坏，引起继发性的骨质增生，导致关节变形，当受到异常载荷时，引起关节疼痛，活动受限等症状的一种疾病。

【病因】　骨质增生症属中医的"痹证"范畴，亦称"骨痹"。中医认为本病与外伤、劳损、瘀血阻络、感受风寒湿邪、痰湿内阻、肝肾亏虚等有关。不规则的软骨损害、早期软骨表面碎裂、蛋白聚糖的含量（浓度）下降、缺钙等因素均是引发骨质增生的常见原因。

【临床表现】

1. 颈椎骨质增生的症状：以第4、第5、第6颈椎椎体最为常见，骨刺压迫血管直接影响血液循环，表现主要有颈背疼痛、上肢无力、手指发麻，头晕、恶心甚至视物模糊，吞咽困难。如果骨刺伸向椎管内压迫了脊髓，还可导致走路不稳、瘫痪、四肢麻木、大小便失禁等严重后果。颈项部有强硬的感觉、活动受限、颈部活动有弹响声，疼痛常常向肩部和上肢放射，手和手指有麻木、触电样感觉，可因颈部活动而加重。不同的病变累及不同部位，就出现不同的症状，晚期可导致瘫痪。

2. 腰椎骨质增生的症状：好发部位以第3、第4腰椎最为常见。临床上常出现腰椎及腰部软组织酸痛、胀痛、僵硬与疲乏感，甚至弯腰受限。如邻近的神经根受压，可引起相应的症状，出现局部疼痛、发僵、后根神经痛、麻木等。如压迫坐骨神经可引起坐骨神经炎，出现患肢剧烈麻痛、灼痛、抽痛、串痛、向整个下肢放射。

3. 膝关节骨质增生的症状：初期起病缓慢膝关节疼痛不严重，有可持续性隐痛，气温降低时疼痛加重，与气候变化有关，晨起后开始活动，长时间行走，剧烈运动或久坐起立开始走时膝关节疼痛僵硬，稍活动后好转，上、下楼困难，下楼时膝关节发软，易摔倒。蹲起时疼痛，僵硬，严重时，关节酸痛胀痛，跛行走，合并风湿病者关节红肿、畸形，功能受限，伸屈活动有弹响声，部分患者可见关节积液，局部有明显肿胀、压缩现象。

4. 足跟骨质增生的症状：其症状是足根压痛，脚底疼痛。早晨重，下午轻，起床下地第一步痛不可忍，时轻时重，走路时脚跟不敢用力，有石硌、针刺的感觉，活动开后症状减轻。多见于中老年人。

【治疗】

1. 西药治疗：常采用对症处理，如疼痛时可服一些解热镇痛的药，如布洛芬缓释胶囊；麻木者可选用B族维生素类药物，如复合维生素B；关节肿胀有积液者可给予局部抽取积液或局部封闭等疗法。

2. 中药治疗：中药治疗骨质增生最大的优点在于从病理上进行根治。可选择抗骨增生片、骨刺平等药物治疗。

3. 外用膏剂：可起到缓解疼痛的目的，常用通络祛痛膏、骨通贴膏等。

4. 物理、手术治疗：按摩、牵引、针灸等物理治疗可配合药物一起治疗；手术治疗适合于药物及物理治疗无效的患者。

【注意事项】避免长期剧烈运动，适当进行体育锻炼；及时治疗关节损伤；注意补钙，控制食盐和高蛋白食物的摄入，以减少钙质流失；忌食橙类水果、避免糖酒、咖啡等，因这类物质阻挠复原过程；适当的户外活动，避免长期卧床休息。

第五节　骨质疏松症

骨质疏松症（OP）是一种以骨量降低和骨组织微结构破坏为特征，导致骨脆性增加和易于骨折的代谢性骨病。

【病因】凡使骨吸收增加和（或）骨形成减少的因素都会导致骨丢失和骨质量下降，脆性增加，直至发生骨折。

1. 骨吸收因素：

（1）性激素缺乏：雌激素缺乏使破骨细胞功能增强，骨丢失加速，这是绝经后骨质疏松症（PMOP）的主要病因；而雄激素缺乏在老年性 OP 的发病率中起着重要作用。

（2）活性维生素 D 缺乏和甲状旁腺素（PTH）增高：由于高龄和肾功能减退等原因致肠钙吸收和维生素 D_3 生成减少，PTH 呈代偿性分泌增多，导致骨转换率加速和骨丢失。

（3）细胞因子表达紊乱：骨组织中的护骨素减少，导致破骨细胞活性增强和骨吸收。

2. 骨形成因素：

（1）峰值骨量降低：OP 的发生主要取决于骨丢失的量和速度。

（2）骨重建功能衰退：成骨细胞的功能与活性缺陷导致骨形成不足和骨丢失。

3. 骨质量下降：骨质量主要与遗传因素有关，骨质量下降导致骨脆性和骨折风险增高。

4. 不良的生活方式和生活环境：OP 和 OP 性骨折的危险因素很多，如高龄、吸烟、制动。体力活动过少、酗酒、跌倒、长期卧床、长期服用糖皮质激素、光照减少、钙和维生素 D 摄入不足等。蛋白质摄入不足、营养不良和肌肉功能减退是老年性 OP 的重要原因。危险因素越多，发生 OP 和 OP 性骨折的概率越大。

【分类】按病因可分为原发性和继发性两类。

【临床表现】

1. 骨痛和肌无力：轻者无症状，仅在 X 线摄片或 BMD（骨矿物质密度）测量时被发现。较重患者常诉腰背疼痛、乏力或全身骨痛。骨痛通常为弥漫性，无固定部位，检查不能发现压痛区（点）。乏力常于劳累或活动后加重，负重能力下降或不能负重。四肢骨折或髋部骨折时肢体活动明显受限，局部疼痛加重，有畸形或骨折阳性体征。

2. 骨折：常因轻微活动、创伤、弯腰、负重、挤压或摔倒后发生骨折。多发部位为脊柱、髋部和前臂，其他部位亦可发生，如肋骨、盆骨、肱骨甚至锁骨和胸骨等。第一次骨折后，患者发生再次或反复骨折的概率明显增加。

3. 并发症：驼背和胸廓畸形者常伴胸闷、气短、呼吸困难，甚至发绀等表现。髋部骨折者常因感染、心血管病或慢性衰竭而死亡；幸存者生活自理能力下降或丧失，长期卧床加重骨丢失，使骨折极难愈合。

【治疗】合适的治疗可减轻症状，改善预后，降低骨折发生率。

1. 一般治疗：

（1）改善营养状况：补充足够的蛋白质，增加钙剂、维生素 D 的摄入，多进食富含异黄酮类食物。

（2）加强运动：从事户外活动，加强负重锻炼，增强应变能力，减少骨折意外的发生。

（3）纠正不良生活习惯和行为偏差：提倡低钠、高钾、高钙和高不饱和脂肪酸饮食，戒烟忌酒。

（4）避免使用致 OP 药物：如抗癫痫药、苯妥英纳、苯巴比妥、卡巴马嗪、扑米酮、丙戊酸、拉莫三嗪、氯硝西泮、加巴喷丁和乙琥胺等。

（5）对症治疗：有疼痛者可给予适量非甾体消炎药，如阿司匹林或吲哚美辛；发生骨折或遇顽固性疼痛时，可应用降钙素制剂，如鲑鱼降钙素；中成药的合理应用，如六味地黄丸、左归丸等。

2. 特殊治疗：

（1）性激素补充治疗：①雌激素补充治疗优先选用天然雌激素制，常用的有尼尔雌醇等；②雄激素补充治疗用于男性 OP 的治疗，常用苯丙酸诺龙。

（2）二磷酸盐：抑制破骨细胞生成和骨吸收，主要用于骨吸收明显增强的代谢性骨病，常用阿仑磷酸钠等。

（3）降钙素：为骨吸收的抑制剂，常用鲑鱼降钙素。

3. 骨折后治疗：应给予牵引、固定、复位或手术治疗，同时应辅以物理康复治疗，尽早恢复运动功能。

【注意事项】注意合理膳食营养，多食用含钙高的食品，如奶及奶制品、豆及豆制品等；坚持科学的生活方式，如坚持体育锻炼，多接受日光浴，不吸烟、不饮酒、少喝咖啡、浓茶及含碳酸饮料，少吃糖及食盐，动物蛋白也不宜过多；绝经后 3 年内即开始长期雌激素替代治疗，同时坚持长期预防性补钙或用固体骨肽制剂骨肽片进行预防；积极治疗与骨质疏松症有关的疾病，如糖尿病、类风湿关节炎、脂肪泻、慢性肾炎、甲状旁腺功能亢进/甲状腺功能亢进症、骨转移癌、慢性肝炎、肝硬化等；保证每天 15 分钟左右的时间晒太阳以获取最自然的钙质来源。

第六节　肩周炎

肩周炎是以肩关节疼痛和活动不便为主要症状的常见病症。本病的好发年龄在 50 岁左右，女性发病率略高于男性，多见于体力劳动者。俗称"漏肩风"、"冻结肩"、"五十肩"等。

【病因】

1. 肩部原因：软组织退行病变，对各种外力的承受能力减弱；长期过度活动，姿势不良等所产生的慢性损伤；上肢外伤后肩部固定过久，肩周组织继发萎缩、粘连；肩部急性挫伤、牵拉伤后因治疗不当等均可引发肩周炎。

2. 肩外原因：颈椎病，心、肺、胆道疾病发生的肩部牵涉痛，因原发病长期不愈使肩部肌肉持续性痉挛、缺血而形成炎性病灶，转变为真正的肩周炎。

【分类】肩周炎按形成原因分为原发性和继发性两种。

【临床表现】

1. 肩部疼痛：初起时肩部呈阵发性疼痛，多数为慢性发作，以后疼痛逐渐加剧或顿痛，或刀割样痛，且呈持续性，气候变化或劳累后，常使疼痛加重，疼痛可向颈项及上肢（特别是肘部）扩散，当肩部偶然受到碰撞或牵拉时，常可引起撕裂样剧痛。肩痛昼轻夜重为本病一大特点，多数患者诉说后半夜痛醒，不能成寐，尤其不能向患侧侧卧；若因受寒而致痛者，则对气候变化特别敏感。

2. 肩关节活动受限：肩关节各方向活动均可受限，以外展、上举、内外旋时更为明显，随着病情进展，由于长期废用引起关节囊及肩部软组织的粘连，肌力逐渐下降，加上喙肱韧带固定于缩短的内旋位等因素，使肩关节各方向的主动和被动活动均受限，当肩关节外展时出现典型的"扛肩"现象，特别是梳头、穿衣、洗脸、叉腰等动作均难以完成，严重时肘关节功能也可受影响，屈肘时手不能摸到同侧肩部，尤其在手臂后伸时不能完成屈肘动作。

3. 怕冷：患肩怕冷，不少患者终年用棉垫包肩，即使在暑天，肩部也不敢吹风。

4. 压痛：多数患者在肩关节周围可触到明显的压痛点，压痛点多在肱二头肌长头腱沟、肩峰下滑囊、喙突、冈上肌附着点等处。

5. 肌肉痉挛和萎缩：三角肌、冈上肌等肩周围肌肉早期可出现痉挛，晚期可发生废用性肌萎缩，出现肩峰突起，上举不便，后弯不利等典型症状，此时疼痛症状反而减轻。三角肌有轻度萎缩，斜方肌痉挛。冈上肌腱和肱二头肌长、短头肌腱及三角肌前、后缘均可有明显压痛。肩关节以外展、外旋、后伸受限最明显，少数人内收、内旋亦受限，但前屈受较少。

【治疗】

1. 一般治疗：坚持功能锻炼，对肩周炎有很好的疗效。可采取前后摆动、回旋画圈运动、正身双手爬墙、肩内收及外展等锻炼方式。

2. 药物治疗：

（1）非甾体消炎药：可缓解患者疼痛。可选布洛芬缓释胶囊、吲哚美辛等药物。

（2）骨骼肌松弛药：可缓解肩周炎肌肉痉挛。如盐酸乙哌立松。

（3）中成药：选择有舒筋通络，活血祛瘀，消肿止痛等作用的中成药制剂口服治疗。如伸筋丹、万通筋骨片等药物。

（4）外用贴膏和酊剂：局部外贴可具有缓解疼痛等作用。如消炎镇痛膏、肩周炎痛贴等。

3. 物理治疗：配合药物治疗，效果更佳。如针灸、物理治疗等。

【注意事项】 加强体育锻炼是预防和治疗肩周炎的有效方法，但贵在坚持；营养不良可导致体质虚弱，而体质虚弱又常导致肩周炎。如果营养补充得比较充分，加上适当锻炼，对肩周炎的治疗非常有利；受凉常是肩周炎的诱发因素，患者应重视保暖防寒，勿使肩部受凉；加强肩关节肌肉的锻炼可以预防和延缓肩周炎的发生和发展。

第七节　颈椎病

颈椎病是指颈椎间盘退行性变、颈椎肥厚增生以及颈部损伤等引起颈椎骨质增生，或椎间盘脱出、韧带增厚，刺激或压迫颈脊髓、颈部神经、血管而产生一系列症状的临床综合征。

【病因】

1. 颈椎间盘退行性变：是颈椎病发病和发展中最基本的原因。

2. 损伤：急性损伤可使原已退行的颈椎和椎间盘损害加重而诱发颈椎病；慢性损伤对已退变颈椎加速其退变过程而提早出现症状。

3. 颈椎先天性椎管狭窄：即使退行性变比较轻，也可出现压迫症状而发病。

【分类】 颈椎病可分为神经根型颈椎病、脊髓型颈椎病、交感神经性颈椎病、椎动脉型颈椎病。

【临床表现】

1. 神经根型颈椎病：最为多见，占颈椎病的50%～60%。开始多为颈肩痛，短期内加重并向上肢放射。皮肤可有麻木、过敏等感觉异常。同时可有上肢肌力下降、手指动作不灵活，当头部或上肢姿势不当或突然牵撞患肢即可发生剧烈闪电样锐痛。

2. 脊髓型颈椎病：占颈椎病的10%～15%。颈痛不明显，以四肢乏力，行走、持物不稳为最先出现的症状。随着病情加重发生自上而下的上运动神经元性瘫痪。

3. 交感神经性颈椎病：可发生一系列交感神经症状，交感神经兴奋症状如头痛或偏头痛，有时伴有恶心、呕吐，视物模糊、视力下降，心跳加快、心律不齐等；交感神经抑制症状如头痛、眼花、流泪、鼻塞、心动过缓等。

4. 椎动脉型颈椎病：①眩晕，为本型的主要症状，可表现为旋转性、浮动性或摇晃性眩晕，头部活动时可诱发或加重；②头痛，主要表现为枕部、顶枕部痛，也可放射到颞部；③视觉障碍，为突发性弱视或失明、复视，短期内自动回复；④猝倒，多在头部突然转动或屈伸时发生；⑤其他，出现不同程度的运动肌感觉障碍，以及精神症状。

【治疗】

1. 非手术治疗：选择颌枕带牵引、颈托和围领、推拿按摩、物理治疗等方法。

2. 药物治疗：

（1）非甾体消炎药：缓解疼痛。可选择布洛芬缓释胶囊、双氯芬酸钠等。

（2）肌肉松弛药：如盐酸乙哌立松。

（3）中成药：选择具有活血通络、散风止痛作用的中成药口服治疗，如颈复康颗粒、颈痛片、伸筋丹等。

（4）外用剂：如骨通贴膏、骨痛灵酊等。

3. 手术治疗：颈椎病经非手术治疗无效或反复发作者可选择手术治疗。

【注意事项】 颈椎病患者需定时改变头颈部体位，注意休息，劳逸结合；已经有颈椎病症状的患者，应当减少工作量，适当休息。症状较重、发作频繁者，应当停止工作，绝对休息，而且最好能够卧床休息，宜用平板床，枕头高度适当；颈椎病患者在工作中应该避免长时间吹空调、电风扇。寒冷和潮湿容易加重颈椎病的症状。

第八节　腰椎间盘突出

腰椎间盘突出是因为椎间盘变性，纤维环破裂，髓核突出刺激或压迫神经根、马尾神经所表现的一种综合征，是腰腿痛最常见的原因之一。

【病因】

1. 椎间盘退行性变是最基本的因素：随年龄增长，纤维环和髓核含水量逐渐减少，使髓核张力下降，椎间盘变薄。同时透明质酸及角化硫酸盐减少，低分子质量糖蛋白增加，原纤维变性及胶原纤维沉积增加，髓核失去弹性，椎间盘结构松弛、软骨板囊性变。已退变的椎间盘在承受一定压力时即可破裂。

2. 损伤：积累伤力是椎间盘变性的主要原因，也是椎间盘突出的诱因。

3. 遗传因素：小于 20 岁青少年患者中约有 32% 有阳性家族史。

4. 妊娠：增加了腰椎间盘损害的机会。

【分类】腰椎间盘突出可分为膨出型、突出型、脱垂游离型、经骨突出型等。

【临床表现】

1. 腰痛：是大多数本症患者最先出现的症状，发生率约 91%。

2. 坐骨神经痛：绝大多数患者是第 4～第 5 腰椎、第 5 腰椎～第 1 骶椎间隙突出，坐骨神经痛最为多见，发生率达 97% 左右。典型坐骨神经痛是由下腰部向臀部、大腿后方、小腿外侧直到足部的放射痛。在喷嚏或咳嗽时由于腹压增加而使疼痛加剧。早期为痛觉过敏，病情较重者出现感觉迟钝或麻木。

3. 马尾神经受压：出现大小便障碍，鞍区感觉异常，发生率占 0.8%～24.4%。

4. 活动受限：几乎全部患者都有不同程度的腰部活动受限。70%～75% 的患者出现肌力下降。

【治疗】

1. 非手术治疗：患者需绝对卧床休息，3 周后戴护腰起床活动；持续牵引，采用骨盆牵引可使椎间隙略微增宽，减少椎间盘内压，扩大椎管容量，从而减轻对神经根的刺激和压迫；物理治疗和推拿、按摩。

2. 药物治疗：

（1）口服药物治疗：①非甾体消炎药，用于止痛，可选择布洛芬缓释胶囊、塞来昔布、吲哚美辛等。②中成药，选择具有活血化瘀，祛风除湿，行气止痛的中成药，如腰痹通胶囊、十三味红花丸等。

（2）外用贴膏：对椎间盘突出引起的疼痛有一定的作用，如骨通贴膏、消炎镇痛膏等。

3. 手术治疗：已确诊的椎间盘突出患者，经严格非手术治疗无效或马尾神经受压可考虑手术治疗。

【注意事项】急性期应睡硬板床，绝对卧床 3 周；注意腰部保暖，避免着凉；避免咳嗽、打喷嚏，防止便秘；症状明显好转后，可逐步进行背肌锻炼，并在腰围保护下下地做轻微活动。但是一定要注意不要过度负重，以免影响腰突症状复发；避免剧烈的运动，避免超负荷负重运动；如需经常弯腰劳动者应伸腰、挺胸。

本节疾病的治疗多数会用到非甾体消炎药，此类药物不宜长时间服用，尤其是同时患有肝、肾疾病及高血压、糖尿病患者要注意，以免引起新的不适；有胃肠道疾病、出血倾向等患者应忌用此类药物，过敏体质者慎用。

外用贴膏使用时要擦净皮肤表面，如局部皮肤有瘙痒、红疹等应立即撕掉并积极处理。

第十九章　其他内科疾病

第一节　贫　血

贫血是指人体外周血红细胞容量减少，低于正常范围下限的一种常见的临床症状。临床上常以血红蛋白（Hb）浓度来代替，成年男性 Hb < 120 g/L，成年女性（非妊娠）Hb < 110 g/L，孕妇 Hb < 100 g/L 就有贫血。

【病因】造成贫血的原因常有造血干细胞和造血微环境异常、造血原料不足或利用障碍和急、慢性失血及某些疾病等。

【分类】基于不同的临床特点，贫血有不同的分类。如按贫血进展速度分急、慢性贫血；按红细胞形态分为大细胞性贫血、正常细胞性贫血和小细胞低色素性贫血；按血红蛋白浓度分轻度、中度、重度和极重度贫血；按骨髓红系增生情况分增生性贫血（如溶血性贫血、缺铁性贫血、巨幼细胞贫血等）和增生低下性贫血（如再生障碍性贫血）。

【临床表现】贫血的病因，血液携氧能力下降的程度，血容量下降的程度，发生贫血的速度和血液、循环、呼吸等系统的代偿和耐受能力均会影响贫血的临床表现。

1. 神经系统：头昏、耳鸣、头痛、失眠、多梦、记忆减退、注意力不集中等，乃是贫血缺氧导致神经组织损害所致常见的症状。小儿贫血时可哭闹不安、躁动甚至影响智力发育。

2. 皮肤黏膜：苍白是贫血时皮肤、黏膜的主要表现。皮肤、黏膜颜色变淡。粗糙、缺少光泽甚至形成溃疡是贫血时皮肤、黏膜的另一类表现，可能还与贫血的原发病有关。溶血性贫血，特别是血管外溶血性贫血，可引起皮肤、黏膜黄染。

3. 呼吸循环系统：轻度贫血无明显表现，仅活动后引起呼吸加快加深并有心悸、心率加快。贫血愈重，活动量愈大，症状愈明显。重度贫血时，即使平静状态也可能有气短甚至端坐呼吸。长期贫血，心脏超负荷工作且供氧不足，会导致贫血性心脏病，此时不仅有心率变化，还可有心律失常和心功能不全。

4. 消化系统：导致消化功能减低、消化不良，出现腹部胀满、食欲减低、大便规律和性状的改变等。长期慢性溶血可合并胆道结石和脾大。缺铁性贫血可有吞咽异物感或异嗜症。巨幼细胞贫血或恶性贫血可引起舌炎、舌萎缩、牛肉舌、镜面舌等。

5. 泌尿生殖内分泌系统：引起少尿、无尿、急性肾衰竭。长期贫血影响睾酮的分泌，减弱男性特征；对女性，因影响女性激素的分泌而导致月经异常。长期贫血会影响各内分泌腺体的功能和红细胞生成素的分泌。

【治疗】

1. 对症治疗：纠正贫血，改善体内缺氧状态；急性大量失血患者应迅速恢复血容量并输红细胞纠正贫血。对贫血合并的出血，感染，脏器功能不全应施予不同的支持治疗。积极治疗原发病。本章节只讲述普通贫血的治疗，恶性贫血的治疗略。

2. 对因治疗：如缺铁性贫血应补充铁剂，如硫酸亚铁片、维铁缓释片等，并治疗导致缺铁的原发病；巨幼细胞贫血补充叶酸或维生素 B_{12} 等。

3. 中成药治疗：选择气血双补的中成药口服治疗。如复方阿胶浆、阿胶当归颗粒、归脾丸等。

【注意事项】饮食营养要合理，食物必须多样化，食谱要广，不应偏食，多食含铁及高蛋白的食物，如瘦肉、鱼等；忌食辛辣、生冷不易消化的食物。平时可配合滋补食疗以补养身体；饮食应有规律、有节制，严禁暴饮暴食；劳逸结合，进行适当的体育活动；积极治疗引起贫血的原发病。

第二节　白发、脱发

【病因】

1. 白发：过早白发，可能与遗传有关，但精神创伤、情绪激动、悲观抑郁、营养不良等，也为重要发病因素。有时为某些疾病的症状之一，如常见于肾上腺皮质功能不全、Vogt-Kayanagi 综合征、Alezzandrini 综合征等。

2. 脱发常见的原因和分型：

（1）神经性脱发：精神压力过大时，血液热毒积累，常常出现脱发增多。

（2）内分泌脱发：当发生内分泌异常时多引起脱发疾病，最常见的是倒毛症和雄激素源性脱发。

（3）营养性脱发：机体营养不良和新陈代谢异常可引起发质和发色的改变，严重时导致毛发弥漫性脱发。

（4）物理性脱发：包括机械性刺激或接触放射性物质。

（5）化学性脱发：化学因素可以导致毛发颜色改变甚至脱发。

（6）感染性脱发：主要包括细菌、病毒、真菌、螺旋体、寄生虫等感染。

（7）其他：导致脱发除上述因素外还有症状性脱发、先天性脱发、免疫性脱发、季节性脱发等。

【临床表现】

1. 白发：头发变白较正常人早而快，逐渐性发展，头发间杂逐渐变白，或从头顶开始，或由额部、或由两鬓或整个头部的毛发变白，快慢不一，无自觉不适。少数人伴有头晕耳鸣、神疲乏力、倦怠肢软等症。

2. 脱发的主要症状是头发油腻，如同擦油一样，亦有焦枯发蓬、缺乏光泽，有淡黄色鳞屑固着难剥，或灰白色鳞屑飞扬，自觉瘙痒。若是男性脱发，主要是前头与头顶部，前额的发际与鬓角往上移，前头与顶部的头发稀疏、变黄、变软，终使额顶部一片光秃或有些茸毛；女性脱发在头顶部，头发变成稀疏，但不会完全成片的脱落。

【治疗】

1. 白发：可口服中成药治疗，如天麻首乌胶囊、养血荣发颗粒、益肾乌发口服液等。

2. 脱发：①口服药物调理，如滋补生发片、除脂生发片等；②外涂，米诺地尔溶液局部涂抹。

【注意事项】 白发、脱发患者应保持足够的睡眠、良好的心态，减轻工作压力，平时多锻炼，保持乐观情绪；多食黑色食物，多食新鲜的蔬菜、水果，少食油腻、辛辣刺激性食物；注意保护头发，湿发时避免用力梳头。

第三节　失　　眠

失眠是指无法入睡或无法保持睡眠状态，导致睡眠不足，又称入睡和维持睡眠障碍，为各种原因引起入睡困难、睡眠深度或频度过短、早醒及睡眠时间不足或质量差等的总称，是一种常见病。

【病因】

1. 环境原因：常见的有睡眠环境的突然改变。

2. 个体因素：不良的生活习惯，如睡前饮茶，饮咖啡，吸烟等。

3. 躯体原因：广义地说，任何躯体的不适均可导致失眠。

4. 精神因素：包括因某个特别事件引起兴奋，忧虑所至的机会性失眠。

5. 情绪因素：情绪失控可引起的心境上的改变，也会引发失眠。

6. 安眠药或嗜酒者的戒断反应。

【分类】

1. 按临床表现分类：①睡眠潜入期，入睡时间超过30分钟；②睡眠维持，夜间觉醒次数超过2次或凌晨早醒；③睡眠质量，多噩梦；④总的睡眠时间少于6小时；⑤日间残留效应，次晨感到头昏，精神不振，嗜睡，乏力等。

2. 按严重程度分类：轻度（偶发）、中度（每晚发生）、重度（临床症状表现突出）。

3. 按周期分类：短暂性失眠（小于1周）、短期性失眠（1周至1个月）、长期失眠（大于1个月）。

4. 按时间分类：①发生在睡眠初期，表现为很难入睡，也是最常见的失眠症；②表现为全夜时醒时睡；③发生在睡眠终期，患者过早苏醒，不能再入睡。

慢性失眠又可分为原发性失眠和继发性失眠。

【临床表现】 入睡困难，不能熟睡，睡眠时间减少，早醒、醒后无法再入睡，频频从噩梦中惊醒，自感整夜都在做噩梦，睡之后精力没有恢复。患者发病时间可长可短，短者数天可好转，长者持续数日难以恢复。入睡后容易被惊醒，对声音、灯光敏感。长时间的失眠会导致神经衰弱和抑郁症，而神经衰弱患者的病症又会加重失眠。

中医认为晚上不易入睡属心脾两虚型，临床可见醒后难以入睡、心悸健忘，头晕耳鸣，肢倦神疲，饮食无味，食少便溏，面色少华；多梦易醒属心肾不交型，临床可见睡梦纷云，心悸不安，头晕耳鸣、腰膝酸软，潮热盗汗，五心烦热，口舌生疮，或梦遗滑精，月经不调；心悸多梦属心胆气虚型，临床可见虚烦不眠，胆怯易惊，面色不华，胸胁不适。

【治疗】

1. 一般治疗：保持良好心态，建立规律的生活制度，白天适度的体育锻炼。

2. 药物治疗：

（1）中成药制剂：①心脾两虚型可选择乌灵胶囊、酸枣仁合剂等；②心肾不交型可选择脑灵片、脑心舒等；③心胆气虚型可选择养心安神丸、柏子养心丸等。

（2）镇静催眠类：如佐匹克隆等。

（3）维生素类：如维生素 B_1、谷维素等。

3. 物理治疗：可选择足底按摩等方法治疗。

【注意事项】卧室的环境要适宜睡眠，需安静，足够黑暗；可在睡前喝杯牛奶有利于入睡，睡前不宜吃得过饱，不要喝浓茶、咖啡等影响睡眠的饮料；养成良好的睡眠习惯，睡觉前热水泡脚，定时睡觉；睡前不宜在床上看书，看电视等；白天适当的运动，保持良好的心态均有利于睡眠。

第四节　糖尿病

糖尿病是一组以慢性血葡萄糖（简称血糖）水平增高为特征的代谢性疾病，是由于胰岛素分泌和（或）作用缺陷所引起。长期糖类以及脂肪、蛋白质代谢紊乱可引起多系统损害，导致眼、肾、神经、心脏、血管等组织器官的慢性进行性病变、功能减退及衰竭；病情严重或应激时可发生急性严重代谢紊乱，如糖尿病酮症酸中毒（DKA）、高血糖高渗状态等。本病使患者生活质量降低，寿命缩短，病死率增高，应积极防治。

【病因】糖尿病的病因和发病机制极为复杂，至今未完全阐明。不同类型糖尿病的病因不尽相同，即使在同一类型中也存在着异质性。

1. 1 型糖尿病：绝大多数 1 型糖尿病是自身免疫性疾病、遗传因素和环境因素共同参与其发病过程。

（1）多基因遗传因素：1 型糖尿病存在着遗传异质性，遗传背景不同的亚型其病因及临床表现不尽相同。

（2）环境因素：病毒感染及化学毒性物质和饮食因素等均可导致糖尿病的发生。

（3）自身免疫：1 型糖尿病为自身免疫性疾病，包括体液免疫、细胞免疫。

2. 2 型糖尿病：包括遗传因素和环境因素、胰岛素抵抗和 B 细胞功能缺陷、葡萄糖毒性和脂毒性等因素。

【分类】目前国际上通用 WHO 糖尿病专家委员会提出的病因学分型标准（1999）：

1. 1 型糖尿病（T1DM）：B 细胞破坏，常导致胰岛素绝对缺乏。

2. 2 型糖尿病（T2DM）：从以胰岛素抵抗为主伴胰岛素分泌不足到以胰岛素分泌不足为主伴胰岛素抵抗。

3. 其他特殊类型糖尿病。

4. 妊娠期糖尿病（GDM）。

【临床表现】

1. 基本临床表现：为代谢紊乱症状群。血糖升高后因渗透性利尿引起多尿，继而口渴多饮；外周组织对葡萄糖利用障碍，脂肪分解增多，蛋白质代谢负平衡，渐见乏力、消瘦，儿童生长发育受阻；为了补偿损失的糖、维持机体活动，患者常易饥、多食，故糖尿病的临床表现常被描述为"三多一少"，即多尿、多饮、多食和体重减轻。可有皮肤瘙痒，尤其外阴瘙痒。血糖升高较快时可使眼房水、晶体渗透压改变而引起屈光改变致视力模糊。许多患者无任何症状，仅于健康检查或因各种疾病就诊化验时发现高血糖。

2. 常见类型糖尿病的临床特点：

（1）1型糖尿病：①自身免疫性1型糖尿病（1A型），诊断时临床表现变化很大，可以是轻度非特异性症状、典型三多一少症状或昏迷，取决于病情发展阶段。多数青少年患者起病较急，症状较明显；这类患者很少肥胖，但肥胖不排除本病可能性。②特发性1型糖尿病（1B型），通常急性起病，胰岛B细胞功能明显减退甚至衰竭，临床上表现为糖尿病酮症甚至酸中毒，但病程中B细胞功能可以好转以至于一段时期无须继续胰岛素治疗。

（2）2型糖尿病：一般认为，95%糖尿病患者为2型糖尿病。本病为一组异质性疾病，可发生在任何年龄，但多见于成人，常在40岁以后起病；多数发病缓慢，症状相对较轻，半数以上无任何症状，临床上肥胖症、血脂异常、脂肪肝、高血压、冠心病、IGT（糖耐量减低）或2型糖尿病等疾病常同时或先后发生，并伴有高胰岛素血症，目前认为这些均与胰岛素抵抗有关，称代谢综合征。

（3）青年人中的成年发病型糖尿病（MODY）：是一组高度异质性的单基因遗传病。主要临床特征有：①有3代或以上家族发病史，且符合常染色体显性遗传规律；②发病年龄小于25岁；③无酮症倾向，至少5年内无须胰岛素治疗。

（4）妊娠期糖尿病：妊娠过程中初次发现的任何程度的糖耐量异常，均可认为是GDM。GDM妇女分娩后血糖可恢复正常，但有若干年后发生T2DM的高度危险性；此外，GDM患者中可能存在各种类型糖尿病，因此，应在产后6周复查。

3. 并发症：

（1）急性严重代谢紊乱：指糖尿病酮症酸中毒（DKA）和高血糖高渗状态。

（2）感染性并发症：糖尿病患者常发生疖、痈等皮肤化脓性感染，可反复发生，有时可引起败血症或脓毒血症。皮肤真菌感染如足癣、体癣也常见。真菌性阴道炎和巴氏腺炎是女性患者常见并发症，多为白假丝酵母菌感染所致。糖尿病合并肺结核的发生率较非糖尿病者高，病灶多呈渗出干酪性，易扩展播散，形成空洞。肾盂肾炎和膀胱炎多见于女性患者，反复发作可转为慢性。

（3）慢性并发症：包括动脉粥样硬化等大血管病变，糖尿病肾病、糖尿病性视网膜病变、糖尿病心肌病等微血管病变，神经系统并发症，糖尿病足，视网膜黄斑病（水肿）、白内障等眼部各类并发症。

【治疗】国际糖尿病联盟（IDF）提出了糖尿病治疗的5个要点分别为：医学营养治疗、运动疗法、血糖监测、药物治疗和糖尿病健康教育。

1. 医学营养治疗：有利于减轻体重，改善糖、脂代谢紊乱和高血压以及减少降糖药物剂量。医学营养治疗方案包括计算总热量、营养物质含量、合理分配、随访等。

2. 运动疗法：宜在餐后进行，运动量不过大，持续时间不宜过长。

3. 血糖监测：尽早发现有关并发症，给予相应治疗。

4. 药物治疗：

（1）促胰岛素分泌剂：①磺脲类，主要作用为刺激胰岛B细胞分泌胰岛素，代表药物有格列本脲、格列吡嗪、格列齐特等。②格列奈类，可改善早相胰岛素分泌。降血糖作用快而短，主要用于控制餐后高血糖。低血糖发生率低、程度较轻而且限于餐后期间。代表药物有瑞格列奈、那格列奈。

（2）双胍类：主要作用机制为抑制肝葡萄糖输出，也可改善外周组织对胰岛素的敏感性、增加对葡萄糖的摄取和利用。适用于无明显消瘦的患者以及伴血脂异常、高血压或高胰岛素血症的患者，作为一线用药。代表药物有二甲双胍。

（3）噻唑烷二酮类：主要通过激活过氧化物酶体增殖物激活受体γ（PPARγ）起作用，可改善胰岛B细胞功能。单独或与其他降糖药物合用治疗T2DM患者，尤其是肥胖、胰岛素抵抗明显者。代表性药物有罗格列酮、吡格列酮。

（4）α-葡萄糖苷酶抑制药（AGI）：可延迟糖类吸收，降低餐后高血糖。代表性药物有阿卡波糖、伏格列波糖。

5. 糖尿病健康教育：是重要的基础治疗措施之一。可充分调动患者的主观能动性，积极配合治疗，有利于疾病控制达标、防止各种并发症的发生和发展。

6. 胰岛素治疗：适应于T1DM，DKA、高血糖高渗状态和乳酸性酸中毒伴高血糖，各种严重的糖尿病急性或慢性并发症，手术、妊娠和分娩，T2DM B细胞功能明显减退者，某些特殊类型糖尿病。目前常用的有长效胰岛素，如精蛋白锌胰岛素注射液、甘精胰岛素注射液；中效胰岛素，如低精蛋白锌胰岛素（N笔芯）、门冬胰岛素30注射液（特充）；短效胰岛素，如生物合成人胰岛素注射液（R笔芯）；胰岛素制剂有基因重组人胰岛素和猪胰岛素。

7. 糖尿病慢性并发症的治疗：应积极有效的治疗糖尿病相关并发症，如视网膜病变、微循环病变等。

8. 中成药治疗：选择具有滋阴补肾、健脾生津作用的中成药治疗气阴两虚型糖尿病。如消渴灵片、甘露消渴胶囊、降糖宁胶囊等。

【注意事项】避免肥胖，维持理想且合适的体重；定时定量，每餐饮食按照计划分量进食，不可任意增减；烹调多采用清蒸、水煮、凉拌、涮、烤、烧、炖、卤等方式，不可太咸，食盐摄入量6 g以下为宜。少吃胆固醇含量高的食物，如动物内脏类食物；加强体育锻炼，适当的运动；选用含纤维质高的食物，如未加工的粗粮、蔬果等；控制含糖量较高的食物；规律用药，定期复诊。

第二十章　肛肠科疾病

痔疮

痔疮是最常见的肛肠疾病，任何年龄都会发病，是人体直肠末端黏膜下和肛管皮肤下静脉丛发生扩张和屈曲所形成的柔软静脉团，又称痔核、痔病、痔疾等。

【病因】

1. 解剖学原因：直肠位于下部，由于重力和脏器的压迫，静脉向上回流颇受障碍，容易淤积，影响血液回流，周围缺乏固定，易扩张屈曲。

2. 腹内压力增加：因腹内肿瘤、子宫肿瘤、卵巢肿瘤、前列腺肥大、妊娠、饮食过饱或蹲厕过久等，可使腹内压增加，妨碍静脉的血液回流。

3. 肛门部感染：痔静脉丛先因急、慢性感染发炎，静脉壁弹性组织逐渐纤维化而变弱，抵抗力不足，而致扩大曲张，引发痔疮。

4. 遗传关系：静脉壁先天性薄弱，抗力减低，不能耐受血管内压力，因而逐渐扩张。

5. 职业关系：如久站或久坐，长期负重远行的工作。

6. 局部刺激和饮食不节：肛门部位受冷、受热、便秘、腹泻、过量饮酒和多吃辛辣食物，都可刺激肛门和直肠，使痔疮静脉丛充血，影响静脉血液回流，以致静脉壁抵抗力下降。此外，年高体弱、久病体虚、肛门括约肌松弛无力，劳累过度等都可以诱发痔疮的形成。

【分类】痔疮包括内痔、外痔、混合痔。

【临床表现】

1. 内痔：常见症状为出血、脱垂、肿胀、疼痛，分为4度。

Ⅰ度：便时带血、滴血，便后出血可自行停止；无痔疮脱出。

Ⅱ度：常有便血；排便时有痔疮脱出，便后可自行还纳。

Ⅲ度：可有便血；排便或久站及咳嗽、劳累、负重时有痔疮脱出，需用手还纳。

Ⅳ度：可有便血；痔疮持续脱出或还纳后易脱出。

2. 外痔：平时无特殊症状，发生血栓及炎症可有肿胀、疼痛。

3. 混合痔：主要表现为内痔和外痔的症状同时存在。

【治疗】痔疮的治疗应遵循3个原则：①无症状的痔无须治疗；②有症状的痔重在消除或减轻症状，而非根治；③以保守治疗为主。

1. 一般治疗：增加纤维性食物，改变不良的大便习惯，保持大便通畅，防治便秘和腹泻；热水坐浴可改变局部血液循环。

2. 药物治疗：①局部用药，直肠给药，如麝香痔疮栓、复方角菜酸酯；外涂药，如马应龙麝香痔疮膏。②口服用药，选择疏风润燥、凉血泄热的中成药口服治疗，如地榆槐角丸、三七化痔丸等药物。

3. 注射疗法、手术治疗：用于一般治疗、口服外用药物治疗效果不佳的人群。

【注意事项】加强体育锻炼，改善肛门血液循环，有意识地向上收缩肛门，早、晚各 1 次，每次做 30 次，这是一种内按摩的方法，可锻炼肛门括约肌，升提中气；忌食辛辣刺激性食物，如辣椒、烟酒等；积极治疗引起腹压增加的疾病。

第二十一章 泌尿科疾病

第一节 细菌性尿路感染

尿路感染是指各种病原微生物（多数为细菌感染，极少数可有真菌、原虫、病毒）在尿路中生长、繁殖而引起的尿路感染性疾病。多见于育龄期妇女、老年人、免疫力低下及尿路畸形者。临床上最常见为细菌性尿路感染。

【病因】

1. 病原微生物感染：革兰阴性杆菌为尿路感染最常见致病菌，其中以大肠埃希菌最为常见，占全部尿路感染的80%～90%，其次为变形杆菌、克雷伯菌属。

2. 感染途径：①上行感染，病原菌经由尿道上行至膀胱，甚至输尿管、肾盂引起的感染约占尿路感染的95%。某些因素如性生活、尿路梗阻、医源性操作、生殖器感染等可导致上行感染的发生。②血行感染，指病原菌通过血运到达肾脏和尿路其他部位引起的感染。多发生于患有慢性疾病或接受免疫抑制药治疗的患者。③直接感染，泌尿系统周围器官、组织发生感染时，病原菌偶可直接侵入泌尿系统导致感染。④淋巴管感染，盆腔和下腹部的器官感染时，病原菌可从淋巴管感染泌尿系统。

3. 机体防御功能：正常情况下，进入膀胱的细菌很快被清除，是否发生尿路感染除与细菌的数量、毒力有关外，还取决于机体的防御功能。

4. 易感因素：尿路梗阻、膀胱输尿管反流、机体免疫力低下、妊娠、性别和性生活、医源性因素、泌尿系统结构异常、遗传因素均可导致细菌性尿路感染的发生。

【分类】 根据感染发生部位可分为上尿路感染和下尿路感染，前者系指肾盂肾炎，后者主要指膀胱炎。肾盂肾炎、膀胱炎又有急性和慢性之分；根据有无尿路功能或结构的异常，又可分为复杂性、非复杂性尿感。

【临床表现】

1. 膀胱炎：占尿路感染的60%以上。主要表现为尿频、尿急、尿痛、排尿不适、下腹部疼痛等，部分患者迅速出现排尿困难。尿液常混浊，并有异味，约30%可出现血尿。一般无全身感染症状，少数患者出现腰痛、发热，但体温常不超过38.0℃。如患者有突出的系统表现，体温 >38.0℃，应考虑上尿路感染。

2. 肾盂肾炎：

（1）急性肾盂肾炎：可发生于各年龄段，育龄女性最多见。临床表现与感染程度有关，通常起病较急。出现发热、寒战、头痛、全身酸痛、恶心、呕吐等全身症状，体温多在38.0℃以上；尿频、尿急、尿痛、排尿困难、下腹部疼痛、腰痛等泌尿系统症状。

（2）慢性肾盂肾炎：临床表现复杂，全身及泌尿系统局部表现均不典型。一半以上患者可有急性肾盂肾炎病史，后出现程度不同的低热、间歇性尿频、排尿不适、腰部酸痛及肾小管功能受损表现，如夜尿增多、低密度尿等。病情持续可发展为慢性肾衰竭。急性发作时患者症状明显，类似急性肾盂肾炎。

3. 无症状细菌尿：是指患者有真性细菌尿，而无尿路感染的症状。

【治疗】

1. 一般治疗：急性期注意休息，多饮水，勤排尿。发热者给予易消化、高热量、富含维生素饮食。膀胱刺激征和血尿明显者，可口服碳酸氢钠片以碱化尿液、缓解症状、抑制细菌生长、避免形成血凝块。尿路感染反复发作者应积极寻找病因，及时祛除诱发因素。

2. 抗感染治疗：

（1）用药原则：①选用致病菌敏感的抗生素；②抗生素在尿和肾内的浓度要高；③选用肾毒性小，不良反应少的抗生素；④单一药物治疗失败、严重感染、混合感染、耐药菌株出现时应联合用药；⑤对不同类型的尿路感染给予不同治疗时间。

（2）常用药物：选择对革兰阴性杆菌有效的抗菌药物，如头孢呋辛酯、复方磺胺甲噁唑、诺氟沙星等。

3. 中药治疗：选择清热解毒、利湿通淋作用的中成药进行治疗。如清淋颗粒、三金片、肾复康胶囊、八正合剂等。

【注意事项】 坚持多饮水、勤排尿，是最有效的预防方法；注意会阴部清洁；尽量避免尿路器械的使用；与性生活有关的尿感，应于性交后立即排尿，并注意局部卫生；忌食辛辣刺激性食物，多吃新鲜蔬菜、水果，提高自身免疫力。

第二节　尿路结石

尿路结石是最常见的泌尿外科疾病之一。男性多于女性，4∶1～5∶1。一般在人体的肾盂、输尿管、膀胱、尿道容易出现结石。

【病因】 许多因素影响尿路结石的形成。尿中形成结石晶体的盐类呈超饱和状态，尿中抑制晶体形成物质不足和核基质的存在，是形成结石的主要因素。

1. 流行病学因素：包括年龄、性别、职业、社会经济地位、饮食成分和结构、水分摄入量、气候、代谢和遗传等因素。

2. 尿液因素：形成结石物质排出过多，尿液中钙、草酸、尿酸排出量增加；尿酸性减低，pH 值增高；尿量减少，使盐类和有机物质的浓度增高；尿中抑制晶体形成物质含量减少，如枸橼酸、焦磷酸盐、镁、酸性黏多糖、某些微量元素等；解剖结构异常，如尿路梗阻，导致晶体或基质在引流较差部位沉积，尿液滞留继发尿路感染，有利于结石形成。

3. 尿路感染：大多数草酸钙结石原因不明。磷酸钙和磷酸镁铵结石与感染和梗阻有关。尿酸结石与痛风等有关。

【临床表现】 泌尿系结石的大小差别很大，大者可如鸡蛋黄，直径达5～6 cm，小者可如细沙。结石在原发部位静止时，患者常没有任何不适感，或仅觉轻度腰腹部胀坠感。结石活动或下移时可引起患者腰腹部绞痛，程度重，难以忍受。常伴恶心呕吐、小便发红等症状。完全阻塞尿路后尿液反流可引起肾积水，并发逆行感染出现发热乏力、嗜睡烦躁等中毒症状，甚至导致肾积脓。最终因为尿液压迫肾脏，出现肾坏死、尿毒症。

【治疗】

1. 一般治疗：大量饮水可促进小结石排泄。

2. 药物治疗：

（1）解痉止痛药：选择阿托品、山莨菪碱等解痉止痛药缓解肾绞痛，疼痛严重时可考虑给予吗啡类止痛药。

（2）抗感染治疗：对于肾结石合并感染时可选择左氧氟沙星、头孢呋辛酯口服，治疗。

（3）调节尿液 pH 值：可选择碳酸氢钠。

（4）排石类药物：如枸橼酸钾、醋羟胺酸。

（5）中成药治疗：选择有通淋利湿，化石止痛作用的中成药口服，治疗体积较小的肾结石。如排石颗粒、消石灵、五淋化石胶囊。

3. 手术治疗：适用于结石体积较大或者口服药物无效的患者。

【注意事项】预防和治疗引发结石的原发病，如泌尿系感染；大量饮水，调节饮食结构，注意饮水卫生；多运动，少坐少躺，体力好时可在大量饮水后做原地跳跃活动（依据患者体质而定）；少食含有草酸类的食物，如菠菜、草莓等。

第三节　前列腺炎

前列腺炎是指前列腺受到致病菌感染和（或）某些非感染因素刺激而出现的骨盆区域疼痛或不适、排尿异常、性功能障碍等临床表现，是成年男性常见的疾病。

【病因】前列腺炎发病机制目前尚不十分清楚，可能与以下因素有关。

1. 大多数急性前列腺炎由尿道上行感染所致，如经尿道器械操作。

2. 慢性前列腺炎致病因素亦主要为病原体感染，病原体主要为葡萄球菌属，其次为大肠埃希菌、棒状杆菌属及肠球菌属等。

【分类】根据目前对前列腺炎的基础和临床研究情况，1995 年美国国立卫生研究院制定了一种新的分类方法。

1. Ⅰ型：急性细菌性前列腺炎（ABP）。

2. Ⅱ型：慢性细菌性前列腺炎（CBP），占慢性前列腺炎的 5%～8%。

3. Ⅲ型：慢性前列腺炎/慢性骨盆疼痛综合征，根据 EPS/精液/VB3 常规显微镜检结果，该型又可再分为ⅢA（炎症性 CPPS）和ⅢB（非炎症性 CPPS）。

4. Ⅳ型：无症状性前列腺炎（AIP），无主观症状，仅在有关前列腺方面的检查时发现炎症证据。

【临床表现】

1. Ⅰ型（急性细菌性前列腺炎）：起病急，可表现为寒战、高热，伴有持续和明显的下尿路感染症状，如尿频、尿急、尿痛、排尿烧灼感，排尿困难、尿潴留，后尿道、肛门、会阴区坠胀不适。血液和尿液中白细胞数量升高，细菌培养阳性。

2. Ⅱ型（慢性细菌性前列腺炎）：有反复发作的下尿路感染症状（如Ⅰ型），持续时间超过 3 个月。

3. Ⅲ型（慢性前列腺炎）：主要表现为骨盆区域疼痛，可见于会阴、阴茎、肛周部、尿道、耻骨部或腰骶部等部位。排尿异常可表现为尿急、尿频、尿痛和夜尿增多等。由于慢性疼痛久治不愈，患者生活质量下降，并可能有性功能障碍、焦虑、抑郁、失眠、记忆力下降等。

4. Ⅳ型（无症状性前列腺炎）：无主观症状，仅在有关前列腺方面的检查时发现炎症证据。

【治疗】

1. Ⅰ型（急性细菌性前列腺炎）：积极卧床休息，输液，应用抗菌药物及大量饮水，并使用解痉止痛、退热等药物以缓解症状。

（1）抗菌药物：常选用复方磺胺甲噁唑；喹诺酮类如环丙沙星、氧氟沙星；以及头孢菌素、妥布霉素、氨苄西林、红霉素等。如厌氧菌感染则用甲硝唑。7天为1个疗程，可延长至14天。

（2）解痉止痛药：可选择阿托品、山莨菪碱等。

（3）手术治疗：急性细菌性前列腺炎伴尿潴留者或并发前列腺脓肿时可手术治疗。

2. Ⅱ型和Ⅲ型（慢性细菌性前列腺炎、慢性前列腺炎）：治疗目标主要是缓解疼痛、改善排尿症状和提高生活质量。

（1）一般治疗：健康教育、心理和行为辅导有积极作用。患者应戒酒，忌辛辣刺激食物；避免憋尿、久坐，注意保暖，加强体育锻炼。

（2）药物治疗：①抗生素，首选大环内酯类、磺胺类药、多西环素等具有较强穿透力的抗菌药物，亦可用喹诺酮类、头孢菌素类，如左氧氟沙星片、头孢克肟、罗红霉素分散片等；②α受体阻滞药，能松弛前列腺和膀胱等部位的平滑肌而改善下尿路症状和疼痛，因而成为治疗Ⅱ型/Ⅲ型前列腺炎的基本药物，可选择坦索罗辛和特拉唑嗪等；③中成药制剂，如普乐安片、前列舒丸、前列泰胶囊等；④非甾体抗炎镇痛药，其主要目的是缓解疼痛和不适，可选用布洛芬缓释胶囊。

3. 其他治疗：

（1）前列腺按摩：可促进前列腺腺管排空并增加局部的药物浓度，进而缓解慢性前列腺炎患者的症状。

（2）热疗：增加前列腺组织血液循环，加速新陈代谢，有利于消炎和消除组织水肿。

【注意事项】因前列腺外表包裹着一层厚厚的包膜，很多抗菌药物很难到达前列腺内部，要选择穿透力强的药物治疗，并要大剂量、长时间才能达到一定的治疗效果；患者应自我进行心理疏导，保持开朗乐观的生活态度，并应戒酒，忌辛辣刺激食物，多饮水；避免憋尿、久坐及长时间骑车、骑马，注意保暖，加强体育锻炼；避免过频的性生活。

第四节　前列腺增生

前列腺增生又称良性前列腺增生，是引起男性老年人排尿障碍原因中最为常见的一种良性疾病。一般在40岁后开始发生增生的病理改变，50岁后出现相关症状。

【病因】前列腺增生的发生原因目前仍不完全清楚，老龄和有功能的睾丸是前列腺增生的两个重要因素。男性在35岁以后前列腺可有不同程度的增生，多在50岁以后出现临床症状；随着年龄的增长体内性激素水平失调以及雌、雄激素的协同效应等，可能是前列腺增生的重要原因。

【临床表现】前列腺增生的症状主要表现为两组症状：一类是膀胱刺激征；另一类是因增生前列腺阻塞尿路产生的梗阻性症状。

1. 膀胱刺激征：尿频、尿急、夜尿增多及急迫性尿失禁。尿频是前列腺增生的早期信号，尤其夜尿次数增多更有临床意义；排尿无力、尿线变细和尿滴沥；血尿。

2. 排尿困难、尿潴留：排尿困难是前列腺增生最重要的症状，表现为排尿迟缓、断续、尿细流而无力、射程短、终末滴沥、排尿时间延长；如梗阻严重，残余尿量较多时，常需要用力并增加腹压以帮助排尿，当梗阻加重达一定程度时逐渐发生尿潴留导致尿液无法排出而发生尿潴留并出现尿失禁。可因受凉、饮酒、憋尿时间过长或感染等原因导致尿液无法排出而发生急性尿潴留。

【治疗】目前，前列腺增生的治疗方式有等待观察、药物治疗、手术治疗和微创治疗等。针对患者的具体情况，选择合理的治疗方案，尽量避免并发症和风险的发生。

1. 等待观察：如果前列腺增生对患者的生活质量影响较小且无明显苦恼，患者可以选择等待观察。当患者出现病情进展时，需要积极进行干预。

2. 药物治疗：

（1）$α_1$ 受体阻滞药：能减少前列腺和尿道平滑肌的张力，从而缓解膀胱出口梗阻，是目前治疗前列腺增生的一线用药。常用的药物有特拉唑嗪、坦索罗辛等。

（2）$5α$ 还原酶抑制药：通过抑制 $5α$ 还原酶的活性，减少前列腺内双氢睾酮的含量，以达到减少前列腺体积的目的。服用 $5α$ 还原酶抑制药后，前列腺体积的缩小很缓慢，症状的缓解至少需要 $3\sim6$ 个月。常用的药物有非那雄胺。

（3）植物类药物：可选用舍尼通（普适泰）、普乐安片、前列平等。

3. 手术治疗：当前列腺增生导致反复尿潴留、反复血尿、反复泌尿系感染、膀胱结石及继发性双肾积水等并发症时，建议采用手术治疗。

【注意事项】前列腺增生患者要忌食辛辣刺激性食物，忌烟酒，多饮水，可多食含有番茄红素的食物，如西红柿等；避免久坐、憋尿，合理性生活，避免过频的性生活；注意保暖，加强体育锻炼。

第二十二章　妇科疾病

第一节　阴道炎

阴道炎是阴道黏膜及黏膜下结缔组织的炎症，是妇科门诊常见的疾病。正常健康妇女，由于解剖学及生物化学特点，阴道对病原体的侵入有自然防御功能，当阴道的自然防御功能遭到破坏，则病原体易于侵入，导致阴道炎症。

【病因】

1. 内部感染：正常情况下，阴道内以阴道杆菌占优势，还有少量厌氧菌、支原体及假丝酵母菌。这些菌群形成一种正常的生态平衡；当人体免疫力低下、内分泌激素发生变化，或外来因素如组织损伤、性交，破坏了阴道的生态平衡时，这些常住的菌群会变成致病菌，冲破阴道屏障而引起感染。

2. 外界感染：主要是接触被感染的公共场所的坐便器、浴盆、浴池坐椅、毛巾，使用不洁卫生纸等都可以造成感染。

【分类】常见的阴道炎有细菌性阴道炎、滴虫性阴道炎、假丝酵母菌性阴道炎（真菌性阴道炎）、老年性阴道炎。

【临床表现】

1. 细菌性阴道炎：10%～40%患者临床无症状，有症状时主要表现为阴道分泌物增多，有恶臭味，可伴有轻度外阴瘙痒或烧灼感。分泌物呈灰白色，均匀一致，稀薄，黏度很低，容易将分泌物从阴道壁拭去。

2. 真菌性阴道炎：最为常见的症状是白带多，外阴及阴道灼热瘙痒。波及尿道，也可有尿频、尿急、尿痛等症。其中白带为典型的呈凝乳状或为稠厚豆渣样，阴道及阴道前庭黏膜高度水肿，覆有白色凝乳状薄膜，呈点状或片状分布，易剥离，其下为受损潮红基底，或形成溃疡，或留下瘀斑，严重者小阴唇肿胀粘连。

3. 滴虫性阴道炎：主要有白带增多，呈乳白色或黄绿色，有时为脓性白带，常呈泡沫状，有臭味，严重者有血性白带，伴有尿痛、尿频、血尿等症状。

4. 老年性阴道炎：即萎缩性阴道炎，主要有白带增多，色黄，呈水状，严重时呈脓性，有臭味，有时可有血性或伴点滴出血，外阴有瘙痒或灼热感，干痛，下腹部坠胀，波及尿道时，有尿频、尿急、尿痛等症状。

【治疗】

1. 局部治疗：

（1）洗剂：①西药洗剂，细菌性阴道炎、滴虫性阴道炎可选择含甲硝唑、氯己定成分的洗剂冲洗阴道；真菌性阴道炎可选择碳酸氢钠溶液冲洗阴道。②中药洗剂，常选用清热祛湿、杀虫止痒类的洗剂冲洗阴道，如复方苦参洗剂、洁尔阴洗剂、复方黄松洗剂等。

（2）外用栓剂：①细菌性、滴虫性阴道炎，可选择抗厌氧菌类的外用栓剂，如甲硝唑栓等；②真菌性阴道炎，可选择抗真菌类的外用栓剂，如克霉唑栓、硝酸咪康唑栓等；③中药制剂的栓剂，中药制剂的栓剂可适用于各类型阴道炎，常选用清热解毒、去腐生肌类的药物进行治疗，如妇宁栓、消糜栓、洁尔阴泡腾片等。

2. 口服药物：

（1）西药制剂：可根据阴道炎的类型，选择合适的抗菌药物，如真菌性阴道炎选择抗真菌药口服，如氟康唑片；细菌性、滴虫性阴道炎可选择甲硝唑、头孢菌素类药物口服，如替硝唑片、奥硝唑分散片。

（2）中成药制剂：选用清热解毒、除湿止带类的中成药口服治疗，如妇炎康片、妇科千金胶囊、妇科止带片等药物。

3. 如有老年性阴道炎，可选择结合雌激素软膏外用治疗。

【注意事项】患有阴道炎的人群，饮食上要忌食辛辣刺激性食物，患有真菌性阴道炎的人群还要忌食含糖量高的食物；注意个人卫生，保持外阴清洁干燥，勤清洗内衣并注意消毒（在太阳下曝晒）；不穿尼龙内裤、过紧的裤子，保持良好的透气性；注意夫妻双方同治，减少交叉感染的机会；按疗程用药，一般每个月用1个疗程，连用3个月，以减少复发概率。

第二节　宫颈炎

宫颈炎是妇科最常见的疾病。正常情况下，宫颈具有多种防御功能，很少引起炎症，当宫颈受到分娩、宫腔操作等的机械性损伤后，宫颈管单层柱状上皮抗感染能力较差，并且由于宫颈管黏膜皱襞多，一旦发生感染，很难将病原体完全清除．而导致慢性宫颈炎症。

【病因】

1. 常见的病原体：①性传播疾病病原体，淋病奈瑟菌及沙眼衣原体等；②内源性病原体，部分宫颈炎的病原体与细菌性阴道炎、生殖支原体有关。

2. 宫颈炎受性交、分娩及宫腔操作等的损伤后，再由病原菌感染引起。

【分类】宫颈炎可根据发病缓急分为急性宫颈炎、慢性宫颈炎。而慢性宫颈炎又可由宫颈糜烂、宫颈肥大、宫颈息肉、宫颈腺体囊肿等几部分组成。宫颈糜烂根据严重程度又可分为Ⅰ、Ⅱ、Ⅲ度宫颈糜烂。

【临床表现】

1. 急性宫颈炎：多发生于产褥感染或感染性流产。阴道毛滴虫、真菌及淋病感染常同时伴有急性宫颈炎。白带增多是急性宫颈炎最常见的，有时甚至是唯一的症状，常呈脓性。由于宫颈炎常与尿道炎、膀胱炎或急性阴道炎、急性子宫内膜炎等并存，常使宫颈炎的其他症状被掩盖，如不同程度的下腹部、腰骶部坠痛及膀胱刺激征等。急性淋病奈瑟菌性宫颈炎时，可有不同程度的发热和白细胞增多。

2. 慢性宫颈炎：是子宫颈部的慢性糜烂性或增殖性炎症，多由急性宫颈炎转化而来。为临床常见多发病，主要是行经和性生活对子宫颈的刺激所致。临床表现为白带增多、黏稠，或成脓性，或带血丝，或伴有性交痛，性交后阴道出血，下腹坠痛，严重者有接触性出血，并引起不孕。常和阴道炎、附件炎同时发病。宫颈糜烂严重时易引发癌变，必要时要做子宫颈涂片或活体组织检查，排除恶性病变。

【治疗】

1. 局部治疗：

（1）洗剂：如患者有白带增多、瘙痒、有异味时，可选择清热祛湿、杀虫止痒类的中药洗剂，或杀菌消炎类的西药洗剂冲洗阴道，常选用复方苦参洗剂、洁尔阴洗剂、复方黄松洗剂、复方甲硝唑氯己定洗剂等。

（2）外用栓剂：可先选择抗菌类的外用制剂，如甲硝唑栓、双唑泰泡腾片等杀菌消炎；再选择中药制剂的栓剂清热祛湿、去腐生肌，如妇宁栓、消糜栓、宫颈炎康栓等。

2. 口服药物：

（1）西药制剂：可选择合适的抗菌药物，如甲硝唑、头孢克肟口服，必要时根据情况可选择治疗支原体感染类的药物，如阿奇霉素、罗红霉素等。

（2）中成药制剂：可选择具有清热解毒、除湿止带类的中成药口服治疗，如妇炎康片、妇科千金胶囊、抗宫炎胶囊等药物。

3. 手术治疗：严重的宫颈炎患者可进行手术治疗。

【注意事项】尽量避免计划外怀孕，减少做人工流产的机会；注意个人卫生，尤其是经期、流产后及产褥期，尽量避免感染；忌食辛辣刺激性食物；治疗期间忌房事，以免加重病症；严重宫颈糜烂患者，尤其是生育过的患者，可建议手术治疗，以加速修复。未产女性，尽量保守治疗，以免影响后期正常生产；宫颈炎需积极治疗，以防引发不孕症和宫颈癌。

第三节　附件炎

　　附件炎一般是指输卵管和卵巢的炎症，但输卵管、卵巢炎常常合并有宫旁结缔组织炎、盆腔腹膜炎，且在诊断时也不易区分，所以就将盆腔腹膜炎、宫旁结缔组织炎划入附件炎范围了。

【病因】

1. 常见的感染因素：宫内放置节育器、产科手术感染、经期同房、分娩或流产，抵抗力下降、性病感染等各类原因均可导致附件炎的发生。

2. 其他因素：长时间坐着缺少活动，导致静脉回流受阻，影响子宫附件的正常排毒功能，很容易发生炎症；常穿紧身裤，会阴部不透气，阴道排泄物积聚，引发炎症，并上行而诱发附件炎；不合理的外阴清洗，如清洗顺序不对、仅用清水冲洗或用碱性沐浴露都会破坏阴部的酸碱平衡，而最终引发附件炎症；体内其他部位潜藏感染病灶未经及时治疗，病原菌可经血传至输卵管与卵巢引发附件炎。

【分类】根据发病缓急临床上可分为急性附件炎和慢性附件炎。

【临床表现】

1. 急性附件炎：以急性下腹痛为主，伴有发热，白带呈脓性或均质性黏液状。妇科检查时附件区有明显压痛和反跳痛，如果治疗不及时或治疗不彻底，可转为慢性附件炎。

2. 慢性附件炎：慢性炎症反复发作，迁延日久，使盆腔充血，结缔组织纤维化，盆腔器官相互粘连。患者有程度不同的腹痛，出现下腹部坠胀、疼痛及腰骶酸痛等症状，时轻时重，并伴有白带增多、腰疼、月经失调等，且往往在经期或劳累后加重。妇科检查时双侧或单侧附件区压痛，增厚感，或出现压痛性的包块，白细胞计数升高或正常。

【治疗】

1. 一般治疗：保持卧床休息，半卧位有利于脓液积聚于直肠子宫陷凹使炎症局限。可多食高蛋白、高维生素类的食物。

2. 药物治疗：

（1）外用药物：可选择盆炎净栓、妇宁栓等外用制剂直肠给药；清热解毒、杀虫止痒类的洗剂外洗，如洁尔阴洗剂、复方苦参洗剂等。

（2）西药口服治疗：可选择合适的抗生素进行口服治疗，如抗厌氧菌的甲硝唑、头孢菌素类的头孢克肟等。

（3）中成药治疗：选择具有活血化瘀、软坚散结、清热解毒类的中成药口服治疗。如金刚藤胶囊、妇科千金胶囊、金鸡胶囊等。

3. 手术治疗：因炎症引起的较大输卵管积水或输卵管卵巢囊肿，可行手术治疗。

【注意事项】加强经期、产后、流产后的个人卫生，经常清洗外阴（每周 2～3 次），勤换内裤及卫生巾；避免受风寒，不宜过度劳累；饮食应清淡食物为主，多食有营养的食物如鸡蛋、豆腐、赤豆、菠菜等，忌食生、冷和刺激性的食物，多喝水；经期避免性生活以免感染。月经垫要注意清洁卫生，最好用消毒卫生纸；避免不必要的妇科检查以免扩大感染，引起炎症扩散。

第四节　盆腔炎

盆腔炎指女性上生殖道及其周围组织的炎症，主要包括子宫内膜炎、输卵管炎、输卵管卵巢脓肿、盆腔腹膜炎。炎症可局限于一个部位，也可同时累及几个部位，最常见的是输卵管炎、输卵管卵巢炎。

【病因】

1. 常见的病原体：①外源性病原体，如沙眼衣原体、淋病奈瑟菌等的感染；②内源性病原体，来自原寄居于阴道内的菌群，包括需氧菌和厌氧菌，常见的有金黄色葡萄球菌、溶血性链球菌以及消化球菌、消化链球菌等厌氧菌感染。

2. 高危因素：年龄在 15～25 岁的女性易患盆腔炎，尤其是有多个性伴侣、性交过频以及性伴侣有性传播疾病。

3. 下生殖道感染：宫颈炎及细菌性阴道炎与盆腔炎的发生有密切关系。

4. 机体抵抗力下降也是盆腔炎反复发作的重要因素。

【分类】根据发病缓急可分为急性盆腔炎和慢性盆腔炎；根据病理及发病机制可分为输卵管炎、盆腔腹膜炎、子宫内膜炎、盆腔结缔组织炎等。

【临床表现】

1. 急性盆腔炎：典型症状是发热，下腹疼痛拒按，白带量多，呈脓性。可伴乏力，腰痛，月经失调。病情严重者可见高热、寒战、头痛、食欲不振。如有腹膜炎则出现恶心、呕吐、腹胀等消化系统症状。如有脓肿形成，位于前方可出现膀胱刺征，如尿频、尿急、尿痛；位于后方可出现直肠刺激症状，如里急后重、肛门坠胀、腹泻和排便困难等。出现脓毒血症时，常伴有其他部位脓肿病灶。

2. 慢性盆腔炎：全身症状多不明显，有时可有低热，易感疲劳。病程时间较长，部分患者可有神经衰弱症状，可引起下腹部坠胀、疼痛及腰骶部酸痛，常在劳累、性交、月经前后加剧。

【治疗】盆腔炎的治疗主要为抗生素的治疗，也可选择中成药口服治疗。

1. 一般治疗：可多食高蛋白、高维生素类的食物，多饮水、少吃辛辣刺激性食物。

2. 药物治疗：

（1）外用药物：可选择盆炎净栓等外用制剂直肠给药；清热解毒、杀虫止痒类的洗剂外洗，如洁尔阴洗剂、复方苦参洗剂等。

（2）西药口服治疗：可选择合适的抗生素进行口服治疗，治疗原则为经验性、广谱、及时及个体化治疗。如抗厌氧菌的甲硝唑、头孢菌素类的头孢克肟等。

（3）中成药治疗：选择具有活血化瘀、软坚散结、清热解毒类的中成药口服治疗。如宫炎平胶囊、康妇炎胶囊、妇科千金胶囊等。

3. 手术治疗：因炎症引起的较大输卵管积水或输卵管卵巢囊肿，可行手术治疗。

【注意事项】加强个人卫生，经常清洗外阴（每周2～3次），勤换内裤及卫生巾；避免受风寒，不宜过度劳累；饮食应清淡食物为主，多食有营养的食物，如鸡蛋、豆腐、赤豆、菠菜等，忌食生、冷和刺激性的食物，多喝水；经期避免性生活以免感染；避免不必要的妇科检查以免扩大感染，引起炎症扩散。

第五节　月经不调

【病因】月经不调的发病可能与以下方面有关系：器质性病变或是功能失常、血液病、原发性高血压、肝病、内分泌病、流产、宫外孕、葡萄胎、生殖道感染、肿瘤（如卵巢肿瘤、子宫肌瘤）等。

【临床表现】

1. 经期提前：指平时月经周期正常，突然出现月经周期缩短，短于21天，而且连续出现2个周期以上，但月经量正常。

2. 经期周期延长：月经错后7天以上，甚至40～50天一行，并连续出现2个月经周期以上。

3. 经期延长：月经周期正常，经量正常，但经期延长，经期超过7天以上，甚至2周才干净。有炎症者平时小腹疼痛，经期加重，平时白带量多，色黄或黄白、质稠、有味。

4. 月经前后不定期：月经提前或延期，周期或短于21天，或长于35天。

【治疗】月经不调的治疗主要应用中成药治疗。

1. 经期提前：多为气虚，应用益气养血固摄作用的八珍益母丸、乌鸡白凤丸、调经丸等；伴畏寒肢冷者，用艾附暖宫丸。

2. 经期周期后延长：多为血虚，应用具有补血益气作用的妇康宝口服液；伴小腹胀痛者用加味逍遥丸等。

3. 经期延长：治疗以固冲调经为主，气虚者重在补气升提，使气升则血有所流；阴虚血热者重在养阴清热，使热除则血安而终止；血瘀阻滞者以通为止，使瘀去则血归经，如宫血宁胶囊等。

4. 经期前后不定期：伴有行经不畅、乳房胀痛者可选用大黄䗪虫丸；伴有头晕耳鸣、腰痛者，多为肾虚，用金匮肾气丸、鹿角胶丸。

【注意事项】减轻工作生活压力，避免精神压力大和生闷气；注意小腹部保暖，避免受凉；注意个人卫生，避免妇科感染；合理均衡的饮食，养成规律生活习惯；忌烟酒，不要盲目减肥。

第六节　乳腺增生

乳腺增生是指乳腺上皮和纤维组织增生，是女性最常见的乳房疾病，其发病率占乳腺疾病的首位。多好发于 30～50 岁女性，发病高峰为 35～40 岁。

【病因】乳腺增生的发病多与内分泌失调及精神、环境因素等有关。

1. 内分泌失调：黄体素分泌减少，雌激素相对增多是乳腺增生发病的重要原因。如卵巢发育不健全、月经不调、甲状腺疾病及肝功能障碍等。

2. 情绪等精神因素的影响：精神紧张、情绪激动等不良精神因素容易形成乳腺增生，经常熬夜、睡眠不足等也会造成乳腺增生，而且这些不良因素还会加重已有的乳腺增生症状。

3. 不良的生活习惯：女性高龄不育、性生活失调、人工流产、夫妻不和、不哺乳等原因，造成乳腺不能有正常的、周期性的生理活动；佩戴过紧的胸罩或穿过紧的内衣等等；高脂、高能量饮食导致脂肪摄入过多，饮酒和吸烟等不良生活习惯会诱发乳腺疾病。

4. 长期服用含雌激素的保健品、避孕药：长期食用含有雌激素的保健品、食物等导致内分泌平衡失调，也易引发乳腺增生。

【临床表现】

1. 乳房疼痛：常为胀痛或刺痛，可累及一侧或两侧乳房，以一侧偏重多见，疼痛严重者不可触碰，甚至影响日常生活及工作。疼痛可向同侧腋窝或肩背部放射；部分可表现为乳头疼痛或痒。乳房疼痛常于月经前数天出现或加重，行经后疼痛明显减轻或消失；疼痛亦可随情绪变化、劳累、天气变化而波动。这种与月经周期及情绪变化有关的疼痛是乳腺增生临床表现的主要特点。

2. 乳房肿块：肿块可发于单侧或双侧乳房内，单个或多个，一般好发于乳房外上象限。表现为大小不一的片状、结节状、条索状等，其中以片状为多见。边界不明显，质地中等或稍硬，与周围组织无粘连，常有触痛。大部分乳房肿块也有随月经周期而变化的特点，月经前肿块增大变硬，月经来潮后肿块缩小变软。

3. 乳头溢液：少数患者可出现乳头溢液，为自发溢液，多为淡黄色或淡乳白色，也有少者经挤压乳头可见溢出溢液。如果出现血性或咖啡色溢液需要谨慎。

【治疗】乳腺增生的治疗目前基本为对症治疗和中成药治疗。

1. 西药治疗：门冬酰胺片用于乳腺小叶增生的辅助治疗。

2. 中药治疗：

（1）疏肝理气药：可选择逍遥丸和加味逍遥丸。

（2）活血化瘀、软坚散结药：乳康片、乳核内消液等。

【注意事项】避免吃紧急避孕药和含有雌激素的食物；保持良好心态、乐观的情绪；

避免吃高脂肪、高热量的食物；避免高龄生产、人工流产、坚持人工喂养；生活要规律，劳逸结合，保持和谐的性生活。

第七节　子宫肌瘤

子宫肌瘤又称子宫平滑肌瘤，是女性生殖器最常见的一种良性肿瘤。

【病因】子宫肌瘤确切病因不明，可能与体内雌激素水平过高有关，偶见于初潮后妇女，多见于中年妇女、未育女性、性生活不和谐女性、抑郁女性，绝经后部分肌瘤多停止生长并逐渐萎缩，但是不能自行消除。

传统中医学认为，子宫肌瘤归属于"癥瘕"（肚子里结块的病）范畴。而"癥瘕"的形成多与正气虚弱、气血失调有关。

【分类】根据肌瘤所在子宫的不同部位，而分为以下几类。

1. 肌壁间肌瘤：肌瘤位于肌壁内，周围均为肌层所包围，占60%～70%。

2. 浆膜下肌瘤：肌壁间肌瘤向浆膜而发展，并突出于子宫表面，与浆膜层直接接触，占20%。

3. 黏膜下肌瘤：肌壁间肌瘤向宫腔内生长，突出于子宫腔内，与黏膜层直接接触，占10%～15%。

4. 子宫颈肌瘤：较少见，肌瘤在子宫颈部位生长。

【临床表现】

1. 月经改变：为最常见的症状，表现为月经周期缩短、经量增多、经期延长、不规则阴道流血等。

2. 腹部肿块：腹部胀大，下腹扪及肿物，伴有下坠感。

3. 白带增多：有时产生大量脓血性液体及腐肉样组织排出伴臭味。

4. 疼痛：一般患者无腹痛，常有下腹坠胀、腰背酸痛等。

5. 压迫症状：肌瘤向前或向后生长，可压迫膀胱、尿道或直肠，引起尿频、排尿困难、尿潴留或便秘。当肌瘤向两侧生长，则形成阔韧带肌瘤，其压迫输尿管时，可引起输尿管或肾盂积水；如压迫盆腔血管及淋巴管，可引起下肢水肿。

6. 不孕：肌瘤压迫输卵管使之扭曲，或使宫腔变形以致妨碍受精卵着床，导致不孕。

7. 继发性贫血：若患者长期月经过多可导致继发性贫血，出现全身乏力、面色苍白、气短、心慌等症状。

8. 低糖血症：子宫肌瘤伴发低血糖罕见，主要表现为空腹血糖低，意识丧失以致休克。肿瘤切除后低血糖症状即完全消失。

【治疗】

1. 药物治疗：适用于肌瘤小于3 cm、年龄较轻有生育要求的人群。

（1）中成药：①可选择宫瘤宁胶囊、桂枝茯苓丸等；出血量较大时选择止血药，如宫血宁胶囊。②宫缩剂，经期口服益母草膏。

（2）西药治疗：雄激素可对抗雌激素，使子宫内膜萎缩，直接作用于平滑肌，使其收缩而减少出血，并使近绝经期患者提早绝经。常用药物有丙酸睾酮。

2. 手术治疗：适用于肌瘤较大、生长迅速、症状明显或保守治疗无效者。

【注意事项】患有子宫肌瘤的人群忌服含有雌激素类的保健食品和食物，如桂圆、红枣、阿胶、蜂王浆等，以免加重症状；保持良好的心态，防止大怒大悲；避免过度劳累。

第二十三章　皮肤科疾病

第一节　湿　疹

湿疹是一种常见的变态反应性、非传染性、过敏性表皮炎症，由多种内外因素引起的表皮及真皮浅层的炎症性皮肤病，一般认为与变态反应有一定关系。

【病因】

1. 遗传因素：某些类型的湿疹与遗传有密切的关系。

2. 环境因素：空气、水、土壤、放射源、大面积的致敏花粉植被、大面积的气传致敏菌源等及室内复杂的环境性变应原都会导致湿疹的发生。

3. 感染因素：某些湿疹与微生物的感染有关，包括金黄色葡萄球菌、秕糠马拉癣菌、气源性真菌等。

4. 饮食因素：吃含有异类蛋白质食物如鸡蛋，具有特殊刺激性的食品如辣椒，含有很高的组胺成分的食物如香肠等，都会导致湿疹的发生。

5. 药物因素：是某些湿疹，尤其是湿疹型药疹的最主要的原因。如青霉素类药物等。

6. 其他因素：湿疹的产生可由苦闷、疲劳、抑郁、忧虑、紧张、情绪激动、失眠等神经精神因素及日光、紫外线、寒冷、潮湿、干燥、摩擦等气候、物理因素所引起。

【分类】湿疹可分为急性湿疹、亚急性湿疹和慢性湿疹3种。

【临床表现】其临床表现具有对称性、渗出性、瘙痒性、多形性和复发性等特点。

1. 急性湿疹：自觉剧烈瘙痒，皮损多形性、红斑、丘疹、丘疱疹或水疱密集成片，易渗出，边缘不清，周围散在小丘疹、丘疱疹，常伴糜烂、结痂，如继发感染，可出现脓疱或脓痂。常反复发作并可转为亚急性或慢性湿疹。

2. 亚急性湿疹：急性湿疹炎症减轻后，仍有剧烈瘙痒，皮损以丘疹、结痂和鳞屑为主，可见少量丘疱疹，轻度糜烂。处理不当，则可急性发作或转为慢性湿疹。

3. 慢性湿疹：其表现为患处皮肤浸润肥厚，表面粗糙，呈暗红色或伴色素沉着，皮损多为局限性斑块，常见于手足、小腿、肘窝、乳房、外阴、肛门等处，边缘清楚。病程慢性，可长达数月或数年，也可因刺激而急性发作。

【治疗】

1. 一般治疗：去除致病因素，隔绝致敏源，避免再次接触。

2. 外用药物治疗：

（1）西药制剂：可选择激素类外用制剂涂与患病部位，如糠酸莫米松乳膏、丁酸氢化可的松乳膏；亦可选择具有收敛、保护作用的炉甘石洗剂。

（2）中药制剂：选择具有镇痛、抗炎、解热作用的外用膏剂，如冰黄肤乐、丹皮酚等。

3. 口服药物：

（1）抗组胺药：用于减轻炎症反应及瘙痒症状，如口服马来酸氯苯那敏、氯雷他定、地氯雷他定、咪唑斯汀等。

（2）中成药：可选择疏风祛湿、清热解毒、养血润燥作用的药物，如防参止痒颗粒、湿毒清片、乌蛇止痒丸等。

【注意事项】①尽可能追寻病因，隔绝致敏源，避免再刺激。去除病灶，治疗全身慢性疾患，如消化不良、糖尿病等；②注意皮肤卫生，勿用热水或肥皂清洗皮损，不乱用刺激性止痒药物；③禁食酒类、辛辣刺激性食品，避免鱼虾等易于致过敏和不易消化的食物，注意观察饮食与发病的关系；④劳逸结合，避免过度疲劳和精神过度紧张。

第二节 手足癣

手足癣是发生于掌、跖与指、趾间皮肤的浅部真菌感染。足癣俗名"香港脚"，又称脚气、脚湿气；手癣中医称之为"鹅掌风"。

【病因】

1. 致病菌：主要致病菌有红色毛癣菌、须毛癣菌和絮状表皮癣菌。

2. 传染途径：接触传染病，会因共用面盆、脚盆、脚巾、手巾、拖鞋及澡盆而迅速传播。

3. 中医病机：本病多因脾胃湿热循经上行于手则发于癣，下注于足则发足癣，或由湿热生虫，或疫行相染所致。

【分类】本病按临床表现分为浸渍糜烂型、水疱型、丘疹鳞屑型、过度角化型。

【临床表现】

1. 浸渍糜烂型：多见趾（指）间皮肤发白、糜烂、浸渍，边缘清楚，去除浸渍的表皮，留下潮湿的鲜红新生皮肤。

2. 水疱型：多见足底或手掌出现水疱，甚至几个水疱融合成较大的水疱，边界清楚，皮肤不红，疱破脱屑。

3. 丘疹鳞屑型：多以脱屑为主，间有少数水疱，疱干脱屑，边界清楚，炎症不明显。

4. 过度角化型：多见掌跖皮肤增厚，夏季水疱脱屑，入冬则皮肤开裂，往往是夏季发作或加重，冬季气候干燥时减轻或症状消失。

【治疗】

1. 局部用药：①外用抗真菌乳膏剂、喷剂，如硝酸咪康唑乳膏、复方酮康唑乳膏、特比萘芬喷剂；②角化增厚型可用软化角质层乳膏，如尿素维E乳膏。

2. 口服用药：口服抗真菌药治疗外用疗效不佳者，如伊曲康唑、氟康唑等。

【注意事项】养成良好的卫生习惯，经常清洗手脚，洗完注意及时擦干，避免用手搔抓患部，忌用碱性香皂等洗手；避免进食辛辣刺激性食物和发物，戒烟酒，饮食以清淡为宜；足癣瘙痒忌用热水烫，易引发继发性细菌感染；皮损消退后应连续外用涂药至少2周，以防反复发作；口服抗真菌药，注意监测肝功能。

第三节　荨麻疹

荨麻疹俗称风团、风疹团、风疙瘩、风疹块，与湿疹一样是一种过敏性皮肤病，由于皮肤、黏膜小血管扩张及渗透性增加，血浆渗出而出现的一种局限性水肿反应，是一种常见的皮肤病。最常见为食物、药物过敏和感染。

【病因】荨麻疹的病因复杂，尤其是慢性荨麻疹不易找到病因，除和各种致敏源有关外，与个人的敏感性素质及遗传等因素密切相关，常见的诱因有以下几种。

1. 食物：以鱼、虾、蟹、蛋、牛奶、肉类等动物性蛋白质最常见，尤其是在一次大量进食蛋白质饮食和酗酒后，发生的蛋白胨性荨麻疹，其次某些植物也可致敏。

2. 药物：如青霉素、痢特灵、血清、疫苗等可由变态反应引起，另一些药物如吗啡、阿托品、阿司匹林等为组胺释放剂，可直接刺激肥大细胞释放组胺，引起荨麻疹。

3. 吸入物：花粉、动物皮屑、羽毛、灰尘、某些气体及真菌孢子等。

4. 感染：包括细菌、真菌、病毒、原虫、寄生虫等感染，这些感染可能通过传染物的抗原作用或改变了机体的应激状态，引起Ⅰ型或Ⅲ型变态反应。

5. 昆虫叮咬：如虱、跳蚤叮咬皮肤及黄蜂、蜜蜂、毛虫的毒刺刺入皮肤，引起变态反应。

6. 物理及化学因素：如冷、热、日光和机械性刺激、摩擦压迫和某些化学物质的刺激，引起变态反应或非变态反应性荨麻疹。

7. 某些疾病：如红斑性狼疮、淋巴瘤及某些肿瘤、风湿热等可为荨麻疹的病因；内分泌和代谢障碍及胃肠功能失调均可诱发本病，尤其是慢性荨麻疹。

8. 遗传因素：如家族性寒冷性荨麻疹、遗传性家族性荨麻疹综合征和遗传因素有关。

9. 精神因素：精神紧张、感情冲动可引起乙酰胆碱释放，增强血管通透性而发生荨麻疹。

【分类】荨麻疹可分为急性荨麻疹、慢性荨麻疹、人工性荨麻疹、丘疹性荨麻疹、虫咬性荨麻疹、寒冷性荨麻疹、胆碱能性荨麻疹、日光性荨麻疹、压迫性荨麻疹、接触性荨麻疹等。

【临床表现】常突然发病，先感皮肤瘙痒，很快出现大小不等、形态不一、鲜红色或苍白色风团。散在性分布亦可融合成片，风团可局限也可泛发全身，数分钟或数小时后消退不留痕迹，但新风团又陆续出现，此起彼落；消化道受累可出现恶心、呕吐、腹痛、腹泻；喉头及支气管受累可发生喉头水肿，出现胸闷、气急、呼吸困难甚至窒息。症状在数天至2～3周内消退者为急性荨麻疹；若反复发作，病程达1～2个月，大多找不出原因，顽固性难治者为慢性荨麻疹。

【治疗】

1. 一般治疗：去除致病因素，避免接触致敏源。

2. 口服用药：①抗组胺药，可迅速抑制风团的产生，控制症状。可选择马来酸氯苯那敏、氯雷他定、西替利嗪等药物。②降低血管通透性药物，如钙剂、维生素C等。③激素类药物，有很好的抗过敏作用，可选择泼尼松等。④中成药制剂，选择清热解毒、祛风活血、除湿止痒作用的中成药制剂口服，如防风通圣丸、肤痒颗粒等。

3. 局部用药：①激素类药物乳膏剂外涂，如丁酸氢化可的松乳膏、复方地塞米松乳膏等；②外用止痒药物，如炉甘石洗剂等。

【注意事项】尽可能地找出发病诱因并将之除去，避免接触致敏源；禁用或禁食某些机体过敏的药物或食物等；如因冷热刺激而复发者，不应过分回避，相反应该逐步接触，逐渐延长冷热刺激的时间，以求适应；切忌抓痒，以免引起继发感染；积极治疗继发疾病。

第四节 皮 炎

皮炎是指皮肤炎症，常见的有神经性皮炎、脂溢性皮炎、接触性皮炎3种。

【病因】

1. 中医病机：本病的形成系胎中蕴毒或饮食失调，脾失健运，内蕴湿热，外受风湿热邪而致。

2. 西医病因病理：尚不十分明确，一般认为与遗传因素、免疫因素以及与环境因素等相互作用有关。

【分类】

1. 神经性皮炎：其发病与精神症状如疲劳、紧张、焦虑、情绪易激动，内分泌紊乱、胃肠功能障碍、感染病灶、搔抓、摩擦、日晒、食辛辣、饮酒等有关。

2. 脂溢性皮炎：消化不良、内分泌功能失调、代谢障碍、遗传因素、精神因素、B族维生素缺乏、饮酒、过食辛辣油腻的食物以及物理、化学刺激，特别是经常搔抓或用碱性洗涤用品等均可加重脂溢性皮炎的发作。

3. 接触性皮炎：是皮肤或黏膜接触外源性刺激物或致敏物后，在接触部位所发生炎症反应。

【临床表现】

1. 神经性皮炎：①苔藓样皮损，病变区皮肤呈苔藓样变，皮肤增厚，皮纹加深，皮嵴隆起，皮损区呈暗褐色，干燥，有细碎脱屑，边界清楚，边缘可有小的散在的扁平丘疹。②瘙痒，皮损区域阵发性瘙痒，夜晚尤甚，可影响入睡。③局限性神经性皮炎好发于颈、项、膝、肘、骶等部位；播散性神经性皮炎可泛发于全身。④本病为慢性疾病，症状时轻时重，治愈后容易复发。

2. 脂溢性皮炎：①表面被覆油腻性鳞屑或痂皮，边缘清楚的暗黄红色斑、斑片或斑丘疹；②皮疹好发于头皮、眉部、眼睑、鼻及两旁、耳后、颈、前胸等皮脂腺分布较丰富部位；③自觉症状为不同程度的瘙痒；④好发于成年人或新生儿；⑤病程慢性，易反复发生，头部常引起脂溢性脱发。

3. 接触性皮炎：①在接触部位发生境界清楚的红斑、丘疹、丘疱疹，严重时出现水疱、大疱，偶可见组织坏死。临床所见常以单一疹型为主。自觉症状有痒和烧灼感或肿痛感。②如接触物为气体、粉尘，则皮炎呈弥漫性而无明确界限；如皮炎发生于组织疏松部位如眼睑、口唇、包皮、阴囊等处时，皮炎界限不清。③接触物的刺激性较弱，浓度较低，或由于长期反复接触致敏物或急性期处理不当，可出现亚急性或慢性皮炎的表现。

【治疗】

1. 一般治疗：去除病因，脱离接触环境。

2. 口服用药：①抗组胺药，可迅速控制症状。选择马来酸氯苯那敏、氯雷他定、西替利嗪等药物；②降低血管通透性药物，如钙剂、维生素 C 等；③激素类药物，有很好的抗过敏作用，可选择泼尼松等；④中成药制剂，选择清热解毒、祛风活血、除湿止痒作用的中成药制剂口服，如防参止痒颗粒、肤痒颗粒、湿毒清等。

3. 局部用药：①激素类药物乳膏剂外涂，如丁酸氢化可的松乳膏等；②外用止痒药物，如炉甘石洗剂等；③中成药外用制剂，如丹皮酚等。

【注意事项】注意个人卫生，及时清洗皮肤；避免接触过敏源及食用易过敏的食物，忌食辛辣刺激性食物、忌烟酒；避免抓痒，以免引起继发感染；增强机体抵抗力。

第五节　青春痘

青春痘是痤疮的俗称，系美容皮肤科的最常见的病种之一，多发于青春期，又称面疱、粉刺、毛囊炎，通常好发于面部、颈部、胸背部、肩膀和上臂。

【病因】

1. 内因：内分泌功能失调，雄性激素分泌增多或相对增高，刺激皮脂腺肥大增生，分泌油脂量增多。

2. 诱因：神经精神因素；饮食因素；大便、睡眠等个人行为因素；烟、酒等嗜好因素；药物因素；化妆品及皮肤护理因素等均可诱发痤疮。

【分类】

1. 粉刺：包括小粉刺、白头粉刺、黑头粉刺。

2. 面疱：①急性炎症型，包括丘疹、脓疱、结节；②慢性炎症型，包括囊肿型和多孔型。各类粉刺、面疱可同时在一个人脸上存在，并可互相演变。

3. 特殊痤疮：①聚合性痤疮，病情较重，分布广泛，除面部外，颈、胸背部、上臂、大腿均可累及；②坏死性痤疮，多见于成年人；③月经前痤疮，在月经前发病或加剧，主要在下颌和两颊，皮损数量少。

【临床表现】初起为与毛囊一致的圆锥形丘疹，内含角质素和皮脂形成粉刺，黑头粉刺较易挤出黄白色脂栓。可发展为脓疱、结节及囊肿。因个体的反应不同，痤疮造成的损害程度也有不同，其临床的表现也不一样。有些人只出现轻微的粉刺，有些人却是出现严重的囊肿，留下色素沉着和瘢痕。因此，临床上根据症状的轻重对痤疮进行了分级：

1. Ⅰ级：粉刺为主，少量丘疹、脓疱，总皮损小于 30 个。

2. Ⅱ级：粉刺和中等量丘疹、脓疱，总皮损数 31～50 个。

3. Ⅲ级：大量丘疹、脓疱，总皮损数 50～100 个，结节数小于 3 个。

4. Ⅳ级：结节/囊肿性痤疮或聚合性痤疮，总皮损大于 100 个，结节/囊肿大于 3 个。

【治疗】

1. 一般治疗：积极治疗内在疾病，避免引起便秘。

2. 药物治疗：

（1）口服用药：①抗生素，抗感染治疗内服的药物主要是抗生素，以抗菌消炎为主，多选择四环素类抗生素，如多西环素、米诺环素等。②抑制皮脂腺分泌的药物，此类可加速表皮角质的脱落，保持皮肤的干燥，从而治疗青春痘，但使用后可致脱皮，并且不能接触到阳光，应避免在白天使用。常用的药物有维胺酯胶囊等。③中成药制剂，可选择有清热解毒，凉血散瘀功效的中成药制剂，如清热暗疮片、复方珍珠暗疮片等。④激素类药物，如泼尼松、己烯雌酚等。

（2）局部用药：选择抗生素类外用制剂、抑制皮脂腺分泌的外用制剂局部外涂。如克林霉素甲硝唑搽剂、维A酸乳膏等。

3. 物理治疗：液氮冷冻喷雾法或点涂，适用于结节性或囊肿型痤疮。

【注意事项】调节胃肠功能，保持大便通畅；注意休息，保持良好的睡眠及心理状态；不要随意用手挤压青春痘，易引起炎症扩散，加重病情甚至留下疤痕；注意面部清洁，保持毛囊皮脂腺导管的通畅。每天早晚用温水洗脸，不用刺激性肥皂。洗脸次数不宜过多，以免破坏正常的皮脂膜；不宜选用油质化妆品，慎用防晒霜、遮盖霜及粉底等。尽量选用补水性好的柔肤水，油性皮肤多补充水分可达到平衡油脂分泌，改善油性皮肤的作用；饮食方面要多吃蔬菜和水果，少吃脂肪、糖类和辛辣等刺激性食物。

第六节　带状疱疹

带状疱疹是由水痘-带状疱疹病毒（VZV）所引起的，以沿单侧周围神经分布的簇集性小水疱为特征，常伴有明显的神经痛。

【病因】带状疱疹是由水痘-带状疱疹病毒所引起的，原发感染为水痘，潜伏在感觉神经节的VZV再次激活引发带状疱疹。普通人群在感染水痘后免疫力持久，不再感染水痘，但体内高效价抗体不能清除潜在的病毒，故多年后仍可发生带状疱疹。

【临床表现】本病夏、秋季的发病率较高。发疹前数日皮肤有瘙痒、感觉过敏、针刺感或灼痛，部分病患有低热、乏力等全身不适症状。1～3天后沿周围神经分布区皮肤出现成簇皮疹，先为不规则或椭圆形红斑，数小时后发展为丘疹、水疱，数个或更多成簇集中，数簇连接成片，水疱成批发生，簇间皮肤正常。带状疱疹多限于身体一侧，皮损很少超过躯干中线。5～8天后，水疱内容混浊或部分破溃、糜烂、渗液，最后干燥结痂。1～2周脱痂，遗留暂时性淡红色斑或色素沉着，一般不留瘢痕。病程常为2～4周。

带状疱疹可发生于任何感觉神经分布区，以脊神经中段最多见，三叉神经第一支亦常侵犯。偶可侵入Ⅴ、Ⅶ、Ⅸ和Ⅹ对脑神经而出现面瘫、听力丧失、咽部皮疹或咽喉麻痹等。黏膜带状疱疹可侵犯口腔、眼、阴道和膀胱黏膜。

【治疗】

1. 一般治疗：注意休息，多饮水，注意营养的补充。

2. 对症治疗：疼痛严重者可适当用止痛剂，如布洛芬缓释胶囊等；营养神经类药物，如甲钴胺等；提高自身免疫力，可选择转移因子等。

3. 抗病毒治疗：首选阿昔洛韦、干扰素等抗病毒药注射或口服治疗。

4. 防治并发症：继发感染时加用抗菌药物，可以抗菌药物类软膏外涂，如阿昔洛韦乳膏。

5. 物理疗法：紫外线照射、频谱电疗等。

【注意事项】忌食油腻性食物、海鲜及蛋类，饮食多以清淡为主，易消化食物为主；多饮水，注意休息。

第七节　灰指甲

灰指甲是甲真菌病的俗称，又称甲癣，是甲最常患的疾患。指甲、趾甲均可发病，常伴有手足癣。

【病因】 常见的致病真菌为皮肤癣菌（毛癣菌属、表皮癣菌属、小孢子菌属）、假丝酵母菌及非皮肤癣菌类真菌。甲损伤为诱发因素，特别是美甲时对甲板及甲小皮的损伤常为致病菌的入口。而糖尿病、免疫力低下的人群更易患病。

【分类】 根据病原菌和临床表现可分为增厚型、萎缩型、破损型、甲沟炎型。

【临床表现】

1. 增厚型：多由红色癣菌引起，开始甲缘增厚，以后甲板底层增厚，日久失去光泽，多伴手足癣。

2. 萎缩型：多由石膏样癣菌引起，真菌直接侵袭甲板，甲板萎缩变白，与甲床分离。

3. 破损型：多由絮状表皮癣菌引起，甲板部分增厚，边缘破损，略带草绿色。

4. 甲沟炎型：多由假丝酵母菌引起，甲沟红肿但不化脓，甲板高低不等，但光泽度较好。

【治疗】

1. 药物治疗：常用的药物有伊曲康唑、特比萘芬、氟康唑、酮康唑等。

2. 局部治疗：当甲的损害始于远端、并不超过甲的1/3时，可以用外用药物治疗，可选择外用抗真菌药涂于患处。如复方聚维酮碘搽剂、亮甲。

【注意事项】 口服抗真菌药有一定的毒副作用，需定期检查肝、肾功能；避免进食辛辣刺激性食物，忌烟酒；避免使用碱性肥皂，注意穿透气鞋，避免用公共美甲、修甲器具；不要和家人共用洗脚盆和毛巾、袜子等。

第二十四章　眼耳鼻咽喉口腔科疾病

第一节　眼疲劳

【病因】眼疲劳主要是由于平时看电脑屏幕、看电视时眼睛眨眼次数减少，造成眼泪分泌相应减少，同时闪烁荧屏强烈刺激眼睛而引起；亦可常见于患有远视、近视、散光、花眼等屈光异常的人群；工作和学习环境过暗、字迹过小也是引发视疲劳的常见原因。

【临床表现】眼疲劳的常见症状有眼干、眼涩、眼酸胀甚至复视、视力下降等，还会加重和引发各种眼睛疾患。

【治疗】眼疲劳的治疗目前主要是改变不良生活习惯、使用滴眼液和补充维生素几方面，从而达到缓解不适症状的目的。

1. 改变不良生活习惯和环境条件：不要长时间使用电脑和看电视，中途可闭目休息或做眼保健操；改善照明，不良的读书习惯等。

2. 药物治疗：

（1）可选择缓解视疲劳的滴眼液制剂：如萘敏维滴眼液、冰珍清目滴眼液、复方氯化钠滴眼液、珍珠明目液等。

（2）营养视神经药物的合理应用：维生素 A、维生素 B_1、维生素 B_{12} 可营养视神经，对缓解眼疲劳有一定的作用。

3. 保健食品的合理使用：补充胡萝卜素可促进体内维生素 A 的合成，减少视疲劳，保护视力；鳕鱼鱼肝油有利于养眼，其中维生素 A 可促进眼内感光色素的形成。

【注意事项】在治疗期间注意让眼睛休息，如连续在电脑前工作 6～8 小时，应每隔 2～3 小时休息 1 次，每次休息 10～15 分钟；调整室内光线、电脑亮度以眼睛感到舒适为佳；经常眨眼，每天特意眨眼 300 余下，有助于缓解眼睛疲劳；可多食富含维生素 A、B 族维生素的食物，增加眼部营养。

第二节　近视眼

近视眼又称短视眼，是在没有调节作用的情况下，平行光线经过眼屈光系统的曲折后，在视网膜前形成焦点，在视网膜上只能形成一个弥散的环形，看近物清楚，看远物模糊。

【病因】近视眼的发生与下列因素有关。①遗传因素：占 65%；②环境因素：约占 35%～40%，不正确的阅读习惯、光线不足或过强、持续看书等引起调节过度，眼轴拉长，形成近视；③其他因素：近视眼也与过于偏食，吃零食、甜食、龋齿者及食品搭配不当有关。

【临床表现】

1. 视力减退：主要是远视力减退，但近视力正常。

2. 外眼、眼底异常：一般外眼无异常，但偶尔也会出现眼球较突出或凹陷；低度近视一般不会出现眼底改变；高度近视因眼轴过度伸长可引起眼底退行性改变，如豹纹状眼底等。

【治疗】

1. 一般治疗：眼位、眼底无异常时可通过指导其生活及读书习惯来达到改善近视眼目的。

2. 光学矫正：可通过眼光，佩戴适当度数的凹镜片矫正近视。

3. 药物治疗：

（1）局部用药：可选择冰珍清目滴眼液、四味珍层冰硼滴眼液、酞丁安滴眼液等滴眼液缓解初发的青少年轻度近视。

（2）中成药：滋补肝肾类中成药口服对近视有一定作用，如杞菊地黄丸、明目地黄丸等。

【注意事项】 青少年应保持良好的生活及读书习惯，不要长时间使用电脑或看书，看书或使用电脑要保持正确的姿势；要注意劳逸结合，在看书或使用电脑1～2小时后要休息10～15分钟；应多吃一些新鲜的蔬菜和水果，同时增加维生素A、B族维生素等营养素的摄入。

第三节 红眼病

红眼病是急性传染性结膜炎的俗称，是一种由细菌、病毒直接感染所致的急性结膜炎症。

【病因】 红眼病常由细菌和病毒感染所致，是一种通过接触传染的眼病，如接触患者用过的毛巾、洗脸用具、水龙头、门把、游泳池的水、公用的玩具等即会被传染。因此，本病常在幼儿园、学校、医院、工厂等集体单位广泛传播，造成暴发流行。

【分类】 可分为细菌性结膜炎和病毒性结膜炎两类。

【临床表现】 细菌性结膜炎和病毒性结膜炎临床症状相似，结膜充血和分泌物多是本病的两大特征。患者常有眼睑充血肿胀，结膜充血以睑结膜及穹隆部结膜显著。早期有双眼发烫、烧灼、畏光、眼红等症状，随即出现怕光、流泪，晨起常被分泌物黏住，不易睁开，结膜上可见小出血点或出血斑，分泌物呈黏液脓性。严重时可伴有头痛、发热、疲劳、耳前淋巴结肿大等全身症状。

【治疗】

1. 一般治疗：病发初期眼睑充血肿胀剧烈时可冷敷，以缓解不适感。

2. 局部治疗：可先用0.9%生理盐水先冲洗眼睛，再根据情况选择抗菌的滴眼液或眼膏，如利福平眼液、左氧氟沙星眼用凝胶、氯霉素滴眼液、金霉素眼膏、阿昔洛韦滴眼液、盐酸羟苄唑滴眼液等；亦可选择复方熊胆眼药水、珍珠明目液等中成药滴眼液以清热明目。

3. 全身治疗：如有眼睑肿胀、淋巴结肿大等情况时可全身给予抗生素，可选择β内酰胺类或喹诺酮类等药物口服,如盐酸左氧氟沙星片、头孢羟氨苄、罗红霉素分散片等。

4. 中医治疗:可选择祛风散邪、清热解毒类中成药制剂口服。如十五味萝蒂明目丸、拨云锭、栀子金花丸等。

【注意事项】治疗期间忌食辛辣刺激性食物,洗漱用品、眼药要专人专用,以免交叉感染;避免光和热的刺激,注意眼睛的休息;选择合理的抗菌药物,18 岁以下人群、孕妇、哺乳期妇女禁用喹诺酮类抗生素,过敏体质者慎用抗菌药物。

第四节 白内障

白内障是发生在眼球里面晶状体上的一种疾病,任何晶状体的混浊都可称为白内障。根据调查,白内障是最常见的致盲和视力残疾的原因,人类约 25% 患有白内障。

【病因】各种原因如老化、遗传、局部营养障碍、免疫与代谢异常、外伤、中毒、辐射等,都能引起晶状体代谢紊乱,导致晶状体蛋白质变性而发生混浊,导致白内障;老年人因年龄新陈代谢功能减退导致的白内障。

【分类】白内障可分为先天性白内障和后天性白内障。先天性白内障多在在出生前或出生后即已存在;后天性白内障是出生后因全身疾病或局部眼病、营养代谢异常、中毒、变性及外伤等原因所致的晶状体混浊。而老年性白内障是最常见的后天性白内障,多见于40~50 岁及以上的人群。

【临床表现】成年人白内障主要症状是双眼进行性、无痛性视力减退,但两眼发病可有先后,减退的程度取决于混浊的部位和范围,有时在光亮的背景下可以看到固定的黑点。随着疾病的进展,最终可致失明。

【治疗】

1. 药物治疗:早期白内障可选择外用滴眼液如苄达赖氨酸、吡诺克辛钠滴眼液局部治疗。

2. 手术治疗:适合中晚期白内障。

3. 中药治疗:可选择滋补肝肾、清热平肝等功效的中成药制剂。如杞菊地黄丸、石斛夜光丸、障眼明片等药物口服;麝珠明目液、珍珠明目液等滴眼液外用。

【注意事项】注意精神调节、保持情绪舒畅及旺盛的生活热情,能起到阻止和延缓病情进展的作用;加强用眼卫生,避免用眼过度,要有充足的睡眠,及时恢复疲劳;积极防治慢性病,包括眼部的疾患及全身性疾病,尤其是糖尿病,要及时有效地控制血糖,防止病情的进一步发展而引发白内障;饮食宜含丰富的蛋白质、钙、微量元素,多食含维生素 A、维生素 B、维生素 C、维生素 D 的食物,平时多食鱼类,能保持正常的视力,阻缓病情的进展;吸烟易患白内障已被实践所证实,应及早戒烟。

第五节 中耳炎

中耳炎是累及中耳(包括咽鼓管鼓室、鼓窦及乳突气房)全部或部分结构的炎症。

【病因】中耳炎常继发于上呼吸道感染,尤其多见于急性中耳炎;感冒后咽部、鼻部的炎症向咽鼓管蔓延,咽鼓管咽口及管腔黏膜出现充血、肿胀,致病菌乘虚侵入中耳,引起中耳炎;擤鼻涕方法不正确可导致中耳炎;游泳、长时间听摇滚等大分贝音乐亦可引发中耳炎。

【分类】可分为非化脓性和化脓性两大类。非化脓性者包括分泌性中耳炎、气压损伤性中耳炎；化脓性者有急性和慢性之分，慢性中耳炎一般由急性中耳炎转变而来，需要及时治疗。

【临床表现】

1. 急性中耳炎：突然发生的耳痛，常伴有感冒或咳嗽，发热，体温可高达 39 ℃。可能出现呕吐，或者耳道可能流软耳垢或脓液，患耳可能听觉失灵。

2. 慢性中耳炎：患耳流脓是本病的主要常见症状，可为黏液、黏脓或纯脓性；耳聋轻重不一，因多是单耳发病，易被忽视；眩晕、呕吐、面瘫、剧烈头痛、寒战、高热等症状出现，证明已有并发症发生，应立即去医院就诊。

3. 分泌性中耳炎：可于感冒后、乘飞机下降或潜水时，突然出现听力下降，压迫耳屏或头位改变时，听力可有所改善；耳痛及耳内闷胀；低音调"轰轰"样耳鸣；患儿可表现反应迟钝、误听或注意力不集中。

4. 气压性中耳炎：耳内堵塞感、耳鸣、耳痛、听力下降、眩晕等。

【治疗】治疗应及时去除病因、控制感染、选择合理的局部用药。

1. 积极治疗上呼吸道病灶性疾病，如慢性鼻窦炎、慢性扁桃体炎。

2. 药物治疗：①局部治疗，可用 3% 过氧化氢或硼酸溶液清洗，用棉签拭净，再滴入左氧氟沙星滴耳液等抗生素。②全身治疗，急性化脓性中耳炎应及早应用足量的抗生素控制感染，加速炎症消退。可选择头孢羟氨苄、阿莫西林等药物口服，对青霉素类过敏者可选择大环内酯类抗生素；也可使用有抗菌作用中成药，如蒲地蓝消炎片等。

【注意事项】中耳炎患者应注意休息，保证充足的睡眠时间；注意室内空气流通，保持鼻腔通畅；擤鼻涕不能用力和同时压闭两只鼻孔，应交叉单侧擤鼻涕；游泳后要让耳内的水流出，患慢性中耳炎者不宜游泳；不要经常挖耳朵，避免细菌侵入引起感染；积极防治感冒、鼻咽部疾病；忌食辛辣刺激性食物。

第六节 鼻 炎

鼻炎是指鼻腔黏膜和黏膜下组织的炎症。

【病因】鼻炎是机体在受凉、淋雨、过度疲劳、免疫力低下等情况下，鼻腔排毒功能降低，鼻腔中的细菌、病毒得以长时间停留于鼻腔内并大量繁殖，进而引发感冒，即急性鼻炎。急性鼻炎反复发作或未彻底治愈即可引发慢性鼻炎；变应性鼻炎的发病与遗传及环境密切相关，吸入过敏源、致敏性食物、污染物、阿司匹林可诱发其发病。

【分类】

1. 急性鼻炎：俗称"伤风"、"感冒"，是由病毒感染引起的鼻黏膜急性炎症性疾病。

2. 慢性鼻炎：一般由急性鼻炎迁延而来，又可分为慢性单纯性鼻炎、慢性肥厚性鼻炎、萎缩性鼻炎。

3. 变应性鼻炎：又称过敏性鼻炎，是发生在鼻黏膜的病态反应性疾病。

【临床表现】

1. 急性鼻炎：初期鼻内有灼热感及痒感，随即出现鼻塞、水样鼻涕、嗅觉减退及闭塞性鼻音。症状逐渐加重，继发细菌感染后鼻涕变为黏液性、黏脓性、进而脓性。伴有发热、全身不适、倦怠和头痛等症状。

2. 慢性鼻炎：①慢性单纯性鼻炎，鼻塞的特点为间隙性和交替性，即白天、夏季、劳动或运动时减轻，夜间、休息、寒冷时加重，变换侧卧方位时，两侧鼻腔阻塞随之交换，居下位的鼻腔阻塞。黏液鼻涕，继发感染时有脓涕。②慢性肥厚性鼻炎，单侧或双侧持续性鼻塞，无交替性。黏液性或黏脓性鼻涕，不易擤出。一般有闭塞性鼻音、耳鸣和耳闭塞感并伴有头痛、头晕等症状。③萎缩性鼻炎，为鼻黏膜萎缩或退行性变为病理特征，鼻腔变大并存有黄绿色脓性分泌物，有特殊臭味，可出现鼻咽部干燥、鼻塞、鼻出血、嗅觉减退、头痛等症状。

3. 变应性鼻炎：以鼻痒、阵发性喷嚏、大量水样鼻涕和闭塞为主要特征，也可出现嗅觉减退。

【治疗】急性鼻炎以支持和对症治疗为主，同时预防并发症。慢性鼻炎应根除病因，恢复鼻腔通气功能。

1. 一般治疗：应适当休息、饮水、进食易消化的食物，忌食辛辣刺激性食物，保持大便通畅。

2. 全身治疗：①合并细菌感染时可选择抗生素治疗，如青霉素类和头孢菌素类、大环内酯类。常用药物有阿莫西林、头孢克洛、左氧氟沙星片、罗红霉素分散片等。②如为变应性鼻炎可选择抗组胺药如氯雷他定，抗白三烯类药物如孟鲁司特。③萎缩性鼻炎可加用维生素A、维生素B、维生素C、维生素E等，以保护黏膜上皮，增强结缔组织抗感染能力。④可选择具有散风消炎、宣通鼻窍的中成药治疗，如鼻炎康片、辛芳鼻炎胶囊、千柏鼻炎片等。

3. 局部治疗：①0.9%生理盐水冲洗鼻腔以清洁鼻腔、去除脓痂和臭味；②滴鼻剂，可选择有收缩血管作用的麻黄碱或盐酸羟甲唑啉滴鼻液减轻充血，缓解鼻塞症状；③鼻内用糖皮质激素如布地奈德鼻喷雾剂。

【注意事项】应注意避免接触致敏源，多食新鲜蔬菜、水果，忌食辛辣刺激性食物，多饮水，注意休息；加强锻炼身体，增强抵抗力；积极治疗全身性疾病和邻近器官感染病灶；改善生活和工作环境。

第七节　鼻窦炎

鼻窦炎是鼻窦黏膜的化脓性炎症，为鼻科常见疾病，慢性者居多，其中以上颌窦最为常见。

【病因】

1. 全身因素：过度疲劳、受寒受湿、营养不良等引起的全身抵抗力降低以及生活与环境因素不卫生是诱发本病的原因。

2. 局部因素：鼻腔疾病如急、慢性鼻炎及变应性鼻炎、鼻息肉等和邻近器官感染病灶均可引发急、慢性鼻窦炎。

【分类】本病根据发病时间可分为急性鼻窦炎和慢性鼻窦炎，根据发病部位又可分为上颌窦炎、筛窦炎、额窦炎。

【临床表现】

1. 急性鼻窦炎：多继发于急性鼻炎，常见症状既有全身症状，又有局部症状。

（1）全身症状：因常继发于上呼吸道感染或急性鼻炎，故原症状加重，出现畏寒、发热食欲减退、周身不适等。

（2）局部症状：①病侧持续性鼻塞如两侧同时罹患，则为双侧性持续鼻塞，伴有嗅觉暂时减退或丧失；②鼻腔内大量脓涕或黏脓涕，难以擤尽，脓涕中可带有少许血液；③伴有头痛或局部疼痛，上颌窦炎眶上额部痛、筛窦炎鼻根部痛、额窦炎前额部痛、蝶窦炎颅底或眼球深处痛。

2. 慢性鼻窦炎：多因急性鼻窦炎反复发作未彻底治愈迁延所致。全身症状轻重不等，有时则无。较为常见的有精神不振、倦怠、头昏、记忆力减退、注意力不集中等。局部症状多为脓涕、鼻塞、头痛、嗅觉减退或消失、视功能障碍。

【治疗】 治疗原则为根除病因、解除鼻腔鼻窦引流和通气障碍、控制感染和预防并发症。

1. 全身治疗：

（1）一般治疗：同上呼吸道感染和急性鼻炎，适当注意休息。

（2）抗生素的应用：使用足量抗生素及时控制感染，如青霉素类、头孢菌素类、大环内酯类，常用药物有头孢克洛、阿莫西林、左氧氟沙星片等；明确厌氧菌感染者应同时应用甲硝唑或替硝唑。

（3）抗组胺药的应用：如氯雷他定等药物的选用。

（4）可选择具有散风消炎、宣通鼻窍的中成药治疗，如鼻炎康片、辛芳鼻炎胶囊、千柏鼻炎片等。

2. 局部治疗：鼻内用血管收缩剂和皮质类固醇激素的使用，如鼻炎滴剂、苍夷滴鼻剂等。

3. 体位引流：促进鼻窦内脓液的排出。

4. 物理治疗：局部热敷、红外线照射可促进炎症消退改善症状。

5. 上颌窦穿刺。

【注意事项】 增强体质，改善工作和生活环境。慎防感冒和其他急性传染病。积极治疗贫血和糖尿病，及时治疗急性鼻炎以及鼻腔、鼻部、咽部的各种慢性炎性疾病。提高自身免疫力，忌食辛辣刺激性食物。

第八节　口腔溃疡

口腔溃疡又称"口疮"，是发生在口腔黏膜上的浅表性溃疡，为一种具有反复发作特性的一种口腔疾患。

【病因】

1. 免疫因素：免疫功能低下时容易引起口腔溃疡。

2. 疾病因素：消化系统疾病、糖尿病、月经紊乱等疾病均可引发本病。

3. 环境因素：心理因素如工作压力大、情绪紧张，生活因素如爱食辛辣刺激性食物、不注意口腔卫生等原因是引发口腔溃疡的重要原因。

4. 其他因素：食物中缺乏锌、铁、硒等元素或维生素 B_1、维生素 B_2、维生素 B_6、叶酸等摄入不足；某些药物的刺激。

【分类】临床上可分为轻型口疮、重型口疮（又称腺周口疮）、疱疹样口疮3型。

【临床表现】

1. 轻型口疮：初起为局灶性黏膜充血水肿，呈粟粒状红点，灼痛明显，继而形成浅表溃疡，圆形或椭圆形，直径<5 mm。每次1～5个溃疡独立散在，好发于角化程度较差的部位，如唇、颊黏膜。溃疡中间凹陷、外周有1 mm的红晕带，表面覆有浅黄色假膜。为最常见的口腔溃疡，约占80%。

2. 重型口疮（又称腺周口疮）：溃疡面大而深，似弹坑，直径可达10～30 mm，深及黏膜下层及肌层，周围红肿隆起，基地较硬，但边缘整齐清楚。溃疡常单个发生，愈后易留瘢痕。好发于口角部位。

3. 疱疹样口疮：溃疡小而多，散发于黏膜任何部位，直径小于2 mm。临近溃疡可融合成片，可伴有头痛、低热、全身不适、局部淋巴结肿大等症状。溃疡数目多，可达十几或几十个。

【治疗】

1. 一般治疗：多饮水，注意休息、治疗原发疾病。

2. 局部治疗：

（1）消炎类药物：①药膜，如地塞米松氯己定口腔贴膜、蜂胶口腔贴膜等制剂，可保护溃疡面。②含片，如西地碘含片，具有广谱杀菌、收敛作用。溶菌酶片具有抗菌抗病毒作用和消肿止血作用。③含漱液，如甲硝唑氯己定含漱液。④散剂，如冰硼散等。

（2）止痛类药物：醋酸地塞米松粘贴片贴于溃疡局部，有一定的止痛作用。

3. 全身治疗：

（1）肾上腺皮质激素：口服泼尼松片。

（2）中成药：可选择具有清热泻火、滋阴清热等作用的中成药口服治疗。如栀子金花丸、口炎清颗粒、黄连上清丸等。

（3）维生素、矿物质：可选择含有B族维生素、铁、锌、硒等成分的多维营养素口服。如多维元素片。

【注意事项】日常注意个人口腔卫生，戒烟酒，保持良好的心态；忌食辛辣刺激性食物，多食新鲜的蔬菜、水果，多饮水，保持大便通畅。

第九节　牙周炎

牙周炎是累及四种牙周支持组织（牙龈、牙周膜、牙槽骨和牙骨质）的慢性感染性疾病，往往引发牙周支持组织的炎性破坏。

【病因】

1. 微生物感染是引发慢性牙周炎的始动因子。凡是能加重菌斑滞留的因素，如牙石、不良修复体、食物嵌塞、牙排列不齐、解剖形态异常等，均可成为牙周病的局部促进因素。常见有厌氧菌感染。

2. 某些全身性疾病如糖尿病、白细胞减少症等也会引起牙周炎。

3. 环境和行为因素，如吸烟、精神压力等也可能引发本病。

【临床表现】牙周炎的主要临床表现是牙龈炎症、出血、牙周袋形成、牙槽骨吸收、牙槽骨高度降低、牙齿松动移位、咀嚼无力，严重者牙齿可自行脱落或者导致牙齿的拔除。是导致成年人牙齿缺失的主要原因。

【治疗】牙周炎的治疗主要在于去除病因，消除炎症。

1. 一般治疗：注意口腔卫生，预防菌斑。

2. 局部治疗：

（1）含漱液：复方甲硝唑氯己定含漱液漱口，能起到一定清洁口腔、杀菌的目的。

（2）含片：甲硝唑口颊片口含，对于牙周炎有一定的治疗作用。

3. 全身治疗：

（1）口服抗生素等消炎药：如甲硝唑、头孢羟氨苄等抗菌药物。

（2）止痛类药物：非甾体消炎药对于牙周炎能起到非常好的止痛效果，缓解患者痛苦，如布洛芬缓释片。

（3）中成药：选择有清热解毒作用的中成药制剂，如齿痛消炎灵颗粒、人工牛黄甲硝唑、知柏地黄丸等。

【注意事项】注意口腔卫生，养成良好的卫生习惯；如吃东西时有牙龈出血应提高警惕；忌食辛辣刺激性食物，多吃新鲜的蔬菜水果，勿常喝可乐、汽水等碳酸饮料；孕妇及婴幼儿忌用甲硝唑类抗生素；过敏体质者慎用。

第十节　咽　　炎

咽炎是咽部黏膜，黏膜下组织的炎症，常为上呼吸道感染的一部分。

【病因】

1. 病原菌感染：病毒、细菌如链球菌、葡萄球菌和肺炎支原体等感染所致。

2. 常继发于急、慢性鼻炎和急、慢性扁桃体炎等周围组织或器官疾病；慢性疾病如糖尿病、心脏病、贫血等疾病患者易患咽炎。

3. 受凉、过度劳累、体弱及烟酒过度时可发病。

【分类】咽炎根据起病缓急可分为急性咽炎和慢性咽炎。

1. 急性咽炎：是咽黏膜并波及黏膜下和淋巴组织的急性炎症，常继发于急性鼻炎或急性扁桃体发炎之后或为上呼吸道感染的部分。

2. 慢性咽炎：主要为咽黏膜慢性炎症，弥漫性炎症常为上呼吸道慢性其他性炎症的一部分，局限性炎症则多伴有咽淋巴样组织的炎症。

【临床表现】

1. 急性咽炎：起病急骤，以咽部症状为主，病初咽部有干痒，灼热，继之疼痛，吞咽时加重，唾液增多，并可放射至耳部引起耳痛。体弱成人或小儿咽喉炎症状，则全身症状显著，有发热怕冷，头痛，食欲不振，四肢酸痛等。体温升高可达 38 ℃以上。

2. 慢性咽炎：以局部症状为主，患者自觉咽部不适，干、痒、胀，分泌物多而灼痛，刷牙漱口时易恶心，有异物感，咳之不出，吞之不下，以上症状在说话稍多，过食刺激性食物后、疲劳或天气变化时加重，不影响呼吸及吞咽。

【治疗】

1. 一般治疗：消除致病因素，增强体质。戒烟酒，避免粉尘及有害气体的刺激；治疗周围器官疾病；卧床休息、多饮水及进食流质。

2. 全身治疗：

（1）感染较重者可口服青霉素类、头孢菌素类、大环内酯类抗生素抗菌消炎，迅速控制症状。如头孢克洛、罗红霉素、阿莫西林等。

（2）有发热者选择非甾体消炎药退热。如布洛芬缓释胶囊。

（3）中成药治疗：可选择具有清热解毒、滋阴降火、抗菌消炎类中成药口服治疗。如蒲地蓝消炎片、清喉利咽颗粒、银黄胶囊等。

3. 局部治疗：

（1）含漱液：能清洁咽后壁，可作为咽炎的辅助治疗。如复方甲硝唑氯己定含漱液。

（2）含片：口服含片可直达病灶部位，见效快，为治疗急慢性咽炎的主要方案。可迅速缓解咽部症状，改善咽干、咽痒等症状。可选择咽炎含片、金嗓子含片、复方青橄榄利咽含片等。

【注意事项】咽炎患者要避免烟酒、辛辣刺激、过凉、过烫等刺激性食物，多吃富含 B 族维生素的食物；保持口腔清洁；改善工作环境，避免粉尘等刺激；适当控制用声，注意保护嗓子；注意劳逸结合，提高自身免疫力，尽量减少患急性上呼吸道感染等疾病的概率；过敏体质者慎用抗生素。

附录一　处方常用拉丁文缩写中文对照表

拉丁文	中　文	拉丁文	中　文
rp	取、请取	od	右眼
sig	用法	ou	双眼
qd	每天	co	复方的
bid	每天 2 次	aa	各
qod	隔天 1 次	tab	片剂
qn	每晚睡前 1 次	inj	注射剂
tid	每天 3 次	amp	安瓿
qid	每天 4 次	cito	急速
qw	每周 1 次	GS	葡萄糖
biw	每周 2 次	NS	生理盐水
iv	静脉注射	AST	皮试
iv gtt/iv drip	静脉滴注	Ampicillin	氨苄西林
im	肌内注射	EMB	乙胺丁醇
ih	皮下注射	Gatifloxacin	加替沙星
po	口服	INH	异烟肼
ac	餐前	Levofloxacin	左氧氟沙星
aj	早餐前	PAS-Na	对氨基水杨酸钠
pc	餐后	Pazufloxacin	帕珠沙星
hs	睡觉时	Penicillin	青霉素
am	上午	PZA	吡嗪酰胺
pm	下午	RFP	利福平
st	立即	RPE	利福喷汀
sos	需要时	Sparfloxacin	司帕沙星
os/ol	左眼		

附录二 化验单参考值

1. 乙型肝炎病毒标志物化验单：

HBsAg	HBeAg	抗HBs	抗HBe	HBcAg	抗HBc	结果分析
+		−	−	−	−	乙型肝炎病毒感染者或无症状携带者
+	+	−	−	+	−	急性或慢性乙型病毒性肝炎（俗称"大三阳"）
+	−	−	+	−	+	急性感染趋向恢复（俗称"小三阳"）
+	+	−	−	+	+	急性或慢性乙型病毒性肝炎，无症状携带者
−	−	+	+	−	+	乙型病毒性肝炎恢复期
−	−	−	−	−	+	既往感染
−	−	+	−	−	−	既往感染或者接种过疫苗

2. 丙氨酸氨基转移酶（ALT）：正常参考值，5～40 U/L。临床意义，增高常见于急慢性肝炎，药物性肝损伤，脂肪肝，肝硬化，心肌梗死，胆道疾病等。

3. 天冬氨酸氨基转移酶（AST）：正常参考值，0～40 U/L。临床意义，增高常见于心肌梗死，急、慢性肝炎，中毒性肝炎，心功能不全，皮肌炎等。

4. γ-谷氨酰转移酶（GGT）：正常参考值，男性11～50 U/L，女性7～32 U/L。临床意义，增高常见于原发性或转移性肝癌，急性肝炎，慢性肝炎活动期，肝硬化，急性胰腺炎及心力衰竭等。

5. 碱性磷酸酶（ALP）：正常参考值，23～114 U/L。临床意义，增高常见于肝癌，肝硬化，阻塞性黄疸，急慢性黄疸型肝炎，骨细胞瘤及少年儿童在生长发育期，因骨骼生长活跃，也可使碱性磷酸酶升高。

6. 总胆红素（TBIL）：正常参考值，1.7～17.1 umol/L。临床意义，增高原发生胆汁性肝硬化急性黄疸型肝炎，慢性活动期肝炎，病毒性肝炎，肝硬化，溶血性黄疸，新生儿黄疸，胆石症等。

7. 清/球比值（A/G）：正常参考值，1.50∶1～2.50∶1。临床意义，减低或增高常见于肝脏疾病（如慢性肝炎、肝硬化、肝癌、肾炎等）。如治疗后清蛋白提高至正常或接近正常，A/G比值接近正常，表示肝功能有改善。故检测血清清蛋白、球蛋白及其比值，可估计肝脏疾病的病情核预后。

8. 尿酸（URIC）：正常参考值，男性 268～488 μmol/L，女性 178～387 μmol/L。临床意义，增高见于痛风，子痫，白血病，红细胞增多症，多发性骨髓瘤，急、慢性肾小球肾炎。

9. 钙（Ca）：正常参考值，2.25～2.75 mmol/L。临床意义，增高见于骨髓瘤，甲状旁腺功能亢进，维生素 D 摄入过量等。降低常见于维生素 D 缺乏，佝偻病，软骨病，甲状旁腺功能减退，慢性肾炎，尿毒症，阻塞性黄疸，急、慢性出血性胰腺炎等。

10. 类风湿因子（RF）：正常参考值，血清稀释度低于 1∶10。临床意义，用于类风湿因子相关疾病的诊断。

11. 尿液化验单：

（1）白细胞（LEU）：当 >5 个/HP 即为增多，主要见于细菌性感染，如肾盂肾炎、肾结核、膀胱炎、肾肿瘤、妇女生殖系炎症等。

（2）红细胞（ERY）：平均 >3 个/HP，称镜下血尿。多见于急性和慢性肾小球肾炎、肾结石、肾淤血、肾结核等。

12. 尿液妊娠试验（HCG）：本测定主要用于妊娠诊断，一般在受孕后 10～14 天即可显阳性反应。除了正常妊娠外，宫外孕、不完全流产、绒癌、恶性葡萄胎、畸胎瘤等也可出现阳性。

13. 大便常规化验单：如果粪便的颜色是陶土色或灰白色，可能是胆道梗阻；如果粪便是柏油样黑结肠、直肠或肛门有疾病的人，粪便有时呈红色。大便中验出有红、白细胞在 "＋" 以上，就可以认为是细菌性痢疾；只查出白细胞，说明是肠炎；只查出红细胞，多半是患了结肠炎、肿瘤、息肉、肠结核和痔疮出血等。验虫卵可以从大便中查出蛔虫卵或绦虫卵。

14. 白带化验单：

（1）pH 值：化验时常用 pH 值来表示酸碱度，正常时 pH 值为 4.5，患有滴虫性或细菌性阴道炎时白带的 pH 值上升，可大于 5。

清洁度可分为 4 级：Ⅰ～Ⅱ度属正常，Ⅲ～Ⅳ度为异常白带，表示阴道炎症。

（2）真菌和滴虫：如存在滴虫或真菌不论其数量多少均用 "＋" 来表示，"＋" 这一符号只说明该妇女感染了滴虫或真菌，并不说明其感染的严重程度。

附录三　十八反、十九畏歌诀及妊娠服药禁忌歌

一、十九畏和十八反歌诀

1. 十八反歌诀：本草明言十八反，半蒌贝蔹芨攻乌，藻戟遂芫具战草，诸参辛芍叛藜芦。

第一句是指本草明确地指出了十八种药物的配伍禁忌；第二句是指半（半夏）蒌（瓜蒌）贝（贝母）蔹（白蔹）芨（白及）与乌（乌头）作用相拮抗；第三句是指藻（海藻）戟（大戟）遂（甘遂）芫（芫花）都与草（甘草）不和；第四句是指诸参（人参、党参、沙参、元参、丹参等参类）辛（细辛）芍（赤芍、白芍）与藜芦相反。

2. 十九畏歌诀：硫黄原是火中精，朴硝一见便相争；水银莫与砒霜见，狼毒最怕密陀僧；巴豆性烈最为上，偏与牵牛不顺情；丁香莫与郁金见，牙硝难合京三棱；川乌草乌不顺犀，人参最怕五灵脂；官桂善能调冷气，若逢石脂便相欺；大凡修合看顺逆，炮爁炙煿莫相依。

这里总结的相畏药物是硫黄畏朴硝、芒硝、皮硝、玄明粉；水银畏砒霜、信石、红砒、白砒；狼毒畏密陀僧；巴豆、巴豆霜畏牵牛子（黑丑、白丑）；公丁香、母丁香畏郁金（黑郁金、黄郁金）；牙硝、玄明粉畏三棱；川乌、草乌、附子、天雄畏犀牛角、广角；人参畏五灵脂；肉桂、官桂、桂枝畏赤石脂。

二、妊娠用药禁忌

歌诀：芫斑水蛭及虻虫，乌头附子配天雄；野葛水银并巴豆，牛膝薏苡与蜈蚣；棱莪芫花代赭麝，大戟蝉蜕黄雌雄；砒石硝黄牡丹桂，槐花牵牛皂角同；半夏南星与通草，瞿麦干姜桃仁通；硇砂干漆蟹爪甲，地胆茅根与䗪虫。

某些药物具有损害胎元以致堕胎的不良反应，所以应该作为妊娠禁忌的药物。根据药物对于胎元损害程度的不同，一般可分为禁用与慎用2类。禁用的大多是毒性较强，或药性猛烈的药物，如巴豆、牵牛、大戟、斑蝥、商陆、麝香、三棱、莪术、水蛭、虻虫、附子等；慎用的包括通经去瘀、行气破滞以及辛热等药物，如桃仁、红花、大黄、枳实、干姜、肉桂等。凡禁用的药物，绝对不能使用；慎用的药物，则可根据孕妇患病的情况，酌情使用。但没有特殊必要时，应尽量避免，以防发生事故。

三、服药时的饮食禁忌

饮食禁忌简称食忌，也就是通常所说的忌口。在古代文献上有常山忌葱；甘草忌猪肉、菘菜、海菜，薄荷忌鳖肉；茯苓忌醋；鳖甲忌苋菜等记载。这说明服用某些药时不可同吃某些食物。另外，由于疾病的关系，在服药期间，凡属生冷、黏腻、腥臭等不易

消化及有特殊刺激性的食物，都应根据需要予以避免。高热患者还应忌油。

古今中医在开方用药时都沿用上述禁忌原则，也是学习中医中药必须要弄懂的。

附录四　儿童和老年人剂量折算法

在药物说明书上，未指明年龄人的用药剂量，是指 18～60 岁的成人剂量，而且是平均用量。那么 18 岁以下和 60 岁以上的患者该用多少量呢？

一、按成人折算儿童和老年人剂量

使用时可根据个体发育、营养、体重等酌情增减。60 岁以上的人代谢功能要差些，故用药的量要适当减少。一般来说，老人用量只能用成人剂量的 3/4。

儿童和老年人用药量估计表：

年　　龄	折合成人剂量
初生～1 个月	1/18～1/14
1～6 个月	1/14～1/7
6 个月～1 岁	1/7～1/5
1～2 岁	1/5～1/4
2～4 岁	1/4～1/3
4～6 岁	1/3～2/5
6～9 岁	2/5～1/2
9～14 岁	1/2～2/3
14～18 岁	2/3 至全量
60 岁以上者	3/4

注：成人是指 18～60 岁，本表仅供参考，使用时需考虑患者体质、病情及药物性质等各方面的因素。

二、按体重计算儿童剂量

先由年龄计算儿童体重，再计算剂量：1～6 个月婴儿体重（kg）＝月龄×0.6＋3，7～12 个月婴儿体重（kg）＝月龄×0.5＋3，1 周岁以上儿童体重（kg）＝年龄×2＋8。

$$婴幼儿剂量 = 估计体重（kg） \times \frac{成年人剂量}{成年人平均体重}$$

三、按年龄估计儿童剂量

$$1\,岁以下用量 = 0.01 \times (月龄 + 3) \times 成人剂量$$
$$1\,岁以上用量 = 0.05 \times (年龄 + 2) \times 成人剂量$$

四、按体表面积计算小儿药物用量

上式算出的用量与体重实际记载的药物用量比较均偏低，对新生儿来说更为突出。如按体表面积计算更为接近临床实际用量。小儿体表面积计算公式有以下 2 个：

$$表面积\,(m^2) = 0.0061 \times 身高\,(cm) + 0.0128 \times 体重\,(kg) - 0.1529$$
$$表面积\,(m^2) = 体重\,(kg) \times 0.035 + 0.1$$

中药汉语拼音索引

中成药汉语拼音索引

图书在版编目（ＣＩＰ）数据

药店店员基础训练手册 ／ 谢子龙 主编． -- 长沙 :湖南科学技术出版社，2013.4（2023.12 重印）
ISBN 978-7-5357-7558-0

Ⅰ．①药… Ⅱ．①谢… Ⅲ．①药品－专业商店－商业服务－手册②药物－手册 Ⅳ．①F717.5-62②R97-62

中国版本图书馆 CIP 数据核字(2013)第 038543 号

药店店员基础训练手册

主　　审：刘绍贵　李建飞
主　　编：谢子龙
出 版 人：潘晓山
总 策 划：黄一九
责任编辑：李　忠　周　妍
出版发行：湖南科学技术出版社
社　　址：长沙市芙蓉中路一段 416 号泊富国际金融中心
网　　址：http://www.hnstp.com
邮购联系：本社直销科　0731-84375808
印　　刷：长沙鸿和印务有限公司
　　　　　（印装质量问题请直接与本厂联系）
厂　　址：长沙市望城区普瑞西路 858 号
邮　　编：410200
版　　次：2013 年 4 月第 1 版
印　　次：2023 年 12 月第 21 次印刷
开　　本：850mm×1168mm　1/32
印　　张：17.5
字　　数：850 千字
书　　号：ISBN 978-7-5357-7558-0
定　　价：35.00 元